浙江省普通高校“十三五”新形态教材
“十三五”规划教材·电子商务系列丛书

跨境电子商务实践

杨雪雁　编著

電子工業出版社
Publishing House of Electronics Industry
北京·BEIJING

内 容 简 介

《跨境电子商务实践》以B2C跨境电商出口为主线，从平台选取、选品调研、运营管理，到营销推广、物流管理和支付结算，以速卖通、Amazon、Wish几个典型平台为载体，介绍B2C跨境电商出口各环节的运营实践技巧，并跨平台总结跨境电商各环节的管理要点和相关理论，帮助学习者以理论指导实践，在跨境电商实战和创业路上更上一层楼。

本书适合所有已经或者将要从事跨境电商的在校本科生、专科生及社会学习者。

图书在版编目（CIP）数据

跨境电子商务实践 / 杨雪雁编著．—北京：电子工业出版社，2018.12
ISBN 978-7-121-35710-7
Ⅰ．①跨…　Ⅱ．①杨…　Ⅲ．①电子商务—高等学校—教材　Ⅳ．① F713.36
中国版本图书馆 CIP 数据核字（2018）第 281086 号

策划编辑：贺志洪（hzh@phei.com.cn）
责任编辑：贺志洪
印　　刷：北京七彩京通数码快印有限公司
装　　订：北京七彩京通数码快印有限公司
出版发行：电子工业出版社
　　　　　北京市海淀区万寿路 173 信箱　邮编 100036
开　　本：787×1092　1/16　印张：35.5　字数：908.8 千字
版　　次：2018 年 12 月第 1 版
印　　次：2024 年 1 月第 11 次印刷
定　　价：85.80 元

凡所购买电子工业出版社图书有缺损问题，请向购买书店调换。若书店售缺，请与本社发行部联系，联系及邮购电话：（010）88254888　88258888。
质量投诉请发邮件至 zlts@phei.com.cn，盗版侵权举报请发邮件至 dbqq@phei.com.cn。
本书咨询联系方式：（010）88254609 或 hzh@phei.com.cn。

前言

电子商务已经深入中国各行各业，而电子商务的平台也从2008年以国内电商平台（如淘宝、京东、唯品会等）为主，到2015年以来的以跨境电商平台（如速卖通、Amazon、Wish等）为主，中国企业已经开始借助电子商务走出国门，走向国际；而随着购买优质海外产品越来越便利，中国网民购买海外产品的热潮也在上升。电子商务研究中心数据显示，2017年中国出口跨境电商交易规模为6.3万亿元，2017年上半年中国进口跨境电商交易规模达8624亿元。

跨境电子商务不仅为中国的商家提供了更广大的国际市场，为创业者提供了更多的机会，也促使中国企业不断提升自身品质，中国制造业的自有品牌和综合素质不断提高。

近几年，市场上跨境电商方面的学习教材越来越多，有些侧重理论，有些偏重实践。但作为一门实践性很强的课程，偏重理论的教材在高校中的教学效果并不十分理想；而偏重实践的教材则主要以某个跨境电商平台为案例，但跨境电商运营者却大都是多平台运营的，且不同平台的运营有差异也有共性，因此本书不仅介绍几个典型平台的运营实践技巧，同时还跨平台总结跨境电商各环节的管理要点和相关理论，帮助学习者以理论指导实践，在跨境电商实战和创业路上更上一层楼。

与国内电商运营相比，跨境电商涉及环节更多，跨境电商平台也各有不同，因此需要掌握的技能和能力要求也更高。本书面向的对象是计划从事跨境电商行业的创业者、运营人员，以及在校选修跨境电商的本科学生和专科学生。

本书以跨境电商实践为主线，辅助以相关理论；而实践平台也不限于某一平台，而是选取几个典型平台进行实践指导；且以B2C出口跨境电商为主，适当简略介绍了B2B出口跨境电商和进口跨境电商。

作为新形态教材，本书还配备300分钟左右的视频。这些视频主要包含三部分：一是各跨境电商平台的自身简介和宣传资料；二是本书编著者结合课程内容制作的理论知识微视频，采用拍摄形式；三是本书编著者结合课程内容制作的实践指导视频，采用录屏形式。同时还增加了各跨境电商平台的官方指导手册，以供学习者更好地进行跨境电商实践。

全书共10章。

第 1 章从跨境电商的意义、模式、分类、发展、宏观环境等多角度，认识跨境电商。

第 2 章介绍跨境电商的各类平台，包括以阿里巴巴为代表的 B2B 平台、亚马逊为代表的 B2C 平台、Wish 为代表的移动端跨境电商平台，以及跨境电商的服务平台。

从第 3 章开始按照跨境电商运营流程的主线撰写实践指导。

第 3 章介绍跨境电商平台的注册与规则，通过对速卖通平台、Amazon 平台、Wish 平台等注册规则的整理，商家可以对跨境电商的注册规则有全局认识，了解不同平台在注册上的共性要求和特殊要求。

入驻跨境电商平台后，商家首先需要进行选品，以及产品定价，尽管在不同平台上选品有一定特殊性，但选品的基本方法和工具大都通用，因此第 4 章介绍通用的选品分析方法、产品定价方法和市场调研步骤，并介绍了两个海外市场调研案例。

第 5 章介绍跨境电子商务的运营管理，以运营管理的产品发布—店铺诊断和优化—交易管理为主线，介绍不同平台的产品发布流程、店铺管理关键指标和交易管理内容。

第 6 章着重介绍跨境电商营销推广，推广分为站内营销推广和站外营销推广，前者以平台为主阐述站内营销推广方法，后者介绍通用的站外营销推广方法，如搜索引擎营销、电子邮件营销、社交媒体营销，最后提出如何考核营销效果。

第 7 章介绍跨境电子商务物流管理。由于 B2B 跨境电商物流与 B2C 跨境电商物流存在一定的差异性，因此该章主线为 B2B 跨境电商物流—B2C 跨境电商物流—不同平台的物流管理实践—海外仓物流—通关物流等。

要实现闭环电商，在线支付十分重要。B2B 跨境电商结算与 B2C 跨境电商结算有所不同，分别加以介绍。

以上章节除了第 7 和第 8 章涉及 B2B 跨境电商，其余章节都是 B2C 跨境出口电商实践。因此在第 9 章特别介绍了 B2B 跨境电商的相关实践内容，并特别介绍了阿里巴巴国际站。

本书以出口跨境电商实践为主，但进口跨境电商的市场增长也很快，因此本书中的第 10 章适当介绍了中国的跨境进口电商。

本课程建议理论教学为 32 学时左右，配备 16 ～ 32 学时的实践课程，以提高学生的实践能力。下表是按照章节设定的理论与实践教学学时的建议。

章节	理论学时	实践学时	章节	理论学时	实践学时
第 1 章 初识	2		第 6 章 营销	4	2 ～ 4
第 2 章 平台	2	2 ～ 4	第 7 章 物流	4	2 ～ 4
第 3 章 入驻	4	2 ～ 4	第 8 章 支付	4	2 ～ 4
第 4 章 选品	4	2 ～ 4	第 9 章 B2B	2	2 ～ 4
第 5 章 运营	4	2 ～ 4	第 10 章 进口	2	

本书由浙江农林大学经济管理学院的杨雪雁副教授编著，在撰写过程中得到了许多人的帮助和支持。在此特别感谢 Wish、速卖通、亚马逊公司相关人员，阿里巴巴区域代理的赵浩帆，谷歌 AdWords 体验中心的李姿和李晓幸女士，博导前程公司段建、秦刚强和王玉峰，临安商务局的吕小青主任，浙江师范大学的邹益民老师，浙江农林大学的孙艳老师，浙江特殊教育学院的刘记老师，已经毕业的电商专业同学李昱廷、杨祖成和毛乾明，感谢他们提供其经营的跨境电商平台账号，帮助录制了部分视频，还有正在实习的电子商务 15 级学生许少武，16 级学生王柳芝、魏诗圆、刘颖芳对文稿进行了认真的校对工作。在编著本书过程中，编者参阅了大量专家、学者的有关著作，引用了其中的有关概念及一些案例，也借鉴了一些公司网站信息和相关网络报道，这些已尽可能在参考文献中列出，但引用不足之处，恐有遗漏，敬请谅解！在此也对相关人士表示衷心的感谢！

由于作者的学识水平和实践知识有限，书中内容难免有不当之处，恳请广大读者批评指正。

杨雪雁

2018.9.10

目录

第1章

认识跨境电子商务

本章导论

本章主要探讨跨境电商的内涵、特征与意义，以及主要跨境电子商务模式和分类，同时通过分析跨境电商的发展趋势，也介绍了支撑跨境电商快速发展的国内和国际宏观环境。

通过本章的学习，可以初步认识到跨境电子商务的内涵和模式，并对中国跨境电商的发展前景及其背景有清晰的认识，掌握跨境电商与国内电商的不同之处，可以支持实践人员组建最合适的团队。

1.1 跨境电子商务的内涵与意义

1.1.1 跨境电子商务的内涵

跨境电子商务（Cross-border E-commerce），指的是分属于不同国家（关境）的交易主体，通过电子商务手段（平台）将传统进出口贸易中的展示、洽谈和成交环节电子化，达成交易，实现支付结算，并通过跨境物流及异地仓储送达商品、完成交易的一种国际商业活动。①

跨境电子商务与传统国际贸易相比，有五大新特征：多边化、小批量、高频度、透明化、数字化。

表 1-1 所示的是跨境电子商务和传统国际贸易的区别。

---

① 注：电子商务，俗称电商，在平常人们的交流中，通常会简称，如跨境电子商务—跨境电商，电子商务平台—电商平台，电子商务企业—电商企业等

表1-1 跨境电子商务和传统国际贸易的区别

	传统国际贸易	跨境电子商务
交易主体交流方式	面对面，直接接触	通过互联网平台，间接接触
运作模式	基于商务合同的运作模式	需借助互联网电子商务平台
订单类型	大批量、少批次、订单集中、周期长	小批量、多批次、订单分散、周期相对较短
价格、利润率	价格高、利润率相对较低	价格实惠、利润率较高
产品类目	产品类目少、更新速度慢	产品类目多、更新速度快
规模、速度	市场规模大但受地域限制，增长速度相对缓慢	面向全球市场，规模大，增长速度快
交易环节	复杂，涉及中间商众多	简单，涉及中间商较少
支付	正常贸易支付	需借助第三方支付
运输	空运、海运完成，物流因素影响不明显	第三方物流企业、航空小包为主，物流影响明显
通关、结汇	享受正常通关、结汇和退税政策	通关缓慢或有一定限制
争端处理	健全的争端处理机制	争端处理不畅，效率低

1.1.2 跨境电子商务的意义

跨境电子商务无论在个人、企业和国家层面都有着重要意义。

（1）满足了国内居民消费升级的需求。随着国内经济的快速发展，国内居民的消费也在不断升级，跨境电子商务为这些消费提供了更便捷的渠道，让国内消费者更便捷地了解国际知名品牌。中国庞大的消费市场也对各国的经济做出了贡献，并带动当地居民就业。

【案例】网易科技讯 1 月 10 日消息 据彭博社报道，阿里巴巴集团控股有限公司董事长马云与美国当选总统特朗普进行了一场“Great Meeting”，在纽约特朗普大厦，双方进行了时长约 40 分钟的会面交流。两人讨论通过帮助美国小企业向中国出口商品的计划进而为美国创造 100 万个新工作岗位。阿里巴巴在其推特账号上发布推文，称“希望通过帮助美国小企业和农场主同中国 3 亿中产阶级做生意来为美国创造就业机会”。而时隔一年多，由特朗普引发的中美贸易争端日益升级，2018 年 4 月 9 日，马云在博鳌亚洲论坛上与国际货币基金组织（IMF）总裁拉加德对话时，表示：“若美国继续一意孤行，那么我曾经许下的‘为美创造百万就业’的承诺随时作废！”。马云还表示：“如果中美保持良好的经贸关系，为美国提供 100 万个就业岗位完全没有问题，甚至可以提供 1000 万个岗位。但如果中美之间没有贸易了，那 100 万个就业岗位也就没有了！”

报道来源：http://tech.163.com/17/0110/03/CACU97E200097U7R.html；http://m.elecfans.com/article/662526.html

（2）加快了中国企业的海外拓展步伐。尤其是中小企业，借助跨境电子商务，可以重组其外贸供应链，减少中间交易环节，节省大量的中间成本，在价格上更具主导地位，从而改善中小企业的产业链地位；同时借助跨境电子商务直接与海外消费者面对面交易，拓宽了海外营销渠道，推出了国内企业的品牌。

【案例】假设一个工厂批发价格是FOB价格，如果以三倍加价率作为数据演算的基础，那么FOB价格是整个零售价的三分之一，即百分之三十三。也就是说，假设海外零售价100元，那么FOB价格是33元。而在100元的价格组成中，其中一部分是运营费用，大体占45%，主要有渠道成本15%、海运费8%、关税2%、门道和物流10%、退换货的退款3%、广告费3%、仓储费2%、其他杂费2%。最后一部分就是外贸中间环节利润22%。假如该工厂采用跨境电子商务直接将产品销售给消费者，或者减少一半的中间环节，那么该工厂可以把握55%的价格主导权，或者至少44%（33%+11%）的价格主导权。

【案例】传统制造业的痛点。表1-2可以形象地展示传统的OEM/ODM模式的企业相比新兴的跨境电子商务模式的企业的不足。

表1-2 传统的OEM/ODM模式和跨境电子商务模式的比较

传统的OEM/ODM模式	跨境电子商务模式
利润极低依赖出口退税补贴	可以提高30%～40%的利润率
严重依赖某几个中间商	拥有大量的直接消费客户
无品牌	拥有自主品牌
对市场和消费者不了解	直接把握市场变化和消费者需求
生产难以形成计划	可以进行市场预测和生产计划
账期至少90天	最多30天回款周期

（3）促进国内产业结构升级，平衡国际收支，维护经济稳定。跨境电子商务在国内创造了大量就业和创业机会的同时，也不断促进国内企业的产业升级。无论是国外品牌不断入驻中国的压力，还是中国企业进军海外市场面对的消费需求变化的动力，都刺激着国内企业的差异化发展和创新发展，最终带来产业升级。从2001年中国加入WTO以来，中国长期处于贸易顺差，跨境电子商务进口发展，有助于缓解这一压力，平衡中国国际收支严重失衡的现状。

【案例】跨境电子商务有助于帮助传统外贸企业实现转型升级。一方面，通过缩短中间供应链节省下来的成本，可以用于增加企业的研发投入、创建品牌、提升质量、完善营销和售后，从而增强企业的核心竞争力，实现可持续发展。另一方面，在当前全球贸易“小批量、高频次、碎片化”趋势背景下，生产制造企业可以借助跨境电子商务实现“数据化、在线化”，直接掌握大量真实的国外消费者数据和国际市场需求，通过“产销消”对接、运用 C2B 客户驱动模式和建立柔性化的生产供应链，实现智能化生产和产业转型升级。

来源：欧阳澄（阿里研究院资深专家）. 新经济第三谈 _ 互联网新经济和跨境电子商务

1.1.3 跨境电子商务的流程

跨境电子商务的流程如图 1-1 所示。这里涉及出口和进口业务。进口业务比较简单，下面重点介绍跨境电子商务的出口流程。国内的生产商、制造商或运营商，首先在自营或者第三方的跨境电子商务平台上展示自身产品，海外企业或者消费者在线选购下单后，完成支付，进入订单履约。通过境内物流和境外物流的投递，并经过出口国和进口国的海关通关商检，最终送达消费者或企业手中。也可以借助第三方综合服务平台代办物流、通关商检等环节，将产品送达客户手中。

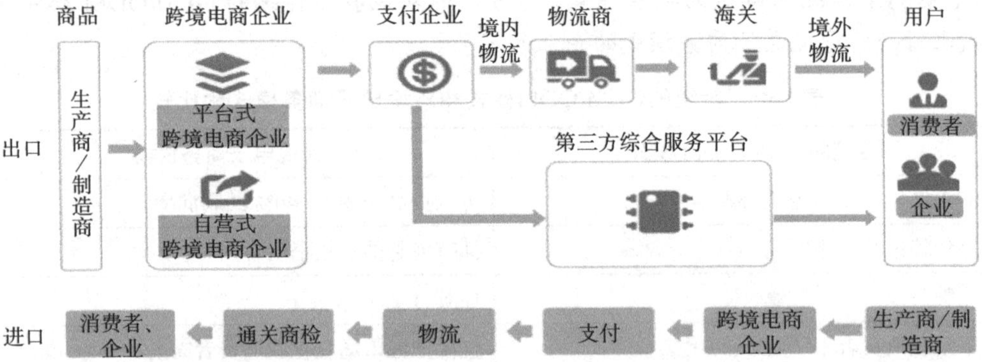

图 1-1 跨境电子商务的流程

这一流程与传统流程的区别主要在于中间环节的减少。图 1-2 所示的是传统外贸交易流程和跨境电子商务流程的比较，即便是有国内和国外网商两个中间商的存在的跨境电子商务交易中，也比传统的外贸交易少了 2 个中间环节。

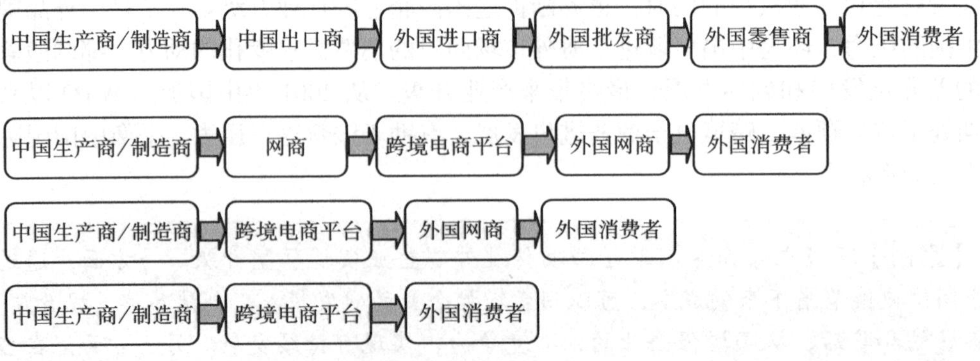

图 1-2 传统外贸交易流程和跨境电子商务流程的比较

【案例】DEKO初创于2013年，DEKO品牌定位于五金电动工具的开发、设计、生产。入驻全球速卖通之前，DEKO（电动工具品牌）一直默默无闻地扮演着OEM代工的小角色。在这种传统外贸模式下，厂家接触不到终端消费者，对消费者的真正需求无从了解，只能被客户牵着鼻子走。2015年受出口贸易增速放缓等影响，一个月只卖出两三个集装箱的货物。被越发严峻的外贸形势所逼迫，业内的工厂不惜在配料上压缩成本，打价格战，只为在报价上降低几毛钱赢得订单，生存日益艰难。入驻全球速卖通后，企业开始转型成为一个消费品牌，2016年上半年入选为中国好卖家银牌卖家，短短3个月时间，DEKO月均销售从2000美元冲到10万美元，成为行业内成长增速最快卖家。

来源：电商在线：http ://app.myzaker.com/news/article.php?pk=5881d0141bc8e03f3b000077

1.2 跨境电子商务的模式与分类

1.2.1 跨境电子商务的分类

按照不同的分类标准，跨境电子商务有不同的分类。

1）按照交易主体划分

与电子商务相同，跨境电子商务可以按照交易主体的不同，分为以下三种基本的类型。

• B2B跨境电子商务：指分属不同关境的企业对企业，通过电子商务平台达成交易、进行支付结算，并通过跨境物流送达商品、完成交易的一种国际商业活动，现已纳入海关一般贸易统计。它面对的最终客户为企业或集团客户，提供企业、产品、服务等相关信息。代表企业有敦煌网、中国制造、阿里巴巴国际站、环球资源网等。

• B2C跨境电子商务：指分属不同关境的企业直接面向消费者个人开展在线销售产品和服务，通过电子商务平台达成交易、进行支付结算，并通过跨境物流送达商品、完成交易的一种国际商业活动。它面对的最终客户为个人消费者，针对最终客户以网上零售的方式，将产品售卖给个人消费者。代表企业有速卖通、亚马逊（Amazon）、DX、兰亭集势、米兰网、大龙网等。

• C2C跨境电子商务：指分属不同关境的个人卖方对个人买方开展在线销售产品和服务，由个人卖方通过第三方电商平台发布产品和服务售卖产品信息、价格等内容，个人买方进行筛选，最终通过电子商务平台达成交易、进行支付结算，并通过跨境物流送达商品、完成交易的一种国际商业活动。它面对的最终客户为个人消费者，商家也是个人卖方。由个人卖方发布售卖的产品和服务的信息、价格等内容，个人买方进行筛选，最终通过电子商务平台达成交易、进行支付结算，并通过跨境物流送达商品、完成交易。代表企业有eBay等。

2）按照关境分类

按照关境的不同，跨境电子商务分为跨境出口电子商务和跨境进口电子商务。

● 跨境出口电商：中国企业借助跨境电子商务平台与关境外企业或者消费者实现交易，将产品通过关境销售出去。比如速卖通平台让中国企业将产品卖给海外各国的消费者；敦煌网平台则将产品卖给海外各国的小微企业；而阿里巴巴国际站则借助平台找到国外的大中小各类企业进行交易。

● 跨境进口电商：企业或者海淘客借助电子商务平台将国外产品引入国内。比如网易考拉邀约国外品牌入驻平台，将海外知名产品卖给中国消费者；洋码头借助海外买手将海外商品用视频直播的方式介绍给国内买家；而小红书则通过社区模式帮助海外个人消费者向国内海淘客分享海外购物经验和产品。

1.2.2 跨境电子商务平台的分类

跨境电子商务要基于电子商务平台进行交易，国内外的跨境电子商务交易平台繁多，但大都不外乎以下分类标准下的模式。

1）以服务类型为标准的平台模式

按照跨境电子商务平台提供的服务类型来衡量，这些平台可以分为两大类。

● 信息服务平台：主要是为境内外会员商户提供网络营销平台，传递供应商或采购商等商家的商品或服务信息，促成双方完成交易。代表企业有阿里巴巴国际站、环球资源网、中国制造网等。

● 在线交易平台：在线交易平台不仅提供企业、产品、服务等多方面信息展示，并且可以通过平台线上完成搜索、咨询、对比、下单、支付、物流、评价等全购物链环节。在线交易平台模式正在逐渐成为跨境电子商务中的主流模式。代表企业有敦煌网、速卖通、DX、炽昂科技（FocalPrice）、米兰网、大龙网等。

2）以运营主体为标准的平台模式

按照跨境电子商务平台由谁进行运营来衡量，这些平台又分为第三方开放平台、自营型平台、外贸电子商务代运营服务商模式。

● 第三方开放平台：平台型电子商务通过线上搭建商城，并整合物流、支付、运营等服务资源，吸引商家入驻，为其提供跨境电子商务交易服务。同时，平台以收取商家佣金以及增值服务佣金作为主要盈利模式。代表企业有速卖通、敦煌网、环球资源、阿里巴巴国际站等。

● 自营型平台：自营型平台通过在线上搭建平台，平台方整合供应商资源通过较低的进价采购商品，然后以较高的售价出售商品，自营型平台主要以商品差价作为盈利模式。代表企业有兰亭集势、米兰网、大龙网、炽昂科技等。

● 外贸电子商务代运营服务商模式：服务提供商能够提供一站式电子商务解决方案，并能帮助外贸企业建立定制的个性化电子商务平台，盈利模式是赚取企业支付的服务费用。代表企业有四海商舟（Bi-zArk）、锐意企创（Enterprising & Creative）等。

3）以交易主体类型为标准的平台模式

按照跨境电子商务平台上的交易主体类型来划分，这些平台也可以分为 B2B 跨境电子商务平台、B2C跨境电子商务平台、C2C跨境电子商务平台。

【思考】国内外有许多跨境电子商务平台，比如Made-in-China、阿里巴巴、Global Sources、AliExpress、Amazon、eBay、Wish、DHgate、Lightinthebox、Yahoo等，你能将其平台模式进行精确定位吗？你是否还可以找到更多的不同跨境电子商务交易平台？

1.3 跨境电子商务的发展与趋势

1.3.1　中国跨境电子商务发展阶段

中国跨境电子商务发展经历了以下三个阶段（见图1-3）。

萌芽期（1997～2007年）：20世纪末，随着互联网在中国的发展，开始出现帮助中小企业外贸出口的B2B平台，如阿里巴巴（国际站）、中国制造网等，以及一些行业性垂直B2B外贸电子商务平台，如中国化工网等。处于萌芽期的跨境电子商务平台主要为中小企业提供商品信息展示、交易撮合等基础服务。也有一些智库将这一阶段称为跨境1.0时代。主要是企业信息以及产品的网络展示，尚不涉及其他交易环节，比如在线下单、在线支付等。而这一阶段的大部分平台的盈利模式主要是收取会员费（如年服务费）。

发展期（2008～2013年）：随着跨境支付、物流等服务水平的提高，一些面向海外个人消费者的中国跨境电子商务零售出口业务（B2C/C2C）蓬勃发展起来，如DX（2006年）、兰亭集势（2007年）、阿里速卖通（2009年）等。大量中国中小企业、中小网商开始参与国际贸易。这阶段也被称为跨境电子商务2.0阶段。这个阶段，跨境电子商务平台开始摆脱纯信息黄页的展示行为，将线下交易、支付、物流等流程实现电子化，逐步实现在线交易平台。在跨境电子商务2.0阶段，第三方平台实现了营收的多元化，同时实现后向收费模式，将“会员收费”改以收取“交易佣金”为主，即按成交效果来收取百分点佣金。同时还通过平台上营销推广、支付服务、物流服务等获得增值收益。比如速卖通入驻免费，但按照交易金额比例提成。

爆发期（2014年至今）：有媒体称2014年被很多业内人士称为跨境进口电子商务元年，因为在这一年中传统零售商、海内外电子商务巨头、创业公司、物流服务商、供应链分销商纷纷入局跨境电子商务。据投融界统计数据显示，2015年跨境电子商务单个项目平均最低融资额高达5650万元，其中北京的平均最低融资额最高，达到2.8亿元。在项目分布领域结构中，广东省、浙江省、北京市和上海市占比最多，分别达到了28%、15%、14%和13%，总和占比达到了全国的七成。而从政策层面看，2014年开始，业内熟知的56号和57号文件出台，从政策监管的层面承认了“跨境电子商务”模式。多种因素综合作用，带来了跨境电子商务在中国的快速发展。一大批跨境电子商务零售进口平台和企业诞生，如天猫国际、网易考拉、聚美优品、洋码头、小红书等。此阶段被称为跨境电子商务3.0阶段，主要特点是全产业链服务在线化，用户群体由草根创业向工厂、外贸公司转变，且具有极强的生产设计管理能力。平台销售产品由网商、二手货源向一手货源好产品转变。而平台的服务将不断延伸，如阿里巴巴平台收购一达通，将通关退税等环节在线外包。

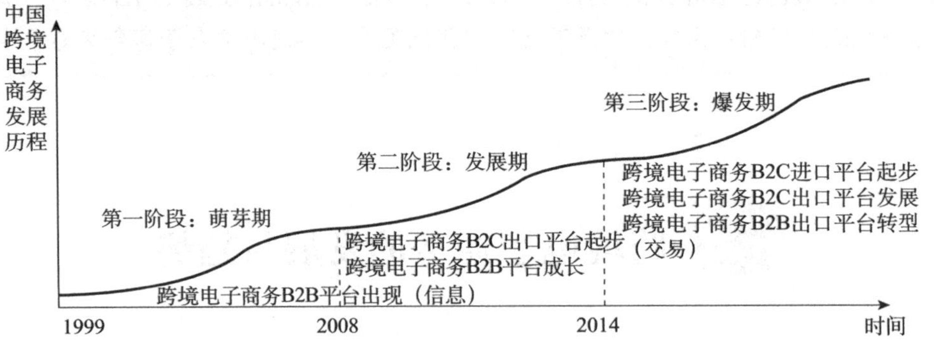

图 1-3　中国跨境电子商务发展历程

1.3.2　跨境电子商务交易规模总量不断增长

据中国电子商务研究中心发布数据，2016 年中国跨境电子商务交易规模达 6.7 万亿元，同比增长 24%。其中，出口跨境电子商务交易规模达 5.5 万亿元，进口跨境电子商务交易规模达 1.2 万亿元；而 2017 年中国跨境电子商务整体交易规模（含零售及 B2B）达 7.6 万亿元。电子商务研究中心与艾瑞咨询都预测 2018 年跨境电子商务交易规模有望增至 9.0 万亿元，如图 1-4 所示。而阿里研究中心预计，到 2020 年，中国跨境电子商务交易规模将达 12 万亿元，约占中国进出口总额的 37.6%；中国跨境电子商务零售交易额将超过 3.6 万亿元，年均增幅约 37%，预计 2020 年跨境电子商务零售交易额占跨境电子商务交易规模将超过 30%。

图 1-4　中国跨境电子商务交易规模稳定增长

跨境电子商务已经成为我国外贸增长的重要动力，成为创新驱动发展的重要引擎。跨境电子商务交易规模在我国外贸进出口中所占比例逐年提高。据海关数据统计，到 2014 年我国跨境电子商务交易规模为 4.2 万亿元，增长率为 35.48%，占进出口贸易总额的 15.89%（也有统计口径显示占比达到 14.8%），这一占比还将持续扩大。2010～2017 年中国进出口贸易及跨境电子商务占进出口贸易额比例如图 1-5 所示。

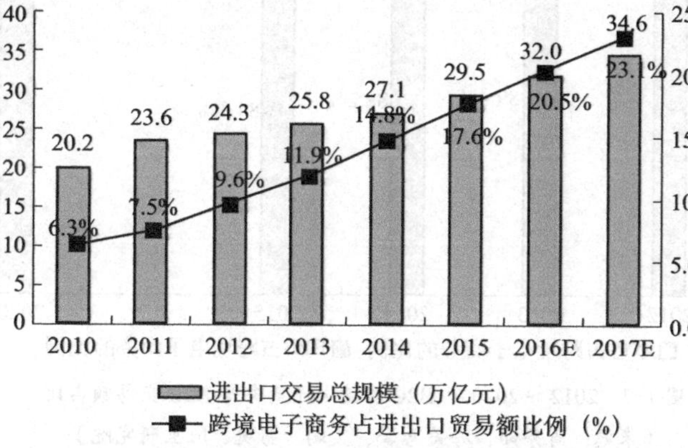

图 1-5　2010～2017 年中国进出口贸易及跨境电子商务占进出口贸易额比例
（来源：http：//www.chyxx.com/industry/201609/450522.html）

1.3.3　在发展增速上 B2C 跨境电子商务超过 B2B 跨境电子商务

目前中国跨境电子商务还是以 B2B 为主，如 2014 年 B2B 跨境电子商务交易占比达到 92.4%，占据绝对优势，2015 年 B2B 跨境电子商务交易额占跨境电子商务总额的 84.3%，跨境电子商务零售仅占 15.7%，但跨境电子商务零售（即 B2C 跨境电子商务）增长强劲，预计 2020 年跨境电子商务零售占比将超过 30%。当然，根据世界银行等研究机构数据，在全球范围内，B2C 跨境电子商务的增速也比其他指标，如消费品零售额增速等更高。全球 B2C 跨境电子商务与其他相关指标增速比较如图 1-6 所示，2012～2020 年 B2C 跨境电子商务与 B2B 交易额占比，如图 1-7 所示。

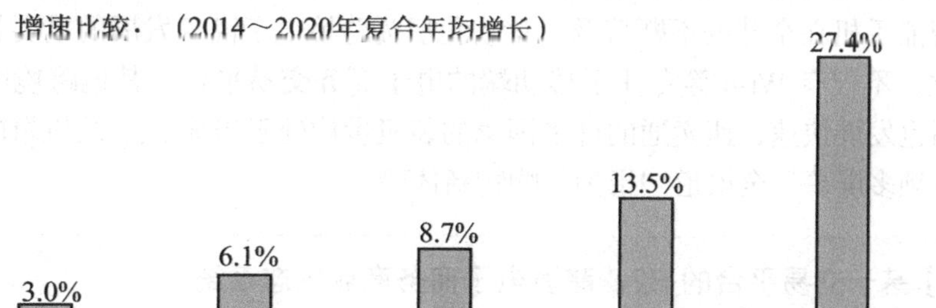

图 1-6　全球 B2C 跨境电子商务与其他相关指标增速比较（来源：EIU，WORLD BANK）

1.3.4　跨境电子商务整体呈现多样化、多元化、移动化发展趋势

早期跨境电子商务借助中国制造大国的优势，以销售物美价廉的产品及 OEM 代工为

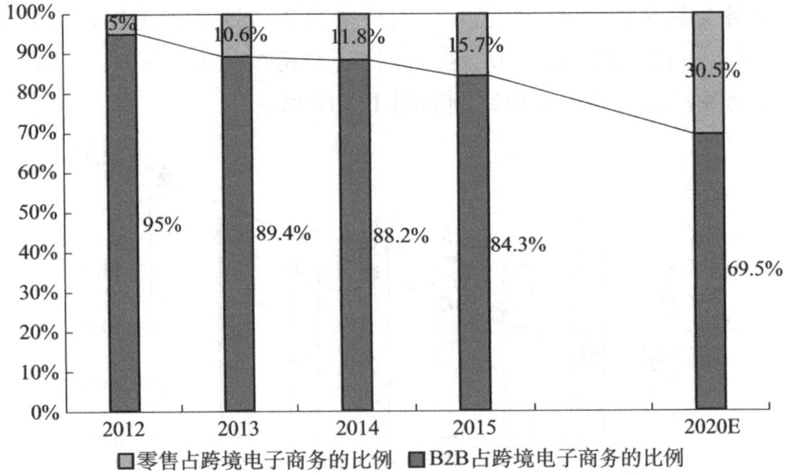

图 1-7 2012～2020 年 B2C 跨境电子商务与 B2B 交易额占比
（来源：商务部、海关总署、艾瑞、易观、阿里研究院）

主，近两年来，大量企业开始考虑走品牌化运营之路，把品牌引向海外市场，通过品牌来提升自身在跨境电子商务中的价值。

多样化主要体现在产品品类和销售市场方面，随着跨境电子商务海外市场从北美、巴西、德国、英国、俄罗斯，向西欧、拉美、中东欧、中东、中亚、非洲等新兴市场开拓，产品品类上随着不同国家的需求更具个性化。同时物流解决方案也呈现多样化，在原有的物流通道基础上，还通过建立或依托海外仓储提升商品配送和退换货体验，提高目的地市场本地化竞争优势。

多元化表现在跨境电子商务经营主体上，呈现出多元化趋势。拟涉足线上业务的传统外贸企业、国内电子商务企业、传统制造企业、新创业的中小微企业等中小企业，都纷纷在投入人力物力开拓跨境电子商务市场；各类第三方服务商也不断出现，营销、通关商检、物流、支付等环节的跨境电子商务企业及服务企业不断整合进产业链，产业生态更为完善，各环节协同发展，跨境电子商务市场渐趋成熟。

而随着智能手机在全球的不断普及，移动化成为跨境电子商务发展的重要趋势。交易方式更加碎片化，不仅有 Wish 等专注于移动端的电子商务交易平台，其他跨境电子商务平台的移动端应用也发展快速，速卖通的许多国家的装机量均处于当地 App 装机量的第一位。移动科技正在引领多屏幕、全渠道“指尖”购物新体验。

【案例】基于交易平台的 B2C 跨境电子商务商业生态系统

传统线下商业模式，跨境环节以 B2B 模式为主，追求规模效益。在数字技术、移动技术、云计算和电子商务驱动下，实现跨境物流的集约化与全程监控，跨境信息流的数字化与便捷化，跨境资金流的个人化、便利化和移动化，最终形成基于交易平台的商业生态系统，如图 1-8 所示。

消费者和商家在自营或第三方的 B2C 跨境电子商务平台上进行商品交易；围绕着平台，有各种相关服务的提供商，包含跨境电子商务的国际支付服务（如 PayPal、

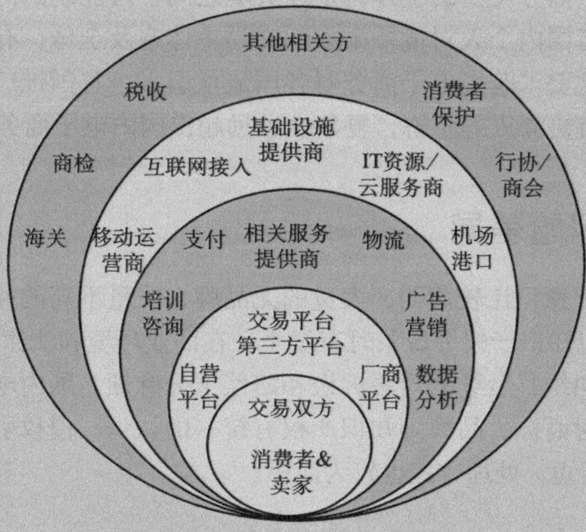

图 1-8 基于交易平台的 B2C 跨境电子商务商业生态系统

Alipay 等)、物流服务(海陆空物流、国际快递等)、营销策划服务商、数据分析服务商、培训咨询服务商等;而跨境电子商务的交易自然离不开互联网和移动互联网的网络支持,这就涉及基础设施服务商、IT 资源和云服务商,物流进出海关中的机场港口、海关保税区域的监管区域和经营者;由于跨境电子商务的特殊性,工商行政部门、海关、商检(国家质检总局)、央行/外汇管理局、互联网信息主管部门、税务部门等政府部门也将参与其中,行业协会和商会也以不同形式参与跨境电子商务的交易环节。

1.4 跨境电子商务与国内电子商务的比较

1.4.1 业务环节差异

跨境电子商务业务环节更加复杂,需要经过海关通关、检验检疫、外汇结算、出口退税、进口征税等环节。在货物运输上,跨境电子商务通过邮政小包、快递方式出境,货物从售出到国外消费者手中的时间更长,因路途遥远,货物容易损坏,且各国邮政配送的能力相对有限,集聚增长的邮包量也易引起贸易摩擦。国内电子商务发生在国内,以快递方式将货物送达消费者手中,路途近,到货速度快,货物损坏概率低。

1.4.2 交易主体差异

国内电子商务交易主体一般在国内,国内企业对企业、国内企业对个人或者国内个人对个人。而跨境电子商务交易的主体肯定在关境之间，可能是国内企业对境外企业、国内企业对境外个人或者国内个人对境外个人，交易主体遍及全球，有不同的消费习惯、文化心理、生活习俗，这要求跨境电子商务对各国流量引入、各国推广营销、国外消费者行为、国际品牌建设等有更深入的了解，复杂性远远超出国内电子商务。

1.4.3 交易风险差异

国内企业知识产权意识比较薄弱，大量的无品牌、质量不高的商品和假货仿品充斥跨境电子商务市场，侵犯知识产权等现象时有发生。在商业环境和法律体系较为完善的国家，很容易引起知识产权纠纷，后续的司法诉讼和赔偿十分麻烦。国内电子商务行为发生在同一个国家，交易双方对商标、品牌等知识产权有统一的认识，侵权引起的纠纷较少，即使产生纠纷，处理时间较短，处理方式也较为简单。

1.4.4 适用规则差异

跨境电子商务比国内电子商务所需要适应的规则更多更细更复杂。跨境电子商务经营借助的平台除了国内的平台，还可能在国外平台上开展交易，各个平台均有不同的操作规则。

跨境电子商务要以国际一般贸易协定和双边多边的贸易协定为基础。跨境电子商务要及时了解国际贸易体系、规则，进出口管制、关税细则、政策的变化，对进出口形势也要有更深入的了解和分析能力。

【思考】阿里巴巴旗下有很多产品，比如速卖通（网址为 www.aliexpress.com）与淘宝（网址为 www.taobao.com），请从不同纬度比较这两个平台的异同（提示：纬度可从经营主体、模式、服务对象、服务内容、语言、交易支持、购买习惯、规则等方面入手）。

1.5 跨境电子商务的宏观环境

1.5.1 跨境电子商务国内政策利好

1. 国家与各部门纷纷出台跨境电子商务政策

2013 年 9 月，商务部、海关总署等八部委颁布《关于实施支持跨境电子商务零售出口有关政策的意见》，为发展跨境电子商务指明了方向，对企业外贸转型升级具有重要而深远的意义。此后，从国务院到各大相关部委，也纷纷出台针对跨境电子商务行业的配套政策措施。

从 2013 年至 2017 年，国务院发布了多道跨境电子商务行业政策，如图 1-9 所示。

2013～2017 年国务院相关跨境电子商务政策			
时间	主题	名称	意义
2013 年 8 月	对各部门要求	《关于实施支持跨境电子商务零售出口有关政策意见的通知》	政策指导
2014 年 5 月	基础设施	《关于支持外贸稳定增长的若干意见》	政策指导
2015 年 3 月	批准试验区	《国务院关于同意设立中国（杭州）跨境电子商务综合试验区的批复》	政策支持
2015 年 5 月	效率提高	《关于大力发展电子商务加快培育经济新动力的意见》	政策指导
2015 年 6 月	流程优化	《国务院常务会议，部署促进跨境电子商务健康快速发展》	政策支持
2015 年 6 月	基础设施	《关于促进跨境电子商务健康快速发展的指导意见》	政策指导
2016 年 1 月	批准试验区	《国务院关于同意在天津等 12 个城市设立跨境电子商务综合试验区的批复》	政策支持
2016 年 5 月	支持新业态	《国务院关于促进外贸回稳向好的若干意见》	政策指导
2017 年 11 月	降进口税率	《国务院关税税则委员会关于调整部分消费品进口关税的通知》	政策支持
图表编制：电子商务研究中心			数据来源：WWW.100EC.CN

图 1-9　2013～2017 年国务院发布的相关跨境电子商务政策

海关作为跨境电子商务监管链条的关键环节，在跨境电子商务政策制定上有着较高的权力。近年来，海关总署出台多项举措来保证跨境电子商务的快速发展，如海关对跨境电子商务监管实行全年 365 天无休息日，货到海关监管场所 24 小时内办结海关手续，跨境电子商务监管业务联动工作作业机制、应急预案和全年无休日跨境电子商务通关总体工作方案等。2014～2017 年海关总署相关跨境电子商务政策如图 1-10 所示。

2014～2017 年海关总署相关跨境电子商务政策			
时间	主题	名称	意义
2014 年 7 月	加强监管	《关于跨境贸易电子商务进出境货物、物品有关监管事宜公告》	政策规范
2014 年 8 月	加强监管	《海关总署关于增列海关监管方式代码的公告》	政策规范
2015 年 5 月	效率提高	《海关总署关于调整跨境贸易电子商务监管海关作业时间和通关时限要求有关事宜的通知》	政策支持
2015 年 9 月	加强监管	《关于加强跨境电子商务网购保税进口监管工作的函》	政策规范
2015 年 10 月	试点城市	《海关总署关于天津市开展跨境贸易电商服务试点工作的报告》	政策支持
2015 年 12 月	效率提高	《关于进出口货物报关单修改和撤销业务无纸化相关事宜公告》	政策支持
2016 年 4 月	加强监管	《关于跨境电子商务零售进出口商品有关监管事宜的公告》	政策规范
2016 年 5 月	政策延期	《海关总署关于执行跨境电子商务零售进口新的监管要求有关事宜通知》	政策支持
2016 年 7 月	完税价格	《关税司、加贸司关于明确跨境电商进口商品完税价格有关问题的通知》	政策规范
2016 年 10 月	信息化	《关于跨境电子商务进口统一版信息化系统企业接入事宜公告》	政策规范
2016 年 12 月	加强监管	《关于增列海关监管方式代码的公告》	政策规范
2017 年 8 月	效率提高	《海关监管场所管理办法》	政策支持
图表编制：电子商务研究中心			数据来源：WWW.100EC.CN

图 1-10　2014～2017 年海关总署相关跨境电子商务政策

跨境电子商务涉及国家多个部门的业务范畴，涉及的国家相关部门包括：国家发改委、财政部、工信部、农业农村部、商务部、国家税务总局、国家市场监督管理总局、交通运输部、国家邮政局、国家外汇管理局、中国人民银行等多个部门。各部门从自身角度出发，出台相关政策措施，给跨境电子商务行业带来极大的促进作用。2013～2017年商务部等部门相关跨境电子商务政策如图1-11所示。

2013～2017年商务部等部门相关跨境电子商务政策			
时间	主题	名称	意义
2013年2月	外汇支付试点	《支付机构跨境电子商务外汇支付业务试点指导意见》	政策支持
2015年1月	开放购汇	《支付机构跨境外汇支付业务试点指导意见》	政策支持
2015年1月	提高网购限额	《关于开展支付机构跨境外汇支付业务试点的通知》	政策支持
2015年5月	负面清单	《关于进一步发挥检验检疫职能作用促进跨境电子商务发展的意见》	政策支持
2015年5月	基础设施	《“互联网+流通”行动计划》	政策支持
2015年6月	加强监管	《关于加强跨境电子商务进出口消费品检验监管工作的指导意见》	政策支持
2015年7月	加强监管	《关于支持中国（杭州）跨境电子商务综合试验区发展的意见》	政策规范
2015年10月	加强监管	《网购保税模式跨境电子商务进口食品安全监督管理细则（征求意见稿）》	政策规范
2016年5月	推迟执行	“商务部谈话”	政策支持
2016年2月	提高免税限额	《关于口岸进境免税店政策的公告》	政策支持
2016年3月	跨境限额	《关于跨境电子商务零售进口税收政策的通知》	政策支持
2016年4月	商品清单	《关于公布跨境电子商务零售进口商品清单的公告》	政策支持
2016年4月	商品清单备注	《跨境电子商务零售进口商品清单有关商品备注的说明》	政策规范
2016年4月	商品清单	《关于公布跨境电子商务零售进口商品清单（第二批）的公告》	政策支持
2016年4月	商品清单备注	《跨境电子商务零售进口商品清单（第二批）有关商品备注的说明》	政策规范
2016年5月	提高效率	《质检总局关于跨境电商零售进口通关单政策的说明》	政策支持
2017年6月	提高效率	《质检总局关于跨境电商零售进出口检验检疫信息化管理系统数据接入规范的公告》	政策规范
2017年11月	经验推广	《商务部等14部门关于复制推广跨境电子商务综合试验区探索形成的成熟经验做法的函》	政策支持
图表编制：电子商务研究中心			数据来源：WWW.100EC.CN

图1-11　2013～2017年商务部等部门相关跨境电子商务政策

从整体上来看，海关总署对于进口业务较为谨慎。海关总署2015年9月发布加急文件《关于加强跨境电子商务网购保税进口监管工作的函》，要求试点城市严格按照现有的规则执行，不得将正常业务扩大化，限定了跨境保税进口必须是跨境电子商务试点城市的海关特色监督区域或保税物流中心展开，打击了网购保税试点中的不规范行为。

2. 逐步推行的跨境电子商务试点城市与综试区

海关总署牵头的跨境电子商务试点城市自 2012 年 12 月启动以来，已经拓展至 20 多个城市如图 1-12 所示。这些城市依托电子口岸建设机制和平台优势，实现跨境电子商务企业与口岸管理相关部门的业务协同与数据共享；一些重要的运营平台包括重庆的“e 点即成”、上海的“跨境通”、宁波的“跨境购”、杭州的“一步达”、郑州的“E 贸易”等。

中国跨境电子商务试点城市情况				
	城市	获批时间	出口试点资格	进口试点资格
试点	重庆	2012 年 12 月	√	√
	上海	2012 年 12 月	√	√
	宁波	2012 年 12 月	√	√
	杭州	2012 年 12 月	√	√
	郑州	2012 年 12 月	√	√
逐步推广	广州	2013 年 9 月	√	√
	苏州	2013 年 11 月	√	×
	长沙	2014 年 1 月	√	×
	银川	2014 年 1 月	√	×
	青岛	2014 年 2 月	√	×
	哈尔滨	2014 年 2 月	√	×
	牡丹江	2014 年 2 月	√	×
	烟台	2014 年 3 月	√	×
	西安	2014 年 3 月	√	×
	长春	2014 年 5 月	√	×
	深圳	2014 年 7 月	√	√
	绥芬河	2014 年 8 月	√	×
	张家港	2015 年 9 月	√	×
	天津	2015 年 10 月	√	√
	福州	2016 年 1 月	×	√
	平潭	2016 年 1 月	×	√
	合肥	2016 年 1 月	×	√
	成都	2016 年 1 月	√	√
	大连	2016 年 1 月	√	√
图表编制：电子商务研究中心				数据来源：WWW.100EC.CN

图 1-12　中国跨境电子商务试点城市情况

综试区是试点城市的升级版，地位高于试点城市。国务院总理李克强亲自敲定了首个杭州综试区——中国（杭州）跨境电子商务综合试验区。首个杭州综试区摸索出以“单一窗口”为核心的“六大体系、两大平台”模式。“单一窗口 + 综合园区”齐发力，加速通关流程。线上单一窗口是指海关、市场监督管理、外汇管理、国税、工商、物流、金融等部门数据申报、处理、进度提示集中在同一平台。实现“一次申报、一次查验、一次放行”；线下“综合园区”是指“一区多园”模式，例如杭州综试区建成了上城、余杭等 13 个跨境电子商务园区，总面积达 323 万平方米，入驻企业 2188 家。构筑“信息共享 + 金融服务 + 智能物流 + 电商信用 + 统计监测 + 风险防控”六大配套体系。该体系打通各监管主体，实现了服务、评价、监管的全面电子化。杭州综试区共出台 86 条制度创新清单，55 项创新政策，积累宝贵经验。

不同试点城市和综试区也都出台了系列政策支持和鼓励跨境电子商务发展。比如杭州市人民政府 2015 年 6 月出台的文件，鼓励跨境电子商务主体和平台建设（每家不超过 500 万元资金）、鼓励跨境电子商务人才引进培养（高校不超过 100 万元的资金扶持、高端跨境电子商务人才优先享受“杭州市人才新政 27”）、鼓励跨境电子商务园区建设（优先保证用地指标）、鼓励跨境电子商务物流仓储企业、配套和专线建设（不超过 200 万元的资金扶持）、鼓励跨境电子商务融资体系建设等。杭州临安区出台政策支持工具、节能灯等扶持行业，对这些行业的阿里巴巴国际站会员企业，达到一定的交易金额给予 1.8 万～3.6 万元的年费补贴。

1.5.2 “一带一路”倡议与跨境电子商务发展相辅相成

《“十三五”国家信息化规划》首次提出网上丝绸之路建设优先行动，作为我国未来五年的优先战略重点行动（国务院 2016 年 12 月 15 日）。网上丝绸之路，是由中国与“一带一路”沿线各国，加强网络互联、信息互通所形成的多领域、多层次基于“互联网 +”的信息经济带。

中国“一带一路”倡议将打破传统贸易壁垒，有效促进沿线国家发展共赢，给中小企业带来大量贸易机会。这一战略将有助于通过“网上丝绸之路”建设，推动沿线国家跨境电子商务领域进一步深入发展。反过来，跨境电子商务合作可以更好地实现“一带一路”沿线国家贸易畅通，更好地惠及当地民众。阿里巴巴集团 2016 年提出的世界电子贸易平台（eWTP）倡议，也被写进了 G20 领导人杭州峰会公报。

2017 年 3 月 22 日，阿里巴巴集团董事局主席马云和时任马来西亚总理的纳吉布宣布，首个 eWTP 试验区在马来西亚落地，双方共同建设“数字自由贸易区”（eHub）。这个试验区的建设，将为中国和马来西亚的跨境电子商务发展提供强大的平台。

“一带一路”倡议还促进了中国与其他国家在跨境电子商务方面达成合作协议，比如 2016 年 6 月中国与东盟七国签署《中国—东盟跨境电子商务平台运营与管理机制备忘录》，2016 年 11 月与智利签署《中国商务部与智利外交部关于电子商务领域合作的谅解备忘录》等。而跨境电子商务的合作，也增强了中国与“一带一路”沿线国家的连接强度。

阿里巴巴 ECI 指数（E-Commerce Connectivity Index，跨境电子商务连接指数），旨在

反映中国与“一带一路”沿线国家在跨境电子商务贸易方面的连接紧密程度。出口指数越高，表示该国购买“中国制造”的商品越多；进口指数越高，表示中国消费者购买该国商品越多。“一带一路”沿线国家 2016 年 ECI 跨境电子商务连接指数 Top20 国家如图 1-13 所示。

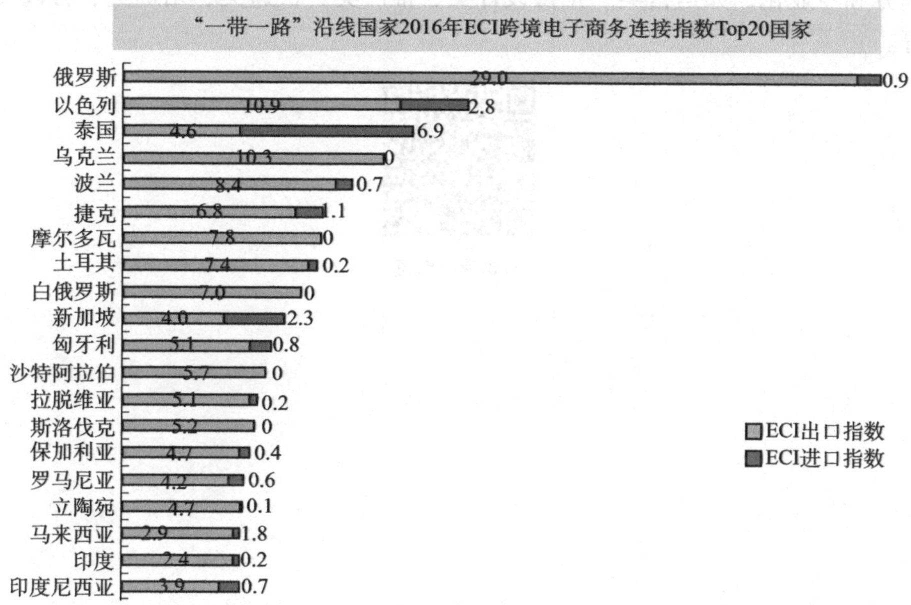

图 1-13 “一带一路”沿线国家 2016 年 ECI 跨境电子商务连接指数 Top20 国家

中国的消费市场也对“一带一路”国家的产品有着强大的吸引力。例如，泰国的乳胶枕、香米；新加坡的精油、叶黄素；马来西亚的饼干、速溶咖啡；以色列的护发产品、脱毛器；捷克的粉底液；匈牙利的巧克力；俄罗斯的糖果；印度尼西亚的饼干；菲律宾的芒果干；越南的速溶咖啡；希腊的橄榄油；印度的地毯；斯里兰卡的红茶；阿联酋的椰枣；伊朗的藏红花；叙利亚的女皇古皂。

“一带一路”沿线国家不仅借助跨境电子商务与中国实现产品的“走进来”和“走出去”，还帮助中国企业在服务和资本领域进行输出。比如过去几年，蚂蚁金服国际化的业务重点方向就是欧、美、澳等发达市场以及东南亚及南亚等“一带一路”沿线国家。

1.5.3 资本在跨境电子商务生态链中的投入和作用不断加大

从 2014 年 10 月起，资本玩家开始纷纷入局跨境电子商务，比如：

- 国内京东、网易等互联网大佬都开创了海外板块，并将海购板块提升至重要战略地位。
- 海外电子商务企业如亚马逊逐步进驻中国市场，上线海外购板块，并充分利用其国际化优势。
- 中小创业公司纷纷获得融资进入跨境电子商务行业，如跑在一线的蜜芽、洋码头，以及后起之秀的小红书都已相继走到了 C 轮千万美元级别的融资阶段。

● 物流供应链服务商则纷纷发挥自身行业优势，优化供应链，为行业发展保驾护航做好坚实后盾；许多资本还放眼于海外仓建设，来解决跨境电子商务海外仓储和物流的成本问题。

● 各类跨境电子商务服务商层出不穷，围绕电商产业提供服务的企业团体不断增加，并不断细分和专业化，如运营类、拍摄设计类、推广类、快递类、培训类、咨询类、数据服务类等。

初识跨境电商

第2章

跨境电子商务平台

本章导论

跨境电商发展离不开各大平台，本章按照跨境电商B2B平台、B2C平台、移动端平台介绍了国内企业使用最多的几个典型跨境电商交易平台。交易平台是跨境电商产业链的重要一环，但还需要其他主体和其他很多环节，本章特别介绍了跨境电商通关服务平台、跨境电商公共服务平台以及跨境电商综合服务平台。

通过本章的学习，可以全盘了解出口跨境电商产业链，了解跨境电商相关的各主体，帮助跨境电商实践者构建最佳的社会关系网络。

2.1 B2B跨境电子商务平台

B2B跨境电子商务模式一直处于我国跨境电子商务中的主体地位。20世纪90年代末，环球市场（1996年）、中国制造网（1998年）、阿里巴巴国际站（1999年）的成立开启了中国中小企业依托互联网技术进行在线信息推广的时代，其商业模式是基于互联网平台展示中小企业及商品信息，同时海外买家可以寻找、搜索卖家并发布采购信息，最终为跨国贸易双方提供商机和订单，盈利模式主要是广告推广费、展会收入（如网上广交会）、会员费收入等。

2004年敦煌网正式上线实现小额跨境电子商务的在线交易，其商业模式在当时外贸产业界是一大创新，在2006年、2008年、2010年、2014年获得了由KPCB凯鹏华盈中国投资为首的从A轮到D轮次的投资。2007年上线的兰亭集势于2013年在纽交所上市，外贸人对于电子商务开始普遍认同。

2001年成立的面向中小企业提供外贸综合服务的深圳市一达通企业服务有限公司，其商业模式主要是通过互联网平台为中小企业提供金融、通关、物流、退税、外汇等一站式的进出口环节服务，外贸综合服务平台的出现，让B2B跨境电子商务进入全产业链一站式服务阶段。

2.1.1 阿里巴巴国际站

1. 发展历史

阿里巴巴国际站于 1999 年正式上线，阿里巴巴 B2B 业务（www.alibaba.com）是阿里巴巴集团最早创立的业务，也是阿里巴巴集团的旗舰业务。目前阿里巴巴 B2B 平台是全球领先的 B2B 跨境电子商务平台，服务全世界数以千万计的采购商和供应商，专注服务于全球中小微企业。目前国际站拥有 4000 万海外注册买家，来自 200 多个国家和地区，覆盖 40 多个行业，也为数千万年轻人及中小企业提供了平等的贸易平台。网站提供的一站式通关、退税、物流等服务，让外贸企业在出口流通环节也变得更加便利和顺畅。

2. 大事件

阿里巴巴国际站从上线至 2017 年之间的大事件如图 2-1 所示。

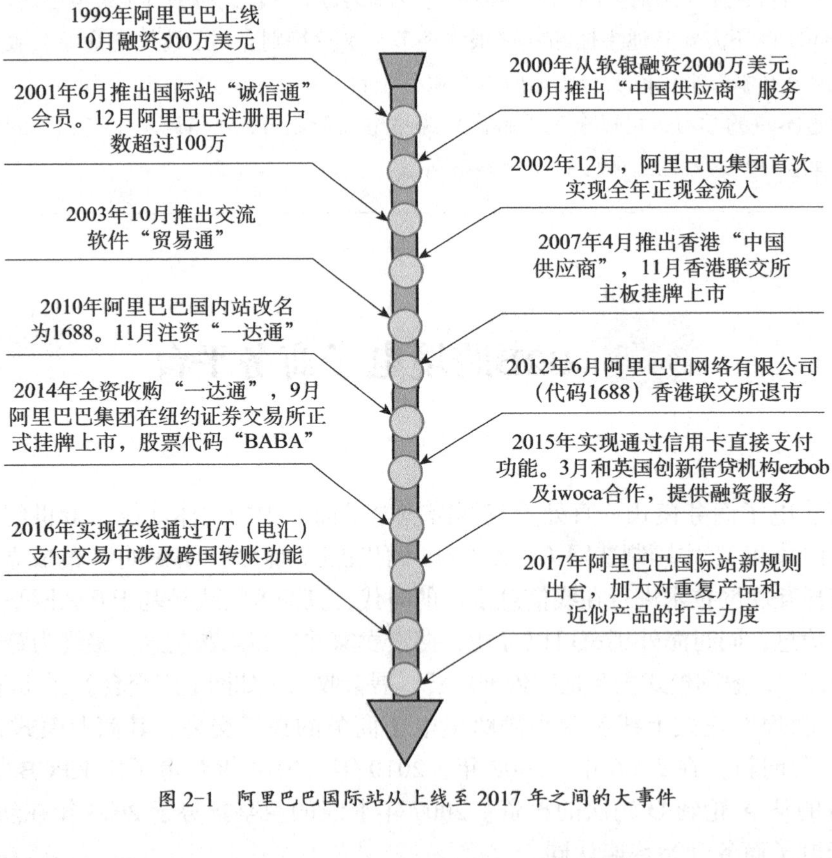
1999年阿里巴巴上线
10月融资500万美元
2000年从软银融资2000万美元。
10月推出“中国供应商”服务
2001年6月推出国际站“诚信通”
会员。12月阿里巴巴注册用户
数超过100万
2002年12月，阿里巴巴集团首次
实现全年正现金流入
2003年10月推出交流
软件“贸易通”
2007年4月推出香港“中国
供应商”，11月香港联交所
主板挂牌上市
2010年阿里巴巴国内站改名
为1688。11月注资“一达通”
2012年6月阿里巴巴网络有限公司
（代码1688）香港联交所退市
2014年全资收购“一达通”，9月
阿里巴巴集团在纽约证券交易所正
式挂牌上市，股票代码“BABA”
2015年实现通过信用卡直接支付
功能。3月和英国创新借贷机构ezbob
及iwoca合作，提供融资服务
2016年实现在线通过T/T（电汇）
支付交易中涉及跨国转账功能
2017年阿里巴巴国际站新规则
出台，加大对重复产品和
近似产品的打击力度

图 2-1 阿里巴巴国际站从上线至 2017 年之间的大事件

3. 服务内容和对象

阿里巴巴国际站帮助中小企业拓展国际贸易的出口营销推广服务，它基于阿里巴巴国际站贸易平台，通过向海外买家展示、推广供应商的企业和产品，进而获得贸易商机和订单，提供一站式的店铺装修、产品展示、营销推广、生意洽谈及店铺管理等全系列线上服务和工具，帮助企业降低成本、高效率地开拓外贸大市场。

阿里巴巴国际站主要有免费会员（中国内地免费会员无卖家功能，国际免费会员能采购商品也可发布供应信息）、全球供应商会员（国际付费卖家会员可采购商品，也可发布产品，进入后台管理）和中国供应商会员（内地、香港、澳门和台湾的收费会员，依托国际站寻找海外买家）。

4. 平台创新点

阿里巴巴国际站平台的创新点有以下几点：

①海外知名度高，访问流量大，在 Alexa 的全球商务类网站中综合排名第四；在全球商贸及进出口网站两项排名中均为第一。阿里巴巴国际站注册企业会员超过 230 万人，覆盖超过 200 多个国家和地区，覆盖超过 34 个进出口行业。阿里巴巴国际站起于国际电子商务发展的早期，经历了网络经济的泡沫和寒冬期，更在 2003 年因为“非典”影响打开阿里巴巴国际站在海外采购商中的影响力，其后以阿里巴巴 B2B 主营业务在香港上市，其同名阿里巴巴集团又在美国纽交所挂牌上市，近两年借助“一带一路”政策更是不断拓展阿里巴巴国际站的知名度。长达 20 多年的发展，其海外知名度已经远远高于其他平台，成为阿里集团的重要支柱平台。

②功能完善，服务系统化。阿里巴巴国际站的功能已经较为完善，从帮助会员找买家、供应商、合作伙伴，实现在线销售和采购，到提供最新的宏观行业发展和微观交易数据信息，帮助企业寻找有用的商业资讯，以及推出各类工具，比如千牛平台帮助企业便捷管理和操作等，各类功能不断完善。而在服务方面，专门建立培训部门为企业进行培训，甚至手把手教会企业人员进行操作，会员培训系统非常成熟，销售服务细致。

③大数据优势明显，智能应用将实现。借助于阿里云、达摩院等阿里巴巴一系列高科技技术，大数据将带给阿里巴巴国际站成员更客观翔实的行业动态，实现更精准的营销模式。近期阿里巴巴国际站平台还提供了外卖机器人 AliRobot，这是中国第一款自动化营销多功能软件，通过类似机器人的软件来实现高质量产品智能海量发布，使多关键词全方位覆盖，产品定时批量更新，以及关键词排名一键查询等功能，可以大幅度提高商品曝光度。

2.1.2 中国制造网（焦点科技）

1. 发展历史

中国制造网创建于 1998 年，由焦点科技开发和运营，是国际上有影响的电子商务平台。中国制造网旨在利用互联网为国内中小制造企业构建渠道，借助中国制造网的品牌优势和推广力量，向全球采购商推荐。

中国制造网分内贸站和外贸站。内贸站（网址为 cn.made-in-china.com）主要为国内买卖双方提供信息管理、展示、搜索、对比、询价等全流程服务，同时提供第三方认证、广告推广等高级服务。帮助供应商在互联网上展示企业形象和产品信息，帮助采购商精准、快速地找到诚信供应商。外贸站（网址为 www.made-in-china.com）共有 11 种语言版本，目前提供 27 个类目 3600 个子类目的产品信息，为中国供应商和海外采购商搭建沟通平台，推荐可靠产品和可信任的中国制造企业到全球市场，帮助实现高效买卖双方的交易。

2. 大事件

中国制造网从 1996 年成立至 2017 年间的大事件如图 2-2 所示。

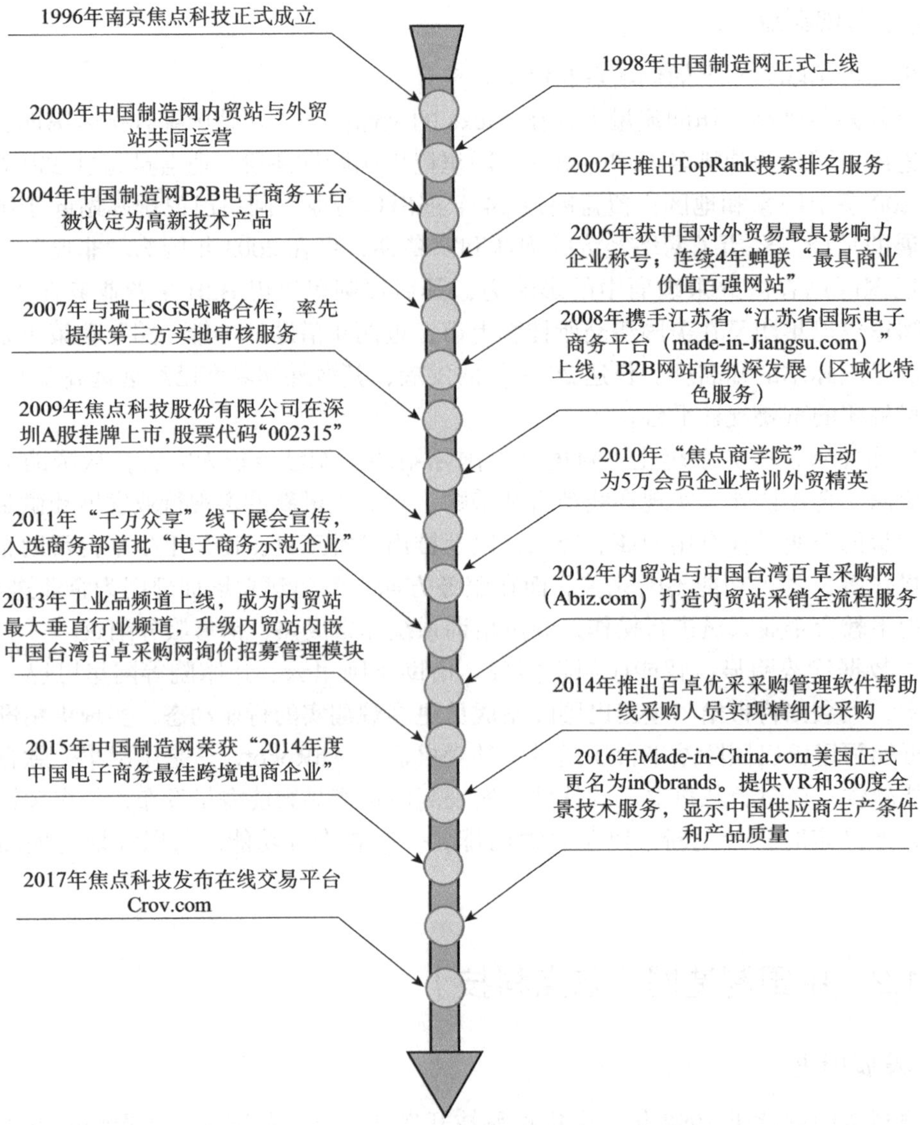
1996年南京焦点科技正式成立
1998年中国制造网正式上线
2000年中国制造网内贸站与外贸站共同运营
2002年推出TopRank搜索排名服务
2004年中国制造网B2B电子商务平台被认定为高新技术产品
2006年获中国对外贸易最具影响力企业称号；连续4年蝉联“最具商业价值百强网站”
2007年与瑞士SGS战略合作，率先提供第三方实地审核服务
2008年携手江苏省“江苏省国际电子商务平台（made-in-Jiangsu.com）”上线，B2B网站向纵深发展（区域化特色服务）
2009年焦点科技股份有限公司在深圳A股挂牌上市，股票代码“002315”
2010年“焦点商学院”启动为5万会员企业培训外贸精英
2011年“千万众享”线下展会宣传，入选商务部首批“电子商务示范企业”
2012年内贸站与中国台湾百卓采购网（Abiz.com）打造内贸站采销全流程服务
2013年工业品频道上线，成为内贸站最大垂直行业频道，升级内贸站内嵌中国台湾百卓采购网询价招募管理模块
2014年推出百卓优采采购管理软件帮助一线采购人员实现精细化采购
2015年中国制造网荣获“2014年度中国电子商务最佳跨境电商企业”
2016年Made-in-China.com美国正式更名为inQbrands。提供VR和360度全景技术服务，显示中国供应商生产条件和产品质量
2017年焦点科技发布在线交易平台Crov.com

图 2-2　中国制造网从 1996 年成立至 2017 年间的大事件

3. 服务内容和对象

中国制造网通过构建商业信息数据库、商情板发布供求信息、第三方机构认证等，帮助众多供应商和采购商建立联系、提供商业机会。其服务对象包括采购商、中国供应商、

海外供应商，其盈利主要来自会员费用、产品展台现场视频、增值服务费。

平台会员在中国制造网可以通过输入关键词、产品目录和商情板等方法，搜索查找产品、联系供应商、发布供求商情等，供应商还可以通过横幅等广告形式进行推广。

4. 平台特点

中国制造网平台具有如下特点：

①制造行业纵深发展的垂直 B2B 网站。中国制造网主要针对加工制造类行业，在建材等多个工业品类目方面纵深发展，帮助企业实现工业品的精细化采购流程。从效果来看，尽管询盘数量不如另一知名 B2B 跨境电子商务平台，但其询盘的质量却比较高，达成交易的概率也更大。

②更精细的会员服务。中国制造网比较重视用户利益，提供更多更精细化的会员服务，比如为帮助会员提高贸易能力，不仅为供应商提供信息，也提供培训会、沙龙、出版杂志等一系列顾客服务。近两年其还在美国建立了销售团队和仓储基地，直接介入到海外交易的环节中。

2.1.3 敦煌网

1. 发展历史

敦煌网于 2004 年成立，2005 年正式上线运营，定位于中小微企业的 B2B 海外电子商务网站。据称它是中国国内首个实现在线交易的 B2B 跨境电子商务平台。与其他 B2B 网站收取会员费的盈利模式不同，敦煌网采取佣金制，免注册费，只在买卖双方交易成功后收取费用。根据 PayPal 交易平台数据，2011 年敦煌网在线外贸交易额亚太排名第一、全球排名第六，其交易达到 100 亿元规模。

截至 2017 年，敦煌网已经实现 170 多万国内供应商、770 万种商品，遍布全球 222 个国家和地区以及 1500 万买家在线购买的规模，实现了物流、资金流和信息流三大环节的平台整合，是商务部重点推荐的中国对外贸易第三方电子商务平台之一，工信部电子商务机构管理认证中心已经将其列为示范推广单位。

2. 大事件

敦煌网从 2004 年至 2017 年间的大事件如图 2-3 所示。

3. 服务内容和对象

针对国际贸易订单的小批量和多样化的发展趋势，敦煌网侧重于帮助国内中小微企业开展小批量的 B2B 跨境交易。

结合中小微企业在国际贸易、物流、资金等诸多环节的不足，平台提供货源、海外营销、在线支付和国际物流、保险、金融、培训为一体的供应链整合服务体系。比如在货源组织上，2013 年开始与义乌、东莞、宁波等货源地打造的全球网货中心，集合了货源地的商务及商品信息，大大提高交易达成概率；在物流支持方面，推出综合物流平台 DHLink，与全球四大物流公司签约，覆盖超过 190 个国家和地区，在长三角、珠三角、

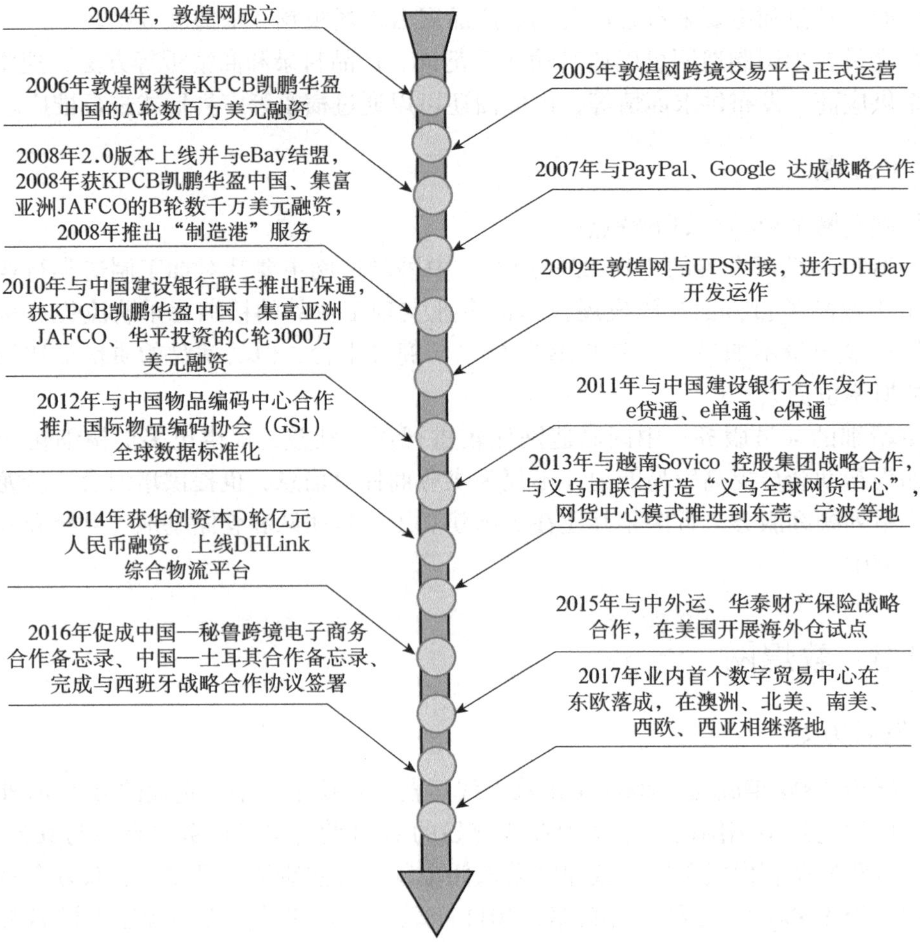
2004年，敦煌网成立
2005年敦煌网跨境交易平台正式运营
2006年敦煌网获得KPCB凯鹏华盈中国的A轮数百万美元融资
2007年与PayPal、Google 达成战略合作
2008年2.0版本上线并与eBay结盟，2008年获KPCB凯鹏华盈中国、集富亚洲JAFCO的B轮数千万美元融资，2008年推出“制造港”服务
2009年敦煌网与UPS对接，进行DHpay开发运作
2010年与中国建设银行联手推出E保通，获KPCB凯鹏华盈中国、集富亚洲JAFCO、华平投资的C轮3000万美元融资
2011年与中国建设银行合作发行e贷通、e单通、e保通
2012年与中国物品编码中心合作推广国际物品编码协会（GS1）全球数据标准化
2013年与越南Sovico 控股集团战略合作，与义乌市联合打造“义乌全球网货中心”，网货中心模式推进到东莞、宁波等地
2014年获华创资本D轮亿元人民币融资。上线DHLink综合物流平台
2015年与中外运、华泰财产保险战略合作，在美国开展海外仓试点
2016年促成中国—秘鲁跨境电子商务合作备忘录、中国—土耳其合作备忘录、完成与西班牙战略合作协议签署
2017年业内首个数字贸易中心在东欧落成，在澳洲、北美、南美、西欧、西亚相继落地

图 2-3　敦煌网从 2004 年至 2017 年间的大事件

西南地区建立国内仓库，2015 年开始建立海外仓，推出“海外直发业务”，帮助其平台的商家获得物流渠道、物流价格等方面的优势；在金融方面，为帮助中小微企业资金周转，不出现货款压滞，与建行、招行、民生银行等合作，推出系列金融产品，如 e 贷通、e 单通、e 保通等，甚至是不需要担保的信用贷款和 P2P 平台敦煌专属贷款。

4. 平台特点

敦煌网具有如下特点。

①致力于解决中小微企业做跨境电子商务的痛点。中小微企业做跨境电子商务业务中主要的痛点在于国际贸易专业不足、货源问题、资金问题和物流问题。敦煌网近几年的业务布局都是围绕这些痛点开展的，以平台交易为核心，开展外贸交易服务一体化服务 DHport，从信保到关、检、税、汇等提供一站式专业服务；整合支付、物流、金融供应链服务。

②盈利模式创新。与阿里巴巴主要靠收取卖家会员费用不同，敦煌网采取买卖双方免费注册的方式，按照成交金额的 3%～10% 不等的浮动佣金制向买方单向收取费用，实现了“按交易提成”的做法，另外在供应链金融和仓储物流上也会收取服务佣金。

③借助“一带一路”东风快速布局全球市场。近几年敦煌网在“一带一路”沿线和重点商贸区域都有战略布局。比如与秘鲁、西班牙等国建立战略合作协议，在东欧等地建立数字贸易中心等，不仅帮助平台实现品牌的海外推广，同时解决跨境电子商务中的诸多落地问题。

2.2 B2C跨境电子商务平台

2.2.1 速卖通

1. 发展历史

2009年9月，阿里巴巴注册资本10990万美元上线速卖通平台，8个月后正式在海外开业。阿里巴巴计划斥巨资对全球速卖通进行海外推广，平台在海外借助各类媒体，如电视、报纸、杂志以及欧美主流网站进行宣传推广；在Google投入了数十万热卖产品关键词，去精确锁定海外卖家；先后并购Vendio和Auctiva两家美国知名电子商务公司，为其引入25万优质海外买家资源。2015年要求企业入驻和品牌商品上线，2017年引入品牌封闭管理机制，速卖通正逐渐实现其将“中国质造”推向海外市场的目标。AliExpress App海外装机量超过3亿，入围全球应用榜单Top10。

2. 大事件

速卖通从2010年至2017年间大事件如图2-4所示。

3. 服务内容和对象

作为阿里系的一员，速卖通秉承了阿里服务中小企业的一贯宗旨，将国内中小企业的产品和服务推向海外市场，如英国、美国、加拿大、俄罗斯、巴西、西班牙、印度尼西亚等都是速卖通的主要销售地区。海外市场的直接消费者、终端批发零售商等都是速卖通平台的主要客户。相比于阿里系的阿里巴巴国际站，速卖通平台上的订单更加个性化、小批量，也更容易让中国中小企业直接接触到海外消费者，成为网络零售商，而非中间商。

而随着速卖通的全球知名度的不断提升，逐渐成为国际性的B2C跨境电子商务平台，一些海外卖家也纷纷在平台注册开店并实现销售。经过8年的高速发展，速卖通平台已趋于成熟，服务对象覆盖全球230个国家和地区，主要交易市场为俄、美、西、巴、法等国，支持世界18种语言站点，海外成交买家数量突破1亿。

4. 平台特点

速卖通平台具有如下特点。

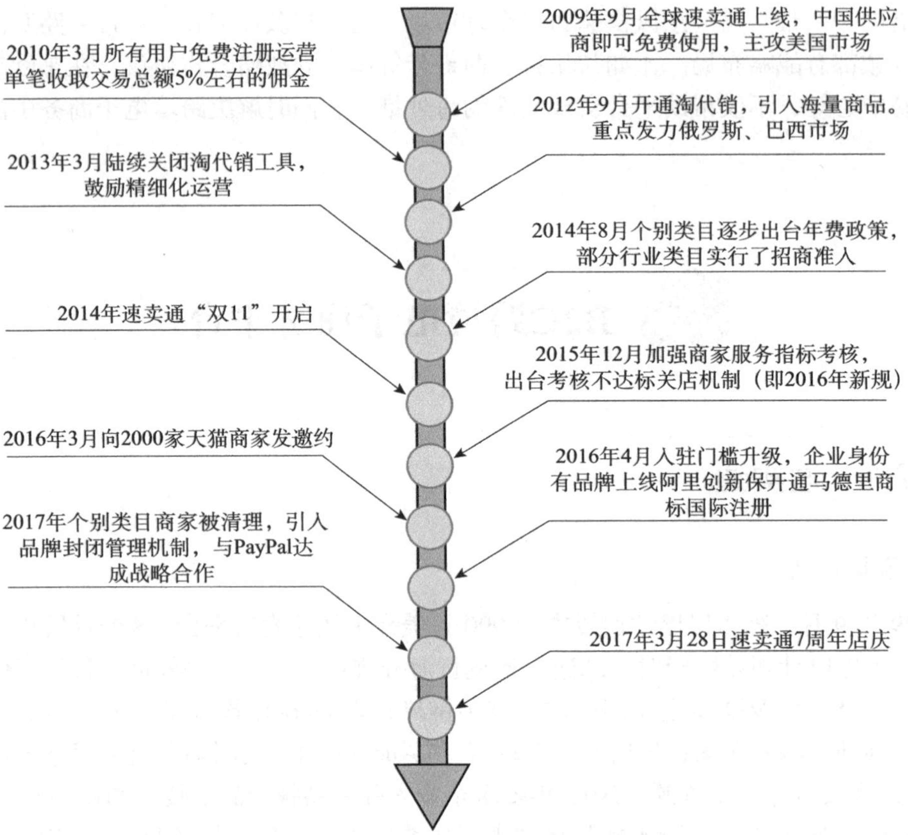
2009年9月全球速卖通上线，中国供应商即可免费使用，主攻美国市场
2010年3月所有用户免费注册运营单笔收取交易总额5%左右的佣金
2012年9月开通淘代销，引入海量商品。重点发力俄罗斯、巴西市场
2013年3月陆续关闭淘代销工具，鼓励精细化运营
2014年8月个别类目逐步出台年费政策，部分行业类目实行了招商准入
2014年速卖通“双11”开启
2015年12月加强商家服务指标考核，出台考核不达标关店机制（即2016年新规）
2016年3月向2000家天猫商家发邀约
2016年4月入驻门槛升级，企业身份有品牌上线阿里创新保开通马德里商标国际注册
2017年个别类目商家被清理，引入品牌封闭管理机制，与PayPal达成战略合作
2017年3月28日速卖通7周年店庆

图 2-4　速卖通从 2010 年至 2017 年间大事件

①后台操作便捷：与其他一些平台相比，速卖通后台操作承袭了阿里系的简单便捷特点，无论卖家是否具有外贸经验，是否精通外文，平台都可以帮助卖家快速商品上架、处理买卖信息、获得订单、管理运营等。

②海外知名度不断提升：速卖通的目标是全球市场，在美国、俄罗斯等国家买家较多，流量大，市场容量大，这都有利于中国中小企业的海外市场开拓。

③平台商品种类齐全：目前在速卖通平台上销售品类排名前 5 的是服装及配饰、手机及通信工具、美妆及健康、计算机网络、珠宝及手表。与阿里系其他平台一样，速卖通作为一个水平型的 B2C 跨境电子商务平台，在不违反政策和各国法律前提下，全球速卖通平台上的产品和服务覆盖 3C、服装、家居、饰品等共 30 个一级行业类目，应有尽有。此外对于海外卖家，强大的中国制造能力，让平台的商品具有较强的价格优势。

④国际支付宝保障支付安全：平台拥有强大的网站诚信安全体系保障购物的安全性，避免买卖双方的交易损失，国际支付宝也保障了买卖双方的支付安全。

2.2.2　Amazon

1. 发展历史

1994 年，从金融服务公司 D.E.Shaw 辞职的杰夫·贝佐斯（Jeff Bezos）决定创立一家网上书店。1995 年 7 月网站正式上线，开创新型的图书销售模式，并以地球上孕育最多种生物的亚马孙河命名，在 1997 年 5 月 15 日公司上市。

与当时许多争取"眼球"为目标的网站不同，Amazon 在长达 5 年的时间内几乎没有盈利，营业收入大都投入到了网站的技术升级和物流配送体系的建设，一度引起股东的抱怨。而正是这种稳健并务实的发展思路，使得 Amazon 在 21 世纪的互联网泡沫中得以幸存，并最终成为互联网零售业的巨头。2001 年的第 4 季度，亚马逊首次实现了盈利，当季营收超过 10 亿美元，净利约 500 万美元。1999 年，《时代》将贝佐斯设为当年的时代年度风云人物。

成立之初，Amazon 定位于成为"地球上最大的书店"（1994～1997 年）。便捷的购书模式和持续的折扣营销，Amazon 快速超越了线下图书巨头 Barnes&Noble 和 Borders 等，尽管 1997 年 Barnes&Noble 也开展线上图书销售业务，但此时 Amazon 已经确立了最大书店的地位，并将目光放到了图书以外的其他领域。

1997 年以后，借助于已经较为成熟的销售平台和物流配送网络，Amazon 开始提供更为丰富的商品选择，目标是成为"最大的综合网络零售商"。最先扩展的类目是音乐产品，1998 年 Amazon 的音乐商店正式上线，仅一个季度销售额就已经超过了 CDnow。

2001 年以后，Amazon 开始开放自己的网络平台，推广第三方开放平台（Marketplace），从而从一个网络零售商转变为网络服务提供商。2002 年推出 AWS（Amazon Web Services）、2005 年推出 Prime 服务、2007 年推出 FBA（Fulfillment by Amazon）、2010 年推出 KDP 的前身 DTP（Digital Text Platform）。

亚马逊公司的网站主域名 Amazon.com 在 2008 年全年的访客数量至少达到 6.15 亿，是当年沃尔玛超市门店顾客数量的两倍，2015 年亚马逊美国站的日均访问达到 3310 万，总访问量达到 9.25 亿。截至 2018 年 4 月，Amazon Prime 会员用户数超过 1 亿。

除了主域名，亚马逊还在世界上多个国家建立了本地化的网站，在商品、定价等方面存在差异化。如：Amazon.cn（中国）、Amazon.co.jp（日本）、Amazon.fr（法国）、Amazon.co.uk（英国）、Amazon.ca（加拿大）。

2. 大事件

Amazon 从 1998 年至 2018 年间的大事件如图 2-5 所示。

3. 服务内容和对象

成为网络服务提供商之后，Amazon 平台上的商品线涵盖了图书、音像制品、软件、消费电子产品、家用电器、厨具、食品、玩具、母婴用品、化妆品、日化用品、运动用具、服装鞋帽、首饰等类目，因此，Amazon 的服务对象也扩展为全球各地入驻 Amazon 平台的各个个人卖家和专业卖家。

对于中国做跨境电子商务的商家，可以选择在 Amazon 北美站、Amazon 欧洲站、Amazon 日本站其中之一或者多个站点开展电商业务。

4. 平台特点

Amazon 平台具有如下特点：

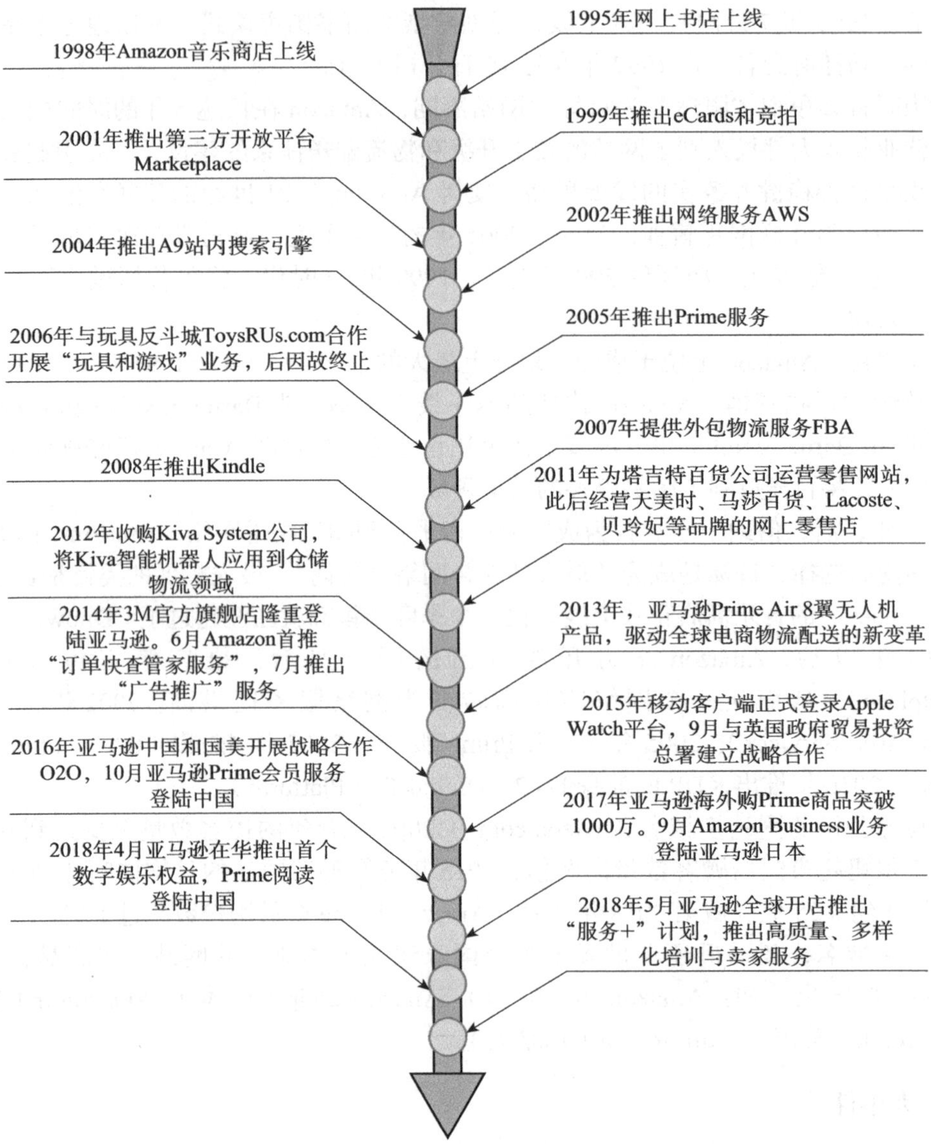
1995年网上书店上线
1998年Amazon音乐商店上线
1999年推出eCards和竞拍
2001年推出第三方开放平台
Marketplace
2002年推出网络服务AWS
2004年推出A9站内搜索引擎
2005年推出Prime服务
2006年与玩具反斗城ToysRUs.com合作
开展“玩具和游戏”业务，后因故终止
2007年提供外包物流服务FBA
2008年推出Kindle
2011年为塔吉特百货公司运营零售网站，
此后经营天美时、马莎百货、Lacoste、
贝玲妃等品牌的网上零售店
2012年收购Kiva System公司，
将Kiva智能机器人应用到仓储
物流领域
2013年，亚马逊Prime Air 8翼无人机
产品，驱动全球电商物流配送的新变革
2014年3M官方旗舰店隆重登
陆亚马逊。6月Amazon首推
“订单快查管家服务”，7月推出
“广告推广”服务
2015年移动客户端正式登录Apple
Watch平台，9月与英国政府贸易投资
总署建立战略合作
2016年亚马逊中国和国美开展战略合作
O2O，10月亚马逊Prime会员服务
登陆中国
2017年亚马逊海外购Prime商品突破
1000万。9月Amazon Business业务
登陆亚马逊日本
2018年4月亚马逊在华推出首个
数字娱乐权益，Prime阅读
登陆中国
2018年5月亚马逊全球开店推出
“服务+”计划，推出高质量、多样
化培训与卖家服务

图 2-5　Amazon 从 1998 年至 2018 年间的大事件

①消费者至上的平台管理思想。Amazon 一贯坚持以消费者为中心的原则，并在很多细节上落实这一原则。比如 Prime 会员服务制度，2005 年 Amazon 在全球首创 Prime 会员服务，为消费者提供美国境内全年无限次免运费两日达服务，提供亚马逊专属服务和折扣优惠，目前已在 13 个国家开展这一服务。2016 年亚马逊启动 Prime Now 服务，为 Prime 会员提供两小时免费送达和一小时送达服务，为实现这一目标，亚马逊建立了 Prime 专属货运机队，给 Prime 会员提供极速配送体验。此外，在很多平台规则方面，Amazon 也非常重视保护消费者权益，如 A-Z 机制。

②智能仓储物流运营体系。亚马逊是最早将智能机器人应用到物流运营体系中的电子商务企业。早在 2012 年就通过收购 Kiva System 公司，将 Kiva 智能机器人应用到仓储物流领域，改变了传统的“人找货”的模式，变为“货找人”，人机协作实现更快速地拣货。

此外Amazon也是最早将无人机技术应用到物流配送领域的企业。2013年推出的亚马逊Prime Air无人机，30分钟即可将一件五磅重快递送到客户家中，全程无人化。目前，亚马逊已经构建起全球化智能运营网络，通过全球140多个运营中心，跨国配送到全球185个国家和地区，这是目前为止全球覆盖最广的电子商务自建运营网络。而在此基础上，Amazon向平台第三方卖家推出了FBA物流服务。

③技术为王的AWS服务。Amazon的总裁贝佐斯是一个技术的狂热爱好者，从早期图书销售网站中的各项技术应用（比如图书推荐技术等），到后来的AWS（Amazon Web Services）网络服务，亚马逊为其平台的用户提供基于其自有后端技术平台的几乎所有类型的业务。这些技术服务包括亚马逊弹性计算网云（Amazon EC2）、亚马逊简单储存服务（Amazon S3）、亚马逊简单数据库（Amazon SimpleDB）、亚马逊简单队列服务（Amazon Simple Queue Service）、亚马逊灵活支付服务（Amazon FPS）、亚马逊土耳其机器人（Amazon Mechanical Turk）以及Amazon CloudFront。Amazon的云计算技术也因此在全球处于领先地位。

2.2.3 eBay

1. 发展历程

eBay成立于1995年9月，创建者Omidyar为了帮助女友和全美的Pez糖果盒爱好者交流而开发的一个拍卖网站，没想到网站很受欢迎，很快被收集Pez糖果盒、芭比娃娃等物品的爱好者挤爆。比如平台第一单交易买家就是一位“专门收集坏掉的镭射指示器”的玩家。1997年9月公司也正式更名为eBay。1997年哈佛MBA出身并先后在宝洁、迪士尼担任过副总裁的梅格·惠特曼出任eBay CEO。作为一家最早的C2C第三方平台，买卖双方的信任问题一直是其困扰。因此eBay在2002年收购了已在纳斯达克上市的PayPal，成为平台的第三方支付工具，解决了买卖双方的信任危机。2015年1月，eBay独立访问量达1.22亿，在全网位列第11位。在2016年全年，eBay的商业平台在全球范围内促成了数十亿笔交易，交易总额达到840亿美元。截至2018年，eBay在全球拥有1.71亿活跃买家。

2. 大事件

eBay从1995年至2017年间的大事件如图2-6所示。

3. 服务内容和对象

eBay是一个全球性的网站，其目标是成为全球性在线交易平台。其市场范围涉及全球四大区域（欧洲，美洲，亚洲，太平洋地区）的经济较发达国家。

eBay让入驻会员可以通过拍卖和一口价销售产品，可以拍卖有特点的产品、库存少的产品、无法判断准确价值的产品；或者通过一口价销售有大量库存的产品、有丰富SKU的产品、需要长时间在线销售的产品、卖家希望有固定可控的利润的产品。

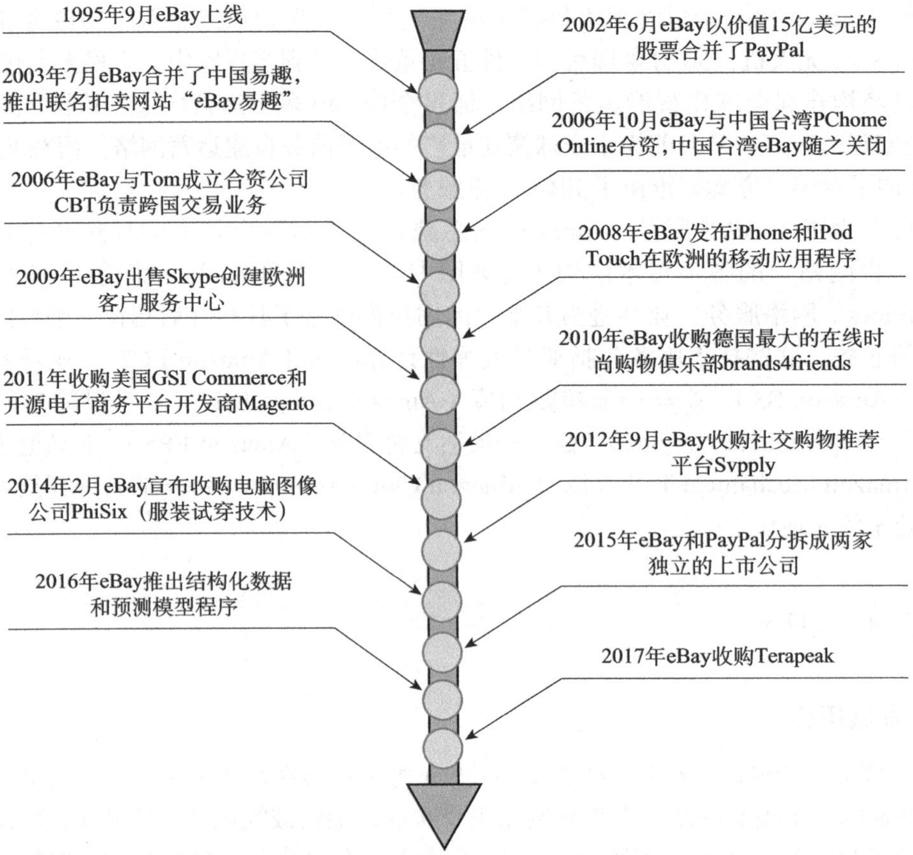
1995年9月eBay上线
2002年6月eBay以价值15亿美元的股票合并了PayPal
2003年7月eBay合并了中国易趣，推出联名拍卖网站“eBay易趣”
2006年10月eBay与中国台湾PChome Online合资，中国台湾eBay随之关闭
2006年eBay与Tom成立合资公司CBT负责跨国交易业务
2008年eBay发布iPhone和iPod Touch在欧洲的移动应用程序
2009年eBay出售Skype创建欧洲客户服务中心
2010年eBay收购德国最大的在线时尚购物俱乐部brands4friends
2011年收购美国GSI Commerce和开源电子商务平台开发商Magento
2012年9月eBay收购社交购物推荐平台Svpply
2014年2月eBay宣布收购电脑图像公司PhiSix（服装试穿技术）
2015年eBay和PayPal分拆成两家独立的上市公司
2016年eBay推出结构化数据和预测模型程序
2017年eBay收购Terapeak

图 2-6　eBay 从 1995 年至 2017 年间的大事件

4. 平台特点

eBay 平台具有如下特点。

①成熟的二手拍卖交易平台。eBay 采用的运作模式是通过为买卖双方搭建拍卖平台，并提供平台方便个人或者商家在上面开店铺，每笔拍卖收取刊登费（费用从 0.25 至 800 美元不等），向每笔已成交的拍卖再收取一笔成交费（成交价的 7%～13% 不等），给买卖双方提供一个成熟二手货交易平台。

②平台交易产品的独特性。eBay 平台上，只要物品不违反法律或在 eBay 的禁止贩售清单之内，即可以在 eBay 刊登贩售，每天都有数以百万的家具、收藏品、电脑、车辆在 eBay 上被刊登、贩售、卖出。有些物品稀有且珍贵，有些物品可能是满布灰尘、毫不起眼的小玩意，却可能是某些网民的独特收藏。正如 eBay 创办时的初衷，很多网民在 eBay 上寻找各类其他网站难以找到的物品。

③通过数据和社交媒体引流支持平台卖家。eBay 会根据卖家注册的类目，把越来越多的相关数据通过邮件等方式发布给卖家们。这些数据包括价格指导、进货指导以及更多对于库存的洞察（如对于正确产品、价格和时机的需求信号）；此外，eBay 还会通过将流量导向优秀评级卖家来提高用户的参与度和满意度，让这些商家销售继续以健康的速度增长。

eBay还与Facebook进行了合作，提高其流量增长。eBay在Facebook的移动电商平台上提供“每日交易”（Daily deals）商品，作为回报，eBay则可以从Facebook平台上获得更大的用户基础。

④强大支付工具PayPal支持。PayPal是目前全球使用最为广泛的网上交易工具。它可以进行便捷的外贸收款、提现与交易跟踪。快捷支付并接收包括美元、加元、欧元、英镑、澳元和日元等25种国际主要流通货币。

2.2.4　平台选择

速卖通作为阿里巴巴未来国际化的重要战略产品，这几年的发展可谓风生水起，已成为全球最活跃的跨境平台之一，并依靠阿里巴巴庞大的会员基础，成为目前全球产品品类最丰富的平台之一。

选择Amazon平台需要有很好的外贸基础和资源（包括稳定可靠的供应商资源、美国本土人脉资源等），卖家最好有一定的资金实力，并且有长期投入的心态。Amazon平台首页如图2-7所示。

图2-7　Amazon平台首页

对于eBay的选择，应该具有产品的地区优势，比如产品目标市场在欧洲和美国。eBay操作比较简单，投入不大，适合有一定外贸资源的人做。eBay平台首页如图2-8所示。

图2-8　eBay平台首页

2.3 跨境电子商务移动端平台

这里只介绍 Wish 平台。

1. 发展历程

Wish 是一家高科技独角兽公司，创始人为出生在欧洲的 Peter Szulczewski 和来自广州的 Danny Zhang（张晟），他们曾一起求学于加拿大滑铁卢大学。Peter 曾在 ATI、英伟达、微软和谷歌实习和工作过，并主要研究机器自主学习算法，带领团队参与了 Google Adwords/AdSense 等经典产品的开发。Danny 在大学期间在 Alcan 实习过，任软件优化工程师。毕业之后去了雅虎、Lime Wire 和 AT&T，在计算机科学领域拥有 9 项专利。2011 年，他们一起联合创立了 ContextLoGIC（Wish 母公司）。

目前 Wish 有 90% 的卖家来自中国，也是北美和欧洲最大的移动电商平台。它使用优化算法大规模获取数据，并快速了解如何为每个客户提供最相关的商品，用推送的方式让消费者在移动端便捷购物的同时享受购物的乐趣，被评为硅谷最佳创新平台和欧美最受欢迎的购物类 App。目前日活跃用户达到 60 万～80 万。

Wish 品牌口号为“shopping made fun”，并且其使用的优化算法能够迅速掌握为所有客户提供相关度最高的产品的方法，能够获取大规模的信息数据，使用户能够在享受手机端方便快捷的同时还能感受到购物的乐趣。相较于其他的跨境电子商务平台，例如 Amazon、eBay、AliExpress 等，Wish 平台的精准度更高，平台更专注于产品的展示与个性化推荐，会与用户有更多的互动性，使消费者在购物过程中有更多的娱乐感，无障碍地连接了用户和产品内容，从而带来了更高的客户黏性。

比起传统电子商务行业的销售模式，Wish 可以更加精准地推荐给用户所需要的产品，它所呈现给用户的产品更趋向于用户个人所需要的，更加贴合消费者的喜好，使每一个用户在网站上所接收到的商品信息都是适合自己的，并且随着用户的喜好变化以及需求变化能够改变其内容。移动端能够大大缩减购买决策的时间，激发更多的消费增量。

Wish 的交互界面也与大多数的电子商务平台截然不同，使用了与 Pinterest 等图片社交网站的瀑布流的方式用以推送商户的产品。其独特的购物模式使企业能够精确地找到用户群体。

截至 2018 年 5 月，Wish 位于 Alexa 排名中的第 451 位，访客排名第 561 位。总体排名基本保持上升状态，访客人数维持稳定。

2. 大事件

Wish 从 2011 年至 2017 年间的大事件如图 2-9 所示。

3. 服务内容和对象

Wish 为商户提供免费的手机端销售平台，根据用户在社交媒体上的浏览轨迹分析用户的喜好，实现千人千面的个性化推送，为全球消费者提供来自世界各地的优质产品选择。

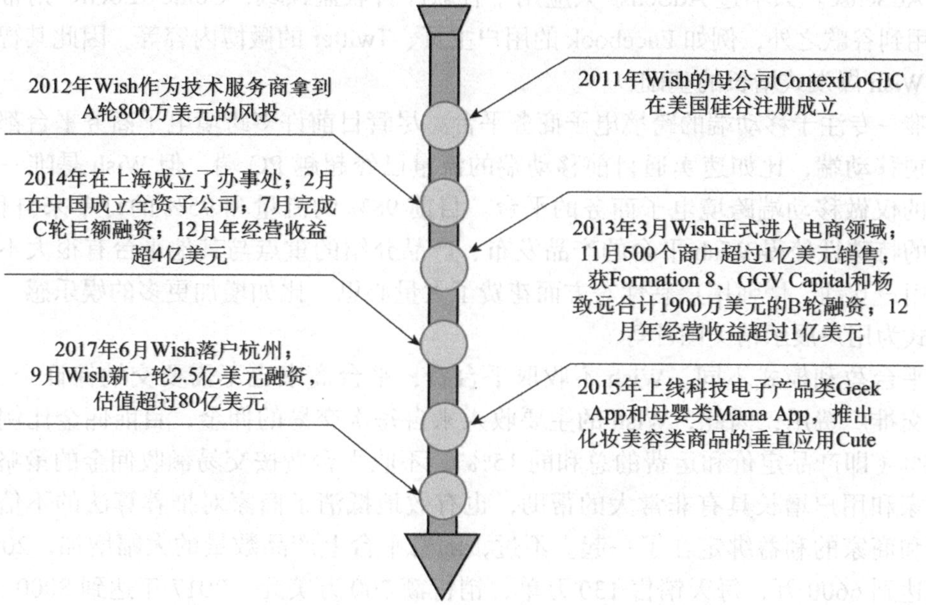
2012年Wish作为技术服务商拿到A轮800万美元的风投
2011年Wish的母公司ContextLoGIC在美国硅谷注册成立
2014年在上海成立了办事处；2月在中国成立全资子公司；7月完成C轮巨额融资；12月年经营收益超4亿美元
2013年3月Wish正式进入电商领域；11月500个商户超过1亿美元销售；获Formation 8、GGV Capital和杨致远合计1900万美元的B轮融资；12月年经营收益超过1亿美元
2017年6月Wish落户杭州；9月Wish新一轮2.5亿美元融资，估值超过80亿美元
2015年上线科技电子产品类Geek App和母婴类Mama App，推出化妆美容类商品的垂直应用Cute

图 2-9 Wish 从 2011 年至 2017 年间的大事件

Wish 的消费者遍布全世界，主要以美国、欧洲、加拿大以及澳大利亚等地区为主，有超过 70% 的消费者来自欧美国家，其中约 44.5% 来自美国，43.2% 来自欧洲，年龄上以 16～30 岁为主。其中销售额（GMV）排名较高的国家有：法国、德国、英国、意大利和瑞典。而所搭载的销售平台主要是手机端 App，其在各大软件下载商城中的下载量在其所属类目中排名靠前；在超过 8 个国家的购物类目中排名第一，下载量排名在前 5 的国家超过了 80 个。其注册用户超过 3 亿，并且拥有高于 1000 万的日活跃用户数（DAU）。

目前 Wish 平台也提供了 4 个垂直类目的 App，分为母婴产品（Mama）、3C 电子产品（Geek）、家居产品（Home）和美妆产品（Cute）。根据 Wish 买家浏览方式推测，Wish 平台受欢迎类目的特点有：产品种类丰富、使用更换频率高、有话题性等，所以不难理解为什么时尚类目是平台的主要类目。新进卖家在选择类目时可考虑即将被拓展的类目，避免激烈竞争，为自己赢取更多的机会。在选品时卖家需要注意：因为 Wish 在同一个页面或同一个推送下会推送不出现重复或相似度高的产品，所以在选择商品时需要尽量考虑差异化。

从 2016 年开始，Wish 平台的政策开始逐步完善，更加注重于产品的知识产权，并且对于买家的权益高度重视。Wish 的商户逐渐开始走向自主品牌化、规范化的道路，用户和平台对于卖家的要求也越来越高。

4. 平台创新点

Wish 平台具有如下特点。

①以推荐为主的电子商务平台。与其他电子商务平台需要消费者主动去搜索产品不同，Wish 使用优化算法分析用户行为大数据，再为这些用户标记大量的标签，然后通过

与平台产品标签的匹配，为用户提供个性化的产品推荐。其重要的技术 ContextLoGIC 通过机器学习和自然语言处理技术处理信息，从而提高广告与内容页的相关性，这非常类似谷歌的 AdSense。只不过 AdSense 只应用于谷歌广告联盟领域，ContextLoGIC 则希望将该技术应用到谷歌之外，例如 Facebook 的用户主页、Twitter 的微博内容等。因此其智能算法技术是 Wish 爆发式增长的基础。

②唯一专注于移动端的跨境电子商务平台。尽管目前许多跨境电子商务平台都开始关注并重视移动端，比如速卖通目前移动端的流量已经超越 PC 端，但 Wish 是唯一一家全球知名的仅做移动端跨境电子商务的平台。目前 98% 的流量和 95% 的订单来自移动端，移动端的特殊性使得 Wish 平台的产品发布、产品介绍的重点与其他平台有很大不同，而平台在用户互动、增强用户黏性等方面花费了大量心思，比如增加更多的娱乐感、用瀑布流的方式为用户展示精美图片等。

③平台盈利模式不同。Wish 不收取平台费，平台商家也不需要交纳保证金、押金，更不用交推广费用，因此，Wish 的主要收入来自每次交易的佣金，目前佣金比例是交易额的 15%（即产品定价和运费的总和的 15%）。不收平台费按交易额收佣金的策略，对于吸引商家和用户增长具有非常大的帮助，也有效地抵消了商家对推荐算法的不信任，因为平台和商家的利益绑定在了一起。不过，随着平台上产品数量的大幅增加，2016 年产品数量达到 6600 万，每天销售 130 万单，销售额 700 万美元，2017 年达到 8000 万美元，店铺达到 10 万个。Wish 开始推出诚信店铺服务，付费买流量，同时划分 14 个动态性的行业，从而更好地提高买卖双方的匹配度。

2.4 跨境电子商务服务平台

跨境电子商务交易平台是产业链的重要一环，而跨境电子商务通关服务平台、跨境电子商务公共服务平台以及跨境电子商务综合服务平台更是跨境电子商务产业链的重要环节。它们分别由海关、政府和企业建设，在整个进出口流程中把控着不同的环节，承担着不同的职能。

2.4.1 跨境电子商务通关服务平台——海关总揽

跨境电子商务通关服务平台是为外贸企业出口通关提供便利服务的系统平台，是海关总署为应对当前外贸订单碎片化、小包裹、小订单急剧增多的趋势而建立的统一跨境电子商务通关服务平台。全国首个统一版海关总署跨境电子商务通关服务平台已于 2014 年 7 月在广东省东莞市正式上线运营，意在统一报关流程，该平台所上传的数据可直接对接海关总署内部系统，节省报关时间，提升通关效率。

平台监管部门是海关总署和地方海关；服务对象为传统中小型外贸企业、跨境进出口电子商务企业。在跨境电子商务通关服务平台上，货物通关采用“三单对比”的方式进行监管，“三单”指电子商务企业提供的报关单、支付企业提供的支付清单、物流企业提供的物流运单。“三单”数据确认无误后即可放行。

2.4.2 跨境电子商务公共服务平台——政府企业面对面

跨境电子商务公共服务平台由政府投资兴建，其含义具有双向性：一方面为各地政府的职能部门之间搭建公共信息平台，另一方面是服务于大众（主要是指外贸企业）。

跨境电子商务公共服务平台由各地政府自行建设，并无全国统一版本。平台涉及国检（检验检疫）、国税（纳税退税）、外管局（支付结汇）、商委或外经贸委（企业备案、数据统计）等政府职能部门及银行结汇等，企业需一一对接。而跨境电子商务行业多碎片化订单，若每笔订单都重复与职能部门对接将成为极其繁重的工作。政府职能部门之间也需要一个公共区域共享企业上传的数据，并进行数据采集、交换对比、监管等工作。

平台监管部门为国检局、国税局、外管局等政府职能部门。作为政府层面建设的平台，其作用除了沟通政府职能部门，一些地方平台还能直接对接海关的通关服务平台，典型代表就是杭州跨境电子商务综试区的“单一窗口”。

1. 单一窗口建设

- 2012年8月，杭州正式获批成为国家跨境贸易电子商务服务首批5个试点城市之一，开通下城、下沙等园区跨境电子商务进出口通关服务平台，实现一般出口、直邮进口、保税进口。
- 2014年4月，杭州市委市政府提出了建设中国（杭州）跨境电子商务综合试验区的重大战略设想，启动规划“六体系两平台”的综试区体系。
- 2015年3月，国务院正式发文批复同意设立中国（杭州）跨境电子商务综合试验区（国函〔2015〕44号文）。
- 2015年6月，综合试验区的单一窗口（网址为www.singlewindow.gov.cn）上线测试。
- 2015年12月，浙江省政府印发（浙政函〔2015〕65号），在杭州各类市场主体推行单一窗口，第一阶段为在综试区“单一窗口”平台登记备案的在杭州市注册的各类市场主体；第二阶段逐步拓展到在综试区“单一窗口”平台登记备案的杭州市外注册的各类市场主体。
- 2016年1月召开的国务院常务会议决定，将先行试点的杭州综试区初步探索出的相关政策体系和管理制度，向更大范围推广。

这是全国首个跨境电子商务单一窗口，汇集海关、国检、外管、国税等部门职能，使跨境电子商务企业可以得到一站式服务的信息化平台。平台实行“一点接入”原则，为开展跨境电子商务的电商企业、支付企业、物流企业等各类型企业提供统一的申报入口，通过一个入口来提交标准化的信息和单证，就可以满足跨境电子商务进出口相关监管部门的所有业务需求，做到“一次申报、一次查验、一次放行”。

2. 综试区六大体系布局

综试区的主要任务是建立以信息为基础、以信用为核心、以技术为支撑的跨境电子商务新型监管服务模式，实现跨境电子商务自由化、便利化、规范化发展。通过构建信息共享体系、金融服务体系、智能物流体系、电商信用体系、统计监测体系和风险防控体系，以及线上“单一窗口”平台和线下“综合园区”平台等“六体系两平台”，实现跨境电子商务信息流、资金流、货物流“三流合一”，建立以真实交易为基础的电商信用评价体系，对企业或商品实施分类分级监管，简化优化监管流程，并依托大数据的分析运用，提供金融、物流等供应链综合服务。

综试区六大体系如图 2-10 所示。其中，信息共享体系：统一信息标准规范、信息备案认证、信息管理服务，打通“关”“税”“汇”“检”“商”“物”“融”之间的信息壁垒；金融服务体系：通过创新金融业务、开展个人贸易外汇管理改革、鼓励跨境电子商务活动使用人民币计价结算、鼓励第三方支付机构通过银行为中小电商企业集中办理结汇业务等举措，为跨境电子商务注入金融活力；智能物流体系：利用云计算、物联网、大数据等技术，实现物流供应链的全程可验可测可控；电商信用体系：建立跨境电子商务信用数据库和信用评价、信用监管、信用负面清单系统等“一库三系统”，实现对电商信用的“分类监管、部门共享、有序公开”；统计监测体系：建立“中国（杭州）跨境电子商务数据监测制度”，建立跨境电子商务统计标准，以及发布“跨境电子商务指数”；风险防控体系：运用大数据分析，通过“三流合一”建立以真实交易为背景的诚信体系，通过“负面清单”对企业进行分类管理服务。

3. “单一窗口”功能

“单一窗口”有政务服务和综合服务两大功能，具体的有进出口 B2C 业务申报、跨境 B2B 进出口备案和申报管理、退税申报管理。

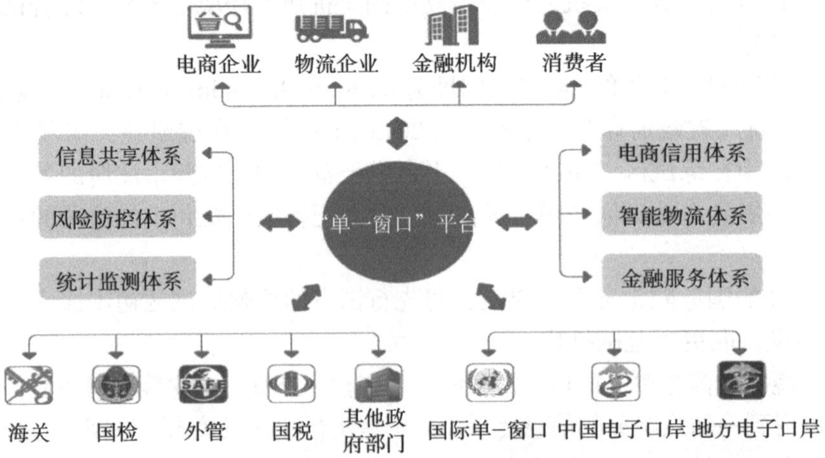

图 2-10　综试区六大体系

进出口 B2C 业务申报，提供全程无纸化的订单管理、运单管理 / 清单管理、通关认证管理 / 报关申请单管理等功能；跨境 B2B 进出口备案和申报管理，承担备案和数据申报等政务服务功能，为开展跨境电子商务业务的企业或个人提供基本信息备案、商品信息备案和免税备案等在线服务；退税申报管理，通过与浙江省国税系统的对接，电商企业可在“线上综合服务平台”上进行出口退税的申报。线上综合服务平台首页如图 2-11 所示。

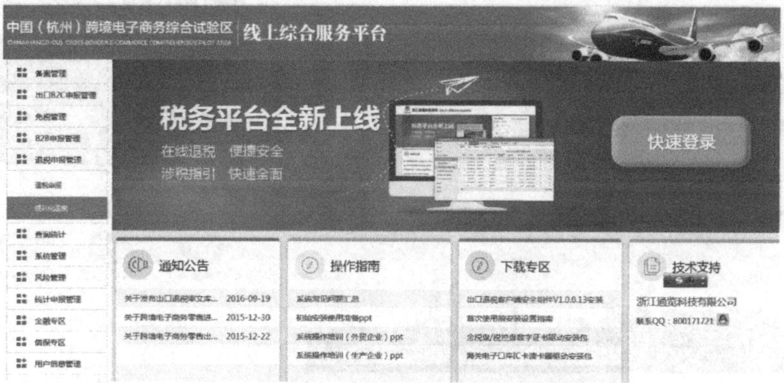

图 2-11 线上综合服务平台首页

其与传统国际贸易通关相比有以下四大优势。

- 低：通过线上平台完成报关、报检、退税、收汇，提高通关效率，降低通关成本。
- 轻：订单信息生成报关申报信息，减轻了手工录入工作，提高企业申报效率。
- 一：提供金融机构、保险、物流等综合服务，提供全流程一站式综合服务。
- 无：全程无纸化，摆脱传统纸质单证申报的烦琐程序。

线上综合服务平台有 PC 端网站（见图 2-12）和 App（见图 2-13）。电商企业和消费者可通过 App 实时查询订单、运单等跨境通关数据；线上咨询跨境相关业务和了解综试区线上综合服务平台。

4. 单一窗口走单流程

企业需要先做好以下几项准备：企业注册→开通权限→申报主体备案→接口改造对接。

由“线上综合服务平台”平台提供数据对接文档，电子商务平台进行接口改造，并与技术人员完成对接联调，由主体将信息通过接口报送给“线上综合服务平台”。注册时需要填写企业主体名称、类型（电商服务企业、电商交易平台、电商应用企业、有无进出口权）、组织机构代码、纳税人类型、纳税人识别号、经营范围、网站地址、注册地址、经营地址、经营类型、保税监管区域企业、注册资本（人民币、外币）、投资总额、法人代表的相关信息等。具体的线上综合服务平台主体信息填写页面如图 2-14 所示，其中，在正式报关前，电子商务企业应委托平台将 B2B 订单信息报送给“线上综合服务平台”；在正式填制报关单时，在报关单的“合同协议号”字段中增加特定标识“DS\ 原合同号”；申报地海关应为杭州海关；电子商务企业如没有自建平台，应委托电子商务平台或第三方综合服务企业发送订单信息。

综试区 B2B 出口业务须满足以下三个条件：

- 电子商务平台认可。B2B 出口业务依托的跨境电子商务平台须经综试区及相关监管部门认可。

- 三单信息印证。电子商务企业（电子商务平台）、金融机构、物流企业通过综试区“单一窗口”平台向监管部门传输报关单信息、支付清单信息、物流运单信息，并与报关单数据相互印证。

图 2-12　综合服务平台 PC 端

图 2-13　综合服务平台 App

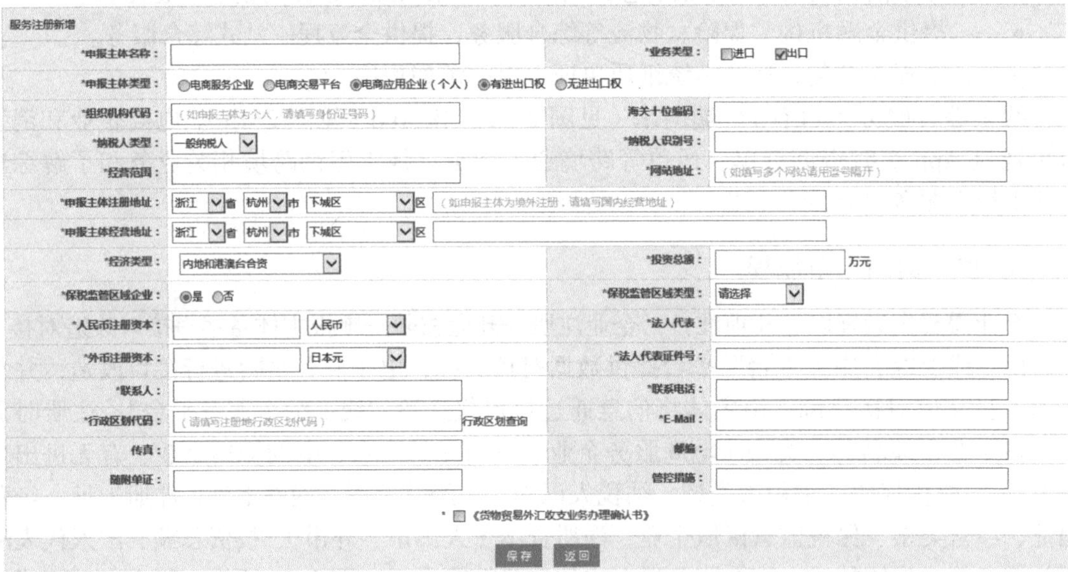
服务注册新增

*申报主体名称：		*业务类型：	□进口　☑出口
*申报主体类型：	◯电商服务企业　◯电商交易平台　◉电商应用企业（个人）　◉有进出口权　◯无进出口权		
*组织机构代码：	（如申报主体为个人，请填写身份证号码）	海关十位编码：	
*纳税人类型：	一般纳税人	*纳税人识别号：	
*经营范围：		*网站地址：	（如填写多个网站请用逗号隔开）
*申报主体注册地址：	浙江 省 杭州 市 下城区 区 （如申报主体为境外注册，请填写国内经营地址）		
*申报主体经营地址：	浙江 省 杭州 市 下城区 区		
*经济类型：	内地和港澳台合资	*投资总额：	万元
*保税监管区域企业：	◉是　◯否	*保税监管区域类型：	请选择
*人民币注册资本：	人民币	*法人代表：	
*外币注册资本：	日本元	*法人代表证件号：	
*联系人：		*联系电话：	
*行政区划代码：	（请填写注册地行政区划代码）行政区划查询	*E-Mail：	
传真：		邮编：	
随附单证：		管控措施：	

* □《货物贸易外汇收支业务办理确认书》

保存　返回

图 2-14　线上综合服务平台主体信息填写页面

● 特定报关标志。海关在出口货物报关单中增加“电子商务”字段，与传统交易方式进行区别，便于数据统计。

5. 线上综合服务平台的通关便利成效

单证审核率：一般认证企业，符合诚实守信的，在杭州海关市域范围内所有报关现场，单证审核比例从总署规定的 100% 降低为 5%。

查验率：在杭州关区申报的 B2B 跨境电子商务业务的查验率将从试单时的 4% 左右降低到 2%。

6. 线上综合服务平台通关业务专项扶持政策

通关补贴：注册在本地的外贸综合服务企业，或为本地企业服务的外贸货运代理企业、报关行，对符合“线上综合服务平台”B2B出口业务申报流程，并完成报关业务的，给予每单报关业务150元的资金扶持。

查验补贴：遇海关查验，经查验后正常放行的货物申报业务，按每单1000元予以补助。

2.4.3　跨境电子商务综合保税区平台（海关特殊监管平台）

跨境电子商务综试区是统一的公共信息平台，同时也提供企业入驻园区服务，如杭州综试区。

杭州跨境电子商务综试区还有下设的下城跨贸园、下沙跨贸园、空港跨贸园、临安跨贸园等园区。下城跨贸园：2013年7月8日开园，主要做直邮业务，优势在高效通关通检，首创“一次申报、一次查验、一次放行”模式；下沙跨贸园：2014年5月7日开园，以网购报税进口模式为主，进口直邮为辅，优势在杭州唯一的海关特殊监管区优势；空港跨贸园：2015年2月9日开园，保税物流中心，以进口报税业务为主，具有机场口岸优势和仓储物流优势；临安跨贸园：2015年8月11日开园，以B2B贸易出口为主，优势在于节能灯、电线电缆、装饰纸和化工产品行业优势。政府对于入驻这些园区的企业进行人才招聘、培训、仓储、金融、孵化等扶持，如图2-15所示。

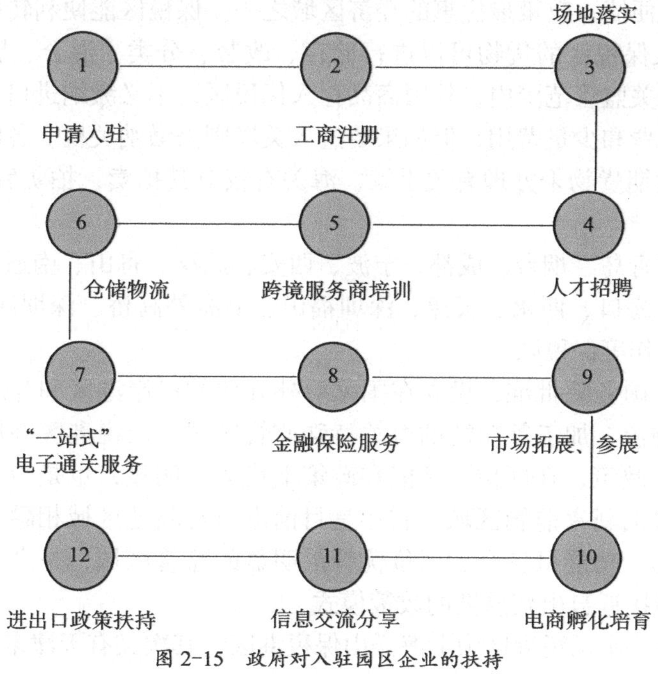

图2-15　政府对入驻园区企业的扶持

除了综试区，还有一些保税区，也是由政府支持建设的，允许企业入驻，提供跨境进出口电商的政策支持，海关也可以更方便监管，称为海关特殊监管场所。比如：在国内有保税港区、报税物流园区、报税物流中心、跨境工业园区、出口加工区、保税区、进口保税仓和出口监管仓，在国外设立自由贸易港或自由贸易区，如图2-16所示。

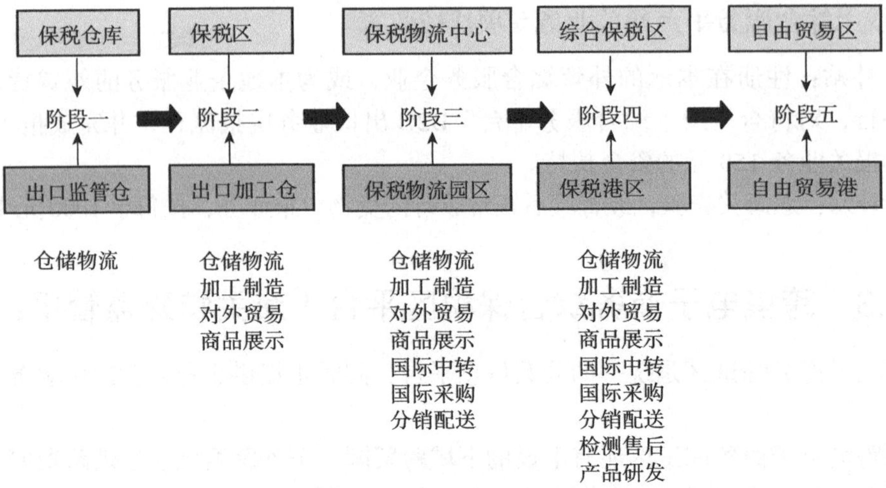

图 2-16　跨境电子商务公共信息平台

保税区（Bonded Area）也称保税仓库区，级别低于综合保税区。这是我国海关设置的或经海关批准注册、受海关监督和管理的可以较长时间存储商品的区域，也是经国务院批准设立的、海关实施特殊监管的经济区域。保税区的功能定位为“保税仓储、出口加工、转口贸易”三大功能。保税区具有进出口加工、国际贸易、保税仓储商品展示等功能，享有“免证、免税、保税”政策，实行“境内关外”运作方式，是中国对外开放程度最高、运作机制最便捷、政策最优惠的经济区域之一。保税区能便利转口贸易，增加有关费用的收入。运入保税区的货物可以进行储存、改装、分类、混合、展览，以及加工制造，但必须处于海关监管范围内。外国商品存入保税区，不必缴纳进口关税，尚可自由进出，只需缴纳存储费和少量费用，但如果要进入关境则需缴纳关税。各国的保税区都有不同的时间规定，逾期货物未办理有关手续，海关有权对其拍卖，拍卖后扣除有关费用后，余款退回货主。

中国境内设有青岛、烟台、成都、宁波、西安、武汉、舟山、南通、大连、贵阳、赤峰、太原、苏州、海口、西永、天津、深圳福田、上海外高桥、深圳沙头角、深圳盐田、广西凭祥、河南焦作等保税区。

保税港区：经国务院批准，设立在国家对外开放的口岸港区和与之相连的特定区域内，具有口岸、物流、加工等功能的海关特殊监管区域。保税港区叠加了保税区和出口加工区税收和外汇政策，在区位、功能和政策上优势更明显，也是为了适应跨国公司运作和现代物流发展的新兴监管区域。它还是目前港口与陆地区域相融合的保税物流层次最高、政策最优惠、功能最齐全、区位优势最明显的监管区域，是真正意义上的境内关外，是在形式上最接近自由贸易港的政策模式。

中国设立的第一个保税港区为上海洋山保税港区，其次又有天津东疆保税港区、大连大窑湾保税港区、海南杨浦保税港区、浙江宁波梅山保税港区等。

综合保税区是设立在内陆地区具有保税港区功能的海关特殊监管区域，实行封闭管理，是目前中国开放层次最高、政策最优惠、功能最齐全的海关特殊监管区域，是国家开放金融、贸易、投资、服务、运输等领域的试验区和先行区。其功能和税收、外汇政策按照《国务院关于设立洋山保税港区的批复》的有关规定执行。即：国外货物入区保税，货物出区进入国内销售按货物进口的有关规定办理报关手续，并按货物实际状态征税；国内货物入区视同出口，实行退税；保税区内企业之间的货物交易不征增值税和消费税。该区以国际中转、国际采购、国际配送、国际转口贸易和保税加工等功能为主，以商品服务交易、投资融资保险等功能为辅，以法律政务、进出口展示等服务功能为配套，具备生产要素聚散、重要物资中转等功能。综合保税区集保税区、出口加工区、保税物流园区、港口为一体，可以发展国际中转、配送、采购、转口贸易和出口加工等业务，它整合了海关特殊监管区域的所有功能政策。

全国有 41 家综合保税区，分别位于沈阳、南京、长春、潍坊、成都、苏州、天津、北京、海南、广西、黑龙江、上海浦东、苏州太仓、苏州高新、唐山、赣州、淮安、衡阳、南通、湘潭、盐城、无锡、济南、江苏昆山、广州、西安高新、武汉、舟山港、重庆、太原、贵州、临沂、郑州、兰州、南阳、石家庄等地。

国务院办公厅 2015 年 9 月份印发了《加快海关特殊监管区域整合优化方案》(以下简称《方案》)，按照要求，现有出口加工区、保税物流园区、跨境工业区、保税港区及符合条件的保税区将逐步整合为综合保税区；新设立的海关特殊监管区域统一命名为综合保税区。逐步统一海关特殊监管区域信息化管理系统，统一监管模式。

2.4.4 外贸综合服务平台——以一达通为例

跨境贸易的链条很长，涉及的操作环节很多，对于中小外贸企业和个人卖家来说，工作量极其繁重。综合的含义囊括了金融、通关、物流、退税、外汇等代理服务。综合服务平台的出现可以一站式解决这部分人遇到的外贸问题，是真正服务于基层的平台。

此种综合服务平台一般由企业投资建设，这些平台功能更齐全，解决问题的能力更强，服务更有保障，可以避免不必要的风险。以“为中小外贸企业和个人卖家提供一站式服务”为基础，衍生出一个新兴的代理服务行业。以一达通、运去哪、小满科技、中建材易单网、融易通、易链通、广新达等为代表，这类企业或者平台的定位则主要是服务于跨境贸易中的单一或者全程环节，为跨境电子商务的“降本增效”提供基础性的保障。这里综合服务与传统的代理服务区别较大，它们之间的比较如表 2-1 所示。

表2-1 出口综合服务与出口代理服务的区别

	出口综合服务	出口代理服务
基础服务	通关、外汇、退税	通关、外汇
准入条件	出口产品非一达通出口综合服务禁止操作产品； 出口产品开票人须为生产型一般纳税人企业且满足一些要求	出口产品非一达通出口代理服务禁止操作产品； 企业须具有《出口退（免）税资格认定》
税务操作	一达通代为退税	客户办理《委托出口货物证明》 一达通办理《代理出口货物证明》 客户自行进行退（免）税申报

续表

	出口综合服务	出口代理服务
垫付退税条件	同时满足3个条件后，在3个工作日内，一达通可先行垫付退税金额给实际开票方： 1. 外汇款收齐； 2. 若为我司报关，报关放行即可，若为客户自行报关，则结关状态为已结关； 3. 增值税发票无误	
外贸服务补贴	自助下单：出口1美元补贴3分人民币 人工下单：出口1美元补贴2分人民币	自主下单：出口1美元补贴1分人民币 人工下单：无补贴

阿里巴巴一达通（onetouch）是专门为中小微企业提供专业、低成本的通关、外汇、退税及配套的物流和金融服务的外贸综合服务平台，也是中国外贸服务创新模式的代表，还是全中国服务企业最多、地域最广的外贸综合服务平台。

一达通创新"N+1+N"模式，第一个"N"代表国内中小企业，第二个"N"代表海外商家，中间的"1"是指一达通作为两者之间的服务环节所提供的一站式服务，比如商检、税务、海关、法律、外管等政府性服务以及银行、保险、运输等商业性服务，如图2-17所示。

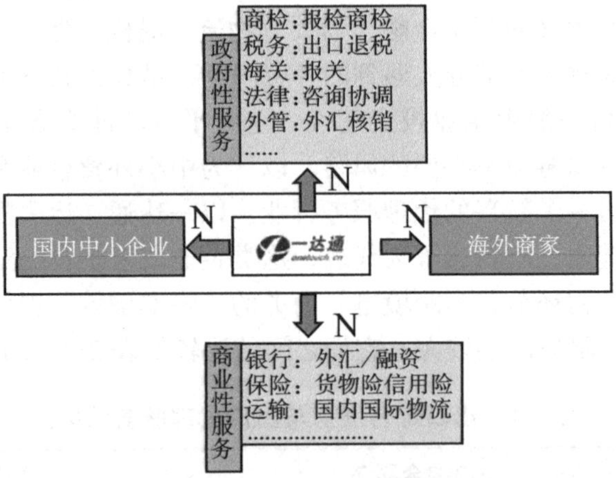

图2-17 一达通的"N+1+N"模式

一达通提供出口代理服务，其流程如图2-18所示。一达通还提供金融服务业务，如流水贷、信融保、赊销保、锁汇保。

一达通流水贷是面向使用阿里巴巴一达通出口基础服务的客户，以出口额度积累授信额度的无抵押、免担保、纯信用贷款服务，该服务由阿里巴巴联合中国工商银行、中国建设银行、中国银行、上海银行、招商银行、兴业银行、平安银行、中国邮政储蓄银行等多家银行共同推出，真正实现"信用＝财富"，助力中国外贸中小企业的发展。以客户贸易数据累积成为企业的信用，提供相应的贷款。其额度高、门槛低、手续简便，而一般银行贷款可能需要抵押、担保及证明信用和还款能力的资料。申请授信额度全程免费，1年有

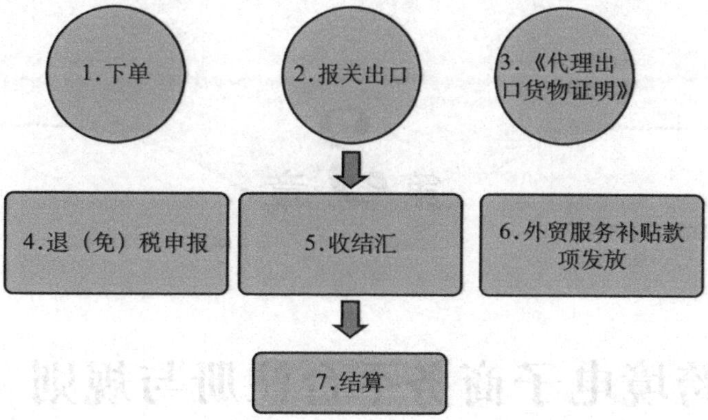

图 2-18 一达通提供的出口代理服务流程

效期内有资金需求随时支用，不支用永不收费；无抵押、免担保的纯信用贷款，年化综合成本 12% 起；最高 1000 万元人民币；可随借随还，或按月付息、到期还本（根据不同申贷银行还款方式不同）。

信融保是阿里巴巴一达通针对信用证交易中出口企业面临的主要问题，推出的综合金融服务。服务涵盖信用证基础业务、信用证融资不买断、信用证买断三大服务模块，可按需灵活选择。任何涉及信用证交易的客户，均可适用。

赊销保是指供应商与海外买家进行外贸赊销业务合作时，阿里巴巴一达通通过对其提供的海外买家资信调查，代买保险和贸易融资等一揽子金融服务。

锁汇保指与银行签订锁汇协议，约定将来办理结汇或售汇的外汇币种、金额、汇率及交割日期，到约定交割日当天，根据协议约定的汇率向银行办理结汇或售汇。换言之，它就是锁定汇价在前、实际交割在后的结售汇业务。

速卖通平台宣传片

阿里巴巴平台宣传片

Wish 平台宣传片

敦煌网平台宣传片

亚马逊平台宣传片

第3章

跨境电子商务平台注册与规则

本章导论

本章将介绍几个典型的跨境电商平台速卖通、Amazon、Wish 的商家注册和认证流程，以及这些平台的入驻要求，并结合这些流程讲解相关理论，同时介绍与跨境电商密切相关的法律法规，特别是知识产权规则，了解这些平台注册所需准备的相应资料和基本信息，同时能独立完成某一平台的注册申请。

3.1 速卖通平台的商家注册和认证

3.1.1 速卖通平台的商家入驻要求

从 2011 年就开始做速卖通一些卖家会发现，最初速卖通对于入驻开店的卖家几乎没有门槛和要求，只要拥有一个实名认证的支付宝账号，即可在速卖通平台进行开店注册，对于销售的商品要求也很少。这种宽松的政策带来积极和消极两方面的影响：积极的影响在于，吸引了大量的卖家的涌入，特别是那些没有雄厚资金实力、没有品牌或授权品牌销售的个人卖家，因此速卖通也一度被定为 C2C 跨境电子商务平台；而消极的影响在于，平台上的商品良莠不齐，带来了大量的问题，在国际上也有一些不良的影响。

2015 年 12 月 7 日，速卖通发布平台最新入驻门槛，要求从 2016 年 4 月初开始，所有商家必须以企业身份入驻，不再允许个体商家入驻。而到 2017 年下半年，以企业身份入驻的商家，入驻时必须拥有品牌或者品牌授权，意味着商家准入将采用“双重标准”：企业身份、品牌。速卖通后台发表声明，要求没有添加商标的商品产品自行下架。2016 年 8 月 17 日，速卖通进行了全平台大面积的仿品抽查，大批卖家的店铺被关闭，其中不乏每天 300 单的店铺。有近 30% 的个人卖家被强制清退。速卖通的定位也从 C2C 转为

B2C模式。

因此目前速卖通平台商家入驻要求主要有以下三条。

一是企业身份：所有商家必须以企业身份（不包含个体工商户）入驻，不再允许个人商家入驻。规定要求必须个体工商户或公司开店，卖家须拥有一个企业支付宝账号，通过企业支付宝账号在速卖通完成企业认证。

二是商品的品牌要求：所有速卖通大型活动，只允许有品牌的商家参与，平台主推在中国甚至全世界有品牌的商家。对于有品牌的商家，速卖通将会进行政策倾斜，例如，消费者在搜索品牌关键词时会有店铺直达通道，所有流量中优先推荐和帮助保护品牌知识产权，维护品牌内容等，非品牌商品不再允许发布（极个别行业除外）。规定要求卖家须拥有或代理一个品牌经营，根据品牌资质，可选择经营品牌官方店、专卖店或专营店。

三是技术服务年费门槛：与以往免费入驻不同，速卖通发布了招商准入新制度，推出了年费制度和年费返还措施，全面提升商家入驻门槛。对所有的商家进行月度考核，考核内容包括交易表现、产品质量、商家服务等，考核不合格的商家会被清退。规定要求卖家须缴纳技术服务年费，各经营大类其技术服务年费不同，经营到自然年年底，拥有良好的服务质量及不断壮大经营规模的优质店铺将有机会获得年费返还奖励。

【案例】从中国制造到中国质造。制造业是中国经济的主体，2015年国务院发布了《中国制造2025》，但长期以来中国在世界上的形象都是“制造大国 品牌弱国”，“made in china”很多时候变成了“低质便宜货”的代名词。速卖通总经理沈涤凡认为，因为汇率、劳动力、环境优势都不再具备，中国外贸过去低质量、低价格的道路走不下去了。而在当今的国际市场，3C、运动、安防等诸多领域，中国已经出现了能够与国外厂商竞争的品牌了。速卖通从2016年开始提出新的平台口号：中国质造。拟借助电子商务平台将中国高质量的品牌推向全世界。

3.1.2 速卖通账号注册流程

速卖通账号注册流程如图3-1所示。下面对流程中的事项进行说明。

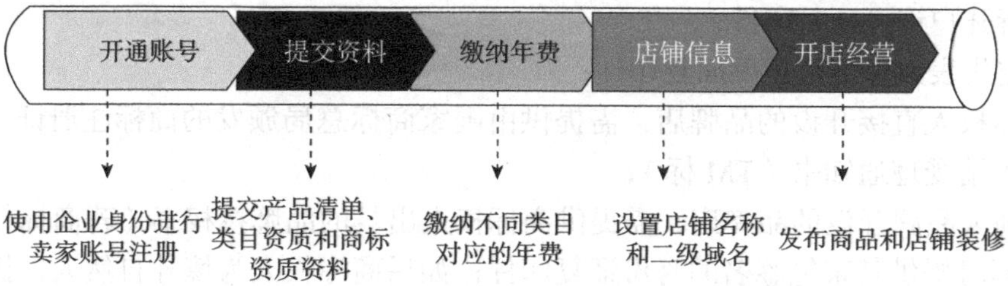

图3-1 速卖通账号注册流程

（1）账号注册：首先设置用户名，请注意，事先应准备一个国际通用的邮箱。提交后，平台会发送一封邮件来指导你完成注册。淘宝用户可以采用业务激活的方式注册速卖通平台，账号需完成企业支付宝认证。

（2）产品清单：卖家首先需在系统中上传 10 款即将售卖的产品以供平台审核。

（3）类目资质：在招商准入系统中提交想要经营的类目和店铺类型准备相关的类目材料，等待平台审核通过。不同类型的店铺要求提交的材料有所不同。速卖通目前分为 3 种类型的店铺。

一是官方店，这是商家以自有品牌或者权利人独占授权（商标为 R 标）入驻开设的店铺，因此要提交自有品牌或者独占授权证明；需要完成企业认证。单店铺可申请品牌数量仅 1 个，同一品牌（商标）平台允许的店铺数仅 1 个。卖家需提供如下资料：

- 企业营业执照副本复印件；
- 企业税务登记证复印件（国税、地税均可）；
- 组织机构代码证复印件；
- 银行开户许可证复印件；
- 法定代表人身份证正反面复印件；
- 商标权人直接开设官方店，需提供国家商标总局颁发的商标注册证（仅 R 标）；
- 由权利人授权开设官方店，需提供国家商标总局颁发的商标注册证（仅 R 标）与商标权人出具的独占授权书（如果商标权人为境内自然人，则需同时提供其亲笔签名的身份证复印件。如果商标权人为境外自然人，应提供其亲笔签名的护照或驾驶证复印件）；
- 经营多个自有品牌商品且品牌归属同一个实际控制人，需提供多个品牌国家商标总局颁发的商标注册证（仅 R 标）；
- 卖场型官方店，需提供国家商标总局颁发的 35 类商标注册证（仅 R 标）与商标权人出具的独占授权书（仅限速卖通邀请）。

二是专卖店，这是指商家以自有品牌（商标为 R 标或者 TM 状态均可）或者持有他人品牌授权文件而开设的店铺，因此品牌授权文件是这一类店铺最基本的材料要求。当然卖家也需要完成企业认证。单店铺可申请品牌数量仅 1 个，同一品牌（商标）平台允许的店铺数可以有多个。卖家需提供如下资料：

- 企业营业执照副本复印件；
- 企业税务登记证复印件（国税、地税均可）；
- 组织机构代码证复印件；
- 银行开户许可证复印件；
- 法定代表人身份证正反面复印件；
- 商标权人直接开设的品牌店，需提供由国家商标总局颁发的商标注册证（R 标）或商标注册申请受理通知书（TM 标）；
- 持他人品牌开设的品牌店，需提供商标权人出具的品牌授权书（若商标权人为自然人，则需同时提供其亲笔签名的身份证复印件；如果商标权人为境外自然人，提供其亲笔签名的护照或驾驶证复印件）。

三是专营店，指经营 1 个或以上他人或自有品牌（商标为 R 标或者 TM 状态均可）的店铺。需要完成企业认证，单店铺可申请多个品牌，同一品牌（商标）平台允许的店铺数可有多个。卖家需提供如下资料：

- 企业营业执照副本复印件；
- 企业税务登记证复印件（国税、地税均可）；
- 组织机构代码证复印件；
- 银行开户许可证复印件；
- 法定代表人身份证正反面复印件；
- 需提供由国家商标总局颁发的商标注册证（R 标）或商标注册申请受理通知书复印件（TM 标）或以商标持有人为源头的完整授权或合法进货凭证（各类目对授权的级数要求，具体以品牌招商准入资料提交为准）。

此外，每个大类中可能都有一些子类目，需要额外提供资料，如服装服饰类，若经营羽绒服 / 羽绒背心、真皮皮衣、真皮草等类目，需额外提供品牌下第三方权威机构出具的带 CNAS 和 CMA 标志检测报告。速卖通对检测报告中的内容也有规定要求，比如真皮 / 皮草类，要求检测报告中含有甲醛含量、可分解芳香胺染料、标志、外观质量、材质鉴定等，同时检测报告要求是最近 1 年内的。每个类目的详细要求详见《速卖通 2017 年度各经营大类资质要求》（网址为 https：//sell.aliexpress.com/__pc/investment-promotion.htm?spm=5261.8252291.0.0.60387447Qmzeja）。

【独占授权书模板】

独占授权书

兹授权 ×× 公司在 ×××××××× 网站（www.xxxxxx.com）设立“××”品牌旗舰店。

授权期间为：×× 年 ×× 月 ×× 日至 ×× 年 ×× 月 ×× 日。我公司承诺在上述期间内不在 ×××××××× 网站设立“××”品牌旗舰店，亦不再授权其他公司在 ×××××××× 网站设立该品牌旗舰店。

我公司郑重承诺：上述授权不可撤销。

授权公司公章：　　　　被授权公司公章：

日期：　　　　日期：

备注：1. 若商标权人为自然人，授权公司公章处需商标权人亲笔签名，同时需提供其亲笔签名的身份证复印件；2. 授权有效期起始日期应于申请实力商家服务日期之前，且剩余有效期需大于 6 个月。

（4）技术服务年费：每个速卖通账号只准选取一个经营范围，并可在该经营范围下经营一个或多个经营大类。“特殊类（Special Category）”不单独实施招商准入，只要卖家获准加入任一经营大类，即可获得“特殊类（Special Category）”商品发布权限。不同经营大类的技术服务年费也不同，大部分为 1 万元 / 年，最高达到 10 万元 / 年，如织发及发套相关商品，但目前这一类目暂停商家入驻，也有一些类目仅允许平台邀请入驻的，比如“情趣用品”大类。这些技术服务年费会事先收取，而如果店铺满足平台的考核指标，则会根据店铺年销售额进行相应的 50% 或者 100% 的返还。考核指标主要有两个：一是“类目 90 天 DSR 商品描述平均分”（若类目 90 天商品描述得 1 分和 2 分的总评价数 <3 笔则不考核该指标）；二是“类目 90 天货不对版纠纷率”（若类目 90 天货不对版纠纷率分子

<5 笔则不考核该指标）。这两个指标如果不能达到要求，不仅不能返还技术服务费，更有可能因为考核不达标关闭对应类目的经营权限。

（5）店铺名称：对于卖家而言店铺名称不仅仅是一个称呼，更是一种形象，不仅可以让买家快速了解卖家销售产品，同时还可以让卖家体现出商家的文化内涵。店铺名称应该具有这样几个特点，一是具有独特性以利于识别与辨认性。独特性是指名称不多见，具有独创性，从而让买家们能够将店铺与其他店铺区分开来，以免做强以后丢失流量，甚至给他人带去流量；二是要简洁明了，具有可传播性，这就需要店铺名称读起来朗朗上口，难发音的字和绕口舌的字组最好不用，从而便于买家记忆，下次继续光顾，此外，最好能清晰从名称上明了商家的产品服务或者文化，传达店铺的信息，能让有采购欲的买家一看到名称，就觉得自己找对了地方；三是具有创新性，要让名称具有新鲜感、潮流感，店铺的名称能赶上时代步伐。除此之外，店铺名称还要遵循以下平台规定：

- 商铺名称请用英文字符，可含空格、标点符号，但不得超过 64 个字符数；
- 商铺名称在速卖通平台具有唯一性，同一个商铺名称只能存在一个，不能重复，若将商铺名称更改成平台已存在的商铺名称，系统默认更改无效；
- 商铺名称每半年仅有一次更改机会。登录自己的速卖通后台，执行“商铺管理”→“商铺名称”命令，在打开的页面中就可以进行更改了。
- 商铺名称不得违反任何法律法规和平台规则，例如不得包含任何违反第三方版权、违禁、禁止或限制销售的产品名词，不得包含任何引导线下交易的词汇（如第三方网站，PayPal 等），不得侵害他人的合法权益。

【店铺起名战略】

（1）从方针商场的视点起名。预先对自己的方针商场进行定位后，就能够从方针的视点来起名。比如美国旧金山华人社区，有一家餐厅名叫“乡音阁”，生意非常兴隆。这儿的客人多是华人，常年漂居海外的华人，多有一种思乡之情。工作之余找同乡一聚，以慰思乡之情，“乡音阁”便成为他们最佳的去向。

（2）以自己的名字作为店名，中外都有许多。如“王麻子剪刀店”和“JOHNDEERE”。

（3）以竞争的视角起名。假如名称起得好，就能添加自己的竞争优势。例如，“半点利商铺”即是从“一点利商铺”相互竞争的视角来起名的。运用这种起名方法，最主要的是要认清竞争对手的起名特征，然后对于这一特征，起一个比它更好的名字，然后打败对手。

（4）从产地的视角起名。通常适用于那些运营土特产的商铺，或是运营某种具有共同风味的饭馆等。例如，将烧烤店起名为“内蒙烧烤屋”“新疆烤患店”，以此来标明自己提供给顾客的是原汁原味的“正宗”产品。再如，“韩国料理店”“日本料理店”等也是依照这一思路来起名的。从产地的视点去起名，应留意所运用的产地最好是广为人知的闻名产地。假如是名不见经传的小地方恐怕难以起到极好的作用。

（5）从花费者的视角起名。“万利商行”“有财商铺”多是从运营者的角度起名的，它虽然适合运营者的需求，但不一定适合顾客的需求，甚至会使顾客产生厌恶感，给人以“市侩”的形象。从顾客的角度去起名现已变成众多商家和公司首选的起名思路。名称应契合顾客的需求，使顾客发生好感，得到某种心思满意。例如，“及时雨典当行”“宴宾宾馆”“便民超市”“利民鞋业”“物美超市”等。

（6）从文化传承的视角起名。商家起名融入特定的文化元素，使其具有一定的文化内涵。不仅能够提高档次，并且能够引起更多顾客的留意。例如，“荣宝斋”“同仁堂”“敬修堂”“六必居”“嘉士堂”。

资料改编自：http：//www.pfhoo.com/article/1372.html

（6）二级域名：二级域名是相对于主域名而言的，它是指在主域名中分出来的域名。比如 www.aliexpress.com 是一个主域名，那么 myshop.aliexpre.com 就是二级域名。卖家在二级域名的设置中，可以使用创意的设置，比如将 myshop 改成采用字母和数字组合方式设置的名称。使用二级域名可以更有利于自身店铺的推广，因为二级域名 URL 地址与子页面 URL 地址不同，其可以设置得非常简略，只要取得好，就容易让客户记住，可以在网络推广中作为一个独立网站来进行推广，还可以有自己的收录、快照、PR 值和反链等，因此卖家可以利用二级域名进行搜索营销推广。不过，如果主域名受到惩罚，二级域名也会承担连带责任；如果主域名的服务被终止了，那么二级域名也同样会被终止；同时 Alexa 的排名默认的是主域名，因此如果要计算网站流量排名，那么都会将其计算在主域名上。

按照 2016 年的《速卖通二级域名申请及使用规范》，速卖通允许符合条件的卖家使用带有其自有品牌关键字、商号（该关键词须为卖家的自有商标或公司商号，也就是对这关键词具有合法权益）等标志的二级域名。二级域名的所有权归速卖通所有，速卖通有权根据第三方的投诉、速卖通自用、公序良俗或其他原因收回二级域名。可以通过“二级域名自助申请系统”进行二级域名的申请，一个店铺只能申请一个二级域名，申请成功的二级域名在浏览器 URL 地址栏中输入后，将自动指向卖家的店铺，此外，构成二级域名的字符数应当大于或等于 4 且小于或等于 32。构成二级域名的字符只能包含“英文字母（a-z）”“阿拉伯数字（0～9）”“-”，并且“-”不能出现在二级域名的首部或尾部；一般二级域名都是卖家所持有合法权益（自有商标或合法商号）的名称或其对应的汉语拼音。

店铺名称和店铺二级域名，都可以在卖家后台的“商铺管理”界面的“店铺资产”处进行相应设置和申请。

3.1.3 速卖通卖家后台管理功能介绍

1. 卖家首页

速卖通卖家首页如图 3-2 所示。

- 导航栏（见图中的“1”）：卖家后台所有频道、功能入口。
- 快速入口（见图中的“2”）：常用的功能入口。
- 服务等级（见图中的“3”）：显示店铺订单数据和成长指数，体现店铺整体经营状况。

- 违规扣分（见图中的“4”）：记录店铺违规扣分行为。扣满 48 分店铺将被关闭。
- 新手必知（见图中的“5”）：推荐给新手卖家学习的版块，有经验分享和在线课程。

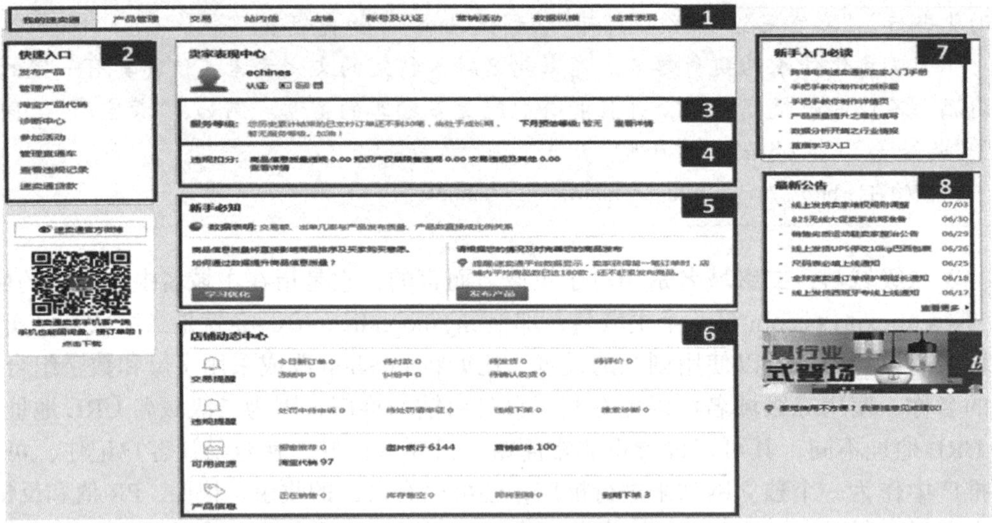

图 3-2　速卖通卖家首页

- 店铺动态中心（见图中的“6”）：动态交易情况、运营情况、违规情况、资源情况等。
- 新手入门必读（见图中的“7”）：基础运营知识。
- 最新公告（见图中的“8”）：规则调整会在此公布。

2. 产品管理页

速卖通卖家产品管理页如图 3-3 所示。

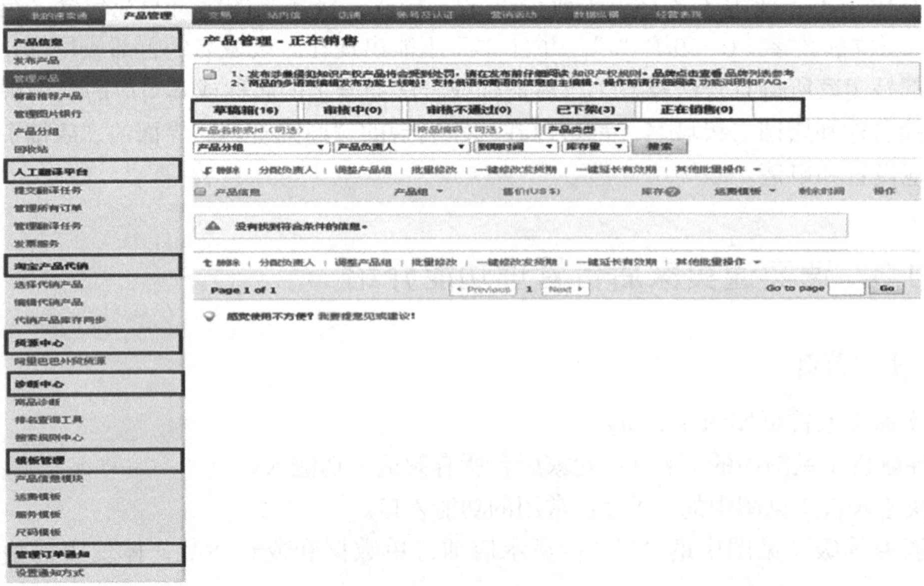

图 3-3　速卖通卖家产品管理页

• 产品信息：与产品相关的运营、发布产品、管理产品等。

• 人工翻译平台：提供人工翻译服务，可以在此提交翻译需求，会有第三方翻译公司提供有偿服务。

• 淘宝产品代销：淘代销功能。

• 货源中心：链接进入 1688 平台。

• 诊断中心：了解店铺产品设置情况，是否出现重复铺货、类目放错、属性错选、标题堆砌、标题类目不符、运费不符等问题。

• 模板管理：包括产品信息模块、运费模板、服务模板、尺码模板，在开店初期设置好模板可以为后期运营带来很多方便。

• 管理订单通知：当有订单成交时，在此可以设置收到通知的渠道，以便可以第一时间跟进。

• 产品管理的几个不同环节（草稿箱、审核中、审核不通过、已下架、正在销售）：在此可以查看保存在草稿箱中产品，提交审核后可以查看审核中的产品，以及审核不通过的产品，以及已经下架的产品和正在销售的产品。

3. 交易管理页

速卖通卖家交易管理页如图 3-4 所示。

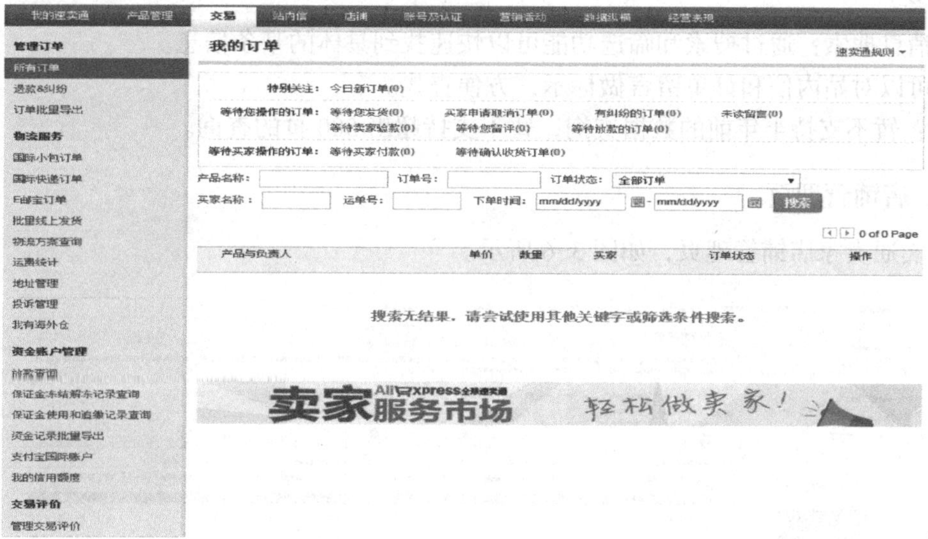

图 3-4 速卖通卖家交易管理页

• 交易核心区域：订单的详细情况，包括今日新订单、等待您发货、买家申请取消订单、有纠纷的订单、等待卖家验款、等待您留评、未读留言、等待买家付款、等待确认收货订单。这块区域是卖家每天必关注的区域。

• 管理订单：这里是和订单相关的操作，当然也可以在此导出订单信息，比如导出 Excel 格式的文件，便于进行统计。

• 物流服务：如果需要线上发货，则可以在这里进行操作。

• 资金账户管理：这是和资金相关的操作。在这里可以查询放款订单的信息、资金进出记录。另外，在此还可以向蚂蚁微贷申请贷款。

- 交易评价：用于订单评价的管理。

4. 消息管理页

速卖通卖家消息管理页，如图 3-5 所示。

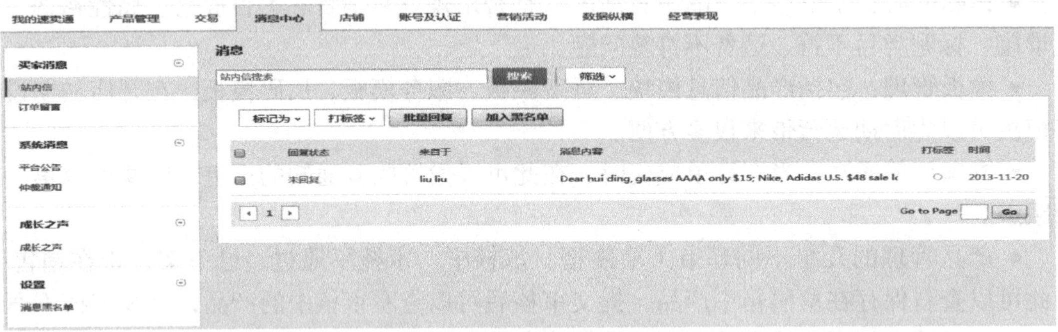

图 3-5 速卖通卖家消息管理页

- 买家消息：包括站内信和订单留言。国外大部分买家喜欢通过站内信和卖家沟通，包括售前咨询、讨价还价和售后问题等；订单留言包括买家对订单的特别要求等，卖家要留意观察。
- 消息搜索：通过搜索和筛选功能可以快速找到具体的某条信息。
- 可以对站内信和订单留言做标示，方便查找。

注：暂不支持半年前的数据查询；暂不支持超出 500 页的查询。

5. 店铺管理页

速卖通卖家店铺管理页，如图 3-6 所示。

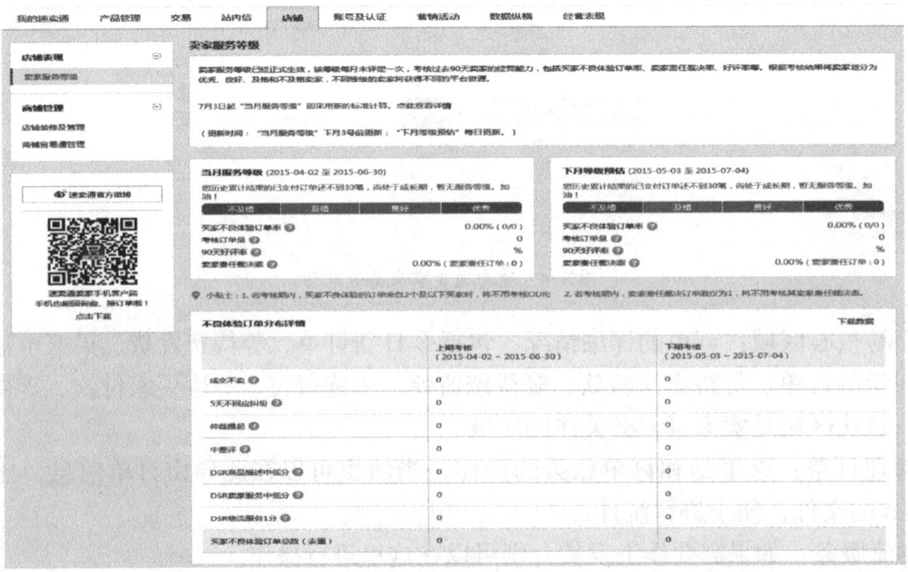

图 3-6 速卖通店铺管理页

● 店铺表现：店铺表现的具体数据，如每月总体数据考核和不良订单分布详情。数据更新时间为：“当月服务等级”下月 3 日前更新；“下月等级预估”每日更新。

● 店铺管理：用于店铺的装修和贸易通设置。

6. 账号管理页

速卖通卖家账号管理页如图 3-7 所示。

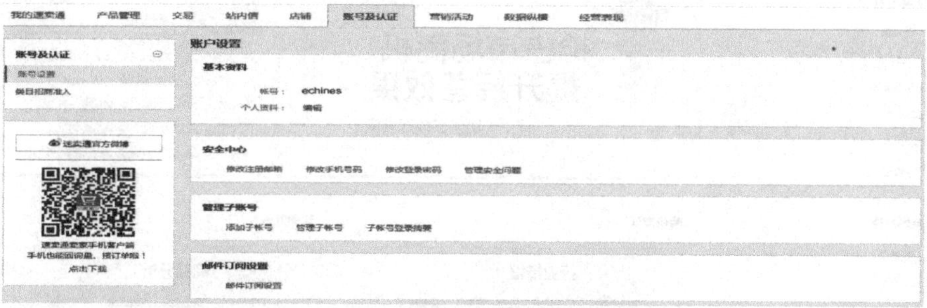

图 3-7　速卖通卖家账号管理页

● 旺旺账号。旺旺账号即旺旺 ID，也就是卖家的用户名。

● 管理子账号：在此可以设置运营、客服等不同岗位。

7. 营销管理页

速卖通卖家营销管理页如图 3-8 所示。

● 营销活动：在此可以上报平台活动、设置店铺活动、设置活动规则和营销分组。

● 客户管理：用于客户管理和营销。

● 联盟营销：用于设置联盟营销佣金、确定营销主推产品等。

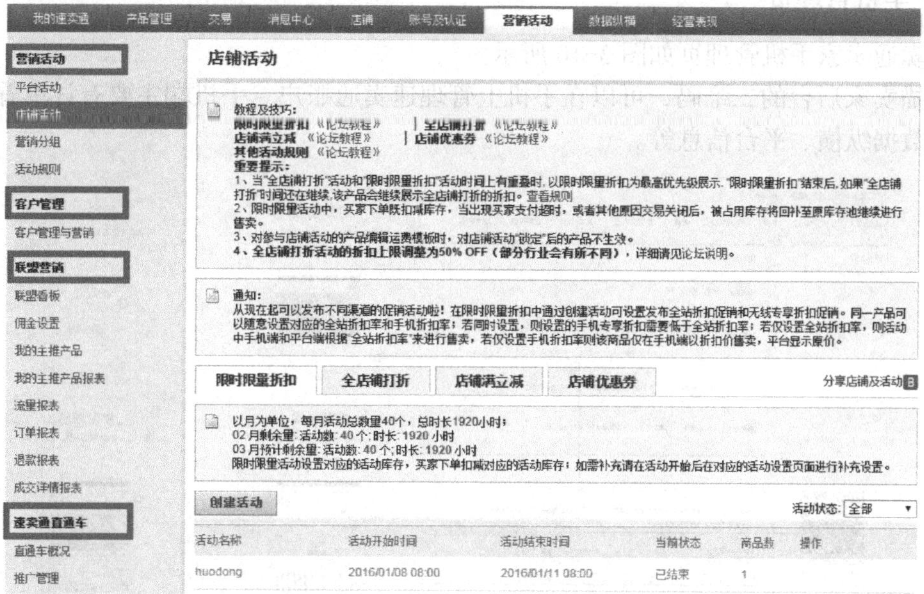

图 3-8　速卖通卖家营销管理页

• 速卖通直通车：用于直通车概况和推广管理。

8. 数据纵横页

速卖通卖家数据纵横页如图 3-9 所示。

图 3-9　速卖通卖家数据纵横页

• 经营分析：了解商铺概况，进行商品装修，商品分析。
• 商机发现：查看行业情报，搜索词分析（热搜词、飙升词和零少词），选品专家。

9. 手机管理页

速卖通卖家手机管理页如图 3-10 所示。

扫描卖家后台的二维码，可以在手机上管理速卖通账户。手机端主要有订单看板、回询盘、数据纵横、平台信息等。

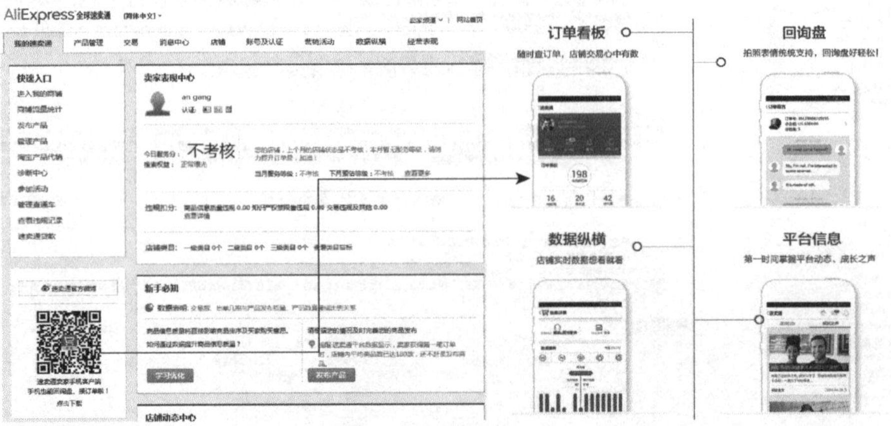

图 3-10　速卖通卖家手机管理页

3.1.4　速卖通店铺装修

电商时代视觉营销已经很重要，目前速卖通平台增加了更加开放式的功能板块。店铺基础模块包含店招、图片轮播、商品推荐、收藏店铺、联系信息、自定义内容等。第三方模块包含新品上市、优惠券、全屏轮播、广告墙、分类导航、限时导购、页脚、自定义模块等。

1. 旺铺装修基础操作

首先进入店铺中心，依次单击“店铺装修及管理”→“进入装修”，登录后台装修页面，如图 3-11 所示。

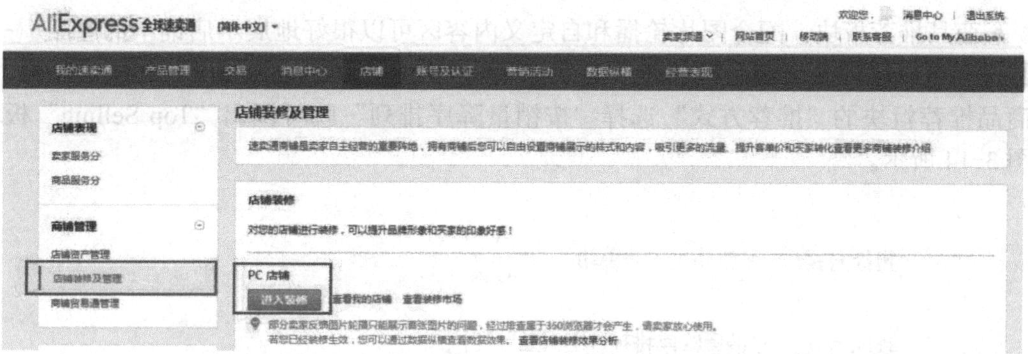

图 3-11　后台装修页面

- 色调设定：在装修旺铺之前，首先要从整体上设定一个主色调。基础模块中只有 4 种色调样式可供选择，分别是湖蓝、蓝色、红色和棕色。选色一般有以下几种方式，即基于产品取色、基础产品定位人群取色、基于概念性取色。
- 店招板块：店招板块上可以看到关于店招板块的规格参数，模块高度为 100px 至 150px，宽度为 1200px，图片大小不能超过 2MB。从整体角度来考虑，推荐 150px 的高度，这样会显得店铺略为大气。在内容方面，可以在上面标注店铺名称、公司名称和产品信息等内容，如图 3-12 所示。
- 图片轮播板块：这是一个非常重要的产品展示板块，多张广告图以滚动轮播方式进行动态展示，更直观、更生动地表达商品。可以重复添加最多 6 个图片轮播板块，位置可以上下调动。轮播图片的规格高度在 100px 至 600px 之间，宽度为 960px，图片大小不能超过 2MB。每张图片可添加相应的产品链接。图片轮播板块如图 3-13 所示。

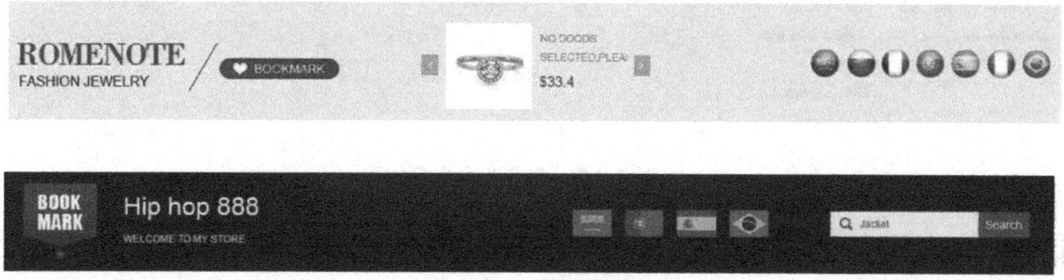

图 3-12　店招板块

图 3-13　图片轮播板块

• 商品推荐板块：配合图片轮播和自定义内容区可以很好地展示店铺中的产品。一个店铺最多可以添加 5 个商品推荐板块。系统默认侧边栏的“Top Selling”如果看不见，可在商品推荐板块的“推荐方式”选择“按销量降序排列”就可调出“Top Selling”板块，如图 3-14 所示。

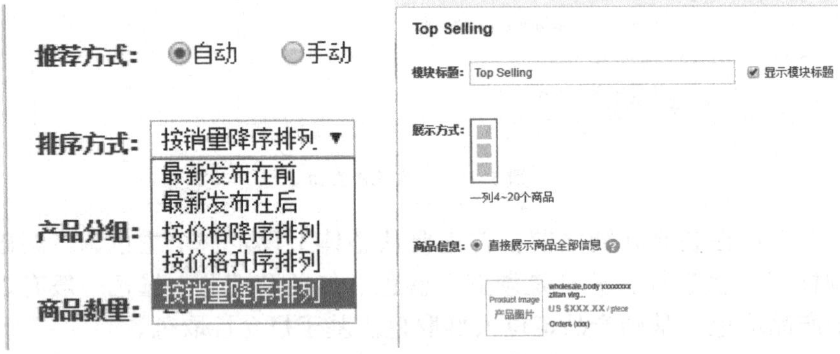

图 3-14　商品推荐板块

• 自定义内容区：其排版灵活，有了很好的营销想法后就可以生动地展示产品和店铺，可以在店铺内直观地添加产品分组，引导消费，做导购员。基础板块中最多可以添加 5 个自定义内容区，字符数不能超过 5000 个，如图 3-15 所示。

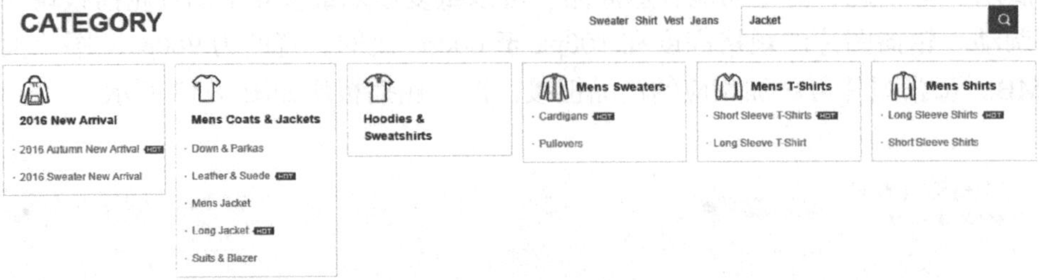

图 3-15　自定义内容区

• 语言栏板块也属于自定义内容，可以先将语言图标设计出来再切片，然后加入语言链接，如图 3-16 所示。

图 3-16　语言栏板块

• 主区自定义内容区：主区图片宽度最大为 920px，高度不限，但建议不要超过 3000px，如图 3-17 所示。

图 3-17　主区图片

• 侧边栏自定义内容区：图片最大宽度为 180px，高度不限制，但建议不要超过 1500px，示例如图 3-18 所示。

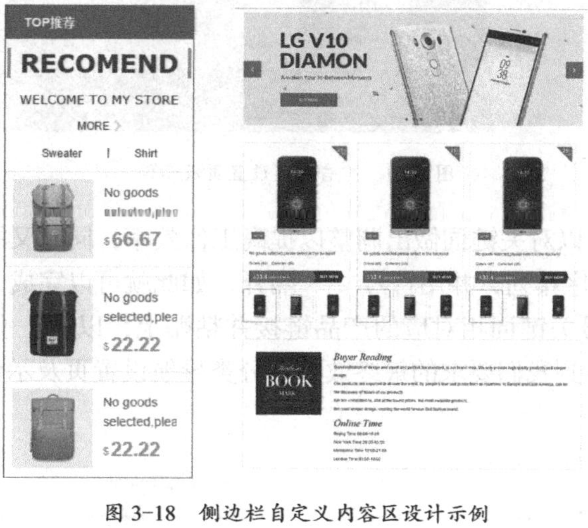

图 3-18　侧边栏自定义内容区设计示例

2. 旺铺装修进阶操作

• 第三方模板选择：选择“页面编辑”→“模板管理”，可以进入装修市场，可以选择一个自己满意的模板，也可以先试用，在确认各个板块都符合自己的要求时，再选择购买，购买时间可以选择“1 个月”、“3 个月”或“6 个月”。第三方模板选择及示例如图 3-19 所示。

图 3-19　第三方模板选择及示例

• 全屏海报：可以为店铺整个视觉效果提升一个层次，以更大气的方式展现产品。打开全屏海报的编辑页面，复制图片 URL 地址并粘贴在图片地址栏，再复制产品链接地址并粘贴在链接网址栏。全屏海报设置页及示例如图 3-20 所示。

图 3-20　全屏海报设置页及示例

• 广告标签：是一个规定好大小的板块，图片大小尺寸为 600px × 170px。可以选择两个角度的图片，当鼠标划过时，一个角度的图片会替换另一个，如图 3-21 所示。

图 3-21　广告标签设置页及示例

• 分类导航：既可以对关键词做出调整以提高工作效率，同时又能方便顾客查找。把关键词按 1、2、3…的顺序排列，并用符号“|”隔开，如此就可以完成子类名的填写。再来加入子类链接，找到 1 号关键词相对应的产品链接并粘贴上，以“|”分隔，然后加入 2 号产品链接，依此类推，达到我们要求的最终效果。分类导航设置页及示例如图 3-22 所示。

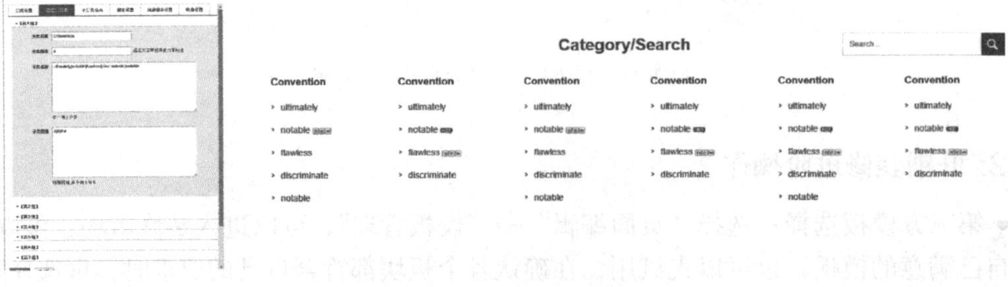

图 3-22　分类导航设置页及示例

● 商品展示模块：可以选择快速加入多个产品或一类产品之中，它可以方便添加关联产品，或者放入平台的公告通知、促销活动信息，还可以放入售后信息等，它的优点是操作简单、工作效率高，如果能统一主图风格，提高美观度，可行性还是非常高的。商品展示模块设置页及示例如图 3-23 所示。

图 3-23　商品展示模块设置页及示例

3. 视觉规范化

视觉规范化涉及图片品质规范化、图片命名规范化和其他视觉规范化。

● 图片品质规范化：高品质的图片自然很好，但也会影响打开速度，而平台客户来自世界各地，有可能因为网速不快而无法打开图片。那么如何在打开速度与保证产品清晰度上进行取舍呢？最佳建议是产品图的品质选择为 80%，这样一方面可以降低产品图的大小，另一方面完全可以应对客户的购物体验。图片品质规范化设置如图 3-24 所示。

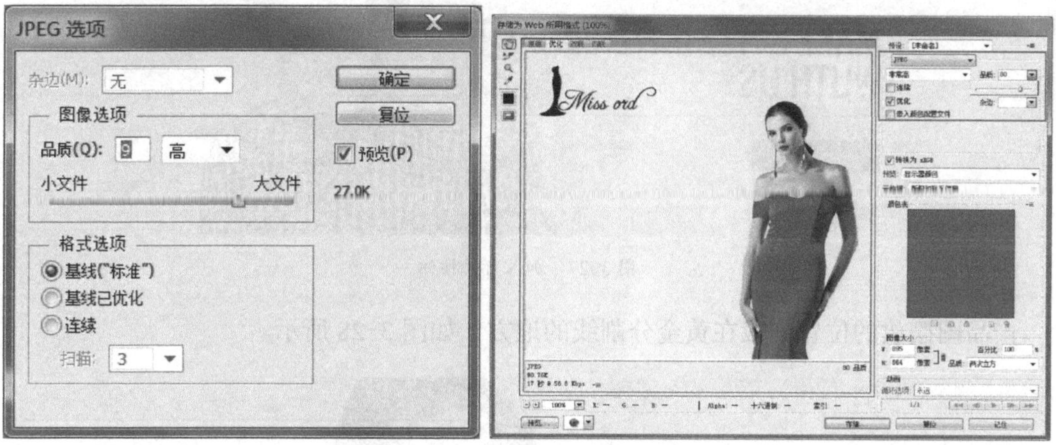

图 3-24　图片品质规范化设置

● 图片命名规范化：规范化命名有利于产品图片的使用和再次寻找。一个简单快捷修改大量图片名称的方法为，首先按 Ctrl+A 组合键全选所有图片，然后按 F2 键对图片进行重命名，直接回车即可实现对所有产品图片的统一命名，如图 3-25 所示。

● 其他视觉规范化：Logo、团队名称的使用统一，如图 3-26 所示。

在海报中加入“SHOP NOW”这样的行动按钮，如图 3-27 所示。

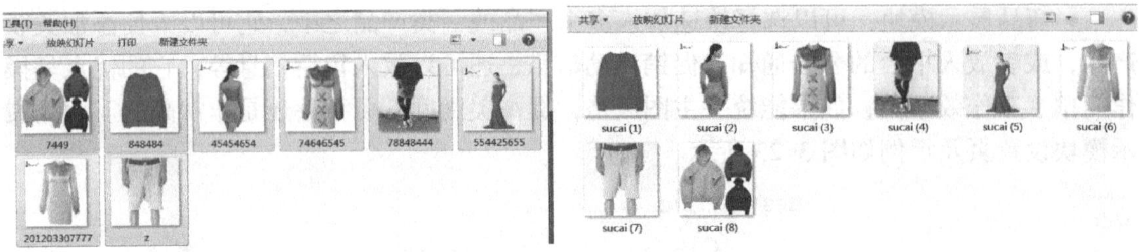

图 3-25　图片命名规范化

图 3-26　Logo、团队名称的使用统一

图 3-27　加入行动按钮

产品图摆放的位置一般在黄金分割线的地方，如图 3-28 所示。

图 3-28　产品图摆放的位置

3.1.5 速卖通平台规则

速卖通平台的规则大体可以分为以下三类。

1. 商品发布规则

发布商品时要注意不能发布违禁商品，不能有搜索作弊的行为。平台禁止发布任何含有禁限售商品的信息，任何违反本规则的行为，平台将依据平台规则给予处罚。禁限售规则如表 3-1 所示。

表3-1 禁限售规则

处罚依据	行为类型	积分处罚	其他处罚	备注
《禁限售规则》	发布禁限售商品	严重违规：48 分 / 次（关闭账号）	退回 / 删除违规信息	
		一般违规：0.5～6 分 / 次（1 天内累计不超过 12 分）	若核查到订单中涉及禁限售商品，速卖通将关闭订单，如买家已付款，无论物流状况如何均全额退款给买家，卖家承担全部责任	规则新增的 30 天内拦截的信息，只退回或删除，不积分

在全球速卖通平台上禁限售商品主要包含：枪支、军警用品、危险武器类；毒品、易制毒化学品、毒品工具类；易燃易爆、危险化学品类；反动等破坏性信息类；色情低俗、催情用品类；涉及人身安全、隐私类；药品、医疗器械、美容仪器类；非法服务、票证类；动植物、动植物器官及动物捕杀工具类；涉及盗取等非法所得及非法用途软件、工具或设备类；烟草及制品、电子烟类；收藏类（货币、贵金属、受国家保护的文物）；虚拟类（虚拟货币，iTunes 等充值用品）；其他类（与运输行业有关的物品、过期变质物品）。

此外，在发布商品时，还需要注意其他一些违规行为，比如类目错选、属性错选、标题滥用、黑五类商品错放等。发生这些违规行为，也会受到平台不同程度的处罚，轻者搜索排名靠后，严重者会被冻结账户和关闭账户，如表 3-2 所示。下面对表 3-2 中部分违规行为进行阐述。

- 类目错放：指商品实际类别与发布商品所选择的类目不一致。这类错误可能导致网站前台商品展示在错误的类目下，比如“手机壳”正确的类目应该为电话和通信（Phones & Telecommunications）> 手机配件和零件（Mobile Phone Accessories & Parts）> 手机包 / 手机壳（Mobile Phone Bags & Cases），如果将其放到化妆包“Cosmetic Bags & Cases”中，这就是类目错放。

- 属性错选：它是指用户发布商品时，选择的属性与商品的实际属性不一致的情形。这类错误可能会导致网站前台商品展示错误的属性。比如商品的领型非“V 领”，但是用户在发布时选择了这个属性值，导致用户在选择“V 领”进行导航时出现了该商品。

表3-2　违规行为及其处罚方式

违规行为类型	处罚方式
类目错放	1. 违规商品给予搜索排名靠后或下架删除的处罚 2. 系统核查到搜索作弊商品将在“产品管理”—“商品诊断”中展示，请卖家关注并整改。同时在商品诊断统计中展示的 6 类违规行为（类目错放、属性错选、重复铺货、运费不符、标题类目不符、标题堆砌）纳入商品信息质量违规积分体系，根据违规商品数系统自动进行每日扣分。 违规商品数在［1，50）之间，不扣分； 违规商品数在［50，500）之间，0.2 分 / 天； 违规商品数在 500 及以上，0.5 分 / 天 3. 在系统自动扣分基础上，根据卖家搜索作弊行为的严重程度对整体店铺给予搜索排名靠后或屏蔽的处罚；同时情节特别严重的，平台将依据严重扰乱市场秩序规则保留扣分冻结或直接关闭的处罚 注：对于更换商品的违规行为，平台将增加清除该违规商品所有销量记录的处罚
属性错选	
标题堆砌	
黑五类商品错放	
重复铺货	
广告商品	
描述不符	
计量单位作弊	
商品超低价	
商品超高价	
运费不符	
更换商品	
SKU 作弊	
标题类目不符	

【Tips】除了有意类目错放，导致类目错放的原因是用户对速卖通平台和类目结构了解不够深入。比如：实际商品是婚纱，用户却将之发布在晚礼服类目下，那么买家在搜索婚纱的时候，该产品是不会出现在搜索结果中的，影响了转化。表 3-3 所示的是服装 / 服饰配件类目下错放类目的情况。

表3-3　服装/服饰配件类目下错放类目的情况

行业	发布类目	常见问题
服装 / 服饰配件	Wool & Blends	Wool & Blends 类目下，标题里不能出现 tshirt 或 t shirt 或 t-shirt 或 camisole
服装 / 服饰配件	Wedding Dresses	Wedding Dresses 类目下，标题里不能出现 accessories 或 accessaries
服装 / 服饰配件	Vests	Vests 类目下，标题里不能出现 tshirt 或 t shirt 或 t-shirt 或 camisole
服装 / 服饰配件	Trench	Trench 类目下，标题里不能出现 tshirt 或 t shirt 或 t-shirt 或 camisole
服装 / 服饰配件	Skirt Suits	Skirt Suits 类目下，标题里不能出现 sexy
服装 / 服饰配件	Shorts	Shorts 类目下，标题里不能出现 dress，underwear
服装 / 服饰配件	Shirts	Shirts 类目下，标题里不能出现 vest
服装 / 服饰配件	Pants	Pants 类目下，标题里不能出现 Shorts

续表

行业	发布类目	常见问题
服装 / 服饰配件	Leather & Suede	Leather & Suede 类目下，标题里不能出现 tshirt 或 t shirt 或 t-shirt 或 camisole
服装 / 服饰配件	Jackets	Jackets 类目下，标题里不能出现 tshirt 或 t shirt 或 t-shirt 或 camisole
服装 / 服饰配件	Fur & Faux Fur	Fur & Faux Fur 类目下，标题里不能出现 tshirt 或 t shirt 或 t-shirt 或 camisole
服装 / 服饰配件	Down & Parkas	Down & Parkas 类目下，标题里不能出现 tshirt 或 t shirt 或 t-shirt 或 camisole
服装 / 服饰配件	Coats & Jackets	Coats & Jackets 类目下，标题里不能出现 tshirt 或 t shirt 或 t-shirt 或 camisole
服装 / 服饰配件	Suits & Blazer	Suits & Blazer 类目下，标题里不能出现 sport 或 sports
服装 / 服饰配件	Skullies & Beanies	Skullies & Beanies 类目下，标题里不能出现 baseball 或 visor 或 fedora 或 bomber
服装 / 服饰配件	Socks	Socks 类目下，标题里不能出现 pantyhose 或 stocking
服装 / 服饰配件	Pants	Pants 类目下，标题里不能出现 shorts
服装 / 服饰配件	Blouses & Shirts	Blouses & Shirts 类目下，标题里不能出现 tshirt 或 t shirt 或 t-shirt 或 camisole
服装 / 服饰配件	Dresses	不要在标题中同时使用 half-length（半身裙），full dress（连衣裙），one-piece dress（连衣裙）这些意思不相近的描述两个产品的词

● 标题堆砌：指在商品标题描述中出现关键词使用多次的行为。比如图 3-29 中 lace、wig 就存在多次重复和堆砌的现象。标题的描述应该是完整通顺的一句话，比如“Capless Extra Long Synthetic Golden Blonde With Light Blonde Curly Hair Wig”，从假发的长度、材质、颜色、形状等，最后用 Hair Wig 表达商品的核心关键词。

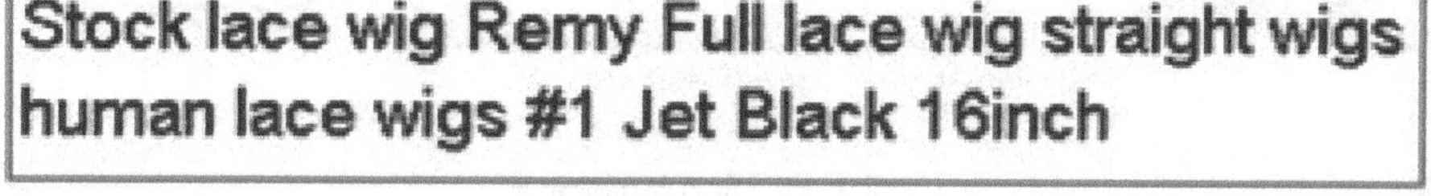

图 3-29　标题堆砌示例

● 黑五类商品错放：黑五类商品指针对特定客户的特殊订单链接及补运费、补差价、补退款、赠品等专拍链接。这五类商品在平台上的正确发布类目为“special category”，卖家在发布这五类商品时，需将其放到“special category”这一特定类目中，这样才方便买家能快速并购买到所需的商品，以便顺利达成交易。

● 重复铺货：平台上不同商品之间须在标题、价格、图片、属性、详细描述等字段上有明显差异，如果其中存在字段或者图片的雷同，则将被平台视为重复铺货。有些商品被设置为不同的打包方式，此时发布数量不得超过 3 个，超出部分的商品则视为重复铺货。

● 描述不符：指标题、图片、属性、详细描述等信息之间明显不符。比如卖家设置运费中以小包方式进行运费计算，以降低商品整个成本价格，但在详细描述中又写出要达到一定的数量才可以，这样就存在对买家的欺骗，同时也加大了卖家发货后的风险；或者实际销售商品在属性描述中有误、商品主图与详细描述图片不符、标题最小起订量与设置的最小起订量不符、标题打包方式与实际设置打包方式不符、滥用品牌词描述现象（如卖家在眼镜类目通过 X 品牌的商标资质申请及审核，在 Brand name 中填了 X 品牌，但实际却在商品标题、商品图片中发布未经速卖通许可的 Y 品牌；或者未通过任何品牌的商标资质申请，实际却滥用未经平台许可的品牌在商品标题、商品图片中使用等）。

● 计量单位作弊：指发布商品时，将计量单位设置成与商品常规销售方式明显不符的单位；或将标题、描述中的包装物也做销售数量计算，并将产品价格平摊到包装物上，误导买家的行为。比如卖家展示出售 120 pieces of shoes。依据常理鞋子不按单只出售，买家认为收到的是 120 pairs of shoes，但卖家发出的是 60 pairs of shoes。或者在标题中将包装物也作为销售数量计算，引起买家误认为单价很低，示例如图 3-30 所示。

DHL free 2M 100pcs 8pin Lightning to USB Cable +100 Retail Box + 100 poly bag=300PCS For Apple IPhone 5 IPod Touch 5 IPad Mini

图 3-30 计量单位作弊示例

● 商品超低价：指卖家以较大偏离正常销售价格的低价发布商品，在默认和价格排序时，吸引买家注意，骗取曝光率。或者通过虚假设置打包的方式，来降低商品单价。比如图 3-31 中卖家将 7 寸平板电脑起订量设置为 8000 个，每个商品售价为 0.01 美元，但实际销售价格却是 1Lot 80 美元，即：$80.00 × 1+$0.00=US $80.00。也有一些卖家店铺发布大量服饰类商品，明显低于市场价格，部分商品已经产生大量订单，但卖家可能未发货或实际未发货；或者卖家店铺中存在大量非正常折扣力度商品，折扣后价格明显低于市场价格。

图 3-31 商品超低价示例

● 商品超高价：指卖家以较大偏离正常销售价格的高价发布商品，在默认和价格排序时，吸引买家注意，骗取曝光率。

● 运费不符：指卖家在标题及运费模板等处设置的运费低于实际收取的运费的行为。如图 3-32 中一件婚纱正常销售价格是 159.47 美元，但卖家将商品价格设置成 0.01 美元，运费设置成 159.46 美元；或者标题中标注了免运费（Free Shipping），而实际产品并不提供针对任何一个国家免运费或只提供部分国家免运费；或者产品采用商业快递免运费，但产品总售价低于快递最低标准收费。

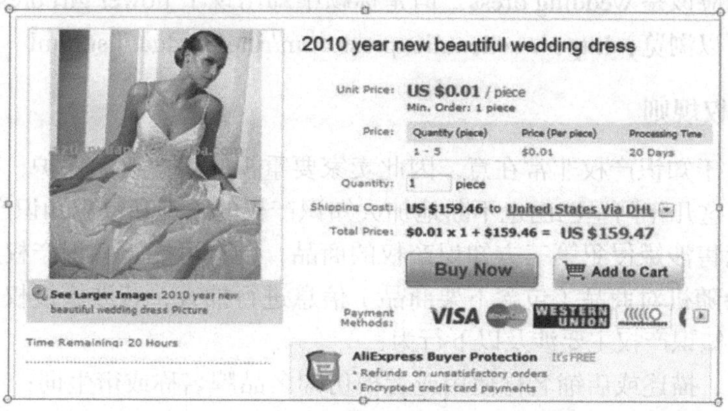

图 3-32 运费不符示例

● 更换商品：指通过对原有商品的标题、价格、图片、类目、详情等信息的修改发布其他商品（含产品的更新换代，新产品应选择重新发布），对买家造成误导。但如修改只涉及对原有产品信息的补充、更正，而不涉及产品更换，则不视为“更换产品”的行为。例如，如图 3-33 所示，卖家销售的是手机，价格为 36.08～42.27，“销售历史记录”中显示的信息为 30 transaction（3525 piece），明显非手机的销售记录。

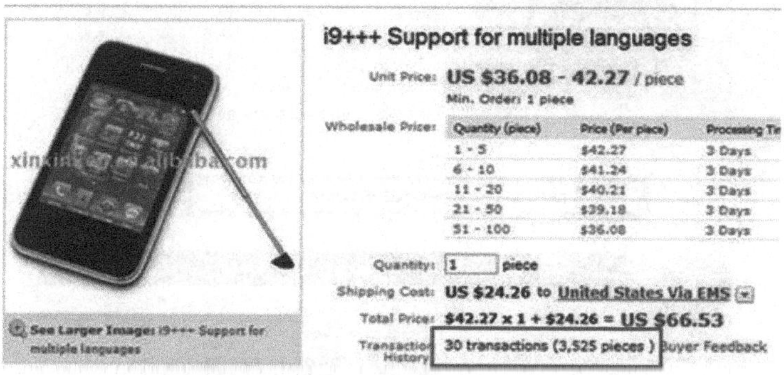

图 3-33 更换商品示例

● SKU 作弊：指卖家通过刻意规避商品 SKU 设置规则，滥用商品属性（如套餐，配件等），设置过低或者不真实的价格，使商品排序靠前（如价格排序）的行为；或者在同一个商品的属性选择区放置不同商品的行为。这种滥用表现在将不同的商品放在一个链接里出售（如触摸笔和手机壳）；或者将正常商品和不支持出售（或非正常）的商品放在同一个链接里出售。如图 3-34 所示，商品价格从 $1.00～509.89，但这个 $ 是“Other”这个 SKU 的价格，这就属于 SKU 作弊。

图 3-34 SKU 作弊示例

• 标题类目不符：指在商品类目或者标题中部分关键词与实际销售产品不相符。比如实际商品属性词应该是 wedding dress，但是标题中却出现了 flower girl dress。

详细规则可以浏览：http：//seller.aliexpress.com/rule/product/list.html

2. 知识产权规则

海外买家对于知识产权非常在意，因此卖家要重视知识产权的保护，同时不能侵犯他人的知识产权。这几年阿里巴巴也不断地加大知识产权的管理和侵犯知识产权行为的惩罚。若卖家发布、销售涉嫌侵犯第三方知识产权的商品，则有可能被知识产权所有人或者买家投诉，平台也会随机对商品（包含下架商品）信息进行抽查，若涉嫌侵权，则信息会被退回或删除。侵犯知识产权主要涉及以下行为：

• 产品标题、描述或店铺名称使用或者模仿知名品牌名称或衍生词；

• 产品图片中含有知名品牌名称或衍生词、Logo 或相似 Logo，使用图片处理工具遮掩全部或部分 Logo；

• 模仿知名品牌代表性图案、底纹或款式的疑似产品，如图 3-35 所示；

图 3-35 模仿知名品牌代表性图案、底纹或款式

• 卖家产品链接被知识产权所有人或拥有合法权利人授权的第三方代理机构投诉，未能提供有效、合理证明；

• 音像制品，中国大陆会员需提供相关政府部门发出音像制品经营许可证，如图 3-36 所示；

• 原设备厂商软件、学术软件等，需提供相关政府部门发出的有效销售许可证明；

• 其他侵犯第三方知识产权的信息。

详细规则可以浏览：http：//seller.aliexpress.com/rule/intellectualproperty/list.html。

在全球速卖通平台发布任何品牌产品信息，都需要先将相关授权许可证明发送至邮箱 sellerproducts@aliexpress.com，并注明公司名称和 Member ID，待证明文件被全球速卖通验证后方可正常发布。

图 3-36 音像制品侵权

3. 交易类规则

交易过程中，全球速卖通主要有以下 3 项交易问题需要规避。

● 成交不卖：指买家对订单付款后，卖家逾期未按订单发货，或买家取消订单并选择卖家原因导致付款未发货。主要包括两种类型，一是买家对订单付款后，卖家未在其设置的发货期内发货导致订单关闭；二是买家对订单付款后，在卖家发货前申请取消订单，同时选择卖家原因。比如，如图 3-37 所示案例，其设置价格明明很低，而一旦成交后，则卖家以无货为由取消订单。

图 3-37 成交不卖案例

● 虚假发货：指在规定的发货期内，卖家填写的货运单号无效或虽然有效但与订单交易明显无关，误导买家或全球速卖通平台的行为。例如，为了规避成交不卖处罚填写无效货运单号或明显与订单交易无关的货运单号等。

● 信用及销量炒作：指通过非正常交易手段提高商品销量及信用的行为，借此以获得更高的曝光率，对正常经营的卖家造成不正当竞争，同时也对海外买家选购产生误导，严重扰乱市场秩序，平台对于此类行为是零容忍的，情节严重的将直接进行关闭账号处罚。

详细规则可以浏览：http：//seller.aliexpress.com/rule/trade/list.html。

以上规则都可以在速卖通规则专区进行查询 http：//seller.aliexpress.com/education/rules/home.html。

3.2 Amazon平台的商家注册和认证

亚马逊有大量的自营产品，不过目前来自全球第三方卖家的商品在亚马逊全球所销售商品总量中的占比已超过 39%。

3.2.1 Amazon 平台的商家入驻

与速卖通初期允许个人卖家入驻平台不同，Amazon 一直以来均要求入驻平台的商家需要具有企业资质，也就是必须在中华人民共和国（港、澳、台地区除外）注册的企业，且需要具备销售相应商品的资质（个体工商户不能入驻亚马逊商城）。

1．2017 年亚马逊全球开店入驻条件

①法人实体营业执照扫描件或复印件（香港公司则为公司注册证明书+商业登记条例）。

- 中国大陆境内、香港特区、台湾地区注册的有限公司法人；
- 不接受个体工商户注册；
- 不接受澳门特区法人；
- 复印件应该清晰可读，营业执照不能过期，且营业执照上的公司名称应与注册的亚马逊账户上的名称一致。

②身份证正反两面的扫描件（应清晰可读）。

- 身份证明文件必须为以下语言之一：中文、英语、法语、德语、意大利语、日语、葡萄牙语或西班牙语，或者提供护照或公证翻译成其中一种语言的身份证明文件。
- 身份证上的姓名应与注册的亚马逊账户上的名称一致。

③公司账单或者法人个人账单（入驻美国站点不做强制要求，欧洲 / 日本站点暂不需要）。说明：（卖家可选择上传或放置空白文档）

- 必须为正规公用事业单位出具的近 90 天内任一水 / 电 / 煤气 / 宽带 / 电话 / 手机账单 / 发票；
- 开具机构须为自来水公司、煤气公司、电力公司、电信分公司、税务机关等，必须真实有效；
- 银行账户对账单上的地址和公司名称，应与注册的亚马逊账户上的一致；
- 不接受任何由物业公司或私人房东开具的账单、发票、收据；
- 不接受任何银行的信用卡账单。

④一张 VISA 信用卡。

- 可使用中国境内银行签发的 VISA 双币信用卡（能扣美元），日本站除 VISA 外也可用 JCB 卡（能扣日币）；
- 美国 / 日本站点可以使用持卡人为他人的信用卡；
- 欧洲站点的信用卡持卡人必须为公司法人 / 受益人或者由公司承债的商务信用卡。

⑤一个海外收款账号（下列任意一种收款方式）。

- 海外银行借记账号（美国、英国、德国、奥地利、法国任何一国的当地银行账号）；
- 香港银行账号（非中国大陆境内银行属性）；
- 第三方收款机构签发的跨境收款账号（例如 Payoneer 卡）：个人银行账户或者公司银行账户都可以；美国 / 日本站点可以使用别人的账号 / 借记卡；欧洲站点如使用个人账户，则收款账号必须为法人 / 受益人的借记卡或银行账号。

⑥具备 ISO9001 质量标准认证。

不论是哪种类型的卖家，均需要具备国际资质专业检测公司审核颁发的有效 ISO9001

质量标准认证。生产厂商需提交ISO9001质量管理体系认证，贸易服务商需提交所售产品工厂的ISO9001质量管理体系认证。

⑦为了防止跟卖，最好注册商标，北美站用美标，欧洲站用欧标，还可以根据目的国注册英标、法标、德标等，起到双重保护作用。（注：为鼓励中国企业在海外注册商标销售，各地政府有不同的补贴，比如深圳对美标补贴5000元/标，上限一个公司20万元；欧标补贴10000元/标）（另注：注册美标1～2个工作日可以拿到回执，但回执不能用于平台备案。6～8个月后可以下载证书）。

2. 对于在亚马逊欧洲站点开店的，还需具备KYC审核资质

①工商注册信息（Business Registration Extract），即公司营业执照扫描件（请提供清晰彩色扫描）。大陆公司要提供营业执照。香港公司提供公司注册证明书+商业登记条例；

②首要联系人和受益人（Primary Contact Person/Beneficial Owner）的身份证件，需要上传相关人员的护照扫描件；如果没有护照，可以提供身份证（正反面）加上户口本本人页的扫描件；

③公司费用账单（A copy of business expenses from the following list）。请提供以下任意一张账单：水、电、燃气费用账单，固定电话账单，手机话费账单，网络费用账单，银行对账单，税务，保险及社保账单等。一般情况下，此项中国大陆公司不做要求，中国香港、中国台湾注册公司必须提供。

账单要求：开具日期在90天以内，公司名称需要与之前录入卖家平台的公司法定名称相符，要求账单地址和营业执照地址或实际运营地址相符。以上账单必须由公共事业单位出具。如果公司账单在房东名下，需要有正规房屋租赁合同来证明其中的关系。

④首要联系人和受益人的日常费用账单（A copy of household expenses from the following list）。请提供以下任意一张账单：水、电、燃气费用账单，固定电话账单，手机话费账单，网络费用账单，个人信用卡账单，税务，保险及社保账单等。账单需由正规公共事业单位出具。如果个人账单在配偶名下，需要同时提交结婚证。如果账单在房东名下，需要有正规公司出具的房屋租赁合同来证明关系。

账单要求：开具日期在90天以内，地址需要与之前录入卖家平台的首要联系人或受益人的居住地址相符。如果无法提供上述账单，也可以提供该个人的暂住证或者临时居住证。

⑤对公银行账户对账单（Proof of bank account ownership）。请提供一张贵公司在任意一家银行开户的对公银行账户对账单。

账单要求：包含清晰的银行Logo或名称，需有公司名称和银行账号。公司名称须与之前录入卖家平台中的公司名称保持一致。账单可以无日期，如果包含日期，需要在12个月内。如需保密，可自行遮蔽流水往来记录。对公账户的银行开户许可证，如开户日期在12个月以内，也可接受。不接受电子账单，须为纸质账单扫描件。

⑥收款人的境外银行账户（Proof of Foreign Account）：建议使用公司对公账户或者受益人个人账户（例如法人的Payoneer收款账户）。

- 受益人信息（Beneficial Owner Information）：受益人必须是公司所有人或管理者，即直接或间接拥有公司25%及以上股份，或对业务发展有决定权，或以其他形式对公司

行使管理权的自然人或者公司。人数必须与实际情况相符。其信息将会被验证。

- 授权书（Letter of Authorization）：Amazon 可能会要求上传一份由公司法人出具，授权首要联系人代表贵公司开设和实际运营您的卖家账户，并遵循用户协议及其他条款（见 3. 附授权书模板）。
- 公司章程（Articles of Association/Statute）：Amazon 可能需要你在审核过程中提供包含受益人及其股权分配信息的公司章程以便审核。

3. 附授权书模板

授权书（Letter of Authorization）模板

[添加企业信笺抬头]

公司授权书 / POWER TO ACTION

BEHALF OF THE COMPANY

________________[添加企业名称]（以下简称「公司」），

正式由 ______________[在此添加签名者的全名和职业]（名字和职业）代表，

确认 ________________[在此添加联系人的全名]被授权

使用亚马逊支付开通「亚马逊开店」支付账户，接受「用户协议」及其他政策，有权使用「亚马逊开店」支付账户并代表公司处理交易。

The undersigned ________________

[add name of Company here/ 添加企业名称]（herein after，the "Company"），duly represented by ________________

[add full name and function of the signatory here/ 在此添加签名者的全名和职业]，confirms that ________________ [add full name of the Person of

Contact here/ 在此添加联系人的全名] is authorised to open a

Selling on Amazon payment account with Amazon Payments，accept the User

Agreement and other Policies，have access to the Selling on Amazon payment

account and initiate transactions in the name and on behalf of the Company.

日期 / Dated

由 / By

____

签名 / Signature

3.2.2 Amazon 账号关联

在正式入驻亚马逊平台，注册为其第三方卖家之前，必须先理清账号关联问题，否则会给后期运营带来极大的麻烦。因为一旦被注销或者关闭的账号信息，不能再次注册新的账号。

账号关联指的是每一个卖家只能有一个账号。亚马逊注重买家购物体验，为防止卖家重复铺货销售相同的产品，亚马逊的规则就偏向于相同的产品只在平台上出现一次。当然同一个商品详情可能会有多个卖家，也就是跟卖，这点不在这里细叙。

1. 账号关联的危害

一旦被认为两个账号是关联的，那么如果关联账号中的其中一个出现问题，那么就会影响与之相关联的账号。

同站点关联：同站点（同为美国站或者欧洲站）的账号，当亚马逊发现卖家产品交叉销售同样产品的话（产品相似度 80%～90%），会要求你强制删除其中的一个账号以及所有的 listing，如果不删除，就有可能两个账号被全部关闭。关联没有提醒，没有邮件通知，没有客服联系，而且是不可逆的，有时亚马逊也会发出警告通知，“operating and maintaining multiple seller accounts is prohibited.” 亚马逊会要求卖家“please cancel all listings on your **** account，and limit your selling activities to your **** 2 account.”“please note that future to comply with this request may result in the blocking of all of your selling accounts.”。

不同站点关联：如果卖家是在不同站点分别注册了账号，销售相似产品。此时如果其中一个出了问题，另一个账号跟着出事的情况不多见，因为亚马逊本来就支持卖家到各个站点开店，把产品销售到各个区域。但如果一个站点涉及诈骗、违法等特别严重的行为，也会被影响，而侵权等问题，一般不会有影响。

2. 账号关联的因素

被亚马逊程序算法判定为账号关联的因素有很多，比如电脑、网线、网卡、路由器、cookies、账户信息（公司法人等资料）、店铺产品信息（产品相似度 80% 以上），甚至是业务员的操作习惯，如编辑习惯、图片处理习惯等。可以将这些因素分为硬件因素和软件因素，如图 3-38 所示。

- 硬件因素
  - 网卡地址MAC
  - 操作系统相同
  - 网络路由器
  - 服务器地址
- 软件因素
  - IP 地址 特别注意内网不同IP地址对外显示的可能是同一IP，使用路由也需要注意这点
  - Cookie 浏览痕迹、浏览习惯等如果相同，也会被亚马逊通过操作习惯来判断关联
  - Flash对象 通过视频和动画判断
  - 账号信息 包含账号名称、账号邮箱、营业地址、联系电话等
  - 收款账号 银行卡不能一卡多用，包括第三方账号如WorldFirst/Paynooer卡/Pingpong

图 3-38 账号关联的因素

3. 防账号关联的关键

①一个账号最好只在固定的一台“干净”的电脑上登录，链接的路由器和 Modem 要干净，网络环境只用于这个账号的操作，账号邮箱也只在这台电脑上登录。

②要尽量避免用二手笔记本，禁用原有的网卡，或者用无线电话网卡。

③多套手续多台电脑，可以用远程页面操作。

④如果必须要用原电脑操作（本来运营一套账号，想换套账号），网线不用换（因为外网一般采用的都是动态 IP）；路由器 Modem 网卡要换掉（或者用 USB 无线上网卡）；硬盘要格式化（要改变硬盘的分区结构，与原来的不一样）；浏览器要全部清空并重装。

⑤购买 VPS 以防 IP 等关联：每个账号买一个 VPS，可以是阿里云、微软云、腾讯云、AWS 亚马逊云。

⑥多账号操作：多人在不同地点采用不同方法操作，不同账号用不同的浏览器，标题写法不同。

⑦产品一九定律：比如三个账号中有 10 个产品，只有一个是一样的才行，其他的必须不同；或者可以给授权，A 给 B 和 C 账号授权，但是编写 SKU 要不同。

⑧不同收款账号：无论是银行卡还是虚拟卡（如 Paynooer 卡等），不可以一对多使用。

3.2.3 Amazon 北美站点注册流程

1. 账户预审信息提交

①设置亚马逊销售账户：创建新账户，填写姓名、邮箱地址（不要用 QQ 邮箱，尽量用 @126、@163 邮箱）、密码；点击“下一步”按钮，再填写法定名称（公司用户，使用英文或拼音填写公司注册名称；个人用户，使用英文或拼音填写个人名称）。点击“下一步”按钮，填写业务信息，如图 3-39 所示。

图 3-39　创建账户

②号码验证。可以选择用电话或 SMS（短信）进行号码验证。若选择电话验证，输入相关内容后，点击“立即与我联系”，会接到一个系统打来的电话，然后电脑会显示 4

位数字，接起电话把 4 位数字输入进去，以 # 号结束，即可完成验证。请注意：若 3 次验证不成功需 1 小时后才可以继续。若选择 SMS（短信）验证，点击“立即给我发短信”，会收到将验证码“××××”（图 3-40 中为 9764）输入提示框中的短信。

图 3-40 SMS（短信）验证

③设置您的计费方法和存款方式（这一步设置成功后，系统会从信用卡账户中扣除 1 美元），如图 3-41 所示。

一般要求使用可以支付美元的双币信用卡，VISA，Master 卡均可，同时需要注意以下几点：

- 确认默认地址信息是否与信用卡账单地址相同。如不同，请使用英文或者拼音填写地址；
- 信用卡持卡人与账户注册人无须为同一人；公司账户也可使用个人信用卡；
- 若填写信息正确，系统会尝试对该信用卡进行预授权以验证该信用卡是否尚有信用额度，持卡人可能会收到发卡行的预授权提醒；
- 在注册完成和账户运营过程中，可随时更换信用卡信息；
- 此信用卡用于账户结算时，若卖家账户结余不足以抵扣相关款项，则系统会从信用卡中扣除每月月费或其他销售费用；

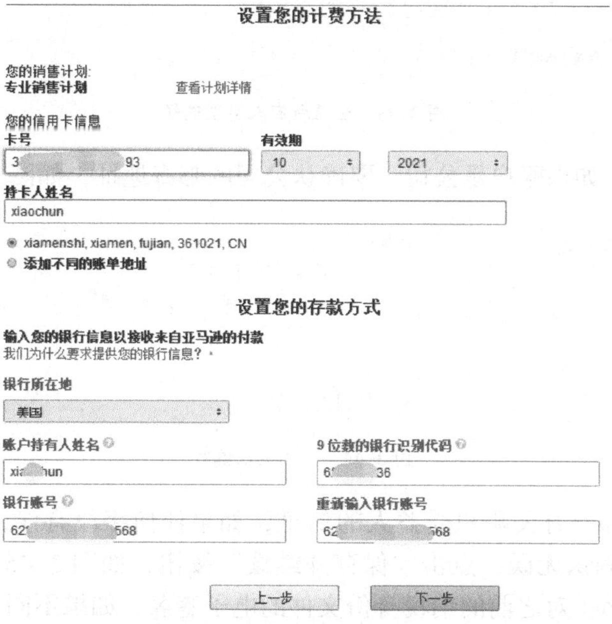

图 3-41 计费方法和存款方式设置

• 如果收到通知，告知卖家账户中注册的信用卡信息无效，请检查账单地址是否与信用卡对账单中的账单地址完全相同；或者与开户银行核实，确认信用卡是否过期，是否有充足的信用额度，且对被拒金额的网上扣款无任何限制。

④税务信息调查。税务信息调查页如图 3-42 所示。

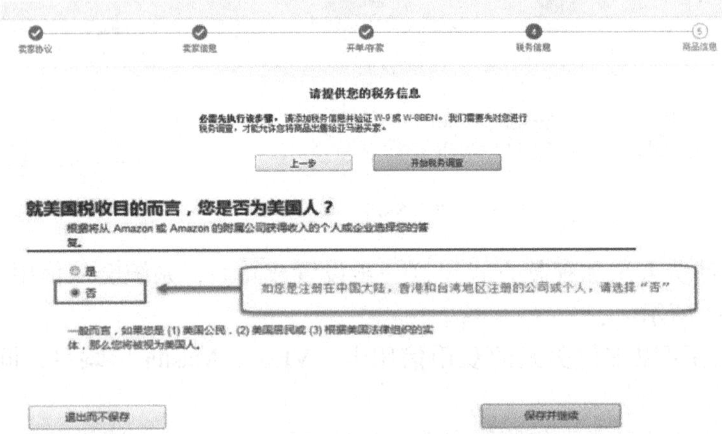

图 3-42　税务信息调查页

根据注册主体的性质，可以选择受益所有人类型是个人、公司或者信托机构等，如图 3-43 所示。

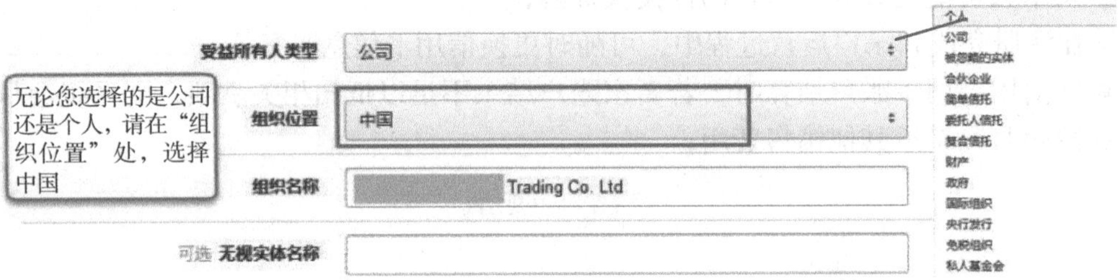

图 3-43　受益所有人类型选择

填写永久地址，如果账户是公司，要确认公司的邮寄地址，如图 3-44 所示。

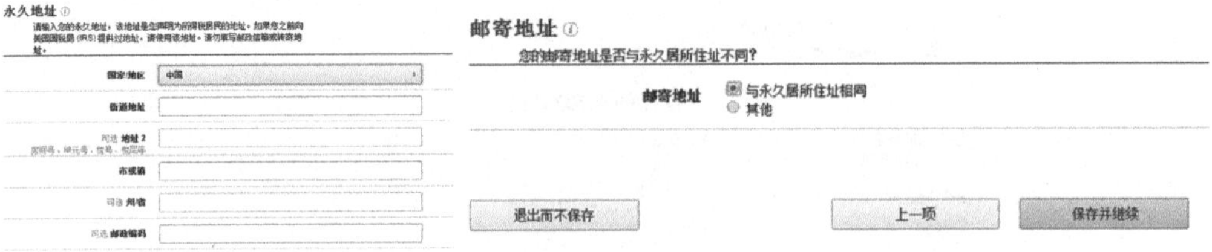

图 3-44　永久地址填写

⑤检查 Part I 部分有关账户受益人的信息，如果任何字段有误，请返回上一页并修改您的信息。如果确认无误，点击“保存并继续”按钮，如图 3-45 所示。

⑥提供电子签名（对之前的纳税身份文件的电子签名，如果不同意电子签名，则会由平台打印后由注册人手动签名，不过一般都选择电子签名），如图 3-46 所示。

图 3-45 检查 Part Ⅰ账户受益人信息

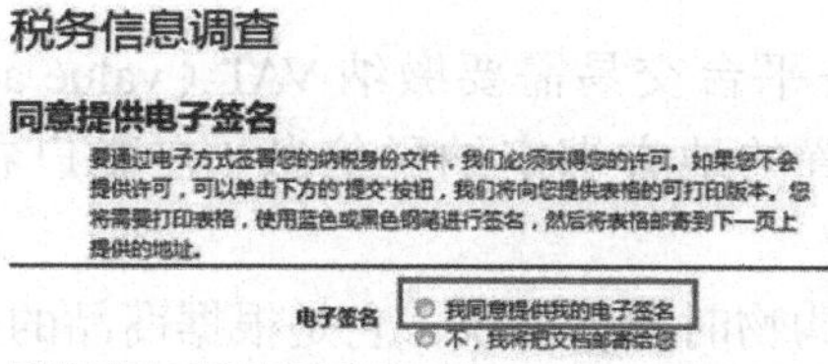

图 3-46 电子签名

⑦退出调查，结束审核，如图 3-47 所示。

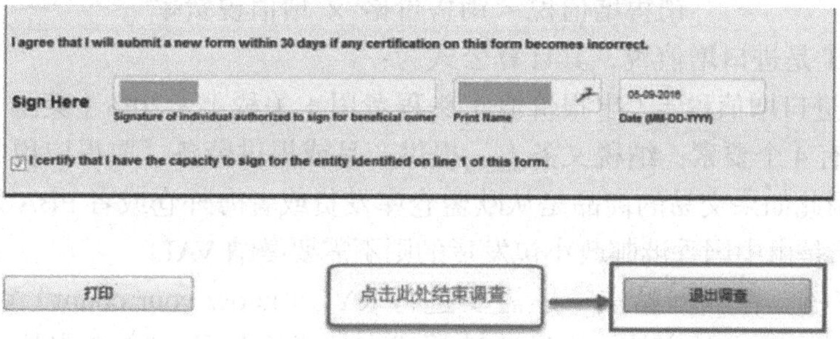

图 3-47 退出调查

⑧完成上述步骤后，账户注册已完成，可以点击“进入卖家平台”按钮进入卖家平台上传商品了。

2. 账号注册前的审核

之前提交的仅需要预审的账户信息，并不意味着卖家即可以在亚马逊平台进行销售商品了。因为亚马逊还需要知道销售品类信息，有些品类平台并未开放给第三方卖家，而在已经开放的品类中，不同的品类也需要提交很多不同的资料。因此还需要经过一系列的审核方可真正获得账号注册权限以及平台销售权限。

初审：提交产品信息，一般提交 500SKU 的产品信息，同时提交独立的产品 B2C 网站（该网站可以不真正进行电子交易，但需要证明品牌和产品），等待上线经理审核。预审的通过率一般是 50%，初审的通过率一般在 20% 左右，预审和初审都是由亚马逊中国团队来完成的。

复审：复审由亚马逊美国团队和英国团队完成。复审通过之后，客户经理会向卖家邮箱发送注册邀请链接（有效时间 24 小时）。

账户注册：点击邮件中的链接进入账户页面，进行详细的账户注册，包含提交公司和个人的相关证明、产品品牌的各类相关证明、不同品类要求的各种资质证明等。同时要将提交审核的产品信息上传到亚马逊后台（产品如何上传详见第 5 章），等待上线经理审核。

上线审核：上线经理对卖家上传的产品资料做最后审核，审核通过之后，亚马逊才会向你开放销售权限。审核不符合要求的会被要求修改，一般有 3 次修改机会。

上线销售：通过上线审核之后，上线经理会帮卖家开启销售权限，卖家即可正常销售商品了。整个审核过程全部完成。

3. 欧洲站点特殊要求——VAT&KYC

① VAT。欧洲站点的电子商务平台交易需要缴纳 VAT（value added tax/AD Valorem Tax 增值税），因此需要在页面设置的地方绑定纳税信息（在账户右上角执行“account information”→“tax information”）。

增值税是欧盟的一种税制，即购物时要另加税，它是根据商品的价格征收的。如英国法规，英国公司年营业额在 7.5 万英镑以上，或者公司需要进口货物的必须注册 VAT。此时必须将英国货物存放地址作为 VAT 地址，必须有英国商业账户，需要缴纳销售增值税，其计算公式为：

$$销售增值税 = 销售价格 \times 增值税费率$$

另一种 VAT 是进口增值税，其计算公式为：

$$进口增值税 =（申报价值 + 头程费用 + 关税）\times 20\%（英国）$$

缴纳 VAT 有 4 个要素：纳税义务人、提供产品或提供劳务、取得应税收入、交易发生在欧盟境内。因此如果交易的商品是从欧盟仓库发货或者海外仓或者 FBA 发货的，可能需要缴纳，但如果是由中国香港邮政小包发货的则不需要缴纳 VAT。

② KYC 审核。在欧洲站点，还需要进行 KYC（know your count）审核。这是由欧洲金融监督委员会要求的审核，以防止洗钱或支持恐怖分子。KYC 审核时需要提交以下材料：

- Business Registration Extract［公司营业执照扫描件（清晰彩色）］：如果是大陆公司，要求提供公司营业执照正本 / 副本扫描件；如果是香港公司，则要求提供公司注册证明书 + 商业登记条例（两文件需合并成一个 PDF 文档）；
- Primary Contact Person/Benefical Owner（受益人身份信息）：要求提供受益人的护照扫描件，其可以是护照或者身份证（正反面）+ 户口本本人页的扫描件；
- Copy of business expenses from the following list（个人费用账单）：最近 90 天内的任意一张日常费用账单，包括水、电、燃气、网络、电视、电话、手机等费用账单或信用卡对账单，要求必须由正规机构出具，账单上需要有姓名和家庭详细居住地址，租赁房屋租赁合同等；
- Proof of bank account ownership（公司对公银行对账单）：对账单上要有和营业执照上公司名一致的公司名，有清晰可见的银行名或 Logo，要有在该行开户的银行账号，开立日期在一年内（或者无日期），卖家出于保密需要，可遮蔽有关流水往来的记录，也可以用对公账户的开户许可证代替（开立时间必须在一年以内）；

• 授权函：如果主要联系人非公司法人，要求卖家提供一份由公司法人授权主要联系人实际运营该账户的授权函。

• 公司日常费用账单：对于使用中国香港、中国台湾等地公司注册的卖家（中国大陆公司无须提供），要求卖家提供一份公司日常费用账单。90天内的任意一张日常费用账单，包括水、电、燃气、网络、电话、社保、银行对账单等；账单必须由正规机构（公用事业单位、银行等）出具；账单上需有公司名和详细地址，且公司名和地址应和营业执照 / 商业登记证保持一致。

KYC 审核的流程为：填写卖家后台信息→提交资料→审核通过。若资料不符合，则需要等待一个月之后，重新提交资料。

KYC 信息填写注意事项如下：

• 建议全部使用汉语拼音来填写，以保证准确性。中国香港公司按照注册证书上的公司英文名称填写；

• 公司有几个受益人的，需真实地填写几个受益人的信息，再提交相应的个人账单和资料信息；

• 注册时需要填写居住地址，其一定要是和信用卡账单或者水电煤气费账单一致的实际居住地址；

• 地址需要完全准确，精确至门牌号；

• 公司注册地址每行不得超过 50 个字符，其他地址每行不得超过 60 个字符，包括空格及标点符号；

• 确认无误后再提交，尽量不要重复多次提交，一次审核不过，会极大可能影响账号；

• 最重要的一点是，资料一定要真实。不过如果在注册过程中填错了，只要能提交证明文件，也是可以修改的；

• 关于收款账户信息。亚马逊欧洲站共有 5 个站点，分别是英国、德国、法国、意大利、西班牙站点。建议卖家后台所有信息确保正确后再绑定收款账户。另外建议将 5 个站点的存款方式一并全部添加，以免日后添加时重新进入 KYC 审核流程；

• 确保输入有效的国际信用卡信息，同时请确保此信用卡外币账户已开通及额度可用。

3.3 Wish平台的商家注册和认证

3.3.1 Wish 平台的商家入驻

Step 1：开始注册。在地址栏中输入 merchant.wish.com 打开 Wish 商家平台，并点击"免费使用"按钮（见图 3-48），或直接输入 merchant.wish.com/signup 打开注册页面进行注册。

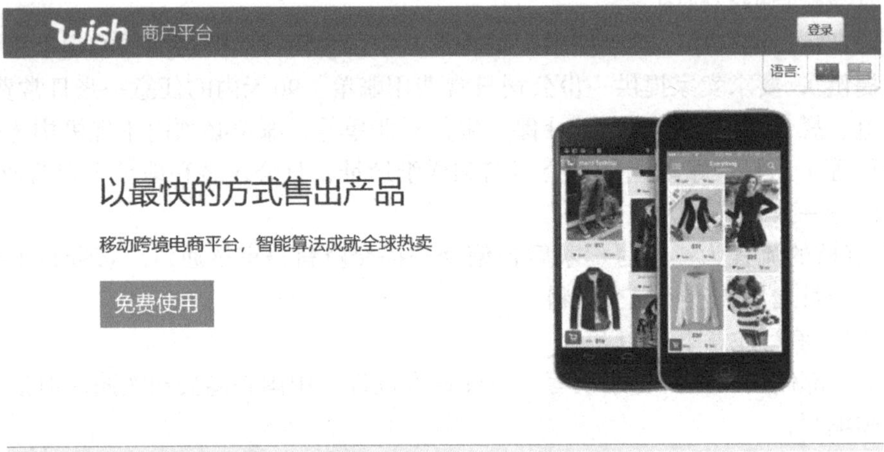

图 3-48　Wish 商家平台

Step 2：用英文或者拼音填写信息，包含账户信息、商户信息、办公地址。

● 账户信息：“邮箱地址”最好选择国际通行的邮箱（如 Gmail）；“邮箱地址”和“用户名”会作为日后的登录凭证，注册成功以后不得修改，如图 3-49 所示。

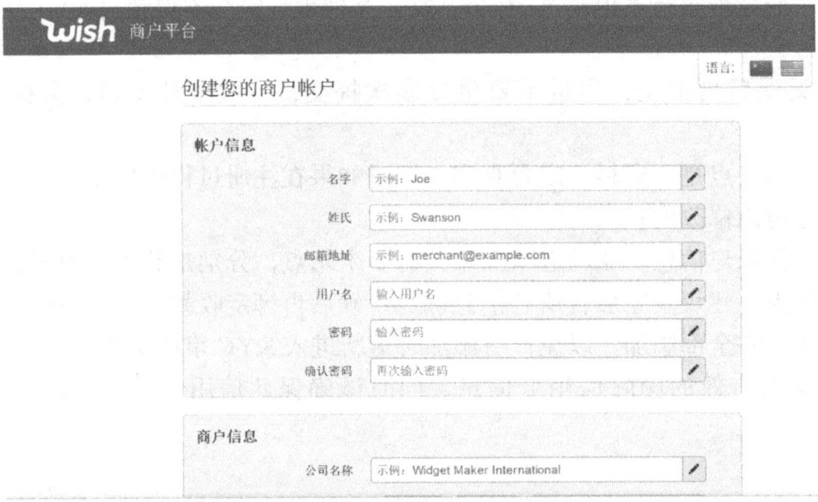

图 3-49　账户信息页面

● 商户信息：商户信息包含公司名称、电话号码、店铺平台、店铺 URL、库存地点、产品类别选择、收入分成。“店铺平台”和“店铺 URL”需提供一个现有店铺的地址（国内外主流平台，如天猫、淘宝、京东、亚马逊、eBay 等，优先填写亚马逊、速卖通、eBay、1688 国际等跨境平台）。“库存地点”根据实际情况选择即可，请一定如实填写，这涉及店铺的合理发货时间。比如，如果选择的是海外仓，Wish 对发货的时效性相应会有更高的要求。“产品类别”可尽量多选（对于这一点，Wish 目前没有限制），便于日后店铺出售多样化的产品。“收入分成”默认为 15%（即交易成功后，Wish 收取交易金额 15% 的佣金，直接从买家打款金额中扣除），不得更改。商户信息设置页面如图 3-50 所示。

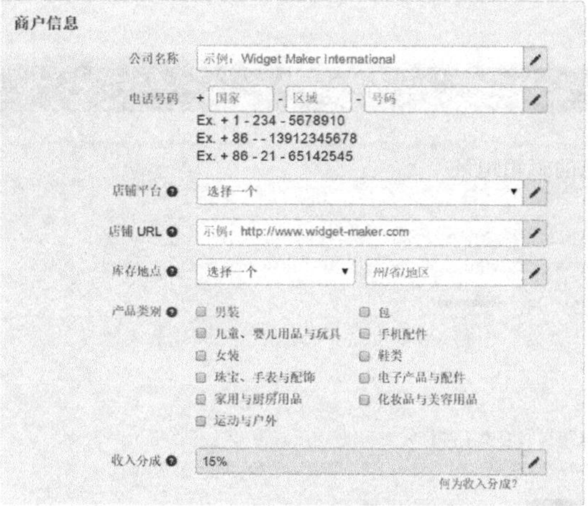

图 3-50　商户信息设置页面

• 办公地址：根据要求填写公司（公司卖家）或家庭（个人卖家）地址，勾选“我已阅读并同意商户服务条款”和“我已阅读并同意 Wish 的商户政策”，然后点击“提交”按钮即可。地址最好用地图上可以找到的小区地址或者办公地址。办公地址设置页面如图 3-51 所示。

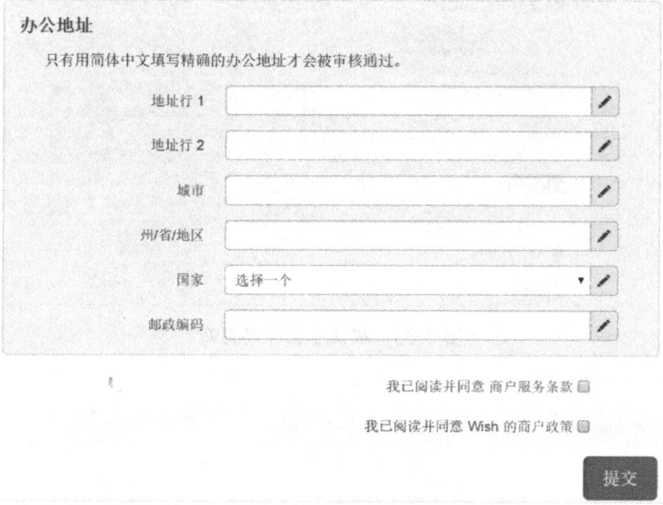

图 3-51　办公地址设置页面

Step 3：确认邮箱地址。登录邮箱，点击激活邮件中的链接，确认邮箱地址。如果在收件箱中没有看到确认邮件，请到垃圾邮件中查找；如果还是没有，可以回到 Wish 注册页面，点击“重新发送电子邮件”按钮。为了保证顺利接收邮件，请尽可能选择国际通行的邮箱，如 Gmail。确认邮箱地址页面如图 3-52 所示。

Step 4：确认手机号码。在跳转页面中，确认手机号码正确无误，然后点击“发送代码”按钮。将手机上接收到的 5 位代码输入到文本框中，然后点击“提交”按钮。如果没有收到代码，可选择“再次发送”。确认手机号码页面如图 3-53 所示。

Step 5：至此完成了开店所需的所有步骤。点击“Next”按钮即可进入店铺设置，如

图 3-54 所示。

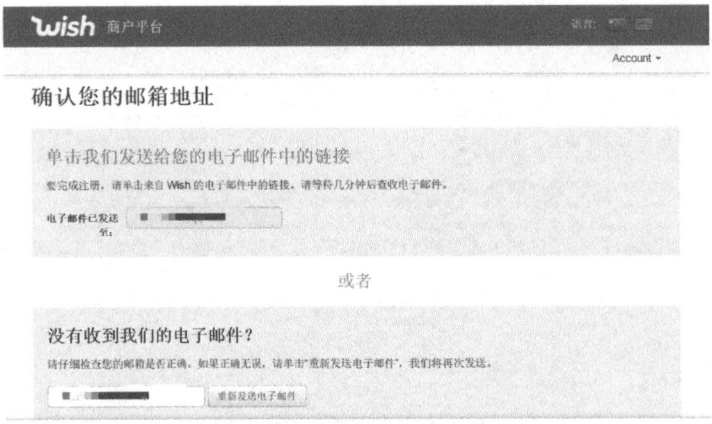
wish 商户平台
语言:
Account
确认您的邮箱地址
单击我们发送给您的电子邮件中的链接
要完成注册，请单击来自 Wish 的电子邮件中的链接。请等待几分钟后查收电子邮件。
电子邮件已发送至:
或者
没有收到我们的电子邮件?
请仔细检查您的邮箱是否正确。如果正确无误，请单击"重新发送电子邮件"，我们将再次发送。
重新发送电子邮件

图 3-52　确认邮箱地址页面

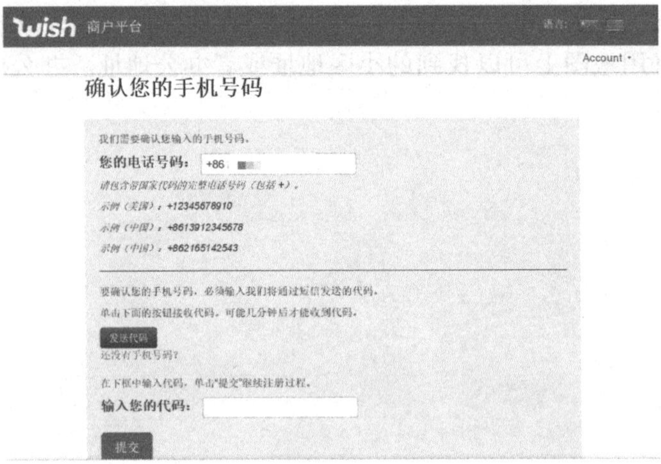
wish 商户平台
语言:
Account
确认您的手机号码
我们需要确认您输入的手机号码。
您的电话号码:
+86
请包含带国家代码的完整电话号码（包括 +）。
示例（美国）：+12345678910
示例（中国）：+8613912345678
示例（中国）：+862165142543
要确认您的手机号码，必须输入我们将通过短信发送的代码。
单击下面的按钮接收代码。可能几分钟后才能收到代码。
发送代码
还没有手机号码?
在下框中输入代码，单击"提交"继续注册过程。
输入您的代码:
提交

图 3-53　确认手机号码页面

开始
店铺信息
添加产品
付款设置
已完成
欢迎光临 Wish
请完成开店所需的所有步骤
提供店铺详情
添加产品
选择获得付款的方式
查看 Wish 的商户政策
Next

图 3-54　完成注册店铺操作

Step 6：填写店铺信息。店铺信息包括店铺名称、店铺图片、店铺类型（个人或公司）以及 QQ 号。

在店铺类型中，如选择“我是个人”，需上传身份证或护照扫描件，并填写姓名（必须与证件上的姓名相一致）和身份证号码；如选择“我是公司”，则需填写公司去年的GMV（交易总额）（最好在20万美元以上）、公司名称、营业执照注册号、法人代表身份证号码/护照等，并上传公司营业执照、税务登记证和法人代表身份证或护照的扫描件。

填写完成后，点击“保存”按钮，在跳转对话框中，点击“Confirm”（确认）如图3-55所示，进入下一步操作。

Step 7：添加一款产品，具体详见第5章。

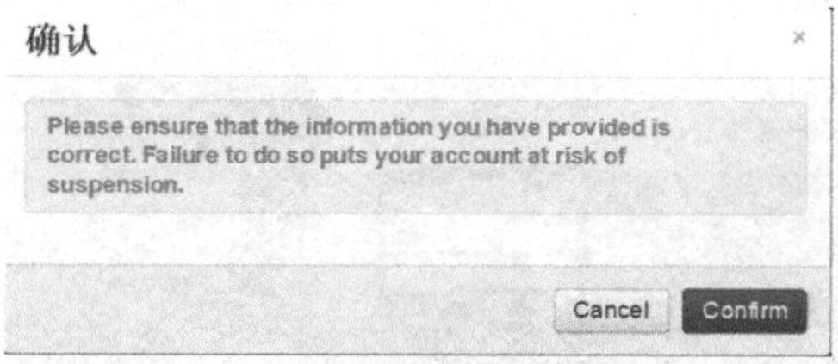

图3-55 跳转对话框

Step 8：付款设置。从“提供商”列表中选择一种付款方式，根据用户所选择的付款方式，Wish会在交易完成后，每月一次，将账款扣除手续费后，打入用户的账户。建议选择“易联支付”（PayEco），用户只需提供一个中国大陆的银行账号即可收款，无须另外注册，手续费为1%。输入完成并核对无误后，点击“更新支付信息”按钮，然后点击“Next”按钮，进入下一步操作付款设置页面如图3-56所示。

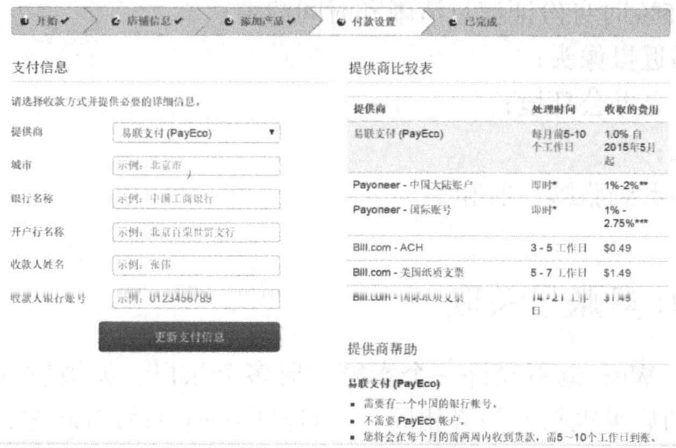

图3-56 付款设置页面

Step 9：等待审核，如图3-57所示。

图3-57 等待审核页面

至此，完成了所有的开店步骤，用户已经可以进入Wish后台，但还不能上传产品。

Wish 需要 5 个工作日左右对店铺进行审核，审核通过后，Wish 会给每个店铺分配一个客户经理，客户经理会发送一封邮件收集卖家信息。

3.3.2 Wish 认证照片

随着 Wish 商户的不断涌入，Wish 对注册的要求也不断提高，早期只需要填写姓名和身份证号码，其后要求提交身份证的正面拍照，如今要求提供手持报纸的照片（并且是当日的报纸），如图 3-58 所示。

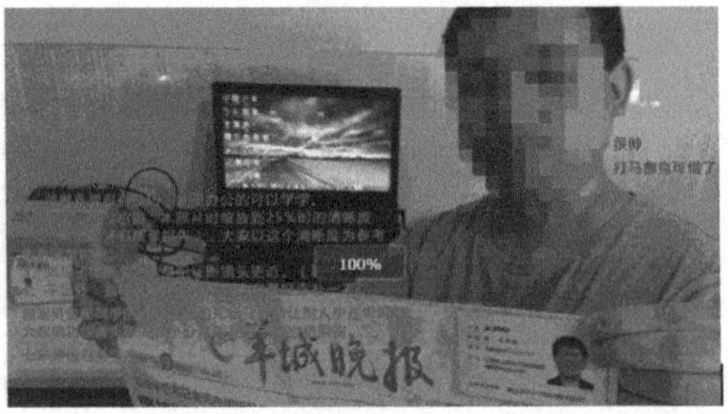

图 3-58　认证照片

很多卖家在认证照片环节不能过关，这里总结如下几点注意事项：

- 确保认证照片在不放大的情况下清晰，因为 Wish 注册用户很多，因此审核人员一般不会放大再审核；
- 照片缩放到 25% 时身份证信息清晰和时间清晰；
- 让身份证更靠近摄像头；
- 照片背景最好是办公环境；
- 手持当天报纸；
- 头部完整并能看到胳膊、肘和手。

3.3.3 Wish 多账号关联

与亚马逊一样，Wish 也不允许一个卖家注册多个账户，如被发现，就会认为是多账号关联。账户关联的后果也与亚马逊相同，一旦其中一个账号有问题，其他关联的账号也会被关闭。而判定的标准与亚马逊大致相同，从硬件和软件方面有许多因素，具体预防方法详见 2.2 节。

3.4 其他跨境电子商务平台入驻

其他平台的详细注册过程不再介绍，下面简单说下其他跨境电子商务平台的不同之处。

3.4.1 eBay 注册并刊登产品

1. 注册

首先在 eBay 首页点击“Register”（注册）按钮，在打开的页面中填写姓名、邮箱和密码。建议选择大型电子邮件服务商提供的邮件服务作为注册邮箱，确保可以收到来自 eBay 的邮件，点击“提交”按钮后完成注册。

在 eBay 首页找到“Sell”入口，选择中国，会被链接到中国香港平台填写注册表单（注：注册页面的字体为繁体字），完成填写真实的地址信息。eBay 注册如图 3-59 所示。

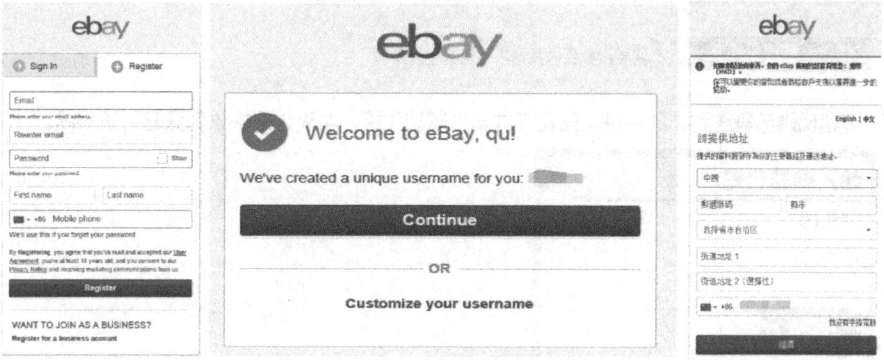

图 3-59 eBay 注册

2. 认证

认证包括信用卡认证和手机短信认证两种。

①信用卡认证 eBay 账户。选择“使用信用卡确认身份”，如图 3-60 所示，点击“继续”按钮，在出现的页面中填好信用卡信息，并点击“继续”按钮。进入信用卡合约页面，确认条款并点击“授权信用卡”按钮，完成认证。

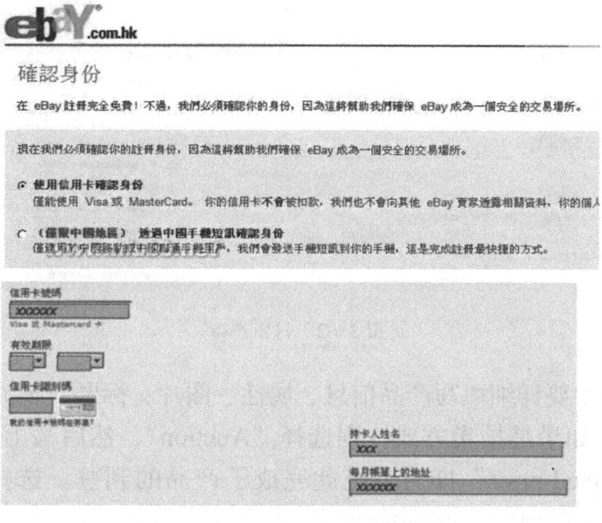

图 3-60 信用卡认证 eBay 账户

②手机短信认证 eBay 账户。选择“透过中国手机短讯确认身份”，每个手机号码仅支持一个账户认证。在文本框中输入手机号码，再选中“以这个号码作为账户的联络号码”，点击“传送手机短讯给我”按钮，收到确认码后，输入正确的确认码，完成认证如图 3-61 所示。

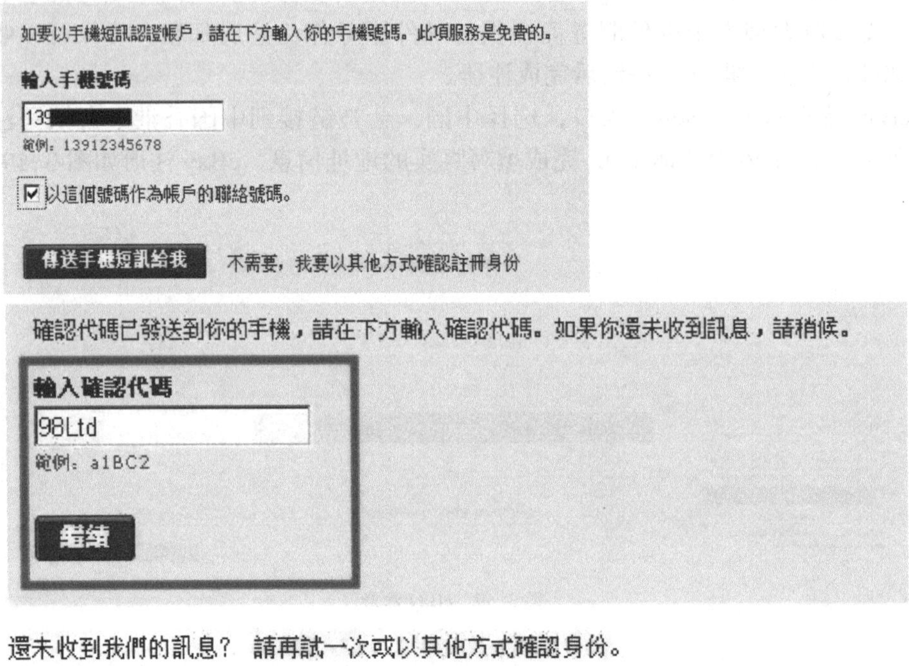

图 3-61 手机短信认证 eBay 账户

3. 刊登产品

选择要刊登的站点，以美国站为例。输入要买的产品。选择一个合适的分类，如果清单中没有想要的类目，则可以点击“Browse categories”选择合适的分类。刊登产品如图 3-62 所示。

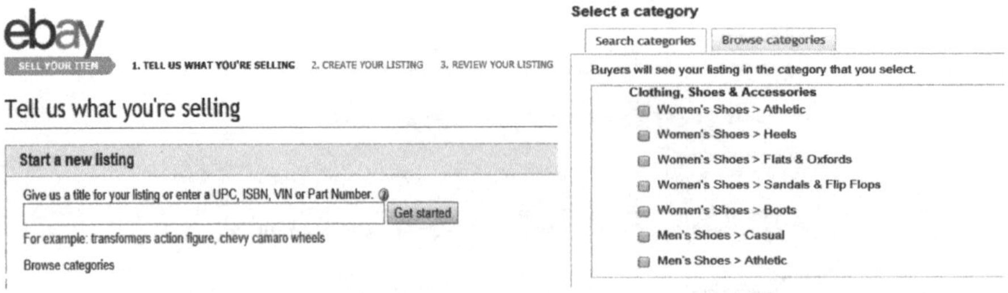

图 3-62 刊登产品

在产品刊登页面中要详细填写产品信息、属性、图片、标题、物流等，如图 3-63 所示。

选择销售方式，如果是拍卖方式，则选择“Auction”，然后写上起始价；如果是一口价方式，则选择“Fixed price”即可。至此完成了产品的刊登。选择销售方式如图 3-64 所示。

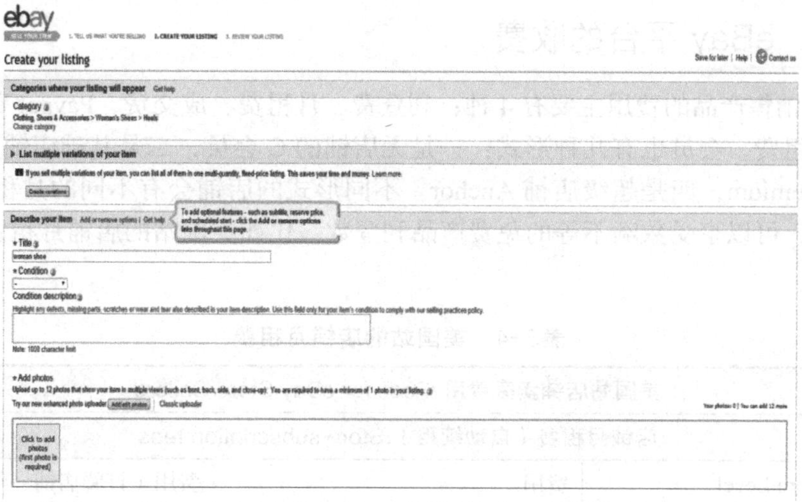

图 3-63　产品刊登页面

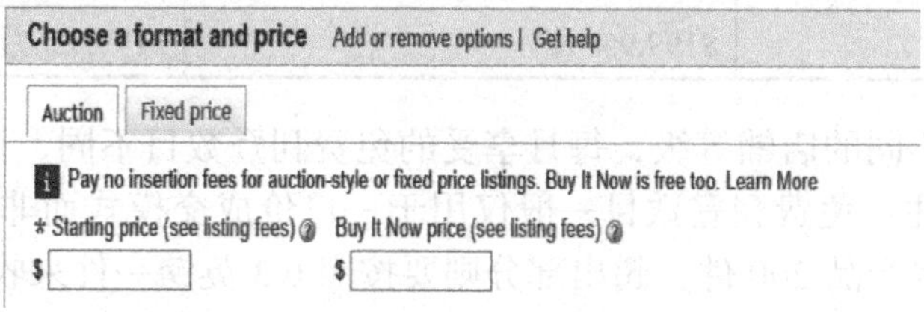

图 3-64　选择销售方式

4. 绑定 PayPal

注册 eBay 账户后需要绑定 PayPal 账户，当买家下单后，卖家可以在 PayPal 中查看收到的款项。此外，PayPal 支持多种货币的支付，是跨境电子商务交易的理想工具。绑定 PayPal 页面如图 3-65 所示。

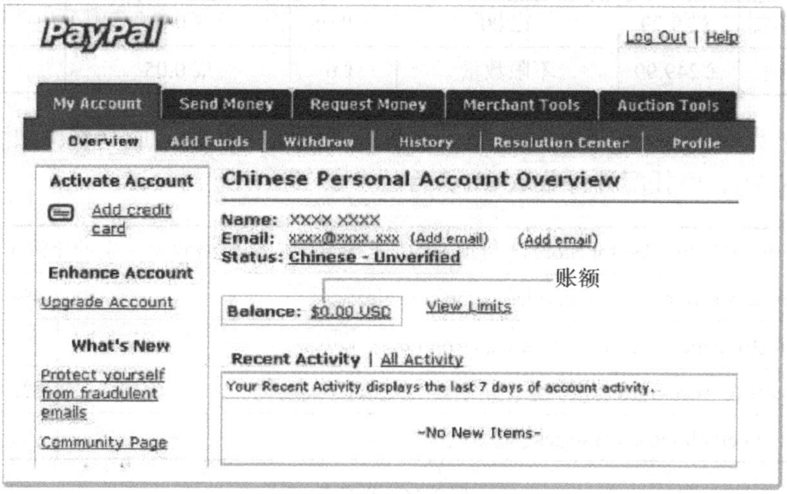

图 3-65　绑定 PayPal 页面

3.4.2 eBay 平台的收费

eBay 上销售产品的费用主要有 4 种：刊登费、月租费、成交费、Paypal 费用。

（1）月租费。会员也有几种形式：一是无店铺的 C 会员，二是基础店铺 Basic，三是高级店铺 Premium，四是超级店铺 Anchor。不同形式的店铺会有不同的月租费，而不同等级的店铺，可以享受数额不等的免费产品刊登数。比如美国站的店铺月租费，如表 3-4 所示。

表3-4　美国站的店铺月租费

美国站店铺卖家费用 /Fees for eBay Store Sellers		
店铺月租费（自动续租）/Store subscription fees		
店铺级别 /Store Level	费用	费用（订阅店铺一年）
基础店铺 /Basic	\$19.95/ 月	\$15.95/ 月
高级店铺 /Premium	\$59.95/ 月	\$49.95/ 月
超级店铺 /Anchor	\$199.95/ 月	\$179.95/ 月

（2）刊登费。不同的店铺等级，每月享受的免费刊登数目不同，比如表 3-5 是英国站的免费刊登数目（注：免费刊登数目一般仅用于一口价成交模式而非拍卖模式），基础店铺每月可以免费刊登产品 200 件，超出部分则要按照 0.3 英镑一件来收取。

表3-5　英国站的免费刊登数目

店铺等级	店铺费用	每月免费刊登数目	超额的 List 刊登费用 /List		
				拍卖	
		一口价	一口价	起卖价≤ 0.99	起卖价 >0.99
无	0	0	£ 0.30	£ 0.10	£ 0.30
Basic 基础店铺	£ 19.99	200	£ 0.10	£ 0.05	£ 0.15
Premium 高级店铺	£ 59.99	1,200	£ 0.05	£ 0.05	£ 0.15
Anchor 超级店铺	£ 249.99	不限数量	£ 0	£ 0.05	£ 0.15

（3）成交费。平台按照不同的品类，会收取不同级别的物品成交费，如图 3-66 所示。如电脑等收取 4%，摩托配件等收取 8%。

Final Value Fee for Stores（封顶 \$250, 其他分类成交价格收取一定的比例）	
Computer/tablets & networking,video game consoles	4%
Musical instruments & gear coins & paper money	7%
Motors parts & Accessories	8%
Clothing,… cell phone accessories…	9%

图 3-66　成交费

（4）PayPal 费用。PayPal 注册时完全免费的，但发生交易时会按照交易类型收取相关费用，如图 3-67 所示，并且费用根据居住国和地区的不同而不同，详细需要到 PayPal 网站查询。

跨国商业交易			
跨国商业交易：注册在不同居住国或地区的PayPal用户进行包括购买、销售商品或服务的交易			
买家	卖家		
免费（不涉及币种兑换时）	标准费率	3.9%+ 固定费用(每笔)	
	优惠费率	优惠费率的资格依据上月销售额以及信誉情况确定。只需办理一次申请手续。	
		交易费率	上月销售额
		3.4% + 固定费用	\$3,000.01-\$10,000.00
		3.2% + 固定费用	\$10,000.01-\$100,000.00
		2.9% + 固定费用	\$100,000.01及以上
	固定费用	此费用根据所接收的币种不同而有所不同，见下表： 美元：\$ 0.30 USD 英镑：£ 0.20 GBP 澳元：\$ 0.30 AUD 加元：\$ 0.30 CAD 欧元：€ 0.35 EUR 其他币种的固定费用请点击此处查看	
注：商业交易费用根据市场变化而有所改变，具体相关信息请参见费用结构页面			

图 3-67　PayPal 费用

3.4.3　东南亚的 Lazada 平台

该平台 2012 年成立于新加坡，仅用三年时间便成为东南亚最大的电商平台，目前年经营额已达 10 亿美元，日均访问量 400 万，入驻商家数超过 1.5 万。加之电商巨头亚马逊尚未进军东南亚，Lazada 一枝独秀，2015 年仅 3 月份一个月交易额就破 13 亿美元，同比增长 350%。Lazada 平台首页如图 3-68 所示。

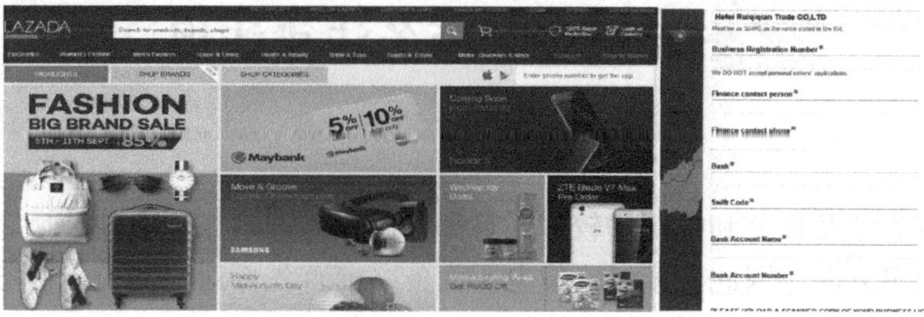

图 3-68　Lazada 平台首页

注册 Lazada 店铺，只要一张企业营业执照、一张身份证复印件就能搞定。具体所需提交的资料如下：

- 登记表格（公司和申请人名字要中英文，地址写英文）；
- New MP Seller Account Information 表格；
- 申请公司的营业执照，申请人或法人身份证复印件；
- 与注册公司名一致的 Payoneer 企业账户信息；
- 提交 1 张登记表，通过审核后，Lazada 平台会发送网签协议和注册链接到卖家申请时提交的邮箱中，卖家可下载 2 张表格并填写好后，一起发送给 Lazada 平台。

3.4.4 敦煌网——允许个人卖家进驻

目前，敦煌网已经实现 170 多万国内供应商在线、770 万种商品，遍布全球 222 个国家和地区以及 1500 万买家在线购买的规模。每小时有 10 万买家实时在线采购，每 1.6 秒产生一张订单。

敦煌网卖家账户分为个人卖家（仅限中国大陆）和企业卖家。个人卖家的账户持有人为该注册人本人，企业卖家的账户持有人为该注册公司。与前面几个平台不同的是，敦煌网允许使用同一营业执照注册的企业注册不超过 10 个卖家账户从事跨品类经营。

申请跨品类经营的卖家需满足以下所有资质要求：

- 企业资质的商户；
- 注册资金 50 万元以上；
- 近 3 个月商户评级连续评为优秀商户或顶级商户；
- 拥有跨品类相应一级类目自有注册品牌或品牌授权经营许可。

为了激励广大商户大额批发交易，充分体现平台的批发优势，并兼顾零售，降低商户运营成本，更好地服务全球客户，敦煌网实行“阶梯佣金”政策。

此外还执行商户评级制度，对卖家近 90 天的服务能力进行商户等级评定。考核的指标包含基本指标和服务能力指标。根据卖家不同的服务水平划分为顶级商户、优秀商户、标准商户和低于标准商户，不同等级的卖家享受不同的平台资源。商户服务考核于每月末评定一次，次月 5 日公布评定结果。

3.5 跨境电子商务法律法规

跨境电子商务涉及环节和主体均较多，且海外国家与国内相比法律环境完全不同，特别是在知识产权等方面，因此卖家做跨境电子商务之前首先要对跨境电子商务相关法律法规有一定的了解，以免踩入雷区。

3.5.1 跨境电子商务法律法规类型

（1）跨境电子商务贸易、商务、运输相关法律法规。这一类法律法规主要是针对跨境电子商务活动中的跨境贸易属性，解决涉及贸易的基础问题，尤其适用于 B2B 类的跨境电子商务：一是规范对外贸易主体、贸易规范、贸易监管的一般性法律；二是贸易合同方面的法律；三是知识产权方面的法律和规范。跨境电子商务活动中交易的商品需要遵守知识产权有关规范；四是跨境运输方面的法律法规；五是产品质量和消费者权益方面的法律和其他规定。

（2）跨境电子商务监管（通关、商检、外汇、税收等）相关法律法规。此类法律法规主要是针对跨境电子商务过程中的通关、商检、外汇、税务等问题，这对多种跨境电子商务交易和服务都具有约束作用：一是通关方面的法律法规；二是商检方面的法律法规；三是外汇管理的有关规定；四是税收方面的法律法规。

（3）电子商务相关法律法规。此类法律法规重点在于电子商务本身一般性的法律问题，其关键在于电子信息技术带来的新空间、新模式：一是与电子商务登记、准入、认定相关的法律制度；二是与电子商务合同、签名、认证相关的法律法规；三是与电子商务支付相关的法律法规；四是知识产权、安全隐私、消费者权益保护类相关法律。

3.5.2 知识产权规则

知识产权，是指“权利人对其所创作的智力劳动成果所享有的专有权利”。各种智力创造比如发明、文学和艺术作品，以及在商业中使用的标志、名称、图像以及外观设计，都可被认为是某一个人或组织所拥有的知识产权。

知识产权主要可分为专利权、著作权（版权）、商标权，如图 3-69 所示。

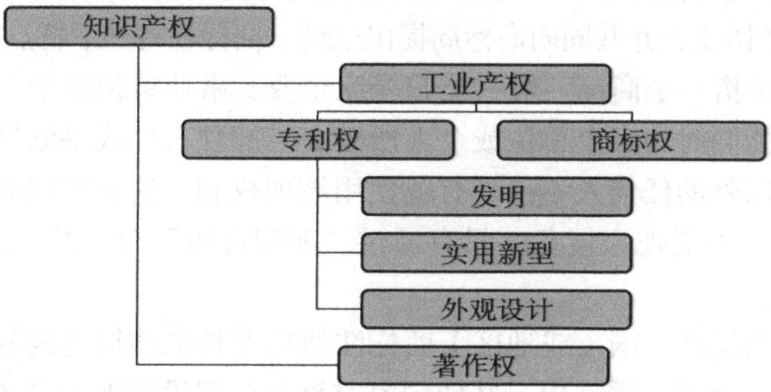

图 3-69 知识产权分类

1. 专利权

专利权是指政府有关部门向发明人授予的在一定期限内生产、销售或以其他方式使用发明的排他权利。专利分为发明、实用新型和外观设计三种。

- 专利权人对其发明创造享有独占性的制造、使用、销售和进口的权利。也就是说，其他任何单位或个人未经专利权人许可不得进行以生产、经营为目的的制造、使用、销售和进口其专利产品，使用其专利方法，或者未经专利权人许可，为生产经营目的制造、使用、销售和进口依照其方法直接获得的产品。否则，就是侵犯专利权。
- 一个国家依照其本国专利法授予的专利权，仅在该国法律管辖的范围内有效，对其他国家没有任何约束力，外国对其专利权不承担保护的义务。如果一项发明创造只在中国取得专利权，那么专利权人只在中国享有专有权或独占权。如果有人在其他国家和地区生产，使用或销售该发明创造，则不属于侵权行为。
- 专利权人对其发明创造所拥有的专有权只在法律规定的时间内有效，期限届满后，专利权人对其发明创造就不再享有制造、使用、销售和进口的专有权。这样，原来受法律保护的发明创造就成了社会的公共财富，任何单位或个人都可以无偿地使用。

拓展阅读　　专利侵权行为

● 专利侵权行为，也称侵犯专利权的行为，是指在专利权的有效期限内，任何他人在未经专利权人许可，也没有其他法定事由的情况下，擅自以盈利为目的实施专利的行为。

● 专利侵权行为主要有以下几种类型：制造专利产品的行为；故意使用发明或实用新型专利产品的行为；许诺销售、销售专利产品的行为；使用专利方法以及使用、许诺销售、销售依照专利方法直接获得产品的行为；进口专利产品或进口依照专利方法直接获得产品的行为；假冒他人专利的行为；冒充专利的行为。

2. 商标权

商标权是指商标使用人依法对所使用的商标享有的专用权利，包括商标注册人对其注册商标的排他使用权、收益权、处分权、续展权和禁止他人侵害的权利。商标权是一种无形资产，具有经济价值，可以用于抵债，即依法转让。商标可以转让，转让注册商标时转让人和受让人应当签订转让协议，并共同向商标局提出申请。商标权有如下特点：

● 专有性。它是指一个商标一般只能归一家企业、事业单位或个人在指定商品上注册并归其所有，而不能同时为多个单位或个人所享有，即独占性或垄断性。除权利人同意或法律规定，权利人以外的任何人不得享有或使用该项权利。这表明权利人独占或垄断的专有权利受严格保护，不受他人侵犯。只有通过“强制许可”“征用”等法律程序，才能变更权利人的专有权。

● 地域性：它是指经一国（或地区）商标注册机关核准注册的商标，其所有人的专有权被限定在该国（或地区）领域内，其他国家对该商标权没有保护义务。换言之，一个国家的商标所有人如果希望其商标权在其他国家也能获得保护，就应该到希望获得保护的国家去注册。

● 时效性：它是指商标经商标注册机关核准之后，在正常使用的情况下，可以在某一法定时间内受到法律保护，这一时间称为注册商标的有效期。有效期届满后，商标权人如果希望继续使用注册商标并使之得到法律的保护，则需要按照法定程序，进行注册续展。

3. 著作权

著作权，又称为版权，我国《著作权法》第十条规定，著作权包括著作人身权和著作财产权。

著作人身权包括：发表权，即决定作品是否公布于众的权利；署名权，即表明作者身份，在作品上署名的权利；修改权，即修改或者授权他人修改作品的权利；保护作品完整权，即保护作品不受歪曲、篡改的权利。著作财产权是作者对其作品的自行使用和被他人使用而享有的以物质利益为内容的权利。著作权的取得，是指著作权人取得了著作权法的保护。各国法律对著作权的取得条件有不同要求，主要分为自动取得和注册取得两大类。

• 自动取得是指著作权自作品创作完成时自动产生，不需要履行任何批准或登记手续。世界上大多数国家采取这种自动取得制度，中国也采取这种制度。

• 注册取得是指以登记注册为取得著作权的条件，作品只有登记注册或批准后才能产生著作权，而不是自动产生。世界上少数国家采取这种制度。

3.5.3 跨境电子商务侵权的表现

现行网络环境中存在诸多侵权表现，比如一些商家打着品牌授权口号公然销售假冒伪劣产品；有些网站擅自使用其他网站的Logo、图片、视频、原创内容等，或者模仿其他网站模板，采用相似域名等行为，这对消费者造成了严重误导；甚至存在网络诈骗，如恶意钓鱼或者欺诈网站，通过低价、广告等形式来诱导消费者进行消费。

1. 跨境电子商务欺诈表现

跨境电子商务中的诈骗罪是以非法占有为目的，通过网络信息系统虚构事实或者隐瞒真相，骗取数额较大的财物的行为。在法律形式上，电子商务中的诈骗罪跨越了现行刑法中规定的普通诈骗罪和特别诈骗罪，但在实际生活中，它又仅仅是这些犯罪的表现形式。

①双方欺诈：一方主体以非法占有为目的，通过虚构事实或者隐瞒真相的方法，骗取对方的信任，进而使对方支付货款或者发出货物，而不履行或者不完全履行已方义务，以骗取对方财物的行为。

案例：A使用伪造的虚假身份注册成为某电子商务平台的卖家，在平台上以明显低于市场价格的标价出售产品。买家B向A询价且经过沟通后达成交易协定；B在付款后发现再也联系不上A（即在交易付款后未收到货物或者货品严重不符约定）。

②虚假发货：涉及交易的买家付款之后，供应商提供了虚假发货凭证，供应商收到投诉时，投诉方没有收到货物或者提供的物流单号无追踪信息。

③第三方欺诈：除交易双方以外的任何个人或机构，以不正当的方式，获取交易双方或者任一方的交易信息，用以谋求不法利益为目的的行为。此类欺诈涉及电子商务交易双方之间和第三方，故又称为“三角电子商务诈骗”。

案例：A通过利用网络信息传输过程中的不安全性，窃听、截取买家B发送给外贸电商C的询价信息，并冒充C的名义与B进行交易实施诈骗。这个欺诈案例的主要特点：一是截取信息，二是冒充交易。

④侵犯知识产权：这是跨境电子商务卖家最容易犯的错误之一，比如图片盗用、外观设计专利侵犯等。

2. 如何避免贸易投诉和欺诈的发生

①做好账号管理。

• 防止邮箱被盗。盗取邮箱的骗子惯用的手段有：发布钓鱼链接；进入客户邮箱获取双方邮件信息，或修改邮箱后台设置，设置自动转发功能；监控买卖双方交易过程；等待至付款阶段，屏蔽双方正常往来，仿冒与买家或者卖家相近的邮箱，诱导付款或者发货；款项到手后，逃之夭夭。

• 小心账号转让的陷阱。骗子惯用的手段有：在准备阶段，在论坛发布求购信息，或直接电话联系供应商（骗子直接收购账号），或骗子从供应商熟人、朋友、同学处下手，通过熟人向客户求租账号；在行骗阶段，发布高危产品，如苹果手机、自行车等，并以超低价诱骗买家上当；在收网阶段，买家付款，骗子逃之夭夭。

②提高警惕，识别骗子买家。

• 准备阶段：在此阶段，通常买家会以大单诱惑。

• 行骗阶段：行骗手段通常是支付预付款或提供造假水单，然后拒付尾款或要折扣或提取货物，与海关勾结提货。

• 行骗结果：提取货物，停止沟通。

③签订合同时，注意以下几点：

• 避免过度承诺。国外客户较重视合同条款，因此在签订合同时，应该尽可能给自己留一点空间，切勿为了留住客户过度承诺，最终导致客户投诉。

• 避免欺瞒买家。当无法按照合同交货时，部分卖家会想出各种借口欺瞒买家，其实这时候如果能够将实情告知，更能得到买家的理解。

• 避免不理睬。双方出现纠纷时，部分客户会采取冷处理，即不理睬买家的诉求或者较敷衍地回复买家。此时友好地沟通通常可以较大减少买家投诉。

④发货之后注意以下几点：

• 关注物流运输情况。发货后可能因为物流原因导致货物灭失的，应及时联系物流公司赔偿，然后将实情告知买家，给出赔偿方案，避免卖家自己受损，也更能得到买家的理解。

• 及时协助客户收货物。货物到达买家国家，可能因为海关导致货物被退回或者配送不成功，应及时提醒客户货物已经到达目的地。

• 保留发货凭证。发货后尽量完整保存发货凭证以及产品信息（例如：产品照片、发货批次的产品质检报告），保证在产生纠纷时能有证明无责的材料。

wish 商户后台功能

Amazon 卖家中心功能

速卖通平台规则

数据纵横功能模块

速卖通卖家后台管理功

亚马逊平台服装类商品信息规则

亚马逊电子类商品信息规则

亚马逊平台卖家后台设置

第4章

跨境电子商务选品分析和市场调研

本章导论

选品是跨境电商的重要环节，尽管不同跨境电商平台在选品上各有差异，但有更多的选品理论和技巧可以跨平台应用。本章将从介绍跨境电商产品的特点开始，了解站内和站外选品的一些技能、数据分析工具，并掌握市场调研方法。

通过本章的学习，掌握和熟悉选品规则和数据分析工具，并能开展平台品类调研，能分析竞争者和行业产品；能根据市场环境对产品做出合理调整；学会对海外市场的调研并形成调研报告，撰写调研报告，发现新的市场机会。

在众多从事跨境电子商务的企业中，一部分企业为生产企业，采用前店后厂形式，通过跨境电子商务平台销售自己工厂生产的产品，另外还有很大一部分是电子商务运营商，自身并没有生产车间或者作坊，而是从供应市场中去挑选产品进行跨境销售，或者根据跨境市场的需求，寻找供应商组织生产并进行销售；再进一步可以通过市场需求分析与预测，开发新产品，组织企业生产并进行销售。因此除了第一种企业可能受到企业原有生产资源限制，在跨境电子商务销售类目上难以有很多选择余地，其他类型的跨境电子商务企业，都将面临选品问题。

所谓选品，顾名思义，就是从琳琅满目的供应市场中，选择适合目标市场需要的产品。因此需要涉及多方面的内容，首先要了解何为“品”，要了解产品和商品的区别，了解单品和品类的含义，并学会进行品类管理；其次要掌握如何通过大数据分析来指导选品；最后需要学会市场和消费者需求的调研。

4.1 品类管理

4.1.1 产品与商品

品，在淘宝平台上被称为商品 Item，而在京东上则被理解为产品 Product。产品和商品之间是否有区别？对于这两个概念的更深入理解，也有助于选品分析。

（1）产品 Product：狭义的理解是指被生产出的物品，而在供大于求的时代，产品被衍生理解为可以满足人们需求的载体，也就是 20 世纪 90 年代的菲利普·科特勒等学者提出的产品整体概念（人们向市场提供的能满足消费者或用户某种需求的任何有形物品和无形服务），这一概念要求营销人员要考虑到能提供顾客价值的 5 个层次：

①核心产品——基本功能。核心产品是指向顾客提供的产品的基本效用或利益，反映顾客核心需求的基本效用或利益。

②有形产品——表现形式。有形产品是指核心产品借以实现的形式，即品质、式样、特征、商标及包装。即使是纯粹的服务，也具有相类似的形式上的特点。

③期望产品——产品属性和条件。期望产品是指购买者在购买产品时期望得到的与产品密切相关的一整套属性和条件。如对于旅店的客人，期望的是干净的床、香皂、毛巾、热水、电话和相对安静的环境等。得到这些产品的基本属性时并不能带来额外的顾客好评，但如果顾客没有得到这些，就会感到非常不满意。

④延伸产品——附加产品。延伸产品是指顾客购买形式产品和期望产品时附带获得的各种利益的总和，包括产品说明书、保证、安装、维修、信贷、送货、技术培训、售后服务等。

⑤潜在产品——产品发展。潜在产品是指一个产品最终可能实现的全部附加部分和新增加的功能。所给予顾客的就不仅仅是令其满意，还可能是顾客在获得这些新功能时，感到喜悦。

（2）商品 Goods：狭义的理解是专门用来交换的有形产品。而广义上，商品除了可以是有形的产品，还可以是无形的服务。比如“金融产品”等，而商标法同样适用于服务等。商品同样有整体概念（见图 4-1）：

①商品实质层。商品实质即商品的功能和效用，交换和购买的目的是要获得商品给他带来的某种需求的满足，如购买微波炉是为了自己烹饪的需求。

②商品实体层。商品功能和效用的具体反映形式，包括外观形式和内在质量及促销成分，即品质、包装、品牌、造型、款式、色调等，这些表现形式在很大程度上影响着人们的购买决策。

③商品延伸层。商品延伸层是指消费者在购买和使用商品时获得的各种附加利益的总和。如售前的咨询服务，售中的交易条件赊购、提供信贷或各种担保等，以及售后的送

货、安装、维修等。

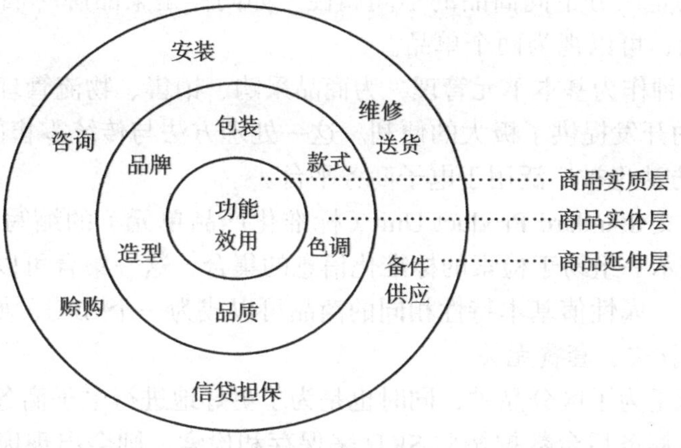

图 4-1 商品

（3）产品与商品的区别：从产品（整体产品）和商品（整体商品）的概念（层次）可以看出，两者的重合性很高，但两者还是有一定的区别：

①产品是由卖家设计的，整体产品是以供应方的理解为核心的，而商品是由买卖双方共同设计的，整体商品的改变是以消费者的基本利益为核心的。

②产品和整体产品概念强调的是产品实现的各类功能，商品和整体商品概念则强调的是交换或者销售，商品是为交换而产生（或用于交换）的对他人或社会有用的劳动产品。

从以上分析可见，选品中的品，作为“商品”理解更贴切些，因为电子商务平台上交易的不仅仅是能实现诸多功能的产品，更是能满足购买者或者消费者需求的商品，因此在选品时，要去分析这些产品的商品特性。也就是从消费者或者购买者的角度去分析需求，再针对这些需求设计自身的产品，形成具有消费需求的、用于交换的商品。比如，某厂家生产净水机，但不能仅仅是卖净水机，而是从消费者角度分析，净水机的购买者希望喝水喝得健康，因此要体现出能提供健康的商品特性。

【思考】某商家生产制作蛋糕的原料，那么应该如何挖掘这一产品的商品特性？某合作社销售农家土鸡蛋，这一产品的商品特性又是什么？

4.1.2 SKU（单品）与 SPU

（1）SKU（单品）：英文 Stock Keeping Unit（库存量单位）的缩写，即库存进出计量的基本单元，以件、盒、托盘等为单位，SKU 指的是最小存货单位，这是大型连锁超市 DC（配送中心）物流管理的一个方法。单品则是近几年电子商务快速发展起来之后出现的叫法，实质就是 SKU。

SKU 指的是单独的某一种商品，或者是包含特定的自然属性与社会属性的商品种类。这里的种类区分并非沿用传统的商品类目划分方法，而是当其品牌、型号、配置、等级、花色、包装容量、单位、生产日期、保质期、用途、价格、产地等属性与其他商品存在不同时，均可称为一个单品，因此，单品与传统意义上的“品种”的概念是不同的，单品主要目的是区分不同商品的不同属性。如同样是某品牌啤酒，单听销售的啤酒和整扎销售的啤酒，可以视为两个单品。

以单品而非品种作为基本单元管理，为商品采购、销售、物流管理、财务管理及 POS 系统与 MIS 系统的开发提供了极大的便利。这一处理方法与传统零售门店的 SKU 如出一辙，因此 SKU 的方法也被广泛用于电子商务平台。

（2）SPU：英文 Standard Product Unit（标准化产品单元）的缩写。这是商品信息聚合的最小单元，表示一组易于检索的标准化信息的集合，这一集合可以描述一个产品的基本特性。也就是说，属性值基本特性相同的商品可以成为一个 SPU，如 iPhone6 就是一个 SPU，它与颜色、款式、套餐无关。

SPU 的作用就是为了区分品种，同时也是为了更好地进行电子商务平台的后台数据管理，因为如果电子商务后台数据按照 SKU 来保存和检索，则会出现庞大的数据，而且不同商家的 SKU 设置不同，就会造成紊乱。因此要实行标准化，也就是要一品多商，如表 4-1 所示。

表4-1　SKU编号与对应的商品型号

SKU 编号	对应的商品型号
1710811	iPhone8- 白色 -32G
1710812	iPhone8- 白色 -64G
1710813	iPhone8- 白色 -128G
1710814	iPhone8- 黑色 -32G
1710815	iPhone8- 黑色 -64G
1710816	iPhone8- 黑色 -128G
……	……

【案例】计算 SKU：如一部 iPhone6s 有很多属性，其基本属性或者叫关键属性（也称 SPU 属性）是：毛重 420.00g，产地中国大陆，这两个属性不影响价格和库存，而销售属性（SKU 属性）则有容量 16G、64G、128G 三种，颜色有银色、白色、玫瑰金三种，因此，某卖家的 iPhone6s 可以生成 3×3=9 个 SKU，而在电子商务平台中，SPU 只有一个，就是 iPhone6。

【思考】SKU 是不是越多越好？缺乏品类规划，盲目依赖上线多的 SKU 的做法，最终可能造成商品适销不对路，带来库存的严重积压。因此要对商圈环境进行分析判断，根据自己所擅长零售业态的市场定位、顾客的需求情况，判断未来的销售预期，然后根据运营情况，计划未来电子商务的发展状态，然后定出每一个品类 SKU 数量的基数。

4.1.3　品类与品类管理

1. 品类（Category）

品类是指消费者认为相关的且可相互替代的一组特殊商品或服务。它有很多定义：

- “确定什么产品组成小组和类别，与消费者的感知有关，应基于对消费者需求驱动和购买行为的理解”——AC 尼尔森调查公司；
- “品类即商品的分类，一个小分类就代表了一种消费者的需求”——家乐福；

在电子商务平台上，平台会事先划分好品类结构中的大类目，如速卖通平台的顶级品类，如图 4-2 所示。

而在 Wish 平台上，2016 年划分的 14 个顶级品类有：时尚、钱包手袋、家居、服饰、手表、手机配件、母婴、美妆、鞋子、上衣、内衣、下装、个人爱好、饰品、小工具等。

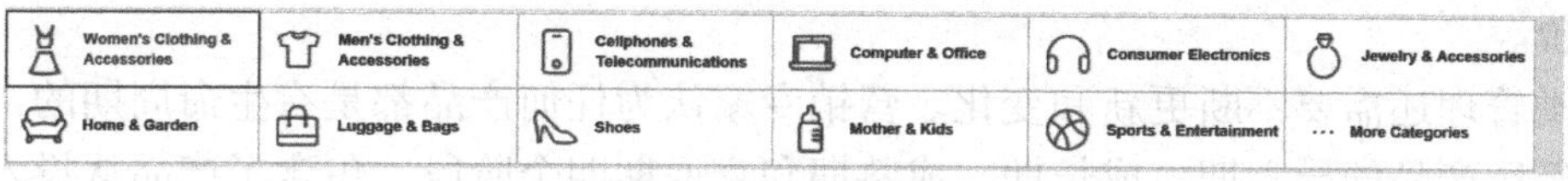

图 4-2　速卖通平台的顶级品类

2. 品类管理（Category Management，CM）

品类管理是指分销商和供应商合作，将品类视为一个策略性事业单位来经营，通过创造商品中消费者价值来创造更佳的经营绩效。品类管理是把所经营的商品分为不同的类别，并把每一类商品作为企业经营战略的基本活动单位进行管理的一系列相关活动。

要做好品类管理，先要了解产品组合理论中的宽度、深度、长度和关联度。宽度是指企业生产经营的产品线的多少。深度是指产品线中每一产品有多少品种。长度则是指企业所有产品线中产品项目的总和。关联度是指各产品线在最终用途、生产条件、分销渠道和其他方面相互关联的程度。如宝洁公司生产清洁剂、牙膏、肥皂、纸尿布及纸巾，有 5 条产品线，表明产品组合的宽度为 5，其中牙膏产品线下的产品项目有 3 种，佳洁士牙膏是其中的一种，而佳洁士牙膏又有3种规格和2种配方，因此佳洁士牙膏的深度是6（3×2），长度则是将 5 条产品线下的所有产品项目的不同规格和配方的产品项目综合，而关联度是这些产品彼此之间的互补性。

因此在品类管理过程中，首先需要思考的是所经营全部商品的宽度或者产品线，对电子商务平台而言就是大类或者子类。有些平台，如速卖通，目前一个账号（店铺）只能经营一个大类的商品，这也是担心类目杂乱，不利于系统判别店铺的主营商品，从而难以给店铺做准确的定位和推广。在大类确定的前提下，要拓展品类的宽度，就需要开发子类目的维度，从而能全面满足用户对该类别产品的不同方面的需求，如假设一个做 shoes 大类产品的店铺，可以针对目标客户的年龄、性别、鞋子使用场所等不同的维度，进行商品的宽度开发。

在拓宽品类宽度的同时，应不断开拓品类的深度。深度的开拓需要基于对目标市场的细分和深入研究，开发针对每个目标市场的产品，同时要做到：每个子类的产品数量要有规模，品相足够丰富，从颜色、规格、配方等不同的维度，尽可能开发更多的SKU；销售的商品要有梯度，体现在价格、品相、质量等方面，可以尽可能让更多层面的客户在此找到自己的需求。达到以上要求，可能需要进行新产品开发，除了可以开发全新的产品，还可以开发改进型新产品，也就是在原有老产品的基础上进行改进，使产品在结构、功能、品质、花色、款式及包装上具有新的特点和新的突破。

在深度开拓品类过程中，还要挖掘有品牌的产品，以提高品类口碑和知名度。商家可以使用自己的品牌或者使用别人的品牌，如特许品牌或中间商品牌，还可以考虑使用一个品牌还是多个品牌，即对全部产品线产品采用同一品牌，还是不同的产品线品牌不同等。比如中国移动将动感地带的目标人群定位为年轻人群。这一目标人群虽然暂时购买力有限，但却是未来主力消费的生力军，因此中国移动将动感地带作为与全球通和神州行并行的第三大子品牌，以全球通为利润品牌，神州行为大路品牌，动感地带为狙击和种子品牌。

除了宽度、深度，商家还需要不断提升品类之间的关联性，从而可以提高关联销售度和客单价。

品类管理还需要不断更新和变化。营销专家认为任何产品都是有生命周期的，该过程一般会经历产品的导入期、成长期、成熟期和衰退期四个阶段，包含了产品从投入市场到最终退出市场的全过程。如有些企业在前一年打造一个单品爆款SKU，因此在第二年也仍旧以爆款的思维去准备这一SKU单品的备货，结果就会造成库存的大量积压，因为这一款SKU单品已经到了成熟期甚至衰退期。因此企业必须在前一产品的成长期和成熟期推出新产品以替代老产品，避免企业整体销售的滑坡。

可见，从用户需求的角度看，选品是为了满足用户对某种效用的需求；而从产品的角度看，要选出在外观、质量和价格等方面符合目标用户需求的产品。调查市场现状，掌握用户需求是选品的重中之重。

数据分析和市场调研是了解和掌握市场动向与用户需求的主要方法。在本章中将重点介绍这两个方法在选品中的应用。

4.2 选品的数据分析工具

依托跨境电子商务平台和互联网上形成的大数据，借助各种数据分析工具，利用各种指标进行定性、定量分析，可以为正在或者将要开展跨境电子商务业务的卖家和企业决策者，提供行业、类目、品类和关键词等各项选择的科学依据。

4.2.1 数据来源与分析工具

从数据来源看，选品分析所需的数据分为内部数据和外部数据。内部数据是指企业内部经营过程中产生的数据信息及跨境电子商务平台后台生成的店铺、行业、平台的各项数据，如速卖通平台的访客数占比、浏览量占比、成交额占比、成交订单数占比、供需指数等。这些数据可以帮助平台商家更好地进行选品分析；而外部数据是指平台以外的其他公司、市场等产生的数据，如 Google Trends、KeywordSpy、Alexa 网站等产生的各项数据。

因此，分析工具也分站内工具、站外工具及整合了诸多功能的第三方工具。

（1）站内工具。速卖通的站内数据分析工具主要是数据纵横。在数据纵横中，有行业情报、选品专家和店铺分析三大块功能，选取平台的全部数据进行分析以供用户作为行业选择、选品和店铺运营的参考。

亚马逊平台自带一些数据工具，不过与速卖通将数据整合在一个工具中不同，亚马逊的数据工具分散在平台的各个地方，因此更需要对平台有深入的了解，才能利用好这些工具。这些工具包括亚马逊搜索框“Amazon Search”、亚马逊热销榜“Amazon Best Seller”、亚马逊热门新品“Hot New Releases”、亚马逊波动趋势“Amazon Movers & Shakers”、亚马逊愿望清单“Amazon Most Wished For”、亚马逊礼物榜单“Amazon Gift Ideas”等。

（2）站外工具和第三方工具。站外工具可以分为免费和付费两种。免费的如 Google Trends、Google Insight for Search、eBay Pluse、Watcheditem、Watchcount 等产品，付费的如 Google Adwords、Junglescout 等，AMZ tracker、BigTracker、米库等产品。

4.2.2 行业分析

正式开展跨境电子商务业务之前，卖家首先需要选择行业（当然以自有资源开展跨境电子商务的卖家除外），要了解哪些行业在哪些国家和地区最受欢迎，哪些行业在各国和地区又属于蓝海行业等。在行业分析方面，比较全面的数据分析工具是速卖通的数据纵横，其中的行业情报汇聚和分析了大量的行业数据，此外 2016 年之后 Wish 的行业分类也很值得参考，因为如果能被 Wish 行业分配，将可能带来巨额的回报。而 Google Trends 等工具也可以帮助卖家去把握不同类目的全球产品需求趋势。相比而言，Amazon 平台在行业分析方面并没有明显的工具帮助，因为 Amazon 平台更倾向于精准需求把握，一般希望卖家在上新品时必须确定两个分类节点，而且是叶节点（不能再细分的节点）。

1. 速卖通：数据纵横——行业情报

在速卖通的分析工具中，其中一项即行业情报，如图 4-3 所示，主要有两大块功能：一是行业概况，二是蓝海行业。在行业概况中，卖家可以查询到不同行业最近 7 天 /30 天 / 90 天的各项数据，如流量、交易、供需指数占比及周涨幅、行业趋势及明细数据（明细数据可以下载到本地）及行业国家分布（新增行业成交额国家分布）。在蓝海行业中，可以看到基于整个网站数据分析得到的一级蓝海行业（整体竞争不大，有市场空间的一级行业），以及细分蓝海行业。

- 成交额占比：统计时间段内行业支付成功金额（排风控）占上级行业支付成功金额（排风控）的比例，一级行业占比为该行业占全网的比例；
- 成交订单数占比：统计时间段内行业支付成功订单数（排风控）占上级行业支付成功订单数（排风控）的比例，一级行业占比为该行业占全网比例；

● 商品售出率（图 4-3 中未显示）：在售商品中售出商品的比例；

● 访客数占比：统计时间段内行业访客数占上级行业访客数的比例，一级行业占比为该行业占全网比例；

● 浏览量占比：统计时间段内行业浏览量占上级行业浏览量的比例，一级行业占比为该行业占全网比例；

	流量分析		成交转化分析		市场规模分析	
	访客数占比	浏览量占比	成交额占比	成交订单数占比	在售商品数	供需指数
最近7天均值	35.72%	18.11%	17.08%	16.42%	3,885,730	66.35%
环比周涨幅	↑ 0.93%	↓ -0.33%	↓ -0.58%	↓ -2.9%	↑ 1.83%	↓ -0.61%

图 4-3　速卖通行业情报——行业概况

● 在售商品数：统计时间段内行业下在售商品总数的均值；

● 卖家成交率（图 4-3 中未显示）：统计时间段内行业下有成交（有支付成功排风控订单）且有上架产品主卖家数 / 有上架产品的主卖家数；

● 供需指数：统计时间段内行业下商品指数 / 流量指数，该值越大，表示竞争越激烈；越小，则竞争越小。

注：风控是指由于买家的原因，速卖通审核不通过，可能存在信用卡盗刷或地址资料错误之类。

【延伸阅读】供需指数：这是一个用于行业对比的指标，出自生意社创建的大宗商品供需指数 BCI（Bulk Commodity Index）。BCI 反映制造业经济趋势的定性指数。BCI 指数 0 为供需平衡点，当 BCI 为负值时，预示制造业经济呈收缩状态，当 BCI 为正值时预示制造业经济呈扩张状态。生意社通过监测国民经济八大行业（能源、化工、钢铁、有色、纺织、橡塑、农副、建材），最具代表性的 100 种基础原材料月度涨跌计算。计算公式为：

BCI=（涨品种数—跌品种数）/ 总数

根据公式，BCI 值域为 -1 到 1。0 表示供需平衡点，BCI>0，供小于求；BCI=0，供求平衡；BCI<0，供大于求。也就是说，其数值越小，供方竞争越激烈。但速卖通数据纵横中的供需指数，则是指统计时间段内行业下商品指数 / 流量指数，反映的是供需之间的平衡关系，指数大于 100% 则供大于求，指数小于 100% 则供小于求，因此常规上供需指数越小，竞争越小。但是单纯从数据上看还是比较牵强，如同市盈率的道理一样，供大于求虽然商家比较多，但是同样反映的是市场火爆，可能伴随带来的是需求旺盛，相反地供小于求时虽然商家比较少，竞争比较小，但是同时也可能反映的是市场冷清，所以供需指数只是一个结果的反映，具体的好坏并没法判断，还需要进一步挖掘相关数据才能得出结论。

1）行业对比分析

行业对比指跟相关行业进行数据趋势对比，可以分别从访客数占比、成交额占比、在售商品数、浏览量占比、成交订单数占比和供需指数等方面进行对比分析。如图 4-4 所示的是女装、流行饰品、手提 / 单肩 / 斜挎包 3 个行业在 2016 年 6 月中旬到 9 月中旬的访客数占比、支付金额占比及供需指数数据对比情况。

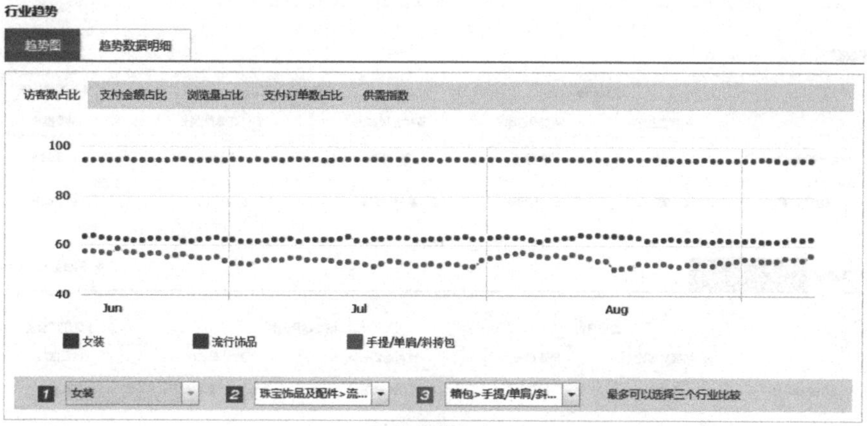

(a)访客数占比

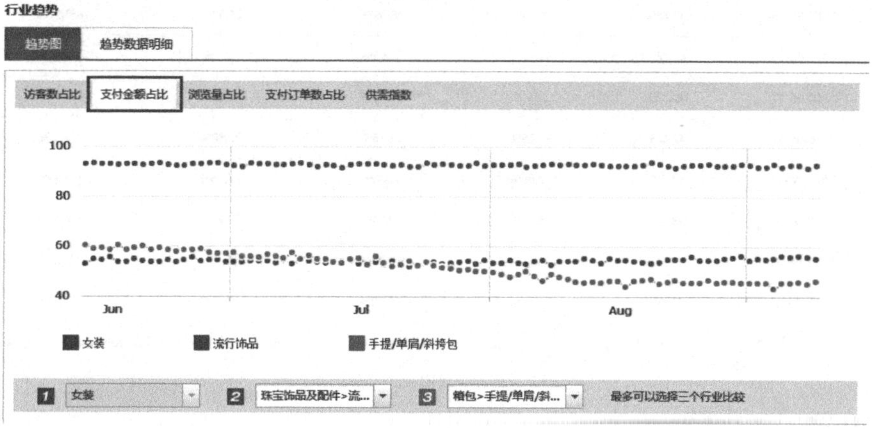

(b)支付金额占比

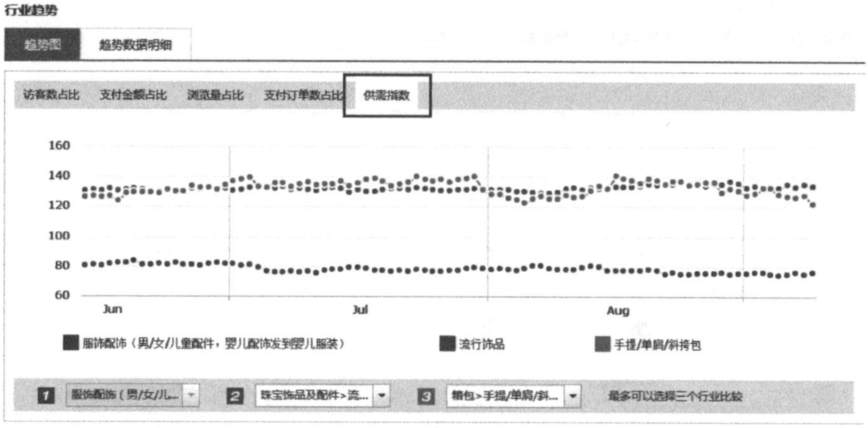

(c)供需指数

图 4-4　女装、流行饰品、手提 / 单肩 / 斜挎包 3 个行业的行业对比分析

2）行业趋势分析——选择子类目

通过行业趋势分析功能，可以查看该行业最近 7 天、30 天或 90 天的流量，以及成交转化和市场规模数据，了解市场行情变化情况。如图 4-5 所示的是连衣裙行业在最近 90

行业概况　蓝海行业

你现在选择的行业是　连衣裙　　请选择时间　最近90天

行业数据

	流量分析		成交转化分析		市场规模分析
	访客数占比	浏览量占比	支付金额占比	支付订单数占比	供需指数
最近90天均值	41.38%	29.57%	29.15%	22.27%	166.62%
环比周涨幅	↓ -0.86%	↓ -1.79%	↓ -0.99%	↓ -0.71%	↑ 0.63%

(a)

趋势图　趋势数据明细　　下载最近30天原始数据

	流量分析		成交转化分析		市场规模分析
	访客数占比	浏览量占比	支付金额占比	支付订单占比	供需指数
2016-06-13	43.06%	31.77%	29.81%	23.13%	159.53%
2016-06-14	43.33%	32.07%	29.32%	21.65%	158.38%
2016-06-15	42.48%	31.94%	28.59%	21.53%	160.97%
2016-06-16	43.22%	32.43%	28.99%	22.1%	159.2%
2016-06-17	43.32%	32.7%	29.76%	22.42%	157.96%
2016-06-18	42.02%	31.98%	29.78%	22.32%	164.8%
2016-06-19	43.32%	32.86%	29.4%	22.45%	158.74%
2016-06-20	43.56%	33.17%	30.11%	22.75%	156.42%
2016-06-21	42.92%	33.16%	30.07%	22.46%	158.7%
2016-06-22	43.79%	33.49%	29.33%	22.25%	155.38%

1 2 3 4 5 6 7 ... 9　Go to Page　Go

(b)

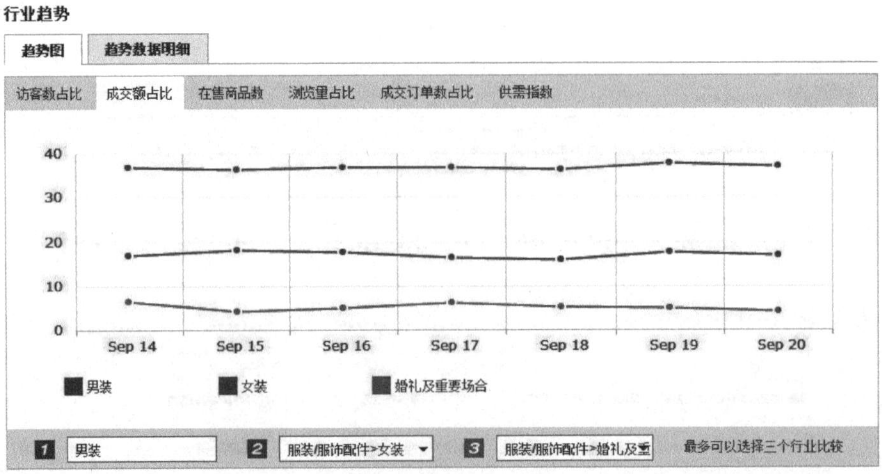

(c)

图 4-5　连衣裙行业的行业趋势分析

天环比上周数据变化情况，以及最近 7 天趋势数据明细（明细数据还可以以 Excel 形式下载，做进一步的深入分析）。可以选择增长性较快的一级类目，并进行二级甚至三级产品品类的深入分析，如对一级行业服装下的其他类目进行趋势分析，帮助类目的选择。

3）行业国家分布

数据纵横中还可以得到不同行业在不同国家的买家地域分布情况，如图 4-6 所示。根据选定行业的访客数和成交额的分布情况，在商品发布及运费设置时，做更多的针对性操作，让目标国家的买家可以更加方便地购买商品，提升商品的转化率。

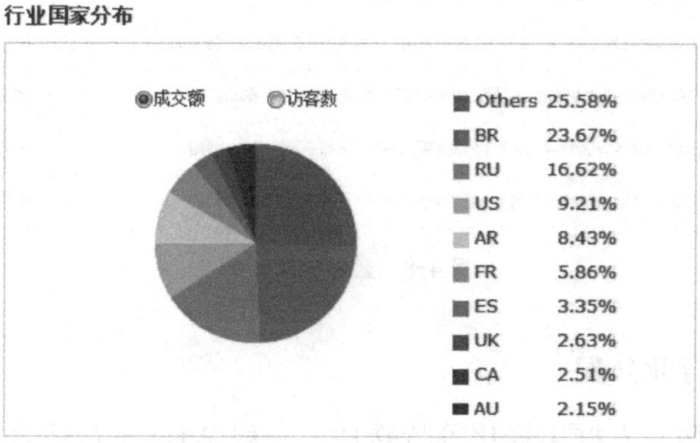

图 4-6　行业国家分布 TOP 10

4）寻找蓝海行业

蓝海指的是未知的有待开拓的市场空间。蓝海行业是指那些竞争尚不激烈，但又充满买家需求的行业。蓝海行业给卖家充分的空间和时间去发展团队，并且做精做强立于不败之地。平台推荐了 12 个一级蓝海行业，如图 4-7 所示。

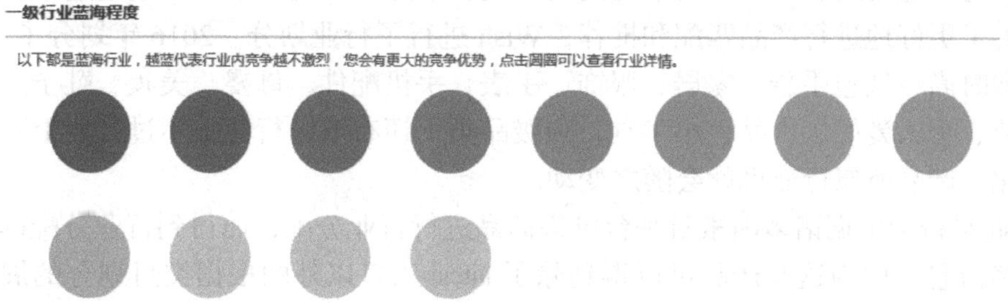

图 4-7　一级行业蓝海程度

【延伸阅读】一些跨境电子商务卖家会考虑走蓝海路线。那么产品就会多以自主开发为主。此时，卖家需要多考虑一些因素：商品保密性因素，要在公司内部成员、外部合作伙伴包含生产商和物流商中间建立保密协议；成本因素，因为商品多为自主开发，因此前期投入费用会较大，除了研发成本，生产成本也需要考虑定量、库存、海外仓等费用；消费者因素，要调研好目标消费者群体集中于哪些层次，在前期产品投入销售前做好调研分析，了解消费者的需求指数，如功能特性等。

但一级蓝海行业不等于其下所有细分行业都是蓝海行业，同理，非一级蓝海行业下的一些细分行业，可能也是蓝海行业。因此还可以通过蓝海行业细分，选择自身优势蓝海行业。如图 4-8 所示，在选择中，主要看供需指数，对应行业的供需指数越低，说明竞争度越小，出单机会越大。

蓝海行业细分

服装/服饰配件>服饰配饰（男/女/儿童配件，婴儿配饰发到婴儿服装）　　您可以通过筛选，查找特定行业下的蓝海行业

行业名称	供需指数	操作
服饰配饰（男/女/儿童配件，婴儿配饰发到婴儿服装）>眼镜及配件>眼镜链	7.67%	查看行业详情
服饰配饰（男/女/儿童配件，婴儿配饰发到婴儿服装）>帽子>无檐便帽/套头帽/蒙面帽	63.28%	查看行业详情
服饰配饰（男/女/儿童配件，婴儿配饰发到婴儿服装）>帽子>棒球帽	138.51%	查看行业详情
服饰配饰（男/女/儿童配件，婴儿配饰发到婴儿服装）>帽子>雷锋帽/护耳帽	33.08%	查看行业详情
服饰配饰（男/女/儿童配件，婴儿配饰发到婴儿服装）>眼镜及配件>太阳镜	107.01%	查看行业详情

图 4-8　蓝海行业细分

2. Wish——行业分配

因为 Wish 平台购买人群年轻化等特殊性，一般 Wish 平台适合销售价格合理、附加值较高、具有独特性的产品。在 2016 年以前，Wish 平台卖家并不需要特别注意和选择所售商品的行业问题，因为 Wish 的产品是根据标签进行推荐的，卖家填写商品 10 个标签（Wish 会根据卖家标签和标题适当调整），在一定规则下 Wish 根据买家的各种消费行为标签进行匹配和推送，促成购买，完成交易。但随着 Wish 平台上的产品数量越来越多，特别是一些产品上新工具的诞生，导致 Wish 平台的产品爆发式增长，大量重复的标签出现，产品与标签之间、买家和卖家之间的匹配度下降，一些买家也开始通过行业类目筛选产品。为了更好地进行产品匹配和推荐，Wish 进行了行业划分。2016 年划分了 15 个顶级品类，即时尚、钱包手袋、家居、服饰、手表、手机配件、母婴、美妆、鞋子、上衣、内衣、下装、个人爱好、饰品、小工具，顶级品类下还有下级行业，不过行业上下级关系会随时变化，产品所属行业也就会随之变动。

Wish 平台会根据诸多因素对平台可售商品进行行业分配，而得到行业分配的产品可以得到更多流量，因为这些产品可以得到除了 latest 入口以外的根据类目划分的展现。如在 2016 年，Wish 平台销售商品达到 6600 万种产品，每天销售 130 万单，销售额 700 万美元，而其中分配行业的产品交易额达到月 200 万美元，每天销售 120 万单，销售额 650 万美元。比如 Fashion（时尚）行业是一个汇集行业，分配了大约 200 万种产品，占 Wish 全局数据的 3.12%，分配了行业的产品的销量约 116 万单，占 Wish 全局的 92.9%。从全平台来看，被分配了行业的产品的动销率，平均值为 6.9%，是 Wish 全局 0.58% 的 12 倍。14 个顶级行业，平均每天有 19% 的店铺可以出单，出单率最高的是家居达到 25%，最低的是内衣为 11%；在各行业中，平均每个店铺出单最高的是美妆（makeup&beauty）和配件（accessories）平均 8 件 / 店。

由此可见，Wish 卖家在选品时，行业选择变得比以往重要。不过，Wish 后台管理界面并没有如速卖通一样的数据分析工具，可供卖家进行数据分析，选择行业或者商品。卖

家可以利用一些第三方的工具，如超级店长等，得到全平台的各类销售数据。图 4-9 所示的是利用第三方工具得到的 Wish 平台数据。

PART 1 一级行业基础数据							
行业名称	中文名称	店铺数量	产品数量	日均新增数量	日均销售额	日均销量	日均动销率
Wish		86,125	66,366,503			1249346	0.58%
一级行业分类							
Fashion	时尚	26,107	355,607	689	1829733.29	171011	5.69%
Makeup & Beauty	化妆美容	19,619	159,645	314	645161.95	165296	8.98%
Hobbies	爱好	23,582	233,160	510	763293.07	120165	8.59%
Home Decor	家居装饰	24,284	246,779	507	737635.29	146865	8.02%

图 4-9　利用第三方工具得到的 Wish 平台数据

4.2.3　选品分析

总体而言，选品一般从两个方向切入：一是站内选品，二是站外选品。两者都有很多的数据分析工具可以用于帮助选品，在后面会详细介绍这些工具。选品切勿只根据自己的感觉，要用数据说话。

1. 速卖通的数据纵横——选品专家

①热销与热搜。根据国家和行业的组合，选择出热搜和热销的商品品类；在选择好之后，可以根据竞争度的大小，选择适合的商品，并且根据热卖国家特点发布对应商品。在图 4-10 中，颜色深表示竞争大，圈大则表示销量高。

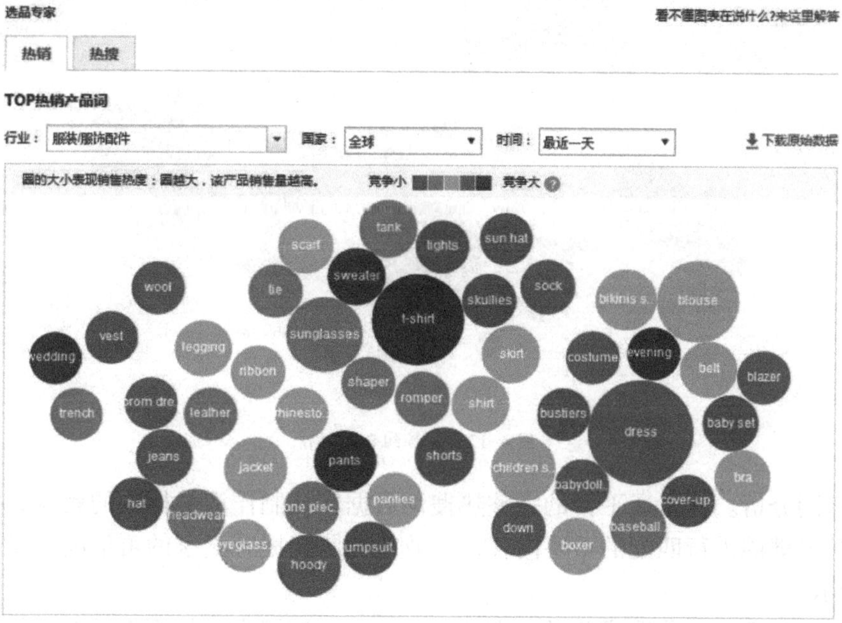

图 4-10　热销与热搜商品品类

还可以针对选择的热卖品类，查看关联属性的组合。在发布商品时完整填写属性组合，可以优化商品的曝光转化率。除了本身商品的销量，还可以查看买家关联产品的购买习惯，选择竞争度适中的关联产品，进行关联商品推荐，提升店铺客单价。如图 4-11 所示，在 t-shirt 关联词中，可以总结出热销产品的基本属性，如面料 wool 等。

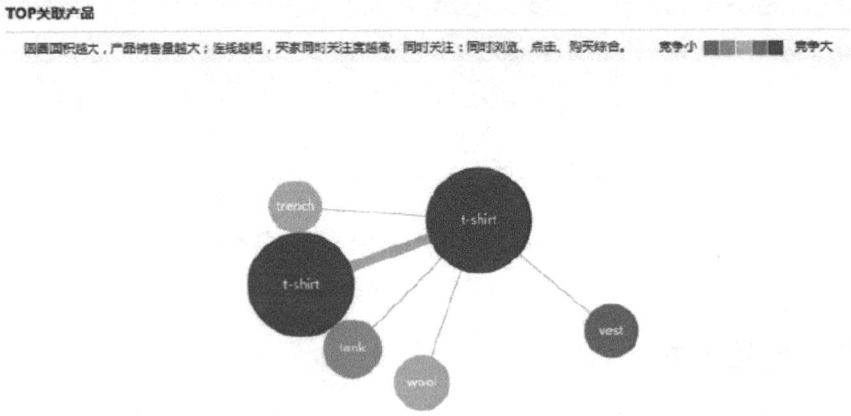

图 4-11　查看关联商品属性

将以上有效素材排列组合起来，根据热销属性组合功能，得到最终产品。单击圆圈时，还可以得到属性组合的详情，从中选取重要的商品特征，如图 4-12 所示。

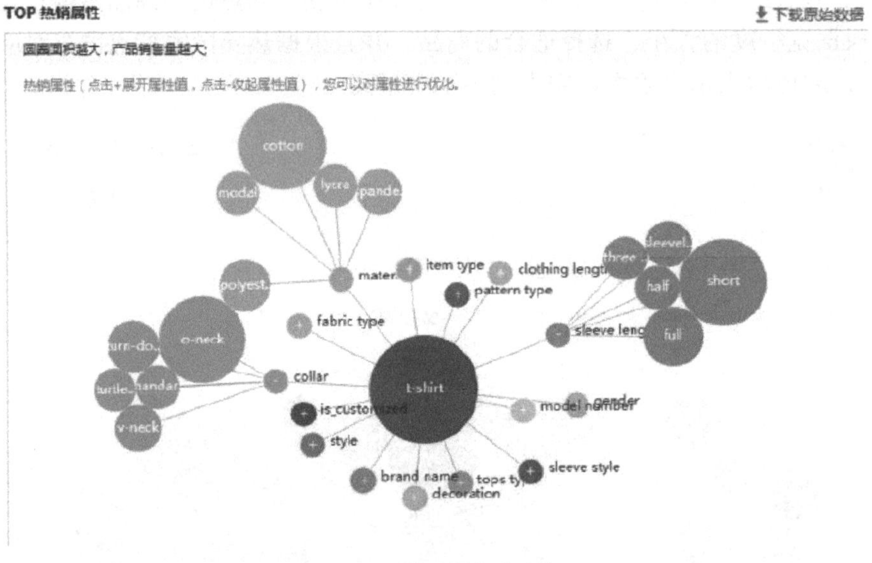

图 4-12　属性组合的详情

②搜索词分析。速卖通平台的完整热搜词数据库是制作产品标题的利器。标题是系统做排序时对关键词进行匹配的重要内容，专业的标题能提升卖家的可信度。搜索词分析如图 4-13 所示。

关键词的严重同质化造成关键词竞争度更高了，被搜索到的概率反而小了。这时候我们应该更多地运用飙升词库提供的数据来优化标题。在飙升词库中应该关注搜索指数飙升幅度、曝光商品数增长幅度、曝光卖家数增幅指标，如图 4-14 所示。

搜索词分析　　看不懂图表在说什么?来这里解答

热搜词　飙升词　零少词

行业：◉ 全部行业 ◉ 服装/服饰配件　国家：全球　时间：最近7天

搜索：请输入搜索词　搜索　下载原始数据

搜索词	是否品牌原词	搜索人气	搜索指数	点击率	成交转化率	竞争指数	TOP3热搜国家
winter dress	N	5,613,486	50,779,872	25.85%	0.17%	5	RU,BY,UA
women handbag	N	2,728,501	33,925,411	26.70%	0.28%	20	RU,BY,UA
earrings	N	3,309,604	28,275,777	19.57%	0.71%	23	RU,BR,BY
new 2014	N	4,276,754	25,808,524	12.78%	0.16%	11	RU,BY,UA
women messenger bags	N	14,617,239	25,726,458	11.93%	0.15%	3	BR,IN,RU

图 4-13　搜索词分析

热搜词　飙升词　零少词

行业 服装/服饰配件　国家 全球　时间 最近7天

搜索：请输入搜索词　搜索　下载最近30天原始数据

搜索词	是否品牌原词	搜索指数	搜索指数飙升幅度	曝光商品数增长幅度	曝光卖家数增幅
dress		344,016	3.64%	0.03%	-0.43%
платье		341,707	7.88%	-2.86%	-1.23%
пальто		301,943	4.96%	-0.52%	0.07%
кардиган		283,506	-11.12%	-19.84%	-14.17%
vestidos		263,267	0.38%	-3.55%	3.40%
шапка женская		217,683	25.52%	2.57%	-4.30%
шарф		207,019	10.48%	1.80%	-1.88%
спортивный костюм женский		202,231	-0.55%	-8.88%	-10.81%

图 4-14　飙升词分析

这些数据均可以下载原始数据，并制作成 Excel 表，Excel→数据→数据透析，进行深入分析，如图 4-15 和图 4-16 所示。

商品关键词	暖心翻译	成交指数	购买率排名	竞争指数
running shoe	跑步鞋	15345	1	0.22
soccer shoe	足球鞋	1152	2	0.27
basketball shoe	篮球鞋	1929	4	0.25
taekwondo shoe	跆拳道鞋	339	9	0.02
dance shoe	舞蹈鞋	1493	5	0.56
tennis shoe	网球鞋	176	6	0.14
hiking shoe	登山鞋	793	11	0.48
table tennis shoe	乒乓球鞋	73	3	0.24
toning shoe		117	8	0.23
walking shoe		110	16	0.12
cycling shoe		180	10	0.34
skateboarding shoe	滑板鞋	409	13	0.61
wrestling shoe		17	12	0.05

图 4-15　数据透析 1

A	B	C	D	E	F	G
NO.	搜索词	暖心翻译	搜索人气	搜索指数	点击率	成交转化率
1	nike air max	耐克的跑鞋	281,802	781,340	50.13%	0.34%
6	roshe run	还是耐克的	50,044	194,072	70.06%	1.92%
3	nike air max 90		95,030	293,775	62.26%	0.59%
14	roshe	参照上面	26,691	100,851	54.15%	2.09%
4	nike air max women		64,863	198,287	62.27%	0.44%
77	foamposites	哈达威	9,228	21,536	73.17%	0.30%
41	jordan 11	乔丹11	18,532	41,696	70.13%	0.40%
47	lebron 12	詹姆斯12	15,614	39,423	76.31%	0.37%
52	nike air max thea		13,817	35,943	62.57%	0.59%
26	nike air max 90 women		20,877	71,061	63.03%	0.75%
16	nike air max men		31,832	99,133	57.99%	0.58%
57	kd 7		13,786	33,508	61.51%	0.24%
50	zx flux		12,103	36,908	67.51%	0.46%
48	nike air max 90 men		11,000	38,966	69.05%	1.07%
105	jordan 4		7,373	16,505	65.47%	0.95%
13	jordan shoes		39,365	101,787	63.63%	0.26%
115	nike air max 90 hyperfuse		6,078	15,045	48.70%	0.86%
142	nike air max 87		4,478	13,099	61.28%	0.75%
46	janoski		14,009	39,590	19.28%	0.60%

图 4-16 数据透析 2

③速卖通选品其他方法。除了数据纵横，速卖通平台的卖家还可以通过一些诀窍来了解目前平台热卖的产品，从而有助于选品。如点击首页的“Best Selling”，可以看到“Hot Product”（热卖商品）和“Weekly Bestselling”（每周最热销的商品）如图 4-17 所示。这是根据平台大数据得出的热销产品，或者是“平台小二”大力推荐的商品，浏览这些商品将有助于卖家的选品决策。

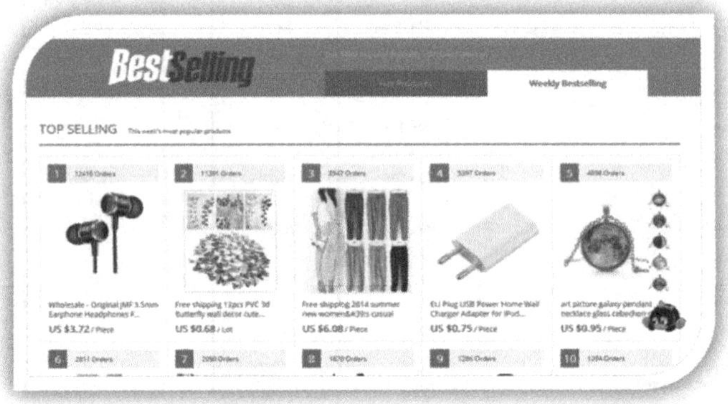

(a)

(b)

图 4-17 速卖通首页

其次，2017年以后，速卖通平台无线端流量大增，而平台无线端为了更好地提升活动流量，给产品带来更多的曝光位，提升用户体验，在2017年平台周年大促时，速卖通将“无线抢购”及“Super Deals”活动合并升级，推出“Flash Deals”频道。这里都是“平台小二”认可，并经过品类审核的商品，值得卖家们深入研究。

最后，还可以通过数据纵横工具，在行业国家分布中，找到买家支付金额的数据，从而可以分析出目标消费国的消费能力，再根据这个客单价进行选品；此外，速卖通正在建各地的海外仓，但在这些海外仓建成并投入使用之前，速卖通平台最多的订单都是国内直发的，因此在选品上要注意体积和重量，选择销售价格高且体积小的商品为最佳。

【延伸阅读】选品分析指标

在选品分析过程中，涉及的指标介绍如下。

- 成交指数：指在所选行业、所选时间范围内，累计成交订单数经过数据处理后得到的对应指数。成交指数不等于成交量，指数越大，成交量越大；
- 购买率排名：指在所选行业、所选时间范围内购买率的排名；
- 竞争指数：指在所选行业、所选时间范围内，产品词对应的竞争指数。指数越大，竞争越激烈；
- 搜索指数：搜索该关键词的次数经过数据处理后得到的对应数据；
- 搜索人气：搜索该关键词的人数经过数据处理后得到的对应数据；
- 搜索指数飙升幅度：所选时间内累计搜索指数同比上一个时间段内累计搜索指数的增长幅度；
- 点击率：搜索该关键词后并点击进入商品页面的次数；
- 成交转化率：关键词带来的成交转化率；
- TOP3热搜国家：在所选时间段内搜索量最高的3个国家；
- 曝光商品数增长幅度：在所选时间段内平均每天曝光商品数同比上一个时间段内每天曝光商品数的增长幅度。

2. 亚马逊——站内选品

①亚马逊搜索框（Amazon search）。亚马逊搜索框如图4-18所示。

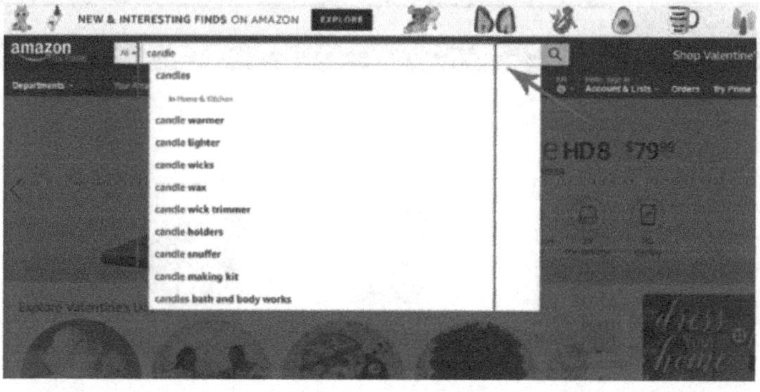

图4-18 亚马逊搜索框

搜索框汇聚了精准的搜索词，是买家搜索商品的主要工具，所以作为卖家选品的工具是具有很高的参考价值的。当输入关键词时，搜索框会跳出一列热搜长尾词，点击“搜索”按钮后，在左侧细分类目栏上方可以看到该类产品的总数，从而得到该类产品的市场大小，市场越大竞争也就越大。同时还可以利用搜索框，发现热门长尾词，寻找市场机会。或者进入一个类目，层层筛选，哪个排在类目的前面，且 review 数量较少，就是一个很好的选品机会。入口链接为 https：//www.amazon.com。

②亚马逊热销榜（Amazon Best Sellers）。亚马逊热销榜如图 4-19 所示。

在热销榜中，可以看到每个品类热销前 100 的 Listings，左边是各个不同的产品类目，卖家可以根据自己的产品方向、资源渠道、资金等，通过参考这个热销榜单找到适合的产品进行销售。入口链接为 https：//www.amazon.com/Best-Sellers/zgbs/ref=zg_mw_tab。

③亚马逊热门新品（New Releases）。亚马逊热门新品如图 4-20 所示。

这是亚马逊基于产品销量得出的热门新品榜单，每小时更新一次。在这个榜单中你可以看到一系列在亚马逊上热销或预计会热销的新品。这个榜单的产品上架时间较短，但排名上升速度快，与那些竞争激烈的产品相比，或许更值得卖家快速出手。需要注意的是分析时要结合节日、热点、各种推广等因素的影响。如果说亚马逊热销榜展示的是当下亚马逊上最热门的产品，那么这个榜单则能够让你看到新的、预计会大热的产品。入口链接为 https：//www.amazon.com/gp/new-releases/ref=zg_bsms_tab。

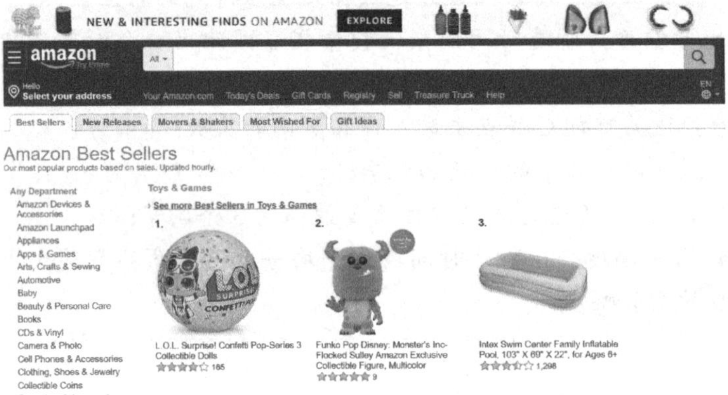

图 4-19　亚马逊热销榜

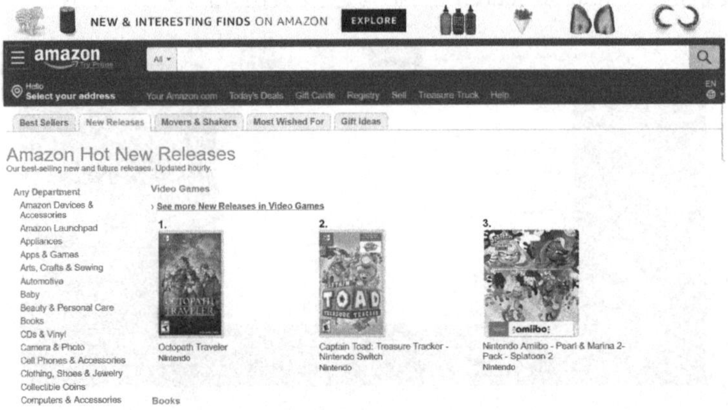

图 4-20　亚马逊热门新品

④亚马逊波动趋势（Movers & Shakers）。亚马逊波动趋势如图 4-21 所示。

图 4-21　亚马逊波动趋势

这个榜单是亚马逊上各品类的 TOP 100 的产品受欢迎趋势。可以看到各品类前 100 号产品都会有箭头标志，有绿色标志的产品其人气呈上升趋势，而红色标志的产品呈人气下降趋势。这些箭头右边还会有波动的百分比，让你能够清楚一个利基市场的最新动态。卖家们可以通过该榜单了解和发现最新的流行趋势与找到潜力产品。这个工具与 New Releases 有一定相似性，不同的是，它反映了 1 天内同类目涨幅最快的商品。入口链接为 https：//www.amazon.com/gp/movers-and-shakers。

⑤亚马逊愿望清单（Most Wished For）。亚马逊愿望清单如图 4-22 所示。

图 4-22　亚马逊愿望清单

愿望清单显示的是消费者可能会喜欢但因价格因素而无法立刻“剁手”的产品，是亚马逊搜集顾客的访问数据形成的榜单，也是挑选未来热卖品的重要依据。亚马逊搜集了客户的访问数据，形成了这个榜单。当买家把它添加入愿望清单，一旦产品降价，他们就会收到来自亚马逊的邮件提醒。这对于卖家来说可能是一个很好的机会，如果你的产品上榜，又或者你能以更优惠的价格提供此产品，那么稍稍地减价促销会带来更多的销量，赢得商机。入口链接为 https：//www.amazon.com/gp/most-wished-for/ref=zg_bsnr_tab。

⑥亚马逊礼物榜单（Gift Ideas）。亚马逊礼物榜单如图 4-23 所示。

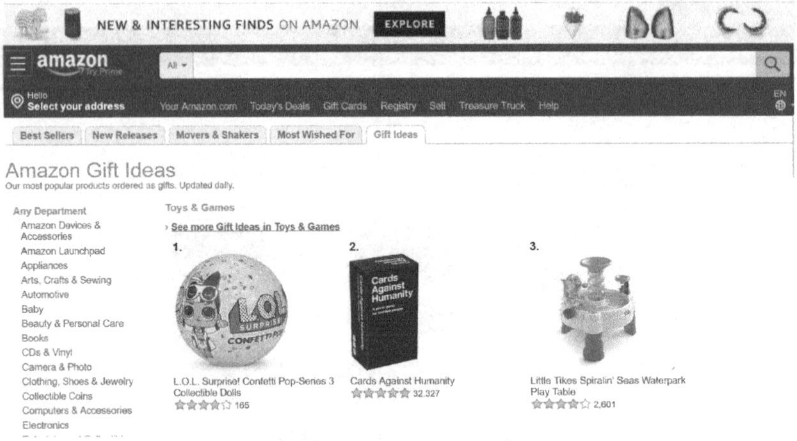

图 4-23　亚马逊礼物榜单

做礼物商品的卖家千万不要错过这个榜单，这是亚马逊通过买家礼物选购数据得出的榜单，这个榜单中的产品可以提前购买，在指定的时间送货，因此很多客户给朋友或家人选择礼物时，都会通过这个榜单来购买。特别是旺季的时候，这些作为礼品的产品销量会大幅度增长。你可以通过这个榜单来了解哪些产品作为礼物会比较受欢迎，哪些礼物可以组合捆绑销售，还可以在节日来临前更有针对性地备货。入口链接为 https：//www.amazon.com/gp/most-gifted/ref=zg_mw_tab。

⑦亚马逊选品其他方法。亚马逊与速卖通不同，平台重产品轻店铺，重质量和品牌轻营销推广，因此在亚马逊平台上做跨境电子商务，选品环节更为至关重要。

首先要有合适的卖家定位，并且依据平台特性选品。亚马逊最忌讳侵权产品，平台鼓励卖家专注于一个类目，不做杂货铺；要优先考虑自己熟悉的产品，优先考虑有一手资源的产品；能够满足市场需求的产品，亚马逊的市场主要在欧美地区，消费人群是年龄在 18 岁以上的成年人，收入水平较高，因此质量好、价格适中、有商标这样的产品更受欢迎。

其次要摸清市场容量和趋势。借助平台内的工具来查看市场竞争情况、最新最热产品、24 小时销量最高的产品等。重视各类热门话题产品，如世界杯、新上映电影。注意各国偏爱的主题元素，如意大利人喜欢蓝色，但不送别人护身符，忌讳珍珠；非洲人喜欢颜色艳丽，欧美人喜欢对比度很强的产品等。关注季节性产品，如夏季的户外用品，冬季的圣诞用品等。

再者要深入分析某行业或某类别。大致确定品类后，借助“Best Match”工具，找出 5～10 个想卖产品的最精准关键词，再进行搜索，分析搜索结果的前 6～7 页，查看和分析这些商品的销售价格、产品评论、产品是否能够被跟卖（有品牌不能跟卖）、产品是否需要认证等；也可以查看“推荐销售”，了解关联度高的相关产品。

最后优先考虑客单价在 15～60 美元的产品，或选择小而轻的产品。

3. 站外选品

站外选品工具有谷歌趋势（Google Trends）、谷歌规划师（Google Adwords）、Google insight for search、关键词工具（MerchantWords）等。

①谷歌趋势（Google Trends）。Google 搜索工具对于跨境电子商务卖家而言其实是一个很有用的工具。通过 Google Trends 工具分析品类的周期性特点。通过 Keyword Spy 工具发现品类搜索热度和品类关键词，通过 Google Analytics 工具获得已上架产品的销售信息，分析哪些产品销售好，整体动销率如何等。Google Keyword Analysis Tool 是进行 SEO 优化搜索结果的利器。如果卖家资金较充裕，还可以试着利用 Google Adwords 投放关键词广告。

Google Trends 是 Google 推出的一款基于搜索日志分析的应用产品，它通过分析数以十亿计的搜索结果，告诉用户某一搜索关键词在 Google 被搜索的频率、相关统计数据和搜索趋势，如图 4-24 所示。从选品角度来说，Google Trends 是我们分析整体类目的需求情况、跟踪产品发展趋势的重要工具。可以在 Google Trends 跟踪某个关键词的发展趋势，对比不同关键词的热度，从而对自己的产品和关键词进行优化。入口链接为 https：//trends.google.com。

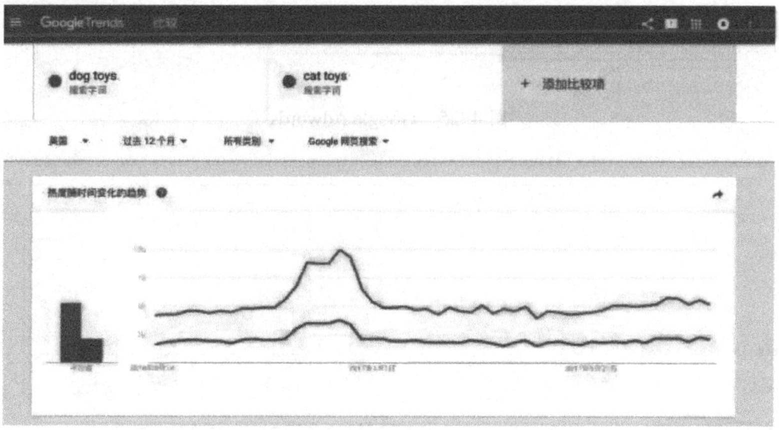

图 4-24 Google Trends

②谷歌规划师（Google Adwords）。Google Adwords 提供了 Google 搜索引擎的历史搜索数据，对这些数据进行深度的研究，就可以挖掘顾客关注的关键词和相关关键词的海外搜索量，从而找到热卖的品类，为选品提供很好的参考，如图 4-25 所示。入口链接为 https：//adwords.google.com。

③ Google insight for search。可以查询产品关键字的海外搜索量排序，产品在不同地区、季节的热度分布及趋势，如图 4-26 所示。入口链接为：http：//www.google.com/insights/search/?#。

④关键词工具（MerchantWords）。在想要进入陌生的品类，或想要开发新的产品的时候，往往难以预判市场需求，这个时候，就可以借助关键词工具 MerchantWords，来搜索一下关键词的搜索热度，了解市场需求情况；也可以对不同产品进行热度的调研，从而选出适合的产品或品类，如图 4-27 所示。入口链接为 http：//merchantwords.com/。

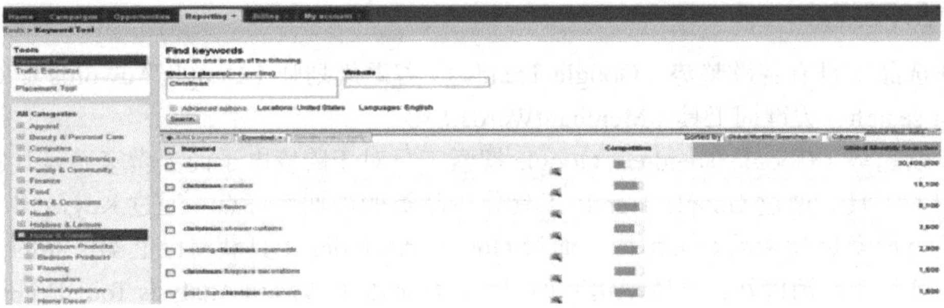

(a)

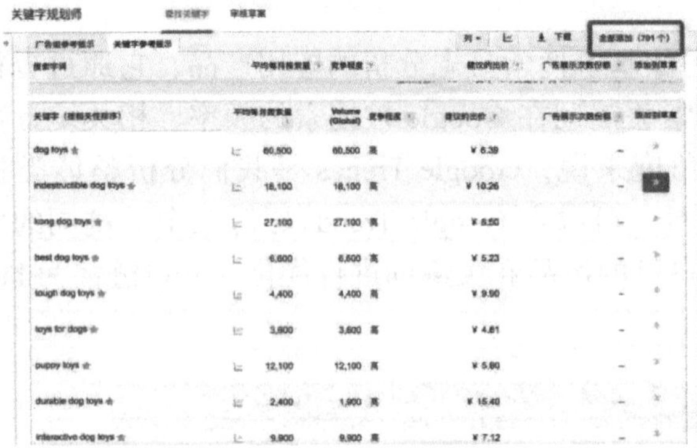

(b)

图 4-25　Google Adwords

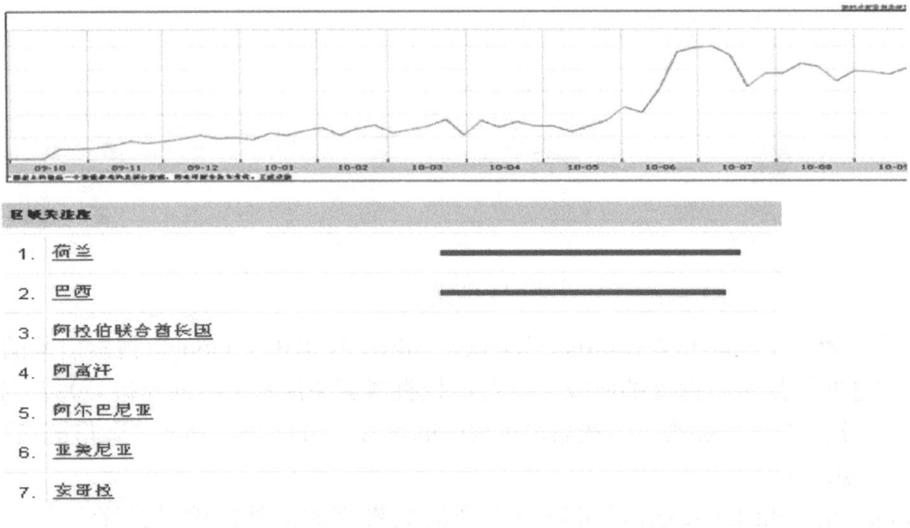

图 4-26　Google insight for search

⑤ eBay Pluse。在 eBay Pluse 中，可以方便地查看美国 eBay 35 个大类目下被买家搜索次数最多的排名前 10 关键字，同理进入某个大类目下可以查看二级、三级、四级……类目下被买家搜索次数最多的排名前 10 关键字如图 4-28 所示。入口链接为 http：//pluse.ebay.com/。

⑥ Watched Item。在 Watched Item 中，可以方便地查看美国 eBay 各级类目下热卖的

商品，如图 4-29 所示。入口链接为 http：//www.watcheditem.com/。

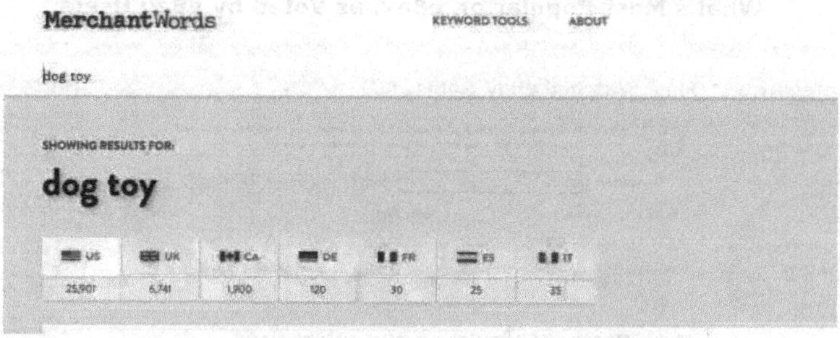

图 4-27　MerchantWords

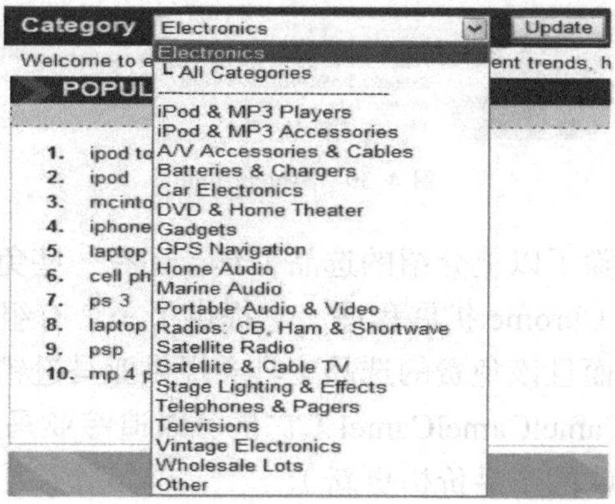

图 4-28　eBay Pluse

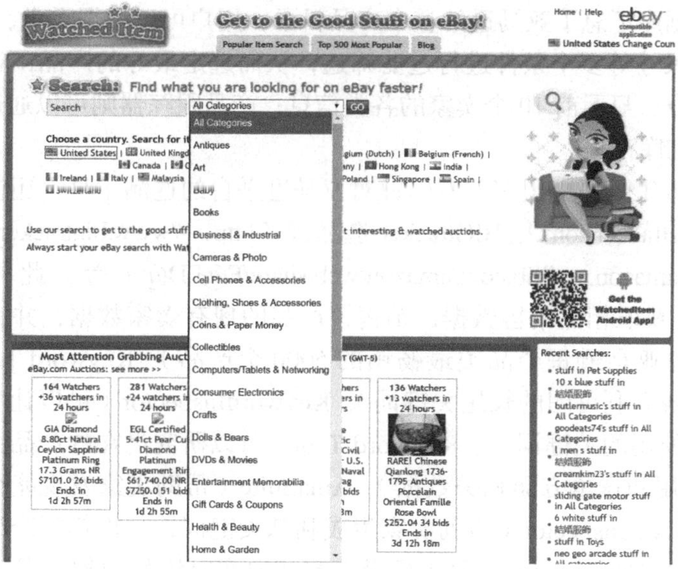

图 4-29　Watched Item

⑦ WatchCount。在 WatchCount 中，可以查看 eBay 各国站点中关注度最高的商品，如图 4-30 所示。入口链接为 http：//www.watchcount.com/。

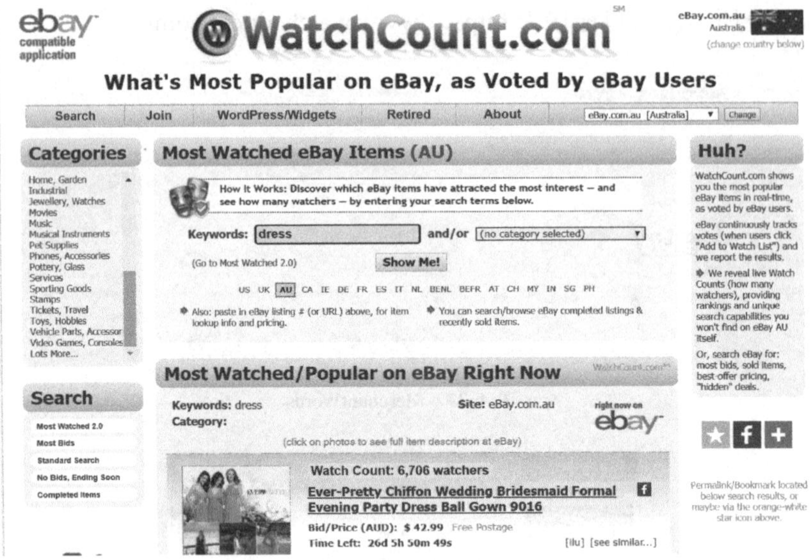

图 4-30　WatchCount

⑧第三方选品工具。除了以上介绍的选品工具，还有一些免费的第三方选品工具，如 Unicorn Smasher（免费的 Chrome 扩展程序，它提供了一个有组织的数据面板，让卖家能够研究想要销售的产品。而且该免费的选品工具会提供亚马逊销售数据，帮助卖家快速找到有潜在商机的产品）、CamelCamelCamel（它是可以追踪亚马逊特定产品价格的免费工具，它能让卖家获取想采购的产品价格更新）。

当然市场上还存在收取年费的第三方选品工具，比如 JUNGLESCOUT，专门针对亚马逊的 FBA 业务开发的第三方选品工具，当然其他平台跨境电子商务卖家都可以作为参考。如其中的产品数据库汇总了亚马逊的整个产品目录，用户可以根据需求、价格、预计销售、评级、季节性、尺寸等多个条件进行过滤筛选，从而选定最好的产品出售；商机猎人会计算所有商机的得分，显示前 10 个卖家的各类信息；产品跟踪器则可以通过点击监视竞争对手的活动、定价和库存等。

这一类的软件工具还有很多，专门针对亚马逊平台的选品工具，还包括：AMZ tracker（https：//www.amztracker.com）、BIGtracker 选品酷（http：//www.bigtracker.com）、国内开发的米库（http：//amazon.malllib.com/amazon/web/share/F@FD@）等。此外还有 HelloProfit（可以搜索产品，获取相关销售数据，销售该产品的现有卖家数据，并查看类似的产品）、Sellics（可以研究亚马逊每个品类最畅销的 5000 个产品）、Keyword Tool Dominator（可以在亚马逊上寻找有利可图的长尾关键词）、KeywordInspector（可以让卖家“查找所有亚马逊消费者正在使用的关键词”）、Keyword Tool（可以研究潜在的产品关键词，它提供了搜索量、CPC 费用和竞争方面相关数据）、AmaSuite（帮助卖家发现能在亚马逊上盈利的产品和关键词）、Ali Inspector（帮助卖家生成利基关键词，分析热门产品并发现好的 drop shipping 产品）、ASINspector（帮助亚马逊卖家获取实时销售数据、研究畅销产品、预估特定 ASIN 的营收等）、CashCowPro（亚马逊管理工具，允许卖家获取关于产品、竞争对手和关键词的实时销售数据）、ZonGuru（分析关键词和竞争对手的产品）、AMZScout（研究新产品商机，查看产品的季节性销售趋势）、AmazeOwl（让卖家了解卖什么及什么产品配送费用低，什么产品竞争少等）、FBA Wizard（帮助卖家研究 drop-shipping、批发和可以创建自有品牌的产品）。

引外还有 Amazon 选品开发的 BIGtracker 选品酷（BQool 团队开发）如图 4-31 所示。其主要功能有商品追踪（可以追踪商品，通过各种维度看到过去所有商品数据表现，这些维度包括预估未来订单量、销售排名、黄金购物车价格、总卖家、全部评论等，如图 4-32 所示）、商品调研（见图 4-33）、新商品查找和市场容量（见图 4-34）。

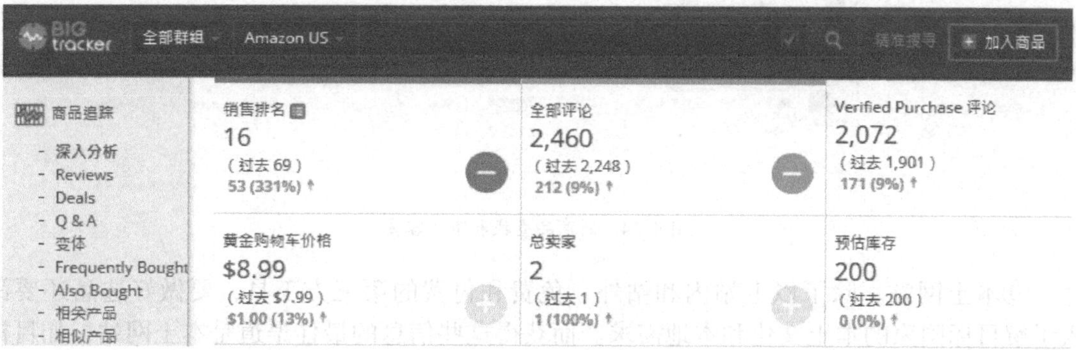

图 4-31　BIGtracker

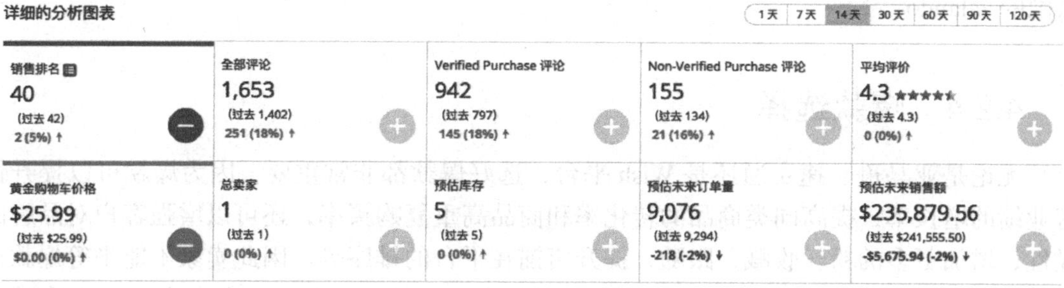

图 4-32　商品追踪

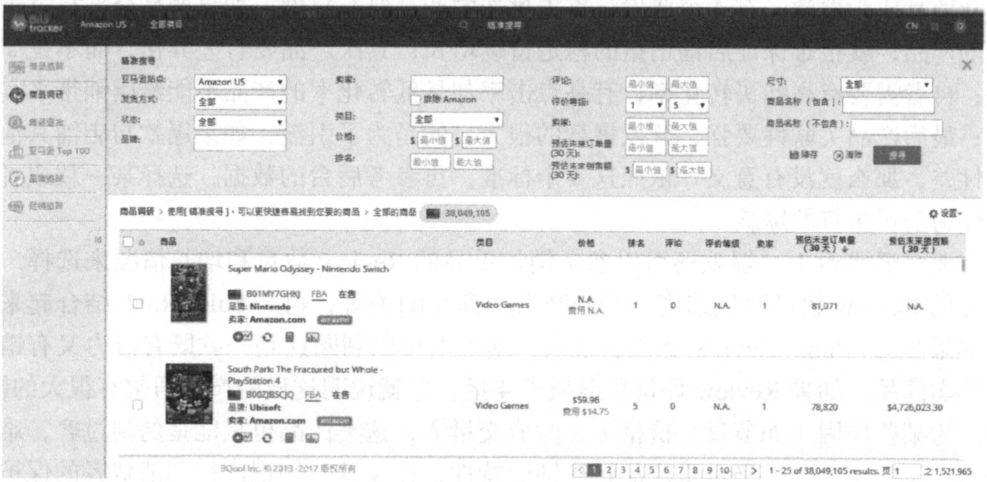

图 4-33　商品调研

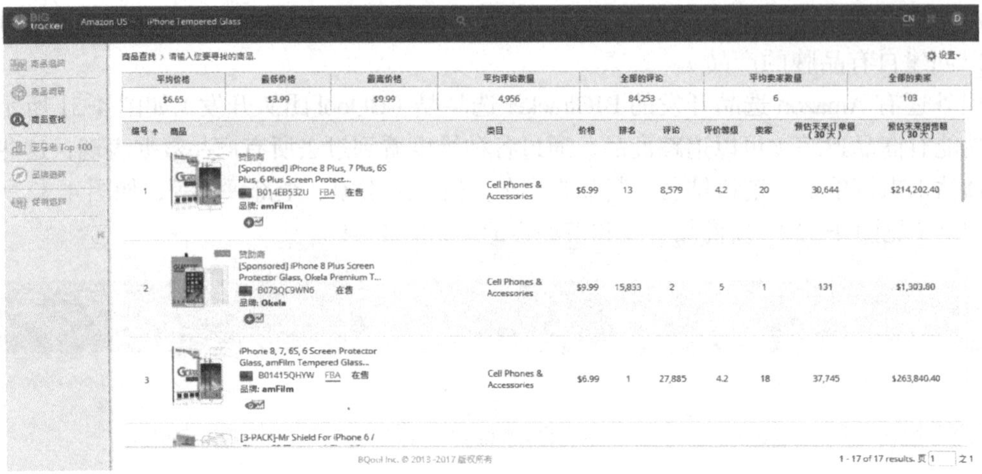

图 4-34　新商品查找和市场容量

⑨本土网站。除了以上站内和站外、免费和付费的第三方工具，要做好选品还要深入了解目标国家的本土文化和本地需求。而获得这些信息的最佳渠道是本土网站，如目标市场为美国的话，亚马逊、eBay、Wish 都是要首先熟悉的；而如果目标国家是英国，那 TESCO、欧洲英国亚马逊等都是当地人经常使用的电子商务购物网站，还有德国的 Otto、法国的 zalando。

4.2.4　爆款选择

无论是亚马逊、速卖通还是 Wish 平台，选好爆款都非常重要。因为爆款可以提升销售业绩的增长率，提高同类商品的转化率和商品高重复购买率，还可以增强客户对品牌的黏性，增加更多的粉丝收藏、跟随，提升店铺在平台的排序等。因此卖家不能坐等爆款产生，而应该主动出击，选择好计划打造的爆款产品，从而在价格、服务和推广上有的放矢，成功打造爆款。

让商品成为爆款，有 4 个要素：首先挑选的产品要有热度，如果产品全部是过季或者长尾的产品，就很难保证店铺销量的稳定持续增长；其次产品要有差异化，而不是简单的抄袭；再者需要有高购买转化率，有高点击率却是低转化率的产品不能给店铺带来实际成交量；最后产品关联性要强，开发爆款的很大目的是为了引流，如果爆款与店铺其他产品关联性差，那么就没有意义。依照这 4 个标准，再参考后台的数据，选择某一款或者几款产品作为公司主打的爆款。

在亚马逊平台上，爆款还可以参考销售单品的 Review 数量和增长情况来选择，而近三个月的 Review 数量增长速度才是判断潜力商品的关键，再与 Sales Rank 结合起来一起看，如果 Sales Rank+Review 都成长较快，基本上可以判断这是一款既有潜力又有销量的实力热卖商品。如果 Review 评价普遍低于 4 星，那就说明这样的产品通常有很大的缺陷，即便因为某些原因（如节日、价格）一时成交量大，这类产品也只能是匆匆过客，难以永续经营。而由于亚马逊平台重产品轻店铺的特性，以及其对知识产权和消费者的保护，爆款产品最好有自己的品牌和专利。

而在Wish平台上，因为消费者群体的年轻化和追求独特性与独创性，因此爆款一定是创新产品，最好是面市不到半年的创新产品。可以在Wish平台上查找，有潜力的新品一般是高订单量、少评价或无评价的产品，因为许多评价还没有上。也可以借助一些店铺管理第三方工具来选择，如国内的超级店长，通过检索“7日销量100件以上”的产品后再排序，去关注这些店铺，再查看这些店铺的产品，来选择甚至开发自己的爆款产品。

并不是卖得越好的就一定是选品中的首选，还需要注意适合度问题。首先是市场适合度，如即便3C是最热门、最红海的行业，但是在3C中有很多小的类目，需求非常大，如果你正好是这类产品制造商或者拥有优质货源，那么这就是最适合你的产品；其次是货源适合度，要看供应链是否具有足够的能力，是否有自主开发的能力、有足够的生产规模能力等；最后是质量适合度，要具有质量把控的能力，有品控体系，最好是品牌化的产品，因为它具有容易宣传推广、有加入门槛、防复制等特点。

当然，如前所述，跨境电子商务选品还需要深入了解目标国家的本土文化、消费习惯等，如根据目前的数据，从品类上来说，北美地区服装、手机、家居、安防类产品更受欢迎，而南美地区更倾向于服装、手机、平板、电子游戏产品，中东地区喜欢摄像机、服装、家居、车载、平板产品，东欧地区则喜欢服装、平板、手机、车载、电动工具产品。所以我们还需要对海外市场进行深入调研。

4.3 产品定价

4.3.1 定价策略与原则

根据不同的市场定位，制订不同的价格策略。企业需要在特定的定价目标指导下，依据对成本、需求及竞争等状况的研究，运用价格决策理论，对产品价格进行计算。具体的定价方法主要包括成本导向定价法、竞争导向定价法和顾客导向定价法三种类型。

（1）成本导向定价法：以产品单位成本为基本依据，再加上预期利润来确定价格的成本导向定价法，是中外企业最常用、最基本的定价方法。此处的成本除了变动成本，还需要考虑每月分摊的固定成本，如厂房、设备等。

（2）竞争导向定价法：指的是企业通过研究竞争对手的生产条件、服务状况、价格水平等因素，依据自身的竞争实力，参考成本和供求状况来确定商品价格。在这一方法下，企业可以选择随行就市定价、产品差别定价、密封投标定价（主要用于招投标环节）。

（3）顾客导向定价法：根据市场需求状况和消费者对产品的感觉差异来确定价格的方法称为顾客导向定价法，又称“市场导向定价法”。此时一些心理定价方法可以使用，如尾数定价或整数定价，如价格定为0.98元或0.99元，使消费者产生一种“价廉”的错觉，相反有的商品价格不定为9.8元，而定为10元来迎合消费者“便宜无好货，好货不便宜”的心理；声望性定价，以价格说明其名贵名优，满足购买者的地位欲望，适应购买者的消费心理；习惯性定价，某种商品在市场上形成了一种习惯价格，降价易引起消费者对品质的怀疑，涨价则可能受到消费者的抵制。

对于新产品，特别是有专利保护的新产品，其定价还可以采用撇脂定价法和渗透定价法。撇脂定价法是指在新产品上市之初，将价格定得较高，在短期内获取厚利，尽快收回投资，就像从牛奶中撇取所含的奶油一样，取其精华，故称为撇脂定价法。其特别适用于创新产品，市场内没有相似的竞争产品或者替代产品的情况。渗透定价法是指在新产品投放市场时，价格定得尽可能低一些，其目的是获得最高销售量和最大市场占有率。如果新产品没有显著特色，竞争又十分激烈，需求弹性较大时宜采用渗透定价法，快速打开销路，低价薄利，使竞争者望而却步，从而获得一定市场优势。

此外还可以灵活运用折扣定价，如现金折扣、数量折扣、贸易折扣、季节折扣、推广津贴等；许多企业根据不同顾客、不同时间和场所来调整产品价格，实行差别定价，即对同一产品或劳务定出两种或多种价格，此定价方法称为歧视定价法，可以对不同顾客群定不同的价格、不同的花色品种样式定不同的价格、不同的部位定不同的价格、不同的时间定不同的价格等。

4.3.2 跨境电子商务定价考虑的因素

1. 产品结构

美国著名的管理学家、波士顿咨询公司创始人布鲁斯·亨德森1970年提出了波士顿矩阵来说明一个企业的产品或者服务的结构问题。

波士顿矩阵认为企业的产品结构的基本因素有两个，即市场引力与企业实力。市场引力包括整个市场的销售量（额）增长率、竞争对手强弱及利润高低等，其中最主要的反映市场引力的综合指标是销售增长率，这是决定企业产品结构是否合理的外在因素。而企业实力包括市场占有率、技术、设备、资金利用能力等，其中市场占有率是决定企业产品结构的内在要素，它直接显示企业竞争实力。销售增长率与市场占有率既相互影响，又互为条件：市场引力大，市场占有率高，可以显示产品发展具有良好前景，企业也具备相应的适应能力，实力较强；如果仅有市场引力大，而没有相应的高市场占有率，则说明企业尚无足够实力，则该种产品也无法顺利发展。相反，企业实力强，而市场引力小的产品也预示了该产品的市场前景不佳。

通过以上两个因素相互作用，会出现4种不同性质的产品类型，形成不同的产品发展前景：销售增长率和市场占有率“双高”的产品群（明星产品）；销售增长率和市场占有率“双低”的产品群（瘦狗产品）；销售增长率高、市场占有率低的产品群（问题产品）；销售增长率低、市场占有率高的产品群（金牛产品），如图4-36所示。

跨境电子商务卖家可以结合波士顿矩阵，来系统梳理自己店铺的产品结构，从而保证店铺有的产品可以提供可持续的现金流量（利润款或金牛产品），有的产品可以保证可持续的用户流量（引流款或明星产品），有的产品有很高的市场引力，也就是整个市场的销售增长率很高，这样的产品可以作为店铺的爆款来处理（当然如果是问题产品，还需要找到问题所在），因此爆款必然产生于明星产品或者问题产品之中。卖家还可以通过市场占有率和销售增长率来淘汰瘦狗产品。

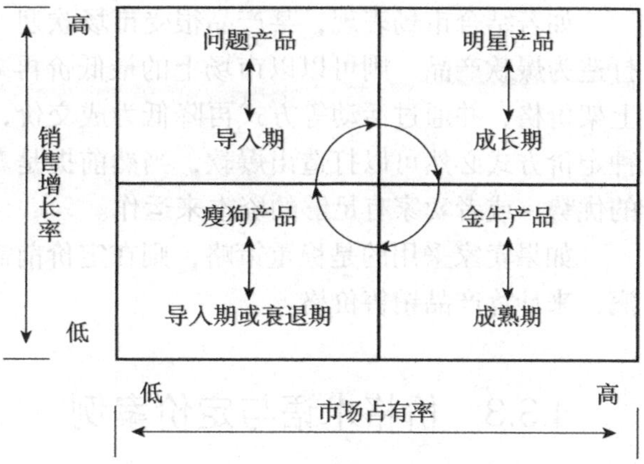

图 4-36　产品类型

基于以上的产品结构调整思想，跨境电子商务店铺中不同结构类型的产品需要有不同的定价政策，也就是说爆款、引流款、利润款，其产品定价和折扣力度是不同的。

①引流款是为了引流而存在，一般在店铺中出单占总订单的半数以上。引流款产品大致要占到总数量的 20% 左右；要达到引流效果，引流款需要有较高的折扣力度，一般为 20%～40% 之间。因此引流款的利润空间比较小，不过也要保证有 10%～20% 方可，否则加上损耗等因素，不仅不能盈利，反而会亏本。

②利润款是指出了单就能赚到满意的利润的产品，这类产品不需要拼价格，客单价一般；产品数量应占到总数量的 70%～80%，是店铺利润的主要贡献者。利润款的利润空间需要达到 30% 以上。

③活动款（爆款）：主要是为了参加平台活动或者打造爆款而存在的，活动款需要一定时间的培养，通过观察店铺内产品的出单情况进行选择，主要看与同行相比有明显价格或者特点优势，客户评价不错且客户认为性价比很高的产品。活动款一般占到总数量的 10%，折扣力度要根据平台活动的要求进行设置，利润空间一般只有 10%～15%。

2. 产品的特质

在前面的定价原则中提到，新产品可以采用撇脂定价法。这是一种高价策略，之所以能定高价，重要的原因是该产品的不可替代性或异质性，也就是说在市场上该产品几乎独一无二。如每一款新的苹果手机上市的时候，其价格都采用撇脂定价法来定，因为其独一无二，即便是高价还是有市场的，但一段时间之后，有了模仿产品出现或有更新产品的出现，价格开始下降到正常的定价水平。

跨境电子商务卖家的定价也是如此。如果该产品在国外具有独创性，或者不可替代，那么可以采用撇脂定价法。如在 eBay 平台上，可以找到这样一些很独特的产品。

3. 市场竞争程度及竞争策略

如果卖家产品本身不具备不可替代性，此时必须考虑市场竞争程度，调查同行价格水平，而且在网络时代，这一点更为重要，因为在互联网上的比价行为比在传统经济模式下要更为容易。

价格的调查分两个方面：一是去搜索和查看大部分用户选择的价格区间，作为定价的参考；二是研究同行业卖家、同质产品销售价格，确定行业最低价和最高价，再结合自己店铺的竞争策略及店铺对本款产品的结构定位，进行定价。

如若结合市场表现，某产品很受市场欢迎，即市场销售增长率高，卖家计划将此产品打造为爆款产品，则可以以市场上的最低价再减去 5%～15% 为产品销售价格，然后倒推上架价格，并通过活动等方式再降低为成交价，有人将这种定价称为狂人策略拼价格。这种定价方式必然可以打造出爆款，当然前提是卖家在这一产品的成本和供应链环节有足够的优势，或者卖家有足够的资本来运作。

如果卖家采用的是稳重策略，则在定价前需要计算产品的成本价，根据成本价反推利润，来计算产品销售价格。

4.3.3 价格术语与定价案例

1. 价格术语

下面简要介绍上架价格、销售价格、成交价格。

①上架价格 LP（List Price）：就是我们产品在上传时所填的价格，其计算公式为：

上架价格 =（采购价 + 费用 + 利润）/ 银行外汇买入价

采购价为从产品供应平台（如 1688）或从工厂采购（批发或者零购）的成本价，可含税（增值税，如能提供增值税发票，可享受退税）。

费用主要包括跨境物流运费、平台交易费用（推广费、佣金等）、关税（用邮政小包等个人物品申报的零售出口一般在目的国不缴关税）及其他费用。

利润指的是合理利润，可根据产品的实际情况、竞争者的价格及市场情况确定合理的利润率。

②销售价格 DP（Discount Price），也称为折后价，指的是产品在店铺折扣下显示的价格，其计算公式为：

销售价格 = 上架价格 × 折扣率

③成交价格 OP（Order Price）：即用户在最终下单后所支付的单位价格，其计算公式为：

成交价 = 销售价格 − 营销推广成本

2. 定价案例

下面列举上架价格计算案例、成本导向定价法案例、竞争导向定价法案例。

【上架价格计算案例】

某产品成本是 5 美元，按照目前的平均毛利润率（15%），还有平台成交费率 5%，及部分订单产生的推广费用 3%～5%，计算上架价格。

解：第一步，先计算销售价格：

销售价格 =5 美元 ÷（1−0.05−0.05）÷（1−0.15）=6.54 美元

再保守点，销售价格 =5 美元 ÷（1−0.05−0.05−0.15）=6.66 美元。

这其中，5% 的推广费用并不是所有订单都会产生的，但考虑到平台内外的营销投入，以 5% 作为营销费用，基本没有差错。

当然，这其中还可以加入丢包及纠纷损失的投入，按照邮政小包 1% 的丢包率来算，又可以得到：

销售价格 =5 美元 ÷（1−0.05−0.05−0.01）÷（1−0.15）=6.61 美元

再保守点，销售价格 =5 美元 ÷（1−0.05−0.05−0.15−0.01）=6.76 美元

第二步，计算上架价格

如果是活动款（或计划打造的爆款），平时打 40% 折扣，如果是速卖通平台的活动最高可以打 50% 折扣：

上架价格 = 销售价格 ÷（1−0.4）

如果是一般款，平时打 30% 折扣计算，则

上架价格 = 销售价格 ÷（1−0.3）

注：建议折扣参数不低于 15%，不高于 50%，折扣在 30% 左右，是买家最钟情的折扣，属于合理预期范围。对于 50% 折扣的活动要求，一般是能保证不会亏本或者略亏，假如客户购买两件及以上，就可以有一定的赢利。

【成本导向定价法案例】

卖家从 1688 采购了一批珍珠蝴蝶（珍珠镶钻）项链，共 100 条，包装重量 370 克（每一条包装重量为 25 克），采购价 0.95 元/条，国内快递费 8 元，预期利润假定为 100%，银行美元买入价按 1 美元 =6 元人民币算，其他成本忽略不计，请计算上架价格。

解：如不计算跨境物流费用，则上架价格为：

上架价格 =（采购价 + 费用 + 预期利润）÷ 银行美元买入价

=（0.95+8 ÷ 100+0.95）÷ 6

= 0.33 美元/条

如需要计算跨境物流费用，查询中国邮政小包价格表，按照第 10 区运费报价（这个是最贵的运费了），即包邮（价格：176 元/kg，挂号费：8 元，折扣 8.5 折），则跨境物流费用和上架价格分别为.

跨境物流费用 =25 ÷ 1000 × 176 × 0.85+8=11.74 元

上架价格 =（采购价 + 费用 + 物流费用 + 预期利润）÷ 银行美元买入

=（0.95+8/100+11.74+0.95）÷ 6

= 2.29 美元/条

【竞争导向定价法案例】

同样是上述案例，如果采用竞争导向定价法，则首先搜索同行竞品卖家的价格。

搜索 Necklaces，在速卖通买家网页中，按照拟销售产品相关质量属性和销售条件，依照销量大小降序排列，搜索同行竞品卖家的价格，如图 4-36 所示。

选择竞品卖家的合理最低价（有些卖家的价格定得极其不合理，不能作为参考），定位销售价格，计算上架价格（在最低价基础上再降低 15%～30%）

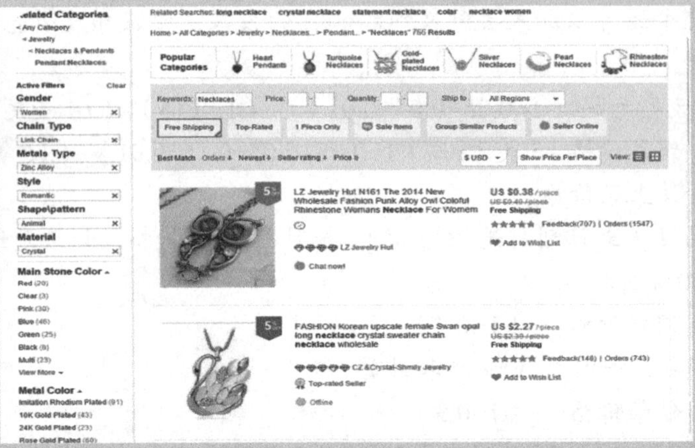

图 4-36　搜索同行竞品情况

上架价格＝销售价格 ÷（1−15%）

或：上架价格＝销售价格 ÷（1−30%）

再根据实际情况做适度调整，最终确定价格。

3. 高效定价策略

在实际店铺运营时，一个店铺可能有几千个 SKU，这时难以做到每个 SKU 都按照以上方式逐个计算，因此可以采用 Excel 表格，将价格中所有的因素都输入表格中，如图 4-37 所示，再按照前面计算公式构建 Excel 计算模型，最终可以高效快速地定价。

US汇率	6.50	总成本(USD)						
SKU	6821							
采购价格（CNY）	68.00			实际折扣率（off）				
包裹重量(g)	770			20.0%				
盎司(oz)	28		最低价(USD)	实际折扣后标价(USD)	运费(USD)	实际总价	实际收款	实际
US E-邮宝(CNY)	60.08	19.70	21.42	39.41	0.00	39.41	36.26	4
中邮小包挂号(CNY)	79.50	22.69	24.67	45.38	0.00	45.38	41.75	4
中邮平邮+	72.73	21.65	23.53	43.30	0.00	43.30	39.84	4
自定义价格								
	价格(USD)	运费(USD)	总价(USD)	实际收款(USD)	利润率	毛利(CNY	最大折扣率（off）	
US E-邮宝	39.00	0.00	39.00	35.10	43.9%	100.08	43.9%	
中邮小包挂号	50.99	0.00	50.99	45.89	50.6%	150.79	50.6%	
自定义利润率								
	利润率	运费(USD)	实际收款	毛利	预计标价			
US E-邮宝	20.0%	0.00	24.63	32.02	27.37			
中邮小包挂号	39.0%	0.00	37.20	94.30	41.32			

图 4-37　高效定价策略图

4.4 国际市场调研

4.4.1　国际市场调研的重要性

跨境出口电商的目标市场都在海外，但是不同的国家和地区，在电商市场规模、消费习惯、购物倾向、支付方式、风土人情等方面均有差异，且不同国家的政策也有较大不同。因此要做好跨境电商，必须要深入调研和分析目标国家和地区，做好国际市场调研，才能真正做到长远可持续发展。

国际市场调研是指运用科学的调研方法与手段，系统地搜集、记录、整理、分析有关国际市场的各种基本状况及其影响因素，以帮助企业制定有效的市场营销决策，实现企业经营目标。一个企业要想进入某一新市场，往往要求国际市场调研人员提供与此有关的一切信息——该国的经济发展、社会或政治局势、法律制度、文化属性、地理环境、市场竞争者、科技发展等。如一家做 B2B 跨境电商的企业要进驻某海外地区，从国际贸易角度来看，国际市场调研主要包括：市场环境调研、国际市场商品情况调研、国际市场营销情况调研、国际客户情况调研等。

市场环境调研：主要包括国外经济环境（一国的经济结构，经济发展水平，经济发展前景、就业、收入分配等）；国外政治和法律环境（政府结构的重要经济政策、政府对贸易实行的鼓励、限制措施、特别有关外贸方面的法律法规，如关税、配额、国内税收、外汇限制、卫生检疫、安全条例等）；国外文化环境（使用的语言、教育水平、宗教、风俗习惯、价值观念等）；此外，还需要了解国外人口、交通、地理等情况。

国际市场商品情况调研：国际市场对商品需求的品种、数量、质量要求等；国际市场商品的价格、价格与供求变动的关系等。

国际市场竞争者情况调研：竞争者产品质量、价格、政策、广告、分配路线、占有率等。

国际市场调研可以帮助跨境电商卖家：

①识别并制订正确的国际经营战略，如确定、评价和比较潜在的国际商业机会及其相对应的目标市场的选择等；

②能够制订正确的商业计划，确定市场进入、渗透和扩张所需要的各种必要条件；

③为进一步细化和优化商业活动提供必要的反馈；

④正确预测未来可能发生的各种事件，采取必要的措施，并对各种即将发生的全球性变化做好充分准备。

4.4.2　国际市场调研的步骤

1. 确定市场调研目标

进行国际市场调研，首先要明确市场调查的目标，市场调查的目标不同，调查的内容和方法都将有所不同。

假设调研目标是海外电商市场容量及趋势，那么调研内容应该是互联网用户数量；互联网普及率；移动电话、智能手机、平板电脑等设备普及率；网购人群规模、年龄段；电子商务销售额、年增长率、移动电子商务销售额等。

若调研目标是了解各国电商平台情况，那么调研内容就要考察几个关键网站的各国流量占比，如亚马逊、速卖通网站在不同国家的流量占比不同。如在美国，亚马逊的流量占到所有网站的 65.83%，速卖通则占到 14.06%；而在俄罗斯，亚马逊的流量仅占到 3.36%，速卖通则占到 15.41%。

若调研目标是海外消费者购物习惯，则需要调研目的国消费者的网站使用习惯（常用的综合性购物网站、用户体验最佳的 10 个购物网站）、搜索习惯（用户量最大的 10 个购物搜索引擎）、支付习惯（信用卡是美国电商消费者最常使用的支付方式）、购物时间（如美国网上购物高峰期为感恩节前一周到元旦；电商打折力度最大的时间为感恩节后一天，黑色星期五 Black Friday）。德国消费者在线支付方式喜好如图 4-38 所示。

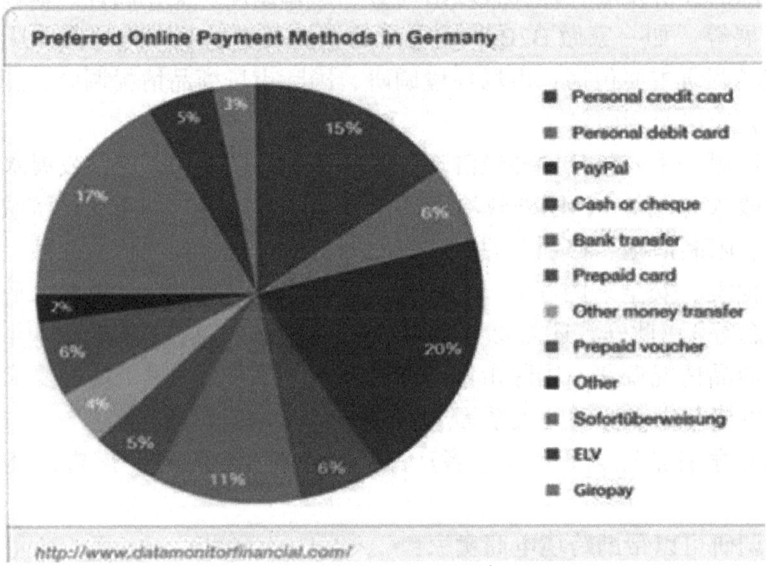

图 4-38　德国消费者在线支付方式喜好

若调研目标是海外电商风险情况，则调研内容应该是隐私和数据保护、海关和关税、知识产权和标签、在线和移动欺诈。

而若调研目标是海外市场竞争者，则调研内容应包含网络竞争者识别（行业角度、市场角度、企业竞争角度）、网络竞争者优劣势分析（产品、研发能力、渠道、资金实力、市场营销、组织、生产经营、管理能力）。

2. 设计调查方案

一个完善的市场调查方案一般包括以下几方面内容：

①调查目的具体化。根据调查目标，在调查方案中列出调查目的的具体要求。

②明确调查对象。细化后的调查目的，明确调查对象，市场调查的对象一般为消费者、零售商、批发商，零售商和批发商为经销调查产品的商家，消费者一般为使用该产品的消费群体，不过在有些情况下产品购买人群与消费人群并不重合，如奶粉。

③整理调查内容。调查内容是收集资料的依据，是为实现调查目标服务的，可根据市场调查的目的确定具体的调查内容。如调查消费者行为时，可按消费者购买、使用和使用后评价三个方面列出调查的具体内容项目。调查内容的确定要全面、具体，条理清晰、简练，避免面面俱到，内容过多，过于烦琐，避免把与调查目的无关的内容列入其中。

④设计调查表。如果要做问卷调查，那么还需要设计调查表。调查表是市场调查的基

本工具，调查表的设计质量直接影响到市场调查的质量。

设计调查表要注意以下几点。

• 调查表的设计要与调查主题密切相关，重点突出，避免可有可无的问题；

• 调查表中的问题要容易让被调查者接受，避免出现被调查者不愿回答，或令被调查者难堪的问题；

• 调查表中的问题次序要条理清楚、顺理成章、符合逻辑顺序，一般可遵循容易回答的问题放在前面，较难回答的问题放在中间，敏感性问题放在最后；封闭式问题在前，开放式问题在后；

• 调查表的内容要简明，尽量使用简单、直接、无偏见的词汇，保证被调查者能在较短的时间内完成调查表。

⑤确定调查范围。调查范围应与产品销售范围相一致，如如果商家要做亚马逊欧洲平台，那么调查地区主要就在欧洲范围即可。

⑥调研方法。国际市场调研是复杂细致的工作，须有严格、科学的程序和方法。具体有案头调研法（第二手资料调研或文献调研，如企业内部有关资料、本国或外国政府及研究机构的资料、国际组织出版的国际市场资料、国际商会和行业协会提供的资料）、实地调研法（国际市场调研人员采用实际调研的方式直接到国际市场上搜集情报信息，包含询问法、观察法和实验法）、抽样调查。如需要问卷调查，则也需要确定调查样本数量和抽样方法，一个中等以上规模城市市场调查的样本数量大概 200 ～ 1000 个，抽样可以采用简单随机抽样法、系统抽样法、分层抽样法、整群抽样法、多阶段抽样法。今天很多调研活动都采用网上市场调查方法（诱导访问者访问、利用电子邮件询问访问者、在企业站点上调查）、网上德尔菲调查法（利用企业站点搜集市场信息，选择搜索引擎，再利用数据库，在互联网上寻找适合的市场信息调查内容）。

⑦确定所需收集的资料。资料收集方法有调观察法、专题讨论法、调查法、实验法，因此获得的资料可以分为“一手资料”和“二手资料”。资料的整理方法一般可采用统计学中的方法，利用 Excel 工作表格，可以很方便地对调查表进行统计处理，获得大量的统计数据。

3. 开展调研活动

开展调研活动前，先需要制订调查工作计划。计划中应该包含：

①组织领导及人员配备。建立市场调查项目的组织领导机构，可由企业的市场部或企划部来负责调查项目的组织工作，针对调查项目成立市场调查小组，负责项目的具体实施工作。

②调研人员的招聘及培训。调研人员可从高校中的经济管理类专业的大学生中招聘，同时要对调研人员进行必要的培训，培训内容包括调查的基本方法和技巧、调查的基本情况、实地调查的工作计划、调查的要求及注意事项等。

③工作进度。将市场调查项目整个进行过程安排一张时间表，确定各阶段的工作内容及所需时间。市场调查包括以下几个阶段：调查工作的准备阶段——实地调查阶段——问卷的统计处理、分析阶段——撰写调查报告阶段。

④费用预算。市场调查的费用预算主要有调查费用、调研人员培训费、调研人员劳务

费、礼品费、表统计处理费用等。企业应核定市场调查过程中将发生的各项费用支出，合理确定市场调查总的费用预算。

组织实地调查的时候应根据实际情况来制订：如要对目的地国市场环境、商品及营销情况进行调查，一般可派出推销小组深入国外市场以销售、问卷、谈话等形式进行调查（一手资料），或者通过各种媒体（报刊、杂志、新闻广播、计算机数据库等）寻找信息资料（二手资料）；或者可以委托国外驻华或我国驻外商务机构进行调查。通过以上调查，企业基本上可以解决应选择哪些产品进入目标市场，使用什么样的价格。

4. 统计分析结果

实地调查结束后，即进入调查资料的整理和分析阶段，收集好已填写的调查表后，由调查人员对调查表进行逐份检查，剔除不合格的调查表，然后将合格调查表统一编号，以便于调查数据的统计。调查数据的统计可利用 Excel 电子表格软件完成；将调查数据输入计算机后，经 Excel 软件运行后，即可获得已列成表格的大量的统计数据，利用上述统计结果，就可以按照调查目的的要求，针对调查内容进行全面的分析工作。

一手资料：又称为原始资料，是原来的或该事件（或活动）的首次记录，是事件的实际目击者或参与者所经历的，调查人员通过现场实地调查所搜集的资料。其特点是，针对性强，适用性好，但成本较高。一手资料可以通过以下方法收集。

- 询问法：以询问的方式作为收集资料的手段，主要包括 4 种形式，即个人访问；小组访问；电话调查；邮寄调查。
- 观察法：是指调查人员直接到调查现场进行观察的一种调查收集资料的方法。其优点有她可以比较客观地收集资料，直接记录调查事实和被调查者在现场的行为，调查结果更接近实际。其缺点有观察不到内在因素，调查时间长。该方法主要包括三种形式，即直接观察；店铺观察；实际痕迹测量。
- 实验法：从影响调查问题的许多因素中选出一个或两个因素，将它们置于一定条件下进行小规模的实验，然后对实验结果做出分析，研究是否值得大规模推广。其优点有可获得较正确的原始资料。其缺点有实验市场不易选择，干扰因素多、时间长，成本较高。该方法主要包括两种形式：产品包装实验；新产品销售实验。
- 二手资料：又称为间接资料，是至少一次以上被引用的关于该事件的叙述，是他人为某种目的已经加工整理好的资料。二手资料的特点为，成本和时间少；可获得性；准确性较差。

二手资料包含内部资料和外部资料，也包含访问查找资料和购买的资料。二手资料可以通过参考文献查找法、手工检索查找法、计算机网络检索法收集。

5. 撰写调研报告

调研报告的基本要求：客观真实、实事求是、调查资料和观点统一、突出市场调查的目的、语言简明准确易懂。

调研报告的格式一般由标题、目录、概述、正文、结论与建议、附件等几个部分组成。

调研报告的内容包含：调研目的、调研背景、调研对象、调研数据与分析、调研结论与理由、解决方案建议、预测风险。

4.4.3 国际市场调研工具

数据分析工具有：地址为 Google Trends、KeywordSpy、Alexa、Terapeak。

Google Trends：类似于国内的百度指数，地址为 http://www.google.com/trends，如图 4-39 所示。

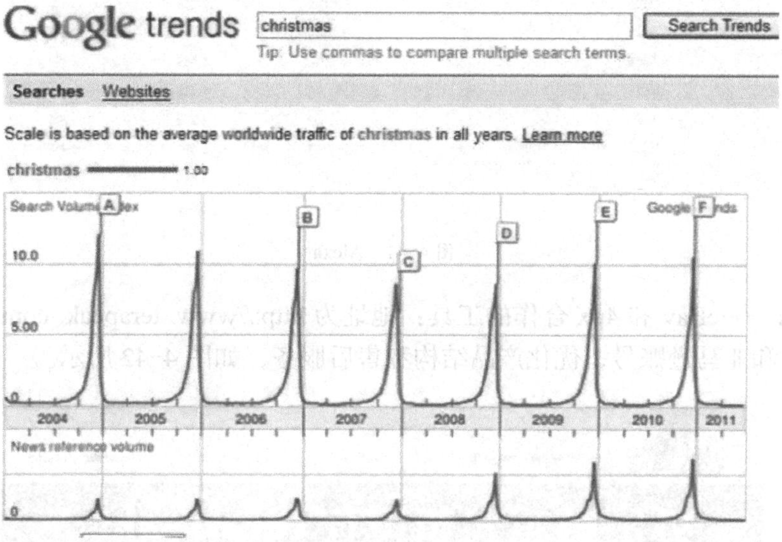

图 4-39 Google Trends

KeywordSpy：地址为 http://keywordspy. com/，其查询条件为关键词、站点、国家，如图 4-40 所示。

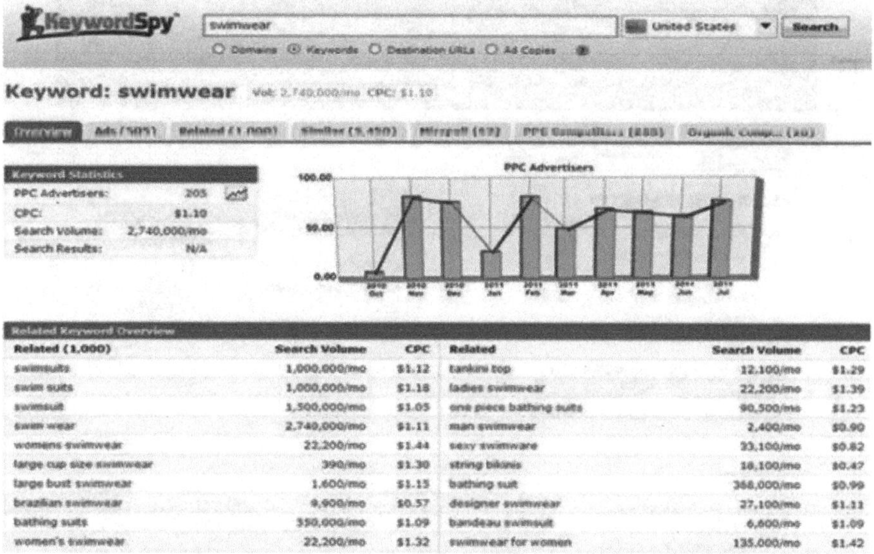

图 4-41 KeywordSpy

Alexa：查询网站目标市场及分布，地址为 http://alexa. chinaz. com，如图 4-41 所示。

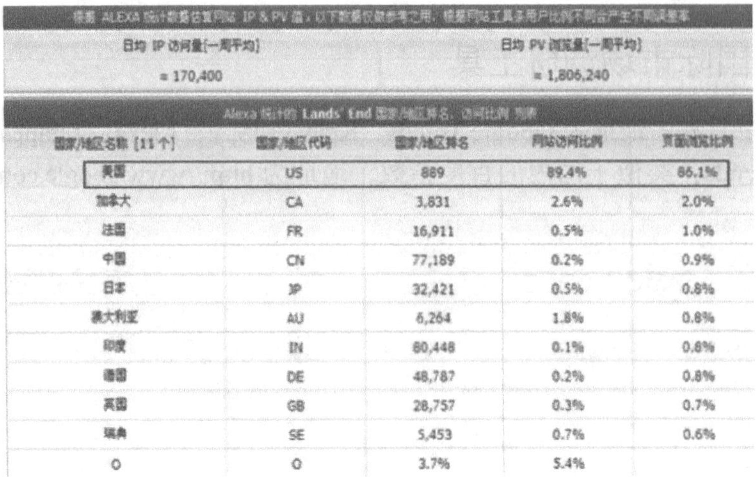

日均 IP 访问量[一周平均] ≈ 170,400

日均 PV 浏览量[一周平均] ≈ 1,806,240

Alexa 统计的 Lands' End 国家/地区排名、访问比例 列表

国家/地区名称 [11 个]	国家/地区代码	国家/地区排名	网站访问比例	页面浏览比例
美国	US	889	89.4%	86.1%
加拿大	CA	3,831	2.6%	2.0%
法国	FR	16,911	0.5%	1.0%
中国	CN	77,189	0.2%	0.9%
日本	JP	32,421	0.5%	0.8%
澳大利亚	AU	6,264	1.8%	0.8%
印度	IN	80,448	0.1%	0.8%
德国	DE	48,787	0.2%	0.8%
英国	GB	28,757	0.3%	0.7%
瑞典	SE	5,453	0.7%	0.6%
O	O	3.7%	5.4%	

图 4-41　Alexa

Terapeak——eBay 和 4px 合作的工具：地址为 http://www. terapeak. com，帮助卖家全面分析 eBay 和亚马逊账号，优化产品结构和售后服务，如图 4-42 所示。

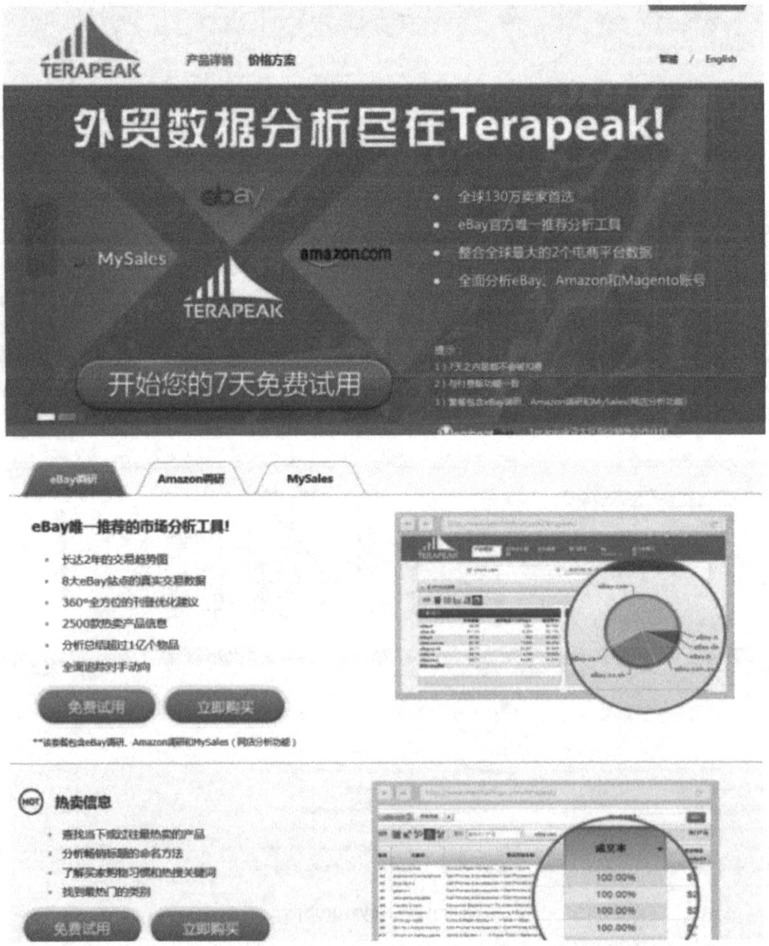
TERAPEAK
产品详情
价格方案
English
外贸数据分析尽在Terapeak!
ebay
MySales
amazon.com
全球130万卖家首选
eBay官方唯一推荐分析工具
整合全球最大的2个电商平台数据
全面分析eBay、Amazon和Magento账号
开始您的7天免费试用
eBay调研
Amazon调研
MySales
eBay唯一推荐的市场分析工具!
长达2年的交易趋势图
8大eBay站点的真实交易数据
360°全方位的刊登优化建议
2500款热卖产品信息
分析总销量超过1亿个物品
全面追踪对手动向
免费试用
立即购买
热卖信息
查找当下或过往最热卖的产品
分析畅销刊登的命名方法
了解买家购物习惯和热搜关键词
找到最热门的类别
免费试用
立即购买

图 4-42　Terapeak

其他市场调研工具有以下几个。

- Consumer Barometer：http://www.consumerbarometer.com/；
- Google Market Finder：https://translate.google.com/globalmarketfinder/g/index.html?locale=en；
- 数据脉：http://datartery.com/；
- 阿里指数：https://alizs.taobao.com/industry；
- watcheditems：http://www.watcheditem.com；
- Ebay Daily：http://www.ebay.com/globaldeals。

国外产品趋势类评论网站有：

- Uncrate.com；
- materialgear.com；
- outblush.com；
- materialgear.com；
- blessthisstuff.com；
- hiconsumption.com；
- this.com；
- firebox.com。

4.4.4　国际市场调研案例

案例：调研欧洲国家电商消费习惯。

调研内容分析：电商消费习惯可以从以下几个角度理解：消费者性格、消费水平、搜索习惯、支付习惯、网购习惯、网购平台。下面举出部分的调研数据来举例说明。

1．消费者性格（以英国、法国、德国、西班牙为例）

英国人（西欧）性格上的特点是：冷静持重、自信内敛、注重礼仪、幽默守旧、崇尚绅士风度、懂得形象管理；喜欢按部就班、精明、注重性价比；热爱足球运动，可以用疯狂来形容。因此英国买家普遍非常追求质量和实用主义，讲究效率，关注细节，会很认真地查看产品的详细描述，在讨价还价的同时对品质的要求一分不减，对于交货期限也是如此，如果产品延迟到货又没有对此进行调解，可能会导致罚款甚至取消订单（值得一提的是，英国的批发商非常喜欢试订单，总爱在大量订购前尝试性的定一到两个样品）。英国网购者在意商品包装，根据英国主要的包装供应商 Macfarlane Packaging 最近公布的调查结果显示，在网络购物的过程中，令网购者最为不悦的事是收到的货品包装不当。

法国人（西欧）一般都比较注重自己的民族文化和本国语言，天性浪漫、重视休闲，时间观念不强；懂得享受、喜欢休假、追求浪漫舒适的生活；爱美、爱促销、喜爱宠物、谈吐优雅、讲究方便与自动化、喜欢打折商品；对商品的质量要求十分严格，条件比较苛刻，同时他们也十分重视商品的美感，要求包装精美。

德国人（西欧）重生活品质，轻外在追求，购物比较注重性价比，对促销商品比较喜爱，热衷高科技产品，信守合同，崇尚契约，喜欢发货准确性高、速度快的，德国人宁可多付款来换取高质量产品和准确的交货日期。德国人的消费观念与其他国家相比相对理性，在谈判前就做好充分周到的准备工作，基本上不会冲动消费，购买奢侈品的人比较少，相对于外在的追求，他们更注重的是生活的品质。此外，德国人很看重节日，每当重大节日时都会跟朋友互赠礼物，借此联络和增强感情。

西班牙人（南欧）通常乐观向上、无拘无束又讲求实际、热情奔放但难以认错。热情大方，非常容易跟他们交朋友，无论何时，都能像老友那样侃侃而谈。西班牙的消费者是非常追求时髦的，他们的时尚风向标是 Vogue 杂志，有相关产品的卖家如果想打入西班牙市场不妨多关注下他们喜欢的风格。

2. 消费水平（以英国、法国、德国、意大利为例）

英国人均月收入折和人民币大约 21410 元，大约是北京上海平均工资的 2 ～ 3 倍；英国的物价大概相当于我国的 6 ～ 7 倍；生活方面如吃喝贵，但是房价相比我国按比例的话还是略便宜的。

法国人均月工资是 1500 ～ 1700 欧，大约 20191RMB，法国物价近几年涨得很快，法国民众认为每月平均缺少 578 欧元。

德国人均月工资是 2500 ～ 2700 欧，大约 19610RMB。作为一个发达国家，德国有些东西其实比中国的还要便宜。

意大利人均月工资是 2300 ～ 2500 欧，大约 17468RMB。总体来说与我国物价相比差不多，但罗马、米兰物价高。

3. 欧洲各国网民常用的搜索引擎（以巴西、西班牙、德国、法国为例）

不同国家网民的搜索习惯不同，而且欧盟有不同语种，不同语种的搜索引擎使用情况也不同，如图 4-43 所示。

巴西（葡萄牙语）	
引擎网址	使用比例
br.yahoo.com	60%
www.aonde.com	20%
www.achei.com.br	5%
www.empas.com	5%

西班牙 / 阿根廷（西班牙语）	
引擎网址	使用比例
www.yahoo.es	40%
es.msn.com	30%
www.google.es	20%
www.lycos.es	6%

法国（法语）	
引擎网址	使用比例
www.yahoo.fr	55%
www.lycos.fr	20%
www.voila.fr	15%

德国（德语）	
引擎网址	使用比例
www.altavista.de	60%
www.yahoo.de	20%
www.excite.de	15%

图 4-43　巴西、西班牙/阿根廷、法国、德国网民常用的搜索引擎

4. 在线支付习惯（以法国、德国为例）

欧洲人最习惯的在线支付方式除了 Visa 和 MasterCard 等国际卡，还很喜欢使用一些当地卡，如 Maestro（英国）、Solo（英国）、Laser（爱尔兰）、Carte Bleue（法国）、Dankort（丹麦）、Discover（美国）、4B（西班牙）、CartaSi（意大利）等。另外要注意的

是欧洲人并不是那么喜欢用 PayPal，同时他们熟悉的电子账户是 MoneyBookers。

不同的国家在支付方式上有差异，比如：在法国，CarteBancaire 是最流行的支付方式，这是一种与本地银行合作的跨银行计划，通常是与 Visa 或 MasterCard 合作。法国消费者支付偏好如图 4-44 所示。

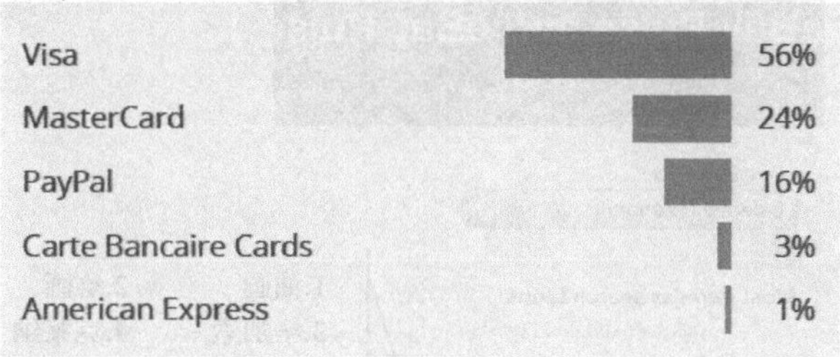

图 4-44 法国消费者支付偏好

而在德国，消费者对跨境电子商务的态度十分开放，超过 50% 的网络电子商务交易是在国际网站上。但是，像 SEPA、SOFORT 和 Giropay 这样的非信用卡支付方式更受欢迎。德国在线消费者支付偏好如图 4-45 所示。

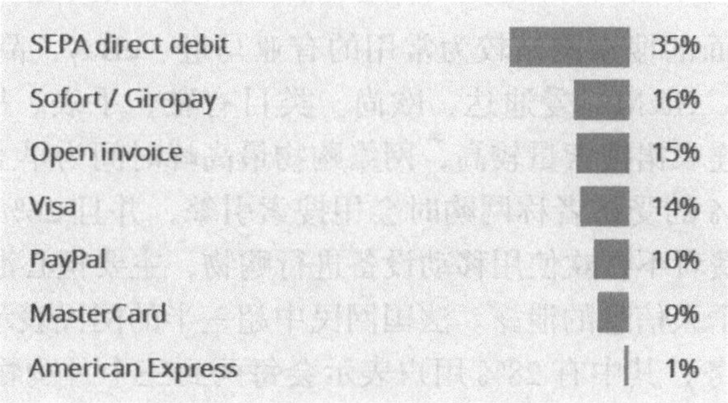

图 4-45 德国在线消费者支付偏好

5. 网购习惯

根据 Wenga-Solutions 的调查显示，英国人目前最喜欢的产品类别是服装，其次是书籍和家电、鞋类、生活用品、媒体和娱乐、翻新品、化妆品、汽车配件、节日服装、户外装备、收藏品，以家居园艺类和汽配类商品为代表的大中华区卖家成长最快的品类也榜上有名。

英国电信局最新发布的一份报告显示，与其他 16 个主要国家相比，英国人最热衷于网上购物，英国大约有 6490 万人口，其中 93% 是互联网用户，81% 用户能熟练地进行网购。节日是网上购物的高峰，圣诞节期间尤为突出，一方面关注商家竞相打折销售，另一方面是网上礼品销售服务。大多数英国消费者喜欢在上班期间（当地时间上午 9 点，北京时间下午 3 点）进行网购；另一个时间是在午夜时分至早上 6 点，英国购物网站内的流量往往会暴增 30% 左右；在午夜时分，习惯夜间活动的游戏玩家们此时往往会下单购买新的游戏机，而在早餐前的一段时间，校服和儿童鞋是最热卖的商品。

74% 的法国网购者购买最多的商品品类是衣服，其次是休闲用品。70% 的法国网购者最常购买的是休闲用品，网民愿意购买消费电子、家居用品、家电、健康美容产品及其他服务。法国人喜欢购买的商品还有高科技产品、旅游和服装、时装箱包、皮具配饰和香水。此外，从 eBay 网站搜索来看，法国人对艺术类商品搜索较多，讲究浪漫、质量、舒适，如法国在 eBay 上的流行搜索词如图 4-46 所示。

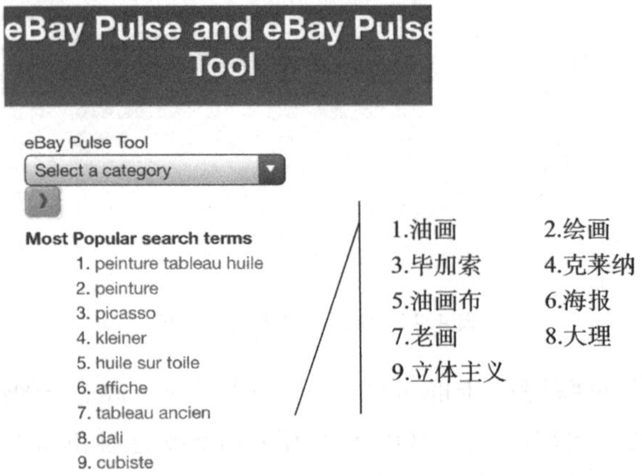

图 4-46　法国在 eBay 上的流行搜索词

法国人在购物方面的搜索网站较为常用的有亚马逊、eBay，品牌有 NIKE、迪卡侬、Fnac、飒拉、乐都特、H&M、爱迪达、欧尚。类目有鞋、手表、服装、礼物、脚踏车，其中服装男士衣装和连衣裙搜索量较高，网络购物最高峰时间为早上十一点半左右。法国人在网上购物时，43% 的受访者称网购时会用搜索引擎，并且 26% 的人对搜索结果里的图片很看重。法国消费者不喜欢使用移动设备进行购物，主要担心泄露数据隐私，46% 的受访者称他们最担心个人信息的泄露。法国网民中超一半的网民表示会经常在跨境电商平台网购商品和购买服务，其中有 28% 用户表示会每两到三个月购物一次，只有不到 20% 的用户表示一年只购物一两次。

德国人购物热门品类有家居、家具、办公用品（源于对生活、工作的严谨、热爱），此外还有宠物和运动类产品。德国本土的产品已经足够优质了，所以其他国的产品要想在德国市场上立足，就需要在品质上精益求精，才能得到德国人的认可，把一支笔制作成一件工艺品。

德国消费者对于网购的认识中，认为最重要的一点是收到的货物要与自己所买的商品一致，其次就是发货速度要快并且及时，产品性价比要高。合理的运费和退货费用、准确的产品分类、有效的产品详细介绍均给人以值得信赖的感觉。因此，要提供比较全面的产品、便捷的搜索框，以及产品质量好。在跨境电商平台上，德国的退货率很高，将近 50%，这与德国的法律和他们的消费行为有关。德国的法律规定网购时，消费者可以将没有开封的商品在 14 天内退回，而德国人也经常会购买多个颜色或者尺码的商品，在试用过后将不满意的那部分退掉。德国人通常周六网购的人最多，达到 30%，其比例超过周一、周二、周三的总和，特别是体育用品。其次是周五（20%）及周日（14%）。至于购物时间段，在下午六点到午夜购物的消费者比例达 61%，在晚上购买服装和鞋类的消费者比例达 63%。

西班牙人购买中国产品较多的是 3C 产品（其中手机整机最受欢迎，中国品牌的手机在西班牙的搜索也是逐年上涨）、服装、鞋、包、配饰（符合当地审美的）、医疗保健产品、旅行产品，以及符合当地文化的产品，如扇子、猫头鹰元素产品。

西班牙互联网普及率 68%；手机普及率 130%；智能手机普及率 66%；平板电脑普及率 12.7%；移动商务规模 7.5 亿欧元；网络消费者 1.5 亿人；2016 年西班牙电商销售额为 260 亿美元，西班牙网络购物者人均每年网上购物消费为 655 美元。西班牙是欧洲第五大电子商务市场，每年人均在线消费 1248 美元，3.61% 的在线消费者喜欢从电商网站购买商品，西班牙人对中国商品的认可度比较高，从出口数据来看，在每年进口中国产品的国家排名中，西班牙位列第五。在西班牙，网购的购物车转化率和购买转化率是欧洲最低的，仅高于意大利。西班牙人非常在意购物的社交意义，因此网友的推荐能够促使他们最终下单。西班牙购物人群男性居多，且年龄在 25 ～ 34 岁之间最多；西班牙国家的人特别喜欢“便宜”、折扣（较大的折扣）。西班牙消费者对中国产品的偏好如图 4-47 所示。

¡He dicho
búho!

图 4-47　西班牙消费者对中国产品的偏好

此外，在欧洲国家中，英国和德国消费者 2017 年节日购物季花费最高，分别达 271 亿欧元和 229 亿欧元。法国消费者节日购物季销售额达 143 亿欧元。西方国家主要网购节日有 Black Friday（感恩节后的第一个星期五）和 Cyber Monday（感恩节后的第一个星期一）。北欧国家“黑色星期五”销售额与 2016 年相比增长了 187%，但也有一些欧洲国家，黑色星期五不是最大的网购节日。例如，荷兰和奥地利，这两个国家大部分节日购物季网上营收来自 12 月 12 日当天。

6. 在线购物网站

在英国，eBay 很吃香，根据 eBay 内部数据显示，英国消费者最喜欢在移动设备上购买大中华区卖家的商品，移动购物占比最高。常用的购物网站有：

www. amazon. co. uk；www. argos. co. uk；www. kitbag. com；

www. littlewoods. co. uk；www. ebay. co. uk。

在法国，Fnac、Cdiscount 和 Mistergooddeal 网站中的高科技产品浏览率最高。eBay 为法国浏览率最高的网站。越来越多的网民在年底节日和大减价季节上网购物。单从 PC 端访问量来看，2016 年第二季度，亚马逊高出第二名本土电商 Cdiscount 近一半的月均独立访问量而位居首位，eBay 以 731.5 万次的访问量排在第四。一些以线下业务发家的零售商在电商领域的表现也十分抢眼。其中 Carrefour（家乐福）月均网站访问量达 530.5 万次，排在第 9 位，大型连锁超市 Auchan（欧尚）则以 411.1 万次排在第 15 位。Cdiscount 是法国最大的本土电商平台，它拥有非常广泛的中高端法国消费群体，同时有强大的线下实体门店优势（完整的配送服务，买家可以在集团门店下单，在距离最近的取货点取货，方便快捷、省时省力，和沃尔玛很像）。PC 端网站排名前 5 位的分别是 Amazon、Cdiscount、Fnac、Ebay、Voyages-Snct.com，而在移动端排名前 5 位的分别是 Voyages-Snct、Booking.com、Airbnb、Air France、BlaBlaCar。

德国网购消费者常去的网站有：综合购物类主要是亚马逊、OTTO，二手商品类的主要是 eBay，电器专业类的是 MediaMarkt Online 和 SATURN Online，乐器类网站 Thomann 也很受欢迎。

西班牙缺少大而全的网购平台，但西班牙几乎所有稍有规模的品牌都有自己的官网，并且都开通的自己品牌的网购渠道。以服饰类为例子，从奢侈品到 Zara 这样的平民服饰，在网购方面都做得很好，快递送货上门，还会考虑到退换货手续，特地附送上相关的说明。西班牙 Shopping 类排名前 10 网站：Milanuncios.com（西班牙本土第一家在线分类信息广告网站，只打西班牙市场）；Amazon.es（西班牙亚马逊，2011 年进驻西班牙市场）；eBay.es；Segundamano.es（分类广告公司 rupo Anuntis-Segundamano 的核心业务，成立于 20 世纪 70 年代，它从西班牙当地的每周发行一刊的杂志发展成如今西班牙、墨西哥、哥伦比亚和阿根廷的本地化网站）；Aliexpress.com（速卖通的主体市场前三位分别是俄罗斯、美国、巴西市场）；Elcorteingles.es（西班牙唯一一家百货公司，也是西班牙第一大零售集团，集团旗下的线上购物平台）；Ikea.com（电商独立网站，瑞典宜家家居集团）；Amazon.com；Mediamarkt.es（全球第二大家电零售巨头，欧洲最大电器连锁店）。

海外市场调研

平台选品原理

商品定价方法

亚马逊站内选品方法

速卖通数据纵横之成交分布分析

速卖通数据纵横之成交概况分析

速卖通数据纵横之商品效果分析

速卖通数据纵横之营销助手介绍

速卖通数据纵横之装修趋势分析

速卖通数据纵横之成交波动分析

速卖通数据纵横之核心指标分析

第5章

跨境电子商务运营管理

本章导论

运营是一个十分宽泛的概念，如选品其实也是运营的一项重要工作。不过因为在跨境电子商务选品环节，很多原理、方法和工具都是可以通用的，不同平台的差异不大，同时选品也是跨境电子商务十分重要的环节，是值得跨境电子商务企业在战略层面上重视的环节，因此本书将选品内容独立出来自成一章。而将产品发布、店铺管理、产品定价和售后服务等作为运营管理的内容，独立成章。因为这些环节的操作，不同平台的差异很大，因此本章将按照不同平台来展开。本章中的平台主要是跨境电子商务 B2C 出口平台，关于跨境电子商务 B2B 平台的一些内容将在后面章节独立介绍。

5.1 产品发布

5.1.1 产品信息化处理

电子商务平台上的产品，与线下物理形态存在不同，而是以文字、图表、视频等方式存在的，因此要将这些产品的表现形式数字化。而随着智能手机普及，跨境电子商务移动端的流量剧增，在小小的手机屏幕上，能吸引消费者并促使他们购买的是能展现优势的产品图。因此在产品发布之前，如何将产品的特点和优势，用信息化的图表现出来，是任何一个平台都需要做的事情。

【橙子数字化】天天果园的橙子在采摘后，会通过托盘跟着流水线来到“照相室”，在 0.1 秒内 360 度翻滚后留下 36 张不同角度的特写，出了照相室，就可以结合大小、重量、色泽，自动将橙子送往十几条不同的包装线。

1. 器材

首先需要一架具有合适感光元件、微距功能、必备插槽的数码相机（最好是单反相机），其次需要三脚架、网拍摄影棚或者摄影箱、网拍摄影台、摄影灯，还有柔光箱、反光伞、摄影背景和摄影道具，如图 5-1 所示。

图 5-1　器材

2. 功能

数码相机如图 5-2 所示，其各部分具体功能介绍如下。

内置闪光灯 在昏暗场景中，可根据需要使用闪光灯拍摄。在部分拍摄模式下会自动闪光。
快门按钮 按下该按钮将释放快门拍下照片。按按钮的过程分为两阶段，半按时自动对焦功能启动，完全按下时快门将被释放。
镜头安装标志 在装卸镜头时，将镜头一侧的标记对准此位置。红色标志位EF镜头的标志（详见后文）。
手柄 相机的握持部分。当安装镜头后，相机整体重量会略有增加。应牢固握持手柄，保持稳定的姿势。
镜头释放按钮 在拆卸镜头时按下此按钮。按下按钮后镜头固定销将下降，可旋转镜头将其卸下。
反光镜 用于将从镜头入射的光纤反射至取景器。反光镜上下可动，在拍摄前瞬间将升起。
镜头卡口 镜头与机身的接合部分。通过将镜头贴合此口进行旋转，安装镜头。
Canon
EOS
450D

图 5-2　数码相机

①光圈：是一个用来控制光线透过镜头，进入机身内感光面光量的装置，它通常是在镜头内，用 F 值表达光圈大小，如图 5-3 所示。

F 值越大，光圈越小，景深越深，背景越清晰；F 值越小，光圈越大，景深越浅，虚化越明显。在选用不同光圈值时，同样的场景会显示出不同的明暗程度，光圈值越大，进光量越少，得到的画面就越暗。

②快门：快门是摄像器材中用来控制光线照射感光元件时间的装置，主要功能是与光圈系数配合，使所摄照片得到正确的曝光。

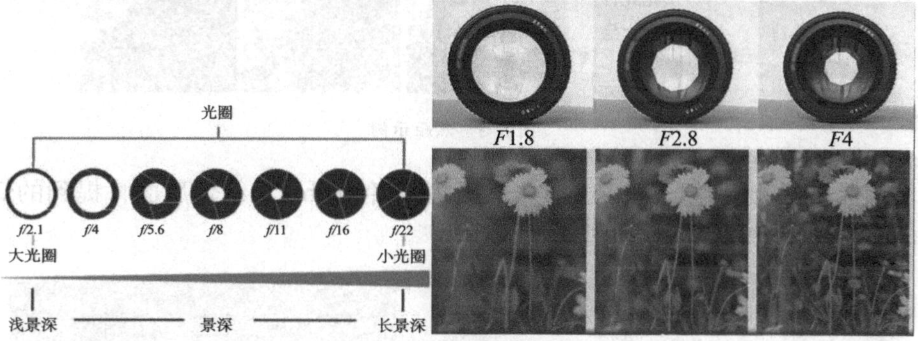

图 5-3　光圈

快门速度慢，捕捉的是“过程”，表现过程美；快门速度快，抓拍的是“瞬间”，表现的是瞬间美（快门速度，是指快门打开及关闭的时间。快门速度越慢，开启时间越长，进光量就越多；快门速度越快，开启时间越短，进光量就越少）。快门速度快慢效果如图 5-4 所示。

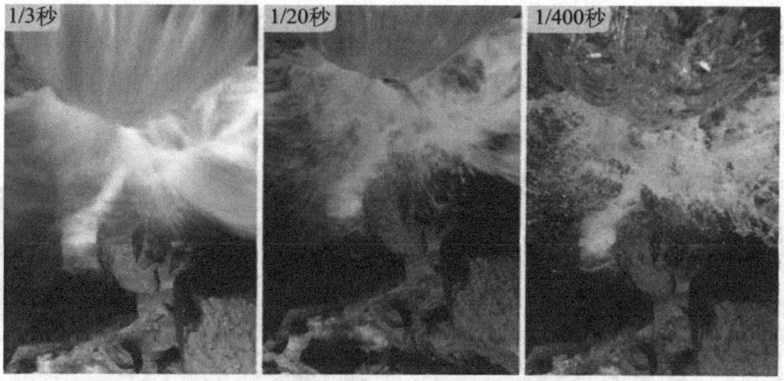

图 5-4　快门速度快慢效果

③感光度 ISO：是感光元件对光线的敏感程度。ISO 感光度越高，照片就越亮，噪点也就越多；ISO 感光度越低，照片就越暗，噪点也就越少。

④焦距：也称为焦长，是光学系统中衡量光的聚集或发散的度量方式，指从透镜中心到光聚集之焦点的距离。

焦距值越小，拍摄画面的范围就越大；焦距值越大，拍摄画面的范围就越小，示例如图 5-5 所示。

3. 取景

图片是商品的灵魂，一张漂亮的商品照片可以直接刺激顾客的视觉感官，让他们产生了解商品的兴趣和购买的欲望，从而将商品加入购物车中。尽管不同平台对于主图的尺寸背景有不同的要求，但是成功的商品照片与拍摄时的环境选择和布置密不可分。不同的商品，拍摄的背景要有所选择。

图 5-5　焦距示例

小件商品的拍摄环境，最好选择在拍摄箱或者拍摄台，结合后面将提到的灯光的效果，拍出商品的特色和优点，如图 5-6 所示。

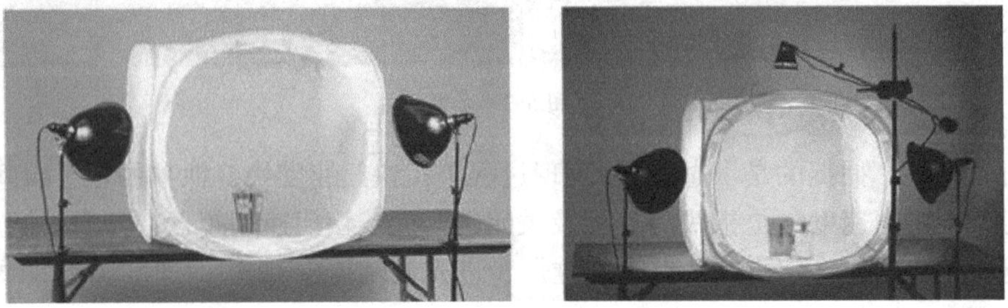

图 5-6　小件商品的拍摄环境

而大件商品，如服装，则可以考虑在一定空间的室内（10 平方米以上尽量选择整洁和单色的背景）或者选择符合风格的室外取景（如果要想将图片作为亚马逊的主图，则只能选择室内白色背景），如图 5-7 所示。

图 5-7　大件商品的拍摄

4. 学会布光

拍摄离不开灯光，能娴熟使用灯光的摄影师的作品，有着非同一般的视觉吸引力。当然，在此仅介绍几种布光的方法，供读者选择和尝试，如图 5-8 所示。

正面两侧布光，可以使得投射出来的光线全面均匀，商品表现全面，不会有死角。

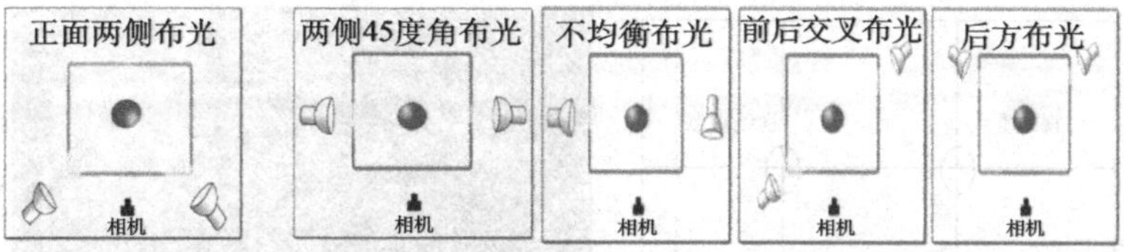

图 5-8　布光的方法

两侧 45 度角布光，则可以使商品顶部受光，正面则没有完全受光，合适拍摄外形扁平不具备立体感的商品。

不均衡布光，如单侧 45 度角布光，将可以使商品一侧出现阴影，底部投影也很深，排除层次感和立体感，不过商品表面的一些细节可能无法得以呈现。

前后交叉布光，不仅可以呈现出商品表面细节，也可以表现出商品表面的层次感和立体感。

后方布光，适合于拍摄通透性的商品，而其他类的商品则会由于正面没有光线而产生大片的阴影而影响效果。

5. 构图

摄影讲究构图，一般有横式构图、竖式构图、斜线构图和黄金分割法构图几种，这些构图法也同样可以用于商品图片拍摄和处理上。

横式构图是商品呈横向放置或者横向排列的横幅构图方式。这种构图方式，能够给人以一种稳定、可靠的感觉，多用来表现商品的稳固，并给人安全感，是一种常用的构图方式，如图 5-9（a）所示。竖式构图是商品呈竖向放置或竖向排列的竖幅构图方式，这种构图方式可以表现出商品的高挑、秀朗，如图 5-9（b）所示。常用来拍摄长条的或者竖立的商品。竖式构图在商品的拍摄中也被经常使用。斜线构图是商品斜向摆放的构图方式，它的特点是富有动感，个性突出，对于表现造型、色彩或者理念等较为突出的商品，斜线构图方式较为实用，使用得当可以产生很不错的画面效果，如图 5-9（c）所示。

(a)　　(b)　　(c)

图 5-9　横式构图、竖式构图和斜线构图

黄金分割法构图简单地说就是将摄影主体放在位于画面大约三分之一处，让人觉得画面和谐，充满美感，如图 5-10 所示，所以黄金分割法构图又被称为三分构图法则。

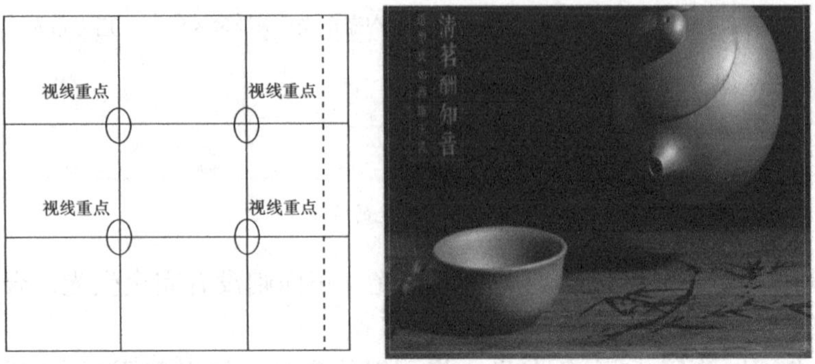

图 5-10　黄金分割法构图

6. 商品摆放

小物品可以通过组合摆放的形式造成视觉上的冲击，这种摆放形式有很多模式，如四宫格、六宫格和九宫格等，如图 5-11 所示。

图 5-11　小物品的组合摆放

图片组合产生的效果有：在一堆物体中，让买家一眼就能发现想要表达的主题。商品摆放的角度也很关键，人类的视觉习惯是视点朝下，这个角度让我们的眼皮感到最为轻松。

5.1.2　速卖通产品发布

在产品发布之前，首先要做好产品信息采集，产品图除了按照以上方式处理，还需要采集其他信息，如关键词、数量、颜色、材料、形状、用途、风格、尺寸等。这些信息的采集应该站在客户的视角去思考，如客户希望看到产品的正面、侧面和细节的图片，用户页希望能详细了解具体的参数和属性，同时希望知道卖家是否值得信任，以及假如发生纠纷卖家的处理方法等。

1. 产品发布流程

①类目行业选择，有两种方法选择类目，一是直接根据标示选择，二是通过类似产品导入，若三级类目下该产品 DSR 值低于 4.3，则该类目将无法发布。

②产品属性填写。分两类属性。必填属性一项都不要缺失，10 项自定义属性要充分利用，因为自定义属性是很好的引流工具，如“For Christmas”等节日属性。

③标题关键词和产品主图填写。

标题和关键词须注意：英文标题应不超过 128 个字符，但也不要浪费，如果超过可以把尺寸的特征词删除。在前 35 个字符中要体现出核心产品，前面填写的 3 个关键词必须都包含在标题中，不能出现非英文字符。

6 个主图也要充分利用。近两年来，速卖通在图片的规范上不断标准化，产品主图图片大小要求 800px*800px，纯色或者白底，而其他图片尺寸要求在 800px × 800px 及以上，图片横向和纵向比例建议在 1∶1～1∶1.3 之间，有无文字、水印、Logo（统一在图片左上角）、边框，图片主题应该居中，不允许拼图。例如，鞋的主图等要求如图 5-12 所示。

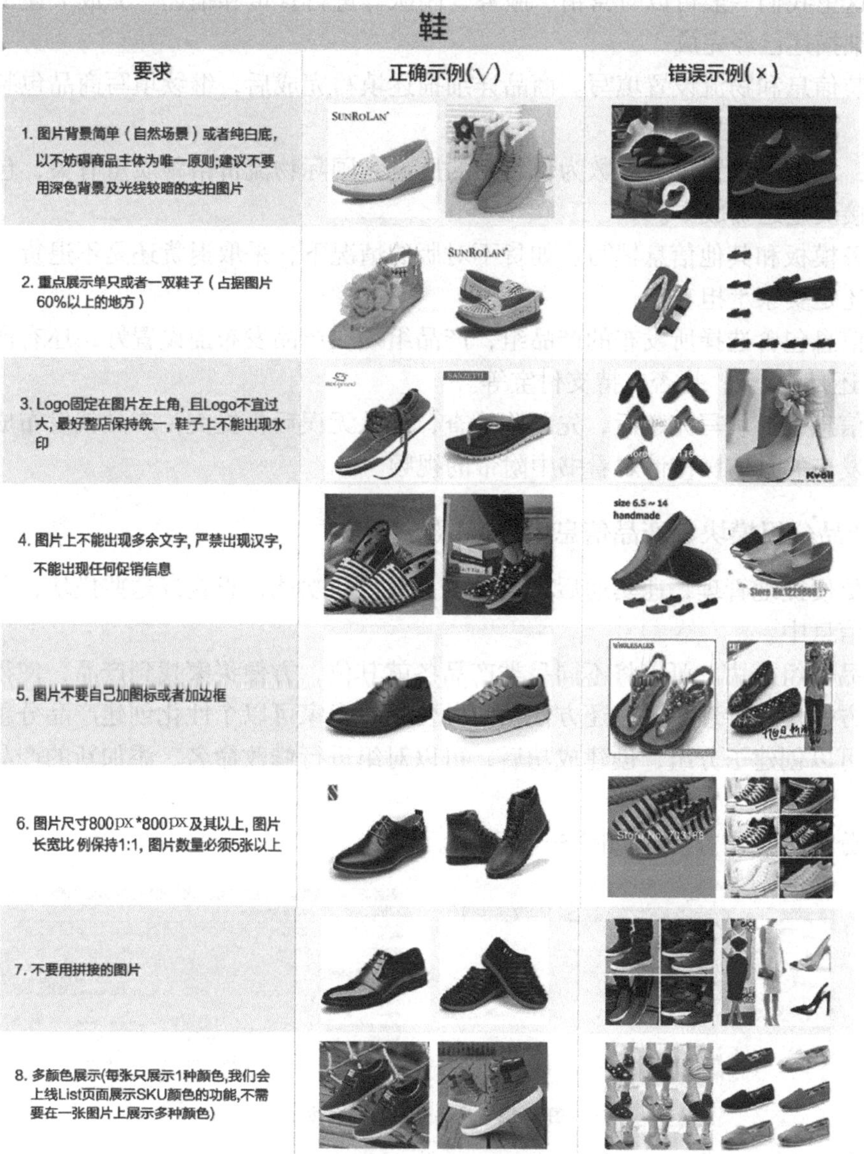
鞋
要求
正确示例(√)
错误示例(×)
1. 图片背景简单（自然场景）或者纯白底，以不妨碍商品主体为唯一原则;建议不要用深色背景及光线较暗的实拍图片
2. 重点展示单只或者一双鞋子（占据图片60%以上的地方）
3. Logo固定在图片左上角，且Logo不宜过大，最好整店保持统一，鞋子上不能出现水印
4. 图片上不能出现多余文字，严禁出现汉字，不能出现任何促销信息
5. 图片不要自己加图标或者加边框
6. 图片尺寸800px*800px及其以上，图片长宽比例保持1:1，图片数量必须5张以上
7. 不要用拼接的图片
8. 多颜色展示(每张只展示1种颜色，我们会上线List页面展示SKU颜色的功能，不需要在一张图片上展示多种颜色)
SUNROLAN
size 6.5 ~ 14
handmade
WHOLESALES

图 5-12　鞋的主图等要求

④销售属性填写。不同产品类目的商品属性也不同，只要根据实际情况和步骤填写就没问题。

⑤尺码、价格等信息填写。不同的国家其规则也不同，对常规尺码要进行改良，如常规中国人款产品的尺寸与外国人相比会小一个尺寸。商品编码对一个公司的产品管理非常重要，要慎重填写。另外，要注意，销量单位的不同其填写的价格也不同。发货期一般选7天，以免造成成交不卖影响店铺信誉，发货期填写过短极易导致“成交不卖”纠纷。

⑥产品详情页信息模块填写。既可以自由编辑，也可以选择自定义模块。

⑦描述图片的格式。在详情页中的图片也要统一格式，可以插入8张图片，通过拖曳进行排序。支持的图片尺寸1000px × 5000px，支持的文件格式JPG或JPEG。

⑧详细描述中服务和售后等信息填写。插入商品相关图片后，紧跟着图片要插入一段描述，在这里我们一般可以对营销、服务、团队等进行宣传和描述。完成上述工作后，基本产品详细描述已经完成。

⑨包装信息和物流设置填写。商品详细描述填写完成后，继续填写商品包装信息、物流信息。

注意：这里的设置重点参数为包装后的质量，国际物流价格跟质量有关，包装信息的准确性直接决定运费成本。

⑩服务模板和其他信息填写。如货不对版的情况下，采取退货还是不退货。退货的费用由买家还是卖家承担。

其他信息包含选择所发布的产品组，产品组须在产品发布前设置好；还有产品的存效期，14天还是30天；是否支持支付宝等。

以上信息全部填写完整后，先预览检查，确认无误后再提交，产品就发布成功了。速卖通产品发布的具体操作请观看书中附带的视频。

2. 产品分组模块、产品信息模块、服务模块

为了更便捷地管理，速卖通后台提供了一些模块功能，设置好这些模块，可以用在不同的产品信息中。

①产品分组模块。可以将不同品类产品各就其位，方便买家找到产品，使得产品线更加清晰，方便卖家管理，同时还方便卖家做营销。卖家可以个性化创建产品分组，在产品大组下也可以创建子分组，创建成功后，可以对组进行修改命名、添加新的产品进入产品组等操作。

产品分组的操作方法，如图5-13所示。

图5-13　产品分组的操作方法

②产品信息模块。设置好产品信息模块，放入产品、文字、图片，插入链接，可以在

每个商品详情页中使用，一次修改全部更新，同时还方便卖家做营销。产品信息模块分 2 种：关联产品模块（能插入 1～8 个商品超链接图片）和自定义模块（文字、图片、超链接）。

在前台展示的产品详情页开头的自定义信息模块，如图 5-14 所示。

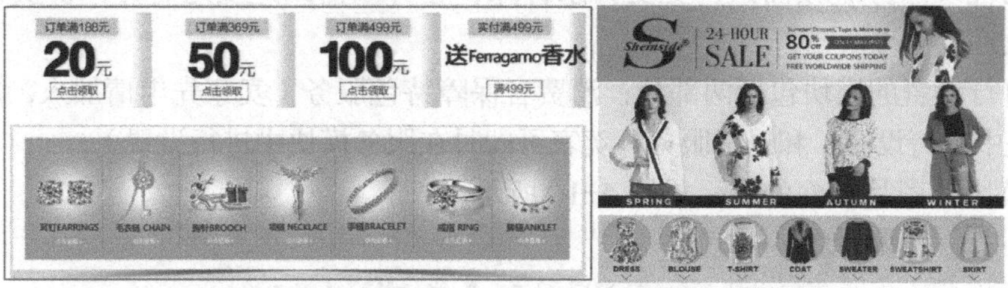

图 5-14　前台展示的产品详情页开头的自定义信息模块

关联产品模块和自定义信息模块的操作方法为：选择“产品管理”→“产品信息”模块，在“模块名称”中选择关联产品模块。自定义信息模块则在模块类型中选择“自定义模块”。设置具体操作如图 5-15 所示。

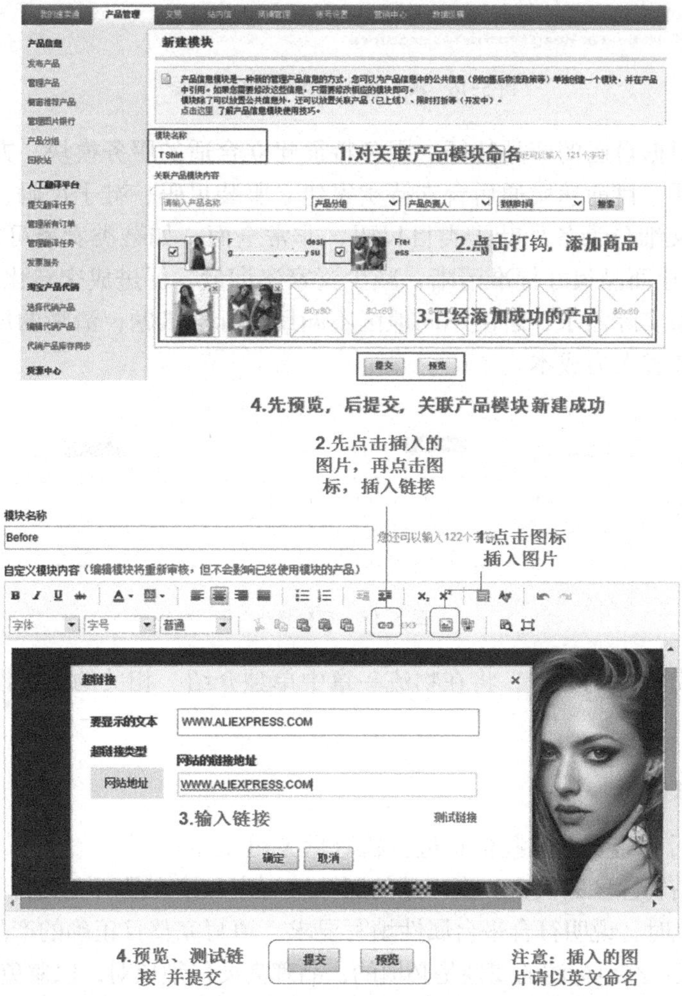

图 5-15　关联产品模块和自定义信息模块的操作方法

③服务模块。卖家可以根据不同商品需要提供的服务来设置服务模块，提供的服务会展示在商品详情页面，作为强有力的买家保障措施，减少买家对商品的担忧，增强其购买信心，提升购买率。设置服务模块可以让售后服务更加清晰，减少不必要的纠纷；可以让自己店铺的优质服务脱颖而出，更受买家青睐；还可以借助速卖通官方保证实施，使产品更受买家欢迎。

卖家自行设置的模块包括两部分：消费者保障特色服务（卖家先申请加入，成功后即可在服务模块中进行设置）和退货服务（卖家可即时在服务模块中进行设置）。

服务模块在商品页面的展示如图 5-16 所示。

图 5-16　服务模块在商品页面的展示

卖家还可以根据自己的产品特征、服务特征建立合适的服务模块，方便在上传商品时有一个更好的选择。目前速卖通后台支持卖家建立服装尺码、鞋子尺码、珠宝尺码，其中服装、鞋子模块又细分为各种叶子类目尺码，非常全面。如鞋类卖家可以设置尺码模块，如图 5-17 所示，让商品尺寸标准清晰，减少买家咨询量，促进成交转化，减少客户流失；同时帮助解决买家实际需求，解决不同地区不同尺寸标准难题；清晰的尺码标准，还可以减少事后纠纷，节省人力成本。

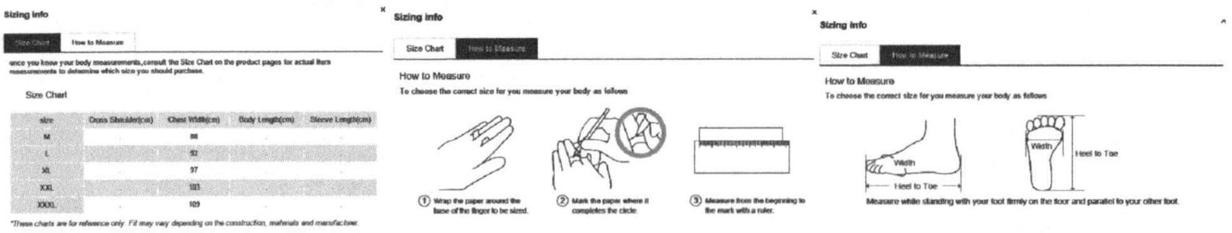

图 5-17　尺码模块

此外还有运费模块的设置，将在物流一章中单独介绍。相关的模板设置可观看书中的视频。

3. 上传信息检查

产品上传之后，需要对这些信息进行检查后方可发布。

首先进行产品属性区的检查。当产品的属性填写率和该产品所在类目下优质商品的属性填写率显示为绿色时，说明符合平台属性填写要求。填写完整且正确的产品属性有助于提升产品曝光率。注意：红色标注的属性是必填的；品牌需要仔细核对，以避免产品侵权问题。

产品自定义属性要尽可能完整填写，最好添加到 5 个，一般自定义属性包括产地、购买方式、风格、邮费等，如丝绸、衣服的产地为苏州、杭州等，可以特别填写一些默认属性中不能出现的自身产品独有的一些卖点和特殊属性。这部分的良好填写可以提高成交率。产品自定义属性填写如图 5-18 所示。

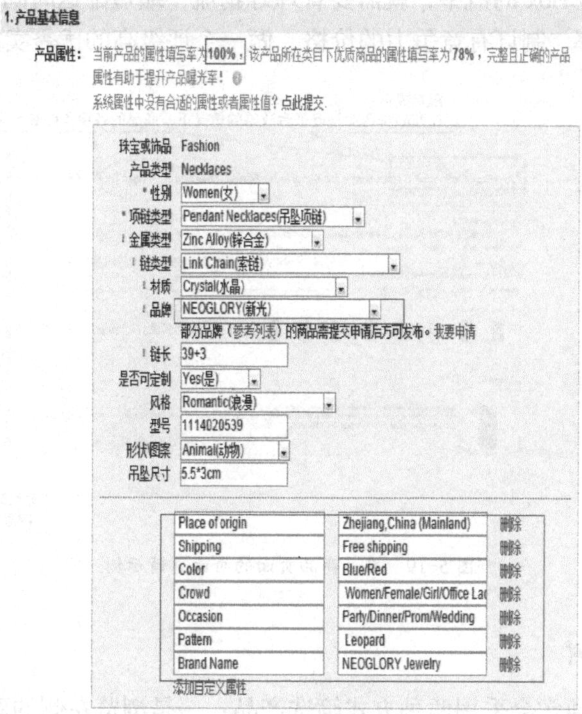

图 5-18　产品自定义属性检查示例

其他产品详情页、图片、物流设置等审核，请详见 5.2 节和第 7 章。

5.1.3　亚马逊产品发布

1. 单一商品页面的页面详情

在亚马逊发布产品之前，首先要了解亚马逊的单一商品页面概念。在亚马逊平台上每件商品都有自己的详情页面，显示商品图片、价格、描述、用户评分、技术参数。搜索商品时只会显示一个搜索结果，销售同样商品的卖家共享商品页面，在共享商品页面发布库存和定价信息，不同卖家的报价会在“More Buying Choices”（更多购买选择）中显示，如图 5-19 所示。这种方式，对于买家而言不用搜寻太多的结果进行比价；对于卖家，只需要在单一商品页面提供报价即可。当然这也让产品容易被跟卖，在卖家商品符合亚马逊平台政策情况下，如果商品的各项条件完全一样，并且品牌同样有授权，那么就可以进行跟卖。

在商品页面中，Buy Box 的位置在每个商品页面的右上方，右上方有个“Add to Cart”（加入购物车）按钮，尽管众多卖家共享一个相同商品的页面，但是只有一个卖家可以获得这个按钮，该按钮的获得与卖家绩效、最终价格、配送方式、运输时间等因素有关。很多情况下，第三方赢得“Add to Cart”按钮，而亚马逊自营反而出现在“More Buying Choices”

更多购物选择中。要得到 Buy Box 必须满足以下条件：卖家应拥有一个专业卖家账户、卖家必须是特色卖家（特色卖家的要求是卖家需要在亚马逊上有 2～6 个月的销售记录，拥有一个比较高的卖家评级、送货评级及订单错误率低于 1%）、商品必须处于全新状态、商品必须有库存。因此要提升 Buy Box 的概率，就需要管理好物流，缩短配送时间（最好选择 FBA）。此外还要减少订单缺陷率，制订有竞争力的价格，做一个评级高的优秀卖家。

图 5-19　单一商品页面的页面详情示例

2. 亚马逊分类树

亚马逊的消费者通常会采用两种方式筛选产品：一是浏览左侧的商品分类，二是在框中进行关键词搜索。无论哪种方式，消费者都可以通过大量的搜索条件进行筛选，如在分类中选择 Women → Clothing → Dresses，在左侧会出现亚马逊根据这一子分类给出的各种搜索条件，如物流能否到达、是否是 Prime、是否是新品、品牌、款式、裙边样式、领口样式、花样、尺寸、颜色、客户评价、价格等，消费者就可以根据这些条件，精准找到自己想要的商品，如图 5-20 所示，而对于卖家来说，这意味着两点，一是要准确界定好自己的产品分类和子分类，二是要十分完整地填写好产品的各项信息，只有这样，你的产品才有可能被展现出来。

图 5-20　亚马逊分类树分类

为此，亚马逊有个系统完善的分类树，卖家可以在卖家平台帮助中心找到分类树指南，为自己的商品选择两个分类节点，此节点最好是叶节点（也就是不再有下一层的节点），还需要下载亚马逊针对不同类目给出的商品上传信息的模板，模板中结合不同类目给出了需要填写的信息内容。

3. 逐一上传商品

亚马逊的商品上传分为两种方式：一是逐一上传商品，二是批量上传。

①找到匹配商品或者创建新品。进入卖家平台后，点击“库存”选项，再选择“添加新商品”选项，如图 5-21 所示。

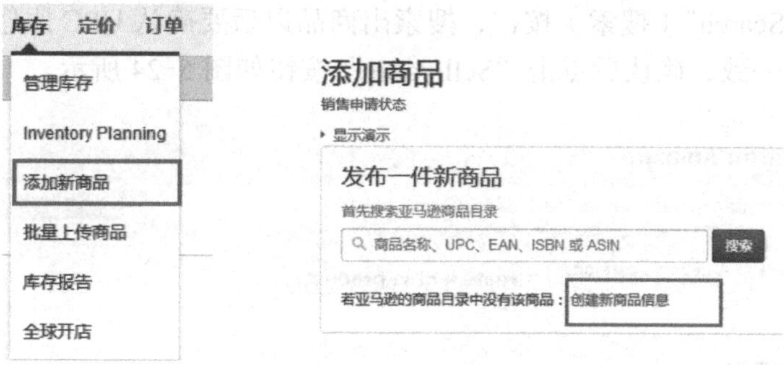

图 5-21　找到匹配商品或者创建新品

在列表中选择商品详细品类，点击“Select”按钮确认品类（注意：上传新品时不能做分类，否则将影响日后促销活动的正常提报），如图 5-22 所示。

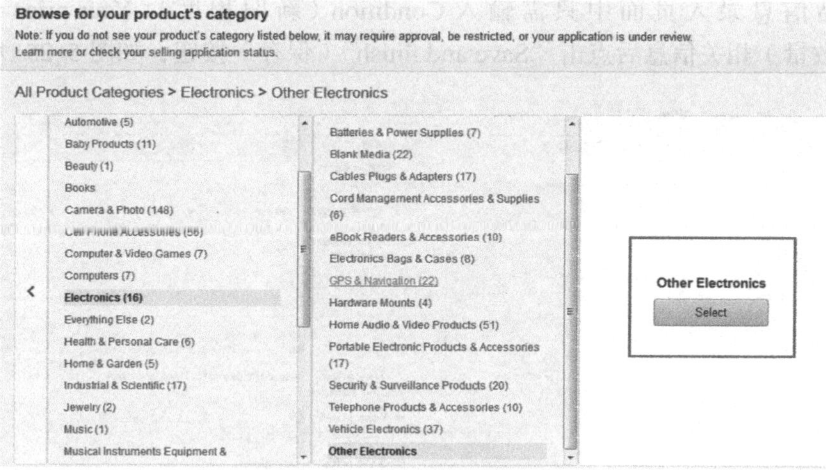

图 5-22　选择商品详细品类

如果品类不能确定，则可以使用品类搜索功能“Find category”来确定，如图 5-23 所示。

输入商品编码或者商品名称，如果存在匹配的商品，则点击“销售您的商品”选项，再输入价格和库存数量。亚马逊允许卖家销售已经在亚马逊平台创建好的商品，卖家必须确认商品的所有信息必须完全一致才能销售已有商品，包括 UPC、品牌、厂商、包装及商品各种参数，都必须完全一致，并且卖家必须有该品牌拥有者的授权经销许可。

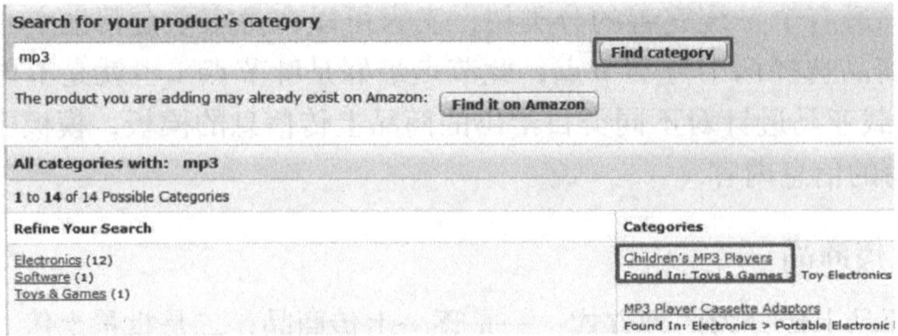

图 5-23　使用品类搜索功能

在“Find it on Amazon”页面搜索框中输入要销售商品的标题或者 UPC、EAN、ASIN，再点击“Search”（搜索）按钮，搜索出商品以后要确认 UPC 跟您的商品外包装上的 UPC 是否完全一致，确认后点击“Sell yours”按钮如图 5-24 所示。

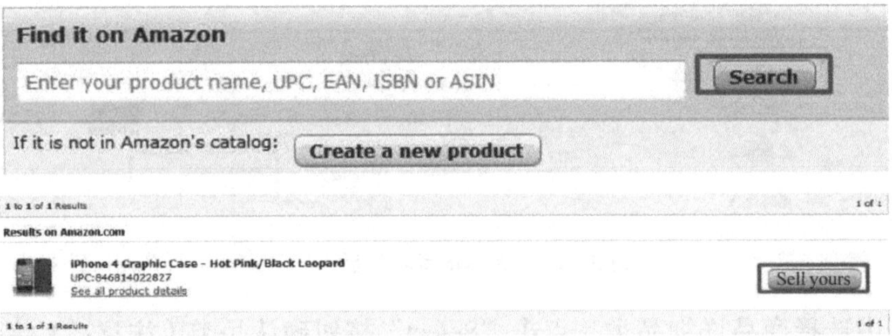

图 5-24　添加商品

在商品信息录入页面中只需输入 Condition（新旧程度）、Your price（价格）和 Quantity（数量）相关信息后点击“Save and finish”（保存）按钮，如图 5-25 所示。

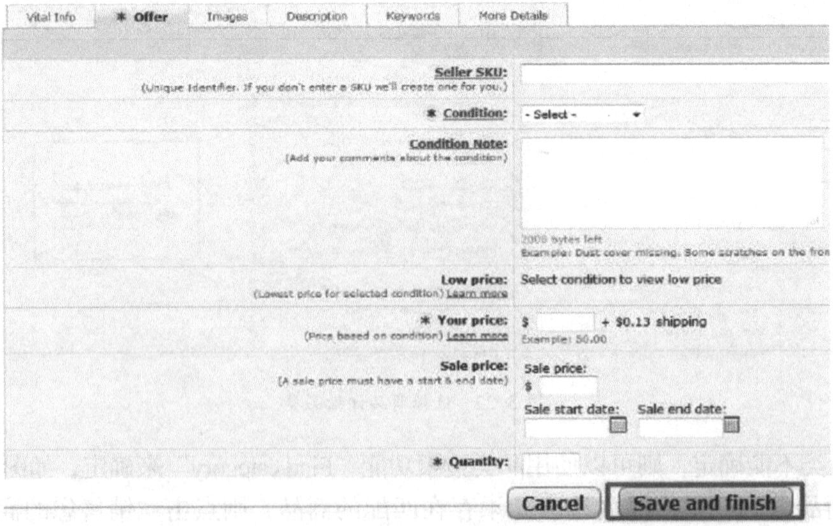

图 5-25　商品信息录入页面

添加成功后在 Manage Inventory 页面会出现该商品信息如图 5-26 所示。

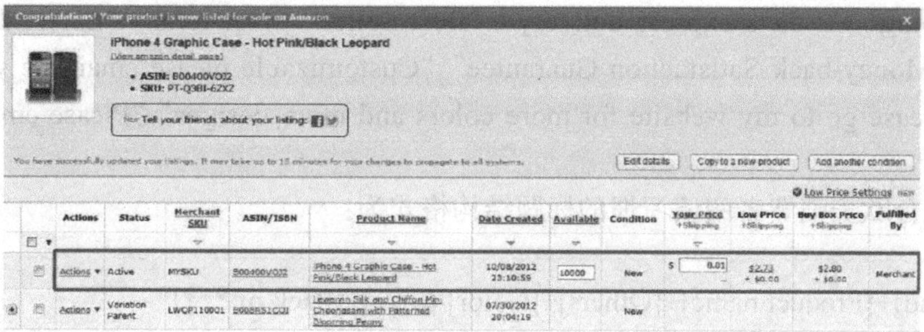

图 5-26　Manage Inventory 页面

【Tips】商品编码：在亚马逊创建新商品页面时，有些商品分类要求卖家使用符合行业标准的商品编码。很多商品都有一个全球识别码，如 UPC（欧洲商品编码）、EAN（通用产品代码）、ISBN（国际标准书码），此外，亚马逊会为自己商品目录中的每件商品分配一个商品编码 ASIN，ASIN 是亚马逊为平台分配的商品编码，在库存管理中可以看见。消费者在前台页面的产品详情页也可以看到。

如果没有搜索到匹配商品，则点击“Create a new product”（创建新品）按钮；再选择最佳的分类，然后输入商品详情即可。

②必填商品信息。必填商品信息包含 Product Name（商品名称，即 Title 标题）、Product ID（产品编号可以选择 UPC、ASIN、GTIN、EAN、GCID 中的一种）、Manufacturer（生产厂商）、Brand Name（品牌）、图片、商品描述、关键字（即 Search Term 至少填 5 个，一行一个）、推荐分类节点（要尽量选择叶节点以便大大提高被搜索到和被点击的概率，如服饰箱包 / 服饰配件 / 袜子 / 女袜 / 船袜）、UPC 码、库存详情（SKU、商品状况、价格、库存数量）。下面具体介绍相关信息的填写要求。

- 商品名称（Title）的要求如下：

第一，必须包含商品名称、品牌、功能、特点，同时不能堆砌；

第二，标题首位必须是品牌名，大小写要保持一致。电子类无品牌商品写 Generic；

第三，每个字的首字母必须大写（除 a，an，and，or，for，on，the 之类的词），不能全大写或全小写；

第四，不能有任何特殊字符或标点符号 (®，©，™，!，$，&，*，etc.)；

第五，不能在中文输入法状态下输入任何内容（会变成乱码）；

第六，如有数字描述，请用阿拉伯数字，不要使用英文，例如，要写 2，不要写 Two；

第七，如包含批量销售，请在商品名称后面添加（pack of X）；

第八，标题简明扼要，不能过长，不要堆砌关键字，服装类商品标题长度 <80 字符，鞋包 <50 字符，其他品类 <150 字符（1 个英文字母、1 个标点或空格算 1 个字符），不能有重复关键字或者不同单词描述同一个意思的关键字。不要出现过多的产品细节（如多型号商品，不超过 3 个型号），可以在描述或产品特性中补充；

第九，不能有公司、促销、物流、运费或其他任何与商品本身无关的信息，例如，

“Free Shipping” “2 days express delivery” “Best Seller” “Hot Item” “Latest design, New Fashion” “Money-back Satisfaction Guarantee” “Customizable please email me your idea or design” “Please go to my website for more colors and more designs” “Please email me your size” 等；

比较符合欧美消费者阅读习惯的标题结构格式为：

[Brand]+[Product name]+[Others]+[Color]/[Size]+[Pack of ***]

其中，Product name 指的是核心关键词。Others 部分一般写产品特性和亮点，如图 5-27 所示。

图 5-27　标题结构示例 1

亚马逊店铺“AmazonBasics”是品牌 Brand，“Lightning to USB Cable”是核心关键词 1，“Apple Certified”是核心关键词 2，属于修饰词，“6 Feet（1.8 Meters）”表示尺寸，这个写法符合客户当地的使用习惯，因为没有变体，所以直接在标题后面加上颜色即可。再举例，如图 5-28 所示。

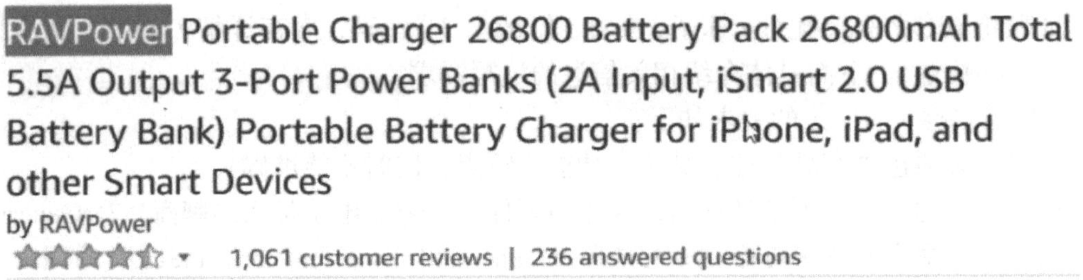

图 5-28　标题结构示例 2

Portable Charger\Power Banks\ Portable Battery\Battery Pack 几个都是表示移动电源的英文词，这里的核心关键词过多了。如果担心有客户搜寻找不到，可以将一些关键词放到“Search Term”中，如下所示：

Good Examples: - Ultimate Ears Triple.fi 10 Pro Earphones (Gun Metal Blue) - Generic phone case for Samsung S3 (Black, pack of 2)。

Bad Example: - New Replacement Li-Ion Battery for IBM ThinkPad T40 T41 T41p T42 T43 R50 R50e R50p R51 R52 Series Laptops - Generic Apple phone case for iPhone 4, iPhone 4s。

第十，变体产品标题，不要在标题中加入变体属性，以成人服装为例说明如下。

父商品名称规则为：[Brand] + [Department/Target audience] + [Product name/Style]，例如，Tatonka Essentials Women's Fleece Pullover Sharon Lady。

子商品名称规则为：[Brand] + [Department/Target audience] + [Product name/Style] + [Size/style] + [Color]，例如，Tatonka Essentials Women's Fleece Pullover Sharon Lady Size 8 US Black。

• 商品品牌要求。Brand Name 是必填项，并且要将 Brand Name 显示在标题的最前面，大小写要保持一致。电子品类的卖家，无品牌的商品必须将 Brand Name 写为"Generic"，标题首位也要写为"Generic"。服装鞋帽类的卖家，无品牌的商品必须将 Brand Name 写为"店铺名"，标题首位也要写为"店铺名"。如果没有把卖家名称注册为自有品牌，请不要将其作为商品品牌。如果商品的制造商名称没有注册为自有品牌，不能将其作为品牌。如果您的经销商或供应商不是商品的生产制造商，请不要直接将其作为品牌名。注意：您必须要取得品牌授权或销售许可证明，才能销售（或跟卖）有品牌的商品；在未取得相关版权的情况下，不能使用名人肖像，不能出现卡通形象、品牌 Logo 或文字等。若构成品牌侵权，您的账户将受到极大影响，甚至会遭到查封。

• 商品信息描述要求。商品信息描述会作为搜索引擎关键字，关系到商品被搜索到的概率，因此要认真填写。

描述分短描述（Bullet Point）和长描述（Description）两种：短描述最多写 5 行，每行可以写一个或多个关键字，不同关键字之间用空格隔开，主要写商品特征，首字母要大写，结尾不要写任何标点符号；长描述中可以多写一些商品信息，如果想分行显示在前台页面，可以在每行后面添加一个
，还可以添加一些简单的标签如 <b><i><u>，除此之外的标签不可以添加。

不能出现折扣、赠品、服务承诺等信息，此关系到商品被搜索到和被点击的概率，不完善的商品信息会影响销量。

• 商品图片要求。主图必须为纯白色，RGB 值为 255/255/255 的照片，不可以利用电脑绘图；商品必须占据图片面积的 85% 以上，图片中不能包含 Logo 和水印；主图中不能包含非售商品，仅展示所售产品，不能显示包装，也不能多角度展示图。

附图建议采用多角度展示商品，背景颜色可以为其他颜色，不过建议尽量采用白色；图片长边尺寸不能低于 500px 或高于 2100px，建议图片尺寸大于 1000px × 1000px，以便进行缩放。

图片格式推荐 JPEG 格式，上传速度快。对于有变体的商品，父子商品都要有主图。图片不能与商品名称、颜色不符。图片必须为无边框图（白色封面图书需要添加 3 像素的灰色边框）。商品图片示例如图 5-29 所示。

③变体商品。变体商品指的是同一款商品，但是有不同的版本、颜色或者尺寸。这种情况下每一种颜色都需要有一张主图，珠宝首饰类商品具有不同的圈口尺寸、金属种类等，此时则需创建具有变体关系的父子商品。

父商品是虚拟商品，是一系列商品的集合名称，而子商品则是具有变体特性的实际商品，每个子商品都需要有张主图。创建了商品的父子关系可帮助卖家找到所查看商品的不同版本，如图 5-30 所示。

图 5-29　商品图片示例

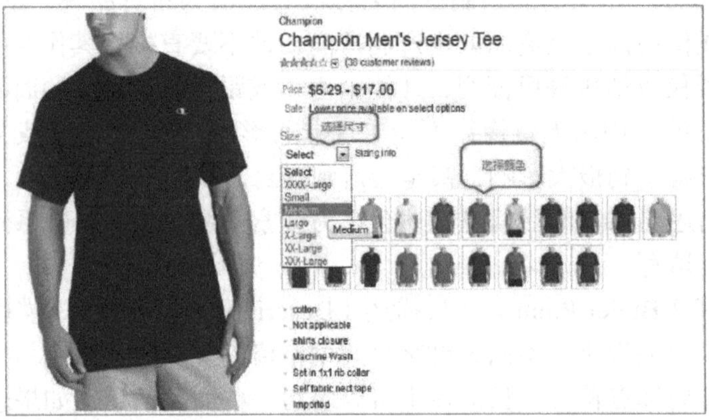

图 5-30　变体商品示例

首先在商品的“Vital Info”或者“More Details”标签下找到“Variation Theme”，在“Variation Theme”下拉列表中选择变体主题如 Size（尺寸）、Color（颜色）或者 Size+Color（尺寸 + 颜色）的组合，如图 5-31 所示。

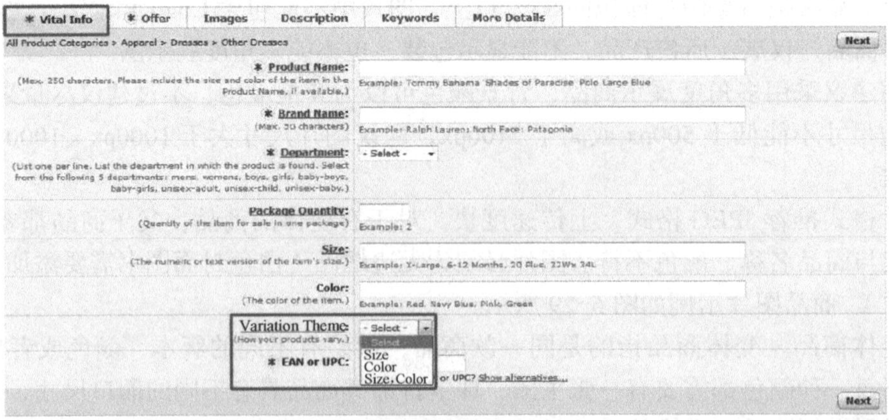

图 5-31　变体商品的变化主题设置

在选择变体主题后点击“Variations”标签，进入增加尺寸颜色页面；在 Size, Color 空格中添加尺寸，颜色；点击“Add variations”按钮创建变体主题的组合，如图 5-32 所示。

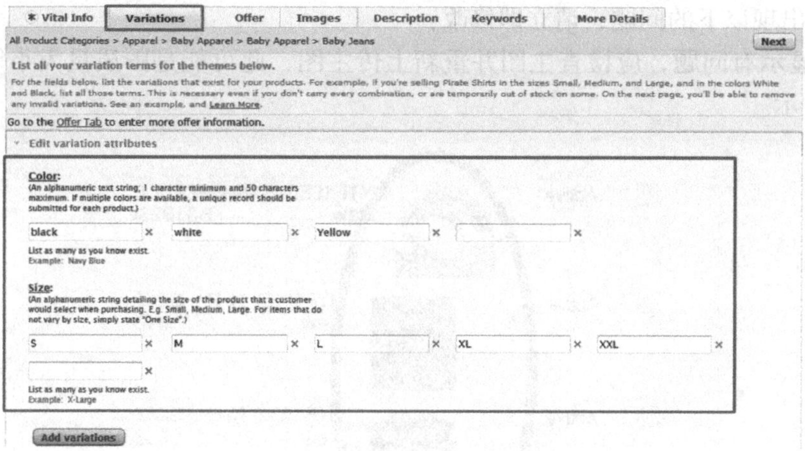

图 5-32 变体商品的增加尺寸颜色页面

接着在“Variation Matrix”中会出现不同的尺寸颜色组合，在每个组合后面添加 SKU，UPC，Condition，Your Price（价格），Sale Price（促销价格），Sale start date，Sale end date（促销开始，结束日期），Quantity（数量）等信息。

最后，当所有商品必填项信息都填好后，点击“Save and finish”按钮保存商品。如图 5-33 所示返回“Manage Inventory”页面，多属性商品创建成功后该商品的左侧有一个 > 图标，点击 > 图标可以展开并查看该商品下的其他子商品。

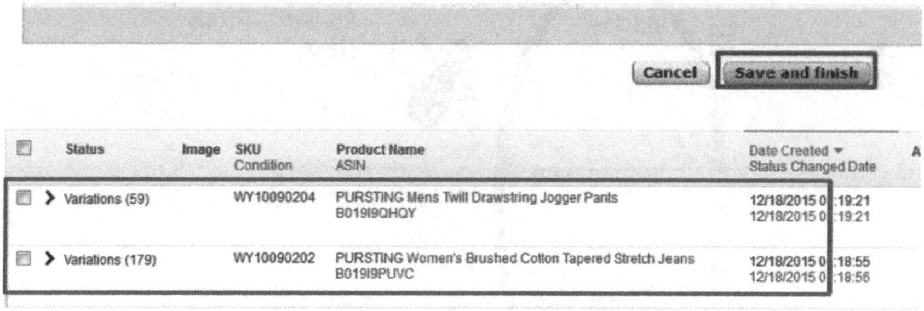

图 5-33 “Manage Inventory”页面

④上传自查。商品添加成功后在“Manage Inventory”页面中就出现了该商品。如图 5-34 所示，上传完所有 SKU 后，可以点击“Active”按钮，自查一遍所有 SKU。

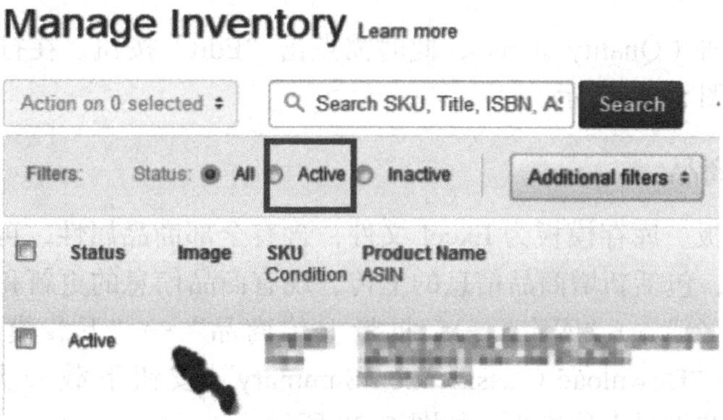

图 5-34 自查 SKU

SKU 如出现以下的问题，请立即修改：

• 图片显示有问题，应检查主图并重新上传主图，此可能是图质量大小等存在问题，如图 5-35 所示。

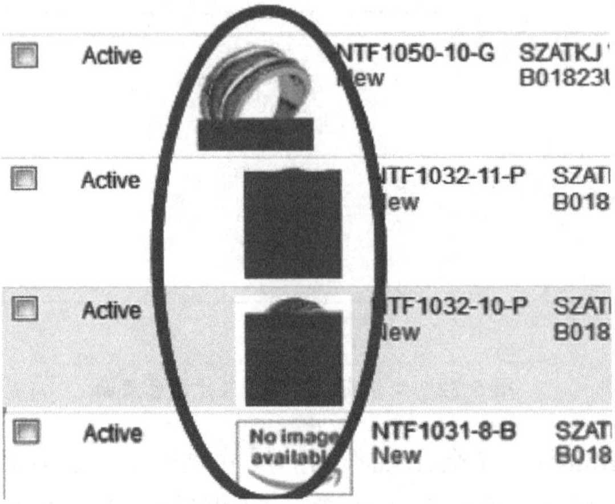

图 5-35　图片显示问题

• 出现禁止显示（Suppressed），此时需点击“Edit”按钮，在打开的页面中修改三角叹号提示处，如图 5-36 所示。

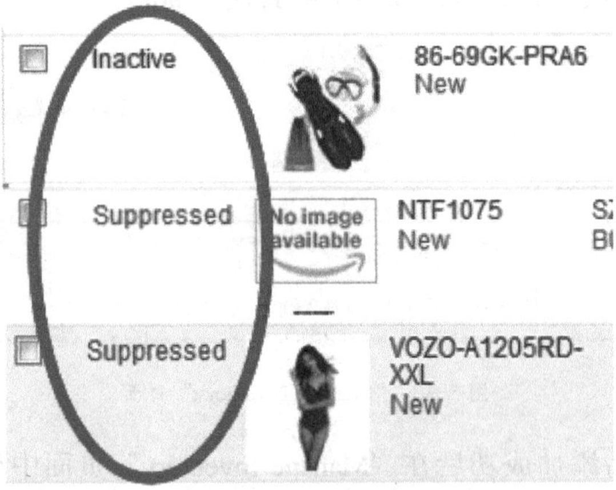

图 5-36　禁止显示

• 出现质量警告（Quality alerts），此时需点击“Edit”按钮，在打开的页面中修改三角叹号提示处，如图 5-37 所示。

4. 批量上传商品

①下载库存模板。库存模板为 Excel 文件，含有全部商品属性，可以实现对于卖家后台商品的批量管理，包括新增商品信息的上传、现有商品信息的更新和删除等。

执行“卖家平台”→“库存”→“批量上传商品”→“下载模板”选项（找到自己的类目），点击“Download Classification Summary”按钮下载分类树指南，再点击“Standard”按钮下载批量上传模板，如图 5-38 所示。

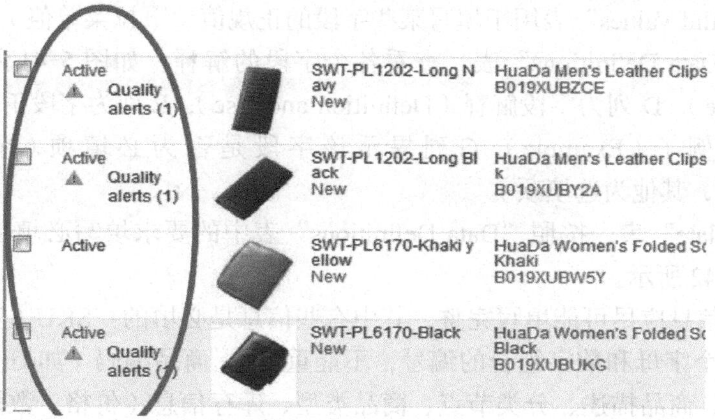

图 5-37　质量警告

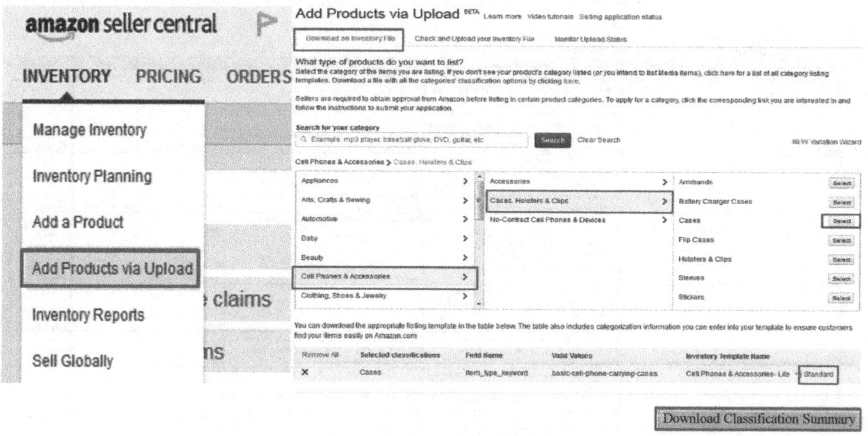

图 5-38　下载模板

②找到合适的商品品类 Item Type，即分类节点 Item-Type，可以找到两个叶节点，查看所需的节点编号、有效值，这里的节点编号和有效值将在批量上传文件中用到并填写在对应的位置，如图 5-39 所示。

	A	B	C	D	E	F
1	节点信息和所需库存模板				分类必填字段	
2	分类	节点编号	节点路径	库存模板名称	分类字段	有效值
3	Beer Keg Refrigerators	2686378011	Appliances/Beer Keg Refrigerators	Home & Garden	item_type_keyword	keg-refrigerators
4	Cell Phone Cases	3081461011	Cell Phones & Accessories/Cases, Holsters & Clips/	Cell Phones & Accessories	item_type_keyword	basic-cell-phone-carrying-cases

图 5-39　商品品类 Item Type

③填写文档中要求的信息。打开下载的上传模板，里面有很多工作表，如图 5-40 所示。

图 5-40　上传模板中的工作表

其中“Instructions”表是简介表，“Images”表是图片要求表，“Data Definitions”表用于对整个批量上传模板各个字段的解释，“Template”表是商品数据填写表格，“Example”

表是例子表，“Valid Values”表用于填写某些字段的正规值（下拉菜单值）。

首先进入“Data Definitions”表，查看各个字段的解释。如图 5-41 所示，B 列为字段名（Field Name），D 列为字段解释（Definition and Use），E 列为字段正规值（Accepted Values），F 列为例子（Example），G 列提示该字段是否为必填项（标法 Required 和 Desired 为必填项，其他为选填项）。

进入“Template”表，按照“Data Definitions”表中的要求填写必填项信息，每行一个商品，如图 5-42 所示。

如前所述，信息应尽可能填写完整，其中有些信息是必填的：SKU（卖家为自己的每个商品编写的一个字母和数字组合的编号，不能重复）、商品编码（如 UPC\EAN\ISBN）、商品名称、品牌、商品描述、分类节点、商品类型、库存信息（价格、数量、新旧程度）、主图 URL 链接（主图如果符合要求，并已经上传到了一个网络空间，具有一个有效链接的话）。

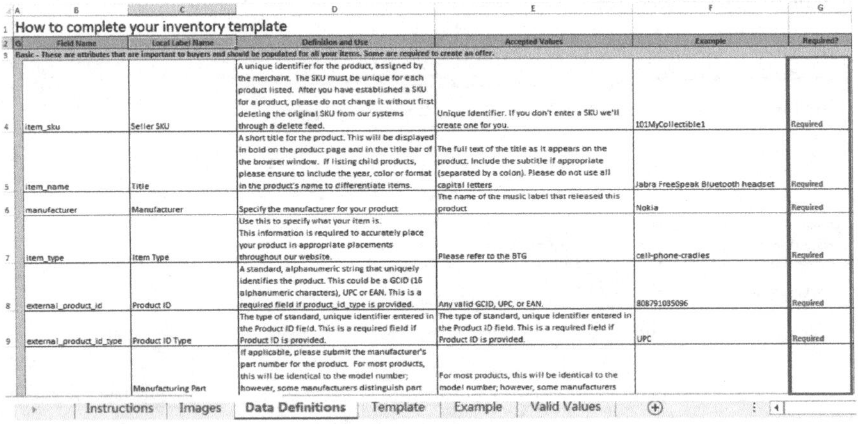
How to complete your inventory template
Field Name
Local Label Name
Definition and Use
Accepted Values
Example
Required?
Basic - These are attributes that are important to buyers and should be populated for all your items. Some are required to create an offer.
item_sku
Seller SKU
A unique identifier for the product, assigned by the merchant. The SKU must be unique for each product listed. After you have established a SKU for a product, please do not change it without first deleting the original SKU from our systems through a delete feed.
Unique Identifier. If you don't enter a SKU we'll create one for you.
101MyCollectible1
Required
item_name
Title
A short title for the product. This will be displayed in bold on the product page and in the title bar of the browser window. If listing child products, please ensure to include the year, color or format in the product's name to differentiate items.
The full text of the title as it appears on the product. Include the subtitle if appropriate (separated by a colon). Please do not use all capital letters
Jabra FreeSpeak Bluetooth headset
Required
manufacturer
Manufacturer
Specify the manufacturer for your product
The name of the music label that released this product
Nokia
Required
item_type
Item Type
Use this to specify what your item is.
This information is required to accurately place your product in appropriate placements throughout our website.
Please refer to the BTG
cell-phone-cradles
Required
external_product_id
Product ID
A standard, alphanumeric string that uniquely identifies the product. This could be a GCID (16 alphanumeric characters), UPC or EAN. This is a required field if product_id_type is provided.
Any valid GCID, UPC, or EAN.
808791035096
Required
external_product_id_type
Product ID Type
The type of standard, unique identifier entered in the Product ID field. This is a required field if Product ID is provided.
The type of standard, unique identifier entered in the Product ID field. This is a required field if Product ID is provided.
UPC
Required
Manufacturing Part
If applicable, please submit the manufacturer's part number for the product. For most products, this will be identical to the model number; however, some manufacturers distinguish part
For most products, this will be identical to the model number; however, some manufacturers
Instructions
Images
Data Definitions
Template
Example
Valid Values

图 5-41 “Data Definitions”表

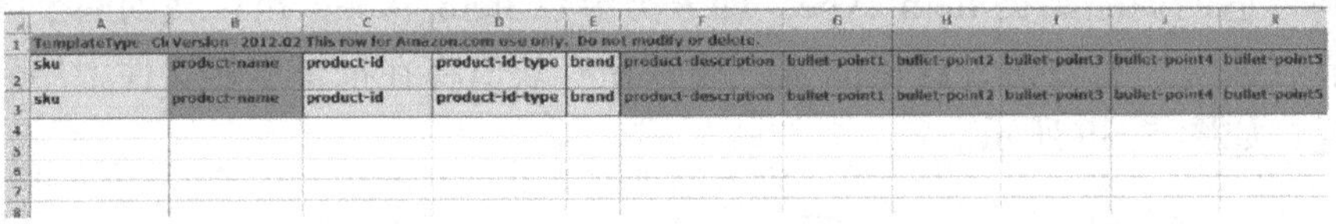
sku
product-name
product-id
product-id-type
brand
product-description
bullet-point1
bullet-point2
bullet-point3
bullet-point4
bullet-point5

图 5-42 “Template”表

④变体商品的填写。在批量上传模板中创建父子类关系时主要用到以下字段：SKU、Product-name、Parent-child、Parent-sku、Relationship-type、Variation-theme、Color、Size。图 5-43 中蓝色的 4 个字段标识了商品之间的父子关系定义（注：图 5-43 中，SKU 等采用了小写字体），图中的 SKU 为“101-P”的商品是父商品。

sku	product-name	parent-child	parent-sku	relationship-type	variation-theme	color	color-map	size	size-map
101-P	MyBrand Women's Fleece Pullover Sharon Lady	Parent			SizeColor				
101SB	MyBrand Women's Fleece Pullover Sharon Lady Size Small Black	Child	101-P	Variation	SizeColor	Black	Black	Small	Small
101MB	MyBrand Women's Fleece Pullover Sharon Lady Size Medium Black	Child	101-P	Variation	SizeColor	Black	Black	Medium	Medium
101LB	MyBrand Women's Fleece Pullover Sharon Lady Size Large Black	Child	101-P	Variation	SizeColor	Black	Black	Large	Large
101SR	MyBrand Women's Fleece Pullover Sharon Lady Size Small Red	Child	101-P	Variation	SizeColor	Red	Red	Small	Small
101MR	MyBrand Women's Fleece Pullover Sharon Lady Size Medium Red	Child	101-P	Variation	SizeColor	Red	Red	Medium	Medium
101LR	MyBrand Women's Fleece Pullover Sharon Lady Size Large Red	Child	101-P	Variation	SizeColor	Red	Red	Large	Large

图 5-43 变体商品的填写

设置 SKU 时要体现出该商品是父商品并且跟子商品的 SKU 类似；设置 Title 时要体现出该商品是父商品（不能出现颜色尺寸文字，命名规则为 [Brand] + [department/target audience] + [Product name/style]）；Parent-child（父子商品）字段要填写 Parent 来定义该商品为父商品；Parent-sku（父商品 SKU）字段为空；Relationship-type（关系类别）字段为空；Variation-theme（变体类型）字段用来定义这一组商品是按照什么来进行变体的，该字段可以选择为 Size、Color 和 SizeColor，此例中选择 SizeColor，其意思就是这组商品将有尺寸和颜色不同的子商品；父商品的颜色和尺寸等字段要空，因为父商品只是一个集合，是虚拟商品，不可售，没有真实的尺寸颜色；父商品不能填写价格和数量信息，但父商品必须有一个主图，如图 5-44 所示。

sku	product-name	parent-child	parent-sku	relationship-type	variation-theme	color	color-map	size	size-map
101-P	MyBrand Women's Fleece Pullover Sharon Lady	Parent			SizeColor				
101SB	MyBrand Women's Fleece Pullover Sharon Lady Size Small Black	Child	101-P	Variation	SizeColor	Black	Black	Small	Small
101MB	MyBrand Women's Fleece Pullover Sharon Lady Size Medium Black	Child	101-P	Variation	SizeColor	Black	Black	Medium	Medium
101LB	MyBrand Women's Fleece Pullover Sharon Lady Size Large Black	Child	101-P	Variation	SizeColor	Black	Black	Large	Large
101SR	MyBrand Women's Fleece Pullover Sharon Lady Size Small Red	Child	101-P	Variation	SizeColor	Red	Red	Small	Small
101MR	MyBrand Women's Fleece Pullover Sharon Lady Size Medium Red	Child	101-P	Variation	SizeColor	Red	Red	Medium	Medium
101LR	MyBrand Women's Fleece Pullover Sharon Lady Size Large Red	Child	101-P	Variation	SizeColor	Red	Red	Large	Large

图 5-44　变体商品的父商品 SKU 设置

图 5-43 中，SKU 为“101SB，101MB，101LB”的商品等都是子商品。

设置 SKU 时要体现出该商品是子商品并且 SKU 跟父商品类似。设置 Title 时要体现出该商品是子商品，必须填写颜色尺寸文字，命名规则为 [Brand] + [department/target audience] + [Product name] + [size] + [color]。Parent-child（父子商品）字段填写 Child 来定义该商品为子商品；Parent-sku（父商品 SKU）字段不能为空，要填写该商品所对应的父商品的 SKU，此处为 101-P；Relationship-type（关系类别）字段不能为空，要填写文字 Variation；Variation-theme（变体类型）字段应跟父商品一样 SizeColor；子商品的颜色、尺寸等字段（Color、Size）要填写，并且同样的尺寸、颜色组合不能重复出现；子商品必须填写价格和数量信息；每个子商品必须有一个主图，并且要和商品颜色和尺寸保持一致，如图 5-45 所示。

sku	product-name	parent-child	parent-sku	relationship-type	variation-theme	color	color-map	size	size-map
101-P	MyBrand Women's	Parent			SizeColor				
101SB	MyBrand Women's	Child	101-P	Variation	SizeColor	Black	Black	Small	Small
101MB	MyBrand Women's	Child	101-P	Variation	SizeColor	Black	Black	Medium	Medium
101LB	MyBrand Women's	Child	101-P	Variation	SizeColor	Black	Black	Large	Large
101SR	MyBrand Women's	Child	101-P	Variation	SizeColor	Red	Red	Small	Small
101MR	MyBrand Women's	Child	101-P	Variation	SizeColor	Red	Red	Medium	Medium
101LR	MyBrand Women's	Child	101-P	Variation	SizeColor	Red	Red	Large	Large

图 5-45　变体商品的子商品 SKU 设置

⑤保存上传。填写好库存模板后，要确认所有必填信息都正确，并且 UPC 和 SKU 没有重复项，将其保存成文本文件（制表符分隔）（*.txt）格式，然后检查文件，接着上传文件。

等待一段时间后，点击“刷新”按钮，查看上传状态为“完成”，可以点击“下载处理报告”，下载后查看“处理报告”，如图 5-46 所示。

⑥修改与更新。如果有错误，则处理报告中会提示详细的错误信息，包括 SKU、错误代码、错误原因等，查明原因后修改批量上传模板中的数据，并保存为文本文件，再次上传即可，如图 5-47 所示。

上传日期/时间	批量编号	上传状态	操作
December 9, 2015 5:46:14 AM PST	51346016778	上传状态 完成 总记录数 1 成功处理的记录：0 警告记录：0 错误记录：1	下载处理报告。

图 5-46　上传报告

	A	B	C	D	E	F	G
1	Feed Processing Summary:						
2		Number of records p		57			
3		Number of records s		54			
4							
5	original-re	sku	error-code	error-type	error-message		
6	16	HR462TRM	8560	Error	SKU HR462TRM, Missing Att		
7	16	HR462TRM	20005	Error	Cannot associate image wit		
8	17	HR462TRX	8560	Error	SKU HR462TRXL, Missing Att		

图 5-47　修改与更新

常见的错误主要是：必填项为空（如显示 SKUxxx，Missing Attributes...，A value is required for the "itemtype" field）、UPC 已经使用（如显示 SKUxxx，ASINxxx，'item_name' Merchant: ‘xxxxxx' / Amazon: 'Generic xxxxxx', The product_id provided with xxx corresponds to ASIN xx）；图片 URL 不能下载（如显示 Image URL invalid，推荐 http://photobucket.com/）；正规值字段填写错误（如显示 SKUxxx product type field contains invalid value…）。

如果需更新某个或某几个字段，请用同样的模板，保留 SKU，删除不需要修改的字段，在 update-delete（最后一列）填写 PartialUpdate，如图 5-48 所示，然后保存为文本文件制表符分隔形式，再批量上传。

	A	B	C	D	E	F	G	FS
1	Templa	Version=2012.0913	Basic Product information - These attributes need to be					Infrequently
2	sku	standard-product-id	product-id-type	title	brand	manufacturer	description	update-delete
3	sku	standard-product-id	product-id-type	title	brand	manufacturer	description	update-delete
4	MySKU				My Brand			PartialUpdate

图 5-48　采用同样模板更新

亚马逊的 Listing 跟买、单一商品上传、批量商品上传的操作请详见章后二维码中的视频。

5.1.4　Wish 产品发布

Wish 产品上传有三种方式：手动上传产品、产品 CSV 文件上传产品、ERP（或称为 API）上传产品。

1. 手动上传产品

手动上传产品时，要填写以下信息：基本信息、图片信息、库存和运送、颜色、尺码、产品变量、可选信息、自动退款所需等待的天数、摘要。

①基本信息，其包含了产品名称（Product Name）、产品描述（Description）、产品标签（Tags）、产品编号（Unique Id）。

产品名称：就是产品标题，要简单明了，切勿冗长，因为 Wish 平台是移动端平台，产品名称设得太长会导致用户手机端看不到。设置产品名称一般遵循的规则为：主品牌 + 子品牌、系列或产品名称 + 最多 3 个关键属性 + 通用产品类型。

注意：千万不能出现诸如 fake，replica 这类词（Wish 上打假，Fake Product，即 FP，是很严厉的），也不能出现诸如 best price、cheap、baby stroller 等内容。

产品描述：介绍产品的特点和卖点，在 4000 个字符之内，而且只有前 150 个字符会显示在初始搜索页面上。详情描述中不要包含 HTML 代码，否则将导致文件出问题。比如下面文字不被允许：This<b>hello kitty dress</b>is 100% cotton.

产品标签：非常重要，涉及 Wish 流量分配，因为这个标签是 Wish 分配给源文件中每个产品的关键词，因此在浏览和搜索中都会用到，可以在这里输入最多 10 个标签，标签之间用逗号分隔，平台会为每个产品选取最多 5 个标签添加到源文件中，添加的标签越多，用户找到产品的概率越高。请记住，产品标签不要重复，而且不要出现清仓（Clearance Item）等标签，表 5-1 所示的是 Wish 平台上热门的标签。

表5-1　Wish平台上热门的标签

标签名称	使用热度	相关营业额	相关销量
Fashion	174917	$11596683.00	537255
Women's Fashion	136402	$11451903.00	455986
Jewelry	87160	$4459558.00	304101
Men's Fashion	52370	$3506943.00	149830
Women	48918	$4643220.00	210709
Dress	46621	$5723546.00	191658
T Shirts	41611	$11563020.00	759114
sexy	38083	$3476382.00	184398
Necklace	38050	$6773955.00	523563
Men	36897	$1970189.00	94841

产品编号 Unique Id：区别其他产品的编号，相当于其他平台的 SKU，Wish 会根据这个编号来识别和跟踪产品情况。产品编号可以是字母或数字或者两者的组合，不会重复报错，可以随便填。

②图片信息：包括主图和附图。图片上传有三种选择，即将文件拖放至此处、从计算机选择和网络地址（URL）。

主图上传的图像应为高质量图，像素至少为 800px × 800px。附加产品图片最多可以添加 6 张，一般建议插入 3～5 张图片，基本要求与主图一致如图 5-49 所示。

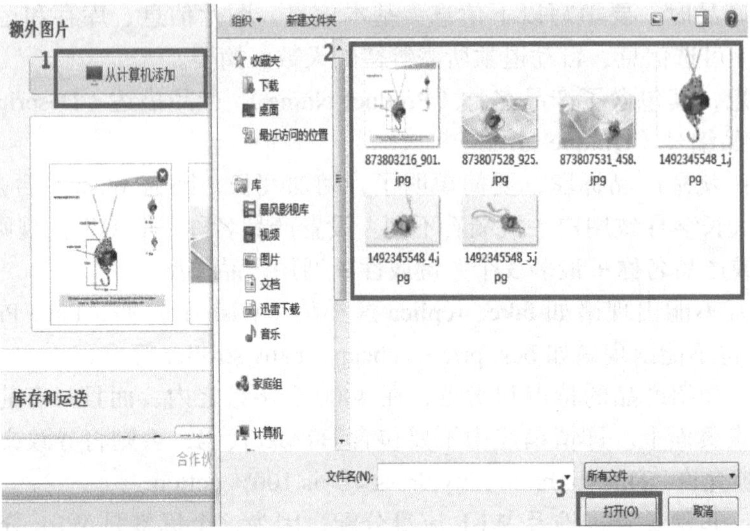

图 5-49 从计算机添加图片

③库存和运送：包含价格（Price）、库存（Quantity）、运费（Shipping）、利润和送货时间（Shipping Time）。

价格：应注意的是，Wish 平台是不会显示小数点之后的位数的，只会显示整数，例如填 0.5，系统就会自动将其变为 1。同时价格不能是两个价格相加的表述，比如 $39.99+S/H。

库存：可以填写产品库存，最大可填 1200，如果产品量充足的话，数值可以写大点，这样平台就不会一直提示没有库存。

运费：Wish 是不支持免运费的，如果将运费设置成 0，Wish 会自动给你加到 0.99 美元。

利润：它是指 Wish 官方自动结合产品卖价和运费然后减去 15% 的佣金而得到的利润。

送货时间：建议选择 10～15 天。太长的送货时间会让客户离开，但是承诺很短的送货时间最后却不能做到，会直接影响店铺的权重。

④各类设置内容：包含颜色、尺码、产品变量等。

颜色：尽可能按照平台给出的颜色来设置，因为这是平台认为消费者能理解的颜色，产品由多种颜色组成的，可选择“Multicolor”；如果产品的颜色在平台中找不到，则可以自行添加。

尺码：尺码设置要和 Wish 官方尺码一样，否则会导致因尺码纠纷引起的退款或者退货，Wish 会直接扣除你的钱，即 50% 的退款金额。尺码设置如图 5-50 所示。

产品变量：用于控制产品的品牌和市场价等，主要选项有 MSRP、Brand、UPC、Landing Page URL、自动退款时间等。产品变量设置页面如图 5-51 所示。

MSRP 指的是制造商建议零售价，有点类似在国内天猫平台上的专柜价格的含义。建议填写的价格比实际产品卖价高，因为这里的价格将在正常价格上方显示为带删除线的价格，所以设置比实际产品卖价高的话，让顾客认为该产品就是折扣产品，对顾客更有吸引力。

Brand（品牌）：填写产品所属的品牌或制造商。

UPC是12位数字通用产品代码，不能包含字母或其他字符，是用于跟踪店内商品和销售时扫描产品的条形码符号。

Landing Page URL（登录页链接）：网站上包含产品的详细信息和购买按钮的URL，但是不能是以“https://”开头的URL。

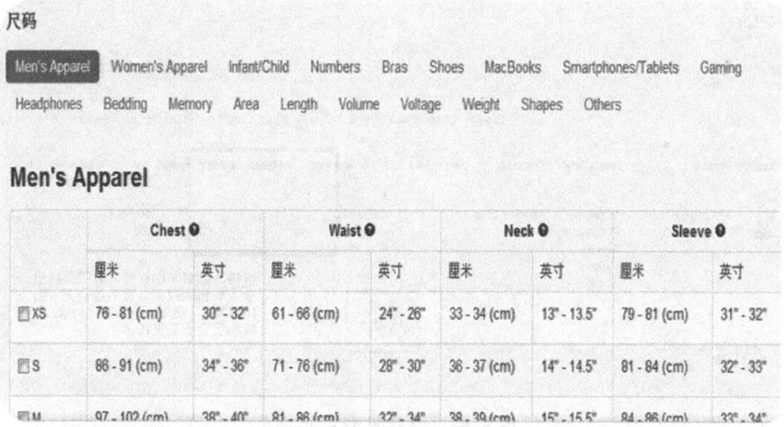

图5-50 尺码设置

图5-51 产品变量设置页面

自动退款时间，即自动退款所需要的时间，即天数，一旦选择好天数，所有订单应在这个时间内履行完毕，否则自动退款。

⑤编辑更新产品信息。以上信息都是在新产品上传时填写的，如果填写错误或者需要更改，则可以在卖家后台更新价格和运费，如图5-52所示。

需要注意的是，图片上方有沙漏标志说明该产品正在被审核。产品审核采用的是系统审核+人工审核方式，所以产品通过审核的时间不定，最长为3个月。

2. 产品CSV文件上传产品

①创建CSV表格。可以下载Wish模板，也可以用Microsoft Excel或Google Drive表格等方式自行创建CSV表格，如图5-53所示。本质上，CSV表格是一张每个单元格均有对应属性的电子表格。Wish会有一个模板以供参考。在表格首行列出了一些可能需要的

产品属性，带有星号（*）的都是必填项，其余的可选择性填写。针对不同的类目，模板中可能存在多余的属性，可将该属性从表格中删除。比如，添加了一个女式钱包，不需要尺寸这一项属性，那么就可将“尺寸”属性从该电子表格中删除。

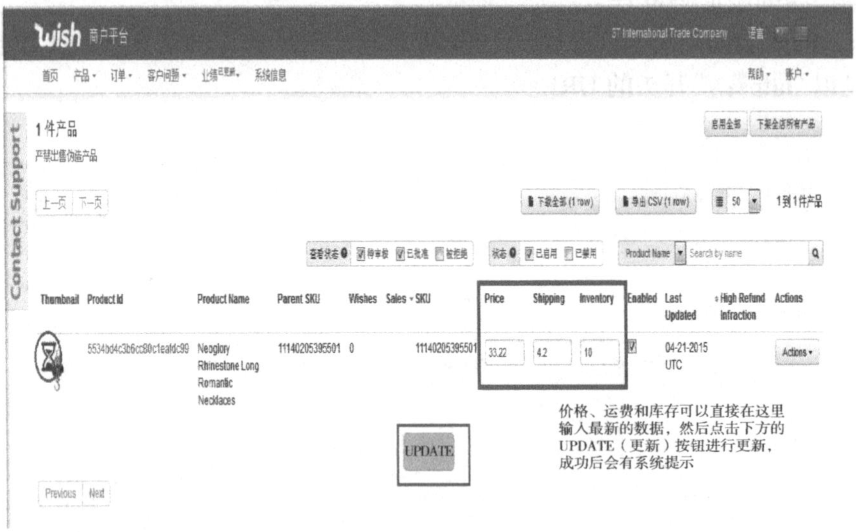

图 5-52　编辑更新产品信息

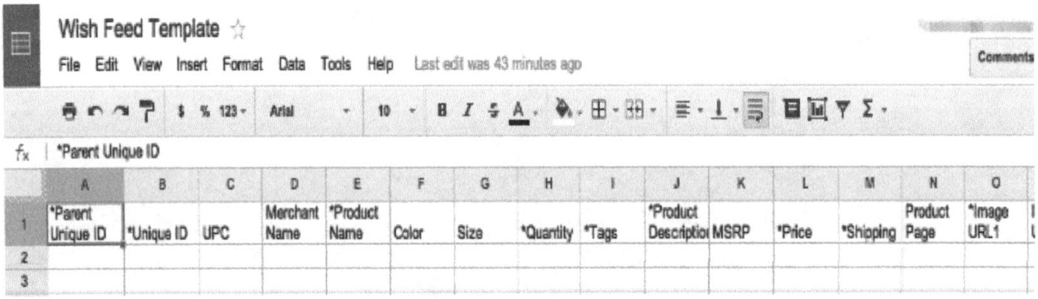

图 5-53　创建 CSV 表格

②填写表格中的信息。如果第一次使用，可以先尝试上传 10 至 20 个产品。如果产品具有如颜色、尺码等多个属性，则开始先上传 10 个产品左右。

③保存为 CSV 文件。完成产品信息的填写后，将其存为 CSV 文件。执行“文件”→“另存为”选项，然后选择“逗号分隔值（.csv）”作为存储格式将其保存，如图 5-54 所示（图中选项为英文）。若使用的是 Google Drive 表格，则执行“文件”→“下载为”→“逗号分隔值（.csv）”选项。

④上传表格及映射属性。在商户后台登录，执行“产品”→“添加新产品”→“产品 CSV 文件”，页面将跳转至“merchant.wish.com/feed-upload”，选择 CSV 文件然后点击“上传”。系统会开始映射，根据上传的表格首行的属性名称与系统属性名称进行匹配（映射）。可在页面左侧查看，有哪些属性已经完成了映射，点击“继续”按钮。在完成所有所需字段的映射后，该按钮将由蓝色变灰色从而可被点击。上传表格及映射属性如图 5-55 所示。

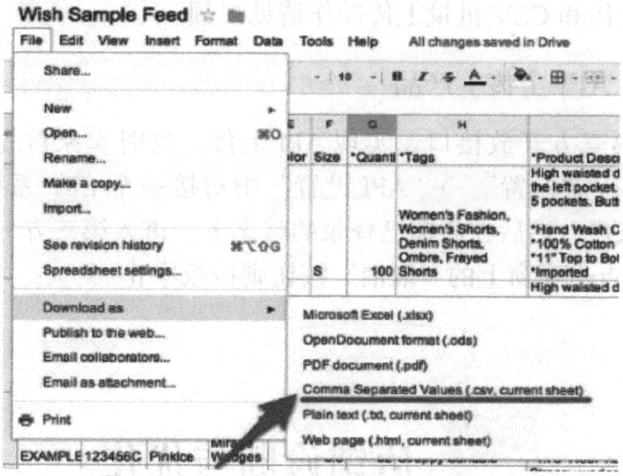

图 5-54　保存 CSV 文件

图 5-55　上传表格及映射属性

⑤上传确认及上传状态。产品完成上传时卖家将收到一条即时确认信息。产品录入会在 24 小时内完成。卖家就可以检查产品录入状态，点击蓝色的“查看导入状态页”按钮（见图 5-56），也可通过点击“产品”→“产品 CSV 文件状态”找到该页面，然后选择“查阅报告”检查产品上传状态。

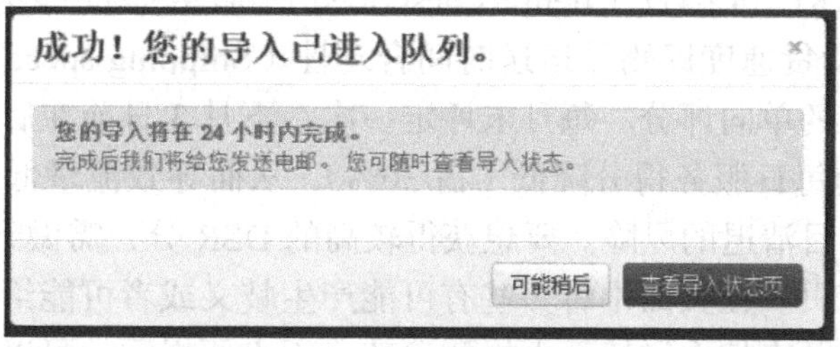

图 5-56　上传确认及上传状态

Wish 平台产品上传和 CSV 批量上传操作请见视频。

3. ERP 上传（API 上传）产品

Wish 也向一些第三方开放接口，实现 API 上传。这时卖家首先需要在 Wish 后台进行设置：在“账户”→“设置”→“API 设置”中对接一个 ERP 系统，卖家事先应拥有该 ERP 系统的私人账户。然后在店铺已登录的状态下，进入第三方 ERP 系统，添加授权。如果取消授权的话，点击弹窗上的“取消”按钮则授权中止。

5.2 店铺诊断与优化

5.2.1 速卖通店铺管理

在新规则下，无论是流量还是营销活动报名，店铺数据都是基础，因此首先要看店铺整体情况，再检查各个单品的数据分析，并进行优化。

1. 店铺整体状况诊断

① 90 天类目清退考核。速卖通有一个对店铺考核指标，每 3 个月考核一次（因此也叫 90 天类目清退考核），考核 2 个指标，即如果类目 90 天 DSR 商品描述平均分 <4.3，或者类目 90 天货不对版纠纷率 ≥ 5%，会被关闭该类目经营的权限，如图 5-57 所示。

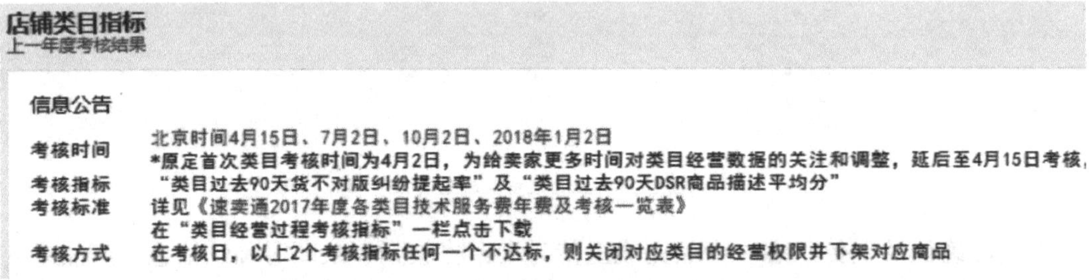
店铺类目指标
上一年度考核结果

信息公告

考核时间	北京时间4月15日、7月2日、10月2日、2018年1月2日 *原定首次类目考核时间为4月2日，为给卖家更多时间对类目经营数据的关注和调整，延后至4月15日考核，
考核指标	“类目过去90天货不对版纠纷提起率”及“类目过去90天DSR商品描述平均分”
考核标准	详见《速卖通2017年度各类目技术服务费年费及考核一览表》 在“类目经营过程考核指标”一栏点击下载
考核方式	在考核日，以上2个考核指标任何一个不达标，则关闭对应类目的经营权限并下架对应商品

图 5-57　90 天类目清退考核

DSR 是指卖家分项评分，包括买家在订单交易结束后以匿名的方式对卖家在交易中提供的商品描述的准确性（Item as described）、服务态度即沟通质量及回应速度（Communication）、发货速度即物品运送时间合理性（Shipping speed）三方面服务做出的评价，是买家对卖家的单向评分。每月末评定一次，下月 3 日前在后台更新。这个评分过低，会导致整体店铺每日服务得分降低（占 30%），从而导致流量低迷，各类活动和推广被限制，甚至还有类目清退的风险。要想获得较高的 DSR 分，需做到以下几点：

首先要做好详情页。在页面中将一些有可能产生歧义或者可能给客户带来异议的地方要重点强调；有些问题直接在详情页中提醒清楚，不方便提醒的可以做好评卡；认真填写产品属性规格，真实表现产品的尺寸规格；产品图片可以有创意美观但不要夸张，不要只为点击而夸大产品事实造成购买后的落差；不要过度承诺，能做到的写上，做不到的写上会构成欺骗购买的纠纷。

其次做好售后服务，及时回复客户消息；购买前和购买后都始终如一，礼貌到位为第一要素；设计一些售后服务卡、感谢信、优惠券的精美设计；赠送赠品时赠品要保证实用质量，否则不如不送。这可以向国内平台天猫淘宝的卖家学习，从接到订单时，他们就与客户建立联系，比如提醒对方你已经收到订单并正在处理、商品已经发出或者已经到达目的国等。当然建立联系不等于骚扰，欧美国家的消费者比国内消费者更注重隐私且不愿被骚扰。

再者要及时线上发货。选择服务好和物流速度快的快递公司，产品包装要质量好且有创意，卖家难以控制物流公司的服务质量，但可以尽量做到让包装最大限度地保证寄送到客户手里的产品是完好和精美的。发货前认真检查产品质量，加个好评卡，提醒客户给好评。

最后有一些特殊技巧，比如月初月中多开评价，月末不开评价，因为打开评价就会影响最后的得分；月末尽可能打开一分钟内即给出的评价，因为这些评价一般都是好评；同时还可以适当催催好评，如果是非卖家问题，要站在买家角度帮忙解决后，再请客户给个好评；如果是自身问题，无法赢得纠纷，应尽量做好顺水人情，大方退款，再堂堂正正要好评，既要据理力争但也要防止惹恼客户。

【Tips】货不对版：指的是买家收到的商品与达成交易时卖家对商品的描述或承诺在类别、参数、材质、规格等方面不相符。货不对版分为一般货不对版和严重货不对版。其中，严重货不对版行为包括但不限于以下情况：寄送空包裹给买家；订单产品为电子存储类设备，产品容量与产品描述或承诺严重不符；订单产品为电脑类产品硬件，产品配置与产品描述或承诺严重不符；订单产品和寄送产品非同类商品且价值相差巨大。根据速卖通最新政策，货不对版会给予处罚，如表5-2所示。

表5-2 货不对版处罚

违规情形	处罚措施
一般货不对版	第1次违规，冻结账户7天；2次及以上违规，冻结账户30天或关闭账户
严重货不对版	关闭账户
说明：速卖通平台将根据卖家违规行为情节严重程度进行关闭账户的判定。同时，被平台认定为货不对版的，不论一般货不对版或严重货不对版，平台将立即关闭该笔订单，并将订单款项退还买家，由此导致的责任由卖家承担	

②店铺经营状况分析——每日服务分。为了更加突出速卖通平台店铺类目商品质量和服务能力，2016年1月起速卖通就正式提出对卖家店铺考核每日服务分，分优秀、良好、及格和不及格4等，如图5-58所示，其评分标准如表5-3所示。

每日服务分的计算标准如下，每个单项最高分可得满分，做得特别差的，会得到负分，如表5-4所示。

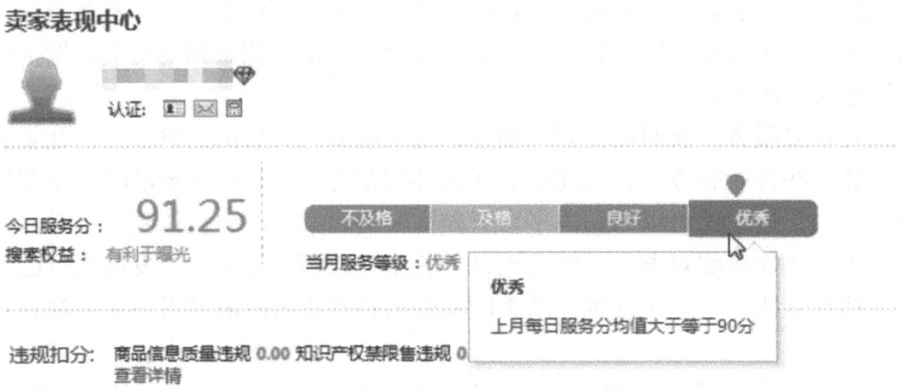

图 5-58　店铺经营状况分析

表5-3　每日服务分等级考核

	不及格	及格	良好	优秀
定义描述	上月每日服务分均值小于 60 分	上月每日服务分均值大于或等于 60 分且小于 80 分	上月每日服务分均值大于或等于 80 分且小于 90 分	上月每日服务分均值大于或等于 90 分
橱窗推荐数	无	无	1 个	3 个
平台活动权利	不允许参加	正常参加	正常参加	优先参加
直通车权益	无特权	无特权	开户金额返利 15%,充值金额返利 5%(需至直通车后台报名)	开户金额返利 20%,充值金额返利 10%(需至直通车后台报名)
营销邮件数据量	0	500	1000	2000

表5-4　店铺经营状况考核指标

考核项	单项满分	修改后的指标详解
成交不卖率	10	考核期内卖家未全部发货且(卖家发货超时或者买家选择卖家原因并成功取消订单)/ 考核期内[卖家未全部发货且(卖家发货超时或者买家选择卖家原因并成功取消订单)+ 全部发货的订单数]
未收到货物纠纷提起率	15	考核期内(买家因未收到货物提起退款(dispute)订单数 - 买家主动撤销退款的订单数)/ 考核期内[买家确认收货 + 确认收货超时 + 买家提起退款(dispute)的订单数]
货不对版纠纷提起率	15	考核期内[买家因货不对版提起退款(dispute)订单数—买家主动撤销退款的订单数]/ 考核期内[买家确认收货 + 确认收货超时 + 买家提起退款(dispute)的订单数]
DSR 商品描述	30	考核期内 DSR 商品描述的准确性平均分
DSR 卖家服务	15	考核期内 DSR 沟通质量及回应速度平均分

续表

考核项	单项满分	修改后的指标详解
DSR 物流服务	15	考核期内 DSR 物品运送时间合理性平均分（不包含采用线上发货且 DSR 物品运送时间合理性 =1、2、3 分的订单）
货不对版仲裁有责率	不再考核	考核期内提交至平台进行裁决且最终被裁定为卖家责任的货不对版纠纷订单数 / 过去 30 天［买家确认收货 + 确认收货超时 + 买家提起退款（dispute）并解决 + 提交到速卖通进行裁决（claim）并裁决结束的订单数］
好评率	不再考核	考核期内产生的好评数 /（考核期内的好评数和差评数总和）
48 小时发货率	暂不考核	考核期内已全部发货且［物流上网时间 – 支付成功（风控审核成功］时间≤48 小时（工作日）的订单数 /［考核期内支付成功（风控审核成功）的订单数 – 成功取消订单数］

每日服务分越高，对搜索排序越有利，不同等级的卖家在橱窗推荐数量、搜索排序曝光、提前放款、平台活动、店铺活动等方面享有不同的资源。店铺经理还会根据卖家服务表现来挑选出中国金银牌卖家来给予一对一的帮扶政策和其他一些平台的优先权。

卖家登录后台后，系统都会给予提示，如图 5-59 所示。

图 5-59　卖家后台当月服务等级提示

因此，对于卖家运营人员来说，这个分值在 90 分以上（优秀）才是追求的目标。查看各项数据时，如果单项数值高于同行平均值，会显示绿色数字，如果低于同行平均值一般会显示橙色，负分则会以红色警示，如图 5-60 所示。

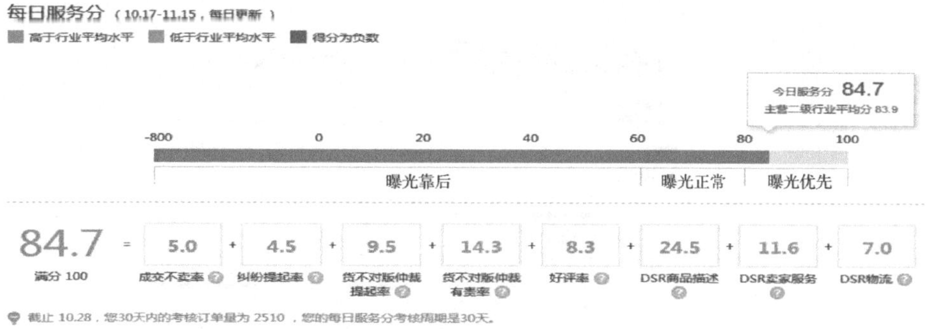

图 5-60　运营各项指标考核数值

当然，为了给新卖家成长的机会，在过去 90 天内考核订单量 <60 笔的，不考核服务分；对于过去 30 天考核订单 ≥60 笔且开店时间 ≥180 天的，会由 90 天考核缩短为 30 天考核，来鼓励卖家能快速走出不良订单的影响。

因此在店铺诊断中，如果 90 天类目清退考核指标是用于诊断目前店铺是否还有资格经营的指标，那么每日服务分则是诊断店铺在未来可能会得到的资源以及预期的指标。要提升每日服务分的等级，卖家需要在店铺后台认真查看所有商品的服务指标，并着重查看服务表现较差的商品以及所有商品的纠纷原因。平台通过商品 ID、类目等进行筛选，还可以查看表现差商品的相关具体信息，如图片、考核期内的订单量等。

③店铺运营数据诊断。即时查看当天（美国太平洋时间）主营行业实时交易额排名、店铺流量和销量数据（包括曝光量、浏览量、访客数、订单数、转化率、成交金额等）及上周同比数据，及时了解店铺流量变化，是判断我们是否要进行商品优化、营销活动调整等重要标准，比如在流量集中的时段调整客服工作时间及直通车投放时间。

首先分析店铺数据 30 天趋势（支付成功金额、访客、曝光、曝光点击比、购买率），诊断时主要看数据是否是稳中有升的趋势，而不是持续下降，一两天的波动没有关系，如图 5-61 所示。

图 5-61　店铺数据最近 30 天趋势概览

其次，还可以通过“成交分析”来查看成交概况，从而掌握当前店铺的排名情况，如图 5-62 所示。

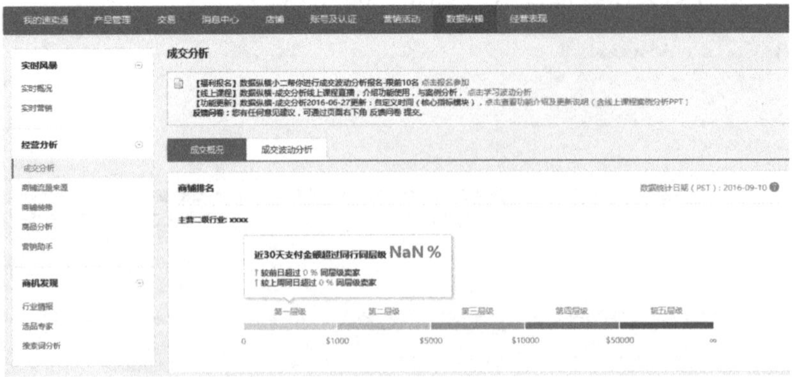

图 5-62　成交概况

在“实时风暴”中还可以查看每天的曝光量、浏览量、访客数、订单数、成交订单数、成交转化率、成交金额的当日数据和周同比数据。

此外，还可以通过“成交分布”来查看全店、App 以及非 App（图中显示大写 APP）

成交的核心数据，三部分分开统计，可以分1天、7天、30天和自然日、周、月进行统计，如图5-63所示。

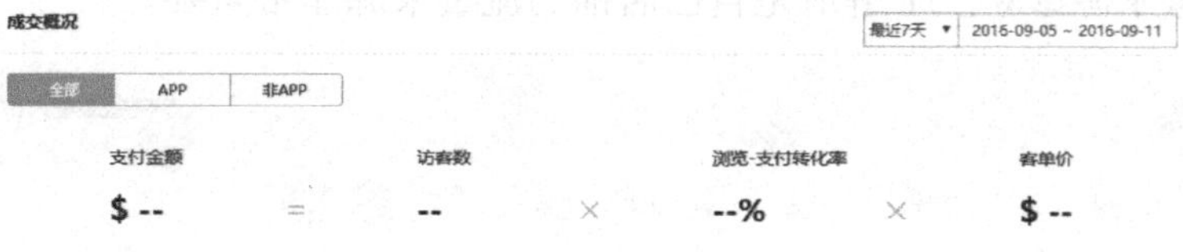

图5-63 成交分布

可以进行“全店铺”与“无线”成交数据分析比较，清晰无线端&PC端成交分布，明确店铺提升点在哪里，有的放矢地运营和营销，如图5-64所示。

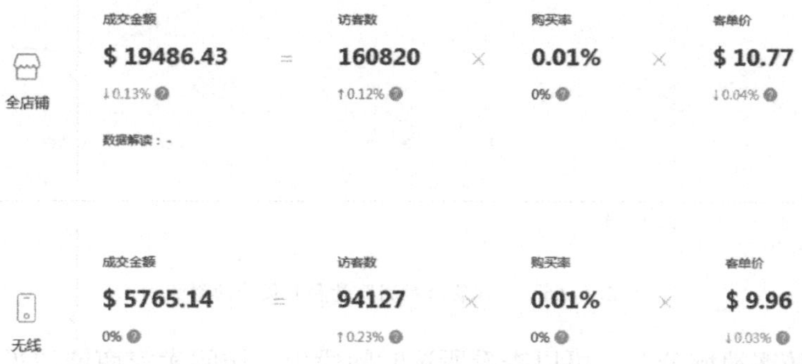

图5-64 全店铺与无线成交数据分析

店铺最近7天的GMV分析，从中可以看出这个店铺目前主要的买家来源，包括国家、平台、行业、商品、价格带、新老买家和90天回头购买，如图5-65所示。

图5-65 店铺最近7天的GMV分析

最后借助卖家后台的数据纵横，还可以诊断浏览量与购买率等趋势变化与哪些因素有关，比如图5-66中可以看出，店铺装修对于浏览量和购买率的影响，从而判断某次装修的效果。数据纵横功能部分可以观看第3章的相关视频。

这些数据可以每天查看，运营人员可将每天的原始数据下载下来，借助 Excel 软件整理后，进行进一步的系统分析。

④店铺流量来源诊断。了解清楚自己店铺的流量来源非常重要。

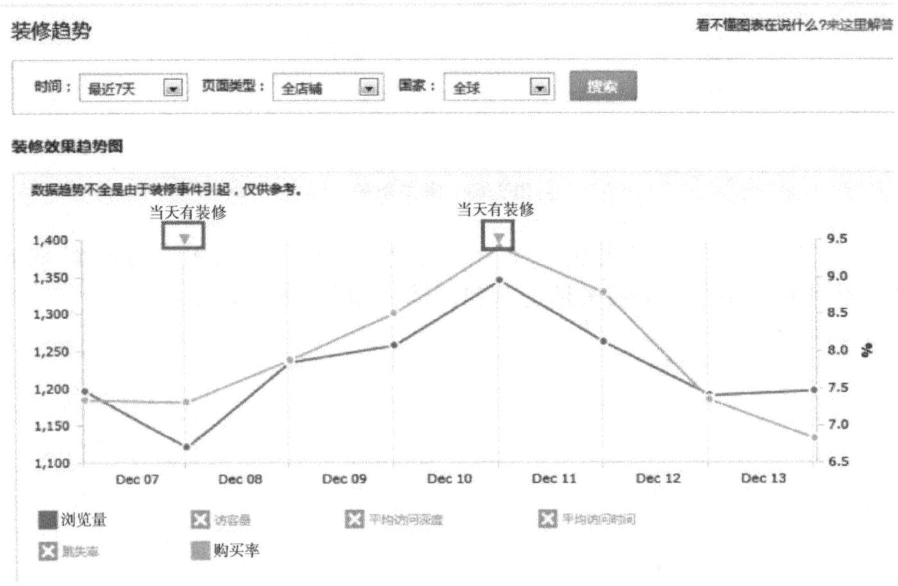

图 5-66　店铺装修对浏览量和购买率的影响

首先分析访客地域分布。可以查看所选时间段内，访问卖家商铺的买家地域分布，并根据目标买家国家，选择适合销售的产品，设定合理的物流方式。

其次还可以分国家和平台进行流量与交易趋势分析，作为国家特色化运营的参考，如图 5-67 所示。

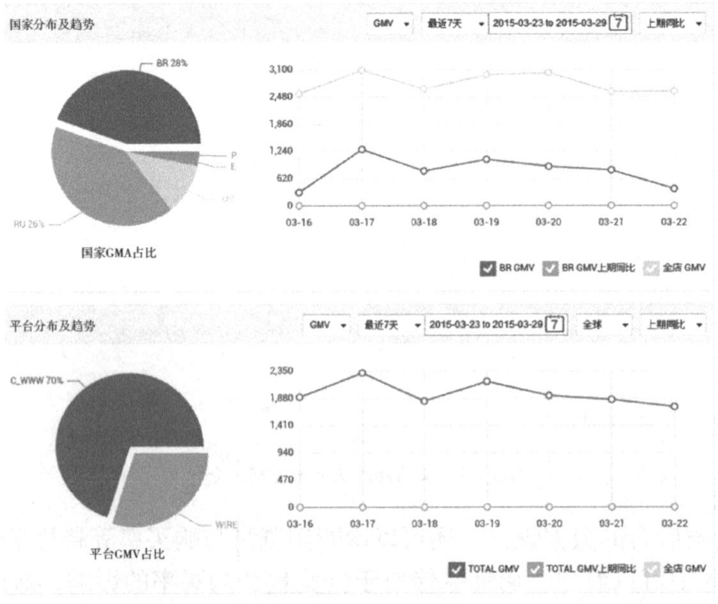

图 5-67　国家和平台分布及趋势

重点查看本店最近 1 天 / 最近 7 天 / 最新 30 天的流量来源渠道，如图 5-68（a）所示，了解本店流量来源分布，对于带来流量较少的渠道可做针对性的优化和加强，从而减少客户直接退出本店的比例。这些数据同样可以下载，可以整理成系统性文档进行进一步的深入分析，如图 5-68（b）所示。

最后还可以深入查看详细来源数据及 URL 地址，这些数据和分析对于下一步的营销非常重要，如图 5-69 所示。

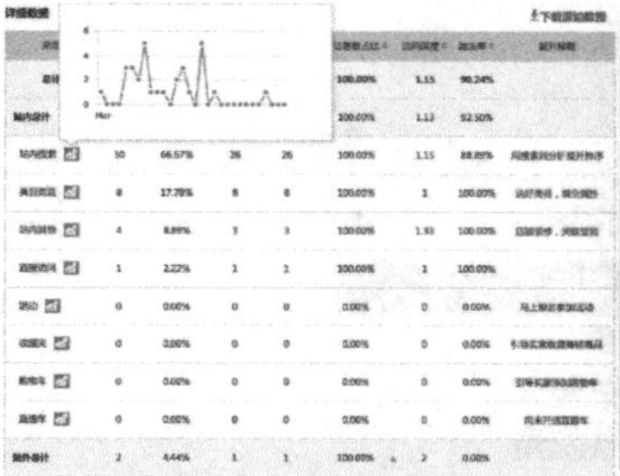

(a)

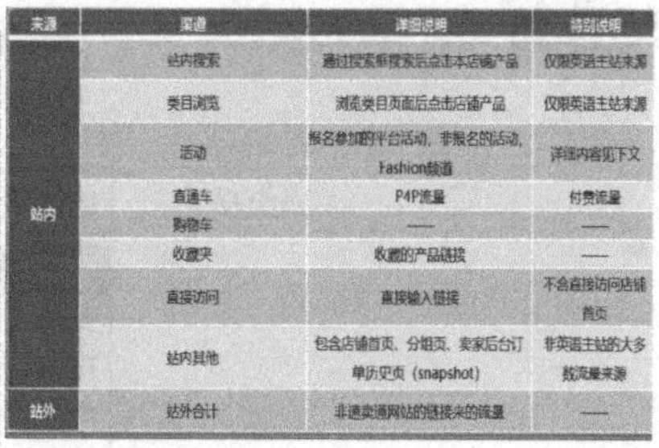

来源	渠道	详细说明	特别说明
站内	站内搜索	通过搜索框搜索后点击本店铺产品	仅限英语主站来源
	类目浏览	浏览类目页面后点击店铺产品	仅限英语主站来源
	活动	报名参加的平台活动，非报名的活动，Fashion频道	详细内容见下文
	直通车	P4P流量	付费流量
	购物车	——	——
	收藏夹	收藏的产品链接	——
	直接访问	直接输入链接	不含直接访问店铺首页
	站内其他	包含店铺首页、分组页、卖家后台订单历史页（snapshot）	非英语主站的大多数流量来源
站外	站外合计	非速卖通网站的链接来的流量	——

(b)

图 5-68　流量来源渠道分析

图 5-69　来源数据及 URL 地址

2. 商品经营状况诊断

①商品分析。商品分析是通过对搜索曝光量、平均停留时长、下单订单数、支付金额、加入购物车人数等各项指标进行对比分析，找出店铺商品的缺陷，给出解决方案，帮助卖家更好地进行商品数据分析。商品分析可以从国家维度查看数据，也可通过商品数据进行筛选与分析，如图 5-70 所示。点击“展开数据”，可以看到数据对比图，主要有两项：一是商品效果排行，二是商品来源分析。在商品效果排行中，可以看到所有商品的情况。

点击单个商品，可以得到单个商品的曝光量、浏览量、成交转化率等多维度数据，如图 5-71 所示，可以与同行进行对比来诊断自身不足之处，还可以导出数据进行进一步的系统分析。

商品来源分析可查看各渠道的明细数据，点击趋势小图标可查看该渠道最近 7 天 / 最近 30 天去向趋势详情及各去向流量占比，如图 5-72 所示。

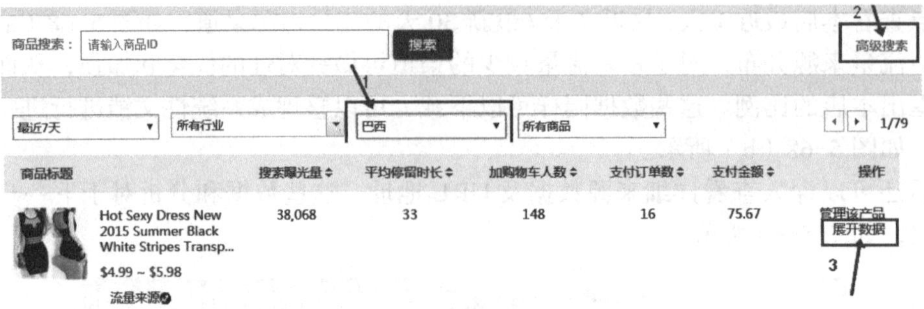

(a)

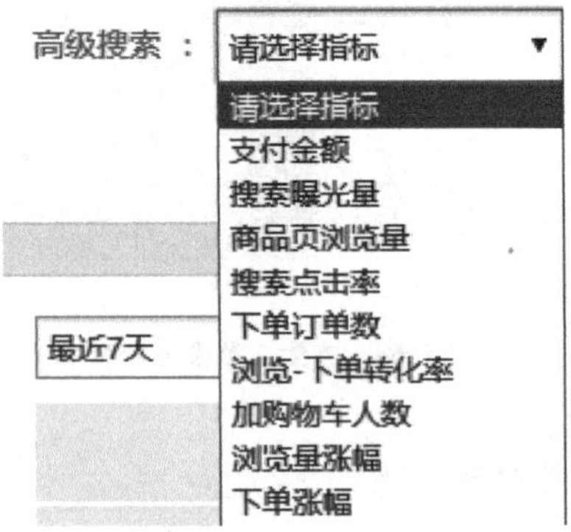

(b)

图 5-70　商品分析

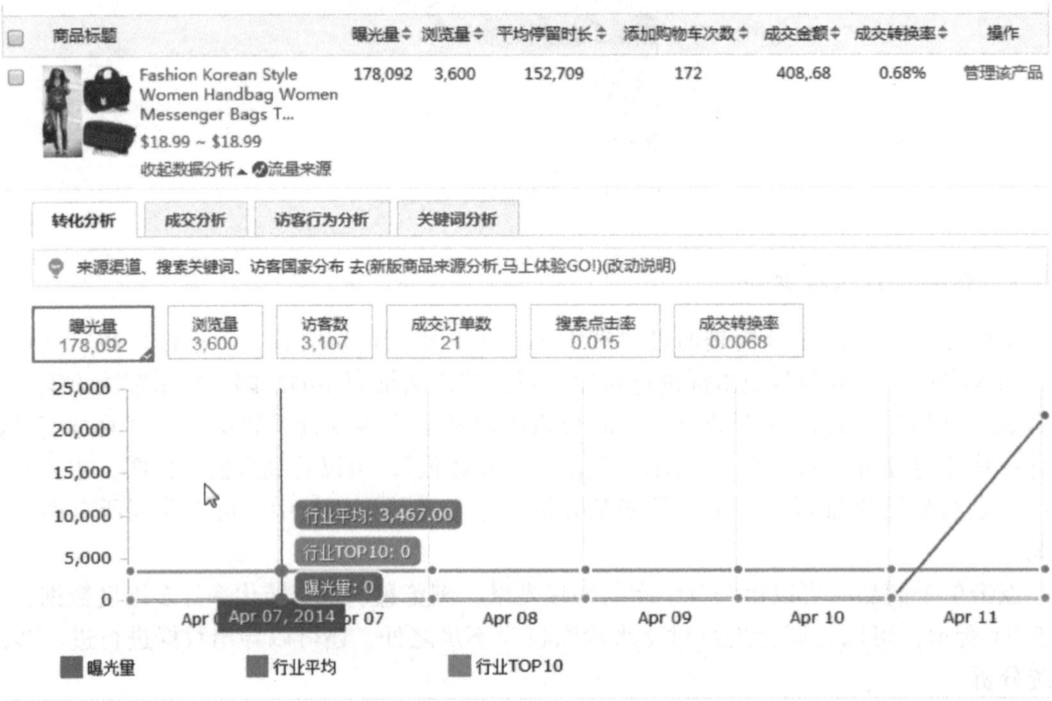

图 5-71　单个商品分析

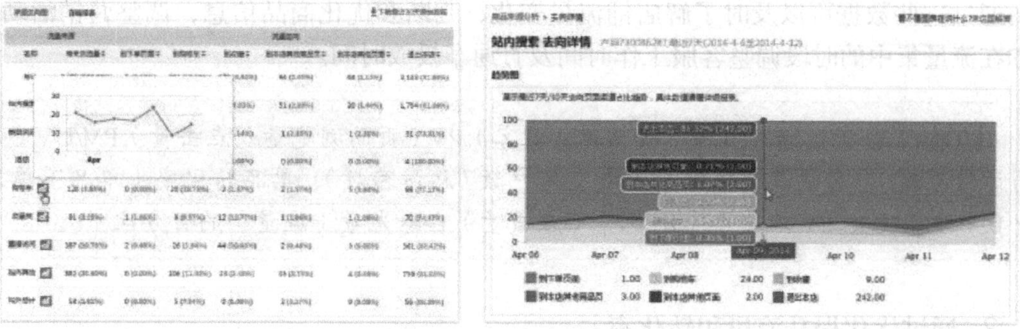

图 5-72 商品来源分析

②实时商品分析。根据不同指标进行更完善的搜索，比如不同国家的商品支付金额，如图 5-73 所示。

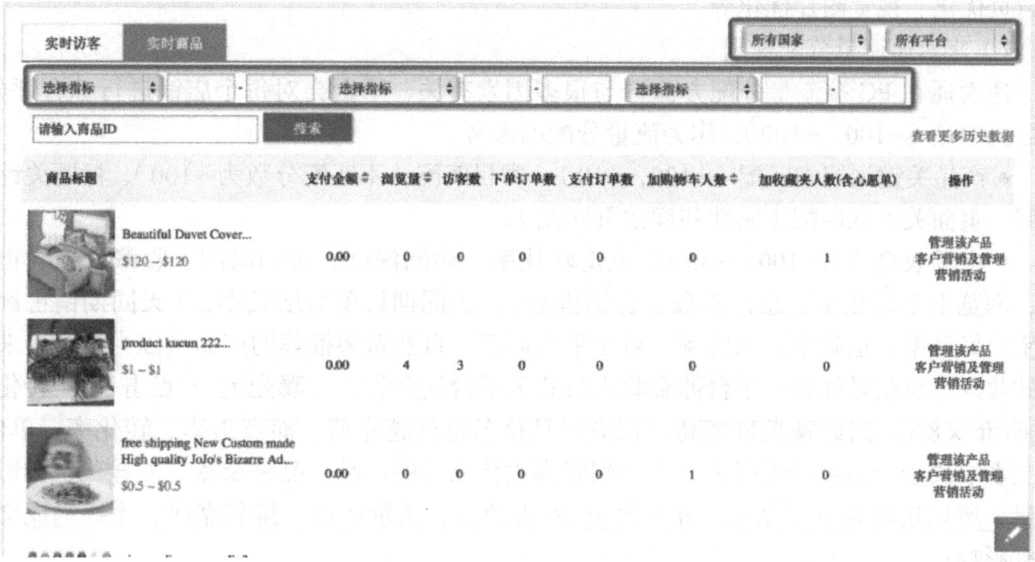

图 5-73 实时商品分析

"实时访客"可以查看访客 ID、访客类型、访客行为等信息，其中访客类型是新用户还是老用户（即没有买过还是买过），访客行为是根据访客浏览时间的长短和详细程度来判断，如感兴趣、随便逛逛，如图 5-74 所示。

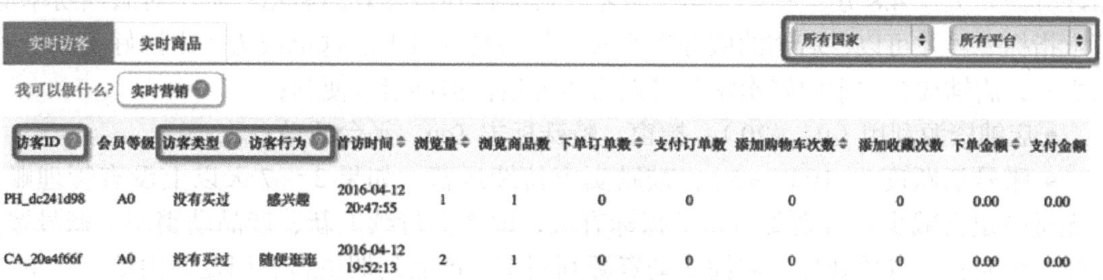

图 5-74 实时访客

通过这些数据可以及时了解店铺流量变化，判断和优化商品信息，调整营销活动等，比如在流量集中的时段调整客服工作时间及直通车投放时间。

【Tips】分析指标有：UV（网站独立访客）、PV（页面浏览量或点击量）、PV/UV（平均访问深度）、店铺成交转化率（成交用户数 / 总访客数）、单品转化率（单品下单用户数 / 访客数）、PV 点击率［浏览量（点击量）占曝光量（流量）的百分比］。

3. 通过优化提升流量和转化率

在店铺诊断和商品分析的基础上，要进行各类优化，最终为提高转化率而服务。在优化之前，首先要了解平台规则，包含平台的流量分配规则、搜索结果排名规则和转化率影响因素。在此基础上，可以进行各类优化，包含产品结构优化、关键词优化、标题优化、详情页优化、视觉图片优化等。

1）速卖通流量分配规则

速卖通在 PC 端流量分配方面会与很多因素有关，平台会对每个店铺进行综合评分，分数范围是（−100，+100），作为流量分配的参考。

- 产品关键词搜索匹配（−100，+10）：类目匹配（不匹配分数为 −100）、标题关键词匹配、页面关键词匹配（属性和详情页匹配）；
- 市场表现力（−100，+35）：点击转化率、访问深度、访问时间、收藏量、购物车数、浏览下单转化率、总订单数、总销售额、7 天同期订单数增长率、7 天同期销售额增长率、好评率、退款率、纠纷率。对于平台而言，自然希望推荐的产品可以为平台带来更多的收入，也就是佣金。平台佣金收入公式为平台佣金收入 = 曝光量 × 点击率 × 转化率 × 单价 ×8%，因此曝光量越高，相应产品排名也就越靠前。而点击率、转化率、单价，这三者取决于产品自身吸引力，客户到底喜欢什么样的产品，品种及款式差异化也会影响流量，所以选品是重中之重。此外最近 30 天销量、销量递增、排名靠前、无线端成交量也有影响；
- 店铺服务能力（−100，+30）：每日服务分、每月服务分、发货速度、店铺好评率、店铺纠纷率、店铺 DSR 评分。好评率，系统会自动扣除买家评价中前 3 至 5 个好评，平台默认产品第 6 个好评为产品的第 1 个好评，这就是卖家有些产品出了一两单之后就不再出单的原因所在。所以产品至少要有 10 个评价，产品排名才能稳定下来；三项 DSR 中产品评分需要大于 4.8 分，只有这样产品才有可能得到最有效的展示；货不对版纠纷率低于规定指标一半才可以，店铺的服务等级必须保持良好以上。这也成为“中国好卖家”的要求之一，店铺成为“中国好卖家”可以为店铺运营提供诸多便利；
- 店铺资源利用（0，+20）：橱窗、特殊标志 Top、平台活动；
- 账号活跃度（−100，+5）：鼓励卖家持续运营，如果 3～7 天以上没有管理账号，曝光量一定会减少。这主要与以下指标有关，即产品持续上新、产品动销率、账号登录、旺旺在线时长、订单处理、店铺活动资源利用率、产品到期更新、回复站内信、订单留言回复速度，总之要保持店铺活力；
- 反作弊（−100，+5）：不能随意调高价格，价格不要改来改去，一旦被认定为作弊则评分会快速降低。

【Tips】动销率等于出单的产品 SKU 数 / 店铺内总体产品 SKU 数。分数越高，流量分配越多，强者越强。

物流会影响以上许多方面，比如发货速度、好评率等，因此要得到更多流量，需要做好物流。比如做海外仓的卖家，平台会给予更好的排名，从而带来更多流量，转化率较高，缩短新品好评时间，因此建议卖家可找诸如第三方的物流商，先开通海外仓的服务，这对于提高发货效率十分重要。

知名品牌与新品有特权。如果产品在国内电子商务平台比较出名，在入驻国外电子商务时，可享受特权，直接升级为金牌卖家；对于新品招商，卖家也可积极参加，推动产品排名。

2）速卖通搜索排序规则

速卖通搜索的整体目标是帮助买家快速找到想要的商品并且能够有比较好的采购交易体验；而搜索排名的目标就是要将最好的商品、服务能力最好的卖家优先推荐给买家，所以能带给买家最好的采购体验的卖家，其商品的排序就会靠前。

搜索的排序规则是由相关性得分 + 商业得分综合计算得出的，如图 5-75 所示。

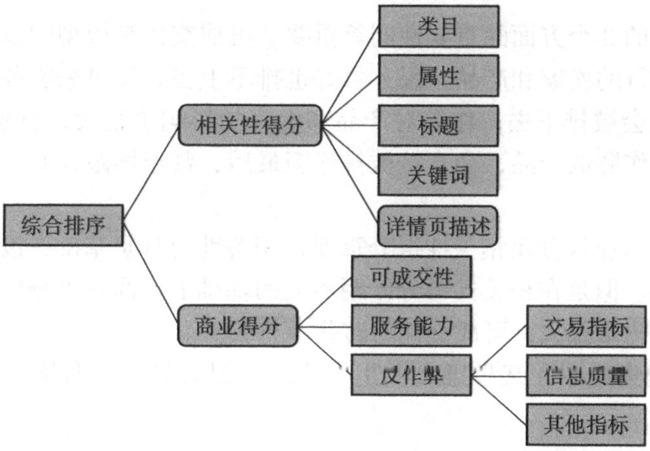

图 5-75 搜索的排序规则

相关性得分指的是，当搜索关键词的所有单词可以在产品的标题、系统提供的标准属性和关键词中找齐时，产品就会进入搜索结果中。相关性得分的计算运用了搜索引擎技术中一套非常复杂的算法，简单地说，就是判断卖家的商品在买家输入关键词搜索与浏览类目时，与买家实际需求的相关程度；相关性越高的商品，排名越靠前。相关性五重匹配包括类目、属性、标题、关键词、详情页描述，称为五码合一。

每个产品在速卖通产品数据库中都会有一个档案，包括图片和相关文字。当客户输入一个关键词搜索时，速卖通把产品内容按照一定的排序规则，呈现给客户。如果关键词出现次数多，搜索权重就大，展现给客户的排序就靠前。这就是所谓的标题相关性得分就高。单纯地增加出现关键词的次数也不能增加产品的相关性，而是要看标题、产品属性和详情描述要相统一和匹配，即标题和产品属性相匹配，产品属性和详情页描述相匹配，详情页描述和标题相互对应。比如标题和产品属性匹配（在标题中有“polos shirt”，在关键词中有三个“men polos shirt”“men polos”“polos”，属于三重关联），同理可以去检查属性与详情页描述、标题和详情页描述之间有几重关联，关联次数越多，相关性越高。因此简单而言，如果产品是一条蓝色长裙，可以把“蓝色裙子”这个词放到属性、标题、关键词、详情页描述中，那么这条蓝色长裙，在“蓝色裙子”这个关键词下的相关性得分就是最高的。同时也可以对“长裙”这个关键词进行相同的操作，不过产品的属性、标题、关键词是有限的，要学会取舍。

系统会结合两点（产品所在类目与搜索词的关系远近、产品的标题在语义上与搜索词的相关性高低），计算出一个相关性得分。

商业得分主要参考三个方面：可成交性（系统会结合产品和卖家等多方面信息预测产品未来的可成交性）、服务能力（平台对产品和卖家在服务类指标上的表现有硬性要求）、反作弊（平台会对作弊的产品和卖家有较大力度的处罚）。

作弊，如重复铺货、类目错放之类，会直接将产品排序至最后，甚至屏蔽。与搜索排序因素有关的违规行为类型还有：属性错放、标题堆砌、黑五类商品错放（订单链接、运费补差价链接、赠品、定金、新品预告五类特殊商品没有按照规定放置到指定的特殊发布类目中）、广告商品描述不符、计量单位作弊、商品超低价、运费不符、SKU 作弊、更换商品、标题类目不符。

商业得分参考的 3 个方面的重要性同等重要。可成交性是模型的基础，得分越高，排名越靠前；交易不行的卖家和产品，服务再好也排不上去，反过来服务不够好的卖家和产品，交易再好，也会被排下去；作弊对产品和卖家的影响也很大，特别是发生重复铺货、类目错放之类严重作弊的产品，会直接被排序至最后，甚至屏蔽，对整个店铺产品的排序也会有影响。

一般情况下，商业得分比相关性得分重要，相关性得分是基础，没有相关性得分，商业得分再高也没用。但是在相关性得分差距不大的基础上，商业得分的影响更大。而商业得分中，可成交性比重很大，可成交性与转化率有关。

流量分配与搜索排序在某种意义上是一体的，因为只有搜索排序在前，曝光量才更多，流量更大。

3）速卖通转化率影响因素

提高转化率是每个卖家的终极目标。因为只有转化，才真正有交易，才真正有收入和利润，否则再多的流量也没用。影响转化率的因素有很多，但简单来说，在现阶段的速卖通中影响转化率的因素如图 5-76 所示。

首先是流量质量，比如是否能成为平台的金银牌卖家，会影响流量质量。

其次是品牌效应，如产品的线上线下知名度、可信度、口碑、网络效应等都会影响消费者的购买决策。

在售前阶段，图片是吸引消费者关注的重要因素（过于好看或者过于不好看主图并不合适）；文案是打动消费者将产品添加到购物车的主要原因，因此文案中的描述要直白有效，图文并茂，与众不同；销售好评是影响消费者购买的重要因素；而限时限量、全店铺打折、优惠券、满立减的店内促销可以刺激消费者最终交易；非常显眼的关联营销可以提高客单价。

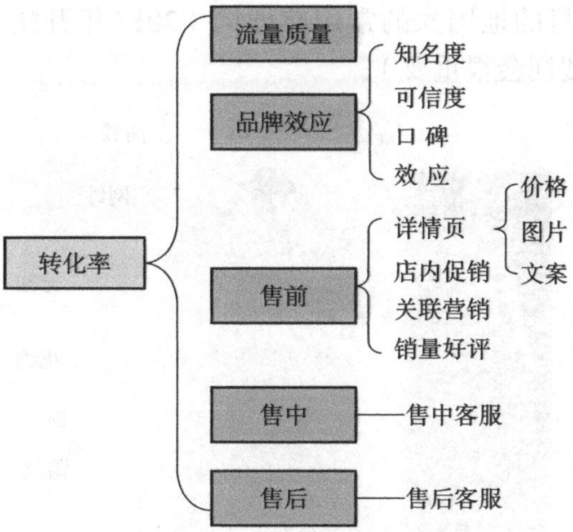

图 5-76 影响转化率的因素

当然，文案和评价再好，还需要物流和售中、售后服务的支持，否则会影响顾客的好评率，从而影响下阶段的转化率。

还有一些因素也会影响转化率，比如客户购物习惯和购物时间。比如欧美国家在圣诞节等节日前，包装精美的产品的订单会增加。

4）关键词优化

首先关键词可以分为以下几类：

● 顶级关键词（也就是标题中的核心关键词）一般由 2、3 个字组成，如“手机”“电脑”“男装”“女装”“连衣裙”等，顶级关键词的搜索量非常大 ，不过竞争度非常大，新手很难通过顶级关键词获得稳定的流量；

● 二级关键词一般由 4、5 个字组成，如“苹果手机”“IBM 电脑”“商务男装”“韩版女装”“日式连衣裙”等，二级关键词的搜索量比较大，竞争度也比较大；

● 长尾关键词一般由 5 个字或者更多关键词组成，如“苹果手机第四代黑色”“IBM X480 二手电脑”“杰克琼斯商务男风衣”“日式 碎花 莫代尔 长 连衣裙”等。长尾关键词好在精准度高，竞争度不大，不过搜索量也不会很大，一般很难用长尾关键词打造爆款产品，此外长尾关键词要尽可能用多些。最好在长尾关键词中包含二级关键词，二级关键词中包含顶级关键词。

店铺在不同时期，应该有不同的关键词设置策略，开店初期应多做长尾关键词，有一定的基础后，可以多采用长尾关键词 + 二级关键词，到店铺成熟稳定期，可以采用长尾关键词 + 二级关键词 + 顶级关键词。

其次，关键词的来源渠道有很多，比如：

● 从产品本身中挖掘词，如图 5-77 所示；

● 从平台中找出买家热搜词（客户需求角度）、卖家热销词（竞争对手角度）。进入 Top 热搜产品词、Top 热销产品词，可以看到所有热销词和热销词，还可以下载最近 30 天的数据形成一个 Excel 词表（目标市场国家作为分类标准），具体操作如图 5-78 所示；

● 直通车里的系统推荐词、搜索相关词（但有些词相关性较差应谨慎使用）；

● 搜索来源词，这是最精准的关键词，可以在卖家后台“数据纵横”的“商品分析”

的来源图中找到；找到目的地国家的常用热搜词（2017 年开始，速卖通会精做国家站，因此不同语言版本的热搜词会很重要）；

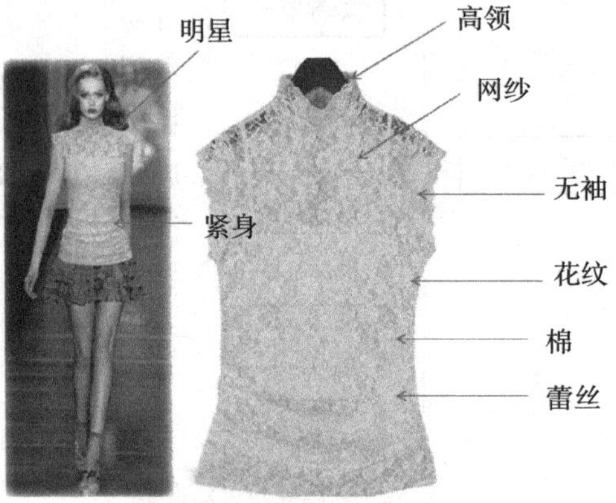

图 5-77　从产品本身中挖掘词

(a)

(b)

图 5-78　热搜词分析

● 首页搜索下拉框的关键词（可以采用一些爬虫工具），如图 5-79 所示；

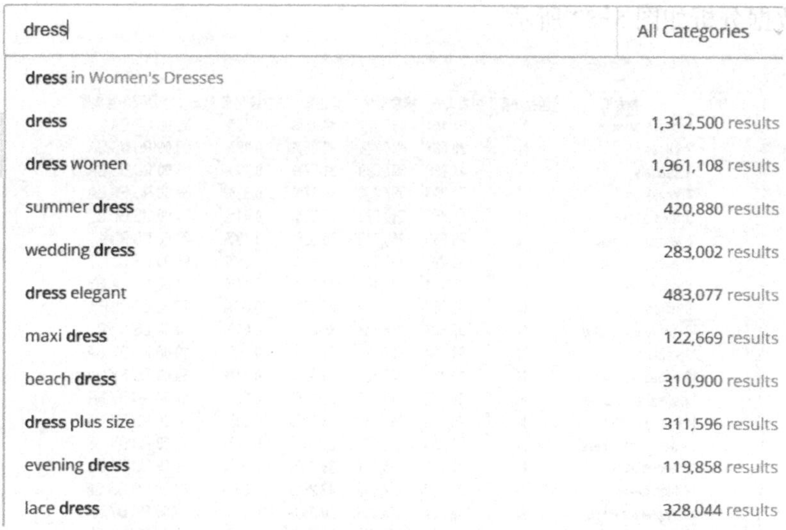

图 5-79　首页搜索下拉框的关键词

- 首页搜索框下方的“Related Searches”搜索相关词，如图 5-80 所示；

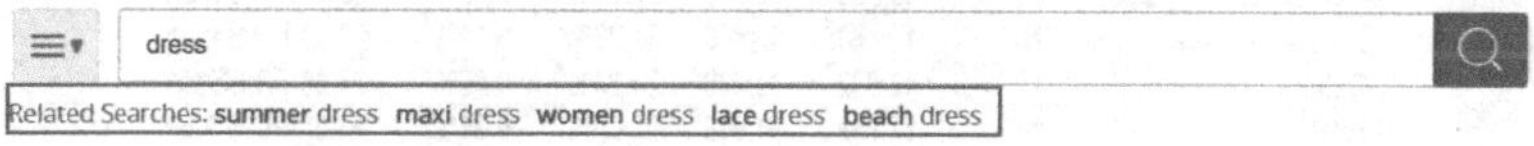

图 5-80　“Related Searches”搜索相关词

- 在某一个产品页面的最下方，有大量与该产品相关的长尾关键词，其质量非常高，如在 dress 搜索页面的最下方显示有大量相关长尾关键词，如图 5-81 所示。

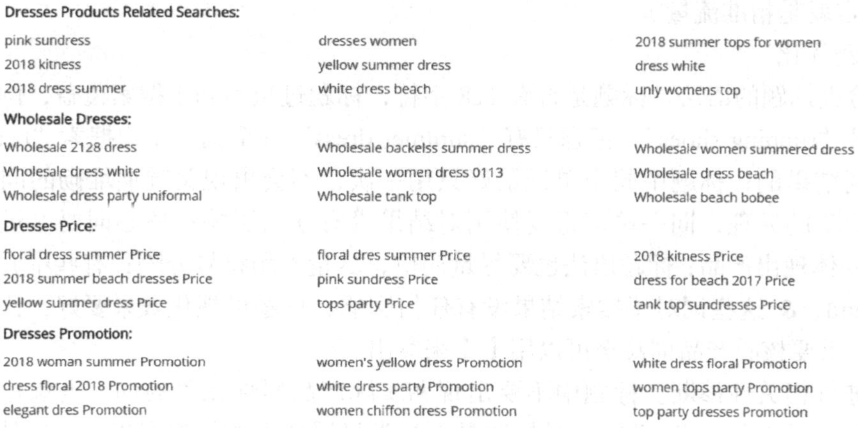

图 5-81　dress 搜索页面最下方的长尾关键词

- 速卖通首页和类目页面的源代码中关键词，即源码中的 meta 标签，这是平台收录的关键词，单击鼠标右键在弹出的快捷菜单中选择“查看源代码”再查找“keywords”；
- 利用 Google 关键词分析工具来获取，如 keyword discover/keyword spy；还可以在 eBay 等外国电商网站、海外论坛等收集。

接着将以上各渠道的关键词全部定期整理出来，进行数据分析。其分析方法有：关键词市场数据分析、关联关键词分析、关键词地域分析、关键词流量透析、关键词竞争透析等。关键词数据分析如图 5-82 所示。

	A	B	C	D	E	F	G	H	I	J
1	NO.	搜索词	是否品牌原词	搜索人气	搜索指数	点击率	成交转化率	竞争指数	TOP3热搜国家	
2	1	shoes woman	N	94,154	687,121	38.45%	0.18%	86.00	US,CA,IL	
3	2	shoes	N	80,067	497,928	32.35%	0.18%	68.00	RU,US,UA	
4	3	sandals	N	47,958	397,899	31.27%	0.23%	95.00	RU,US,BR	
5	4	sneakers	N	51,393	367,236	35.37%	0.32%	68.00	RU,ES,UA	
6	5	men shoes	N	53,481	319,070	47.09%	0.41%	64.00	US,GB,IL	
7	6	women shoes	N	29,682	265,713	36.92%	0.19%	127.00	US,RU,IL	
8	7	zapatos mujer	N	30,795	199,780	28.14%	0.08%	55.00	ES,CL,CO	
9	8	кроссовки	N	38,164	195,108	32.06%	0.14%	21.00	RU,UA,BY	
10	9	botas	N	32,397	171,799	27.13%	0.07%	23.00	BR,CL,ES	
11	10	converse all star	N	56,503	155,988	36.71%	0.61%	4.00	ES,IT,FR	
12	11	кеды	N	34,704	146,684	31.17%	0.19%	19.00	RU,BY,UA	
13	12	обувь женская	N	18,155	145,125	26.55%	0.11%	55.00	RU,BY,UA	
14	13	sneakers women	N	18,178	145,105	36.38%	0.22%	87.00	RU,BY,FR	
15	14	summer style	N	78,123	141,983	5.58%	0.01%	4.00	RU,BY,UA	
16	15	wedge sneakers	N	24,853	128,671	29.04%	0.10%	37.00	RU,BY,US	
17	16	shoes men	N	17,763	125,301	39.70%	0.32%	96.00	RU,FR,ES	
18	17	high heels	N	20,180	122,043	42.29%	0.26%	88.00	US,GB,SE	
19	18	туфли женские	N	16,267	118,005	30.15%	0.11%	53.00	RU,BY,UA	
20	19	босоножки	N	16,882	114,929	25.18%	0.14%	49.00	RU,UA,BY	
21	20	huarache	N	40,292	111,168	41.90%	0.67%	10.00	FR,GB,ES	
22	21	nike air max	N	72,508	109,907	19.32%	0.26%	0.00	ES,TR,RU	
23	22	new balance shoes	Y	40,827	105,666	33.40%	0.23%	10.00	ES,RU,FR	
24	23	vans shoes	Y	36,331	101,090	45.17%	0.32%	9.00	ES,US,IT	
25	24	кроссовки женские	N	13,836	93,778	32.76%	0.15%	35.00	RU,BY,UA	
26	25	кеды женские	N	15,080	92,476	38.26%	0.11%	29.00	RU,BY,UA	
27	26	chaussure femme	N	13,932	91,128	20.34%	0.06%	27.00	FR,BE,CA	
28	27	flats	N	12,038	91,018	37.42%	0.34%	83.00	RU,US,BY	

图 5-82 关键词数据分析

最后要避免一些误区，比如认为热词就是好词（对于新卖家，这些词很难带来转化率）；标题的关键词写得越多越好（要有相关性和匹配性）；能带来流量的关键词要多用（流量不一定就是精准流量）。

5）标题优化

首先检查标题的语法。标题是否有 128 字符，标题过短不利于搜索覆盖，例如，如果你的商品是“running shoes”，标题只有“summer dress”一个词，用户搜索“beach dress”时是得不到结果的；标题中同个单词最好只用一次，不会出现关键词堆砌的问题，而且根据搜索引擎的原理，同一单词重复使用对结果没有任何影响；核心词要尽量靠前，前 35 个字节要体现出产品；标题语法也要尽量简单，尽量不用符号分隔；有些中介词不需要用，比如 and、& 这些词对于搜索结果没有任何影响；标题可视化效果要好，比如首字母统一大写，重要核心产品词甚至可以用【 】来突出。

其次进行相关性诊断。标题中不要出现和实际产品属性无关的词，也就是相关性检查。要注意以下两个“相关”：一是标题是否与类目属性中的关键词相关，二是标题是否与详情页描述相关。

再者诊断标题的合理性，即诊断标题是否遵循三段法，核心词汇 + 属性词 + 流量词。核心词汇指影响搜索排行和点击率的行业热门词，可以从产品类目词到搜索词分析中找；属性词指影响搜索排行和点击率的长度、颜色等属性，下载选品专家“TOP 热销属性”数据，按“成交指数”降序排列寻找属性词，另外还可以找一些很重要的特征词不是系统属性的属性词；流量词是指能带来流量的词，几乎所有产品都可以用的火爆流量词有时尚、热销、高品质、新产品、厂家直销、大促销、便宜等。属性词和产品核心词汇可以组合成尽可能多的有效的且挨在一起的长尾关键词。

完全模仿大卖家使用的标题是不可以的，因为大卖家用的都是大词，他们用这些大词可以排到前面去，从而获得流量；可是小卖家用了就不会排到前面去，因为小卖家的商业得分不够高，也就不能获得流量。因此中小卖家就需要一部分使用大卖家的标题，一部分使用具有自己特色的标题（要用一些长尾词）。将核心词汇，也就是顶级热搜词，放到最前面，保证相关性；接下来放置属性词，依旧是为了获得相关性，为了让产品的标题描述尽量好，尽量完善，使买家最大可能地搜索到，同时买家通过类目也能找到我们；最后放置属于自己的流量词，大卖家可以放大词，而中小卖家可以放置长尾词和特别精准的中词、小词。这些词语是真正能带来流量的词，买家通过这些词能真正搜索到产品，如图5-83所示。

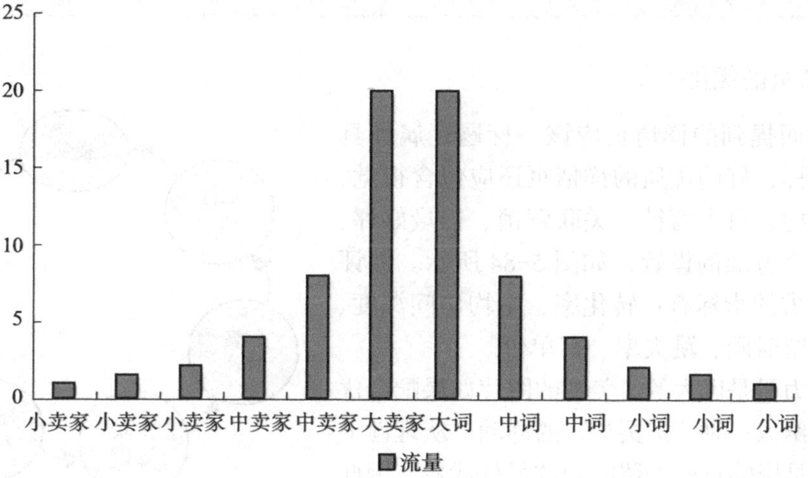

图 5-83　产品属性词

最后要为不同产品设置不同的标题。多个产品用同一个标题是不可取的，不过店铺产品多，为每一个产品都单独设置标题，工作量会很大，简化工作量的方法是同一品类保持核心词汇不变，变化属性词，不时地替换流量词。

针对不同产品类型，标题设置略有不同。爆款标题设置的策略是：核心词汇＋修饰词＋属性词。因为爆款倾注了绝大多数人力、物力、财力，是需要和大卖家竞争的产品，因此要和大卖家的方法一样用大词，因为只有大词才能带来足够多的流量。就像前面所说的，每周只有 1 人次搜索的词，排在搜索页面第 1 页的第 1 位也没有意义。但是如果每周有 100 万人次搜索的词，那么即使排在搜索页面第 1 页的最后一行，也会获得不错的流量；而引流款在店铺中广告花费不如爆款多，常用于报名参加活动和拓展店铺流量来源，因此引流款就是一个"小爆款"，所以其标题设置思路和设置爆款标题的思路一样，但其用词要相对小一点，可以采用次级热搜词，而不用顶级热搜词，否则会抢了爆款的风头，因此设置的策略是：核心词汇＋修饰词＋属性词＋（次级热搜词）；店铺里的其他产品，就是利润款了，它们是承担为店铺带来自然搜索流量任务的。由于我们不会在它们身上投入大量人力、物力和财力，所以这些产品就使用最原始的设置标题的方式，即：核心词汇＋属性词＋流量词。

【案例】在关键词优化中展示的一件产品，产品本身挖掘出来的属性词有：黑色、米色、明星、高领、网纱、无袖、花纹、棉、蕾丝、紧身等；从数据纵横中挖掘出来的热搜词有：女士品牌、性感、修身、个性、可爱、优雅、订婚、派对等；从搜索结果中发现和联想出来的明星词有：时尚、热销、高品质、新产品、厂家直销、促销、便宜、包邮等。

按照前面介绍的标题设置原理，可以这样设置：2017 Hot Selling Star Top Quality Women T shirt Cotton Gauze Sleeveless High Collar Slim Sexy Lace Flower Brand free shipping。该标题中的营销词为 2017 Hot Selling，Star，free shipping；核心关键词为 Women T shirt；属性词有 Top Quality，Cotton，Gauze，Sleeveless，High Collar，Slim Sexy，Lace Flower，Women brand 等。

6）详情页的优化

除了前面提到的详情页应该与标题、属性具有相关性指标，好的优质的详情页还应包含视觉、文案、侧边栏、自主营销、关联营销、销量好评、属性填写 7 个方面的设置，如图 5-84 所示。而评判详情页优劣的指标有：转化率、平均访问深度、平均页面停留时间、跳失率、客单价。

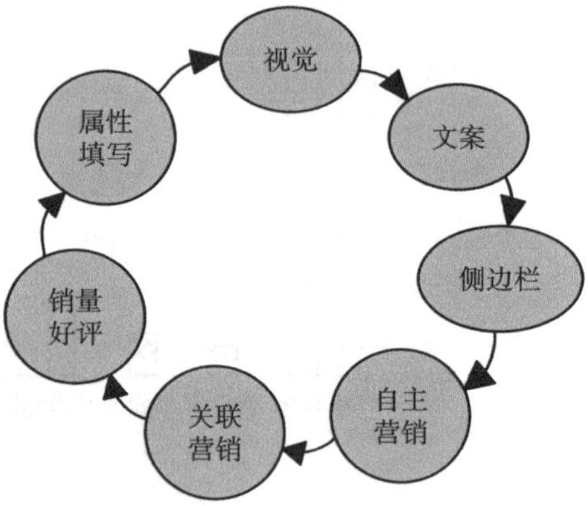

图 5-84　详情页的优化

文案的力量是巨大的，美观的图片如果配合优秀的文案就给人一种“买买买”的冲动；从理性上来说，文案是影响页面停留时间的最佳武器。因此只有将优秀的图片和文案结合到一起，才能更好地击中买家的内心。因此写文案时可以考虑以下几点：

- 直白有效的描述，所谓直白有效，不是自己认为直白有效，而是让买家看了文案后的感觉；
- 图文结合，关键词要反复出现，卖点要变着花样出现，触动买家，打动买家；
- 与众不同，需要寻找新的台词、新的角度来表达自己的优势、对手的劣势、自身产品的卖点等。

详情页的侧边栏在产品详情页的左侧，可以简单地理解为一个额外的产品信息模块，包含客服席位、新品和销售榜、二维码、多语言选择，也可以加上营业时间提醒，如图 5-85 所示。

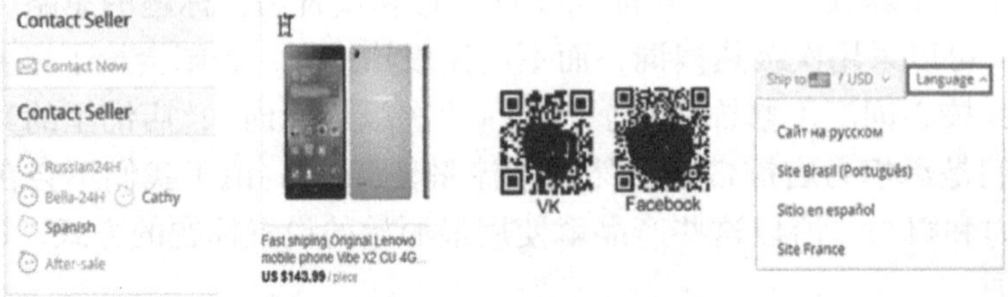

图 5-85　详情页的侧边栏

产品详情页的许多内容，可以用图片展示，保证其精美性，如店铺公告或者活动，如图 5-86 所示，产品的套餐销售方式，如图 5-87 所示，关联销售，如图 5-88 所示。

图 5-86　店铺公告或活动

图 5-87　产品的套餐销售方式

图 5-88　关联销售

产品的图片和文字说明也可以合在一起做成图，可以展示不同角度图的组合以及细节图，如图 5-89 所示，测量方式和尺码表展示清晰，如图 5-90 所示；还可以用图将一些好评展示出来；店铺的物流、退换货政策也可以用图加以清楚说明，如图 5-91 所示。

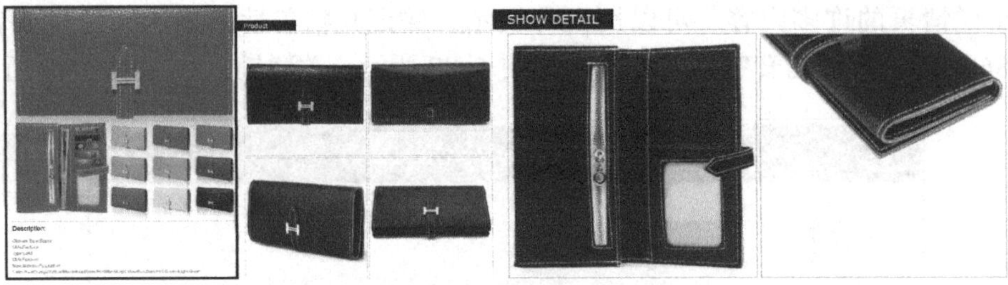

图 5-89　不同角度图的组合和细节图

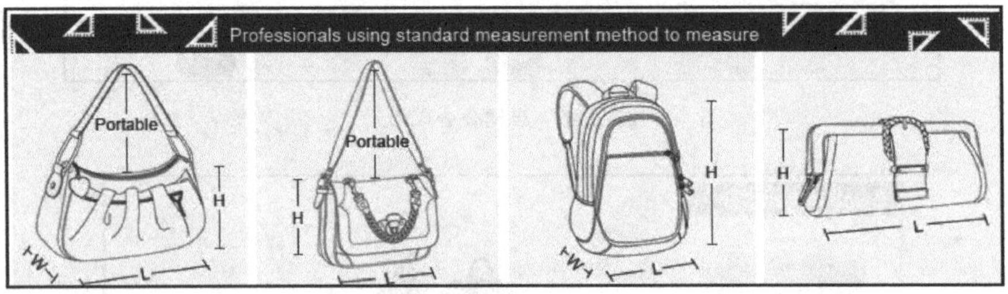

（a）

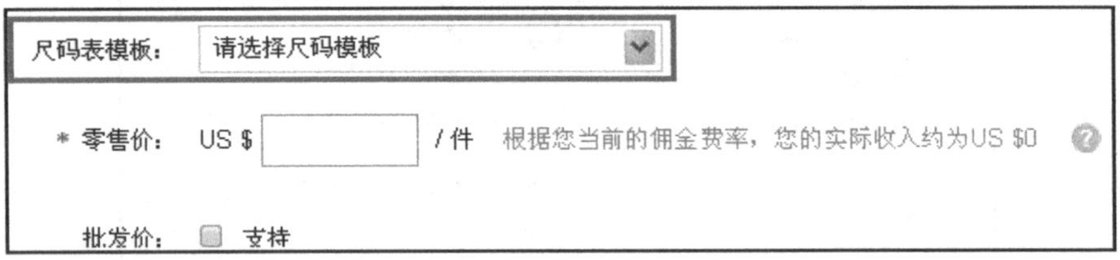

（b）

Sizing info

Measurement Guide ▾

USA	European	Great Britain	Brazil	Australia	Heel to Toe(in cm)
5.5	35.5	3	33	4	23
6.5	37	4	35	5	23.5
7.5	38	5	36	6	24
8.5	39	6	37	7	24.5
9.5	41	7	39	8	25
10.5	43	8	41	9	25.5

（c）

图 5-90　测量方式和尺码表

7）图优化

图会出现在很多地方，比如主图、附图、详情页图等，特别是现在越来越多的消费者习惯移动端购物，限于手机的屏幕，很多信息比如详情页都是暂时折叠的，此时 6 张主图会显得十分重要，因此要非常重视图片处理问题，使主图达到视觉营销的效果。在图的优化中，主要有两个方面需要注意：

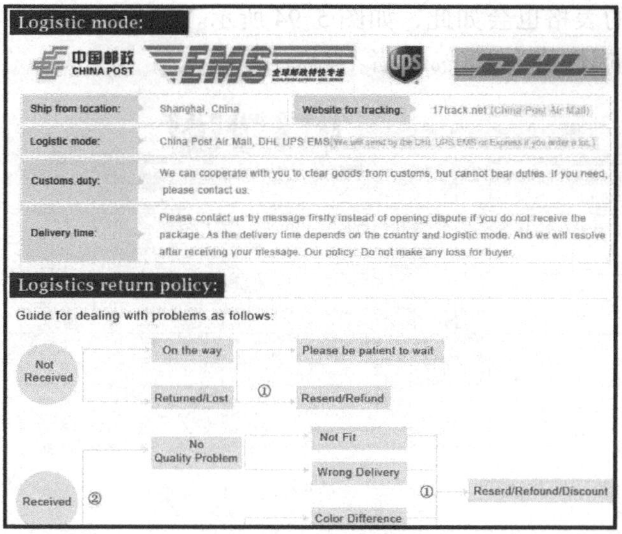

图 5-91 物流、退换货政策

● 详情页图片无线端适配问题。在 PC 端详情页中显示完全正常的图片，在移动端会出现问题，比如在 PC 端显示图 5-92 所示的画面。在移动端会出现图 5-93 所示的情况。解决方法为：在代码中找到该图整块的布局，修改其 width 属性值为 100% 或者不写。

图 5-92 PC 端显示的图片

图 5-93 移动端显示的效果

同样详情页中的表格也会如此，如图 5-94 所示。解决思路为：在代码中找到 Table 布局，修改其 width 属性值为 100% 或者不写。

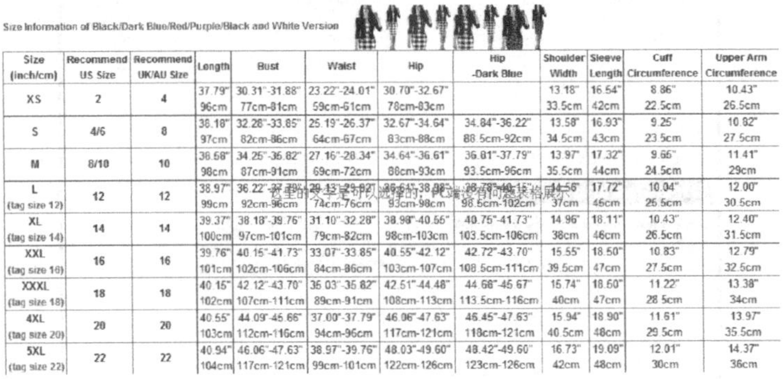

Size Information of Black/Dark Blue/Red/Purple/Black and White Version

Size (inch/cm)	Recommend US Size	Recommend UK/AU Size	Length	Bust	Waist	Hip	Hip -Dark Blue	Shoulder Width	Sleeve Length	Cuff Circumference	Upper Arm Circumference
XS	2	4	37.79" 96cm	30.31"-31.88" 77cm-81cm	23.22"-24.01" 59cm-61cm	30.70"-32.67" 78cm-83cm		13.18" 33.5cm	16.54" 42cm	8.86" 22.5cm	10.43" 26.5cm
S	4/6	8	38.18" 97cm	32.28"-33.85" 82cm-86cm	25.19"-26.37" 64cm-67cm	32.67"-34.64" 83cm-88cm	34.84"-36.22" 88.5cm-92cm	13.58" 34.5cm	16.93" 43cm	9.25" 23.5cm	10.82" 27.5cm
M	8/10	10	38.58" 98cm	34.25"-35.82" 87cm-91cm	27.16"-28.34" 69cm-72cm	34.64"-36.61" 88cm-93cm	36.81"-37.79" 93.5cm-96cm	13.97" 35.5cm	17.32" 44cm	9.65" 24.5cm	11.41" 29cm
L (tag size 12)	12	12	38.97" 99cm	36.22"-37.79" 92cm-96cm	29.13"-29.92" 74cm-76cm	36.61"-38.98" 93cm-98cm	38.78"-40.15" 98.5cm-102cm	14.56" 37cm	17.72" 45cm	10.04" 25.5cm	12.00" 30.5cm
XL (tag size 14)	14	14	39.37" 100cm	38.18"-39.76" 97cm-101cm	31.10"-32.28" 79cm-82cm	38.98"-40.55" 98cm-103cm	40.75"-41.73" 103.5cm-106cm	14.96" 38cm	18.11" 46cm	10.43" 26.5cm	12.40" 31.5cm
XXL (tag size 16)	16	16	39.76" 101cm	40.15"-41.73" 102cm-106cm	33.07"-33.85" 84cm-86cm	40.55"-42.12" 103cm-107cm	42.72"-43.70" 108.5cm-111cm	15.55" 39.5cm	18.50" 47cm	10.83" 27.5cm	12.79" 32.5cm
XXXL (tag size 18)	18	18	40.15" 102cm	42.12"-43.70" 107cm-111cm	35.03"-35.82" 89cm-91cm	42.51"-44.48" 108cm-113cm	44.68"-45.67" 113.5cm-116cm	15.74" 40cm	18.50" 47cm	11.22" 28.5cm	13.38" 34cm
4XL (tag size 20)	20	20	40.55" 103cm	44.09"-45.66" 112cm-116cm	37.00"-37.79" 94cm-96cm	46.06"-47.63" 117cm-121cm	46.45"-47.63" 118cm-121cm	15.94" 40.5cm	18.90" 48cm	11.61" 29.5cm	13.97" 35.5cm
5XL (tag size 22)	22	22	40.94" 104cm	46.06"-47.63" 117cm-121cm	38.97"-39.76" 99cm-101cm	48.03"-49.60" 122cm-126cm	48.42"-49.60" 123cm-126cm	16.73" 42cm	19.09" 48cm	12.01" 30cm	14.37" 36cm

（a）

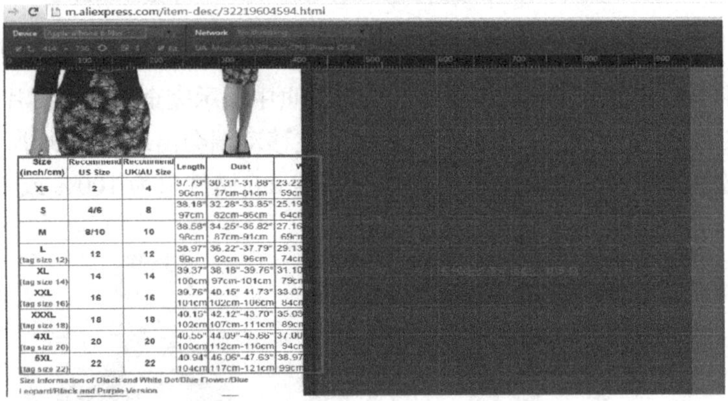

（b）

图 5-94　详情页表格在 PC 端和移动端显示对比

关联营销图在 PC 端和移动端的不同，如图 5-95 所示，解决思路为：在代码中用 div 或者 Table 进行布局，固定其 widht 属性值，如将其修改为 100% 或者不写。

（a）

（b）

图 5-95　关联营销图在 PC 端和移动端显示对比

主图旁的字体在 PC 端可以选择好，并固定其样式和大小，但是在移动端，就不能自动适配了，如图 5-96 所示，解决思路为：在编辑字体时，不要固定字体的样式和大小。

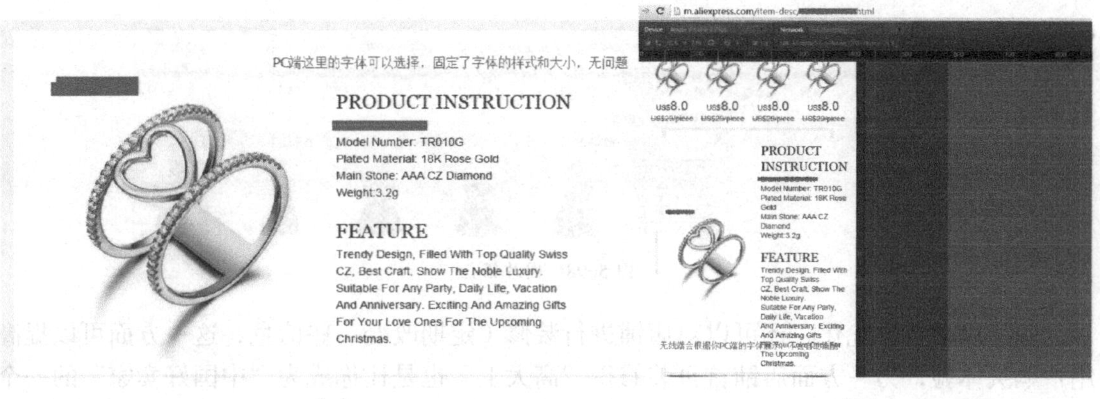

（a）（b）

图 5-96 字体在 PC 端和移动端的显示对比

总之，把固定的格式去掉，按照百分比设置或者去掉固定样式，使效果按照自适应的方式显示。

● 图片的管理问题随着图的重要性的增加，在店铺产品不断丰富的情况下，需要做好图片银行的管理。

与亚马逊的父子商品不同，速卖通平台上同一款产品，如果是不同颜色，可以采用不同的详情页，也可以用同一个详情页。不管哪种方式，在管理图片时，都需要将不同属性如颜色的产品图分开管理。

比如某一款 summer dress 产品，有 3 种颜色，即红、黄、绿。首先建立一个以产品主 SKU 命令的文件夹，命名为“SD018”，这个文件夹下放一些公用的图片；然后在主 SKU 文件夹下建立该产品的子 SKU 文件夹，如 SD018R、SD018Y、SD018G，这些文件夹下放置与属性相关的图片；主 SKU 和子 SKU 文件夹下面再建立主图、颜色图、详情页面图文件夹。这些文件夹下，主图需要 6 张，图片命名时按照 1、2、3、4、5、6 命名；颜色图则按照子 SKU 命名，如 SD018G。这样就形成如图 5-97 所示的一个图片管理架构。

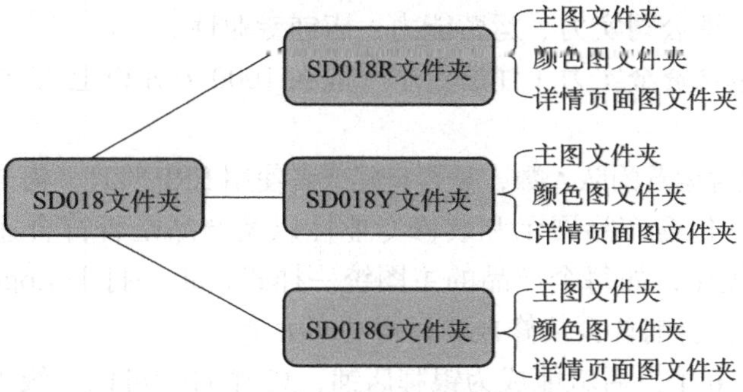

图 5-97 图片管理架构

在图片银行空间中，管理的方法与前面产品分组一致，产品公用的图片放在一个分组，并建好子分组；店铺装修的图片放在一个分组里面，装修各个模板的图片，则在装修分组中建立子分组；图片银行可以设置 3 级分组；一个图片银行分组只能创建 50 个分组，如图 5-98 所示。

图 5-98　图片银行

除了以上各类优化，还可以对店铺进行装修（定期改变一些信息，这一方面可以提高用户购买体验，另一方面店铺首页装修得“高大上”也是让你成为“中国好卖家”的一个考虑因素）。

店铺首页装修包含：基础模块（免费的，平台提供的）、图片店招、图片轮播（6个）、商品推荐（5个）、自定义内容区（6个）。

4. 中国好卖家

速卖通会导入较多的流量给中国好卖家。比如直通车可以展示到店铺的首页（只有金、银牌店铺的中国好卖家才可以）；获得平台某些活动的报名权力，比如“328”大促的主分会场的活动；在搜索结果的展示方面也有特权，按照搜索结果规则，一个结果页一般不出现同一店铺的多个产品，但金、银牌店铺可以。

中国好卖家有两类：金牌店铺和银牌店铺。仅采取平台邀约制，符合要求的卖家会收到邮件通知。金、银牌店铺有较为严格的筛选 2+3 标准：

①两个硬指标，即考核服务指标和考核交易额。

• 考核服务指标：包含过去 90 天好评率、过去 90 天货不对版纠纷率、三项 DSR、当月及下月服务等级。因此店铺的每日服务分长期维持在 90 分以上，店铺好评率在 95% 以上，不能有侵权投诉和被关店的处罚；

• 考核交易额：销售额超过 80% 卖家（只要有一个爆款就行）。

②三个软指标，即公司实力、运营能力、店铺专业性。

• 公司实力：包含资金实力（注册资本一般在 1000 万元以上），要有商标，以及自有或合作工厂；

• 运营能力：包含运营团队人数，是否自建或者使用 ERP 管理、海外仓发货等；

• 店铺专业性：包含产品展示和装修专业性以及产品是否符合速卖通平台及买家需求。因此要进行图优化，如每个产品的主图统一样式，统一打上 Logo，每个产品的详情页要显得“高大上”，店铺首页装修也要显得“高大上”。

做到以上这些，6 个月后就能成为银牌店铺，12 个月后可以升级为金牌店铺。

5.2.2　亚马逊店铺管理

在亚马逊运营管理中，首先需要了解亚马逊的算法，也就是知名的 A9 算法，在此基础上才能学会编制优质完美产品列表 Listing，此外亚马逊还需要注意品牌备案和跟卖问题。

1. A9 算法

A9 是一家被 Amazon 收购的公司，这是一家研究“商业搜索引擎”的公司，所以借用了电话拨号键盘上的 A+9 的编排模式，公司取名为 A9.COM INC.。A9 提供产品搜索排序、视觉搜索排序、云搜索排序、手机应用搜索排序、广告搜索排序和技术性运转支持的服务。

亚马逊不仅是网上购物平台，其搜索引擎算法也是可以与 Google、Bing 相提并论的。不同的是，Google 的搜索引擎是为了卖广告，而 Amazon 的搜索引擎是为了卖产品，为了获得更好的客户体验和更快的利益转化。

亚马逊在 A9 官网上对算法解释如下：“在买家确定搜索类型前，我们就开始运作了。在买家决定搜索前，我们已经分析了大量数据，观察买家过往的浏览习惯，并且在我们的类目中用文本指引描述每一个搜索展现的产品”。A9 算法为确保消费者最快最精确地搜索到“真正想要购买的产品”，揣摩客户的真实意向，从亚马逊庞大的产品类目中挑选出最相关的产品，根据相关性排序（A9 会把挑选出来的产品进行评分），将最匹配的产品展示在客户面前，但亚马逊不一定会把销量大、价格低的排名在前面，在首页更多展示的是个性化产品满足不同客人的需求，亚马逊最终目的是在用户满意的前提下实现买家最大化受益 RPC（Revenue Per Customer）。

站在为用户提供更好服务的角度，A9 有以下几个简单原则。

- Perfect Products：精准推荐好的产品，提升客户体验；
- Fewer Clicks：减少客户搜索时间，Amazon 内部的要求是客户在点击 3 次之内就能找到喜欢的产品；
- Right Advertisements: 正确的广告，包括商家付费可以获得更多机会，但是不能够让广告费上涨过快，造成商家价格提升引起客户体验降低，也不能让商家通过付费向消费者推荐劣质产品。

像 A9 这么复杂的算法是绝对不会单独考虑某一个主要因素的，一般会把所有的因素加权计算，主要因素占的权重大一些。亚马逊 A9 算法有三大核心支柱——转化率、关联性、客户满意度和保留度（客户留存率）。

1）影响转化率的因素

转化率是对匹配结果的检验，也是一个比较关键的因素，就像点击率一样它更依赖于单个的关键词。转化率是实际买家与访问产品列表页面的购物者数量的百分比。在亚马逊中产品排名越高，转化率越高。

在 A9 算法中，转化率占有相当大的比重，转化率的高低，直接影响着一条列表（Listing）经由 A9 算法评估后的展示结果。在亚马逊平台，影响转化率的要素主要包括销量、排名、买家评论（Review 数量和星级）、产品图片（尤其是主图）和价格，用户通过上述要素判定一个产品是否符合其需求，以及品质是否能够达到期望，如果是，购买就容易形成，购买率高，A9 算法在后期就会为其增加展示权重。

此外，亚马逊还使用预测转化率和实际转化率相结合的方式进行产品排名，例如，如果卖家的产品价格高于某个同类产品，亚马逊将预测此产品的转化率低，并使用该转化率，直到卖家将价格调整到合理的空间范围。

影响转化率的因素有很多，包括销售排名、顾客评论、解答顾客疑问、图片尺寸和质量、价格等多个方面。

- 销售排名：销量高，排名好的产品销量会更多；反过来也是，排名越靠前的产品，那么销量则相应越多；销量好的产品，系统会注明“Best Seller”字样；
- 顾客评论：顾客评论集中体现在综合评论量和好评率两大因素，顾客评论是 A9 算法中最不可或缺的衡量因素之一；特别要注意差评的影响，一个差评的负面影响超过 5 个好评；
- 解答顾客疑问：虽然官方没有直接说出来它对排名有影响。但是这个数据却放在列表 Listing 的顶端，足以显示其影响转化率的重要性；FAQ 可以增加顾客的停留时间，对转化率影响很大。应尽量使 FAQ 前几个问题是卖家自己想让顾客了解的信息，并可以嵌入关键词，如图 5-99 所示。
- 图片尺寸和质量：一般来说图片要求要大，高清，达到 1000px × 1000px；
- 价格：决定转化率最重要的因素就是价格，同时价格也是亚马逊决定 Buy Box 归属的主要因素；
- 父子类产品：亚马逊偏好于排名有多个选项的列表 Listing，若将同类产品结合在同一个主要的产品页面，可最大程度量化顾客评价；父子类产品的益处是可以最大化买家评论的作用，亚马逊会将相似的产品合并到单一的主要产品页面；从用户体验的角度看这也是最合理的，让买家停留在一个页面，他们更可能会选择购买如图 5-100 所示；

图 5-99　解答顾客疑问

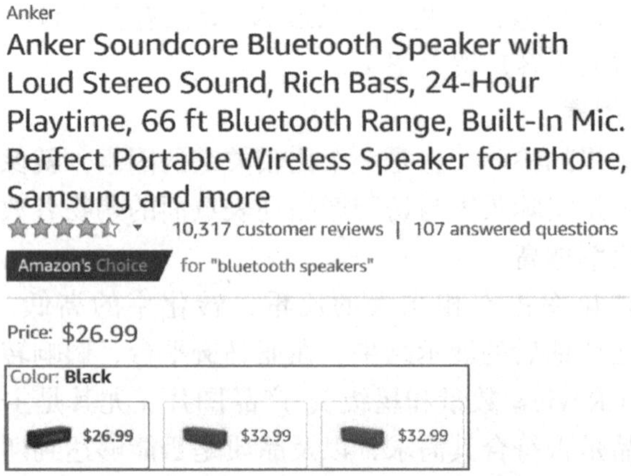

图 5-100　父子类产品

- 页面停留时间：亚马逊认为，顾客在一个产品页面停留时间的长短是衡量顾客对这个产品兴趣度的好标尺。一个看完你所有产品描述，看遍评价并探究 Q&A 的顾客比只在页面上停留几秒看产品特点的顾客更倾向于购买（这里涉及“弹出率”的概念，这里“弹”的意思是顾客开始搜索、访问你的页面，然后返回搜索结果页面或者点击一个关联产品。记住，亚马逊比起谷歌，有着更准确地计算弹出率的方法，这是因为所有用户的活动都在他们的平台上产生）；

• 产品清单的完整性：一般来说，你的列表 Listing 越完整越好。尽可能填好产品清单页面的每一部分，使你的产品出现在搜索结果前面的机会最大化。

2）影响相关性（也称为关联性）的因素

相关性即搜索结果和客户真实购买意向的一致性，是匹配的基础，是亚马逊 A9 算法的三大支柱之一。客户端用于搜索时使用的词语就是产品关键词，卖家与客户搜索的产品关键词对应匹配的内容主要体现在产品标题、Bullet Points、产品描述和 Search Term 关键词中，当然，对于某些产品，产品属性、品牌名称、技术参数等内容在一定程度上也是 A9 算法识别产品相关性的要素。

• 产品标题：在 80 个字符内应填入尽可能多的关键词；

• Bullet Points：突出产品核心功能、特性，要分点排列，应描述清晰、简洁，如图 5-101 所示；

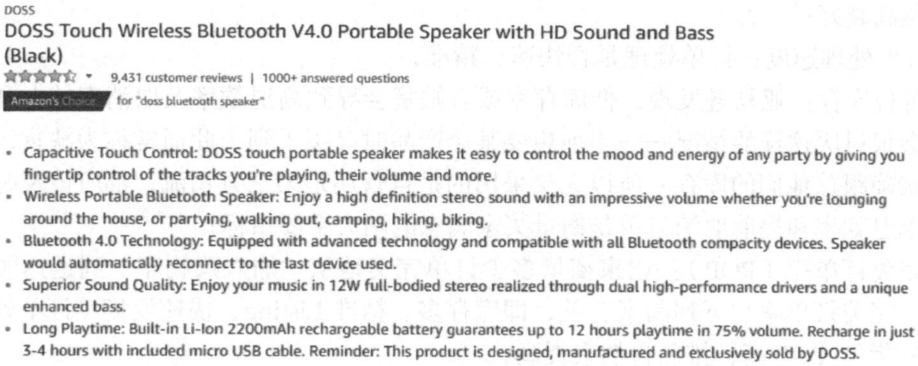
DOSS
DOSS Touch Wireless Bluetooth V4.0 Portable Speaker with HD Sound and Bass (Black)
9,431 customer reviews | 1000+ answered questions
Amazon's Choice for "doss bluetooth speaker"
• Capacitive Touch Control: DOSS touch portable speaker makes it easy to control the mood and energy of any party by giving you fingertip control of the tracks you're playing, their volume and more.
• Wireless Portable Bluetooth Speaker: Enjoy a high definition stereo sound with an impressive volume whether you're lounging around the house, or partying, walking out, camping, hiking, biking.
• Bluetooth 4.0 Technology: Equipped with advanced technology and compatible with all Bluetooth compacity devices. Speaker would automatically reconnect to the last device used.
• Superior Sound Quality: Enjoy your music in 12W full-bodied stereo realized through dual high-performance drivers and a unique enhanced bass.
• Long Playtime: Built-in Li-Ion 2200mAh rechargeable battery guarantees up to 12 hours playtime in 75% volume. Recharge in just 3-4 hours with included micro USB cable. Reminder: This product is designed, manufactured and exclusively sold by DOSS.

图 5-101 Bullet Points 要素

• 产品描述：产品描述要尽可能新颖、深入，可以第一时间吸引用户眼球，引人注目，容易浏览，包括大量图片、题注和没有列在正常技术部分的额外参数；

• 品牌 & 制造商：详细列出品牌和制造商；

• 规格技术参数：详细列出产品技术和物理细节；

• 类别和子类别：明确表明某件产品的类目以及子类目信息，以汽车用品为例，相应的子类目就包含汽车配件、汽车零件、汽车工具和设备等相关产品；

• 检索词 Search Term：亚马逊列出 5 个不同的 1000 个字符的搜索词字段，相当于 5000 个字符的文本框，尽可能为产品输入每一个可能的搜索词，但需要注意的是，卖家在搜索一行中仅可填写 250 个关键词；

• 源关键词：类似于 bit.ly，tinyurl.com 的超链接 Super URL 以及整个网络中发布和使用的短链接。在互联网上包括社交媒体、电子邮件中，卖家可以发布产品链接。当用户点击链接时，Amazon Super URL 服务会动态生成 qid 参数和搜索排名参数，然后执行 HTTP

302 重定向，使其看起来像用户刚刚在亚马逊上进行的搜索。如果用户购买产品，它将被视为所需关键词的销售，即使消费者并没有实际搜索并选择该产品，如图 5-102 所示。

URL的秘密

http://www.amazon.com/Black-Decker-LDX172C-7-2-Volt-Lithium-Ion/dp/B005LTNLDI/ref=sr_1_1?ie=UTF8&qid=1416351135&sr=8-1&keywords=electric+drill

为你的产品清单建造一个URI

图 5-102　超链 Super URL

3）影响客户满意度和保留度的因素（买家留存率）

如何从单个买家身上赚更多的钱？那就是让他们满意，让他们成为回头客。亚马逊认为最大化 RPC 来自买家留存率，让买家购买 10 次每次花 $10，比让人一次性花 $100 难多了。买家（或客户）留存率是卖家账号的综合表现，具体包括订单缺陷率（ODR）、完美订单率（POP）、可售库存、Feedback 表现等所有和账号绩效表现相关的要素，因此也称为客户满意度和保留度。买家留存率主要体现在以下几个方面。

● 卖家负面反馈：亚马逊会跟踪卖家负面反馈率，或者说是频率，因此尽可能地让卖家反馈越高越好；

● 订单处理速度：订单处理是否快速、精准；

● 可售库存：亚马逊发现，低库存率或者缺货会导致高退款率及取消率的上升。作为顾客，会很讨厌这样的情况——当他想要某个产品时又买不到，此通常称为缺货，因为卖家没有精确跟踪他们的库存。所以无论采用的是自营还是第三方物流，都应该及时跟踪库存。订单退款率和提前取消订单是衡量买家满意的两大主要指标；

● 完美订单率（POP）：用来衡量多少订单完美地从“加入购物车”到送达顾客手中的指标；完美订单率与下列因素有关，即库存多、精准 Listing、快速发货（订单处理速度和精准发货）。POP 高，排名自然会提高；

● 订单缺陷率：一旦出现有买家负面反馈、索赔保障、任何一种运输问题以及信用卡退款现象，都会造成订单缺陷率的提升；

● 离开率（退出率）：即顾客访问亚马逊卖家的页面停留多长时间后离开亚马逊。亚马逊卖家可通过设置完整的清单及保持库存率，来增加顾客在其产品页面的停留时间；

【Tips】跳失率和退出率的比较：跳失率是当买家搜索进入卖家页面后，会回到原来的页面，或点击了页面其他相关的产品，此都称为跳失。影响跳失率的因素有 Review、产品图片和关键词、价格等；退出率通常指的是用户从该页退出的页面访问数 / 进入该页的页面访问的百分数。如果平均退出率较高，会被认为 Listing 质量低，库存不足，Listing 不完整。

● 包装选择：利用亚马逊 FBA 提供免费抗损包装；

● Listing 完整性：Listing 页面展示上要尽可能尽善尽美，越完整越好。创建时应尽可能填写每个属性，以便产品显示在最佳搜索结果页面。

【原理】Amazon 不刷单原则的原理：一些卖家会盲目做一些“人为干预”的事情，对于Amazon而言这基本是不奏效的。因为A9算法的一个重要特点就是系统会根据用户的浏览记录和历史购买情况，在帖子下方推荐关联产品，这样做，一方面可以保证展示产品的多样性，另一方面又可以分散流量到别的产品上去。所以，如果有卖家雇佣刷单团队进行刷单，虽然这些刷单的人或IP伪装成真实用户进行交易，但是这些人不会只服务于你一个人，他们同时也帮其他卖家在做刷单服务，那么问题就来了，他们的购买记录必然造成所有刷单卖家的产品关联。也就是说多个刷单卖家自己形成了一个虚假用户圈，产品无法触达网站上有真实购买意愿的用户，这就是为什么参与刷单的卖家会发现，越刷越没人买，因为你的帖子在这个虚假用户圈里面越陷越深，却离亚马逊真实用户这个大圈子越来越远。

4）A9 搜索算法新调整

2016 年以来，亚马逊的排名规则开始更注重的是客户体验，对 Search Terms（搜索关键词）权重在逐渐降低，Listing 标题、卖点、大描述 A+ 里面的关键词权重则相应在提高；销量权重比例在降低；转化率销售权重比例在提高；Review 越多，那么权重也会越高；单价越高的产品，排名也会上升越快。

在 Amazon、eBay、Wish、Google 搜索 Finger Spinner，可以看到除了 Amazon，eBay、Wish、Google 都并没有把 Review（产品评价）放在首要的位置，这些平台页面几乎没有按照 Review 搜索产品的选项。而在 Amazon 上，Review（产品评价）、价格、Prime 标记（FBA 发货）却是核心精选条件。

对待 Review 的处理方法不同：过去 Review 平均分越高，转化率也越高。现在亚马逊不再按照 Listing 的 Review 平均分来影响排名了，其引入了机器人机制，由机器人根据以下条件来决定你的 Listing 星级评定：Review 的留评时间，早期 Review 的权重大于最近刚留的 Review，时间越久评级越高；Review 被客户点赞得越多，权重越大。“如果你的好评点赞个数拥有几十乃至上百个，那么即使有几个差评出现也不会在很大程度上影响 Review 的评分，不至于从 4.5 降到 3.5；如果你的 Review 没有赞或者很少有差评，那么对于你的评分来说将会是一个跳水式的打击，毫不夸张地说，星级会一落千丈从此没单。”卖家们要尽可能争取到更多顾客的好评，最终提高产品销量。

2. 卖家后台设置

账户注册之后，需要进行卖家后台设置，包含账户设置、提醒设置、登录设置、退货设置、运费设置、用户设置、其他设置、FBA 设置等。

1）账户设置 Account Info

进入“Settings”下拉菜单，单击“Account Info”，再单击“Modify Plan”，如图 5-103 所示，卖家可以通过此将账号修改为个人账号还是专业账号。在弹出的窗口中点击右边的“Edit”按钮即可进行更改，如图 5-104 所示。

在账户设置中，可以进行商品状态设置，Active 为正常上架状态，Inactive 为下架状态，点击右边的“Edit”按钮进行修改，如图 5-105 所示。如果卖家决定过节出去度假，可以在这里将商品的“Listings Status”改为“Inactive”，这样可以避免由于过节期间无法处理订单而产生差评。

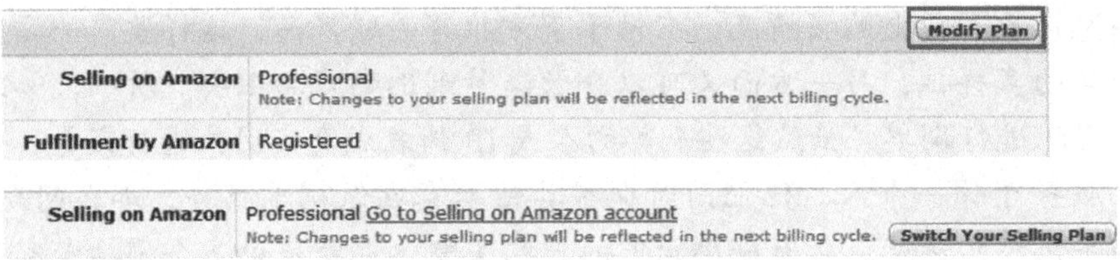

图 5-103　账户设置

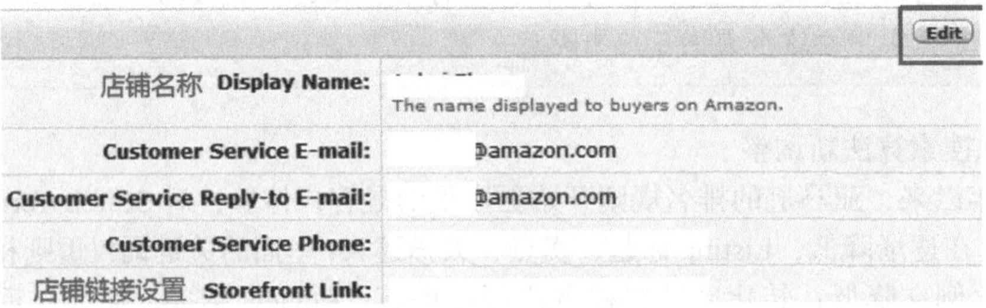

图 5-104　“Edit”按钮

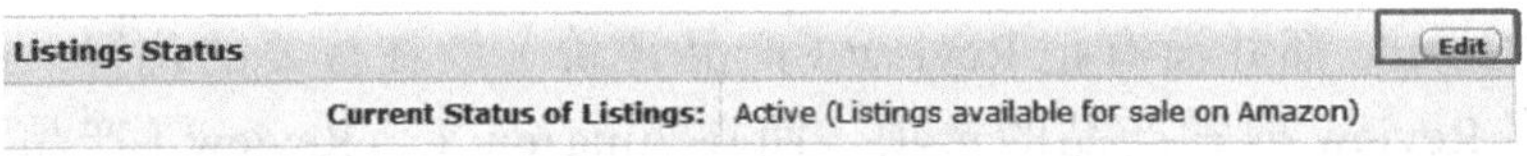

图 5-105　商品状态设置

在账户设置中，还可以设置收款账号信息。“Deposit Method”是收款银行账号，卖家将自己的海外银行账号在此处录入，录入后亚马逊会每隔 14 天给您转账一次；“Charge Method”是信用卡信息，用来支付亚马逊月平台使用费用。亚马逊在收取月使用费时，会先从卖家账户的销售余额中扣除，如果没有余额则从此信用卡中扣除；“Return Information”是退货地址；“Your Merchant Token”用于跟第三方软件进行对接使用，该信息非常重要，请注意保密，如图 5-106 所示。

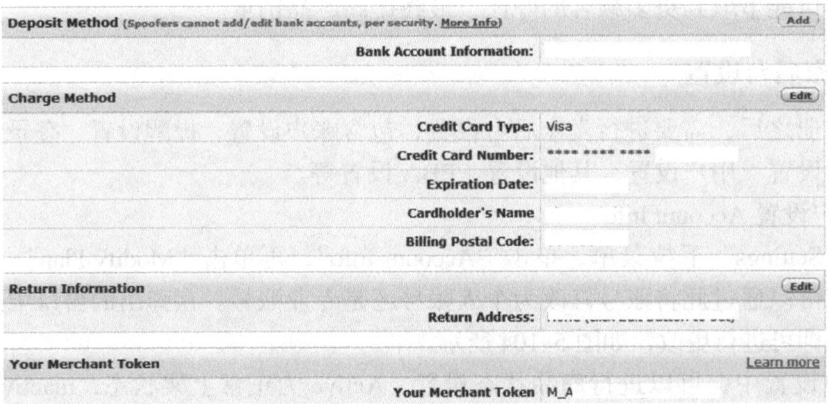

图 5-106　设置收款账号信息

2）提醒设置 Notification Preferences

可以选择性地接收系统提醒邮件，设置用不同的邮箱接收不同类型的提醒邮件和报表，如图 5-107 所示。Order Notifications 表示订单相关通知，包括自配送即 FBA 的订单通知，Listing Notifications 表示商品详细页面相关通知，包括新建和取消；Amazon Selling Coach Notifications，表示自动发送的销售机会和建议。

图 5-107　提醒设置

3）登录设置 Login Settings

可以设置登录邮箱、密码、密码保护问题，单击右边的“Change”按钮进行修改，如图 5-108 所示。

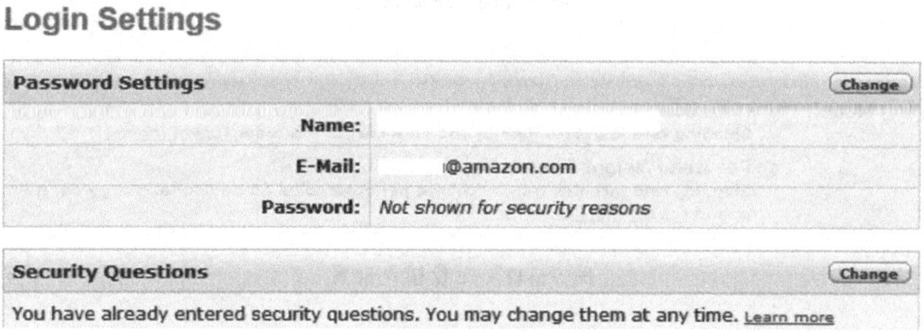

图 5-108　登录设置

4）退货设置 Return Setting

可设置退货地址，添加地址后点击“Submit”按钮保存，如图 5-109 所示。

5）运费设置 Shipping Settings（商品的 Shipping Weight 必须设置）

在“Ships From Location”中点击“Edit”按钮，选择“Shipping Country”为“China”，如图 5-110 所示。亚马逊提供两种计算运费的模式：一种是按照商品数量或重量收取运费（Per Item/Weight-Based），另一种是按照订单总价阶梯式收取运费（Price Banded）。系统默认是按照前者收费，如图 5-111 所示，在图 5-110 中点击“Change Shipping Model”按钮可以修改成按照订单总价阶梯式收取运费。

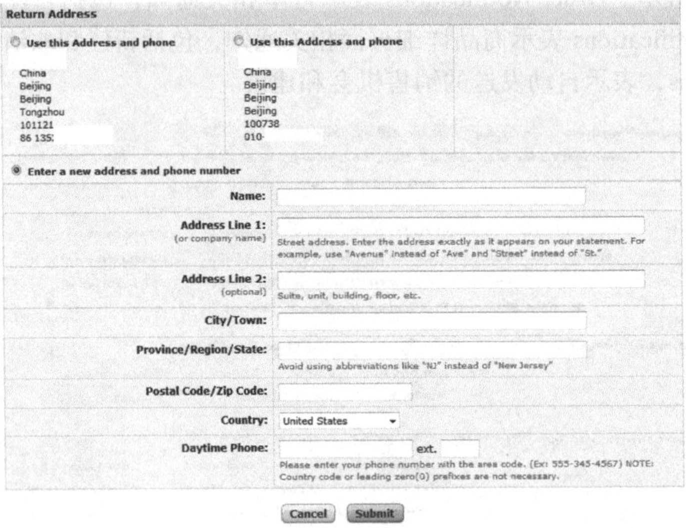

图 5-109　退货设置

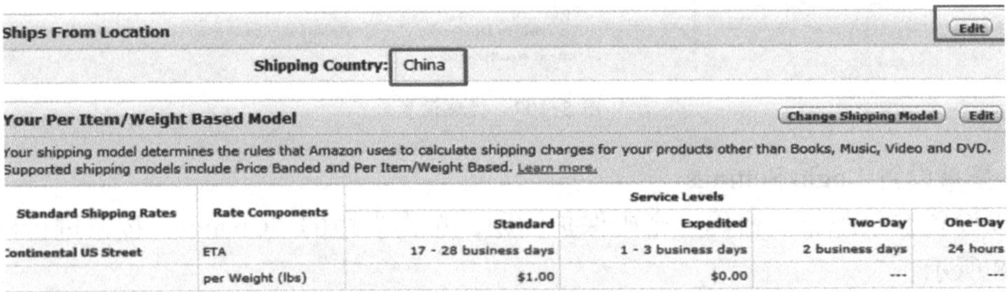

图 5-110　运费设置

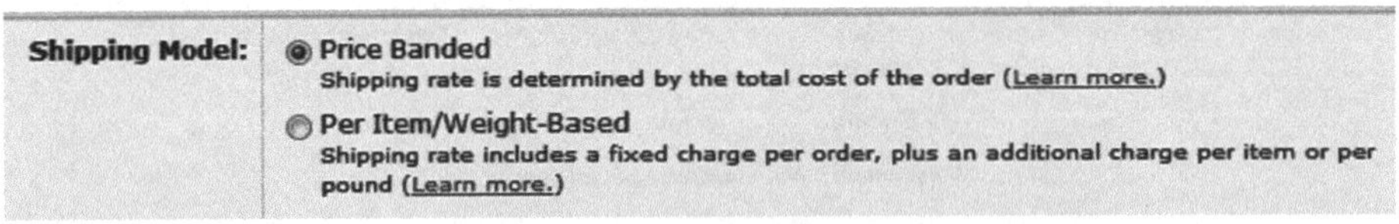

图 5-111　运费模式设置

● 按照商品数量或重量收取运费。

第一步，设置配送区域范围以及配送服务等级。根据系统规定的最低运达时间进行选择，如果不能在规定时间内运达，不要选择该配送区域范围和配送服务等级。图 5-112 中一列代表配送区域范围，第二列代表标准配送服务，第三列代表示加急配送服务，第四列表示两个工作日到达服务，第五列表示 24 小时内到达服务。选择好配送区域范围和配送服务后，点击“Continue”按钮。

第二步，配送费率设置。亚马逊系统会自动收取两部分运费，一部分是 per Shipment 即每次快递的基础费用，另一部分是数量或重量的快递费。在“Rate Components”中选择

“per Weight（lbs）”表示按照重量计费，如图 5-113 所示，在服务等级（Service Levels）中录入每磅 / 件收取的费率单价，系统会自动根据订单总重量计算。如选择 per Item 则表示按照件数收取快递费。

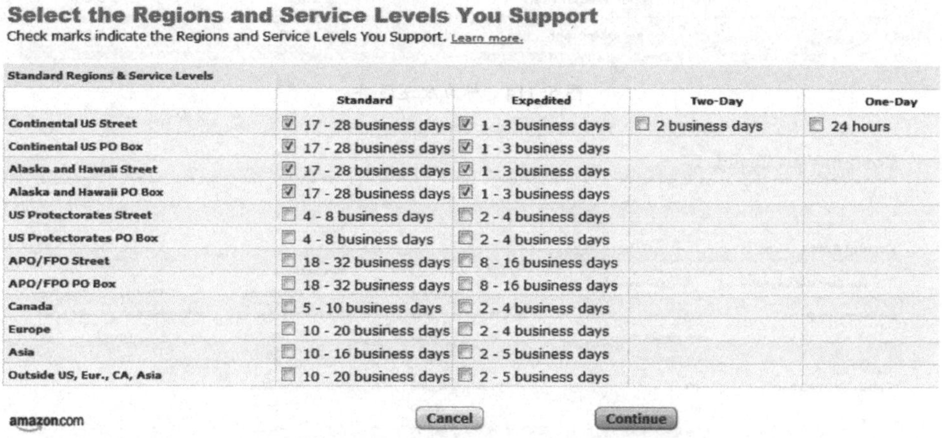

Select the Regions and Service Levels You Support

Check marks indicate the Regions and Service Levels You Support. Learn more.

Standard Regions & Service Levels	Standard	Expedited	Two-Day	One-Day
Continental US Street	☑ 17 - 28 business days	☑ 1 - 3 business days	☐ 2 business days	☐ 24 hours
Continental US PO Box	☑ 17 - 28 business days	☑ 1 - 3 business days		
Alaska and Hawaii Street	☑ 17 - 28 business days	☑ 1 - 3 business days		
Alaska and Hawaii PO Box	☑ 17 - 28 business days	☑ 1 - 3 business days		
US Protectorates Street	☐ 4 - 8 business days	☐ 2 - 4 business days		
US Protectorates PO Box	☐ 4 - 8 business days	☐ 2 - 4 business days		
APO/FPO Street	☐ 18 - 32 business days	☐ 8 - 16 business days		
APO/FPO PO Box	☐ 18 - 32 business days	☐ 8 - 16 business days		
Canada	☐ 5 - 10 business days	☐ 2 - 4 business days		
Europe	☐ 10 - 20 business days	☐ 2 - 4 business days		
Asia	☐ 10 - 16 business days	☐ 2 - 5 business days		
Outside US, Eur., CA, Asia	☐ 10 - 20 business days	☐ 2 - 5 business days		

amazon.com Cancel Continue

图 5-112　设置配送区域范围以及配送服务等级

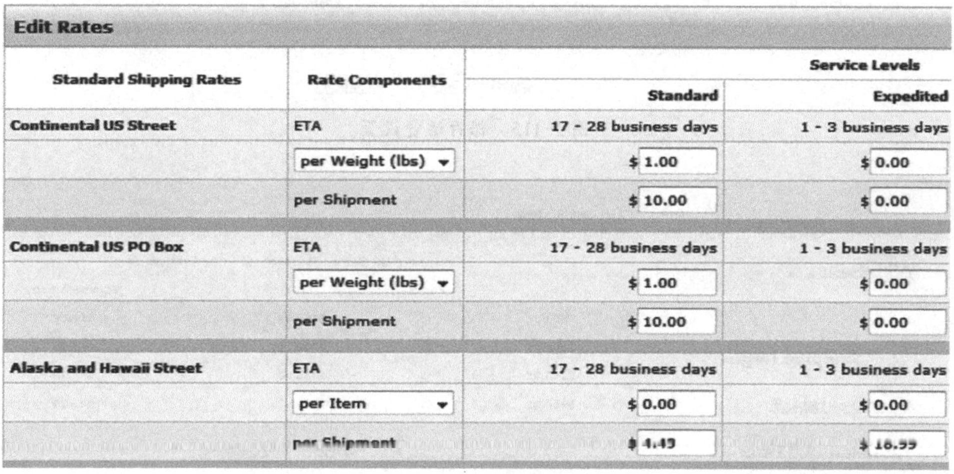

Edit Rates

Standard Shipping Rates	Rate Components	Service Levels: Standard	Service Levels: Expedited
Continental US Street	ETA	17 - 28 business days	1 - 3 business days
	per Weight (lbs)	$ 1.00	$ 0.00
	per Shipment	$ 10.00	$ 0.00
Continental US PO Box	ETA	17 - 28 business days	1 - 3 business days
	per Weight (lbs)	$ 1.00	$ 0.00
	per Shipment	$ 10.00	$ 0.00
Alaska and Hawaii Street	ETA	17 - 28 business days	1 - 3 business days
	per Item	$ 0.00	$ 0.00
	per Shipment	$ 4.49	$ 16.99

图 5-113　配送费率设置

举例如图 5-114 所示，用标准配送服务运送到美国本土街道地区的运费是：按照重量每磅单价为 1 美元，每次快递的基本配送费用为 10 美元。计算方法为：商品重量（lbs）× 单价 + 基本配送费用，如果商品重量为 10 磅则收取 20 美元的总运费。如果把单价和基本配送费用设置为 0 则表示免运费。

设置好单价后点击“Continue”按钮，然后点击“Confirm”按钮保存运费设置，如图 5-115 所示。

● 按照订单总价阶梯式收取运费。点击“Change Shipping Model”按钮，在图 5-111 中选择“Price Banded”切换到按订单总价阶梯式收取运费方式。按照不同的配送区域范围和配送服务，设置好不同价格区间的配送费用后，点击“Continue”按钮，如图 5-116 所示。点击“Confirm”按钮确认保存。

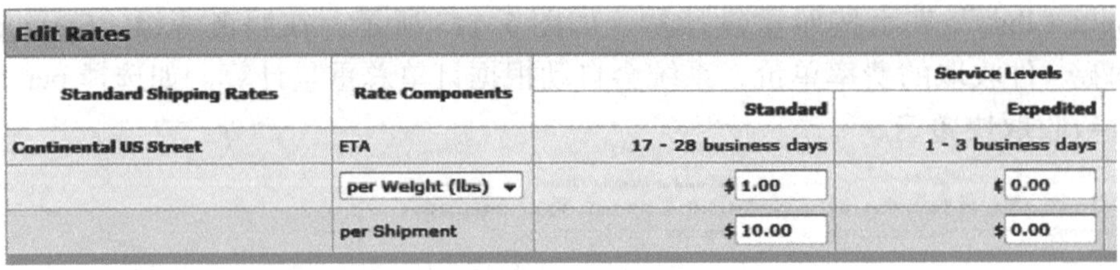

Edit Rates

Standard Shipping Rates	Rate Components	Service Levels	
		Standard	Expedited
Continental US Street	ETA	17 - 28 business days	1 - 3 business days
	per Weight (lbs)	$ 1.00	$ 0.00
	per Shipment	$ 10.00	$ 0.00

图 5-114　标准配送服务

Confirm Your Changes

Please confirm your new Rates. Blue bold text denotes a change to your current settings. The rates will go live approximately 4 hours after you confirm them. Learn more.

Current Rates

Standard Shipping Rates	Rate Components	Service Levels			
		Standard	Expedited	Two-Day	One-Day
Continental US Street	ETA	17 - 28 business days	1 - 3 business days	2 business days	24 hours
	per Weight (lbs)	$1.00	$0.00	---	---
	per Shipment	$10.00	$0.00	---	---
Continental US PO Box	ETA	17 - 28 business days	1 - 3 business days	---	---
	per Weight (lbs)	$1.00	$0.00	---	---
	per Shipment	$10.00	$0.00	---	---
Alaska and Hawaii Street	ETA	17 - 28 business days	1 - 3 business days	---	---
	per Item	$0.00	$0.00	---	---
	per Shipment	$4.49	$18.99	---	---
Alaska and Hawaii PO Box	ETA	17 - 28 business days	1 - 3 business days	---	---
	per Item	$0.00	$0.00	---	---
	per Shipment	$4.49	$0.00	---	---

Cancel　Back　Confirm

图 5-115　保存运费设置

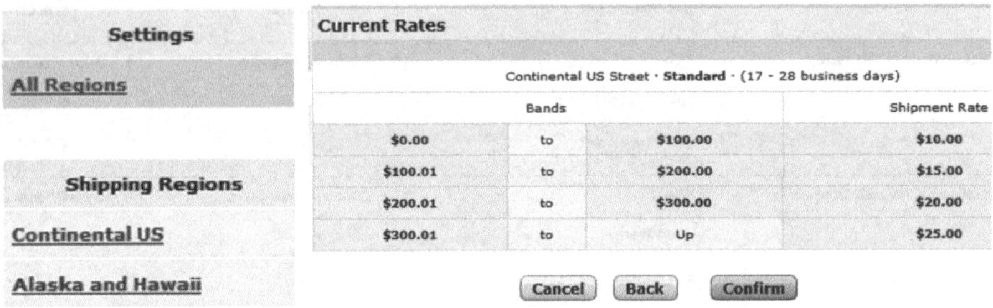

Settings

All Regions

Shipping Regions

Continental US

Alaska and Hawaii

Current Rates

Continental US Street · Standard · (17 - 28 business days)

Bands			Shipment Rate
$0.00	to	$100.00	$10.00
$100.01	to	$200.00	$15.00
$200.01	to	$300.00	$20.00
$300.01	to	Up	$25.00

Cancel　Back　Confirm

图 5-116　按照订单总价阶梯式收取运费

6）用户设置 User Permissions

卖家可以为自己的亚马逊账号设置多个操作员账号，并且可以设置操作员账号的权限。在“Add a New Seller Central User”中填入要添加的用户邮箱，点击“Send invitation”按钮，系统会自动给这个邮箱发送邀请邮件，用户收到邮件后单击邮件中的链接注册为亚马逊卖家操作员账号，如图 5-117 所示。

发出邀请后，被邀请人的邮箱会出现在“Invited Users”列表中如图 5-118 所示。

被邀请人收到邮件后点击邮件中的链接进行注册。注册后会收到系统发出的确认信以及确认代码，被邀请人需将此代码发给邀请人，如图 5-119 所示。

邀请人在后台核实确认代码后点击“Pending Users”列表里面的“confirm”按钮进行确认。成功确认后点击“Add user permissions”按钮可以对新用户设置权限，也可以在

“User Permissions”页面的“Current Users”列表中单击“edit”按钮进行编辑，如图5-120所示。

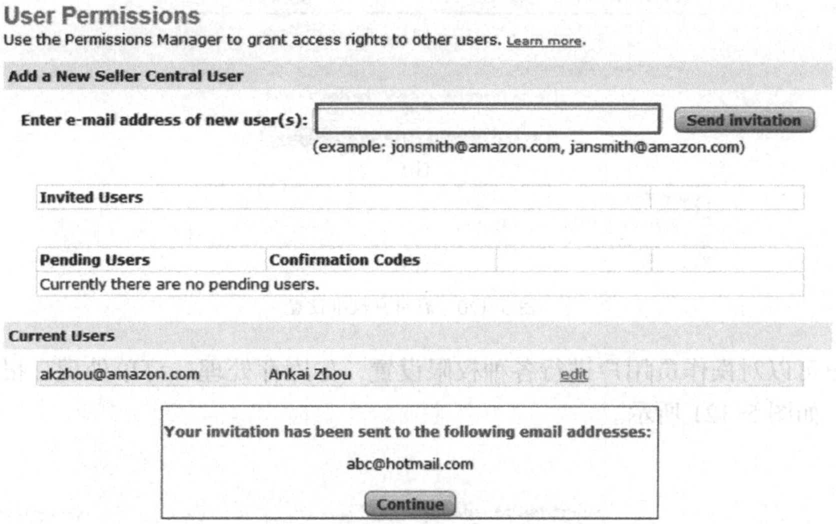

图 5-117　用户设置

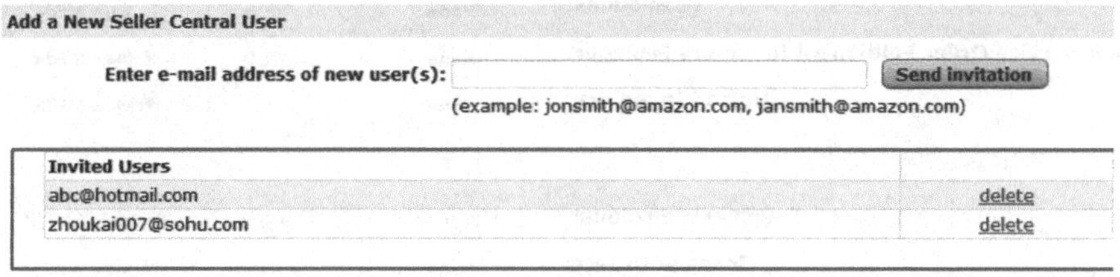

图 5-118　Invited Users 列表

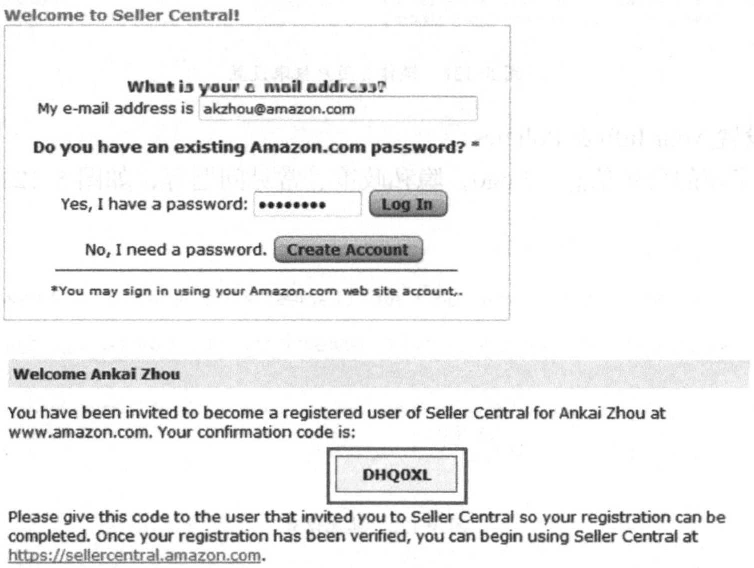

图 5-119　确认注册

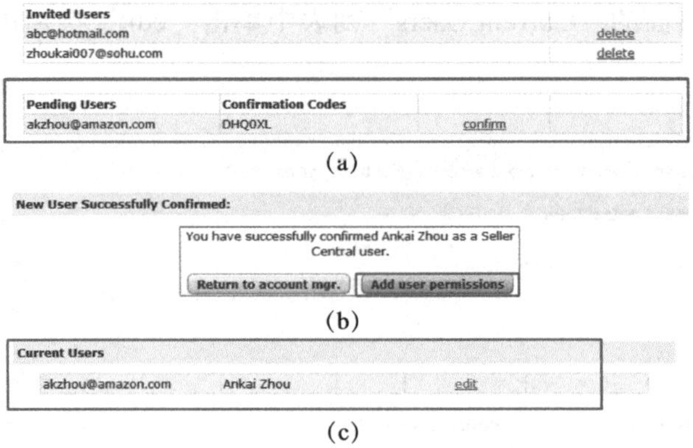

图 5-120　新用户权限设置

主用户可以对操作员用户进行各种权限设置，如库存处理、订单处理、报表处理、账户设置等，如图 5-121 所示。

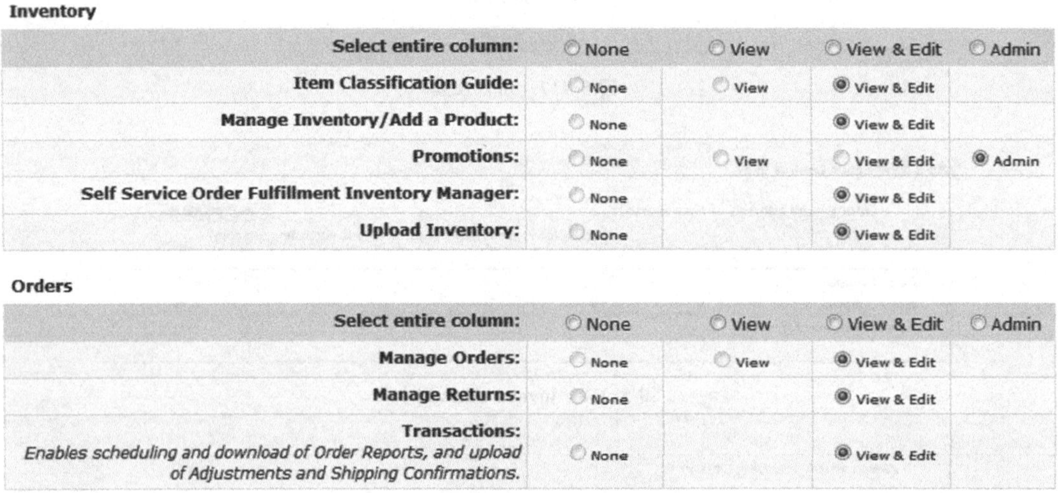

Inventory

Select entire column:	None	View	View & Edit	Admin
Item Classification Guide:	None	View	View & Edit	
Manage Inventory/Add a Product:	None		View & Edit	
Promotions:	None	View	View & Edit	Admin
Self Service Order Fulfillment Inventory Manager:	None		View & Edit	
Upload Inventory:	None		View & Edit	

Orders

Select entire column:	None	View	View & Edit	Admin
Manage Orders:	None	View	View & Edit	
Manage Returns:	None		View & Edit	
Transactions: *Enables scheduling and download of Order Reports, and upload of Adjustments and Shipping Confirmations.*	None		View & Edit	

图 5-121　操作员用户权限设置

7）其他设置 Your Info & Policies

可以设置卖家的公司信息、Logo、隐私政策、常见问题等，如图 5-122 所示。

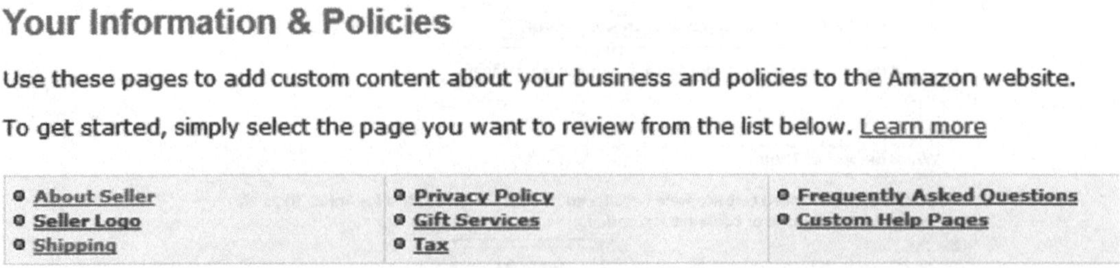

图 5-122　其他设置

点击“About Seller”，进入设置页面，此处可使用 HTML 代码编辑，如图 5-123 所示。

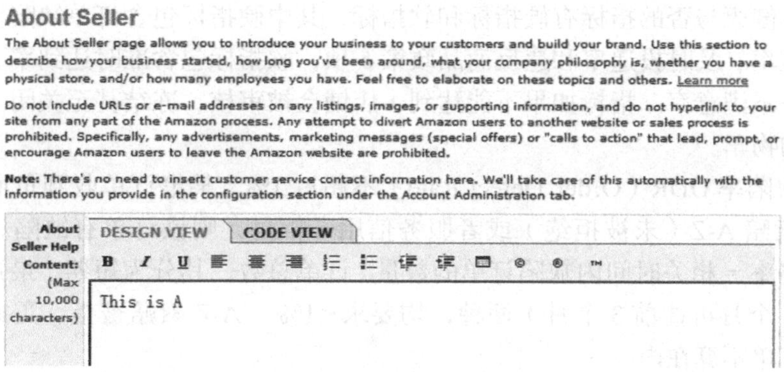
About Seller
The About Seller page allows you to introduce your business to your customers and build your brand. Use this section to describe how your business started, how long you've been around, what your company philosophy is, whether you have a physical store, and/or how many employees you have. Feel free to elaborate on these topics and others. Learn more
Do not include URLs or e-mail addresses on any listings, images, or supporting information, and do not hyperlink to your site from any part of the Amazon process. Any attempt to divert Amazon users to another website or sales process is prohibited. Specifically, any advertisements, marketing messages (special offers) or "calls to action" that lead, prompt, or encourage Amazon users to leave the Amazon website are prohibited.
Note: There's no need to insert customer service contact information here. We'll take care of this automatically with the information you provide in the configuration section under the Account Administration tab.
About Seller Help Content: (Max 10,000 characters)
DESIGN VIEW
CODE VIEW
This is A

图 5-123　“About Seller”设置

8）FBA 设置 Fulfillment by Amazon

点击每项设置下面的“Learn more”查看该项的解释，如图 5-124 所示。

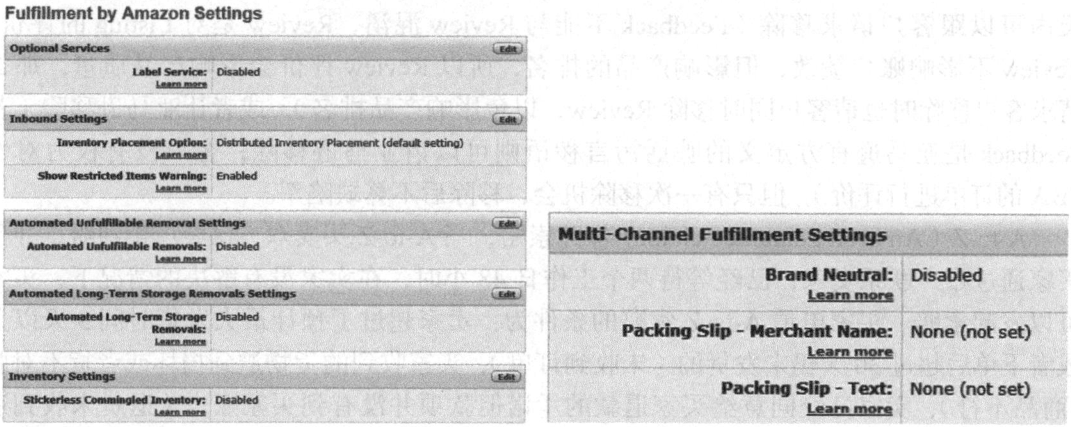
Fulfillment by Amazon Settings
Optional Services
Edit
Label Service: Disabled
Learn more
Inbound Settings
Edit
Inventory Placement Option: Distributed Inventory Placement (default setting)
Learn more
Show Restricted Items Warning: Enabled
Learn more
Automated Unfulfillable Removal Settings
Edit
Automated Unfulfillable Removals: Disabled
Learn more
Automated Long-Term Storage Removals Settings
Edit
Automated Long-Term Storage Removals: Disabled
Learn more
Inventory Settings
Edit
Stickerless Commingled Inventory: Disabled
Learn more
Multi-Channel Fulfillment Settings
Brand Neutral: Disabled
Learn more
Packing Slip - Merchant Name: None (not set)
Learn more
Packing Slip - Text: None (not set)
Learn more

（a）　　　　（b）

图 5-124　FBA 设置

3. 账户安全诊断

亚马逊账户状态分为以下几种情况：审核状态、活动状态、受限状态和暂停状态。活动状态下的账户，亚马逊会给出账户评分，如图 5-125 所示。如果账号的图表显示为绿色对钩标记，那么账号就是健康的，而且是优秀的，表示您为买家提供了良好的购物体验，达到亚马逊标准；如果账号图表显示为黄色感叹号，表示账号状态一般，并且未达到标准，应立即查看，可能有负面反馈和索赔；如果标记为红色叉叉，代表账号状态差，表示未达到标准，需要立即改善。

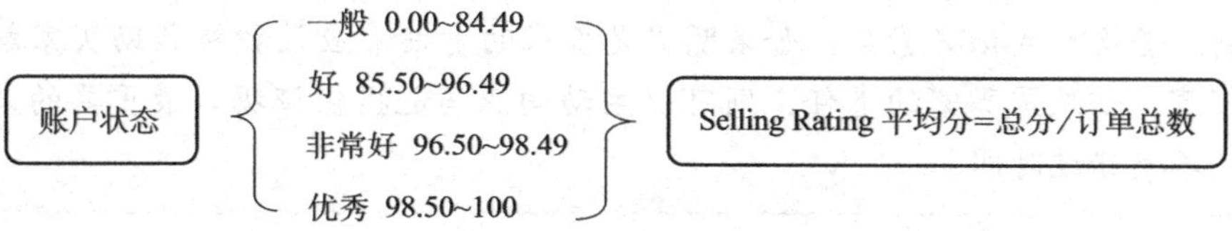
账户状态
一般 0.00~84.49
好 85.50~96.49
非常好 96.50~98.49
优秀 98.50~100
Selling Rating 平均分=总分/订单总数

图 5-125　账号状态

判断账号健康与否的指标有硬指标和软指标，其中硬指标包含订单缺陷率、订单取消率、发货延迟率、及时投递率和违反商品政策 5 项，软指标包含准时达到率、退货不满意率、客户服务不满意率。指标如果不能达到，店铺会被审核、冻结甚至关闭。若账户不健康就不会有购物车。

①订单缺陷率 ODR（Order Defect Rate）不超过 1%。某笔订单收到负面反馈、亚马逊商城交易索赔 A-Z（未被拒绝）或者服务信用卡拒付，则该订单有缺陷。其计算公式为：订单缺陷率 = 相关时间内缺陷订单的数量 / 订单总数，其分为短期（最近 3 个月）和长期（最近 3 个月再往前 3 个月）两种，均要求 <1% 。A-Z 索赔被拒、买家主动取消且没有退款的订单不算在内。

ODR 包含 3 个方面：一是负面反馈 Feedback（1～2 星差评），二是 A-to-Z 保障索赔（Claim 纠纷），三是信用卡拒付。

如果反馈中有产品评价的负面反馈（也就是差评），在一两天内可以移除，因此要每天进店铺检查；客户在收到货物 90 天内系统都允许发 Feedback，在客户给出差评 60 天内可以跟客户请求移除（Feedback 不能与 Review 混淆，Review 是对 Listing 的评价，Review 不影响账户绩效，但影响产品的排名，所以 Review 评价会影响产品质量，那么请求客户移除时也请客户同时移除 Review，以免影响产品排名），或者让亚马逊移除（若 Feedback 是亚马逊官方定义的脏话污言秽语则可以请亚马逊移除；客户没有权力对发 FBA 的订单进行评价），但只有一次移除机会，移除后不算缺陷率。

A-to-Z（Amazon guarantee claim）保障索赔，当 A-to-Z 买卖双方已经产生纠纷，并且买家通过账户联系卖家，已经等待两个工作日 48 小时，在卖家没有解决的情况下，买家可以发起索赔。买家申请 A-to-Z 索赔的条件为：卖家超过了预计最大发货时间 3 天以上或者下单后超过 30 天仍未发货的（未收到订单）、买家收到的货物遭到损坏或者货不对版（商品不符）、卖家已经同意给买家退款的承诺但款项并没有到买家账户（退货未收到退款）、被拒绝退货。卖家处理 A-to-Z 的时间是 3 天（原先是 7 天）。A-to-Z 只考核自发货，有些 A-to-Z 会被拒绝，如：若买家拒收包裹单没有提供退包裹的跟踪号的、已经退款给买家的。

信用卡拒付索赔 chargeback，可能是服务不好导致买家信用卡拒付，也可能是欺诈，如果是盗卡则不影响权重，与卖家无关。服务不好导致买家信用卡拒付的条件是未收到货（FBA 发货与卖家账户无关，而自发货情况则要计算在内）、货不对版、多次扣款（不影响权重，与卖家无关）等。

【Tips】卖家如何应对 A-to-Z：当买家的 A-to-Z 索赔尚未被核准受理时，卖家可以采取立刻全额退款的方式解决 A-to-Z 的投诉；在有些情况下，即使亚马逊已经核实了买家的赔偿要求，但此调查还在进行中，所以卖家还需要继续配合并提供卖家应提供的资料；若收到 A-to-Z 索赔，如果明显是卖家的责任，应该积极帮助买家解决，并退款给买家；如果是买家的责任，则可以主动向亚马逊提供证据。最重要的是关注提醒信息，不要错过时间。

②订单取消率（Cancellation Rate），要求其值不超过 2.5%。因为库存不足或某种原因，卖家主动取消了买家的订单，其计算公式为：

订单取消率 = 确认发货前卖家取消订单数 / 所有订单数（买家自己申请要取消的订单除外）

订单有两种取消方式：

• 买家取消，比如客户下错单的情况，一定要让客户主动取消，并尽量在半小时之内取消；

• 卖家取消，主要是库存不足难以在承诺时间内完成配送而取消订单的。过高的配送取消率将导致卖家账户权限受损，因此要实时监控库存。

③发货延迟率（Late Shipment Rate），要求低于 4%。其计算公式为：

发货延迟率 = 发货延迟的订单数（Expected Ship Data）/ 总订单数（指自发货订单）

④及时投递率（或称有效追踪率，On-time Delivery），要求其值大于 97%。此项指标也仅针对自发货的情况，要求卖家必须及时发货和投递，运单号能被跟踪。订单处理并填写发货通知后 48 小时之内必须有物流跟踪信息。此项如果不能达标，将可能被移除该分类的销售权限。不过有效跟踪率不包括小包类物流。

⑤违反商品政策（Policy Violations）。比如关联、侵权、卖假货，严重的话会被封店铺，甚至可能影响商品入境美国。这个指标是累计的，很难撤销，因此卖家同样需要认真对待。

账号关联指的是每一个卖家只能有一个账号，否则会进行关联。如果存在经营相同产品的账号一定要移除其中一个，经营不同产品的可以保留，但会被关联。关联的因素有：电脑、网线、网卡、路由器、cookies、账户信息（公司法人等资料）、店铺产品信息（产品相似度 80% 以上）。

侵权包含侵犯版权、商标品牌、外观专利、发明专利等知识产权等。卖假货中的假货包含 fake、counterfeit、fraud（N.）、defraud（V.），如果在这些方面有投诉之后，卖家可以申诉。

⑥准时达到率（>97%），在设置的时间内送达。

⑦退货不满意率。买家向卖家提供退货请求，卖家 48 小时内未回复或者错误拒绝买家而收到的负面反馈所占的百分比；其值要求 <10%，过高会影响账户的健康状态，其包含以下三方面：

• 负面退货反馈率。收到负面买家反馈的有效退货请求所占的百分比。降低的方法有自动批准退货、每日检查是否有退货请求、迅速回复、解决买家提出的问题、监控负面反馈；

• 延迟回复率。48 小时内必须回复买家的退货请求；

• 无效拒绝率。

⑧客户服务不满意率。“买家与卖家消息”中回复表示不满意的买家所占的百分比，其值要求 <25%。其包含 24 小时回复次数（要求 >90%）、延迟回复率（要求≤10%）、平均回复时间。卖家如果发现时间延迟了，可以点击无须回复后尽快联系客户。

【Tips】对于差评，Amazon 系统有“品质问题”和“沟通问题”两种。但是因为跨境沟通不变且沟通体验并不十分方便，所以如果产品不是很贵，很多客户会感觉懒得退，也懒得沟通，还不如直接留个差评方便。为了避免因为“沟通问题”造成的误判，Amazon 对产品描述部分进行了大幅修改，这主要包括：A+ 图文详情页面的权限开放、产品说明书的上传。

4. 亚马逊品牌注册（GCID 备案）Amazon Brand Registry

①为什么要做品牌备案。商标注册并在亚马逊品牌备案，获得 GCID Key Attribute 之后，就不需要再用 UPC 码来发布产品，可以省去购买 UPC 码的费用，但品牌备案的作用远不止于此。

首先可以保障账号正常运营，不会因为投诉导致账号受限或挂掉。注册了商标，可以在亚马逊的例行审查中占据主动位置。比如因为被用户投诉或系统检测，被系统认为卖家产品是不真实的（Inauthentic），系统会通知卖家提交采购单据、发票等凭证来证明产品的真实性。对于没有注册商标并且是随意取了一个品名发布产品的卖家来说，这种自证操作非常困难。但如果卖家已经注册了商标，则可以在提交采购单据的同时，再说明自己的产品是自己拥有商标然后委托 OEM 工厂代工的，不存在侵犯别人权益的行为，申诉就可以获得通过。

其次可以保护自己的 Listing，避免在打造出热销产品后被跟卖到无利润的白炽化竞争。完成 GCID 备案后，可以有效地防止被跟卖。因为亚马逊系统允许跟卖，平台上有大量依靠跟卖求生存的卖家，一条卖得好而同时没有注册商标的 Listing 绝对是跟卖卖家的主要对象，因为在此情境下，Listing 的发布者的反抗和驱逐行为显得很无力，而平台也会因为卖家没有充分的资料而不处理。但如果注册了商标，做了 GCID 品牌备案，此时再遭遇跟卖事件，卖家就多了许多应对的措施，可以对跟卖者发起警告，向亚马逊直接投诉，平台也会给以更积极的回应和处理。虽然注册了商标并不能做到百分之百地防止被跟卖，但占有的主动权明显增强了不少。注：R 标可以投诉其他卖家卖假货以预防跟卖，TM 标暂时不能。

再者可以更好地营销产品。注册了商标并做了 GCID 备案的卖家，可以在 Listing 中增加图片和视频，做 A+ 页面。根据 Amazon 统计，通过 A+ 页面转化率可以提升 40% 以上，A+ 图文页面的确对于单量提升有着直接的促进作用，同时可以减少差评。更多的图片，更生动的展示，都是提高转化率的有效工具，目前这些都是做了 GCID 品牌备案的卖家的专属权。

最后可以帮助打造品牌，实现长远发展。帮别人卖和卖自己的品牌，在经营的心境上是完全不同的，就相当于帮他人经营公司和帮自己经营公司的区别。注册商标后，卖家会不自觉地用心去培育这个品牌，有了目标和方向，树立了更高的标准，开始为梦想而更用心地打拼，从而在运营的路上走得更坚定。

②如何做品牌备案。在选品前，就可以注册商标并用来做亚马逊 GCID 商标备案。注意必须做对应站点和国家的注册与备案。如果做亚马逊美国站，则应向美国商标局提交申

请，如果做欧洲站就需要在欧洲国家申请注册商标。

【延伸】UPC（Universal Product Code）商品通用编码，适用的国家有美国和加拿大。在 Amazon 上可以通过 UPC 搜到对应产品。上传产品的必备元素后，可以在官方或者淘宝上购买，每条 0.5～1 元，不能被用过，否则会被认为关联 13 位 EAN；EAN（European Article Number）是欧洲用商品通用条码，与 UPC 近义。如果一个卖家在 amazon.com 和 amazon.co.uk 同时销售产品，可以将美国站的 UPC 当成 EAN 填入英国站，这样可以提高刊登产品的效果; ASIN（Amazon Standardentification Number）亚马逊标准识别码，每个亚马逊经销的商品都有唯一一个对应的 10 位 ASIN 编码，相当于 SKU，由亚马逊平台自动生成; GCID（Global Catalog Identifier，Amazon）内部生成的品牌标识符，当你的品牌在 Amazon 成功备案后，平台会提供一个 Key Attribute，Amazon 也会自动分配独一无二的 Global Catalog Identifier，也就是 GCID，16 位字符，包括字母和数字，如 5C5D36E689E591FF。

向美国商标局提交申请并付款后的几个工作日内就可以在网站上查到商标备案信息，接下来还需要跟进一系列事项，比如初次申请的注册人提交信息时所选择的分类是否精准，申请提交后若有第三方发起异议需要做出回应的，商标局可能会要求你补充提交注册商标的信息，此时可以找一家专业正规的商标代理机构来跟进和完成。美国注册商标的费用大概是人民币 4000 元左右。

要进行 GCID 备案，则要先做好资料的准备工作，包含商标注册资料和证书（受理书 TM 需要一周到半个月即可拿到、注册证书 R 需要一年左右、授权书），品牌官网（不是店铺，而是具有交易功能的网站，要有产品 Listing、品牌简介 1000 字左右和品牌一致的网站域名、联系电话地址等，网站要有购物车功能、搜索功能，品牌 Logo 在左上角，与网站一致的网站域名，about 介绍品牌电话地址等），以官网域名为后缀的企业邮箱，带 Logo 的产品图片和产品包装图片，总之，这些内容就是为了证实卖家确实拥有这个商标，且已经以这个商标生产了产品。

准备好资料，在卖家中心后台直接搜索 Amazon Brand Registry 就可以进行在线申请了，如图 5-126 所示。

图 5-126 在线申请

再提交产品图片（10 张以上小于 1.5MB 的有品牌 Logo 的图片）、包装图片（10 张以上小于 1.5MB 的有品牌 Logo 的图片）、Logo 图片、品牌网站链接（速卖通等链接不符合要求）、品牌社交网站页面（可以建个 Facebook 页面）。

GCID 和 UPC 要有选择地填写如图 5-127 所示。

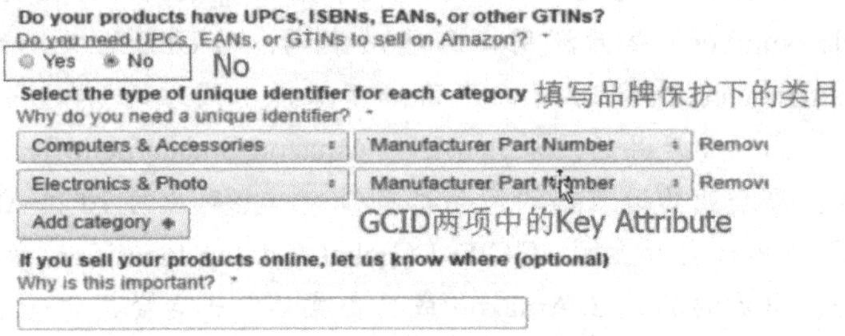

图 5-127　GCID 和 UPC 的填写

备案时，亚马逊会让你选择 Key Attribute，比如 UPC、EAN、JAN、Manufacturer Part Number（即制造商零件号）、Style Number（款号）、Model Number（型号）、Catalog Number（目录编号）等，这些就是 Key Attribute（关键属性），简写为 KA。建议选择除 UPC/EAN/JAN 之外的关键属性备案，如图 5-128 所示。

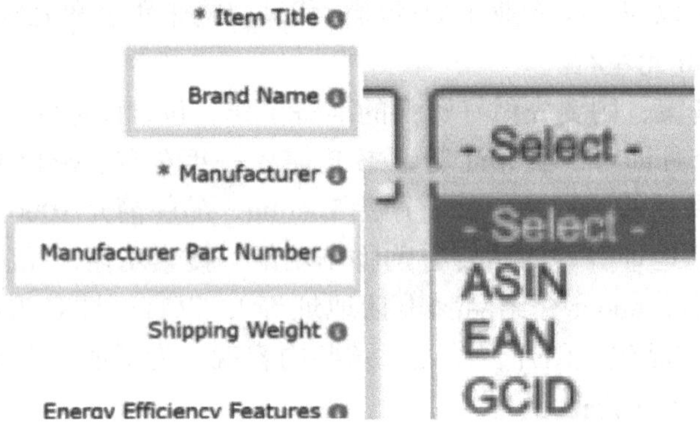

图 5-128　备案

这些信息要与上架 Listing 时一一对应。比如备案时，在“Key Attribute”中选择了“Model Number”，上架产品时填“Brand Name”及“Model Number”，之后在“Product ID Type”中选择 GCID 或留空，此时不必填写具体的 GCID，也不用填写 UPC，上传成功后 GCID 会自动生成；同理在备案时，在“Key Attribute”中选择了“Manufacturer Part Number”，上架产品时填“Brand Name”和“Manufacturer Part Number”，之后在“Product ID Type”选择 GCID 或留空，此时也不必填写具体的 GCID，也不用填写 UPC，上传成功后 GCID 会自动生成。

产品品牌备案成功后，就会收到亚马逊回复给你的邮件。收到这封邮件之后，便可以在 48 小时后，批量上传的产品都会自动生成 GCID 码，如图 5-129 所示。

点击卖家后台“INVENTORY”下拉菜单中的“Inventory Reports”进入库存报告页面如图 5-130 所示；在“Inventory Reports”页面的报告类型下拉列表中选择“Active

Listings Report”，然后点击“Request Report”；当报告生成后，请将 TXT 文本内的信息复制到 Excel 内进行查看；在报告中找到 W 列（Product-id 列）。如果卖家的商品已分配了 GCID，则将在该列内看到一个由 16 位字母和数字组成的编码（不含空格或连字符）。对于新上架产品，Listing 中已经填好“Brand Name”和“Key Attribute”信息，系统会自动分配 GCID；而已上架产品，之前在 Listing 中没有这两项信息，为了让商品分配到 GCID，需要使用模板来更新商品信息，系统才会分配 GCID。

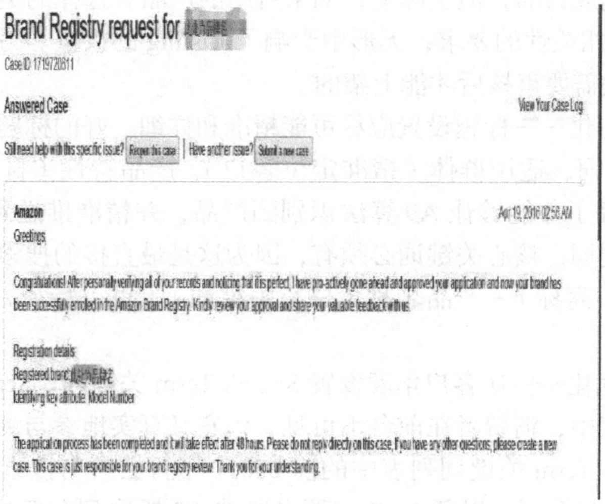
Brand Registry request for
Case ID 1719720811
Answered Case
View Your Case Log
Still need help with this specific issue?
Reopen this case
Have another issue?
Submit a new case
Amazon
Apr 19, 2016 02:56 AM
Greetings
Congratulations! After personally verifying all of your records and noticing that it is perfect, I have pro-actively gone ahead and approved your application and now your brand has been successfully enrolled in the Amazon Brand Registry. Kindly review your approval and share your valuable feedback with us.
Registration details
Registered brand:
Identifying key attribute: Model Number
The application process has been completed and it will take effect after 48 hours. Please do not reply directly on this case. If you have any other questions, please create a new case. This case is just responsible for your brand registry review. Thank you for your understanding.

图 5-129　自动生成 GCID 码

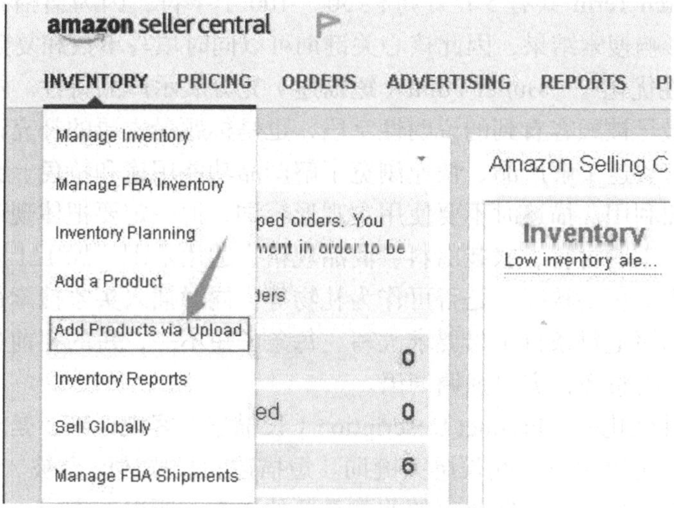
amazon seller central
INVENTORY
PRICING
ORDERS
ADVERTISING
REPORTS
Manage Inventory
Manage FBA Inventory
Inventory Planning
Add a Product
Add Products via Upload
Inventory Reports
Sell Globally
Manage FBA Shipments
Amazon Selling C
Inventory
Low inventory ale...
0
0
6

图 5-130　库存报告

备案链接：美国站 https://sellercentral.amazon.com/brand/enroll；欧洲站 https://brandservices.amazon.co.uk/eligibility。

5. Listing 优化

Listing 优化包含的内容有：Item Title（产品标题）、Variations（变体）、Images（图

片)、Description(描述)、More Detail(更多信息)、Search Terms(五行关键词)。

从前面介绍的A9算法和亚马逊安全账户绩效中可以看到，Listing的内容影响到亚马逊搜索结果排名的高低，也影响着卖家安全账户绩效表现。亚马逊运营中的Listing优化，必须紧紧围绕Listing相关性和Listing表现优化来展开。

Listing相关性优化——类目选择一定要精准。有些卖家单纯为了追求“更好地冲击BSR排名，更快地成为Best Seller”的目的，故意把Listing创建在一些较小的类目，表面上来看，似乎可以达成目的，但实际上，如果自己的产品和选择的类目相关性不高，就会严重地违背A9算法相关性的要求，无形中影响了Listing的权重。另外请注意，不同站点下有些类目的产品是需要审核后才能上架的。

Listing相关性优化——标题设置应尽可能精准和详细。好的标题一般包含品牌名(防止跟卖)、核心关键词、适用群体(精准定位客户)、产品特性(材质、尺码、颜色、特点)等，标题设置好了才能够让A9算法识别到产品，并精准推送到潜在消费者的面前。标题中不要堆砌关键词，核心关键词必须有，因为这是最直接的搜索流量来源。好的标题构成为“品牌名称(商标)+产品名称(核心关键词)+重点特征/亮点+材料+颜色+尺寸+数量”。

Listing相关性优化——从客户角度设置Search Term关键词。Search Term关键词隐藏在后台的关键词列表中，消费者在前台不可见，但它又真实地参与到搜索中。根据亚马逊最新的规则，Search Term关键词列表中的前250个字符会参与搜索。所以，卖家一定要设置好Search Term关键词，以便Listing更多地被A9抓取到和匹配到潜在消费者面前。关键词设置时要从消费者的角度考虑，搜索和整理尽可能相关的关键词，以及与产品相关的热搜词汇。Search Term共有5栏，每栏50～100个字符，因为篇幅有限关键词不要重复，但单复数会影响搜索结果，因此核心关键词可以同时填写单数和复数形式。

Listing相关性优化——Bullet Point(短描述)充分展示产品特性。短描述是显示在商品售价的下面，最早被顾客看到的说明性字段，也是标题最主要的补充说明。短描述要求简单易懂方便买家快速了解产品、快速浏览了解产品功能用途和特色、突出产品卖点吸引顾客，因此应善加利用。描述时不要使用主观形容词，但一定要把体现商品性价比的特点罗列清楚，比如：主题材料、服装面料、商品规格、适用范围、加工工艺、容量、使用方法、工作环境要求、包装状况、是否可作为礼物等。同时插入买家搜索最多的关键词，每行500个字符，书写上每条首字母要求大写、每条长短不一，短的在前长的在后，每条前加上特殊符号以显得整齐，突出强调词语。

Listing相关性优化——Product Description(长描述)客观详细，是对描述的补充，同样关键词不能少，可以多放一些长尾关键词。短描述和长描述既会被A9抓取，同时也是打动和说服消费者，进而提高转化率的非常重要的内容，所以，卖家一定要用心撰写，谨慎对待。卖家需要考虑以下几方面的要素：关键词(产品的关键词一定要恰当地使用)、说服力(要想方设法用可读性强的直观感性的语言去打动消费者)、格式(小段落、空行和每个部分的形式等)。

Listing表现优化——产品价格是决定Buy Box归属的主要因素。低价一直以来都是亚马逊自身和其他对手竞争中制胜的法宝。对于亚马逊卖家来说，不要抱着消费者“钱多人傻”的心态漫天标价，要想在竞争中取胜，获得平台更多的流量，有竞争力的价格必不可少。当然低价也要设得合乎常理，有竞争性即可，否则会被亚马逊平台判定为产品低质。

Listing 表现优化——产品图片“高大上”。网络购物差不多就是顾客看图购物，产品图片尤其是产品主图在运营中至关重要。主图上不可以带任何其他文字，不能手绘，不能加水印和 Logo，不能包含裸体等信息，卖家要想 Listing 图片获得更多的曝光和流量，一定要严格遵守这些亚马逊的要求。当然在平台基本要求的基础上，尽可能做到美观、有质感，并能从多角度和不同细节去展示产品信息，引起客户的购买欲望，对于点击率和订单转化率的提升自然是大有裨益的。一些类目对图片还有特殊要求，比如鞋子，它要求拍人物的左脚。

Listing 表现优化——订单转化率良性上升。不同的 Listing 在订单转化率方面也会不同，更高的转化率在 A9 算法看来就是更符合消费者的需求，会在随后的推送中给以更多的曝光，分配更多的流量，形成良性循环。

Listing 表现优化——产品 Review 量和质都要把握。产品 Review 既是 Listing 看重的一个权重要素，也是消费者非常在意的一个口碑要素。更多的 Review 数量，更好的 Review 星级，都是亚马逊卖家运营中应该长期关注的变量。Review 数量的多与少，好与坏，都会反馈到产品的转化率和销量上。

6. A+ 页面

所谓 A+ 页面就是图文版商品详情页面。通过它，你可以使用额外的图片和文本进一步完善商品描述部分，如图 5-131 所示。其前提是卖家通过 Amazon 的品牌注册（Brand Registry）。

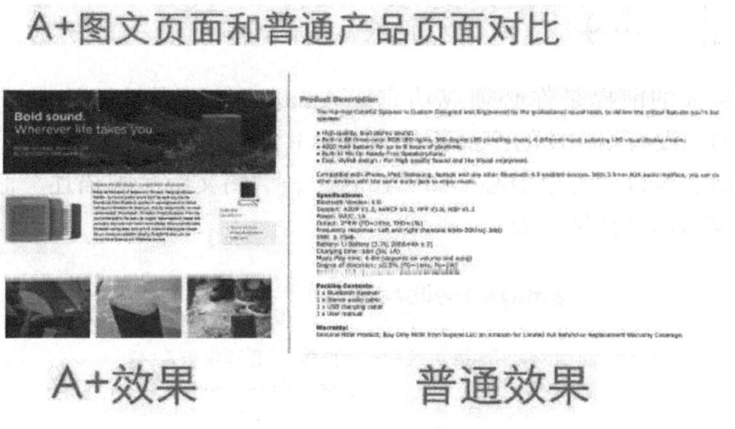

图 5-131　A+ 页面

A+ 页面看上去简单，实际上它会对 Amazon“页面转化率”产生深远的影响。

①把 Amazon 产品页面上以往没有人注意的产品描述（Product Description 也叫长描述）变成了展示品牌和产品优势的黄金位置。

②充分体现你的品牌、产品细节、公司理念。

③ A+ 页面更加美观，使得带有 A+ 页面的产品转化率（Conversion Rate）比普通产品高出 40% 以上（亚马逊数据）。

基于以上的优势，很多卖家已经开始使用 A+ 页面了。A+ 页面示例如图 5-132 所示。

Bold sound.
Wherever life takes you.
BOSE SOUNDLINK COLOR
BLUETOOTH SPEAKER II
Ready-for-life design. Larger-than-life sound.
A day on the beach. A barbecue in the park. Hanging with your friends. It's hard to predict where you'll be each day, but the SoundLink Color Bluetooth speaker II was engineered to deliver bold sound wherever life takes you. And by ready-for-life, we mean marine-tested. Drop-tested. UV-tested. Simplicity-tested. From the pool to the park to the patio, its rugged, water-resistant design lets you enjoy the music you love in more places. Voice prompts make Bluetooth pairing easy. And up to 8 hours of listening per charge lets you keep your playlists playing. Despite its size, you can always have Bose sound. Wherever you are.
In the box
Included items:
SoundLink Color Bluetooth speaker II
USB cable
Big sound, packed in
Enjoy bold, wireless sound wherever life takes you. As a product of Bose engineering, and thanks to dual opposing passive radiators, it pumps out sound while keeping vibration to a minimum. The result? It rocks your world without moving an inch.
Splash resistant
IPX4-rated water resistance. Plus since Bose always takes testing above and beyond, these are tested against water sprayed in all directions for 5 minutes straight—like getting caught in a heavy rain storm. So spend the day enjoying your music at the pool, no worry involved.
Rugged, soft-touch silicone exterior
With a body constructed of durable materials, it features a rounded and compact shape that fits easily into your bag or backpack.

图 5-132　A+ 页面示例

设置 A+ 页面的前提是你必须成功完成 Amazon 品牌保护的注册（Brand Registry），并获得了 GCID，没有 GCID 的产品不能创建 A+ 页面。完成 Amazon 品牌注册后，就可以创建 A+ 页面。执行“卖家中心”→“广告”→“图文版品牌描述”命令，如图 5-133 所示，进入图文版商品详情页面。

amazon seller central
库存
定价
订单
广告
数据报告
广告活动管理
图文版品牌描述
秒杀
管理促销
图文版商品
面
通过图文版商品描述
创建图文版商品
我们提供了多种模板，

图 5-133　“图文版品牌描述”命令

首先，确定你创建的产品是在申请 Amazon 品牌保护的类别发布的，没有使用 UPC 或 EAN，而通过 GCID 创建，如图 5-134 所示。

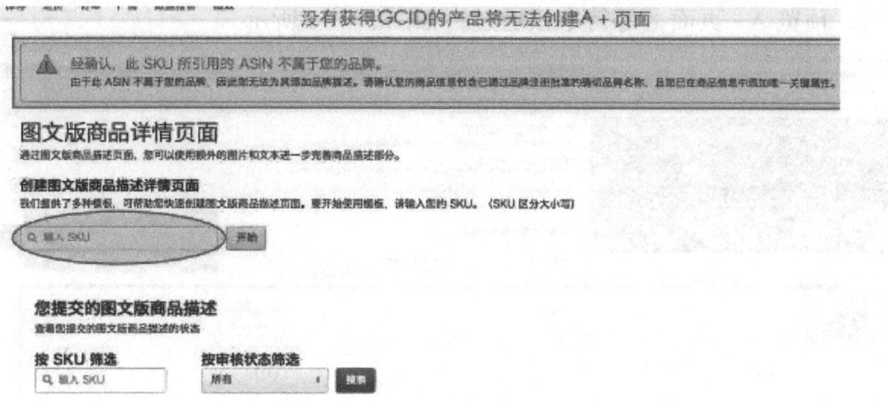

图 5-134　通过 GCID 创建

其次，选择模板，顶部 Banner 图片和产品细节图片非常重要，所以在选择模板时强烈建议选择模板 2～模板 4，然后添加产品内容（注意文字与图片的搭配效果，不要图片太大文字太少），如图 5-135 所示。

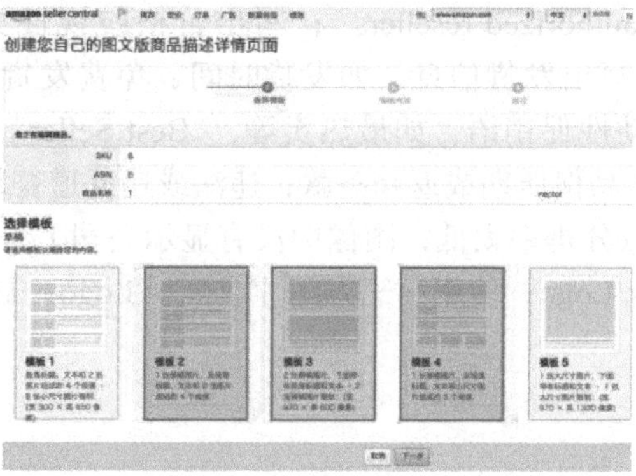

（a）

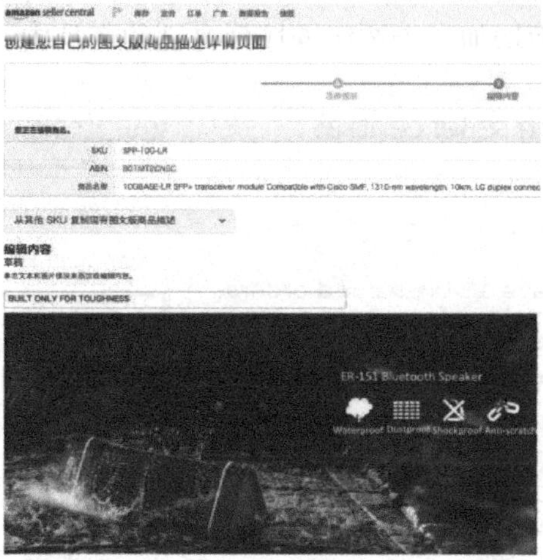

（b）

图 5-135　选择模板及添加产品内容

最后，预览 A+ 页面，等待审核通过，如图 5-136 所示。

(a) (b)

图 5-136 预览 A+ 页面

A+ 页面递交后 Amazon 会在 7 个工作日内进行审核，并决定是否允许发布（实际上 2 个工作日内便可以给出结果）。要说明的是它并不是很容易就能审核通过的，其原因主要在于“文字表述”和“图像问题”不合格。

文字表述方面：介绍自己是卖家或分销商，并给出公司的联系方式；写出排他性文字，如“only sold by authorized resellers”；写出价格歧视性文字，如最便宜的产品，“cheapest on Amazon”；写出发货信息，如发货时间、免费发货等，“Free shipping”；图像中使用水印；写出煽动性促销语，如最热卖等，“Best Seller”“On Sale”；写入客户评价或其他广告语；写入产品保质期或返修条款；违法或违反道德表述。

图像问题方面：图像分辨率太低；图像中没有显示公司 Logo 或产品；重复同样的图片；模仿亚马逊的图片或 Logo；使用第三方图片或公司 Logo；显示公司联系方式或网址；裸露或充满暴力图片。

7. 跟卖与反跟卖

跟卖是亚马逊独有的形式，卖家自己不编辑图片等，直接可以出售自己想卖的产品，只需要定个价格。这是亚马逊独有的 Listing 机制。如果 A 卖家创建了一个产品页，其他同款卖家看见后可以在上面增加一个按钮链接到自己的产品中，如图 5-137 所示。

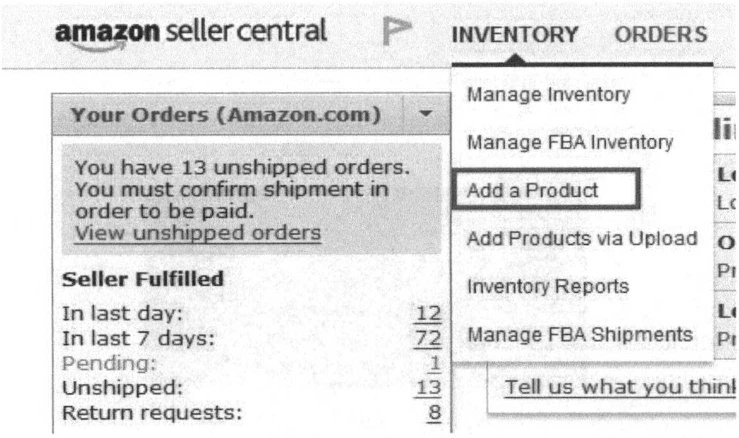

图 5-137 跟卖

跟卖产品可以提高产品的曝光率和成交量，也是新卖家快速出单的重要技巧。其前提是卖家跟卖的产品没有造成侵权。如果销售某品牌产品的卖家A申请了专卖权，卖家B跟了，轻则卖家A投诉至亚马逊（卖家B收到亚马逊的警告邮件或者产品被阻止上架），重则卖家B账号会被封。此外卖家跟卖的产品一定要与对方卖家的一样，最好不要出现图片不符的现象，否则投诉率也会上升。

跟卖的优势有：

- 不用自己制作页面，几秒钟就可以搞定；
- 商品的出价会立即出现在排名靠前的Listing中；
- 跟卖大流量的Listing不仅可以迅速提升跟卖产品的销量，还可以带动店铺其他产品的销量。

跟卖的风险有：

- 容易被Listing所有者投诉侵权，一旦投诉成功账号就会被封；
- 直接引发价格战，导致利润低。

跟卖建议如下：

- 要确保自己的商品和跟卖的Listing描述完全一致；
- 跟卖时尽可能设置较低的价格，价格越低被加入购物车的可能性越高；
- 选择跟卖比较多的Listing，如果一款产品销售好又没有人跟卖，极有可能是有品牌保护的，这个时候千万不要冒着侵权的风险去跟卖；
- 了解产品是否是注册品牌，可以在网上搜索或者去商标网站查看，主要通过Google搜索；
- 如果被投诉侵权要立刻取消跟卖，并且积极和对方沟通了解是否真实发生了侵权行为。

而对于被跟卖者而言，自然不希望有其他卖家跟卖。而且有些跟卖者并不会因为对方有注册品牌，或者被投诉会取消跟卖。因此对于被跟卖者而言，需要预防几种跟卖类型：新手卖家错误选择（发布的时候发布成跟卖了）、牛皮癣式跟卖（怎么投诉都没用）、恶意跟卖（一个Listing下有100个账号跟卖）、亚马逊仓库跟卖（FBA销售一些二手的产品）。

如果卖家想要做长期跨境电子商务业务，那么需要有长远企业战略发展思路，一般都会考虑如前面所提的跟卖行为，要注册商标做品牌备案。而亚马逊也非常鼓励平台上的卖家品牌化发展。因此对于这些卖家而言，需要掌握的不是如何去跟卖，而是如何防止跟卖。对于如何防止跟卖，有如下几个方法：

①事先预防法——不同产品组合让竞争对手无法跟上新商品的进度而无法跟卖。比如热卖产品＋库存多产品，把好卖的商品跟库存太多的商品结合在一起形成新的商品。假设某店铺的男孩Polo衫比较热卖，但男孩短裤相对销量不高，而且库存又特别多，可以参考图5-138（a）所示搭配销售；或者热卖＋冷门品组合，竞争对手没有的冷门品与热卖品结合成新商品。假设某店铺的汤匙比较热卖，但搅拌器用途狭窄，相对冷门，那么把它们搭配在一起，既能提高产品的整体销量，又能显示店铺的专业，方便消费者购买，如图5-138（b）所示；再或者热卖＋特殊品组合，针对特别族群的商品＋热卖品。假设某店铺的米妮老鼠纪念杯非常热卖，适合不同年龄层次的消费者，但米妮老鼠公仔因为实用性不强（适合儿童消费者）相对销量不高，可以参考图5-138（c）所示搭配销售以

提高销量。

②事先预防法——出售特色产品或品牌产品。有些卖家通过把自己的Logo印上产品或者包装上来防止其他卖家跟卖（因此产品Logo出现在产品中将有利于防止跟卖）如图5-138（d）所示；卖家如果已经注册商品，并且在亚马逊平台备了案，在标题中注明品牌名称，也将预防跟卖，因为一旦跟卖者跟卖这类有品牌的产品，容易被成功投诉。因此抢注商标，拥有产品专利，尤其是海外产品专利非常重要。

(a)　(b)　(c)　(d)

图5-138　事先预防法

③事后防止法——修改自己的Listing。其前提是目前你还有Listing编辑权，因为亚马逊认为，一个Listing一旦形成，就被认为不是卖家的，而是亚马逊平台的，不过编辑权还可以保留给卖家。如果卖家还拥有编辑权，那么修改Listing部分内容，并发邮件告知跟卖者。但这种方式，只能针对那些错把产品跟卖在你的Listing下的新手，对于牛皮癣式的跟卖者，没有任何效果，而且还有可能带来风险，因为跟卖仍旧存在，而因为修改带来实际产品与描述产品有不符的现象，从而交易出现问题，带来Listing下面的差评Review。

④事后防止法——毁掉自己的Listing。其前提也是你需要有编辑权，方式是删除图片，这样就会被禁售，不仅自己的产品禁售，跟卖的产品也被禁售。如果Listing下有变体，则可以拆开看，是否有Review。如果有，可以将那个变体Listing留下继续销售。这种情况适合于牛皮癣式跟卖和恶意跟卖，不过在预防跟卖的同时，也导致自身产品被禁售（当然产品可以编辑Listing后再上线）。

⑤事后防止法——Test Buy。用买家身份去购买跟卖者的产品，再给Amazon发邮件投诉跟卖，利用亚马逊保护买家的规则来维护自己的Listing，适合于牛皮癣式跟卖和恶意跟卖。这种方式周期较长，也需要较高的成本。

⑥向亚马逊投诉。其前提是向Amazon做过品牌备案，通过备案，且上架Listing时已经有GCID号。此时发现产品还被跟卖，可以进行投诉，打开卖家后台页面，拉到页面底部，点击“Contact Seller Support”，或者进入投诉入口（美国站：https://www.amazon.com/gp/help/reports/infringement；欧洲站：https://www.amazon.co.uk/gp/help/reports/infringement）。

如图5-139所示，在投诉Web页面中，前面部分的联系方式是给Amazon看的，因此必须填写真实信息；后面部分，则是给被投诉者看的，这里需要谨慎填写，以免被骚扰，而且这里的Email地址不能与卖家销售账号的信息有关联。这种方式是最高效的，适合于牛皮癣式跟卖、恶意跟卖和亚马逊仓库跟卖。

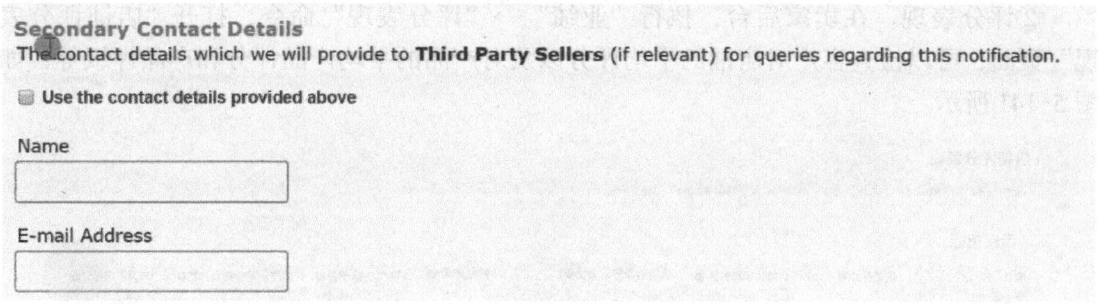

图 5-139 投诉 Web 页面

近年来，随着 Amazon 全球开店战略的实施，亚马逊在一些运营规则上不断修订，比如 2016 年推出 Exclusive 独家店铺店面（Amazon.com/exclusive），北美市场的中国卖家可以申请加入亚马逊独家计划，获得品牌建设工具、独家专卖店销售权、专属营销支持以及品牌保护等，其申请条件是有备案品牌、采用 FBA 物流，只在亚马逊和卖家自己网站上销售产品，且产品具有独特性。

5.2.3 Wish 店铺管理

1. Wish 店铺健康诊断

登录 Wish 商户平台后，可在首页查看一些基本数据指标，如待处理问题、平均订单评级、将在下一支付日收到的金额和因未确认配送而欠您的金额。Wish 店铺健康诊断页面如图 5-140 所示。

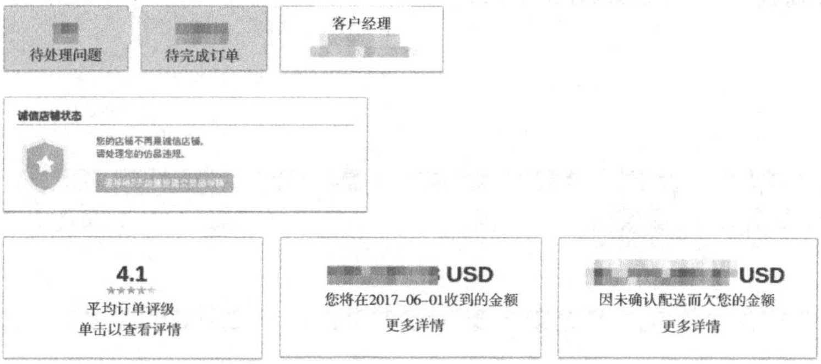

图 5-140 Wish 店铺健康诊断页面

卖家首先要去 Wish 店铺健康诊断页面查看店铺健康状况，主要有以下几个方面：

①账号活跃度。店铺日常的操作比如订单处理、客户问题与回复等都能产生被动活跃度，这些活跃度会让店铺产品产生基础流量；通过优化产品、更改库存、定时上架、参与 Product Boost 来获得主动活跃度。

Wish 的卖家都很清楚“铺货”的说法，大多数卖家希望通过这种广撒网方法经营，但 Wish 店铺是否健康首先要考察店铺是否每周持续上新，而非仅仅是上新产品数量，因此卖家应保证在选品编辑质量前提下，保持自己的节奏持续上新。

②评分表现。在卖家后台，执行“业绩”→“评分表现”命令，打开“店铺评分表现”页面，可以检查客户对店铺的平均评分以及对产品的平均产品评分和产品评级等，如图 5-141 所示。

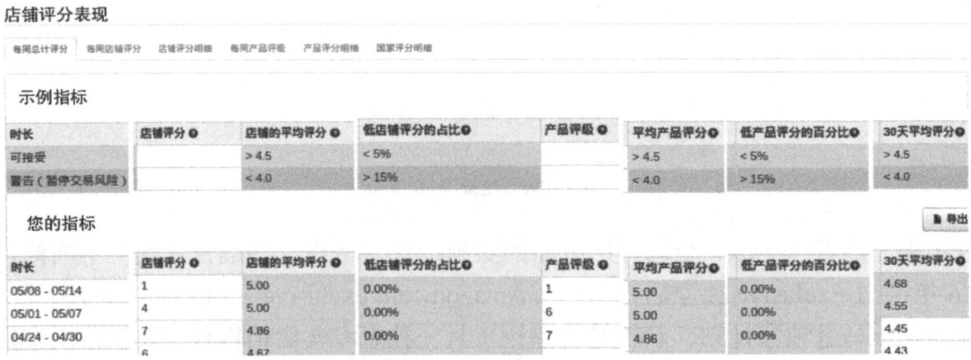

图 5-141 “店铺评分表现”页面

客户对店铺的平均评分，4.5 分为可接受的评分，低于 4 分则将被警告或暂停；此外低店铺评分的占比应小于 5%，超过 15% 也将被警告或暂停，这些数据呈现均不可逆，惩罚也不可逆，因此要时刻关注，并且要具体去看评价内容来提高好评率，当订单量越少的时候数据要越好，因为基数太低（如若订单数为 10，那么只要有 1 个低分订单占比就达到了 10%）。

为了提高评分，订单处理一定要及时，同时还可以在发货包裹中附上一些小礼物，包装更贴心等。

③物流表现。Wish 非常注重物流表现，对于物流的不同阶段，都设置了时间节点来进行考核。“物流表现”页面如图 5-142 所示。

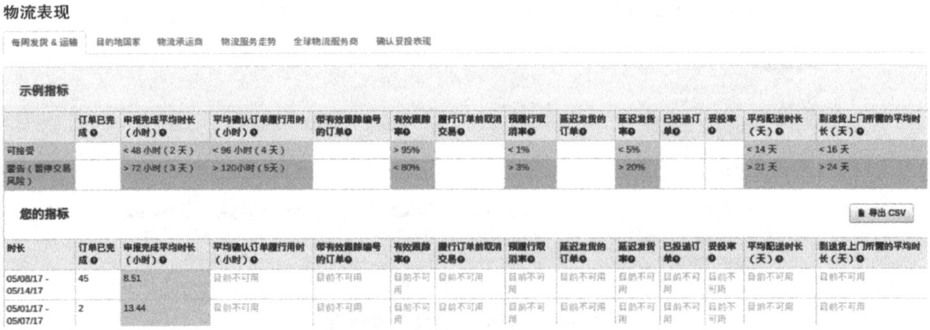

图 5-142 “物流表现”页面

申报完成平均时长（小时）：也就是填写物流单号的时间，在客户下单后 48 小时之内必须填写可以跟踪的物流单号。因为客户下单后到后台显示本身就要滞后几个小时，再加上时差问题，因此 Wish 卖家应每天关注订单，及时发货；

平均确认订单履行用时（小时）：平台要求出单后 4 天内物流信息要上网。因此要寻找可靠的第三方物流，保证达到这一指标；

延迟发货率：用时超过 4 天就意味着延迟，一周内延迟发货率应小于 5%，如达到

10% 会有警告，20% 会被警告甚至暂停。有些卖家希望更换物流公司，更改快递运单号，但注意如果前一个运单号上网了，则无法更改。

因此在订单的物流方案的选择上，要快不要慢，宁亏不赚也要保证能隔天跟踪物流的上网信息，此外还需要定期优化物流渠道，适度使用海外仓。

④退款率和妥投率。Wish 产品退款率的算法为：退款率 = 退款金额 / 总销售额。根据 Wish 的政策，退款率按产品退款率和店铺退款率来分别考核，而且退款率又分为极高退款率和高退款率两个级别来评判。

产品退款率主要看退款表现，退款表现中的退款率按周计算，商家可以通过不同退款原因导致的退款率及时在下一周的订单中进行改善。“退款表现”页面如图 5-143 所示。

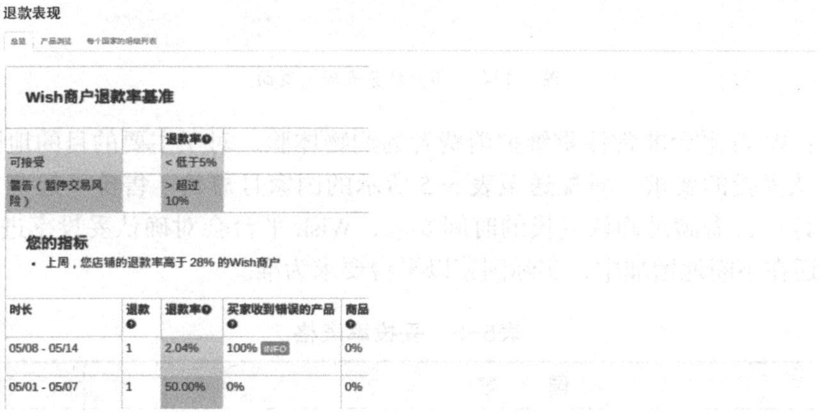

图 5-143 “退款表现”页面

退款的原因可能是物流配送时间长、产品原因（与描述不符、功能与描述不符、不完整订单、商品已损坏、商品不合适、商品质量问题）、卖家原因（无法履行、送到错误的地址）、买家误下单（Wish 客服会介入处理并询问该买家不下单是否同意，若未发货，可以回复：“请按照客户要求操作，请求 Wish 支持。”Wish 客服确认卖家没有发货的情况下会帮助直接退款；若已经发货，则回复“该订单已经发货，无法追回，无法更改。”Wish 客服不会给买家退款）。有些物流无法履行造成的退款，可能是产品问题，比如带电产品、带磁产品、液体膏状体产品，这些都可能存在物流风险。

每周退款表现一定不能飘红。卖家销售的每个产品都有两个为期 30 天（连续 4 周）的考核期，分别是 0 到 30 天，63 天到 93 天。如果两个连续 4 周退款率均超标，则要看退款率程度，可能会被要求承担全额退款责任甚至产品可能会被下架。

店铺退款率主要看用户服务表现，此处的退款率主要观察 30 天和 93 天两个时间段的退款率。目前 Wish 可接受的退款率是 8% 或者更低，极高退款率将面临关店的风险。因此卖家的目标应该是 <5%，而一旦两个数据均 >10% 会被警告，甚至封号暂停交易。“用户服务表现”页面如图 5-144 所示。

产品出现高退款率，该产品不会下架，但是该产品所产生的所有退单卖家需要承担 100% 的退款责任；店铺出现高退款率，店铺不会被关店，但是该店铺所产生的所有退单需要承担 100% 退款责任。

产品出现极高退款率会被系统自动下架，且该产品所产生的退单卖家需要承担 100%

的退款责任；店铺出现极高退款率会有关店风险，且店铺所有退单需要承担 100% 的退款责任。

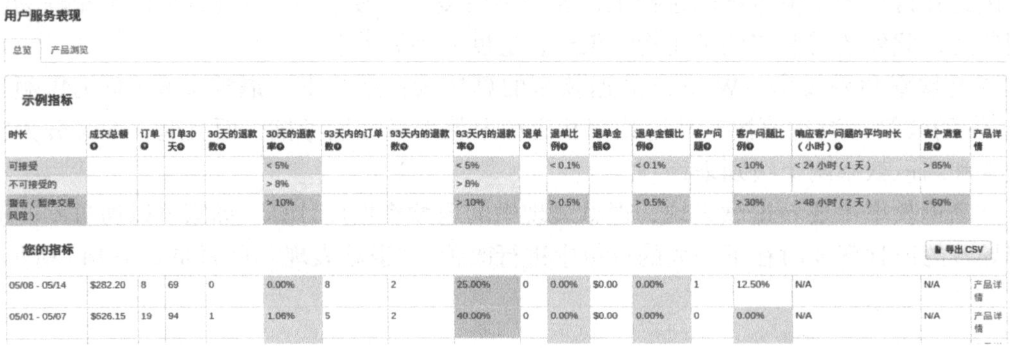

用户服务表现

总览　产品浏览

示例指标

时长	成交总额	订单	订单30天	30天的退款数	30天的退款率	93天内的订单数	93天内的退款数	93天内的退款率	退单	退单比例	退单金额	退单金额比例	客户问题	客户问题比例	响应客户问题的平均时长（小时）	客户满意度	产品详情
可接受					< 5%			< 5%		< 0.1%		< 0.1%		< 10%	< 24 小时（1 天）	> 85%	
不可接受的					> 8%			> 8%									
警告（暂停交易风险）					> 10%			> 10%		> 0.5%		> 0.5%		> 30%	> 48 小时（2 天）	< 60%	

您的指标　导出 CSV

时长	成交总额	订单	订单30天	30天的退款数	30天的退款率	93天内的订单数	93天内的退款数	93天内的退款率	退单	退单比例	退单金额	退单金额比例	客户问题	客户问题比例	响应客户问题的平均时长（小时）	客户满意度	产品详情
05/08 - 05/14	$282.20	8	69	0	0.00%	8	2	25.00%	0	0.00%	$0.00	0.00%	1	12.50%	N/A	N/A	产品详情
05/01 - 05/07	$526.15	19	94	1	1.06%	5	2	40.00%	0	0.00%	$0.00	0.00%	0	0.00%	N/A	N/A	产品详情

图 5-144 “用户服务表现”页面

妥投率：Wish 平台非常注重维护消费者的购物体验，对于主要的目的地国，Wish 对于配送有确认妥投的要求，对配送至表 5-5 所示的国家且总价（售价 + 运费）≥对应国总价阈值的订单，需满足确认妥投的时间要求，Wish 平台会对确认妥投率进行考核。确认妥投国家还在不断地增加中，实际国家以平台要求为准。

表5-5　妥投率表格

国　　家	总价阈值
美国、法国、德国、英国、西班牙、丹麦、瑞典、哥斯达黎加、南非	≥ $10.00
意大利、巴西、沙特阿拉伯	≥ $7.00
阿根廷	≥ $5.00
厄瓜多尔、墨西哥、智利、哥伦比亚、俄罗斯	≥ $3.00
加拿大	≥ $0.00

在卖家后台中还可以以时间为单位进行总体和趋势分析，如图 5-145 所示。

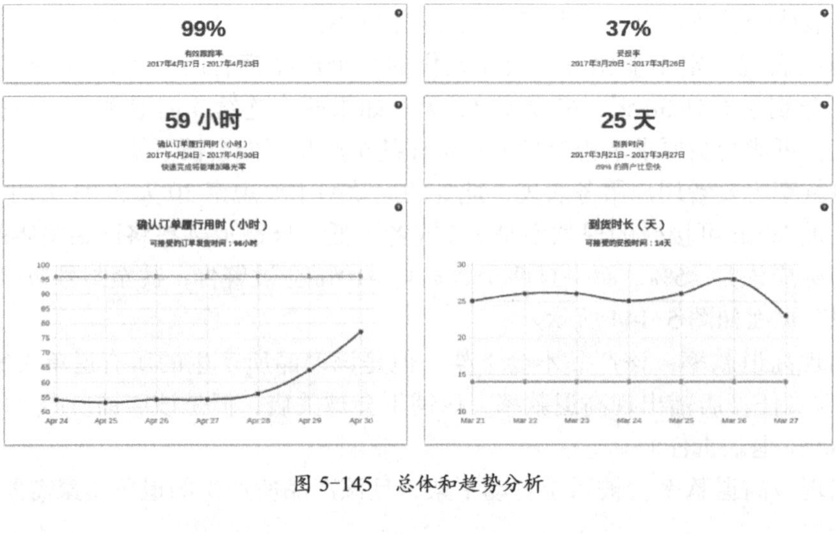

图 5-145　总体和趋势分析

⑤仿品率——诚信店铺审核。知识产权是指“权利人对其所创作的智力成果所享有的财产权利”，在电子商务领域，知识产权被模仿或者侵犯主要表现在商品标志Logo、名称、图像、外观设计4个元素上。比如模仿某一品牌的外观、相似设计、使用品牌形象；产品包含某一品牌的名称或Logo，背景包含品牌元素、模糊水印；使用名人名模展示、明星同款、模糊模特脸部等。仿品指直接模仿或暗指某一个知识产权产品，或与其他知识产权所有者的产品相同或没有明显区别，又或者图片包含名人或知名模特的一些产品。

仿品率是指检测出的仿品数量占该商户所有审核商品数量的比例。“仿品率表现”页面如图5-146所示，Wish的仿品率标准是低于0.5%，低仿品率的Wish店铺将会获得更多的曝光。所有店铺将由系统自动进行仿品审核，通过审核的店铺将成为诚信店铺。卖家可以在商户后台首页查看到相关的审核状态：诚信商铺（商铺已经成功通过仿品审查）、待审核（商铺目前正在审查过程中）、审核失败（店铺未通过诚信店铺审核）。

仿品率表现

每周我们都会随机抽查您店铺内部分还未经过审核的商品，由此确定您的店铺仿品率
仿品率的计算方式是：一段时期内，被判定为仿品的数量除以经过审核的商品总量。
日期范围的计算是基于您的店铺最近一次提交诚信店铺审核和未通过审核的天数，及店铺受信任的天数。 店铺当前的日期范围为7。

日期范围	经过审核的产品	找到的侵权产品	申诉成功的侵权产品	产品被判为仿品 (	仿品率
05/07 - 05/14	136	0	0	0	0%
05/06 - 05/13	137	0	0	0	0%
05/05 - 05/12	141	0	0	0	0%
05/04 - 05/11	146	0	0	0	0%
05/03 - 05/10	149	0	0	0	0%

图5-146　“仿品率表现”页面

如果产品处于待审核状态，被Wish审核团队判定仿品违规，那么将下架违规产品，卖家同时失去诚信店铺资格；如果产品处于在售状态，在图片、标题或描述中有仿品行为，并触发审核团队再次审核的机制，那么该产品将会被下架，卖家失去诚信店铺资格，同时还将扣留该单品当前未结款项，店铺其他产品的审核速度将减慢。

此外，在Wish平台上，诚信店铺的产品是不用经过审核直接上架销售的，但Wish的审核团队会对诚信店铺的产品进行抽查。如果发现店铺中有仿品，会对产品进行直接下架，而且暂扣货款；另外如果卖家的某一款产品被版权方申请版权保护，Wish会把其他没有版权的产品都下架。

因此卖家还要认真创建真正属于自己的Listing，并确保Listing信息的真实性，售卖有品牌合法授权的品牌产品，这其中还有一些技巧，比如标题中不要用“for Apple/LG”的文字，可以用“for Android”；不要采用知名品牌的卡通图案比如迪士尼的图片；也不采用有国外大品牌的Logo、外模、名人的图案；不要打马赛克造成模糊的痕迹从而直接被判为仿品。

Wish是从2015年年底开始致力于打击仿品的，出台了一系列的仿品审核政策，而近些年颁布的新仿品审核政策主要针对店铺，以低仿品率的要求，提高店铺曝光率。如果未通过“诚信店铺审核”，卖家可以：

- 如果卖家店铺未通过审核的产品不是仿品，而是有品牌授权的，那么卖家可以提交

相关品牌授权资料给管理员，申请重新评审；

● 如果卖家的产品标题和描述使用未授权的品牌名称，卖家应该从产品标题和描述中将其移除；

● 如果未通过审核的产品确实是仿品，卖家应该将产品删除；

● 卖家在完成上述步骤后，登录商户后台，点击“Review for Counterfeits”，再次申请诚信商铺的审核。

注：诚信店铺审核要求，商铺内产品不少于 10 个。

⑥销售业绩。平台也会展示如下数据：总体浏览数、总销售额、过去 7 天浏览数等。查看这些数据指标的变化趋势有助于评估店铺上周的数据表现，如图 5-147 所示。

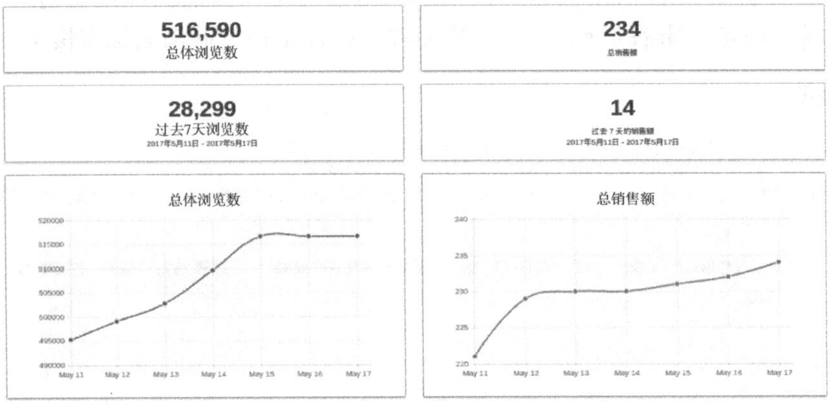

图 5-147　销售业绩数据

每周需要将数据整理出来，以便更直观地跟踪和分析，制订优化方案，避免僵尸产品的出现（连续数周业绩中都没有出现的产品或者浏览量为 0 的产品）。

Wish 会根据产品的表现，主要就是销量，给你的产品加钻，被加钻的产品会在主图的左上角有一个黄色钻石的标志，加钻的产品会获得剧增的流量推送，意味着会有更多的销售机会。加钻产品在获得高流量的同时，也会有很多的限制：加钻产品不能提高价格和运费（定价时要保证有足够的利润）；可以增加库存不能降低库存；加钻产品在 9 天内的销售额超过 500 美元的情况下，如果被下架要被罚款 50 美元（下架主要有两个原因：产品利润不高或者是亏本，供应链出现问题）。对于加钻的产品，标题、描述、图片的修改会触发产品的二次审核，不利于 Wish 流量推送，甚至有的卖家在二次审核中被判仿品，所以对于加钻产品还是不要随便修改为好。当加钻之后，产品没有持续开单，产品的销量不好，转化不好，黄钻会自动消失。

后台看不到的动销率，这项指标 Wish 后台并没有展示，但也是一个值得关注的指标。所谓“动销率”，就是店铺已经出单的产品占店铺所有上架产品的比率。因为存在新上架的产品，所以店铺的动销率不可能达到 100%，因此确定一个合理的动销率，并定期跟踪，确保店铺处于健康状态；无销量产品说明产品要么不适合 Wish 平台，要么产品本身或推广营销存在问题，对于此类产品需进行优化或者直接下架；对于新产品，应确立一个无销量期，允许新产品在一定时间内无销量，但如果一直无销量，就需要进行优化或者更换产品了。

2. Wish 流量推送规则

其他电子商务平台也会进行产品推送，但相比 Wish 而言，买家主动搜索的比例更高，卖家会通过竞价排名尽量将自己的产品排在搜索结果的前列，因此也造成买家可能并不一定能搜索到符合自己需求的产品，而大量的中小卖家则因为资金的限制，难以展示自己的产品。Wish 根据用户行为进行挖掘，在挖掘基础上设定用户需求的标签，再通过与产品标签的匹配，使得推送的产品更符合用户的需求，对卖家而言平台可以让更多的产品得到有效的展示。因此 Wish 平台的流量规则变得更为重要。

根据 Wish 的规则，每一个通过审核上架的产品都能公平地得到推送，而这一周期为 3～7 天。期间 Wish 系统也有一套算法，推送期间流量达标、转化率达标将会继续推送，黄钻也会在这些产品中产生。了解这些规则就可以分析后台数据并进行运营管理和产品优化。

- 初匹配：也就是通过组图、标签、标题与用户需求进行匹配，其中最主要的是标签进行的匹配。这时每个产品都会有流量分配；
- 初始流量转化：影响这一阶段转化率的主要有以下几项，即一者是标签是否合适，是否能找到真正的目标消费者；二者是图片和标题是否有吸引力，三者是产品本身。
- 产品市场及服务数据：产品上架并有转化之后，产品的市场和服务数据就会逐渐出来了。市场数据，主要是同类产品的点击率、转化率，而服务数据主要是评价分等。这时就会进入一个强者越强弱者越弱的马太效应时期，市场数据和服务数据越好，维持越长，流量就会不断增加，Wish 也会给予更多支持，比如分配行业，Wish 上架产品时没有 Category，但在买家客户端却可以看到 Category。划分了 Category 的产品则会出现在 FASION 和 HOBBIES 等众多行业里面。而没有被划分 Category 的产品只会出现在 Latest 里，因此，划分了 Category 行业属性的产品能拥有更多的流量入口。
- 店铺服务数据：Wish 推送任何一个产品流量的分配，都要考核店铺服务数据，所以店铺服务数据非常重要。店铺服务数据包含物流数据如延迟发货率等，因此要让产品持续被推送，一定要把物流与货源跟上。同时还会看账号的活跃度，也就是要经常登录账号，保证常规性经营，要有持续出单产品，只有让系统知道店铺在经营，才有被推送的可能性。

Wish 通过几个大项对产品进行综合考察来进行推送，从长远角度来讲，产品市场及服务数据与店铺服务数据最重要，这几方面做好了对做好产品提供了强大的后盾，可见重中之重是产品。

3. 基于产品业绩表现数据的优化分析

只要产品出现在页面上，不管用户有没有购买，就算是一次曝光。只有曝光才能刺激购买，而更重要的是曝光转化率。曝光转化率分为两个部分：从曝光到点击、从点击到成交，只要其中有一步失败，曝光转化率就会变为零。从曝光到点击的影响因素有：产品价格设置、主图、Tags 精准度、海外仓标志；从点击到购买的影响因素有：运费、运输天数、产品标题、产品描述、附图、历史数据。以上要求都满足了，最后影响“从点击到购买”行为的就是总价。如果再详细展开，可以结合产品各阶段的业绩表现数据进行优化分析。

后台可以查到产品业绩表现数据为每周最新的产品业绩表现，包括产品浏览数、购买点击率、购物车浏览数、订单和结账转换率等数据。业绩表现数据是产品表现最直观的判断依据，通过这些数据，可以发现产品销量好坏的真正原因。

下面结合用户的 5 步操作，来了解这些操作环节会产生哪些数据：

第一步，用户打开 App，浏览 latest、deal dash、最近浏览、类目浏览等，业绩表现数据为“产品浏览量”（不是曝光量），它体现展现情况，表示一次推送；

第二步，用户会选择其中一个产品，点击产品主图，此时后台并没有生成数据（但是主图很关键）；

第三步，用户认为某产品不错，会考虑产品介绍下面的心形标志 Wish 收藏量。此时的数据是“收藏量”，收藏量是反映产品受欢迎度的重要指标，在这一阶段，用户应该会查看附图、标题、评分、最近的 3 个评价、价格、运费等，这里的附图最重要，但差评会对用户有较大负面影响；

第四步，用户决定购买，点击购买按钮“Buy”，加入购物车，此时影响客户的因素是综合感觉；业绩表现数据为“购买按钮点击率”（其值 = 加入购物车数 / 浏览量），这一指标应大于 0.1% 为佳；

第五步，结账 Check Out，客户会在这时选择删除一些产品，这时能让产品在购物车存活的主要因素是价格和运费合在一起计算出来的总价。

业绩表现数据为“结账转化率”（其值 = 支付订单数 / 购物车数），这一指标标准为 20%～30%。

卖家不能将运费下降，因为 Wish 会自动加上运费。针对产品浏览量、购买按钮点击率、结账转化率这 3 大关键指标，可能出现以下这几种情况，而针对不同的情况，优化产品的方向也不同。

①产品浏览量高，购买按钮点击率高，结账转化率低。

产品浏览量和购买按钮点击率高说明产品的首图具有吸引力，但点击进入详情页后发现附图和描述未能让客户精准了解你的产品，或对你的产品存在疑惑，因此需要检查附图和描述，让客户全面了解你的产品。

此外其原因还可能是总价没有竞争力，运费过高。比如一个产品卖 8 美元，加上运费 5 美元，消费者认为在总价中运费占比过高，因此产品价格和运费之间应该有个合理的比例，如果是 8+2 美元的总价，会让客户更愿意付款。

②产品浏览量高，购买按钮点击率低，结账转化率低。浏览量很高，但购买按钮点击率和结账转化率都很低，说明产品的流量很多，但是很少人点击查看产品详情，此说明主图存在问题，不够吸引眼球。此时，我们的首要任务是优化首图。首图优化后，再去观察产品的购买按钮点击率是否上升了，若没有则说明产品的价格偏高，需要深挖货源，降低产品的采购成本，设置更具竞争力的产品售价。

除此之外，还有可能是商品介绍和评论问题。

③产品浏览量高，购买按钮点击率低，结账转化率高。产品浏览数量，购买按钮点击率低，但结账转化率却很高，这说明产品流量很多，点进来的人很少，但点进来的人都付款了。首先付款的人有很多，说明产品的价格没有问题。购买按钮点击率低的原因一定是

图片存在问题，所以要优化首图，完善附图，甚至可以为产品重拍一组符合目标市场人群审美的图片；除此之外，还有一个原因可能是评价问题。

④产品浏览量低，购买按钮点击率高，结账转化率低。出现这种情况的产品一般多为新品，产品的流量不是很多。购买按钮点击率高说明产品的首图没有问题，因此要提高产品的结账转化率，订单多了，产品成交额也会相应提高，随即产品的流量也会增多，这是一个良性循环。提高结账转化率主要有两个途径：降价（从运费降起）和利用 Product Boost 为产品增加曝光量。

⑤产品浏览量低，购买按钮点击率高，结账转化率高。产品的浏览量不多，但是购买按钮点击率和结账转化率都很高，说明这款产品很可能会是一个潜力爆款。要保证这个产品成为爆款，就需要及时发货、监控物流时效、维持好数据状况，保证产品被分配到更多的流量，甚至可以尝试 Product Boost 助推产品提前进入爆发阶段。

⑥产品浏览量低，购买按钮点击率低，结账转化率低。出现这种情况的产品是“三低”产品，如果该款产品是“老品”，说明这款产品已经进入了衰退期，可以下架这款产品。如果该款产品是新品，并且经过分析判断这款产品是一款潜力新品，那么你要尽可能地降低采购成本，提高产品的价格优势，并从首图、附图、标签、描述等各方面全流程优化它。

4. Wish 爆款打造

如果说速卖通打造爆款的关键是竞价排名和转化率，Amazon 的爆款是类目排名以及产品综合销售和服务等各项数据，那么 Wish 平台打造爆款的前提就是健康的店铺，因为 Wish 采用的是推送模式，因此对平台友好是其关键。那么当店铺健康状态得到保障的情况下，如何选择爆款？主要考虑以下几个指标：销售额高、浏览量高、购买按钮点击率大于 0.1%、结账转化率 >30%。

Wish 平台的产品更新很快，因此爆款成长周期和生命周期也较短，一般是 5～7 周，分 3 个阶段：第 1～3 周，流量平稳但订单持续增长；第 4～6 周，流量增长幅度大增，订单相应大增，买家收货后开始评价；第 5～7 周，流量可以达到百万，接下来可能会进入衰退阶段，因此卖家一者要参考不同阶段的销量准备库存，以免断货，二者要在不同阶段持续选择新的爆款，最好做个进度表，有计划性地打造爆款。

①选择物美价廉的产品。Wish 平台的消费者大都为年轻人士，消费水平中等，大都为价格敏感性人群，追求独特性产品，因此同类产品价格能否低于平均价格，也就是物美价廉很重要。

②高质量的图片（吸引买家购买）。图片最好是正方形的，系统推荐分辨率 800px × 800px，实际上可以考虑 600px × 600px，因为 600px × 600px 在手机屏幕上显示更好看，具有更好看的视觉效果，能让客户更好地看到你的产品图片。

③标题描述。标题要简洁明了地描述产品。明智的做法是把产品的卖点提炼出来，并做到标题中。标题长度不要过长，不超过 200 字符；把最想让用户看到的关键词放到最前面，如关键词 + 品牌（有品牌备案情况下）+ 产品形容词（如性别、年龄、尺寸、颜色、材质、类型、亮点等）。标题的 20% 内容要体现消费者经常搜索的热门关键词，其余 80% 内容则要精确体现你的产品特性，便于用户精准搜索你的产品。

④正确设置标签（提高匹配概率）。标签的设置，有三点要讲究：简单、概括、清晰。标签的设置，遵循的规律是：从大范围到小范围，从宽泛到精准。标签的设置，可以结合产品的长尾关键词来做，客户群更精准。首先不要所有的关键词都大写，其次不要使用带有主观色彩的词汇，例如 2017、热销，这类很空泛的大词汇不会对用户的购买行为产生任何影响，最后不要添加过多的关键词，改掉要把 10 个关键词填满的强迫症。现在的 Wish 平台不缺产品，一旦你添加了过多的关键词，其中一定会有不准确的词汇，一旦你填写了鞋子、男装等泛词，你的产品与用户的匹配度就会下降。

⑤产品价格。产品的价格要符合产品的市场行情，不能设置得过高。一般来讲，性价比较高的产品更容易得到 Wish 的推送，而 Wish 平台的热销商品，价格区间大概在 15～30 美元。

⑥确保每件商品的尺码和颜色正确（信息完整有助于提高商品评价）。

5.3 交易管理和售后服务

5.3.1 速卖通交易管理

交易管理是速卖通操作中的一个重要环节。交易管理主要有 4 个组成部分：管理订单、物流订单、资金管理、评价管理。其中管理订单包含了所有订单处理、退款纠纷处理和订单批量导出。

针对已有订单的快捷统计和速卖通操作，可以分别查询不同状态的订单如图 5-148 所示。

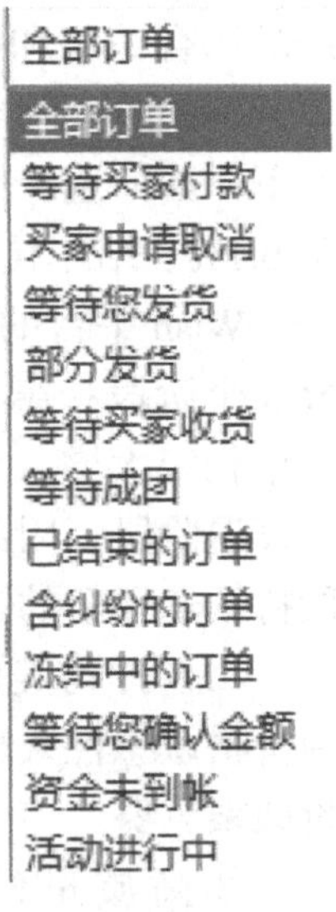

图 5-148　查询不同状态的订单

通过订单批量导出功能可以导出最近 3 个月的所有订单，并以 Excel 表格形式下载到本地，再统一查询物流信息，统计资金状况，以及批量管理客户和进行二次营销。“订单批量导出”页面如图 5-149 所示。

完整的订单流程为：买家下单→买家付款→资金到账→平台风控审核（审核时长 24 小时，在这 24 小时内强烈建议不要发货，因为可能存在审核未通过钱被退回去的情况；如果发货了则货财两空）→“填写发货通知”在线发货→买家收货→买家确认收货→ 15 天后平台放款→相互评价。

在买家没有确认收货的情况下，平台会在核实物流妥投之后的 15 天内放款；但如果查不到物流信息，则可能要 6 个月后才放款；如果是客户要求发中转而导致无法显示物流信息的，可以给平台提供聊天记录，要求平台核实放款。

1. 交易询盘处理

询盘（Enquiry）也叫咨询，是指交易的一方准备购买或出售某种商品的人向潜在的供货人或买主探寻该商品的成交条件或交易的可能性的业务行为，它不具有法律上的约束力。但询盘处理却非常重要，因为充分的沟通不仅可以促成交易达成，还可以减少纠纷，更可以提高顾客的忠诚度，实现重复购买和推荐购买。

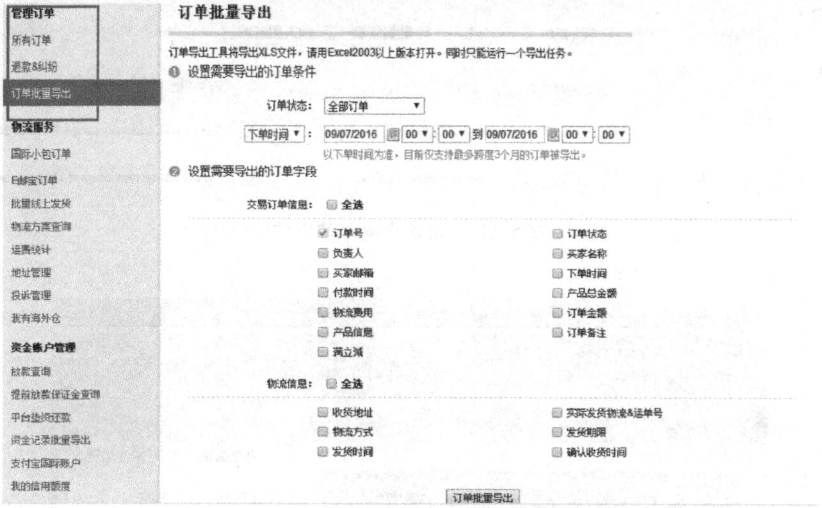

图 5-149　“订单批量导出”页面

1）询盘路径及处理优先级

路径 1：交易—未读留言，如图 5-150 所示。

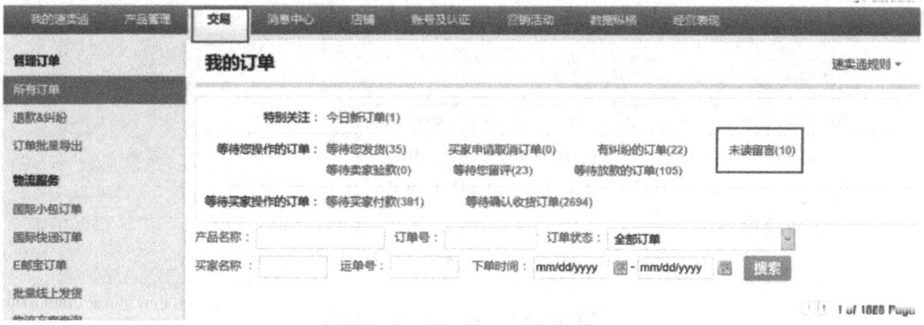

图 5-150　交易—未读留言

路径 2：消息中心—订单留言，如图 5-151 所示。

路径 3：消息中心—站内信，如图 5-152 所示。

路径 4：旺旺的留言处理，如图 5-153 所示。

图 5-151　消息中心—订单留言

图 5-152 消息中心—站内信

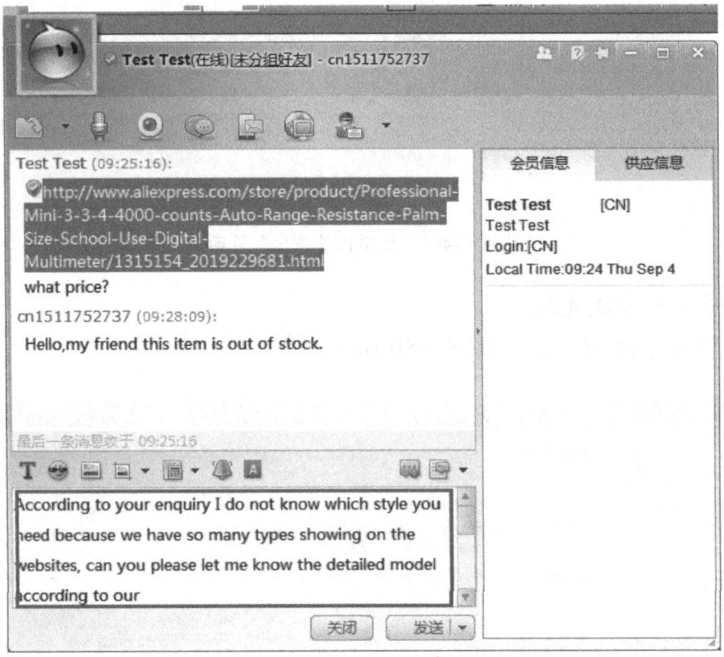

图 5-153 旺旺的留言处理

路径 5：卖家端 App——回询盘，如图 5-154 所示。

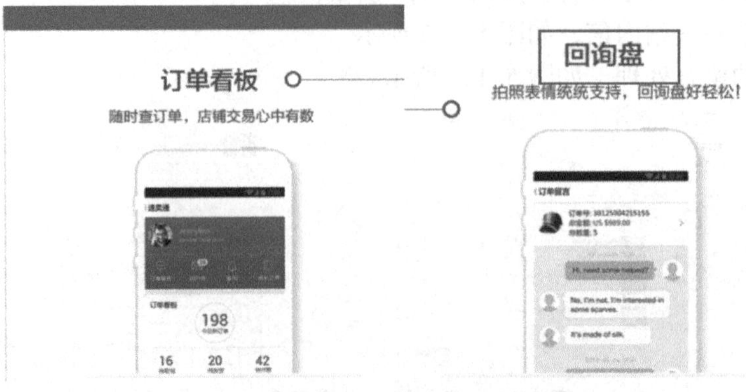

图 5-154 卖家端 App—回询盘

这些询盘内容处于不同的订单状态，在处理时，可以为其设定一个优先顺序，一般而言，优先处理“等待买家付款”的订单留言，因为不及时回复客户就会流失；其次处理“等待您发货”的订单留言，这个状态下的及时回复，可以让客户更愿意给你好评；然后处理“等待买家收货”的订单留言，最后处理“含纠纷的订单”留言，尽管纠纷处理也很重要，但在时间紧迫性上不及其他状态下的留言，毕竟纠纷的处理是需要一些时间的冷静处理的。

2）客户管理和分类

在与客户接触的过程中，必须深入了解客户的各种信息，真正懂得客户的需求和消费模式，特别是公司主要盈利来源的“金牌买家”。

为了更好地进行管理，可以将顾客进行分类管理，比如按照目的性，可以将顾客分为寻找卖家型、准备入市型、无事生非型、信息收集型、索要样品型、窃取情报型；按地域可以划分为欧洲买家、北美买家、亚洲买家等。因此对买家进行很好地分类，将有助于买家的管理、交易和服务以及前后期的展开工作。另外，我们也可以按商品知识、价格维度或者按商品要求对顾客进行分类，如图 5-155 所示。

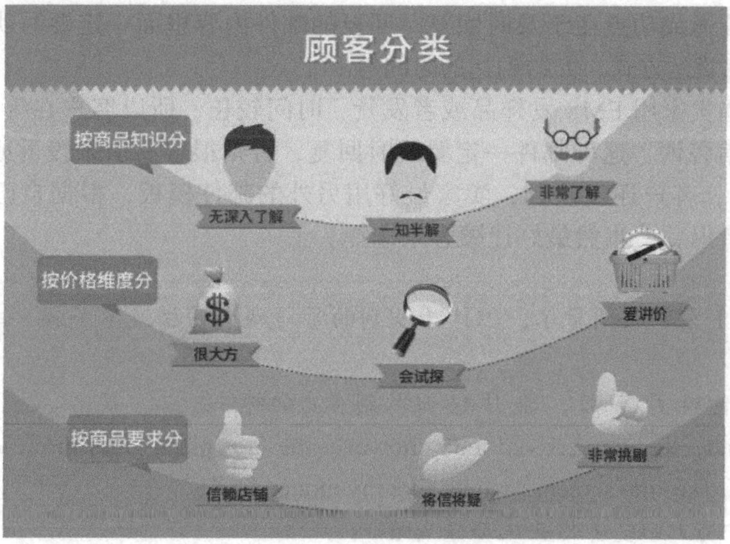

图 5-155　顾客分类

再进一步，可以构建一个客户关系管理系统，即 CRM 系统。CRM 有三个层级：一是客户个人信息档案；二是客户消费行为档案；三是客户行为轨迹档案。

在客户管理中，将涉及几个指标，即活跃访客比例、成交转化率、重复购买率，其计算公式为：

$$活跃访客比例=\frac{平均访问页面大于某值的访客数量}{访客数量}或\frac{平均停留时间大于某值的访客数量}{访客数量}$$

成交转化率 = 产生购买行为的客户数量 / 所有到达店铺的访客数量

重复购买率 = 独立访客中重复购买行为的客户占独立访客的比重

3）咨询回复技巧

回复询盘时要简单扼要，有礼有节，诚恳且有担当。这里举几个成功的沟通案例。

【案例一】交易日期：11 月 20 日，12 月 5 日收到客户的邮件，称没收到货。

"Hi，When did you ship the item? I did not get it yet. Thanks."

收到邮件后马上回复：

"Dear valued customer,

Your item has been sent by Hong Kong air mail service on Nov 21th. It usually takes 10-20workdays to reach you, so please be patient.

If you haven't received your package in these days，please contact us. Hope you would love this item，and have a nice day!

Best regards,

Seller name or id"

12 月 9 日收到客户的邮件：

"Hi, I have received the package very beautiful，thank you I love it and will buy again. Thanks."

点评：其沟通成功点在于及时回复，回复的邮件内容里面一定要写明什么时候发的货、用的是什么货运方式、大约到达的时间等。

分析：有些卖家用 EMS 发样品或者发货，时间较长，所以客户在等了 10 天左右还没收到，会来信咨询，这种邮件一定要及时回复，否则很容易引来投诉或者差评。而如果发货 25 天后，客户还没收到，卖家最好用另外的邮件模板，根据自己的物品价值大小选择重发或者退款，当然最好让顾客来选择。

【案例二】客户收到货了，但认为收到的货与网上的描述不一样，客户要求退款（货不对版）。

交易日期：11 月 27 日，12 月 16 日收到客户的邮件：

"My friend，the item arrived today however the face place glass insert is all scratches. Its impossible to see the screen. I would like my money back."

收到邮件马上回复（信头尾部分省略）：

"First of all, we are so sorry that you are not happy with this purchase.

If you don't mind, can you take a digital photo to us for investigate? if this is ours mistake, send a wrong item to you, we can send a new one to you or we can refund all your payment.We apologize to you once again."

12 月 17 日收到了客户的邮件，邮件中附带了照片，通过查看图片可以清楚地看出，该问题是客户自己不会使用造成的，回邮件如下：

"I just received the photo you sent to us. There are double screen protector film from both sides，you need to remove these screen protector film. After you do that，you will see the clear screen.

If you have any questions, please feel free to contact us."

12 月 18 日，收到客户的邮件：

> “Hi，yes，you are right，I just removed the screen protector，the screen is ok now，not scratches，thank you for your help.”
>
> 12 月 18 日，回复客户：
>
> “You are welcome! Hope you would love this item，and hope we can do business again.”

点评：回复要及时，在未调查清楚之前，回复邮件首先表示歉意，这是有礼貌的体现，然后再让客户拍照片以帮助了解清楚情况，并提出不同情况下的解决方案，要表明如果是商家的责任，一定会承担责任、重发或者退款。

日常可以积累一些回复模板，比如，

日常回复“how much for ...”的询盘模板：

> “Glad to receive your enquiry. According to your enquiry I do not know which style you need because we have so many types showing on the websites，can you please let me know the detailed model according to our websites......? Looking forward to hearing from you soon. RGDS xxx”

下订单未付款回复模板：

> “Dear buyer，We have got your order of XXXXXX.But it seems that the order is still unpaid. If there’s anything I can help with the price，size，etc.，please feel free to contact me. After the payment is confirmed，I will process the order and ship it out as soon as possible. Thanks! Best Regards xxx”

产品缺货回复模板：

> “Dear buyer，We are very sorry that item you ordered is out of stock at the moment. I will contact the factory to see when it will be available again. I would like to recommend some other items of similar styles. Hope you like them too. You can click on the following link to check them out XX???.If there’s anything I can help with，please feel free to contact us. Thanks! Best Regards ”

提醒买家留评价回复模板：

> “Dear buyer，Thanks for your support to our store. It would be highly appreciated if you could leave us a positive feedback，which will be a great encouragement for us. If there’s anything I can help with，don’t hesitate to tell me. Best Regards”。

客户无法完成付款的回复模板：

"If your payment for an order has failed, please check it is not due to the following situation:

Card security code failed. Please note that an incorrect card security code could cause payment failure.Card security code is the short numeric code on the back of your credit card. Please verify that you have entered the correct card security code and try again."

If you meet the "insufficient fund" error log when you make payment by credit card, please make sure that you have sufficient funds in your account and that payment for your order does not exceed your credit limit.

Please also make sure you have used a Visa or MasterCard personal credit card to finish payment, because at present debit card or business card is unable to be supported to."

2. 交易评价处理

交易评价反映了卖家的交易数量与质量，是买家下单时所考虑的重要因素。好评率越高，买家下单的机会越大，产品排名越靠前；反之，好评率越低，越会影响产品的排名及曝光率。速卖通的评价积分规则都是和店铺经营指标密切相关的。

1）评价机制

全球速卖通平台的评价分为信用评价及卖家分项评分两类。

信用评价是指交易的买卖双方在订单交易结束后对对方信用状况的评价；信用评价包括五分制评分和评论评分两部分。系统对卖家和买家都设置了信用等级。

卖家分项评分是指买家在订单交易结束后以匿名的方式对卖家在交易中提供的商品描述的准确性（Item as Described）、沟通质量及回应速度（Communication）、物品运送时间的合理性（Shipping Speed）三方面服务做出的评价，是买家对卖家的单向评价。

对于卖家分项评分，一旦买家提交，评分即时生效且不得修改。若买家信用评价被删除，则对应的卖家分项评分也随之被删除。对于信用评价，买卖双方均可以进行互评，但卖家分项评分只能由买家对卖家做出。

进入后台之后卖家会看到"等待我评价"、"等待买家评价"和"生效的评价"。单击"生效的评价"之后，会看到最近所有订单的评价，也可以根据需要去寻找中评和差评的订单。速卖通的规则是，在收到客户评价的邮件之后，卖家先对客户评价，然后才能看到客户给予卖家的反馈。在订单交易完成后的30天内，买卖双方需要做出评价，超时之后将无法评价。卖家分项评分如图5-156所示。

发生以下情况的暂时不能评价：买家选择TT付款，但最终未获卖家确认的订单无法评价；资金审核时系统自动关闭或人工关闭的订单无法评价；卖家发货超时，买家申请取消订单并且卖家同意，卖家申请退款结案等交易结束前全额退款的订单不可评价。

2）查看和管理评价

登录"我的速卖通"页面，打开"交易"→"管理交易评价"页面查看评价信息。在自己的店铺上找到该产品，在产品页下方有历史成交记录，同时可以看到买家做出的评价。

等级	Seller	Buyer	信用度积分
L1.1			3-9
L1.2			10-29
L1.3			30-99
L1.4			100-199
L1.5			200-499
L2.1			500-999
L2.2			1,000-1,999
L2.3			2,000-4,999
L2.4			5,000-9,999
L2.5			10,000-19,999
L3.1			20,000-49,999

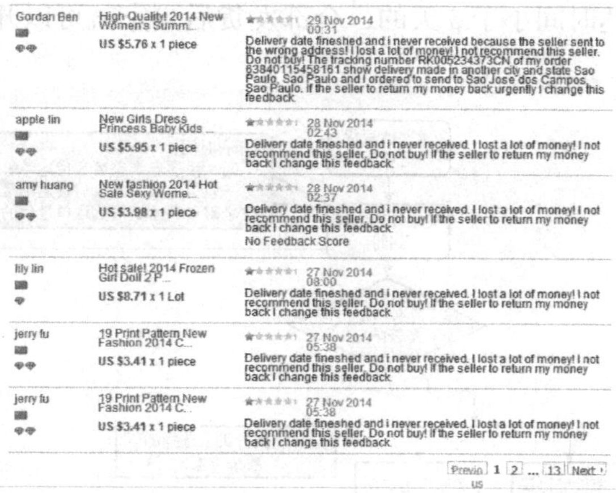
Gordan Ben
High Quality! 2014 New Women's Summ...
US $5.76 x 1 piece
29 Nov 2014 00:31
Delivery date fineshed and i never received because the seller sent to the wrong address! I lost a lot of money! I not recommend this seller. Do not buy! The tracking number RK005234373CN of my order 63840115458161 show delivery made in another city and state Sao Paulo, Sao Paulo and I ordered to send to Sao Jose dos Campos, Sao Paulo. If the seller to return my money back urgently I change this feedback
apple lin
New Girls Dress Princess Baby Kids ...
US $5.95 x 1 piece
28 Nov 2014 02:43
Delivery date fineshed and i never received. I lost a lot of money! I not recommend this seller. Do not buy! If the seller to return my money back I change this feedback.
amy huang
New fashion 2014 Hot Sale Sexy Wome...
US $3.98 x 1 piece
28 Nov 2014 02:37
Delivery date fineshed and i never received. I lost a lot of money! I not recommend this seller. Do not buy! If the seller to return my money back I change this feedback.
No Feedback Score
lily lin
Hot sale! 2014 Frozen Girl Doll 2 P...
US $8.71 x 1 Lot
27 Nov 2014 08:00
Delivery date fineshed and i never received. I lost a lot of money! I not recommend this seller. Do not buy! If the seller to return my money back I change this feedback.
jerry fu
19 Print Pattern New Fashion 2014 C...
US $3.41 x 1 piece
27 Nov 2014 05:38
Delivery date fineshed and i never received. I lost a lot of money! I not recommend this seller. Do not buy! If the seller to return my money back I change this feedback.
jerry fu
19 Print Pattern New Fashion 2014 C...
US $3.41 x 1 piece
27 Nov 2014 05:38
Delivery date fineshed and i never received. I lost a lot of money! I not recommend this seller. Do not buy! If the seller to return my money back I change this feedback.
Previous 1 2 ... 13 Next

图 5-156 卖家分项评分

如果收到差评，应该及时联系客户，尝试让客户回转，平台支持卖家去自行解决一些差评问题。此时要分析导致差评的原因：由于质量问题产生的差评；由于买家个人使用不当产生的差评；买家在下单前的细节要求没有得到满足产生的差评。针对这些问题，要逐个去沟通解决。

如果收到的是中评或好评，可以采取 Feedback 营销策略，回复客户给的好评。

这样做的好处显而易见。首先，能让给好评的客户有回头购买的欲望，因为有贴心完整的服务；其次，能够让那些第一次购买的客户放心进来购买。那么对于实在解决不了的差评我们该怎么办呢？是不是放任不管呢？当然不是，我们应该有理有据地说明原因，还要在回复中表明自己接受客户的批评，并会在将来做得更好。

如果一直没收到客户评价，则可以使用平台的“催评价功能”。点击“催评”按钮后进入该订单的留言板，可以留下这样一段话：

> “Dear friend，thank you very much for your order!We are looking forward to do more business with you.If you have any question，please feel free to contact with us directly，our telephone number is ，we will give you the best service.We will be appreciated if you can leave positive feedback as we will do same for you.Have a great day!”

所有的评价订单都会有评价积分。卖家所得到的信用评价积分决定了卖家店铺的权重并影响曝光。因此，评价的订单越多，累积的信用积分就越高。如果我们一个月有 100 个订单，只要能有 60% 的客户回头给予评价，我们就能收获更多的信用积分，升级店铺的信誉等级，赢得更多的曝光和更高的转化率。

3. 交易纠纷处理

①速卖通纠纷处理流程，如图 5-157 所示。

处理纠纷时要注意以下三个时间点：

一是纠纷开启时间。卖家发货并填写发货通知后，买家如果没有收到货物或者对收到的货物不满意，可以在卖家全部发货 5 天后申请退款，买家提交退款申请时纠纷即生成；

承诺运达时间小于 5 天的，全部发货后买家就可以开启纠纷。“卖家发货”页面如图 5-158 所示。

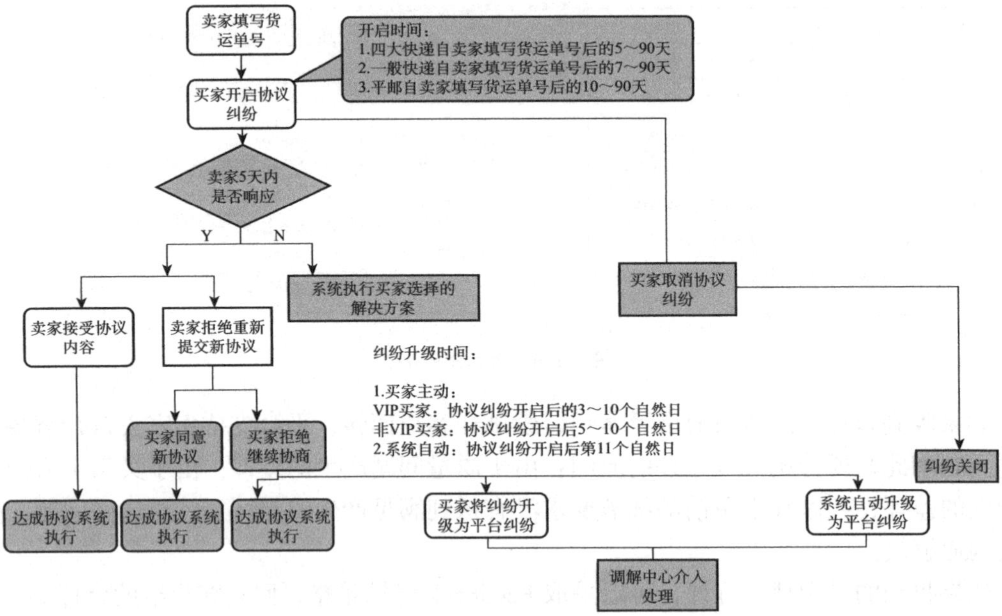

图 5-157　速卖通纠纷处理流程

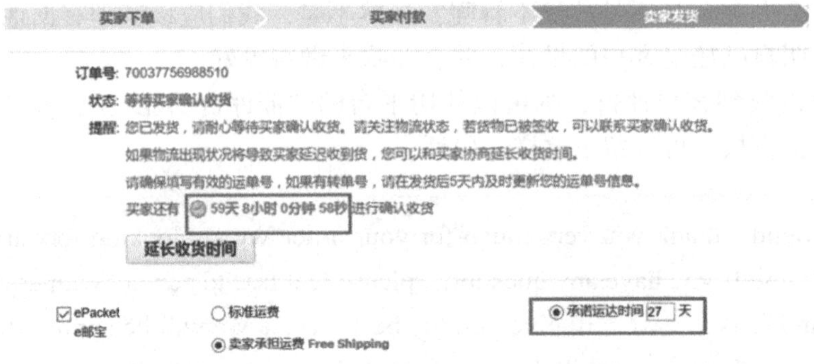

图 5-158　“卖家发货”页面纠纷开启时间

二是卖家响应时间。当买家提交或修改纠纷后，卖家必须在 5 天内“接受”或“拒绝”买家的退款申请，否则订单将根据买家提出的退款金额执行，如图 5-159 所示。但一种情况除外，即线上发货的订单，由于物流原因产生的纠纷，不需要卖家响应，如图 5-160 所示。

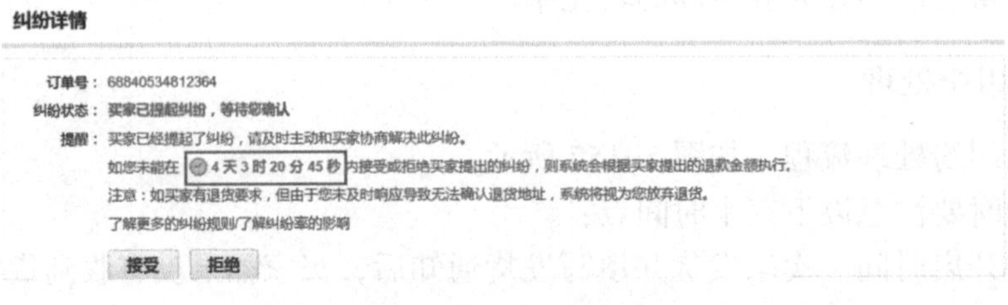

图 5-159　卖家响应时间

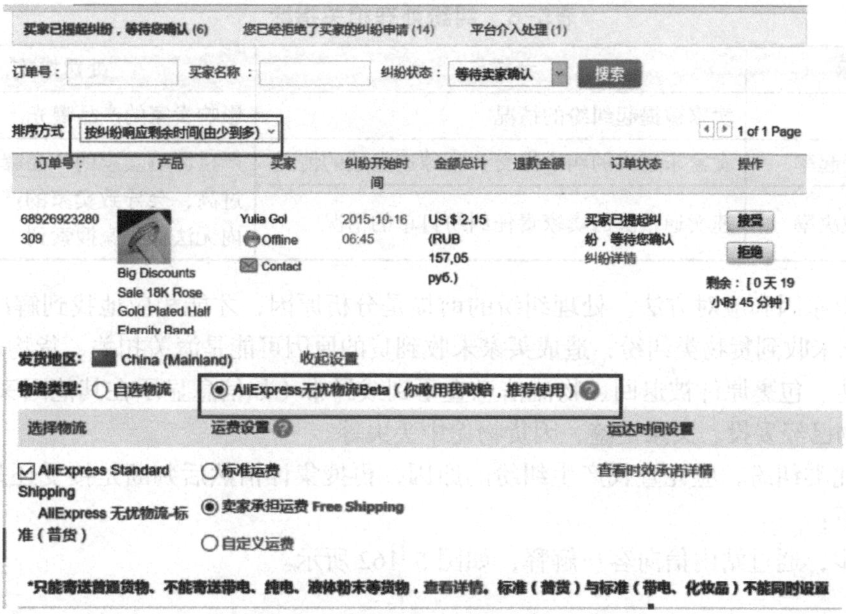

图 5-160　线上发货的订单，卖家不响应纠纷

三是纠纷升级时间，也就是纠纷提交仲裁时间。对于纠纷，为改善买家体验和增强其对速卖通平台及卖家平台的信心，速卖通鼓励卖家积极与买家协商，尽早达成协议，减少速卖通平台的介入；如果买卖双方协商无法达成一致，则提交至速卖通进行裁决，纠纷提交给速卖通进行纠纷裁决后的 2 个工作日内，速卖通会介入处理，如图 5-161 所示。

图 5-161　纠纷升级时间

②纠纷处理相关指标。目前，网站与纠纷相关的卖家考核指标共有 3 个，分别是纠纷率、卖家责任提起率、卖家责任裁决率。设定这 3 个考核标准的初衷，就是为了区分卖家的服务能力，也让买家能够找到服务能力相对较好的卖家。纠纷处理相关指标如表 5-6 所示。

表5-6　纠纷处理相关指标

指标	考核点	处罚措施
纠纷率	卖家被提起纠纷的情况	影响卖家的产品曝光
卖家责任提起率	卖家未解决的纠纷提交到全球速卖通的情况	严重影响卖家的产品曝光，该比率过高，会导致卖家的产品一段时期内无法被买家搜索到
卖家责任裁决率	速卖通裁决的卖家责任纠纷订单的情况	

③纠纷原因和应对方法。处理纠纷的前提是分析原因，才能相应地找到解决方法。

● 买家未收到货物类纠纷，造成买家未收到货的原因可能是海关扣关、货物还在运输途中暂未到达、包裹原件被退回、物流信息查不到或异常（如信息显示在其他国家）、物流信息显示货物已经妥投、买家拒签、因货物途中丢失等。

对于此类纠纷，应先查找产生纠纷的原因，再搜集详情然后判断是接受还是拒绝。具体步骤如下：

第一步，通过站内信向客户解释，如图 5-162 所示。

图 5-162　给客户发站内信

第二步，向平台提交拒绝的理由，如图 5-163 所示。

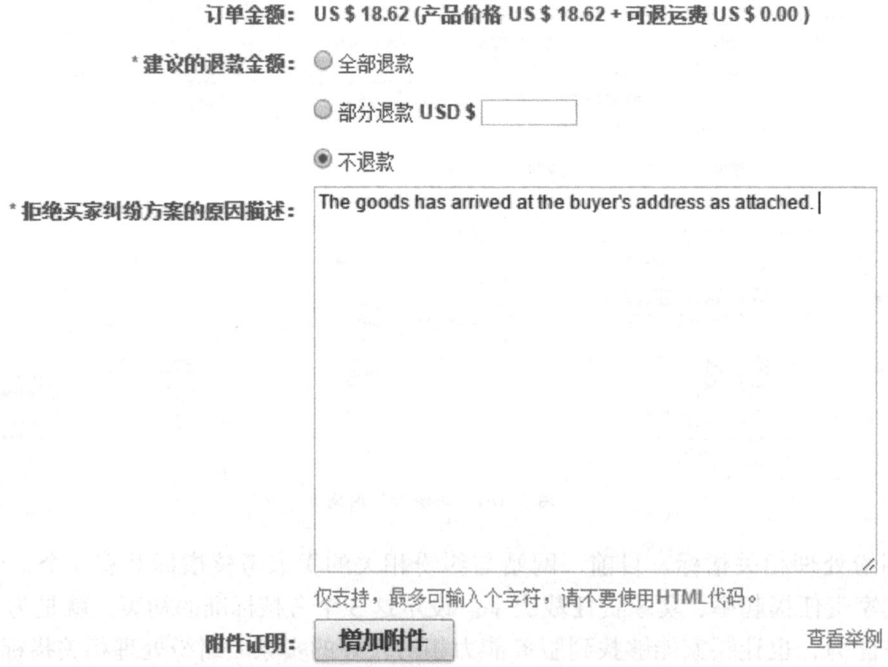

图 5-163　向平台提交拒绝的理由

● 产生已收到货的纠纷原因可能是：质量问题、描述不符，也可能是恶意的纠纷。

针对此纠纷应先分析产生纠纷的原因，再判断是接受还是拒绝纠纷，然后提出解决方案。具体的操作步骤如下：

第一步，与客户协商，如图 5-164 所示为与客户协商示例。

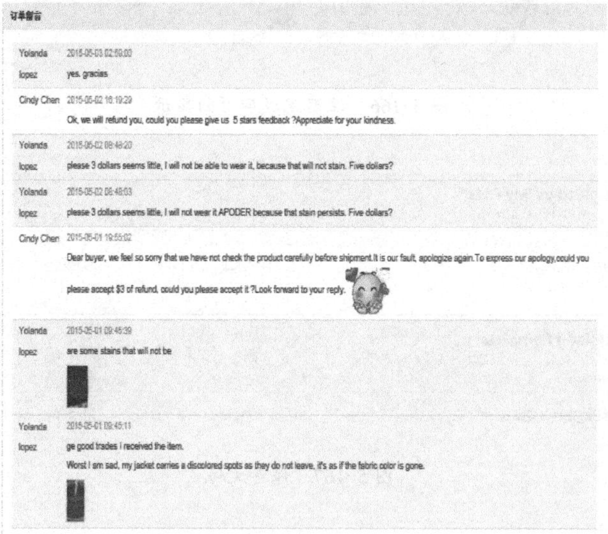
订单留言
Yolanda lopez 2015-05-03 02:59:00
yes, gracias
Cindy Chen 2015-05-02 16:19:29
Ok, we will refund you, could you please give us 5 stars feedback ?Appreciate for your kindness.
Yolanda lopez 2015-05-02 08:49:20
please 3 dollars seems little, I will not be able to wear it, because that will not stain. Five dollars?
Yolanda lopez 2015-05-02 08:48:03
please 3 dollars seems little, I will not wear it APODER because that stain persists. Five dollars?
Cindy Chen 2015-05-01 19:55:02
Dear buyer, we feel so sorry that we have not check the product carefully before shipment.It is our fault, apologize again.To express our apology,could you
please accept $3 of refund, could you please accept it ?Look forward to your reply.
Yolanda lopez 2015-05-01 09:46:39
are some stains that will not be
Yolanda lopez 2015-05-01 09:45:11
ge good trades I received the item.
Worst I am sad, my jacket carries a discolored spots as they do not leave, it's as if the fabric color is gone.

图 5-164 与客户协商示例

第二步，同意客户方案，如图 5-165 所示。

发起方	是否收到货	是否退货	退款金额	日期	操作	原因
卖家	收到	否	US $ 5.89 (EUR € 5,50)	2015-05-02 16:19	卖家同意	ge good trades I received the item but I am sad, my jacket takes a few spots as discolored, do not leave, i 's as if the fabric had gone the colo

图 5-165 同意客户方案

④在处理纠纷过程中该如何提交证据（Media Fire）。Media Fire 是美国开发的网络存储性网站，注册会员可以使用该网站上传或下载文档、视频以及可读性文件。上传或下载文档前都必须在网站上进行注册，用 E-mail 地址即可进行注册。目前，在纠纷阶段遇到容量较大的图片及视频证据时，买卖双方可以将证据上传至 Media Fire，以方便下载查看。其网址为：http://www.mediafire.com/。

点击“Sign Up”按钮进行注册，可以注册的会员类型有 3 种，其中两种为付费性质，一种为免费性质，免费会员可以使用的最大存储空间为 10GB。

选择自己想要的会员类型，点击“Get Started”按钮，在信息填写页面填写完相应信息后点击“Create Account & Continue”按钮，即可完成注册。注册完成后页面显示如图 5-166 所示。

上传所有需要保存的文件。选择文件后，点击“Upload Files”按钮后，网站进行上传操作，上传完成后复制自己的证据链接，放到阿里的平台上，如图 5-167 所示。

总而言之，产生纠纷并不可怕，卖家应该调整自己的心态，同时要记住三点：将心比心、有效沟通、保留证据。

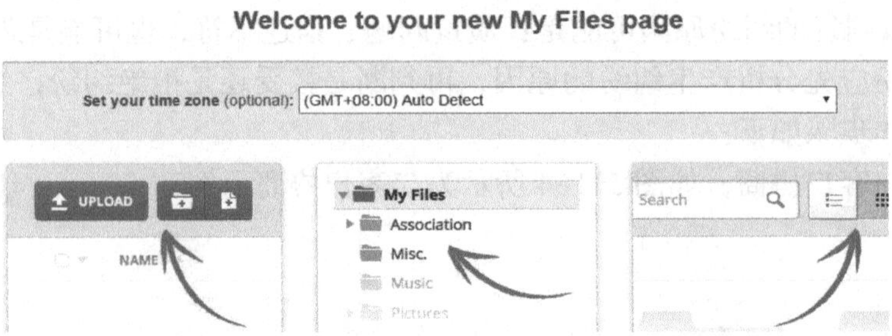

图 5-166 注册完成后页面显示

图 5-167 保存文件

5.3.2 亚马逊订单管理

在亚马逊订单管理界面可以查看不同状态的订单，还可以查看买家消息，并确认发货（只有确认发货了，亚马逊才可能结算货款），若有开具发票的要求则要确认发票信息。

1. 发货管理

点击“Manage Orders”或在主页面点击“View your orders”，进入订单管理界面，如图 5-168 所示。

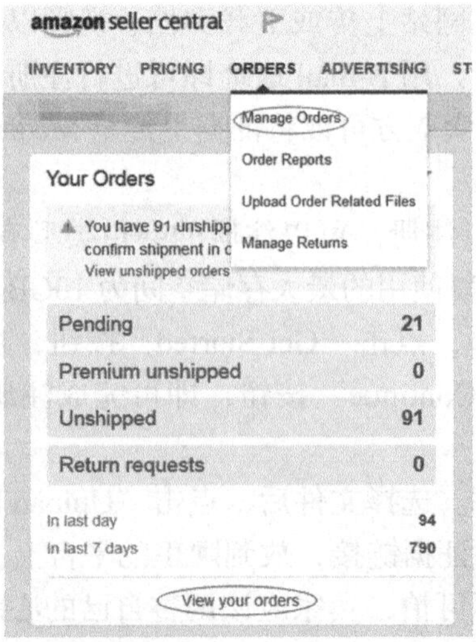

图 5-168 “Manage Orders”和“View your orders”选项

未发货的订单会有4个操作按钮，即Print packing slip（打印快递单），Confirm shipment（确认发货），Buy shipping（预约取货，该选项只适用于美国本土卖家，用于预约第三方快递公司进行上门提货和发货），Cancel order（取消订单）。买家已付款但是卖家尚未发货的订单“Status”为“Unshipped”，卖家必须马上处理“Status”为“Unshipped”的订单，即立即发货并且在系统中点击“Confirm shipment”确认发货；买家没有立即付款的订单，即“Status”为“Pending”，此时卖家不需要立刻处理Pending的订单。未发货的订单处理页面如图5-169所示。

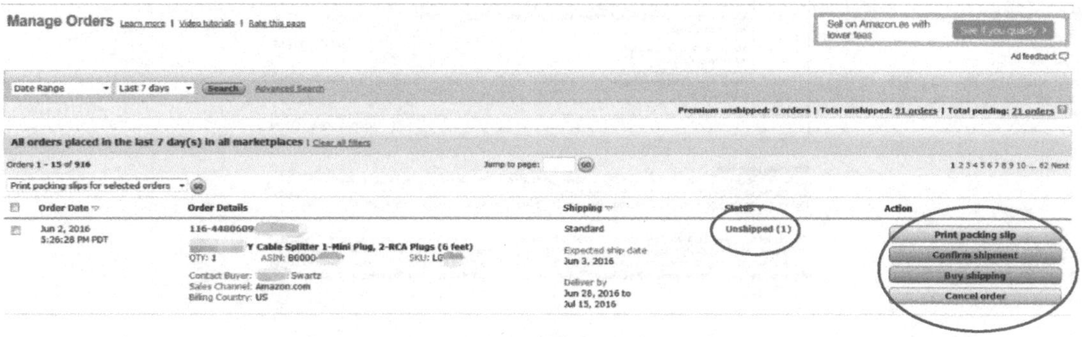

图5-169 未发货的订单处理页面

已经发货的订单会有Print packing slip，Edit shipments（编辑发货信息），Refund order（订单退款）三个操作按钮，如图5-170所示。

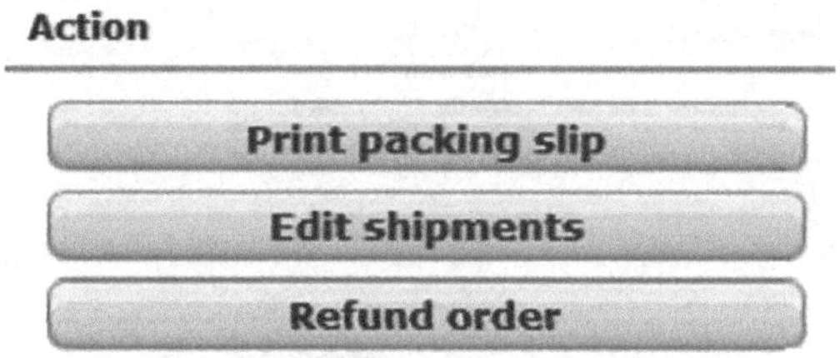

图5-170 已经发货的订单处理

- 打印发货清单。发货前可操作选项，点击“Print packing slip”后系统会弹出打印快递单窗口，选择打印机后即可打印快递单，快递单包括订单详细信息、买家地址等信息，如图5-171所示。
- 确认发货：点击“Confirm shipment”按钮，进入确认发货页面后录入发货时间，选择快递公司、快递服务种类，录入跟踪码以及简短的发货记录。点击“Confirm shipment”按钮后完成发货操作（注：卖家必须在买家下单后的48小时内完成操作）。点击“Confirm shipment”(确认发货）按钮，否则会有延误发货的记录，影响卖家绩效，如图5-172所示。

在卖家没有发货前，买家可能会选择取消订单，当收到买家取消订单的申请后，卖家需要点击“Cancel order”按钮来取消订单。点击“Cancel order”按钮后进入取消订单页面，在“Reason for Cancellation”下拉菜单中选择一个取消原因（buyer cancelled），再点击“Submit”按钮完成取消订单操作。取消订单后，会有Pre fulfillment cancellation记录。取消订单页面如图5-173所示。

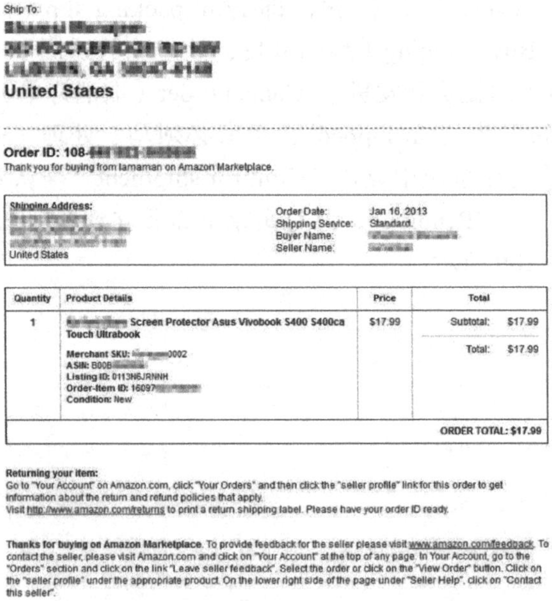
Ship To:

United States

Order ID: 108-

Thank you for buying from lamaman on Amazon Marketplace.

Shipping Address:	
United States	Order Date: Jan 16, 2013 Shipping Service: Standard Buyer Name: Seller Name:

Quantity	Product Details	Price	Total
1	Screen Protector Asus Vivobook S400 S400ca Touch Ultrabook Merchant SKU: 0002 ASIN: B00B Listing ID: 0113N6JRNNH Order-Item ID: 16097 Condition: New	$17.99	Subtotal: $17.99 Total: $17.99
			ORDER TOTAL: $17.99

Returning your item:
Go to "Your Account" on Amazon.com, click "Your Orders" and then click the "seller profile" link for this order to get information about the return and refund policies that apply.
Visit http://www.amazon.com/returns to print a return shipping label. Please have your order ID ready.

Thanks for buying on Amazon Marketplace. To provide feedback for the seller please visit www.amazon.com/feedback. To contact the seller, please visit Amazon.com and click on "Your Account" at the top of any page. In Your Account, go to the "Orders" section and click on the link "Leave seller feedback". Select the order or click on the "View Order" button. Click on the "seller profile" under the appropriate product. On the lower right side of the page under "Seller Help", click on "Contact this seller".

图 5-171　快递单

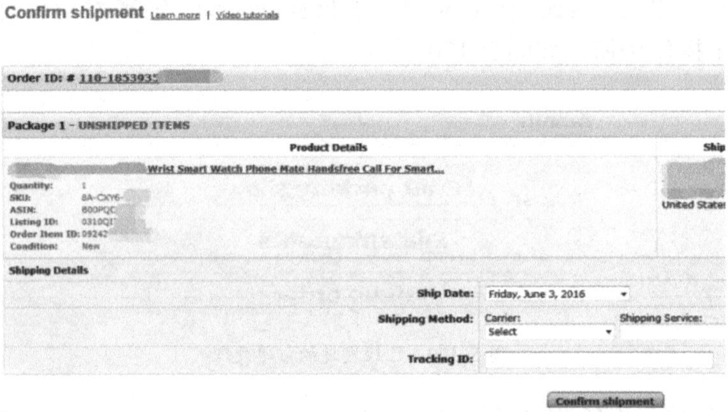

图 5-172　确认发货

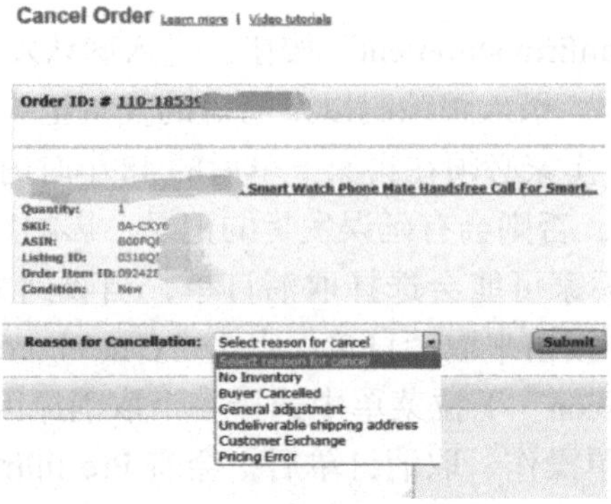

图 5-173　取消订单页面

卖家发货后，可操作选项变为打印快递单、编辑发货记录、退款。点击“Edit shipments”按钮，进入编辑页面，卖家可以在这里修改之前的发货记录。

编辑发货记录后点击“Re-confirm shipment”按钮保存新的发货记录。

2. 退货管理

点击“ORDERS”下面的“Manage Returns”进入退货管理页面，在这里卖家可以进行退货确认、关闭退货申请、退款和联系买家等操作，如图 5-174 所示。

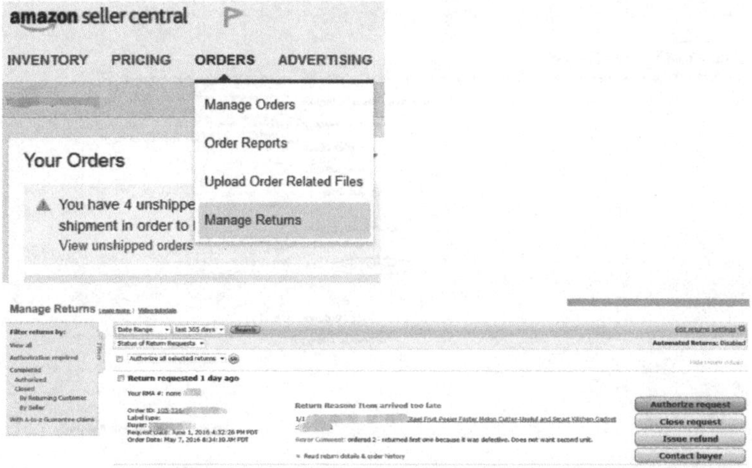

图 5-174 退货管理页面

点击“Authorize request”按钮进入退货确认页面，确认退货商品和退货地址后点击“Authorize request”按钮确认，如图 5-175 所示。卖家可以选择提前退款或者等对方把货物运回检查无误后再进行退款。

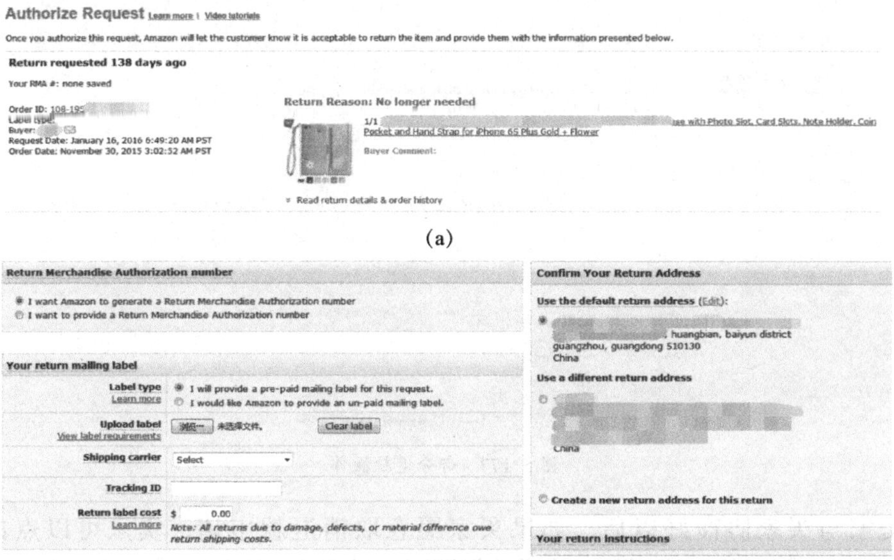

(a)

(b)

图 5-175 退货确认页面

退货必然涉及退款问题。收到买家退款申请或遇到其他问题需要退款时，卖家可以在“Manage Orders”里面点击“Refund order”按钮进行退款，也可以在“Manage Returns”里面点击“Issue Refund”按钮进行退款处理。

在“Full Refund”页面卖家可以进行全额退款（货款和运费），选择退款原因后，卖家可根据与买家的协商结果进行退货快递费（Return shipping concession）的支付和其他退款（Other concession），在录入全部退款信息后，点击“Submit Full Refund”按钮完成退款操作，如图 5-176 所示。

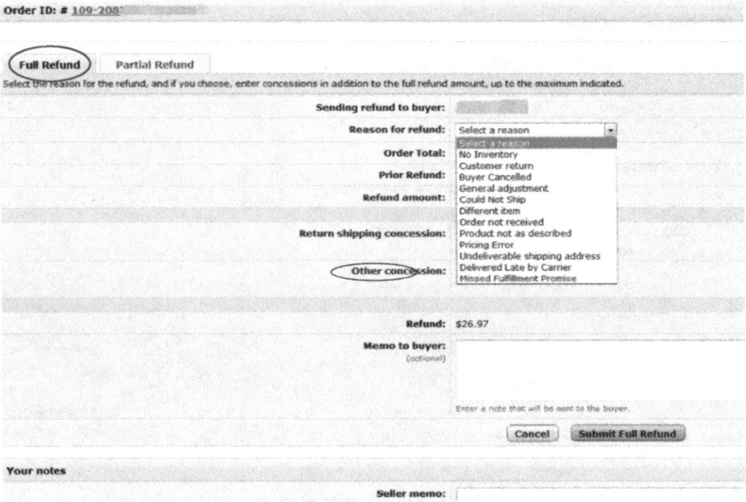

图 5-176 全额退款操作

卖家也可选择部分退款，点击“Partial Refund”按钮，进入部分退款页面。卖家可根据协商结果选择退款原因，然后分别输入货款、运费退款金额、退货快递费金额和其他退款金额，再点击“Submit Partial Refund”按钮完成部分退款操作，如图 5-177 所示。

图 5-177 部分退款操作

在卖家与买家协商好以后，如果买家愿意取消退款申请，卖家可以点击“Close Request”进入关闭退款申请页面，选择关闭原因（见图 5-178）后再点击“Close Request”按钮关闭退款申请。

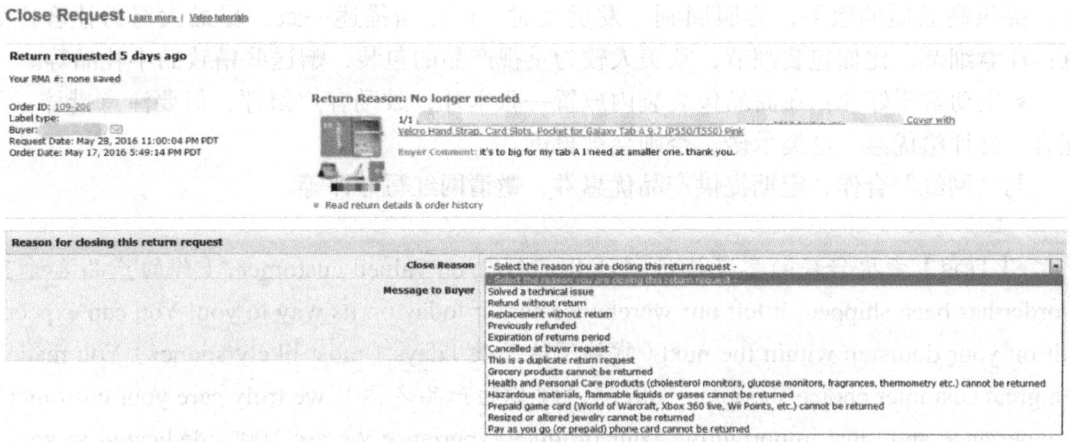

图 5-178　关闭退款申请页面

3. 评价管理

亚马逊的评价有以下两种（见图 5-179）。

(a)　　　　　　　　　　　　　　(b)

图 5-179　亚马逊的评价

● Product review 产品评价：针对产品进行评价，只要在 Amazon 上买过产品，就可以对任意 5 个产品留下评价。显示的位置在产品主图旁边，标题下方。

● Customer feedback 客户评价：买家针对订单做出的评价，针对产品品质、服务水平、发货时效、物品与描述是否相符等选项选择星级，并撰写评论。在 Listing 页面中点击“sale by ****”，进入 *** 的账户，可以看到客户评价。

前面介绍过，产品 Listing 编辑发布后，这个 Listing 的所有权就属于平台，卖家可以保留编辑权，其他卖家如果有销售相同的产品，可以进行跟卖，因此产品评价并不是只针对一个卖家的评论，卖家可以管理的评价是客户评价。

客户评价对 Listing 的影响表现在几个方面：首先是直接影响 ODR 指标（前面已经介绍，ODR 指标包含 Feedback、A-to-Z、Chargeback），平台根据 ODR 指标确定是否给某个卖家 Buy Box；其次是间接影响 Listing 的曝光量、流量和销量。

1）提高客户评价的技巧

● 做好自己的产品和服务：提供高质量的产品，这是得到好评最简单、最直接的方法；提供高品质的服务，客服周到、发货及时、产品与描述一致，尽最大努力让客户满意；注意细节，比如包装细节，欧美人较为重视产品的包装，赠送些精致的小礼品等。

● 主动索要好评：在商品包装袋内放置一张卡片，鼓励客户留评，但要注意措辞，不能有“好评给优惠”这类承诺，否则会被投诉。

与“网红”合作，定期提供产品优惠券，邀请网红写好评等。

【Tips】索要好评的参考模板：“Hello，Amazon valued customer，（你的产品名称）order has been shipped. It left our warehouse earlier today on its way to you! You can expect it on your doorstep within the next（货物寄达天数）days（most likely sooner）You made a great customer choice shopping with us. At（你的产品名称），we truly care your customer experience and，just importantly，your product experience.We are 100% dedicated to your complete satisfaction. Feedback and Product Reviews help us provide you and all（你的产品名称）product and Amazon customers with a better product and service.

Leave product review: product name 1（产品链接）

Leave product review: product name 2（产品链接）

Leave product review: product name 3（产品链接）

That’s it for now. We appreciate value your business. If you have any questions or concerns，please let us know. If you do not receive your item within（需送货天数）days，then please contact Amazon support here: Amazon Customer Support”

2）遇到差评怎么办

● 首先在态度上，针对给差评的买家，不能给买家施加压力，不断骚扰或者威逼利诱，这很容易被买家投诉，而亚马逊是很注重保护买家的，因此会影响卖家账号；针对给中评的买家，可以邮件沟通，问清楚给中评的原因，如果是产品原因，可以与买家解释并保证会提高产品的质量，希望买家给次机会，并将沟通过程截图给亚马逊，说明买家的评价是针对产品的，而不是服务，希望能移除。

● 亚马逊官方移除。有以下类型的客户评价是可以请平台移除的。

污言秽语：亚马逊官方认定的脏话可以移除；

涉及个人隐私：比如在评论中涉及个人的 Email、名称、地址、电话等，都可以移除；

针对产品的评价：评论中涉及产品质量的，如混淆了与前台页的产品评价，可以申请移除；但如果买家评论的是产品货不对版或者产品坏了，这是服务问题，会被认为是合乎规范的客户评价，不能移除；

到货太慢：客户主观反馈收到货太慢，但实际上未超过时效的可以申请移除；

没收到货：客户没有收到货，并且卖家已经退款了，这种情况下客户还评论说未收到货，可以申请平台移除。

● 移除不掉的差评。

要写回复：这时的回复是留给能看到这些信息的其他消费者看的，最好清楚解释客户提出的质疑，并说明自己处置的方法等，让其他消费者从中看到卖家的立场和服务态度，无论客户是否真的蛮不讲理，在回复中卖家都不能言语侮辱或者攻击谩骂。

适当借助电话：不能仅靠邮件与客户联系，适当地可以打电话沟通，但电话沟通需要注意几点，即一是注意时间和说话的节奏，免得被客户认为骚扰；二是打电话前准备好要沟通的内容，以免沟通不流畅；三是要表现出自己的诚意，表示出对客户的尊重；四是最重要的要保证能帮客户解决问题。

与国内网民交易前后喜欢咨询的习惯不同，欧美国家大部分消费者会选择直接下单，即便是速卖通平台客户也是如此。根据速卖通数据统计，有80%以上的速卖通买家会不咨询直接下单。如果需要联系，他们也更愿意选择邮件方式，因此亚马逊并没有如速卖通一样的旺旺聊天工具，而是要求卖家对顾客的邮件在24小时之内回复即可，若在24小时之内回复，也会影响卖家绩效，因此，为免万一，可以在回复界面设定自动回复功能。

• 提供帮助：请客户帮忙移除中差评时，最好能给予指导和帮助，因为很多客户并不知道如何操作。差评移除的流程为：进入客户的“Your Account”→“Personalization”→“Community”→“Seller Feedback Submitted by you”。

Wish 产品上传　　速卖通产品发布之模块设置　　亚马逊商品上传　　亚马逊单个商品产品

亚马逊批量商品上传　　亚马逊已有商品上传　　亚马逊批量上传之表格处理　　亚马逊卖家绩效分析

亚马逊商品页面详解　　亚马逊卖家运营快速上手　　速卖通产品发布之模块设置

第6章

跨境电子商务营销推广

本章导论

跨境电商营销推广分为站内推广和站外推广。本章首先介绍几种通用的站外营销：搜索引擎营销、电子邮件营销和 SNS 社交媒体营销。在搜索引擎营销原理基础上，重点介绍关键词和关键词竞价排名方法；在六度分隔理论基础上，介绍 Facebook、LinkedIn、Pinterest 几种社交网络媒体的推广方法。在站外营销基础上，介绍速卖通、亚马逊、Wish 的站内推广活动。最后，介绍如何进行网络营销推广效果评估的方法。

通过本章的学习，掌握营销推广相关理论，并学会将这些理论应用到跨境电商的站内和站外各种营销推广活动中，指导跨境电商实践。

6.1 搜索引擎营销

6.1.1 搜索引擎原理

亚马逊、速卖通等电商平台都有内部搜索引擎，亚马逊的搜索引擎和算法几乎与 Google 齐名，因此要进行搜索引擎营销就需要掌握搜索引擎的基础原理。

搜索引擎是引流的第一渠道，一半以上的网站访问流量来自搜索引擎。网民对搜索结果不同页面或者页面的不同位置的关注程度会有很大差异，90% 的搜索者只查看搜索结果前三页，而只点击搜索结果第一页链接的用户达到 62%。图 6-1 显示了 Google 搜索结果的金三角现象，左侧是自然检索结果，右侧是赞助商广告链接，可以看到，自然检索结果排名的前三位结果被点击的概率为 100%，而右侧赞助商广告链接较高的也只有前三位，且点击率最高只有 50%。可见，如果要做搜索引擎推广，要争取排在前面的位置更有效。

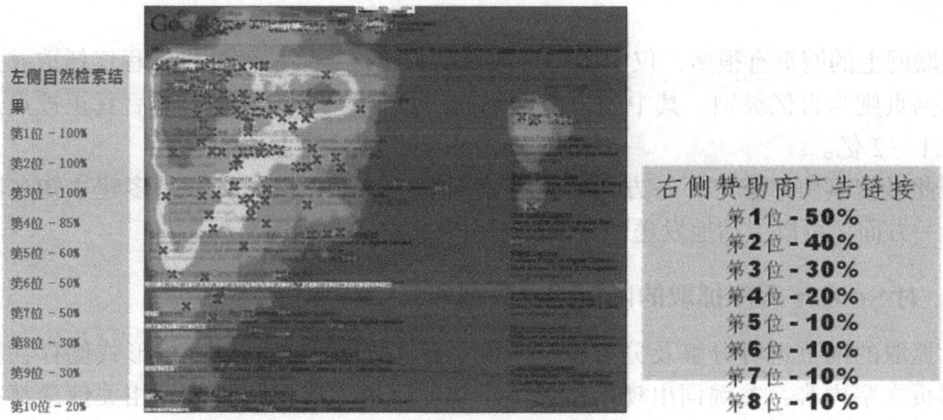

图 6-1　Google 搜索结果的金三角现象

为此，有必要了解搜索引擎的运作原理。

搜索引擎包含：搜索器［一个遵循一定协议的计算机程序（蜘蛛程序即 Spider 程序）］、分析器（从蜘蛛程序抓回的网页源文件中抽取主题词，并对其赋予不同的权值，以表明相关程度）、索引器（生成从关键词到 URL 的关系索引表）、检索器（根据用户输入的关键词在索引器形成的倒排表中进行查询）、用户接口（用户输入搜索请求和显示搜索结果的接口）。

搜索引擎的运作原理如图 6-2 所示。

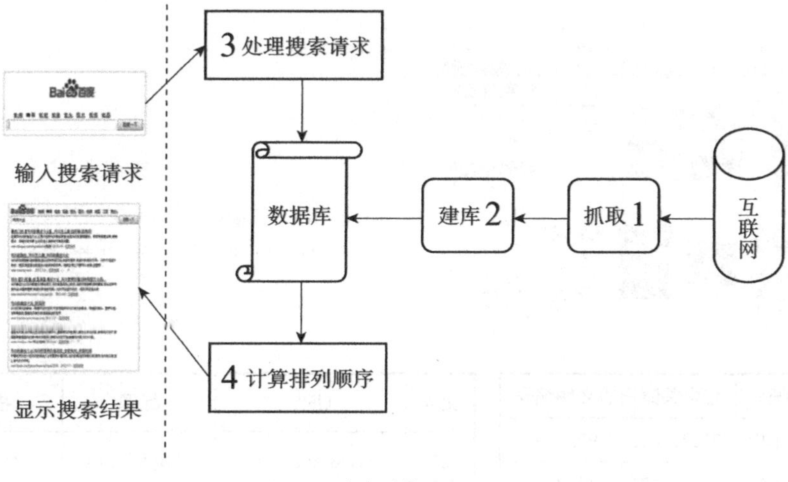

图 6-2　搜索引擎的运行原理

1. Spider（蜘蛛）程序抓取

抓取并保存互联网上对用户有价值的资源。蜘蛛程序从数据库中已知的网页开始出发，就像正常用户的浏览器一样访问这些网页并抓取文件，并存入数据库。并且蜘蛛程序会跟踪网页上的链接，访问更多网页，这个过程就叫爬行。当通过链接发现有新的网址时，蜘蛛程序将把新的网址记入数据库等待抓取。跟踪网页链接是蜘蛛程序发现新网址的最基本方法。当蜘蛛程序挖出每一个网页的 HTML，当不再有链接指向其他页面时，它就返回。

互联网上的网页有很多，仅中国网页数量就为千亿级别，而被蜘蛛程序抓取并被建立索引的网页则为百亿级别，其中用户能看到的网页则为 10 亿级别，最后真正被点击的网页只有 1～2 亿。

因此做搜索引擎推广，一方面要让搜索引擎主动地抓取，特别是多建立知名网站链接，另一方面，可以主动地发送网页给搜索引擎，存入数据库。

2. 对 Spider 程序抓取的网页建立数据库

对抓取的网页进行分解及分析，记录网页及关键词信息，以表格形式储存在数据库中，网页文字内容，关键词出现的位置、字体、颜色、加粗、斜体等相关信息都有相应记录。

最简单的搜索数据库有一个含有每一个词的记录，跟着是含有这个词的所有网页的列表。当一个搜索引擎正在创建搜索数据库时，它检查蜘蛛程序发现的每个网页中那些独特的词，检查每一个词是否在数据库中存有记录。如果有记录，就在记录的末尾加上这个网页地址。如果没有记录，就创建一个包含该网址的新记录。搜索引擎将每个网址转换成一个独特的数字，也存储在数据库中。比如当搜索“世界汽车史”时，搜索引擎查看数据库，先找到关键词“世界汽车史”的记录，已经有 7221 记录，同时发现有新的网页，给这个网页分配编号：7222，在包含关键词“中国汽车史”的文件编号中，添加 7222 编号，而这个编号对应的 URL 链接地址、标题和描述都将在数据库中，如图 6-3 所示。

dkchina.com
<td width="27%" align="left" valign="top" style="line-height:140%;"><span class="l
2952&pref=hot" target="_blank">视觉之旅-世界汽车史</a></span>
<div style="height:100px; overflow:hidden">开本：16开
sp;
定   价：￥198.00/本

出版时间：2012年11月</div></td>

关键词	包含关键词的文件编号
中国汽车史	7222，8222，9222……
关键词 2	7222，1222，3222……
关键词 3	7222，3222，5222……

文件	URL	标题	描述
7221	www.abc.com	某电商公司	******
7222	www.dkchina.com	DK 中国网站	世界品牌 ***

图 6-3　搜索数据库

3. 处理搜索请求

前面两步是用户搜索前，搜索引擎所做的准备工作。用户在搜索引擎中输入词汇，点击“搜索”按钮后，搜索引擎程序即对输入的搜索词进行处理，首先要分析搜索请求，比如中文特有的分词处理、去除停止词、判断是否有拼写错误或错别字、同义词处理等情况，搜索词的处理十分快速。然后筛选与搜索请求相匹配的结果，用户使用的搜索词经过切词可以分为多个，这个匹配就是从多个关键词的数据表中找到同时包含的那些网页，比如搜索“姚明身高”的处理如图 6-4 所示。

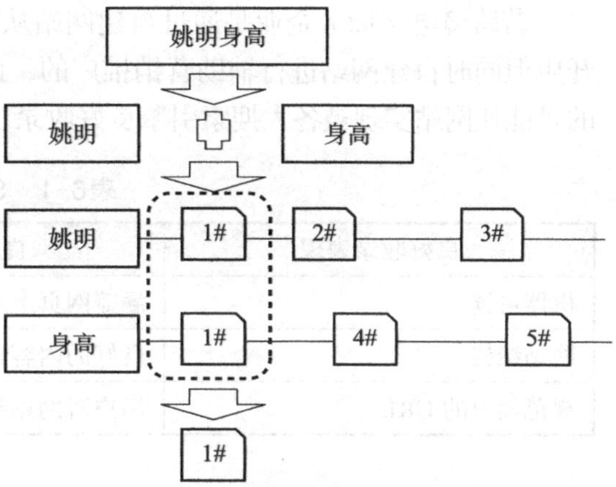

图 6-4　处理搜索请求示例——姚明身高

4. 对匹配出来的网页进行排序

对匹配出来的网页大多是按照“相关性”来排序的，即与搜索请求相匹配的程度。而“相关性”是由不同要素按照一定的公式计算出的算法，这些要素主要包含关键词密度（关键词在网页上出现的频率越高越好）、关键词突出度（关键词在网页上出现的位置越突出越好）、链接流行度（被其他网页链接得越多越好），如图 6-5 所示。购物搜索引擎排序的要素还可以加上价格、评分、销售量、店铺等级等，每个搜索引擎的要素均不同，要素所占的重要程度也不同，比如速卖通的搜索排序规则。这就是算法中的核心机密部分，比如 PageRank 是 Google 排名运算法则（排名公式）的一部分，是 Google 用来标识网页的等级 / 重要性的一种方法，是 Google 用来衡量一个网站好坏的重要标准。

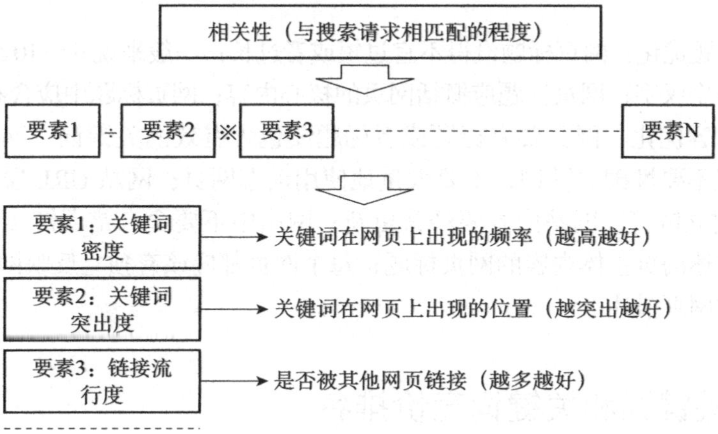

图 6-5　对匹配出来的网页进行排序

6.1.2　SEO 与 SEM

SEO（Search Engine Optimization），译为搜索引擎优化，是指在了解搜索引擎自然排名机制的基础上，对网站进行内部及外部的调整优化，改进网站在搜索引擎中的关键词自然排名，获得更多流量，从而达成网站销售及品牌建设的目标。SEM（Search Engine Marketing），译为搜索引擎营销。SEO 主要是通过技术手段使结果获得好的自然排名，而 SEM 则包含通过技术手段（SEO）和付费手段（如付费的关键词广告、关键词竞价排名），综合作用来获得更好的搜索排名。在网上有很多介绍如何付费做 SEO 优化的，实际上应称为 SEM。

若跨境电子商务企业是通过自建网站从事跨境电子商务交易的，或者在第三方平台注册开店但同时自建网站进行辅助营销推广的，此时自建的网站就需要进行 SEO 优化，优化的目的是能让网站实现被各大搜索引擎良好收录、良好排名和良好展现，如表 6-1 所示。

表6-1　SEO优化目的

良好收录表现	良好排名表现	良好展现表现
机器可读	涵盖网页上主要内容的 title	吸引眼球的 title
网站结构	良好的内容建设	善用 meta description
规范简单的 URL	用户对网站推荐	文章页“摘要”

要实现上述目标，需要从结构、标题和内容上进行优化。第三方平台上的网店也可以参考此方法进行优化，归根结底，站内搜索也是遵循搜索引擎基本原理的。

SEO——结构优化：客户访问网站时，通过主页可以到达任何一级栏目首页、二级栏目首页以及最终内容页面；通过任何一个网页可以返回上一级栏目页面并逐级返回主页；网站主栏目应清晰并且全站统一；每个页面有一个辅助导航；通过任何一个网页可以进入任何一个一级栏目首页；如果产品类别 / 信息类别较多，设计一个专门分类目录是必要的；设计一个表明站内各个栏目和页面链接关系的网站地图；首页一次点击可以直接到达最重要内容网页（如核心产品等）；在任何一个网页经过最多 3 次点击就可以进入任何一个内容页面。

SEO——标题优化：网页标题设得不宜过短或者过长：一般来说 6～10 个汉字比较理想，最好不要超过 30 个汉字；网页标题应概括网页的核心内容；网页标题中应含有丰富的关键词。

SEO——内容优化：网页要有标题或者标题要包含有效的关键词；网页正文中有效关键词比较多，但不要堆砌关键词；不要大量地使用动态网页；网站 URL 层次不要过多；与高质量的网站建立链接；网站内容要经常更新；网站中不要含有错误链接；每个网页都有独立的、概要描述网页主体内容的网页标题；每个网页都应该有独立反映网页内容的 META 标签（关键词和网页描述）。

6.1.3　关键词和关键词竞价排名

1. 关键词来源

在第 5 章中，我们介绍了不同平台的关键词来源与分析工具等，在这里综合介绍如何制作全面且精准的关键词方案，二者结合起来学习。

在选择关键词之前，先要明确关键词的作用是寻找和定位潜在客户，因此，关键词的选择应依据潜在客户的搜索习惯。制作全面且精准的关键词方案如图 6-6 所示。

1）寻找核心词

从潜在客户搜索习惯出发，也就是以终为始，从需求出发，全方位寻找产品或者网站的核心词；其次以内容为王，深入挖掘自身和竞争对手，从核心产品 / 服务方向寻找核心词，作为核心词的主要来源；同时要能触类旁通，发现客户和网民常用的核心词，并作为核心词的补充来源；最后要善假于物，挖掘目标人群的搜索行为、偏好和兴趣，去发现潜力核心词。

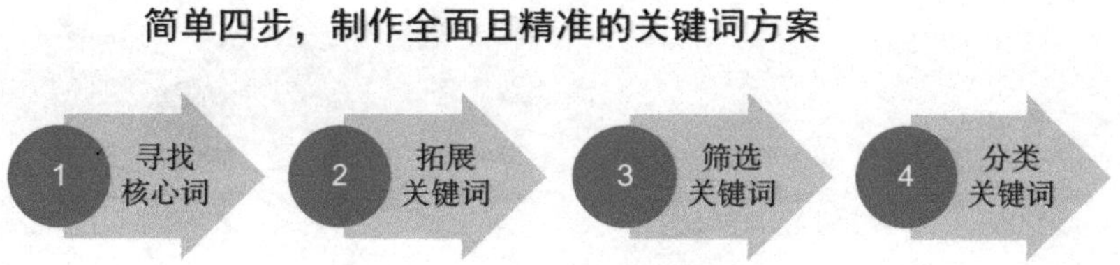

图 6-6 制作全面且精准的关键词方案

一般地，核心关键词可以分为四类：产品词（指企业提供的产品 / 服务名称、别称，能体现网民最明确的搜索意图，是企业关键词词库中的必备词）、产品咨询词（指用来咨询产品或服务相关信息的，贴近网民口语的词汇、短句，咨询词往往最接近潜在客户的意图，并且容易影响客户的购买决策，是企业关键词词库的明星词）、品牌词（指独一无二的能体现实力的品牌名称的词。搜索品牌词的网民，都是带着明确目标来主动寻找你的潜在客户，所以品牌词是企业关键词词库至关重要的战略词）；行业词（指表达产品和服务所在类别、体现行业特殊性的词。这类词可能影响潜在客户对同类产品的偏向，启发新的需求。同行业的企业都会提及这类词，是企业关键词词库的潜力词）。

但以上的整理还属于主观臆断，有闭门造车之嫌，需要验证到底这些词是否是客户最需求的。这时可以借助一些工具，比如百度指数（index.baidu.com/）。这是基于海量网民行为数据为基础的数据分享平台，如某个关键词在百度搜索中的规模有多大，一段时间内的涨跌态势以及相关的新闻舆论变化，关注这些词的网民是什么样的，分布在哪里，同时还搜了哪些相关的词，帮助用户优化数字营销活动方案。

基于单个词的趋势研究（包含整体趋势、PC 趋势、移动趋势）、需求图谱、舆情管家、人群画像；基于行业的整体趋势、地域分布、人群属性、搜索时间特征，如图 6-7 所示。

其他类似的工具，还有百度司南、百度风云榜、Google Trends 等。

2）拓展关键词

在核心关键词的基础上，可以进一步拓展关键词，构成长尾关键词。长尾理论解释了长尾关键词对于中小卖家的重要性，如图 6-8 所示。

可以从 8 个维度进行核心词的拓展，如图 6-9 所示。

3）筛选关键词

通过前面 2 步，可以发现大量的关键词，但不可能每个关键词都要采用，一者预算不允许，二者也不需要，因此可以进行筛选，根据推广需要、KPI 和预算进行提炼筛选。

4）分类关键词

结合人类购买行为模式，可以将所有的关键词进行分类，如将其分为人群词、产品词、口碑词、行业词、品牌词等，推广时，结合不同的时间段选择不同类型的关键词，如图 6-10 所示。当然也可以做其他的分类管理。

不同类型的关键词在检索量和相关性方面会有所不同。而不同类型的关键词在展现量、点击率、转化率等方面的表现也会有不同，如图 6-11 所示。

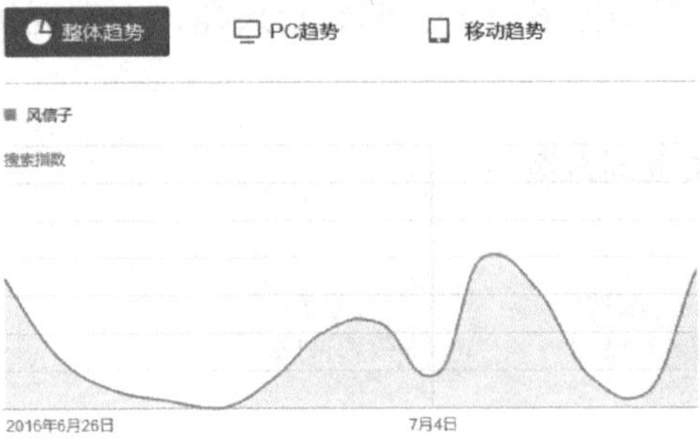

(a)

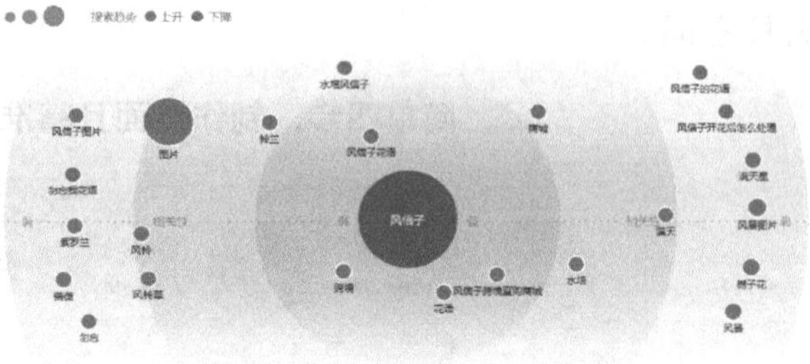

(b)

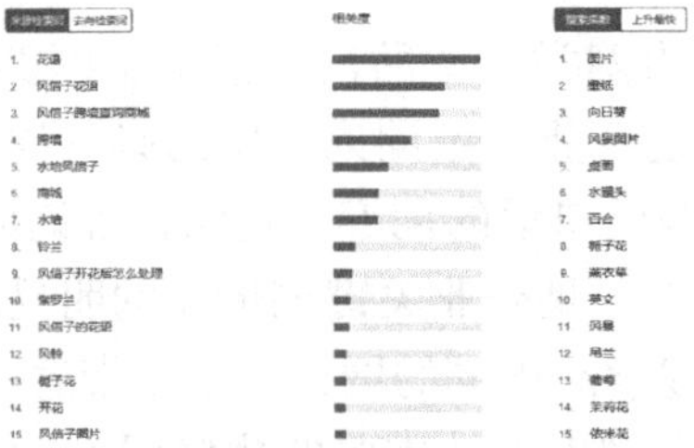

(c)

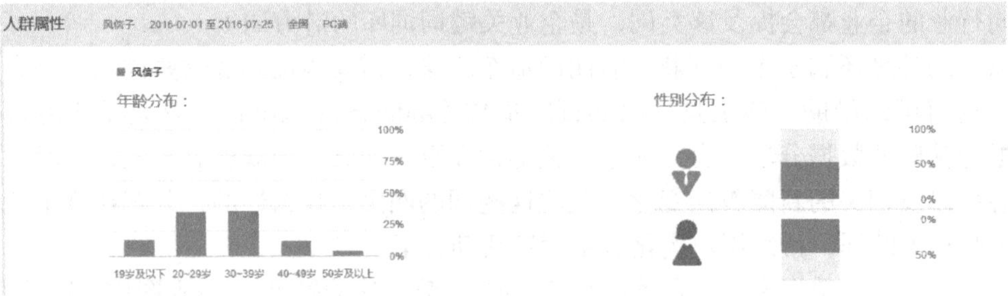

(d)

(e)

图 6-7　数据分析

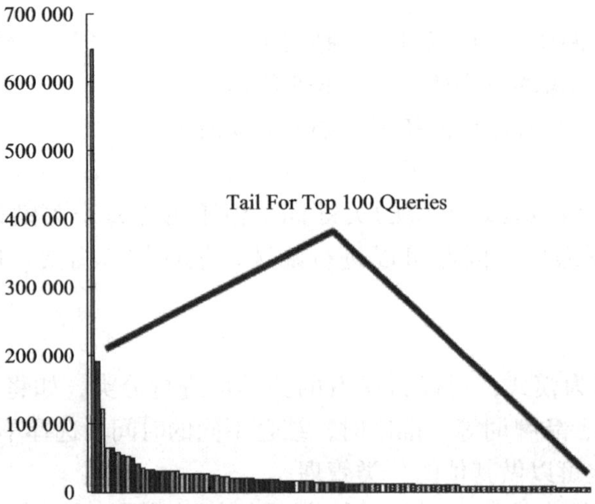

图 6-8　长尾理论

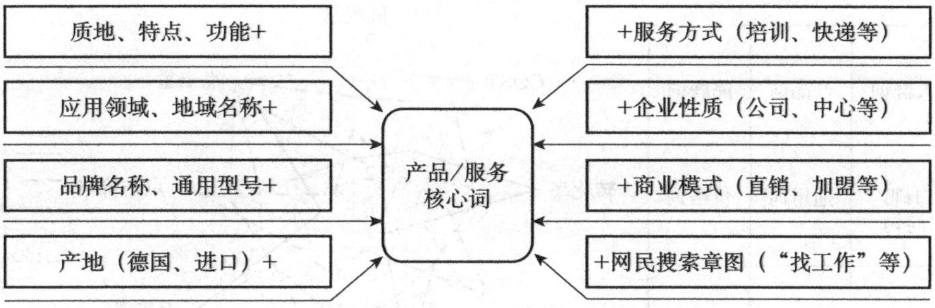

图 6-9 拓展核心词的维度

2. 关键词的触发机制——匹配模式

在前面运营章节中，可以看到大多数平台要求标题不能堆砌关键词，卖家很担心这样会丢失很多潜在的需求者，比如产品既是长裙也是棉质裙子，这两个关键词都会有客户搜索，那标题是否应该写为“*** long dress** cotton dress***”呢？这就需要理解关键词的触发机制，即匹配模式。

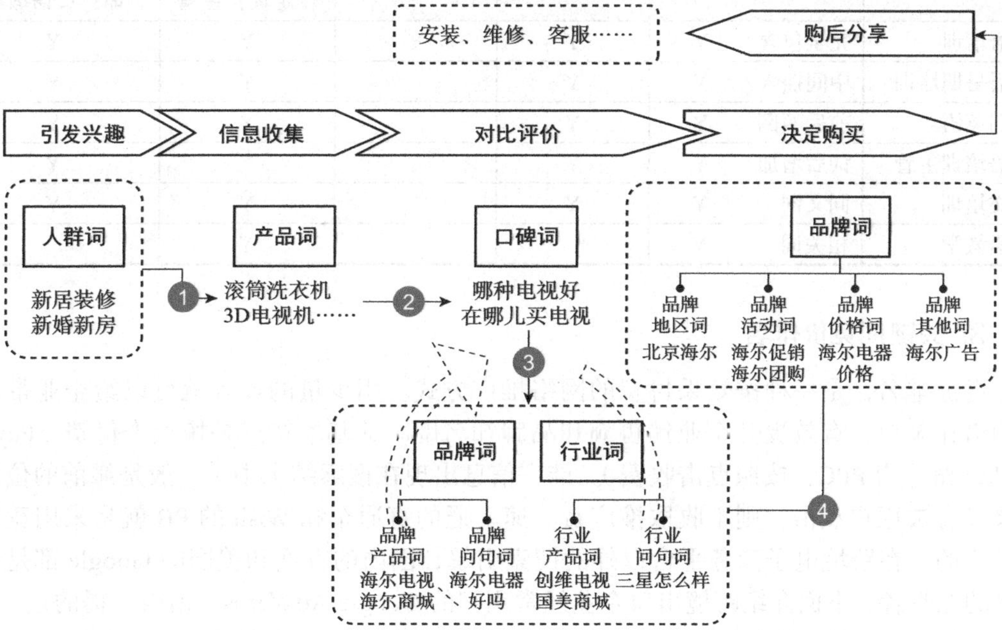

图 6-10 分类关键词

消费者在搜索框中输入搜索内容的时候，搜索引擎会进行不同方式的匹配。精确匹配意味着精准触发，也就是说，除非你的关键词就是用户输入的内容，否则不会被搜索到；广泛匹配则可以匹配同义近义词、相关词、变体形式、包含关键词的短语等，那么只要你的标题与用户的搜索内容满足以上情况，都可以匹配成功；短语匹配则可以是完全包含、前后 + 词、中间 + 词、前后颠倒和同义词匹配；一些搜索引擎还可以设定否定词。

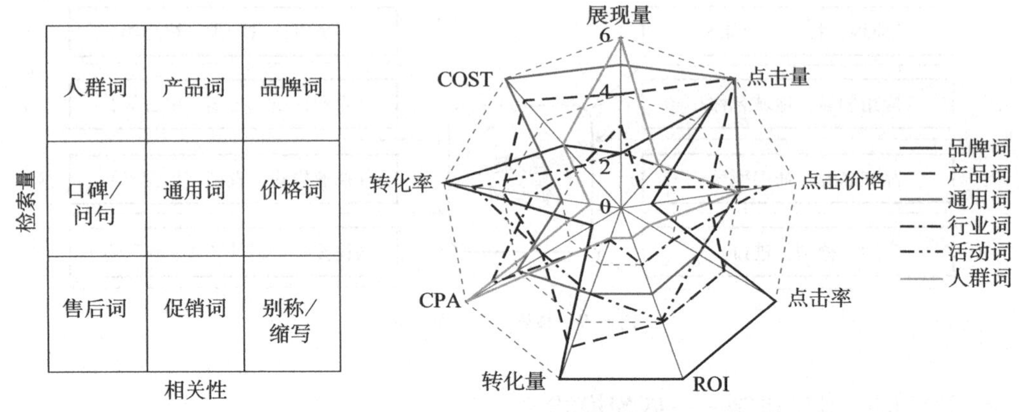

图 6-11　不同类型的关键词的表现

例如：卖家采用的关键词是英语培训，不同的匹配方式，可以看到不同的推广结果，如表 6-2 所示。

表6-2　关键词匹配模式示例

网民搜索词	广泛匹配		短语匹配	精确匹配	广泛＋否定词：主管	广泛＋精确否定词：口语教学
英语培训	完全包含	Y	Y	Y	Y	Y
英语暑期培训	中间插入	Y	Y		Y	Y
培训英语	前后颠倒	Y	Y		Y	Y
英语培训主管	词后增加	Y	Y			Y
英文培训	同义词	Y	Y		Y	Y
口语教学	相关词	Y			Y	

3. 关键词竞价排名

竞价排名，是一种按效果付费的网络推广方式。用少量的投入就可以给企业带来大量的潜在客户，有效提升企业销售额和品牌知名度。其基本特点是按点击付费（Pay Per Click，缩写为 PPC，按照点击收费）。推广信息出现在搜索结果中（一般是靠前的位置），如果没有被用户点击，则不收取推广费。速卖通的直通车和 Wish 的 PB 就是采用竞价排名推广的。在跨境电子商务平台以外的搜索引擎，国内的百度和美国的 Google 都是竞价排名的先驱者。下面介绍跨境出口企业经常用到的 Google AdWords。值得一提的是，PPC 和竞价排名并不是万能的，还需要将自己的店铺或者网站经营和优化好。

Google AdWords 是一种通过使用 Google 关键词广告或者 Google 遍布全球的内容联盟网络来推广网站的按点击付费的网络推广方式，可以选择包括文字、图片及视频广告在内的多种广告形式。

Google AdWords 提供的关键词规划师（GKP Google Keywords Planner）是一款寻找关键词的工具，无论你是要做广告还是 SEO 都可以用它来寻找关键词，其功能强大齐全而且是免费的，无论是经验丰富的老手还是新手都用得上。

【扩展】GKP 使用

在使用关键词策划师工具之前，你需要先登录 Google AdWords 并且注册一个账号，注册时只需要有个邮箱即可。Google AdWords 网址为 https://adwords.google.com/ko/KeywordPlanner/Home。

第一步，登录之后，找到右上方的小齿轮，点开就可以看到关键词规划工具，如图 6-12 所示，点击进入。

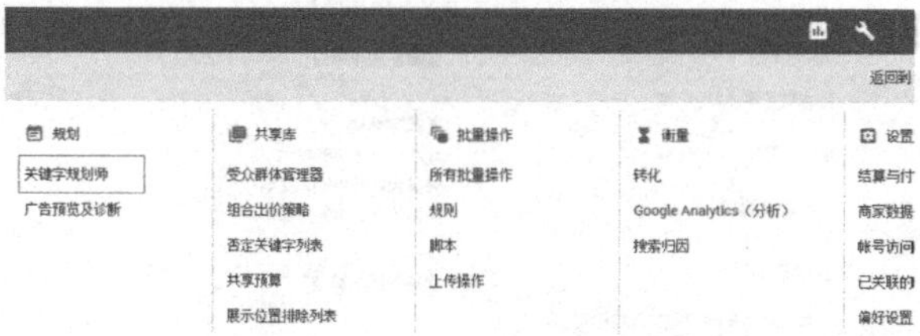

图 6-12　登录 Google AdWords

第二步，接下来有 3 个功能可以选择，这三个功能就是关键词规划工具的核心所在，如图 6-13 所示。

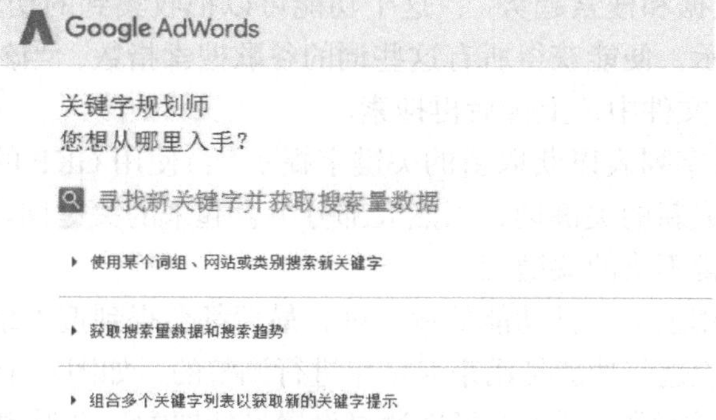

图 6-13　Google AdWords 的 3 个功能

- “使用某个词组、网站或类别搜索新关键字”，这个是关键词规划工具最基础，也是最常用的功能，点开之后，还可看到更多的选项可供选择，如图 6-14 所示。

您的产品或服务：填入产品或服务主词。不过，一般不能只填一个主词，除非你的产品或者服务非常得小众。比如，你卖耳机，在主词中填了 earphone，接下来就得在几万个关键词中找几百个能用的词，徒增了太多的工作量，所以最好输入包含两至三个关键词。

您的着陆页：这是针对 AdWords 用户的，但是可以在这里输入网站首页地址或者博客文章地址，谷歌会分析提交的页面，并给出关键词提示。

您的产品类别：使用这个选项可以接入谷歌根据行业划分的内部关键词数据库。如果你在使用前面两个选项后感觉得到的关键词不理想，可以在这里输入产品类别试一下。

定位：根据国家地理位置、语言、搜索引擎来寻找你要投入的市场。

旁边还有关键词过滤条件等一些功能可以搭配使用，从而让你搜索出来的关键词更加精准无误，贴近需求。

图 6-14 “使用某个词组、网站或类别搜索新关键词”功能

● “获取搜索量数据和搜索趋势”：这个功能可以把收集到的功能全部复制到输入框，然后点击获取参考提示，便能获得所有这些词的谷歌搜索指数，当然，可以把这些词保存在文本文档或者 CSV 文件中，上传后再搜索。

● “组合多个关键字列表以获取新的关键字提示”：使用 GKP 的这项功能，可以将几组关键词组合起来形成新的关键词，当然大部分组合起来的关键词可能并没有什么用，但是偶尔也会组合出非常不错的关键词。

第三步，无论使用上边三种功能的哪一种，最后都会得到搜索结果页。

搜索结果页中左边这些功能是用来对结果进行调整的，如图 6-15 所示，比如说发现搜索结果中出现的关键词指数太低了，可以通过设置最低搜索量来限制低指数关键词的呈现，如图 6-16 所示。

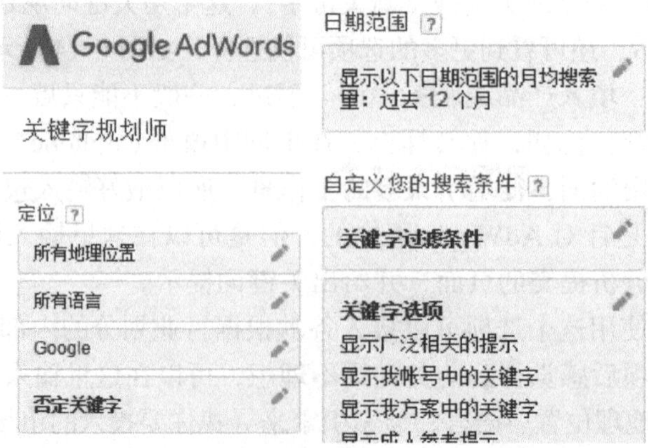

图 6-15 搜索结果页

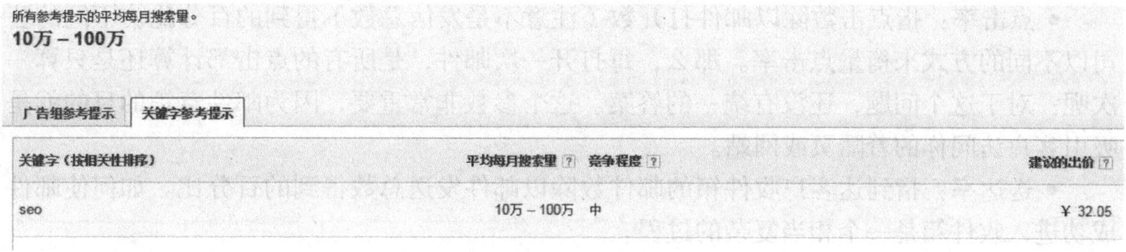

图 6-16　设置最低搜索量

右边的图表中提供了不少空的数据。

平均每月搜索量：搜索量越高，受关注的程度自然也就越高，不过从 2016 年 8 月起，谷歌决定只限制 AdWords 的广告活跃账户才能看到具体的关键词数据，没有达到最低广告投入额的用户则只能看到数据范围。

竞争程度：竞争度越高，这个关键词的操作也就越难。

建议的出价：转化率越高的价格就越高，商业性也越高。

6.2 电子邮件营销

6.2.1　电子邮件营销的特点、指标和前提

电子邮件营销 EDM（Email Direct Marketing），也称为许可 Email 营销，是在用户事先许可的前提下，借助 EDM 软件通过电子邮件的方式向目标用户传递有价值信息的一种网络营销手段。EDM 软件有多种用途，可以发送电子广告、产品信息、销售信息、市场调查、市场推广活动信息等。

1. 电子邮件营销的特点

- 精准直效：精确筛选发送对象，将特定的推广信息投递到特定的目标社群；
- 个性化：根据发送对象不同制订个性化内容，确保收到符合需求的信息；
- 信息丰富：文本、图片、动画、音频、视频、超级链接都可以在 EDM 中体现；
- 可追踪分析：根据用户的行为，统计打开率、点击数并加以分析获取销售线索。

2. 相关指标

- 打开率：是指有多少人（以百分比的形式）打开了你发送的邮件。不过这个参数变得越来越不重要了。因为电子邮件的打开率是通过在邮件中放置一个微型图片来追踪的，但是许多邮件服务商都会拦截图片，使图片无法显示。因此客户可能打开了你的邮件，但系统会记录他没有打开，除非他主动使邮件中的图片显示出来。

● 点击率：指点击数除以邮件打开数（注意不是发信总数）得到的百分比。不同的公司以不同的方式来衡量点击率。那么，每打开一次邮件，是所有的点击都计算还是只算一次呢？对于这个问题，还没有统一的答案。这个参数非常重要，因为邮件营销的目的就是吸引客户访问你的着陆页或网站。

● 送达率：指到达客户收件箱的邮件数除以邮件发送总数得到的百分比。如何使邮件成功进入收件箱是一个相当复杂的过程。

● 退信数：退信数是指因“无法送达”而退还给你的邮件数。造成退信的原因有邮件地址拼写错误、邮件收件箱已满，以及其他很多原因。如果你的收件人列表是通过购买、租借得到的，那么这个参数是非常重要的，因为它能告诉你，你购买的邮件地址中有多少个是无效的。

3. 电子邮件营销的前提

①许可 / 双重许可。许可 Email 营销基本的前提是基于用户许可。因此在 EDM 软件中，收件人列表有三种设置：“许可式”是指收件人选择加入你的列表并允许你给他们发信；“双重许可”是指收件人给了你两次许可（通常通过电子邮件中的确认链接）；除此以外所有的列表都被认为是潜在客户列表（通常通过购买和租借得到）。不可否认，未得到用户许可的邮件，基本会被作为垃圾邮件处理，而且还会陷入一些法律纠纷中。

② CAN-SPAM。2003 年，人们的收件箱中的垃圾邮件泛滥成灾，2003 年 11 月 25 日美国国会通过了“反垃圾电子邮件法案”（*CAN-SPAM Act Controlling the Assault of Non-Solicited Pornography and Marketing Act of 2003*《控制非自愿色情和促销攻击法案》），这是自互联网出现以来美国首次通过对影响很多民众日常生活的垃圾邮件问题的管制法案。它规定了发送邮件时必须遵守的一系列条款，违反了这些条款，你就会被纳入垃圾邮件发送者的行列，并面临罚款的潜在处罚，单人罚款最高可达 16000 美元。

法案规定发信人的邮件地址必须是自己而且是真实的，客户在邮件中看到的信息必须是基于你的网站或者店铺的经营业务；邮件主题中不能撒谎，比如在主题中承诺有商品折扣，但邮件正文中却没有这个内容，这是“误导”；必须在邮件底部或其他地方注明“这是广告”；在邮件的某个地方，必须提供一个可以收到信件的真实存在的物理地址，来保证你不是一个垃圾邮件发送者；需要让收件人知道如何退订，有“完全退订”的选择按钮，且不能收取任何退订费用；如果有人退订，必须在 10 天内将其从相应的收件人列表中剔除出去；你需要为任何被你雇佣或授权代你发送市场推广邮件的人的行为承担法律责任，所以需要注意市场代理的所做所为。

③退订 / 反订阅。退订 / 反订阅是指收件人从你的收件人列表中自行退出的能力，其中有两种方式：完全退订和针对某一列表的退订。完全退订是指收件人要求退出你所有的收件人列表，不再收到由你发出的任何邮件；针对某一列表的退订是指收件人要求退出你的某一收件人列表，不再收到由你发给这个列表的任何邮件。比如说，他们不愿意收到特惠信息，但是又想收到每周新闻。

6.2.2 电子邮件营销内容和过程

1. 电子邮件营销的内容撰写

电子邮件营销的内容需要做到的基本策略有：主题明确并有吸引力、内容简练、内容中回避敏感词汇、邮件格式灵活等。

①主题明确并有吸引力。很多人收到邮件，大都一扫而过，邮件标题无亮点不能吸引人，一个优秀的明确的主题是收件人愿意进一步打开邮件的关键。这个主题可以采用多种形式，比如问题形式、公告形式、幽默形式等。

②内容简练。内容上要尽量精简，一般主要是用户自己关注的内容（根据用户的浏览行为）、店铺最近热卖商品、节假日、季节类活动公告等，可以在邮件中提供一个有一定截止时间的活动优惠代码，不过也要留给收件人一定的时间和空间去使用。版面尽量简洁，突出主题，以达到更高的点击率。

③内容中回避敏感词汇。不使用类似如下敏感及带促销类的文字：免费、优惠、特惠、特价、低价、便宜、廉价、视频、赚钱、群发、发财、致富、代开、薪水、交友、支付、商机、法宝、宝典、秘密、情报、机密、保密、绝密、神秘、秘诀等。而在国外，一些英文关键词在老外眼中是常见的垃圾邮件关键词，要尽量移除这些敏感关键词，如acne、adipex、adult、advertisement、advertising、allergies、amazing new discovery、as seen on tv、asthma、auto loan、auto loans、baccarat、bachelor、beat stress、be your own boss、booker、burn fat、buy now、buy online、call anywhere、came up a winner、career opportunity、career singles、carisoprodol、casino、casinos、chat room、click here、click to play、click to win、credit card、cyclobenzaprine 等。

④邮件格式灵活。既可以采用 HTML 格式，又可以采用纯文本格式。HTML 格式的邮件可以包含色彩、表格和图片；而纯文本格式的邮件只能包含文字。事实上，这两种格式的邮件你都要发送，因为并不是所有邮件客户端（尤其是一些手机版的）都支持 HTML 格式的邮件。文本格式邮件比带图邮件的召回率（被准确分类比例）高，但要防止被显示为乱码，例如 QQ 邮箱，如果未在代码中设置，邮件中的文字不会自动换行，gmail 邮箱中邮件内容的字体会自动放大，与原来设定的字符大小不一致，因此可以使用UTF8字体。

⑤图片大小和打开问题。图片不能太大，一般要求小于 15KB，数量也不能太多，应少于 8 张，免得打开邮件的速度太慢让收件人失去耐心。图片应放在网络空间，否则收件方不能看到。图片名称不能含有 ad 字符，否则会显示成“被过滤广告”。

⑥应回避需要使用插件才能打开的内容。邮件中不使用 Flash、Java、JavaScript、frames、i-frames、ActiveX 以及 DHTML，否则收件人可能打不开，或者还需要收件人安装一些插件才能浏览；为避免用户收到的邮件显示乱码或者图片格式无法浏览，可以制作一份和邮件内容一样的 Web 页面，然后在邮件顶部写一句话：“如果您无法查看邮件内容，请点击这里”，链接到放有同样内容的 Web 页面。

⑦避免使用易被过滤和识别的标签。邮件中不要使用 <table></table> 以外的 body、meta 和 html 之类的标签，部分邮箱系统会把含有这些内容的邮件自动过滤掉。

⑧要谨慎使用链接。可以在邮件中加入一些链接，但数量不能多，链接也要写成绝对地

址而非相对地址，前者如“http://www. seo9go. com/images/1.jpg”，后者如“d:/web/images/1.jpg”。不要使用地图功能（map）的链接图片，否则会使邮件被多数邮箱划为垃圾邮件。

⑨发送邮件的数量要有节制。单个用户推送频率每周小于 3 封。另外发送超过 20 万封的，主题内容要更换。

2. 电子邮件营销步骤

①确定发送对象。分析目前所拥有的 Email 营销资源，如果公司本身拥有足够的用户 Email 地址资源，则可以首先利用内部资源。另外，还要决定是否利用外部列表投放 Email 广告。如果使用外部列表，则还要选择合适的外部列表服务商并具体确定要发送的外部列表对象。

②设计邮件内容，针对内部和外部邮件列表分别设计内容。设计时要注意上一点内容撰写中的注意事项。最好进行客户细分，比如说区分新老客户，区分价格敏感性客户等，针对不同类型的客户设计不同的邮件。

③根据计划向潜在用户发送电子邮件信息。请不要忽视这个最简单又最困难的环节，因为这关系到精心制作的 EDM 是否能准确到达用户手中，还是白白被扔到了“垃圾邮件”文件夹中。另外，选择合适的发送时间也是一个勾引用户看 EDM 的好方法，各大知名电子商务邮件如京东，大部分集中在“11~13 点”和“7~9 点”2 个时间段，这 2 个时间段恰恰是上班族打开电脑，或者疲倦想要休闲一下的时间，这样的话打开 EDM 和点击 EDM 的可能性就大大增加了。

④对 Email 营销活动的效果要进行分析和总结。邮件发送后，对邮件后续的数据监测，掌握邮件的到达率、打开率、点击率等各方面的数据，来判断这份 EDM 设计得好坏，也可以帮助我们进行下次的营销活动设计。当然还需要与店铺的转化率结合，看本次营销活动是否带来转化率的提高。

【Tips】十家国内知名的 EDM 服务提供商有：Webpower（www.webpower.asia）、Focussend（www.focussend.com）、思齐软件（www.rspread.cn）、亿邻商邮（www.elink-u.com）、脉展软件（www.emmediasoft.com）、绿邮网（www.greenedm.com）、华思邮件营销（www.msmart.cn）、COMM100（www.comm100.cn）、亿业科技（www.easeye.com.cn）、Radica system（www.radicasys.com）。

6.3 SNS社交媒体营销

6.3.1 六度分隔理论

“六度空间”理论又称为六度分隔（Six Degrees of Separation）理论。这个理论可以通俗地阐述为："你和任何一个陌生人之间所间隔的人不会超过 6 个，也就是说，最多通过 6 个人你就能够认识任何一个陌生人。"

1967年，美国哈佛大学社会心理学教授对这个问题做了一个著名的实验，他从内布拉斯加州和堪萨斯州招募到一批志愿者，随机选出其中的三百多名，请他们邮寄一封信函。信函的最终目标是 Milgram 指定的一名住在波士顿的股票经纪人。由于几乎可以肯定信函不会直接寄到目标，Milgram 就让志愿者把信函发送给他们认为最有可能与目标建立联系的亲友，并要求每一个转寄信函的人都回发一封信件给 Milgram 本人。出人意料的是，有 60 多封信最终到达了目标股票经济人手中，并且这些信函经过的中间人的数目平均只有 5 个。也就是说，陌生人之间建立联系的最远距离是 6 个人。1967 年 5 月，Milgram 在《今日心理学》杂志上发表了实验结果，并提出著名的"六度分隔"假说。

1998 年年初，康奈尔大学的两名研究者通过构建社会网络的数学模式——"小世界模型"，如图 6-17 所示，解释了 60 亿人是如何靠着六条"联系"与别人相连的，从而开辟了社会网络研究的源头。

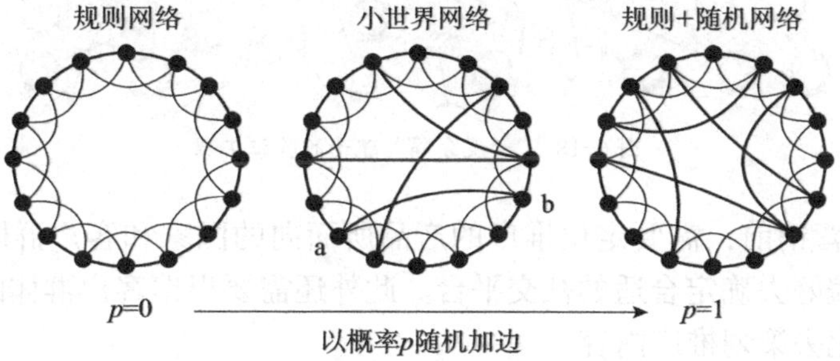

图 6-17 小世界模型

从数学上来理解，既然两个人之间经过了 6 个人的介绍才联系上的，那么他们一定是通过了 7 次的介绍，现在世界人口大约为 65 亿，对 65 亿开七次方根，结果是 25.2257，取整为 26，那么如果满足六度空间的结论，每个人只要与社会中的 26 个人有联系就行了。

2001 年，哥伦比亚大学社会学系的登肯·瓦兹主持了一项对"六度分隔"理论的验证工程。他从 166 个不同国家招募 6 万多名志愿者参与了该研究。瓦兹随机选定 18 名目标（比如一名美国教授、一名澳大利亚警察和一名挪威兽医），要求志愿者选择其中的一名作为自己的目标，并发送电子邮件给自己认为最有可能发送成功的目标的亲友。瓦兹在世界顶级的科学学术期刊《科学》杂志上发表最新论文表明邮件要达到目标，平均也只要经历 5～7 个人，如图 6-18 所示。

社会网络理论其实并不高深，它的理论基础正是"六度分隔"。而社会性软件则是建立在真实的社会网络上的增值性软件和服务。"你和任何一个陌生人之间所间隔的人不会超过 6 个，也就是说，最多通过 6 个人你就能够认识任何一个陌生人。"当前运用六度分隔的领域有：直销网络、电子游戏社区、SNS 网站和 Blog 网站。

SNS：Social Network Sofware，社会性网络软件，国际上以 Facebook、Twitter、Instagram、Pinterest、VK 等 SNS 平台为代表，旨在帮助人们建立社会性网络的互联网应用服务。依据"六度分隔"理论，SNS 网站，就是依据"六度分隔"理论建立的网站，以认识朋友的朋友为基础，扩展自己的人脉，并且无限扩张自己的人脉。这类社交网络包含几种类型，即一是主流社交类，如 Facebook、VK、Twitter 等，这类社交网络需造势、积粉、长线操作，适合有专人操作的团队，流量大、转化率低；二是图文分享类，如 Pinterest、YouTube 等，对产品本身、图文材料专业度要求较高，转化率一般；三是购物分享类，如 ITAO 等，操作相对简单粗暴，效果立竿见影，适合各层级卖家；四是其他类型，如论坛、博客 Blog 等。

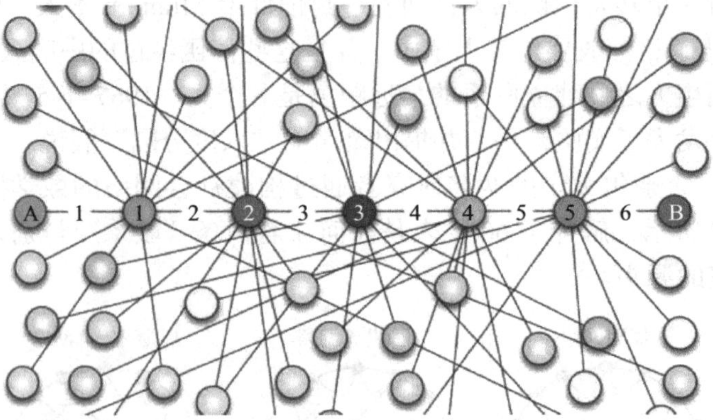

图 6-18 “六度分隔”理论的验证工程

在进行 SNS 营销前，需要定位推广的产品所面向的国家和客户群体，从而根据他们的社交软件使用偏好去确定合适的社交平台。此外还需要根据客户群体的性别、年龄、群体喜好、国家文化去策划推广内容。

6.3.2 Facebook 跨境电子商务营销

2016 年 8 月，Facebook 仅仅一个月的流量就达到了 2.68 亿次，每个客户的平均停留时间为 15 分 50 秒，客户访问深度为 14.41，客户跳出率低至 22.57%，由这些数据可见 Facebook 的客户群体黏度和忠诚度是极高的，如图 6-19 所示。

图 6-19 Facebook 的流量

直接访问 Facebook 的人多达 60.78%。也就是说，大部分客户是通过直接输入域名进入 Facebook 官方网站的，可见客户忠诚度极高，大部分访客会经常浏览 Facebook。23.64% 的访客来源于其他网站的推荐，这是 Facebook 的口碑营销。9.59% 的人来源于搜索。也就是说，这部分群体是听说了Facebook，然后直接通过搜索引擎的搜索进入网站的。1.79%的人来源于社交网站，3.07%的人来源于Email，1.13%的人来源于付费广告。

Facebook的访问者来自Facebook出生地美国的客户占比明显是最大的，其次是速卖通上的热销国家巴西。结合8月份的访客数据，2.68亿人群中有7.07%来源于巴西，其次是土耳其、英国和法国，如图6-20所示。

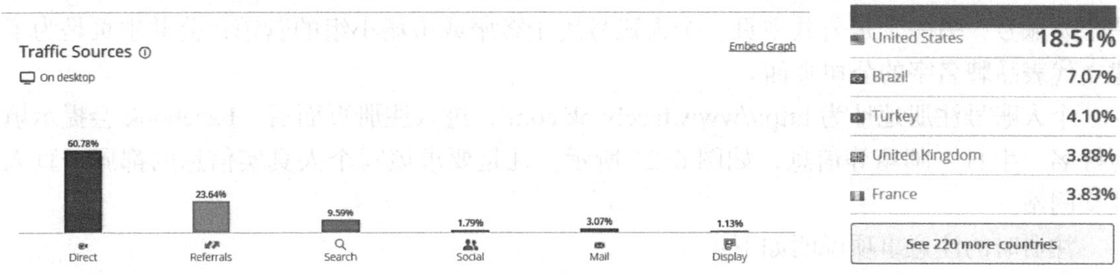

图6-20　Facebook访问者的来源

1. Facebook在跨境电子商务营销中的优势

Facebook是美国的一个社交网络服务网站，创立于2004年2月4日，总部位于美国加利福尼亚州帕拉阿图，2012年3月6日发布Windows版桌面聊天软件Facebook Messenger，主要创始人马克·扎克伯格。2018年《财富》世界500强排行榜中Facebook位列274位。

基于以下优势，Facebook已经成为跨境电子商务最重要的社交媒体：

①庞大的用户数。从作为美国大学生的线上花名册开始，Facebook的用户数在快速增长。2007年7月Facebook拥有三千四百万活跃用户，包括在非大学网络中的用户；2012年5月，Facebook用户数达到9亿；2013年11月Facebook的用户每天上传约3.5亿张照片；2015年8月单日用户数突破10亿；2016年12月Facebook平均每日活跃用户人数为12.3亿人（其中移动端平均每日活跃用户人数为11.5亿人）；2017年第二季度，Facebook的月活用户首次超过20亿。

②强大的社交黏性。不仅用户数量庞大，这些用户对Facebook的依赖度也非常高，据统计，每天Facebook上的点“赞”数达到45亿个，每个用户平均每天使用50分钟以上，而且这些用户都是实名用户，平均每个Facebook用户有130个朋友。强大的社交黏性带来了强大的传播性和影响力。2017年Facebook上传的视频已经超过YouTube，一个Facebook网红人的影响力可以超过一个电视台；一个Facebook群组可以达到几百万人。

③清晰的盈利性。Facebook平台属于强关系平台，与其他社交媒体的盈利性方面的弱势不同，2017年全球最赚钱企业排行榜中Facebook排名第20位。用户借助Facebook可以有清晰的盈利可能性。这主要来自几个方面，一是在Facebook上广告效果好，接受度高、营销氛围好，海外客户愿意为广告买单；二是技术上借助Facebook几乎可以连接一切，比如Instagram、Printerest、AliExpress、独立网站，打通社交网络与交易的通道；三是借助平台的大数据能力，可以精准找到目标客户，比如按人群来区分的不同年龄、性别、地点的用户，按喜好划分的不同产品如时尚、珠宝、3C、旅游、商务等的用户，按

浏览习惯和用户习惯来划分的用户等。针对不同的用户，还可以用不同的广告形式达到不同的目的，借助 Facebook 可以推广自己的业务，比如建立分销体系、建立粉丝群体、推广付费内容、推广各种应用、推广实体店铺等。

2. Facebook 注册

Facebook 分为两类页面：个人页面和公司页面。因此，卖家可以注册两个账号，一个是个人账号，另一个是公共主页。个人账号用于客服或市场小组的营销；公共主页是为了建立代表品牌名字的公司页面。

个人账号注册地址为 http://www.facebook.com/，进入注册页面后，Facebook 会提示填写姓名、生日、邮箱等信息，如图 6-21 所示。凡是要求填写个人真实信息的都属于真人社交网站。

注册时的注意事项说明如下：

①一个账号只能用一个身份证、一个邮箱。

②验证：注册时要填写正确的电话号码，以便验证；Facebook 要求做脸部验证，注册时会直接跳出人物的脸来让你识别（5 个人）；Facebook 店铺要求绑定信用卡账号，如果有一天需要验证，只需要提供信用卡号码的后三位；做到预防为主，尽量避免 Facebook 出现验证，建议用你的其他 Facebook 账号一起授权来管理这个页面，如果一个账号被停用，还有其他的账号来辅助。

图 6-21　注册信息填写页面

③注意副本保存，这是为万一被封号后的解封做准备，并确保封号后好友资源不丢失。

④关联问题：如果用 VPN 或 VPS（阿里和腾讯均有）登录 Facebook，要记住你的 VPN 不能换来换去，IP 地址不要随便更换，否则会引起 Facebook 疑心。

Facebook 公司页面注册入口地址为 https://www.Facebook.com/pages/create。建立公司页面的要点如下：

①要有详细的介绍、联号名称。

② Facebook 公司页面的命名最好与自己的品牌名称一致，因为这样客户在谷歌搜索

时就可以搜索到公司的 Facebook 页面了。

如果在 Facebook 公司页面上发布了一些客户好评，当客户搜索到 Facebook 页面看到这些内容时，就可以增加客户对品牌的好感度。若有免费的老客户资源，则可以给老客户发邮件欢迎他们关注我们的公司页面。在给客户发货时也可以附上 Facebook 页面的网址。还需要注意的是，附加的图片应该精美，如果受限于产品的属性，起码也要做到简洁大方。因为现在的社交时代是读图时代，图片是全球通用的语言，产品图片有卖点就能打动客户，社交营销尤其如此。

3. 基于 Facebook 的跨境电子商务营销

①建立卖家的品牌专页，传达品牌理念。

• 在 Facebook 上创建公共主页，在主页上可将卖家的企业品牌、推广活动等进行设置，如图 6-22 所示。

名称设置：要提前规划好，不要等账号成熟后再去修改，这是需要逐渐积累的。

头像设置：个人主页用个人的头像即可，在公共主页上用产品图片或者品牌 Logo。

封面设置：个人主页在初期不要用产品介绍图片，难以聚集人气；公共主页使用专业品牌介绍海报或者产品介绍海报；添加行动按钮，就是告知主页最终的目的是什么，可以按照自己需求设置。可以添加的行动按钮如图 6-23 所示。

赞
关注
分享
+ 添加按钮
欢迎使用你的全新公共主页
在与别人分享主页前，请先查看主页管理建议，了解如何介绍你的业务、品牌或组织。我们稍后会分享更多建议。
知道哪些好友可能对你的主页感兴趣?
Help more people discover your Page by inviting friends to like it.
搜索并邀请好友
添加封面照片
封面照片帮助你展示主页的独特风采。更新封面照片，展示业务或组织的最新动态。
添加头像
头像照片可以帮助你提升主页的知名度，还可以帮助用户找到你的主页，在帖子中识别、评论主页并使用更多功能。
添加简短说明
主页简介帮助用户了解主页的用途，它将出现在用户的搜索结果中。
Shafayet Ahmed Chowd...
Mongiiin Soruud
Dorjdamba Pvrewdulam
邀请
全部好友

图 6-22　Facebook 主页相关设置

立即购买　立即预定　发消息　去逛逛　发邮件　联系我们　玩游戏　使用应用

图 6-23　添加行动按钮

公共主页应该与卖家的在线风格一致，与其在跨境电子商务平台的店铺或者独立网站的风格基本保持一致。

• 增加粉丝推广自己的主页，形成社交网络和圈子。

增加 Facebook 上的粉丝没有捷径可走，在一切需要填写资料的地方，留下链接，同时附加一个让别人关注你的一个理由（比如新品、折扣、活动）。

为了吸引粉丝，建议不要生硬地宣传自己的产品信息，而要尝试着讲一下品牌和企业背后的人和故事；或者转载好文章，每周 2 条，发布时间控制在当地中午 12 点半到 2 点之间，这段时间效果最好。原创文章发布时间放在上午 10 点以后。当地时间下午 3～6 点适合发布一些有趣的、有话题感的内容，这段时间外国女性比较有空，写评论参与的比率较大。

②给跨境电子商务平台的卖家店铺和产品引流。Facebook 是当今唯一在流量上可以和谷歌并驾齐驱的站点，因此不能放弃 Facebook 带来的大流量。那么如何利用 Facebook 为网站带来流量呢？

- 完善个人信息资料。Facebook 是交流社区，人们都喜欢找寻自己感兴趣的人或者事，此时如何才能写出一个让人们眼前一亮的个性化资料，是我们必须去研究的；
- 在涂鸦墙和照片夹中放置一些比较有意思的、有价值的信息。不建议在 Facebook 的涂鸦墙上全部放产品广告，而应该发一些和自己产品贴近的比较有意思的东西，来引导你的粉丝来关注你的网站；
- 建立起网络。Facebook 是一个交友式的互动平台。要学会建立起自己的友谊圈子，发掘对你的网站感兴趣的人群；
- 经常保持更新。必须时常保持你的 Facebook 主页的各类信息包括博客的文章更新，这样才能持续引来流量；
- 活跃起来。多参与别人的博客分享，多参加各类的圈子才能让你的 Facebook 主页受到更多人的关注，或者给人留下最深的印象；
- 安排好你的个人主页。Facebook 的应用很灵活，安排好自己需要的应用，充分利用 RSS 的提交功能；
- 确定需要的应用。在 Facebook 的众多应用中挑选你最擅长和最需要的放在首页，例如链接的发布和博客；
- 使用 Facebook 的广告联盟。Facebook 提供网站的内部广告联盟，此项功能属于付费的功能。

③受欢迎的 Facebook 广告。Facebook 广告有多种形式，如流量广告、根据行为转化广告、消息广告、页面粉丝增加广告、增加活动参与人数的广告、视频广告、游戏 App 安装内置广告、派送优惠券投放广告。另外，微笑的或者说开心的笑脸已经被大量证明是增加图片点击率的重要因素，如图 6-24 所示。

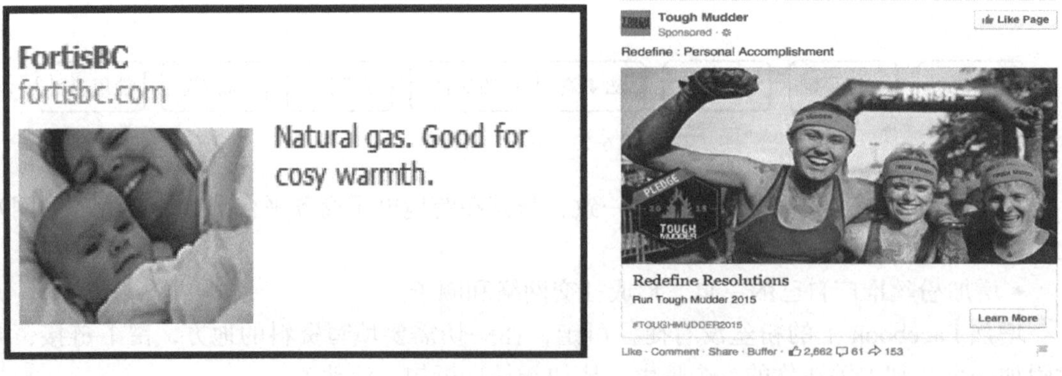

图 6-24　微笑和开心的笑脸

Facebook 是以蓝白为设计基调的，因此，广告最好用辨识度高的、鲜明的、具有对比度的图。

此外广告可以使用有足够诱惑力的号召性的标题，比如“free trial”，能引起别人的注意，而且要配合打折、促销的字眼，这些都是能抓取别人的眼球的，如图 6-25 所示。

NatureBox
Deliciously wholesome snacks, delivered monthly.
Try a free sample of five of our tastiest snacks, just pay $7.95 for shipping!
free trial
You Know You're Going to Snack. Get Smart About It.
GET SMOOTHER VIDEO CALLS
telus.com
Don't ruin the moment with slow upload speeds. Get faster uploads with TELUS Internet 50.
Retargeting Works
adroll.com
AdRoll is the #1 Retargeting Platform. Start Your Free Trial!

(a)　(b)　(c)

图 6-25　Facebook 广告标题

幽默、搞笑、奇特、有内涵的照片作为广告素材，第一时间就能抓住眼球，特别实用。

广告图片上要避免有太多的文字描述，同时在规格大小上要有一定的标准。表 6-3 是 Facebook 广告图片规格大小参照表。

表6-3　Facebook广告图片规格大小参照表

广告	Recommended Image Size
Clicks to Website	1200px × 628px
Website Conversions	1200px × 628px
Page Post Engagement	1200px × 900px
Page Likes	1200px × 444px
App Installs	1200px × 628px
App Engagement	1200px × 628px
Local Awareness	1200px × 628px
Event Responses	1200px × 444px
Offer Claims	1200px × 628px
Video Views	1200px × 675px

广告投放可以按照区域、年龄、性别、情感状态等维度定向投放，也可以设置针对某些用户行为进行广告投放。Facebook 有一个选项为 Life event，Facebook 可以抓取到用户的 Life event 数据来区分人群并进行精准投放。例如，为新晋父母投放母婴类广告；为准新娘投放婚纱礼服广告。Facebook 广告投放量排名前 3 位的是：游戏、旅游以及美食。投放广告不仅仅是为了获取流量，更重要的是获取客户数据。

④在 Facebook 上开店铺实现流量的转化。如果在 Facebook 上创建店铺，那么需要填写支付方式，如图 6-26 所示。

在 Facebook 上开店铺有交易就涉及收款问题，可以采用两种收款方式：直接结账（绑定 PayPal 账号，资金风险大）、跳转到第三方平台产品链接结账（跳转到速卖通、亚马逊、Wish、自建网站上结账)。

图 6-26 创建 Facebook 店铺

在店铺中可以上传产品，设置标题、产品图片、定价、产品文字介绍。

与其他平台不同，Facebook 不负责店铺的流量，需要自己去创建粉丝团，去拓展自己的社交圈，或者可以通过广告获取浏览量。

有创意的店铺可以吸引更多的粉丝，因此也可以找一些专业的第三方开店程序，比如 shopify 等来帮助搭建店铺。

⑤收集精准的客户信息以开发 B2B 客户。下面举例说明如何通过 Facebook 来找客户。

在 Facebook 搜索框中输入关键词，比如 phone case，不要按回车键，而是点击“搜索”按钮，这样才不会只搜索出默认的第一个页面。然后点击“页面”(Pages)我们查看到的都是 Facebook 中的专页。想看更多的页面，可以点击“查看更多结果”(See More Results)。搜索到的结果页面大都会标注页面是哪里的，有多少粉丝(likes)等，如图 6-27 所示。

图 6-27 搜索关键词

选择其中一个页面点击进入，比如如图 6-28 所示，可以从简介中看到这是巴西的一个厂家。

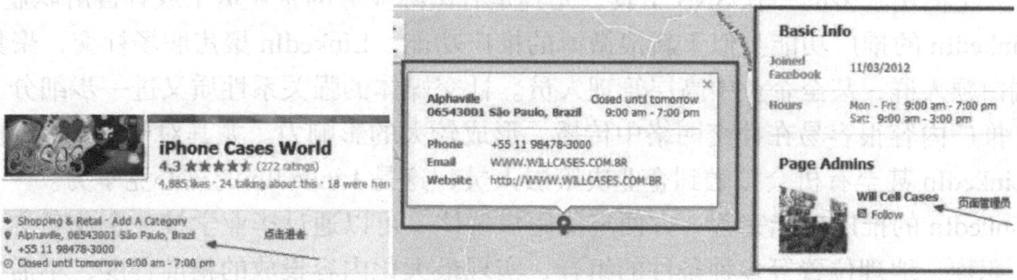

图 6-28 从简介中了解商家

在这里可以找到关键的联系信息，如邮箱、地址、网站、电话、营运时间、页面管理者，可以加他为好友（记住一天加友不要超过 2～3 个）。

很多页面几乎没有什么可以联系的信息，这时可以返回到前面去，点击“Message”按钮，如图 6-29 所示给这个页面的主人发信息。或者可以通过页面的社会化按钮标签，如 Facebook、Twitter、Google+ 图标，点击这些图标，也可能会获得具体的联系方式。

此外，在 Facebook 广告中，有个 Power Editor 高级功能，它可以实现定制化受众的功能。将老客户联系表单导入，就可以知道老客户中有多少人在使用 Facebook。Power Editor 比起 Facebook 普通广告页面功能更加全面，在“广告受众”选项中，分别有“向定义受众”和“创建类似受众”选项。根据后台列表格式，将老客户列表上传。

图 6-29 获取联系方式

6.3.3 利用 LinkedIn 寻找 B2B 客户

1. LinkedIn 跨境电子商务推广

LinkedIn 是一家面向商业客户的社交网络（SNS）服务网站，成立于 2003 年。网站的目的是让注册用户维护他们在商业交往中认识并信任的联系人，俗称“人脉”

（Connections）。用户可以邀请他认识的人成为“关系”（Connections）圈中的人。LinkedIn是商务人士使用较多的一款 SNS 工具，尤其是有国际业务的企业员工或者自由职业者。

LinkedIn 的推广功能类似于新浪微博的推广功能。LinkedIn 聚焦职场社交，聚集的多是高端白领人群，甚至企业中高层管理人员。社交媒体的强关系性质又进一步细分了用户群体，推广内容很容易在社交网络中传播，形成较大的影响力。尤其对于 B2B 企业来说，通过 LinkedIn 甚至有机会接触到企业决策层人员，这是 LinkedIn 的核心竞争力。

LinkedIn 的推广功能完善，方便定位用户群体。可以通过毕业学校、企业名称、职业类别、职称、地理位置等多种条件的组合，实现最大化内容投放的精准程度，不需要使用第三方工具。

LinkedIn 提供了营销度量工具（Metrics）来度量推广效果，提供的指标包括：受众数量、印象、引起的活动、点击率、粉丝、订阅数、CTR、CPC、费用等。同时还可以将不同的推广内容进行对比，多维度分析推广的效果。

LinkedIn 的高端特性决定其推广内容必须是干货，是所有内容中最好的、最有价值的。职场人士的空闲时间本来就少，如果用一些空洞烂俗的内容进行“轰炸”，很容易让他产生反感，用户也没有理由停留。这么做确实需要一定时间和精力，但是回报是可喜的，企业可以在所属行业中获得较好的印象和较高的威信，品牌更容易得到青睐。

建立关系比建立连接更重要。对于企业而言，建立关系至关重要，因为企业面对的不仅仅是一般的个人用户，可能还有一些潜在合作伙伴、供应商的管理人员。关系主要体现在对客户的情感化管理上，比如哪些人访问你的主页，分享了什么内容，对内容有什么反馈，这些是企业和用户建立关系的基础（即了解用户）。再者就是做问题的解决者，而不是产品的推销者，多提建议，少打广告，彰显价值。

2. 通过 LinkedIn+Google 搜索组合找到目标客户

①登录后输入产品名称，比如 led light，然后选组群“Groups”，进行搜索。点击“View”按钮查看，点击“Join”按钮，表示加入，等待他们审核通过即可。我们先随便选一个来看一下，比如图 6-30 中的第 3 个。

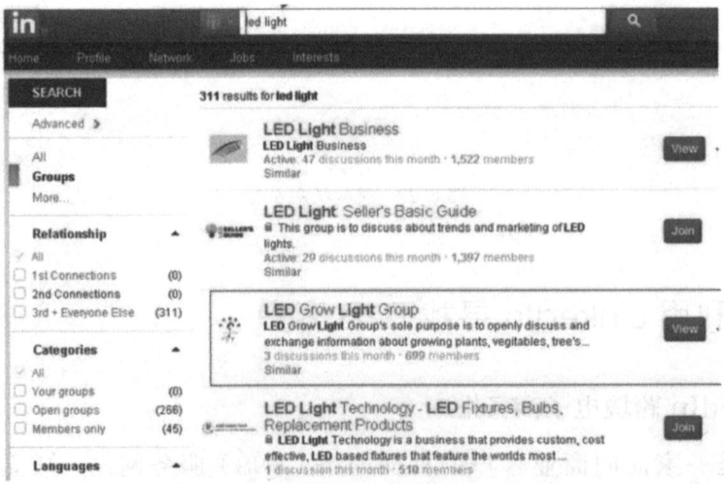

图 6-30 根据产品名称搜索

②寻找目标客户：我们会看到很多做 LED 的人物头像，点击进去看看第一个人的介绍。他的个人页面中我们可以看到“Contact Info”的链接，如图 6-31 所示。

(a)　　　　(b)

图 6-31　寻找目标客户

通常点击“Company Website”会直接跳转到他们公司网页。但是有时候会遇到打不开的情况，这种情况不一定表示该客户不存在，那么我们就用 Google 搜索他的其他信息，我们使用“英文引号邮箱 + 客户的域名”的命令来搜索，例如，输入 "E-mail" prolite-group.com，得到如图 6-32 所示的页面。

有些客户的页面中没有邮箱，这时可以利用 Google 搜索方法找到企业邮箱。

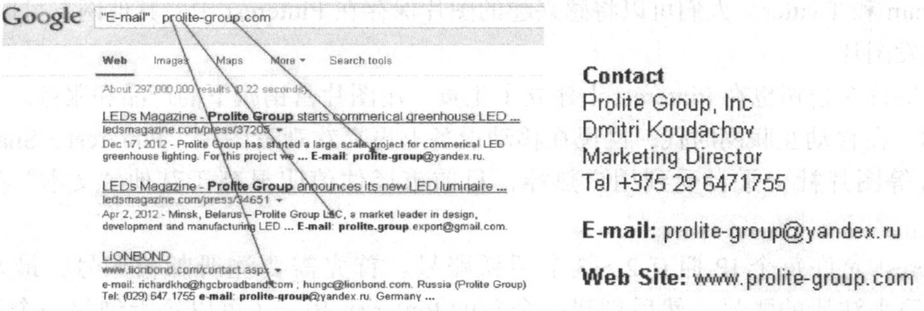

图 6-32　通过邮箱来搜索用户

寻找网址的方法也相同。输入命令“邮箱 + 客户名字 + 域名”来搜索，例如，输入 "E-mail" Rob Huston ledcanada.com，会得到图 6-33 所示的页面，在其博客中可以找到网址。

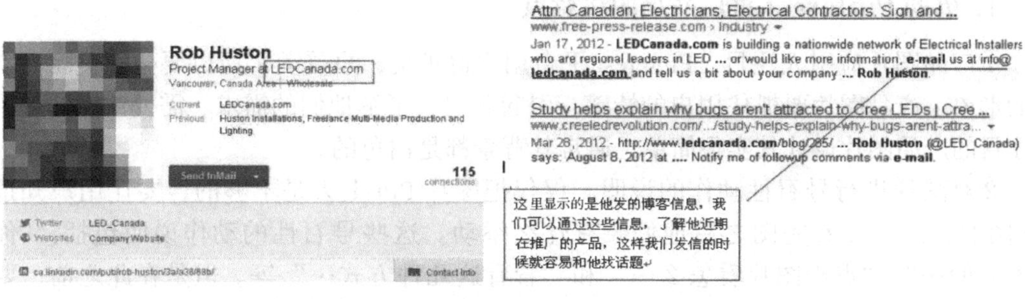

图 6-33　寻找网址的方法

图 6-34 所示的客户介绍页，他个人介绍页中的资料不多，我们只能看到公司名称。

此时我们需要先搜索他的公司名称，然后把公司网站找出来，再去找客户的公司邮箱即可。有了邮箱，有了客户名字，发信时邮件可以直达目标人手上的机会就大很多，如图 6-34 所示。

图 6-34　客户介绍页

6.3.4　利用 Pinterest 推广

Pinterest 是一个国内外流行的图片分享网站，每天都有上千万张图片被分享，曾获得无数品牌及用户的一致好评。Pinterest 采用瀑布流的形式展现图片内容，无须用户翻页，新的图片不断自动加载在页面的底端，让用户不断地发现新的图片。Pinterest 堪称图片版的 Instagram 和 Twitter。人们可以将感兴趣的图片保存在 Pinterest 中，其他网友可以关注，也可以转发图片。

索尼等许多公司也在 Pinterest 上建立了主页，用图片营销旗下的产品和服务。有多家机构声称，在移动互联网时代，网民在移动设备上更喜欢观看图片，Pinterest、Snapchat、Instagram 等图片社交平台受到用户热捧，目前市场估值明显高于其他“文本”类社交网络。

Pinterest 允许每个 IP 拥有 2～3 个活跃账号。首先需要注册邮箱账号，最好采用 Gmail 邮箱来注册的账号，然后创建一个新的 Pinterest 账号（可以每天创建一个新的账号）。创建 5～15 个分类，每个分类使用唯一的有创意的名字。新建一个话题版，上传一个钉图（通常也称 Pin 图），从自己电脑中选取一张高清产品图，加上产品简单的介绍和推广平台产品的链接。定期查看自己的和别人的图片，转发 / 喜欢 / 评论次数越高的，产品越受欢迎，如图 6-35 所示。

1. 借助 Pinterest 推广产品的注意点

①产品图片应引人注目。Pinterest 平台用户追求美，享受美，所以要树立美丽而有价值的形象。产品图片要抓住用户的情感，引起共鸣，了解他们的需求。需要注意的是，引人注目的产品图片设计其实很简单，通常其背景都是白色的。

②对图片进行号召性动作的说明。仅仅把图片 Pin 上去是不够的，要让用户知道你 Pin 图的目的，在看完图之后他们要有什么举动。这些号召性的动作说明包括：“你不得不看的…”、“点击图片看怎么…”和“看看这几种方式…”等。但是在此之前，要确认这张图片拥有足够引人注目的魅力，让人有非转不可的冲动，并且要满足人们的消费需求。

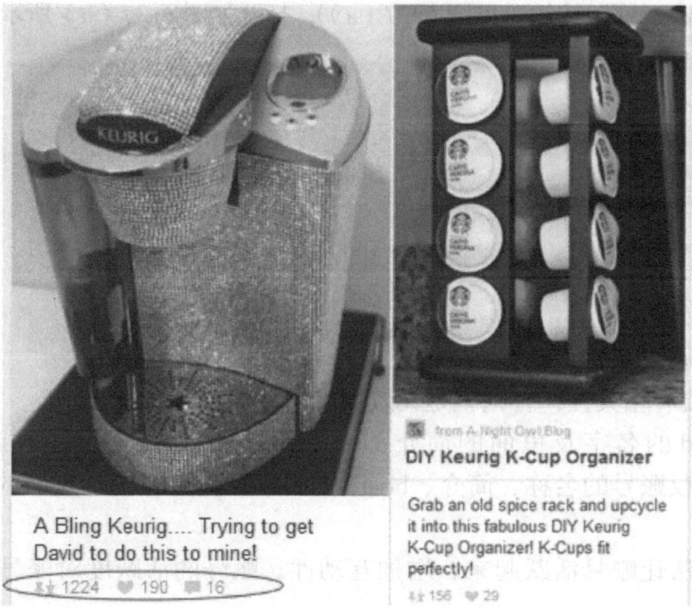
KEURIG
from A Night Owl Blog
DIY Keurig K-Cup Organizer
Grab an old spice rack and upcycle it into this fabulous DIY Keurig K-Cup Organizer! K-Cups fit perfectly!
156 29
A Bling Keurig.... Trying to get David to do this to mine!
1224 190 16

图 6-35 Pinterest 平台推广

③知道 Pin 图的最佳时机。把图 Pin 上去的目的就是要让用户看到，吸引更多的关注，但还需要注意 Pin 图的时机。每个平台的活跃用户都有自己的浏览生物钟，Pinterest 的最佳 Pin 图时间是美国东部时间下午两点到四点和美国东部时间晚八点到凌晨一点（即北京时间凌晨 3～5 点和早上 9 点～下午 2 点）。

2. 通过 Pinterest 来引流量的注意点

①完善头像简介，确认网站。资料很完善又很确定的网站会让人心里很有安全感。

②在网站上添加“pin it button”的按钮。可以是一个按钮，也可以是当鼠标经过图片的时候出现一个 pin 按钮。直接把感兴趣的图片的描述关键词放到自己的 board 里面，这个动作能增加图片权重，进而增加账号权重。

③要做一个 Rich Pins。Rich Pins 可以使图片信息更丰富如图 6-36 所示。Rich Pins 有 6 种形式，分别是 App 类型、电影类型、美食类型、文章类型、产品类型和地点类型。

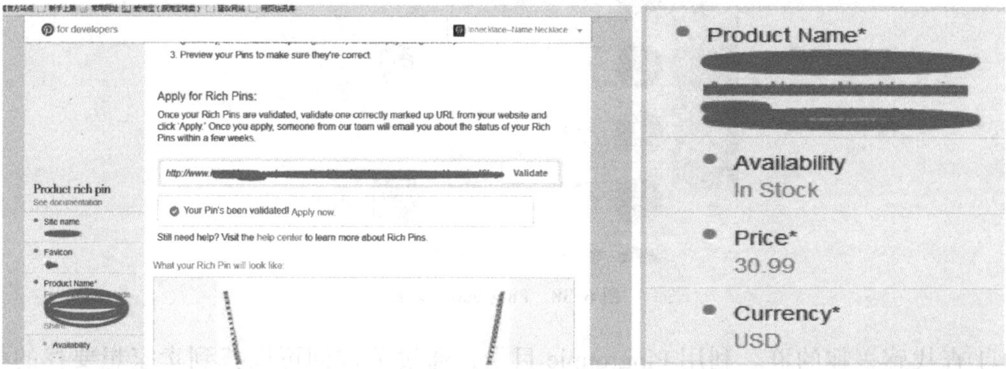
for developers
3. Preview your Pins to make sure they're correct
Apply for Rich Pins:
Once your Rich Pins are validated, validate one correctly marked up URL from your website and click 'Apply.' Once you apply, someone from our team will email you about the status of your Rich Pins within a few weeks.
http://www.[redacted]
Validate
Your Pin's been validated! Apply now
Still need help? Visit the help center to learn more about Rich Pins.
What your Rich Pin will look like:
Product rich pin
See documentation
Site name
Favicon
Product Name*
Availability
Product Name*
[redacted]
Availability
In Stock
Price*
30.99
Currency*
USD

图 6-36 Rich Pins

再点击“Apply Now”按钮（见图 6-37（a）），打开如图 6-37（b）所示提示框。

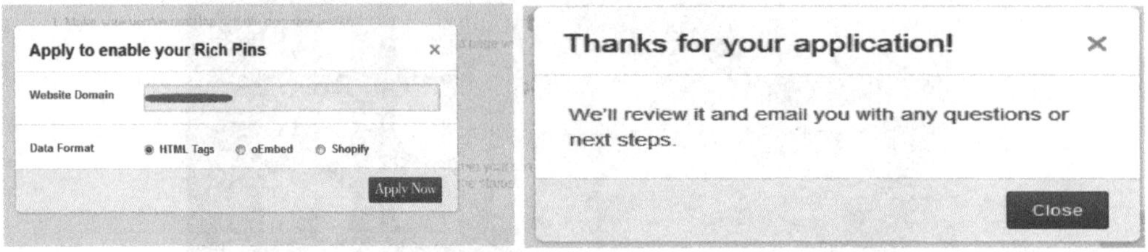

(a)　　　　(b)

图 6-37　按钮及提示框

④ Pin 链接要有相关性，否则就是无效的推广。

⑤每个 board 的名字及里面的简介都需要添加关键词。Pinterest 就像一个小型的 Google 网站，不仅账号的名称、简介、board 的名字和简介、图片里面的描述都需要注意关键词的布局。

⑥要想方设法让账号活跃起来，增加互动性。账号的活跃度对账号的权重有很大的关系。

⑦每天都要有更新，尽量保证每天花一点时间来更新 Pinterest。

⑧产品最好要符合针对企业优势细分出来的小众市场（Niche Market），有一定的搜索量，但竞争又不太激烈。

3. Pinterest 群工具——Pingroupie

只要加进 Pinterest 群中就可以 Pin 图到群里面，群成员都可以通过邮件得知你添加了一张图片到群里（当然如果对方没有关掉群设置的话），在其个人消息中都可以，如图 6-38 所示。

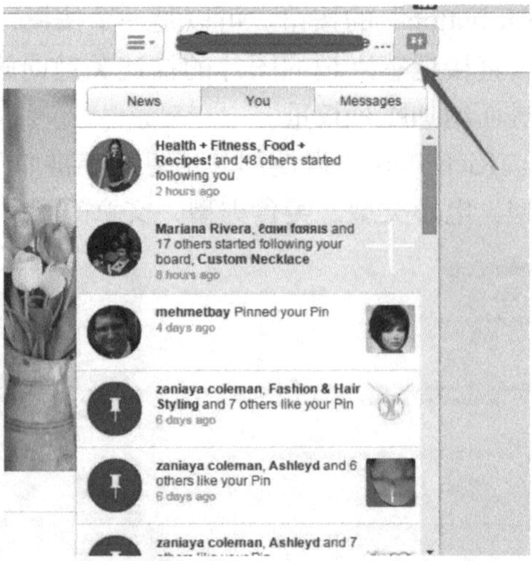

图 6-38　Pingroupie 工具

①查找感兴趣的群。利用 Pingroupie 目录，通过关键词可以找到卖家想要找的相关群，如图 6-39 所示。通常可以依据 Repins 或者 Likes 的人数来选择群，这两个参数值越

高，就代表这个群越活跃。

		Category	Pins	Collaborators	Followers	Likes p.1	Repins p.1	Last Craw
	description	womens_fashion	81000	8315	23061	0	9	2 days a
	description	womens_fashion	146406	7580	26119	17	44	2 days a
	description	womens_fashion	73084	5834	19463	27	43	2 days a
	description	womens_fashion	333881	5331	96975	12	39	3 weeks a
	description	womens_fashion	114384	5264	11838	5	8	2 days a
	description	womens_fashion	740331	4981	38521	7	51	2 days a
	description	womens_fashion	280594	4081	36000	8	28	2 days a
	description	womens_fashion	128065	3902	11516	1	9	1 year a
	description	other	267194	3852	30406	5	9	2 days a

图 6-39　查找感兴趣的群

②查找竞争对手的粉丝。很多外贸人士都喜欢 follow 别人的 follow，来希望对方回粉。最简单的方法就是找到竞争对手，然后 follow 他的粉丝数，再进行 follow。卖家可以针对哪些用户 Pin 了竞争对手而找到精准客户。

方法 1：利用链接 http://www.pinterest.com/source/abc.com，把 abc.com 替换成竞争对手的，这样就可以查看哪些用户 Pin 了竞争对手，再对他们进行 follow 会更精准，同时也可以找到哪些图片是最受欢迎的。①

方法 2：用软件查找地址 https://app.buzzsumo.com/，这个工具可以依据关键字，查看哪些文字在过去的 24 小时，或过去的一周，或过去的一个月，或过去的一年表现得最好。

找到一个竞争对手的网站，在上面直接输入其完整域名，然后按照 Pinterest 排名的高低来过滤，这样就可以知道竞争对手有哪些图片是表现非常好的，也可以利用这些数据建立 board，和上传受欢迎的图片。

6.3.5 管理多个社交平台的 buffer 平台

buffer 平台是一个可以同时管理多个社交平台，且具有设定发帖时间等功能的第三方平台。buffer 平台不仅可以管理 LinkedIn，也可以管理 Facebook，Twitter，Google+ 和 Pinterests。

通过 buffer 平台的数据分析，了解客户喜欢的帖文类型，再不断地进行数据分析，如图 6-40 和图 6-41 所示。

类似的多社交管理平台还有以下几个。

- Hootsuite：是可以统一管理多个社交网站账号的工具，能够实现定时发布。
- Google Shorter：网址为 https://goo.gl，可以将长链接缩短，还可以跟踪链接被点击的次数，也可以通过这个工具了解站外推广的效果。例如，想要推广自己的官网并了解推广效果，可以复制官网网址到 Google Shorter 中生成短链接，再将这个链接加上文字发布

① 因很难用中文来表述这里直接采用网络语言，follow 和 Pin 其实也是实际操作时的表述。

到社交网站中。另外，如果发送邮件时不想让客户看到短链接，则可以使用图片插入外链。在短链接后添加一个+号，就可以看到这个链接被点击的次数以及浏览器、移动端或者手机端、IP 地址、操作系统等信息。

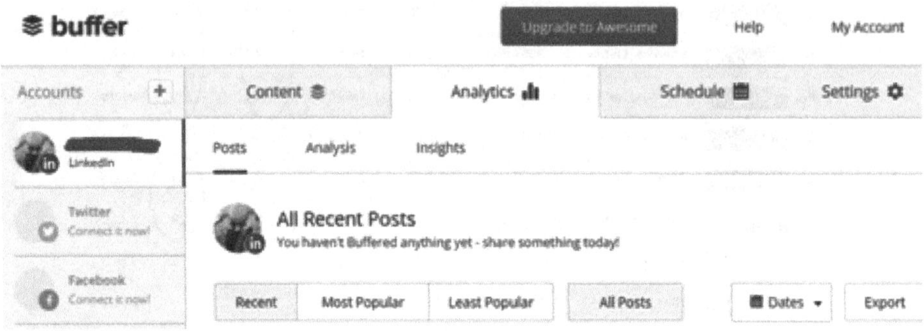

图 6-40　buffer 平台的数据分析 1

图 6-41　buffer 平台的数据分析 2

● Bit.ly 工具：网址为 https://bitly.com，这个工具能实时跟踪分享的短链接的点击情况，如点击的用户来自哪里；用户在哪里点击了链接；用户点击了多少次等信息。短链接的弊端在于，缩短之后的链接会变得很奇怪，降低了客户的信任感，但是如果不想让客户或者竞争对手跟踪到数据，最好就用短链接的形式做推广。

6.4 跨境电子商务平台推广活动

6.4.1 速卖通站内推广和活动

卖家需要在站内开展推广活动的情况有：

● 店铺缺少热销产品导致店铺无法根据市场精确定位；

- 店铺信誉低、评价少导致转化率偏低；
- 店铺人气低、排名靠后、流量少且不稳定；
- 平台和店铺周年庆、目标人群国家的重要节日；
- 店铺新品上线。

当以上情况发生时，卖家需要开展一系列的推广活动，这些推广活动的目的在于：

- 吸引新客户。活动能更大程度刺激一些新客户对产品产生兴趣；
- 老客户促进转化。更优惠的价格能促进成交，同时增加互动和情感链接；
- 积累客户数据。每一个客户的联系方式，都是宝贵的财富。

当然这些活动也不能开展得太过于频繁，不然客户就会认为习以为常，不打折轻易不下单。速卖通站内推广主要包含以下几项：直通车（通过关键词竞价排名引流提高点击率）、全店铺打折（所有产品都能参加）、优惠券（刺激客户付款欲望促成凑单）、限时折扣（用于推新品，为新品快速积累销量，以及清库存，低价清仓减少资金压力）、满立减（大幅度提高客单价、促成凑单）。店铺一般会使用营销活动组合拳，以直通车为主，再配合其他平台活动的方式，达到推广的目的。

1. 推广方案设计

（1）初步搭建推广方案，从选品、选词和产品描述等方面着手，开始初步的推广。

首先要选择推广的产品。在此介绍 2 ∶ 7 ∶ 1 选择法则，2 表示市场上热销产品，目的是低价引流；7 表示热销产品，可以进行打折促销提升转化；1 表示品牌款（要注意，可能会引起品牌纠纷）。卖家根据店铺内的产品及其各自的表现进行初步选择，后期不断调整。

其次注意选词和排名，特别是热门关键词和长尾关键词的选择。不建议新店大量添加热门关键词进行推广，新店也并不一定排名要排到第一页；长尾关键词竞争小，但也是具有一定流量的词，是店铺最主要的流量来源，适合长期进行下去。

（2）调整推广方案：根据数据分析，调整推广方案，优化店铺。

重视日常操作：关注已有关键词的排名情况，保证流量，及时调整；把控预算，保证有足够的推广时长；根据行业的资讯等各种渠道获得搜索词表，及时调整，添加市场上新增的与产品相关的词。

及时进行数据分析：对于曝光比较高且点击比较少的，建议优化标题图片等，或者有替代的产品要进行更换；对于点击比较多而成交比较少的商品，应查看详情页描述有哪些需要提升的地方。

（3）完善推广方案：使用基础营销方式，完善推广方案。

可以使用的营销方式有平台活动、限时折扣、满立减、店铺优惠券、全店铺打折、联盟营销、关联营销等。

（4）推广效果的评估和考核。

每次推广活动，都需要事前有计划，事后有评估，借助评估不断修订推广方法，并帮助完善选品、定价、运营等系列活动，因此评估和考核环节很重要。

2. 直通车

速卖通作为阿里系的产品之一，直通车自然也成为平台的重要付费推广工具。直通车的推广原理主要是PPC（按点击付费）以及竞价排名（当然这个竞价排名与百度和Google的有所差异，速卖通还会考虑店铺经营的因素，比如非诚信店铺的直通车不可能展现在第一页等）。比如原先在速卖通搜索页“women fashion sneakers”搜索词自然排名在第2页第32位的女鞋，可以通过直通车展现在这一关键词搜索结果第一页的右侧。因此在直通车管理中，最重要的是两件事：一是选好投放的关键词，二是确定投放的价格。

直通车推广可以分为重点推广计划和快捷推广计划两种。所谓重点推广计划，指的是每个推广商品下都有其独立的推广关键词，单独设置每个商品推荐投放，所有商品共用一个每日消耗上限；快捷推广计划则是所有商品共用所有的关键词，默认展示商品评分最高的商品，只能统一设置一个商品的推广投放，系统选择匹配度高的闪频展示，所有商品共用一个每日消耗上限。下面介绍直通车推广步骤。

（1）筛选直通车关键词构建词表。关键词选择部分，在关键词优化和关键词竞价排名中已经介绍很多，不再赘述。需要强调的是，直通车选词必须来源于产品标题（核心词），并高于产品标题（也就是长尾关键词）。直通车所用的关键词必须与属性紧密相关。没搜索量的词不要做直通车，另外从2017年开始速卖通精做各个国家站点，因此不同语言版本的关键词需要重点关注。

在构建词表过程中，还可以参考平台直通车设置中的一些帮助，比如推荐词、搜索相关词等，根据平台提供的推广评分、7天搜索热度、竞争度、市场平均价等指标进行筛选，如图6-42所示。

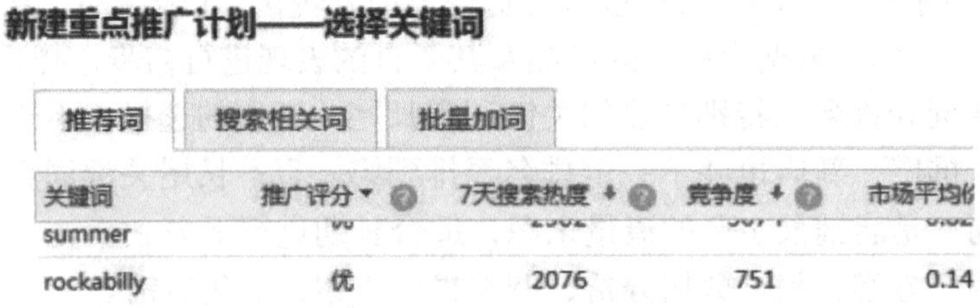

图6-42　直通车——选择关键词

若卖家店铺的商品有很多，如果选择重点推广计划，则要按照不同商品整理好这些关键词，并制作成Excel表格，在后期要结合推荐效果不断优化。

（2）添加选择好的关键词，还可进行良词推优及创意主图添加，如图6-43和图6-44所示。

图6-43　添加关键词

（3）调整关键词价格，如图 6-45 所示。

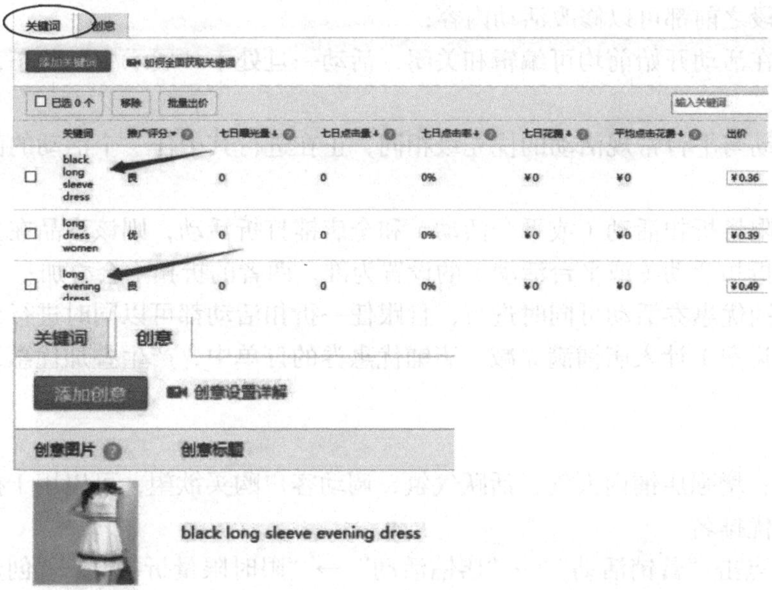

图 6-44　良词推优和创意主图添加　　　图 6-45　调整关键词价格

（4）设置推荐投放与每日消耗上限，如图 6-46 所示。

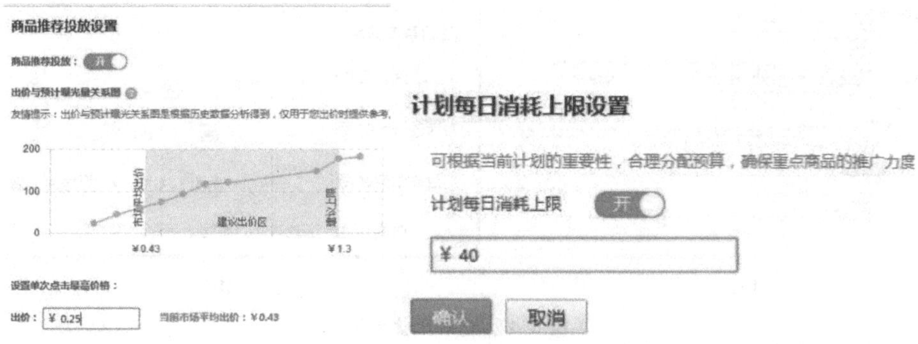

(a)　　　　(b)

图 6-46　设置推荐投放和每日消耗上限

3. 店铺自主营销

店铺自主营销包括限时限量折扣、全店铺打折、店铺满立减活动、店铺优惠券活动。关于这些活动的规则如下：

- 限时限量折扣活动必须提前 12 小时创建，而全店铺打折、店铺满立减和店铺优惠券活动必须提前 24 小时创建；
- 限时限量折扣、全店铺打折、店铺优惠券活动可以跨月创建，店铺满立减活动开始和结束日期必须在同一个月内；
- 限时限量折扣活动一旦创建，活动商品即被锁定，无法编辑。如果想编辑该商品，需在活动开始前 6 小时退出活动；

● 限时限量折扣活动在开始前 6 小时、店铺满立减活动在开始前 24 小时，即处于“等待展示”阶段，在此阶段之前都可以修改活动内容；

● 店铺优惠券活动在活动开始前均可编辑和关闭，活动一旦处于“展示中”状态，则无法修改或关闭；

● 限时限量折扣活动与平台常规活动的优先级相同，正在进行其中任一个活动的商品不能参加另一个活动；

● 同时参加了限时限量折扣活动（或平台活动）和全店铺打折活动，则该商品在买家页面展示时以限时限量折扣活动（或平台活动）的设置为准，两者的折扣不会叠加；

● 店铺满立减和店铺优惠券活动可同时进行，且跟任一折扣活动都可以同时进行，折扣商品以折后价（包括运费）计入店铺满立减、店铺优惠券的订单中，产生叠加优惠，更易刺激买家下单。

1）限时限量折扣

限时限量折扣用途：增强店铺内人气，活跃气氛，调动客户购买欲望，可以用于推新款、推爆款、清库存、优排名。

打开速卖通后台，点击“营销活动”→“店铺活动”→“限时限量折扣”→“创建活动”，限时限量折扣由三个板块构成：活动名称、活动开始时间和活动结束时间，这三个板块需要我们填写，如图 6-47 所示。

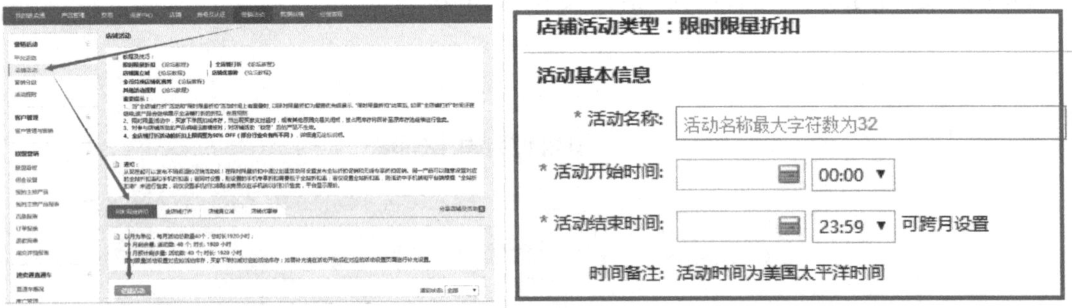

(a)　　(b)

图 6-47　限时限量折扣

在做限时限量折扣活动前，一定要做好产品准备。我们需要根据前期产品的准备设置折扣力度，再根据活动目的来设置数量。设置后在前台页面显示效果如图 6-48 所示。

在设置限时限量折扣时，有以下 4 点需要注意：

● 如果产品存在多个 SKU，则此产品下所有 SKU 的产品普通库存量非 0 且产品为“正在销售”状态下的均会参加到活动中；

● 目前全站活动和手机专享活动不支持独立库存，请卖家设置恰当的活动折扣率以避免预期外的损失；

● 同一产品必须先设置全站折扣后才能设置手机专享折扣；

● 促销价必须要低于 90 天均价。

2）全店铺打折

全店铺打折可以强化转化率，提升整体排序分值，快速提高店铺销量和信用，增加店铺曝光，增强店铺内人气，活跃气氛，调动顾客购买欲望，可使用于推新款、推爆款、清库存、优排名等。

图 6-48　限时限量折扣在前台的显示效果

全店铺打折之前先要做营销分组设置和产品分组设置。也就是说，除非卖家想全店都打统一的折扣，否则，就需要设定哪些产品有怎样不同的折扣优惠。

营销分组设置可以较好地帮助卖家把控好店铺利润。根据每个产品最高能打多少折统一划分组，以后设置每个产品的折扣就比较容易操作了。首先打开“营销活动”→“店铺活动”→“全店铺打折”页面，点击“营销分组设置”按钮，如图 6-49 所示。

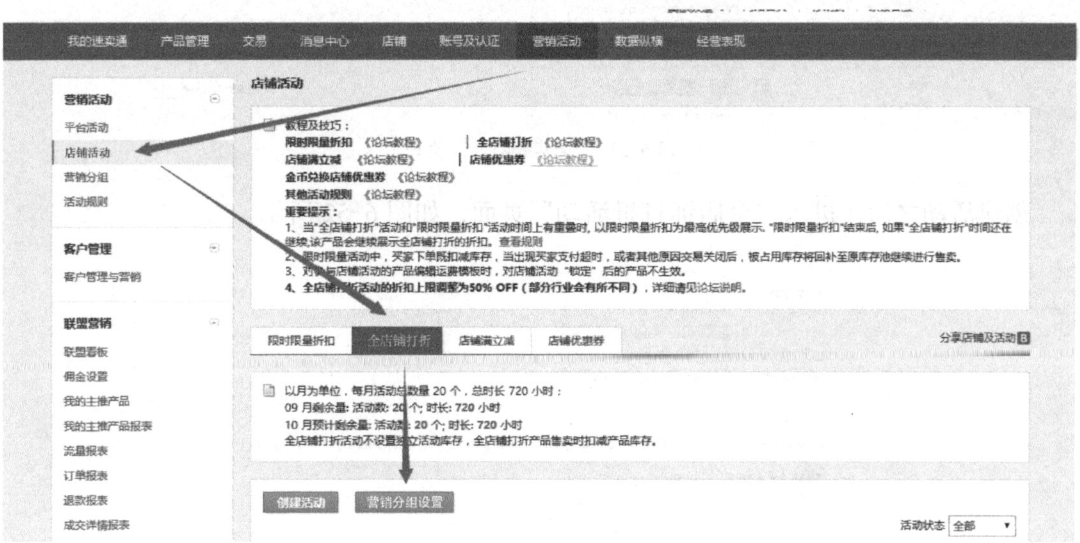

图 6-49　营销分组设置操作

进入“营销分组设置”之后，首先要进行产品分组，对每个产品的利润度进行整体核算，弄清楚每个产品最高能打多少折、利润是多少等，方便后续进行全店铺打折。在图 6-50 中，设置了 10%、15%、20% 三种折扣方式，再将不同的产品放入不同的折扣分组中，这样全店铺的利润就可以完全把控了。

做好营销分组后，再执行“营销活动”→“店铺活动”→“全店铺打折”命令，打开“全店铺打折”页面，点击“创建活动”按钮，如图 6-51 所示。

图 6-50　设置折扣方式

图 6-51　“全店铺打折”页面

创建活动之后，进入“全店铺打折活动”页面，如图 6-52 所示。

图 6-52　“全店铺打折活动”页面

无论是限时限量折扣还是全店铺打折，都可以结合客户管理进行营销。事先进行客户管理分析，活动期间要有针对性地通知目标客户，给客户发营销邮件，如果营销邮件不够用，还可以借用第三方工具，向目标客户发出通知，客户会非常感激你的细心。

除了客户营销，在全店铺打折期间，卖家最好能 24 小时不间断地进行直通车推广，通过直通车推广引进新客户。这样通过直通车推广引来的流量，一方面会因为折扣可以提高转化率，另一方面客户发现店铺中所有的产品都在打折而下单，从而提高客单价。

3）店铺满立减

做店铺满立减活动，首先应知道开展店铺满立减活动的目的。其目的首先是提高客单价，其次是提高关联产品的转化率。因此，先要分析店铺的客单价是多少，该数据在“数据纵横”中可以查找，可估量近段时间内的平均客单价。结合这个数字，可以设置合理的满立减的上限。再者要准备好一些可以用于凑单关联产品，对于这些产品的价格要设置成正好能让客户达到满立减上限一点，如图 6-53 所示。

图 6-53　满立减活动设置

执行“营销活动”→“店铺活动”→“店满立减”选项，打开“店满立减”页面，点击“创建活动”按钮即可以进行店铺满立减的设置了。店铺满立减有两部分需要填写，即“活动基本信息”和“活动商品及促销规则”。活动名称和限时限量折扣一样，要为其起一个让人一目了然的名字。借助店铺满立减这个工具可以更好地服务好客户，获得其忠诚度，使其二次购买和推荐他人。

4）店铺优惠券

店铺优惠券和店铺满立减一样，其目的也是提高店铺的客单价。但与店铺满立减不一样，店铺优惠券可以设成小金额的，比如 2 美元、3 美元、4 美元等，比较灵活。店铺优惠券在国外是比较流行的推广方式，很多传统超市经常发放各种形式的优惠券，这对国外的客户很受用，他们就会想办法把这个优惠券使用掉，这就达到了二次营销的目的。优惠券示例如图 6-54 所示，其作用和注意事项如图 6-55 所示。

图 6-54　优惠券示例

店铺优惠券可以分为两种：领取型优惠券和定向发放型优惠券（简称定向优惠券）。选择“营销活动”→“店铺活动”→“店铺优惠券”→“领取型优惠券活动”/“定向发放型优惠券活动”，再点击“添加优惠券”按钮，进入创建优惠券的活动页面，如图 6-56 所示。

图 6-55　优惠券的作用和注意事项

领取型优惠券和定向发放型优惠券信息设置页面如图 6-57 所示。

图 6-56　创建优惠券的活动页面

营销助手分析可以更好地帮助卖家分析各类营销活动的效果，提供活动商品必要的数据支持，提升卖家选择活动商品的效率，帮助卖家结合数据有效地选择活动与判断活动效果，如图 6-58 所示。

卖家需要经常地检查店铺营销设置情况，检查是否有些活动已经设置时间过长没有改变，检查某些活动是否没有太大的成效，若活动力度不够，可以增加力度。此外，限时限量折扣活动的时间设置不宜过长，3～5 天足够了，否则会让客户没有紧迫感。

4. 平台活动

平台活动（AliExpress Promotion）是速卖通面向卖家推出的免费推广服务，主要包括大促活动、团购活动以及针对特定行业和主体的专题活动。每一期的平台活动都会在 My AliExpress 的“营销中心”板块进行展示和招商，如图 6-59 所示。卖家可以选取自己店铺内符合活动招商条件的产品自主申请报名参加，一旦入选，该申报产品就会出现在活动的推广页面，获得大量流量。

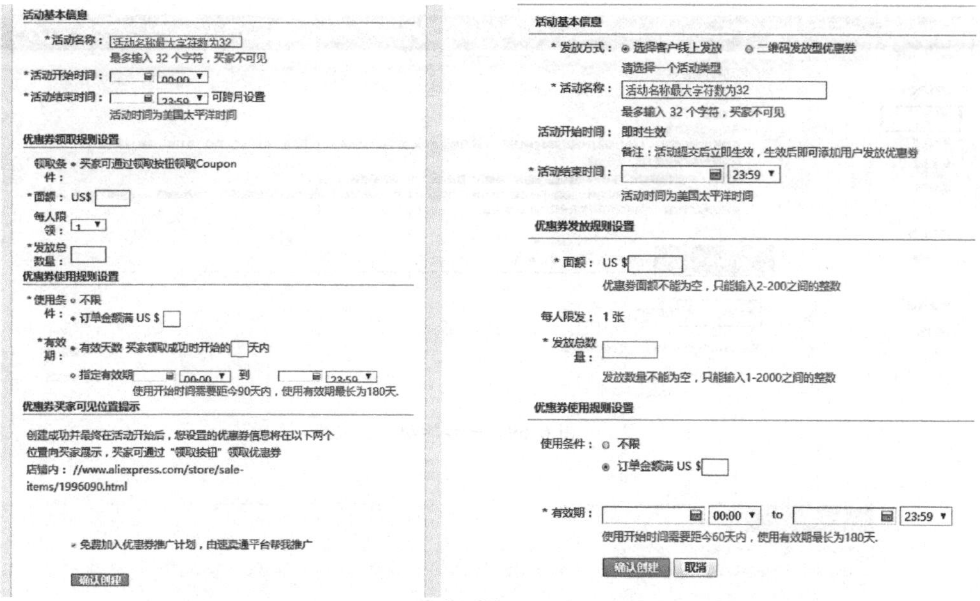

(a)　　　　　　　　　　　　(b)

图 6-57　领取型优惠券和定向发放型优惠券信息设置页面

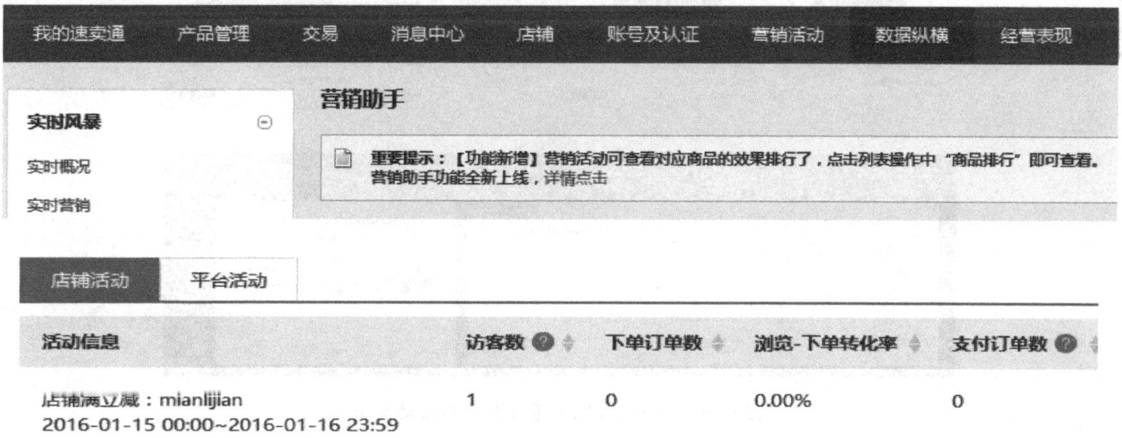

图 6-58　营销助手分析

1）平台常规性活动

Super Deal：全站唯一享有单品首页曝光，适用于推新品和打造爆款的活动，包括 Today’s Deal、Weekend Deals 和 GaGa Deals 三种活动。这里介绍 Today’s Deal 活动。Today’s Deal 是 Super Deal 中最具代表性的活动，也是速卖通历史悠久、效果最显著的折扣频道。Today’s Deal 也就是天天特价，是全球速卖通推出的推广品牌。它占据着全球速卖通平台的首页推广位，免费推广“高质量标准，超低出售价”的产品。目前活动主要针对有销量、高折扣的促销产品进行招商。这里是平台最具性价比产品的集合，也是推广自身品牌的最佳展台。Today’s Deals 的展示位置为首页和 Super Deal 活动页面，如图 6-60 所示。

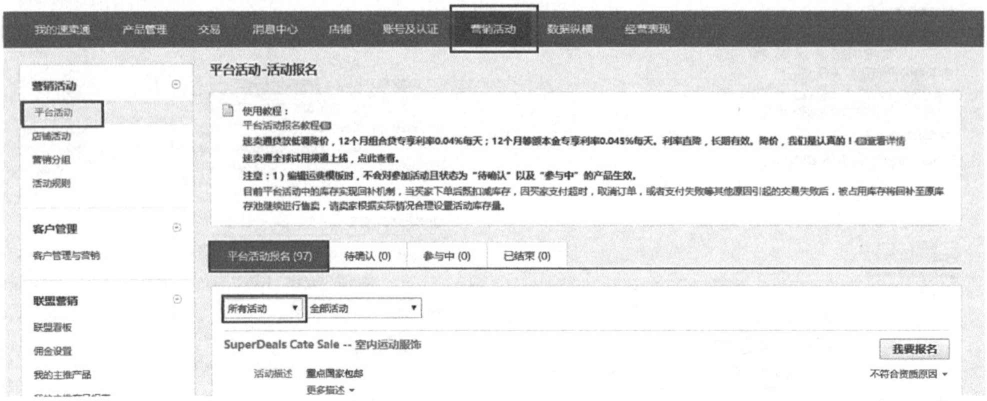

图 6-59　平台活动

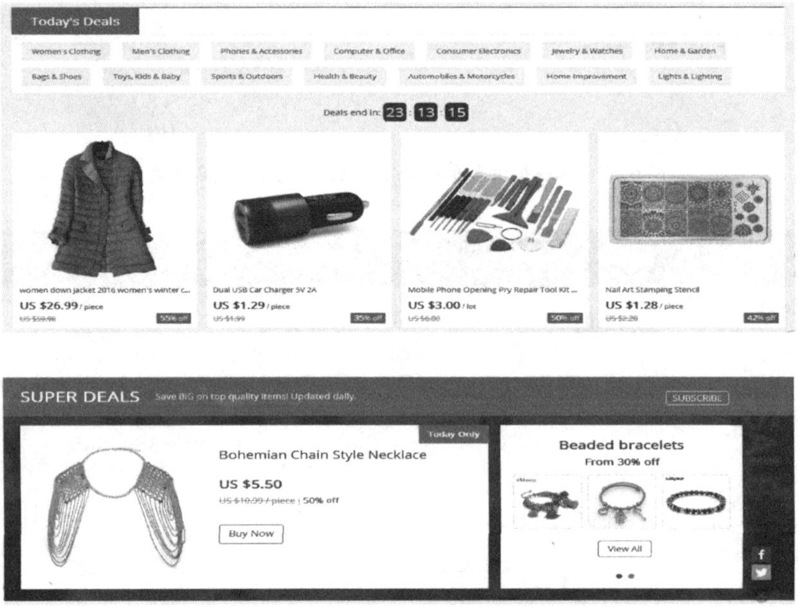

图 6-60　Today's Deal 展示位置和活动页面

团购活动：针对特定国家的营销活动。目前速卖通后台已开通俄罗斯、巴西、印度尼西亚和西班牙四个国家的团购活动报名入口。

俄罗斯团购是速卖通国家团购项目中最具代表性的活动，也是目前整个速卖通平台流量最大的常规性活动，团购活动流量可以达到整个俄文站全部流量的 15% 以上，如图 6-61 所示。活动定位为最大流量、最快出货和卖家体验最优的营销活动。

- 爆品团招商：店铺要求，好评率≥93%，DSR 如实描绘达到 4.6，其他达到 4.5；商品要求，俄语系国家近 30 天销量 20 个，以及商品得分 4.6 以上；折扣要求，在 90 天最低价的基础上实现 10%OFF，手机平板类目 5%OFF；物流要求，7 天内发货，俄罗斯、白俄罗斯、乌克兰包邮。
- 秒购团招商：店铺要求，好评率≥93%，DSR 如实描述达到 4.6，其他达到 4.5；折扣要求 90%OFF 且销售价格在 2 美元以内；活动库存要求 100 以内；物流要求，3 天内发货，俄罗斯、白俄罗斯、乌克兰三国包邮。

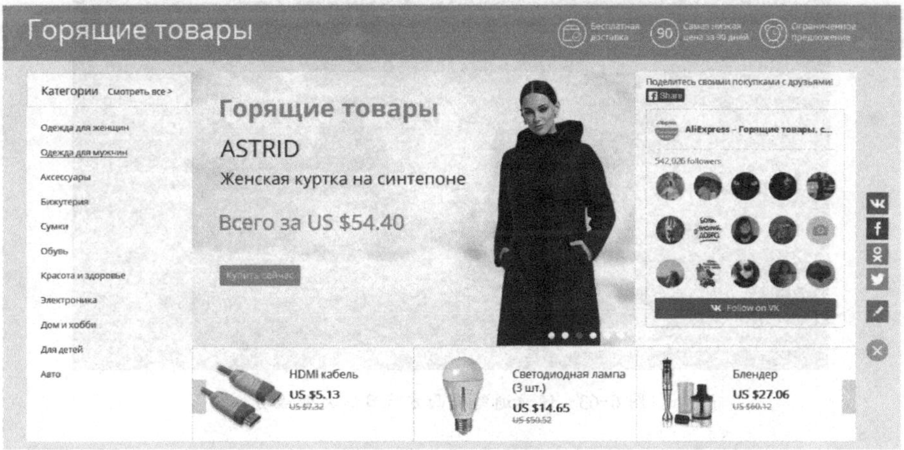

图 6-61　速卖通俄文站

2）行业、主题活动

行业活动：根据不同行业的特性，推出专属于行业的主题营销活动，比如家具行业的行业活动 Transform your room。

主题活动：针对特定主题设定的专题营销活动，比如新年换新的主题活动，室内运动服饰大促，情人节大促活动等，如图 6-62 所示。

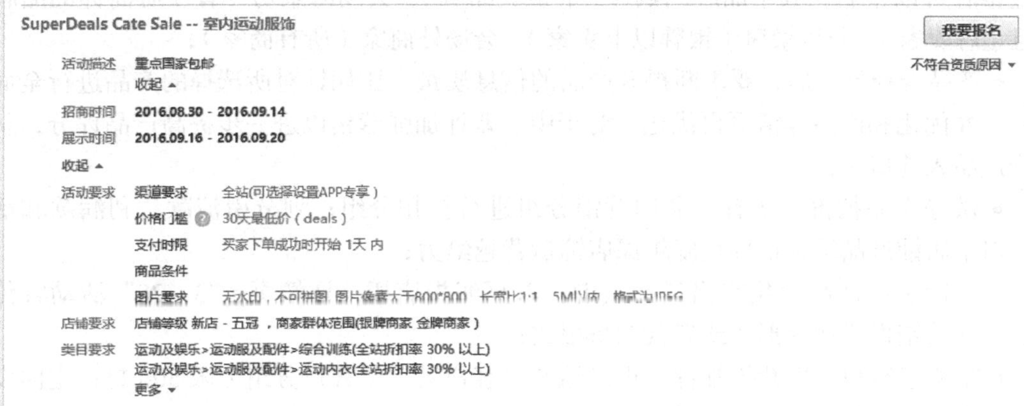

图 6-62　主题活动

3）平台整体大型活动促销（简称“平台大促”）

一般来说，一年大型的“平台大促”会有三次，即年初的周年庆、年中大促（如“6·18”）和年底的“双十一”。不过每年根据不同的情况平台会进行适当的调整，比如图 6-63 就是 2017 年速卖通结合西方节日的各个平台大型活动。平台大促的流量非常大，尤其是“速卖通双十一”大促活动的流量最大。在平台大促期间会有各种活动，比如 2017 年周年庆的新玩法有：全球首发（主会场最显眼位置）、预售专区（大促开始两小时后开始支付）、品牌狂欢城（集中展示 30～50 个品牌）、直播购物（网红、商家均可）、买家秀等。

图 6-63　速卖通结合西方节日的大型活动

卖家在平台活动方面主要做好以下的工作：

①平台活动报名前的准备。

• 确保自己的入门资格：提高每日服务得分，做好跟单客服，跟踪已发货订单索要好评，减少纠纷；尽可能选择线上发货；

• 前期准备工作的第一步是选品。选品必须符合所要报名平台活动的要求，卖家需要仔细阅读详细的平台活动招商细则，不同活动，即使是同一个活动的不同会场其规则和门槛也可能不同。比如像 2017 年的“3 · 28”周年庆，所有店铺均可以参加，但主分会场只有金银牌可以报名，其中品牌闪购（9 个顶尖品牌）、会场海景房（有注册商标的品牌商家且金牌卖家）、非海景房（银牌以上卖家）、会场外商家（所有商家）；

• 产品选择好之后，要不断提升产品的信息质量。比如针对所选择的产品进行全面的产品属性优化和产品详情页再优化，对于中、差评加强营销以进一步提高产品评分，从而提升产品入选概率；

• 做好产品控价：所有产品用营销分组进行折扣分组；划分引流款、利润款和活动款；对全店铺产品综合把握程度越深店铺运营越给力；

• 店铺装修产品优化突出活动氛围：首页海报店招；详情页；“3 · 28”活动宣传店招；关联营销做成切片形式或者营销海报式；

• 唤醒老客户：发营销邮件，重点给 5 星客户发一个客户分组上限 500 封；定向发放型优惠券，发放数量没有上限；

• 开通联盟营销：重点要设置好主推产品（主推产品可以是订单转化率比较好的、出过单的、好评率比较高的、店铺主推款和潜力款、购物车收藏夹比较多的、新品）；

• 选店铺主推款开发新品：日常出单产品大都是大促的热销品；准备的主推款越多活动效果越好；集中上新每天 10 款；提高店铺动销率；

• 检查库存做好客服和物流：检查店铺爆款主推款和出单产品的库存；做好大促期间的客服工作；选择合适的物流渠道减少物流纠纷。确保所选择产品的货源稳定，供应链完善，不会出现断货风险，同时确保所选产品的质量是优质的。

②平台活动进行时的跟进。

• 报名后到锁定期间，产品均可以修改，而一旦锁定了，不能再修改；

• 报名平台活动时首先要注意的是活动价格的申报。报名活动时的价格根据不同的活动类型有不同的要求，具体可以参考活动细则；

• 报名平台活动时还需要注意活动的库存设置。活动库存区别于产品发布时设置的产品库存，活动报名成功后，活动展示的 SKU 是全量展示，无论产品的普通库存是否为 0，活动都会继续进行展示；

• 报名产品后，需要再仔细检查一下运费模板是否符合活动要求；

• 尽量第一时间报名参加平台活动。因为平台每期活动的运营资源有限，为了避免扎堆报名，应尽量提前报名，以提升入选概率。

③平台活动成功后的维护。

• 产品报名成功后需要做好店铺装修、店招、海报、切片营销和关联营销，以实现平台活动最大化地带动全店销售的效果。

• 做好定向发放型优惠券营销、收藏夹和购物车营销等，以配合平台活动的开展，提升店铺转化率；

• 注意客服的及时性，提升客服的询盘回复速度，增加客服在线时长，以满足不同国家和地区的时差；

• 活动结束后应及时发货，做好售后服务，提升好评率，提升客户购买体验和服务体验，留住老客户。

4）无线抢购 Flash Deals

无线抢购是为无线用户量身打造的一个超级活动频道，此活动的入选商品享受无线端最大的曝光倾斜。

店铺报名资质：店铺等级三勋及以上；店铺 90 天好评率达 95% 及以上；店铺描述得分≥4.5。

商品要求：单一价的商品参加一口价活动；禁止提价打折；报名商品活动当天不得参加其他任何平台活动，店铺自主促销的价格必须高于此活动的价格；图片清晰，完善细节图，折扣真实，好评优秀；商品库存合理，总库存最少 20 个，最多 50 个；每个卖家限报 1 个商品。

速卖通无线抢购曝光位．在速卖通 PC 端和 App 端均有展示，如图 6-64 所示。

Flash Deals 活动每天 4 场，每场 6 小时。第一期：00:00:00～06:00:00；第二期：06:00:00～12:00:00；第三期：12:00:00～18:00:00；第四期：18:00:00～24:00:00。

5. 联盟营销

联盟营销是速卖通官方推出的一种“按效果付费”的推广模式，它是国内最大的海外网络联盟体系之一。速卖通在全球的拓展过程中，会为整个平台及联盟营销产品进行大量的推广，具体推广形式有 Content 内容推广（主要形式为 SNS/ 优惠券、垂直资讯网站等）、Display 展示（形式有网络联盟、移动端 Banner、定向追踪等）、Search 引擎（如移动端和 PC 端引擎推广）、Email 邮件推广、PPV 推广（如浮窗或弹窗广告等）。平台的这些推广形式投入的比重有所不同，如图 6-65 所示。目前在 PC 端和移动端产生数十亿次的海量网络曝光，而且针对全球上百个国家，2017 年以后还针对某些国家和地域的目标人群进行精准广告投放等。

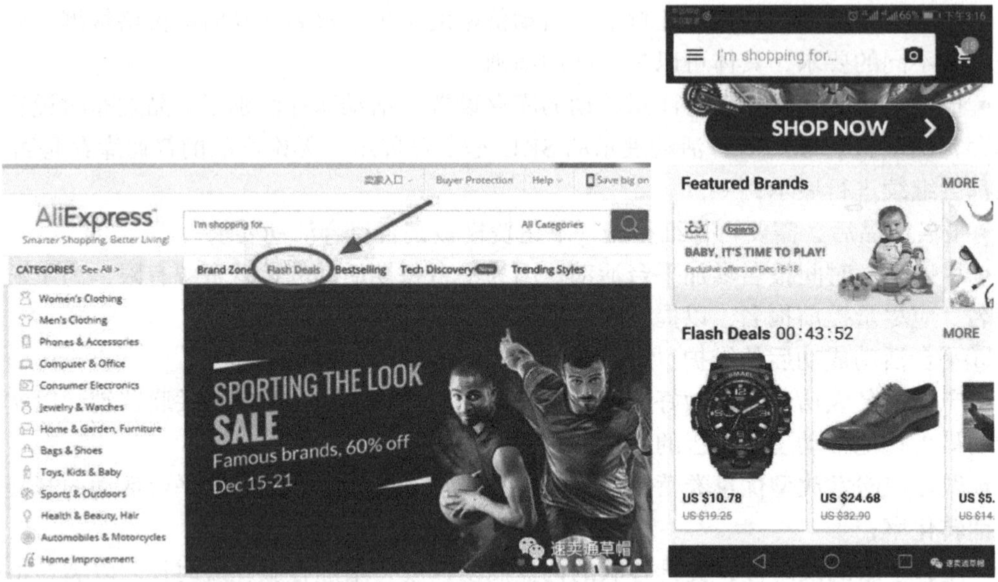

(a) (b)

图 6-64 速卖通 PC 端和 App 端展示

分类	形式
Content	SNS
	优惠券
	垂直资讯网站
	......
Display	网络联盟
	移动端Banner
	定向追踪
	......
Search	移动端搜索
	PC端搜索
	......
Email	邮件营销
PPV	浮窗广告
	弹窗广告
	......

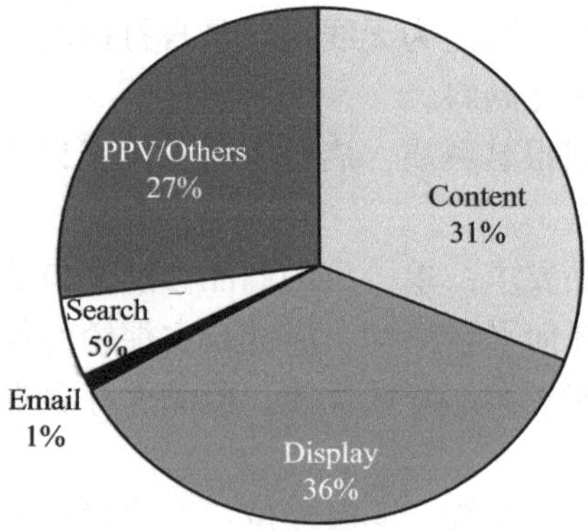

图 6-65 速卖通的推广形式

加入速卖通联盟营销的卖家就可以得到海量海外网站曝光机会并享有联盟专区定制化推广流量。速卖通联盟卖家只需为联盟网站带来的成交订单支付联盟佣金，不需要预先支付任何费用，无成交不付费，是性价比极高的推广方式。

联盟专区 best.aliexpress.com：专属联盟卖家推广页面；目前联盟专区日均流量达上千万；主要由首页、Bestselling、搜索结果页、Top Picks 面面大矩阵组成。

在卖家后台，如果店铺要加入联盟营销，则在“联盟营销”中进行设置，如图 6-66 所示。

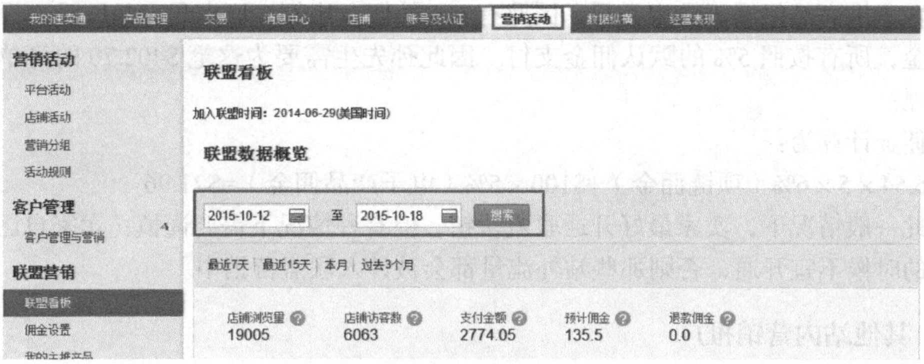

图 6-66　联盟营销设置页面

不过卖家要注意的是，店铺加入联盟，则店铺所有商品都加入联盟推广，而不是主推商品。费用上，在收取平台佣金费用基础上，还需要收取联盟佣金。如果交易期间产生了买家退款的联盟订单，则平台会退回联盟佣金，而一旦交易达成，联盟佣金将不再退回。联盟佣金分为以下几种类别，如表 6-4 所示。

表6-4　联盟佣金的类别

佣金类别	定　义
店铺默认佣金	在加入联盟时，会提示设置店铺默认佣金，店铺默认佣金即店铺下所有商品在未设置其他佣金时以店铺默认佣金为准
类目佣金	卖家可以针对类目进行佣金设置；该类目下的商品在没有设置主推商品佣金时以类目佣金为准
主推商品佣金	您可以将店铺需要重点推广的商品设置为主推商品，同时设置主推商品的佣金
联盟佣金生效顺序	如果该商品设置了主推商品佣金，则以主推商品佣金比例为准 如果该商品没有设置主推商品佣金，设置了类目佣金，则以类目佣金比例为准 若该商品没有设置类目佣金和主推商品佣金，则以店铺默认佣金比例为准

买家从联盟网站，通过特定格式的推广链接，访问到速卖通时，如果买家在您店铺中对产品下了单，并且这笔订单最终交易完成，这样才算一个有效联盟订单。买家一旦通过联盟渠道引流进来后，30 天内再单独访问店铺或者商品的链接达成任何商品的交易，仍旧计算为联盟佣金（30 天计算逻辑：首次通过推广链接进入的买家开始计算的 30 天，如果在这 30 天内买家又通过推广链接进入那么又会重新开始计算 30 天）。

例如，买家 Tom 通过联盟网站 A，看到了孙先生店铺中的项链（\$58.78），进入商铺后又购买了两件其他的珠宝产品（每件金额 \$55），运费 \$30。因为孙先生设置了“珠宝”6% 的佣金比例，而项链作为主推商品又设置 10% 的佣金比例，所以孙先生需要为这笔 \$198.78 的订单支付多少佣金呢？佣金计算为：

\$58.78 × 10%（项链佣金）+\$55 × 2 × 6%（珠宝佣金）=\$12.48

买家 Tom 收到货后感到很满意，又直接访问孙先生的店铺，下单购买了其他款式的项链 5 条（每条 \$56.54），加上 1 个小件电子产品（每件 \$100），运费 \$20。这个买家是从联盟网站带来的，并在 30 天的有效期内，所以应该支付联盟佣金。由于该款式项链没有单独设置主推商品但属于珠宝类目，因此有 6% 的佣金比例，而电子产品，没有设置单独类目佣金，所有按照 5% 的默认佣金支付。因此孙先生需要为这笔 \$402.70 的订单支付多少佣金呢？

其佣金计算为：

\$56.54 × 5 × 6%（项链佣金）+\$100 × 5%（电子产品佣金）=\$21.96

因此一般情况下，卖家最好开通联盟营销，但有种情况下需要谨慎：卖家自己在做站外推广的时候不宜开通，否则那些站外流量都会被计入联盟营销中。

6. 其他站内营销推广

1）关联营销

关联营销是一种建立在双方互利互益的基础上的营销，在交叉营销的基础上，从产品上寻找关联性，对客户进行深层次的多面引导。关联营销可以是一家企业的网站上或者其他平台有另一家企业所售产品的描述、评价、评级和其他信息及到后者的链接；也可以是在一个宝贝页中同时放了其他同类、同品牌可搭配的关联宝贝；或者是店铺直接将多种有关联产品绑定形成绑缚营销。可以选择互补产品（如耳机 + 手机）、替代产品（如圆领 T 恤 +V 领 T 恤）或者潜在关联产品（如泳衣 + 防晒霜）进行关联营销组合。潜力款（转化率 2% 以上的）或成长款的产品不适合做关联营销，因为它们自己需要引流，而不是帮其他产品引流。关联营销可以提升转化率、提高客单价、提高店内宝贝曝光率。

关联营销放置的位置有以下几个。

- 详情页上方：适合爆款、引流款和新品测试款，放少于 8 个的关联产品；
- 详情页中部，适合利润款、互补产品，通过不同产品搭配营销，比如服装 + 服饰；
- 详情页下方，适合替代产品关联营销，比如页面是长袖 T 恤的详情页，那么在最后放置短袖等替代产品较为合适，同样不宜过多，8 个以内。太多的关联营销，比如需要鼠标滚 3 下还没看到产品介绍，此时会提高跳出率。

关联营销的方式一般有两种：产品图片的超链接和产品信息模板设置（可以用自定义模块做）。无论哪种方式，开展关联营销时首先应做到风格统一，避免杂乱无章地排放。在页面左上角标出红色打折字样，给人一种比较紧迫的感觉，简单大方。

2）老客户营销

卖家根据一些筛选条件，可以找到老客户的交易情况，从而进行老客户营销。其路径为："营销活动" → "客户管理与营销"，如图 6-67 所示。

根据已成交查询条件（如成交次数、累计成交额、最后评价得分），可以得到一组客户信息，如图 6-68 所示。

若根据"加购物车"条件（如加购物车商品数、加购物车商品金额、最后加购物车时间）查询，可以得到另一组客户信息，如图 6-69 和图 6-70 所示。

根据"加收藏夹"（如加收藏夹商品数、加收藏夹商品金额、最后加收藏夹时间）条件查询，可以得到一组客户信息，如图 6-71 所示。

通过以上的查询条件建立起不同的客户分组（限 10 个，一个客户只能在一个分组下面），如图 6-72 所示。

图 6-67　老客户营销

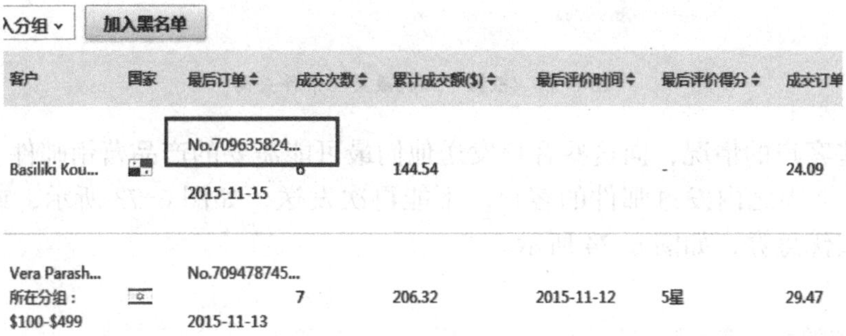

图 6-68　查询老客户

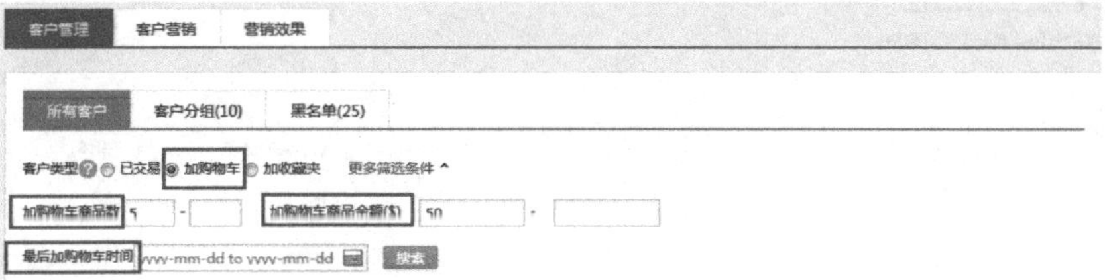

图 6-69　根据“加购物车”条件查询客户

图 6-70　查询结果

图 6-71 根据“加收藏夹”条件查询

结合这些客户的情况，向这些客户发送他们最可能需要的产品营销邮件。为避免引起客户的反感，2 周之内发过邮件的客户，不能再次发送，如图 6-73 所示，或者向他们发送定向发放型优惠券，如图 6-74 所示。

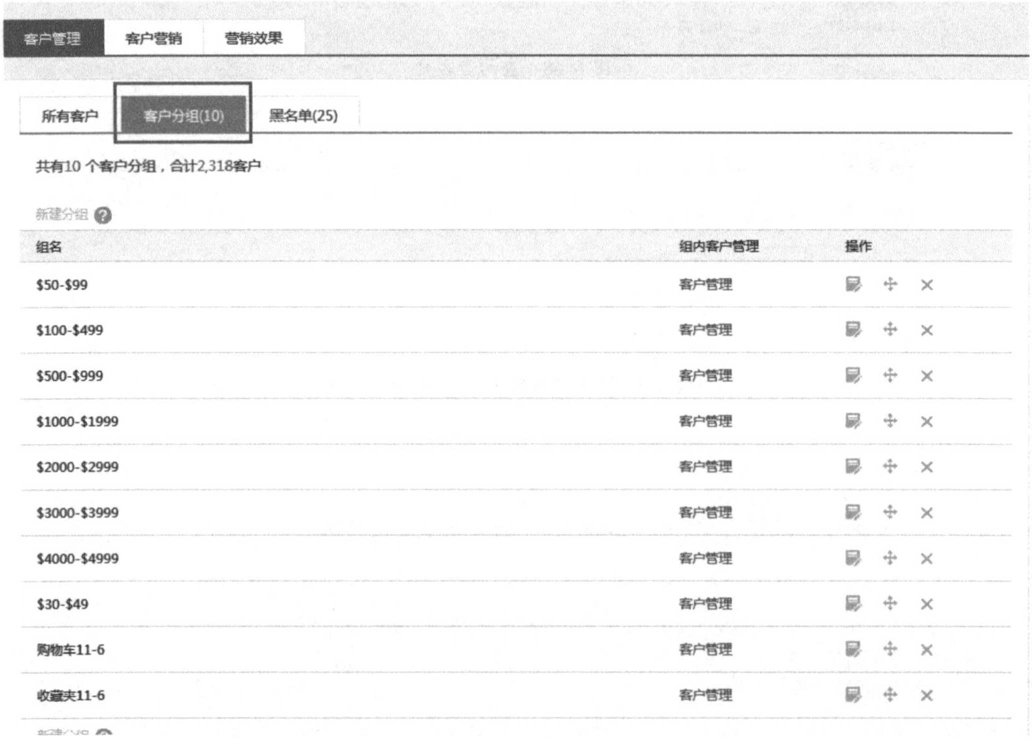

图 6-72 客户分组

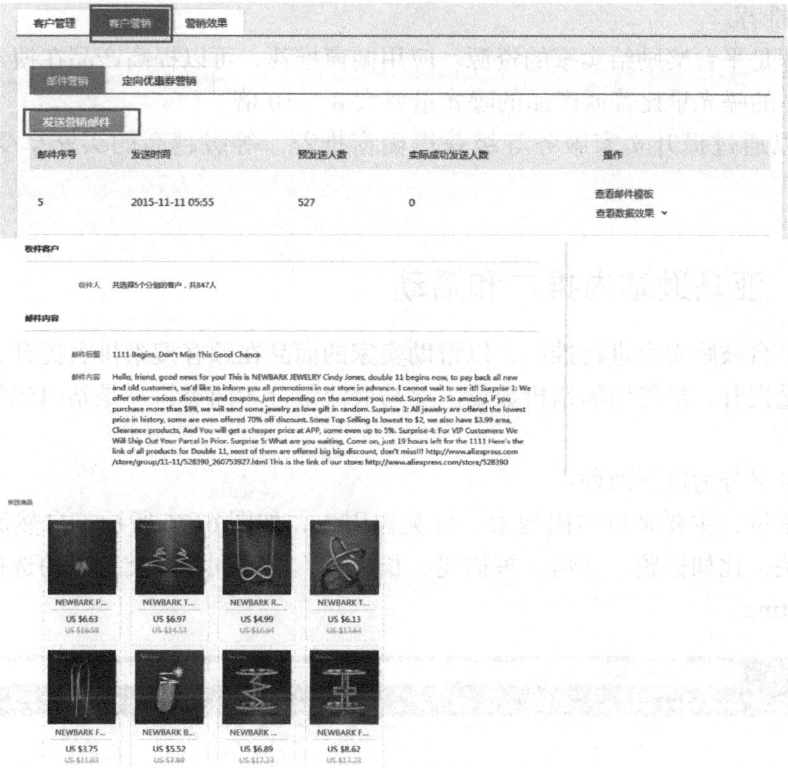
客户管理
客户营销
营销效果
邮件营销
定向优惠券营销
发送营销邮件
邮件序号
发送时间
预发送人数
实际成功发送人数
操作
5
2015-11-11 05:55
527
0
查看邮件模板
查看数据效果
收件客户
收件人　共选择5个分组的客户，共847人
邮件内容
邮件标题　1111 Begins, Don't Miss This Good Chance
邮件内容　Hello, friend, good news for you! This is NEWBARK JEWELRY Cindy Jones, double 11 begins now, to pay back all new and old customers, we'd like to inform you all promotions in our store in advance. I cannot wait to see it!! Surprise 1: We offer other various discounts and coupons, just depending on the amount you need. Surprise 2: So amazing, if you purchase more than $99, we will send some jewelry as love gift in random. Surprise 3: All jewelry are offered the lowest price in history, some are even offered 70% off discount. Some Top Selling Is lowest to $2, we also have $3.99 area, Clearance products, And You will get a cheaper price at APP, some even up to 5%. Surprise 4: For VIP Customers: We Will Ship Out Your Parcel In Prior. Surprise 5: What are you waiting, Come on, just 19 hours left for the 1111 Here's the link of all products for Double 11, most of them are offered big big discount, don't miss!!! http://www.aliexpress.com/store/group/11-11/528390_260753927.html This is the link of our store: http://www.aliexpress.com/store/528390
NEWBARK P...
US $6.63
NEWBARK T...
US $6.97
NEWBARK R...
US $4.99
NEWBARK T...
US $6.13
NEWBARK F...
US $3.75
NEWBARK B...
US $5.52
NEWBARK ...
US $6.89
NEWBARK F...
US $8.62

图 6-73　发送产品营销邮件

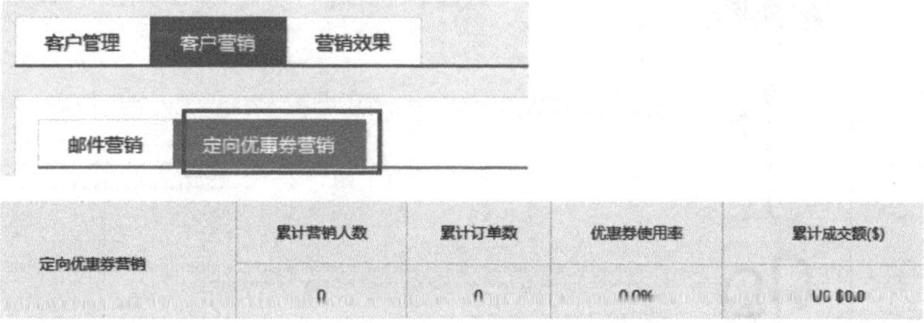
客户管理
客户营销
营销效果
邮件营销
定向优惠券营销
定向优惠券营销
累计营销人数
累计订单数
优惠券使用率
累计成交额($)
0
0
0.0%
US $0.0

图 6-74　发送定向发放型优惠券

老客户维护的途径主要通过速卖通的邮件营销，WhatsApp、Skype 等聊天工具营销，以及 VK 分享。但在速卖通平台，卖家能发的邮件并不多，卖家等级与每月可发邮件数如图 6-75 所示，所以可能需要借助电子邮件营销工具。

您当前的卖家等级	每月可发邮件数
0-1级	0封
2级	5封
3级	10封
4级	20封
5级	30封
6级	50封

图 6-75　卖家等级与每月可发邮件数

3）橱窗推荐

橱窗推荐是平台奖励给卖家的资源。应用橱窗推荐，可以提高产品在搜索结果中的排名，橱窗产品的曝光量比普通产品的曝光量要大 8～10 倍。

卖家可以通过提升卖家服务等级获得橱窗推荐，等级越高的买家享受的资源奖励越多。

6.4.2 亚马逊站内推广和活动

亚马逊平台鼓励卖家进行推广，以帮助卖家的商品在顾客搜索排名提升、曝光机会增加、页面流量提升，最终增加销售数量。亚马逊流量分为两类：一是站内流量，二是站外引流。

站内流量又分为以下两种：

- 自然流量，主要来自站内搜索、分类树引入，如图 6-76 所示。自然流量与卖家的数据质量有关，比如标题、详情、短描述、长描述、关键词、分类节点的选择等，因此要做完美的 Listing。

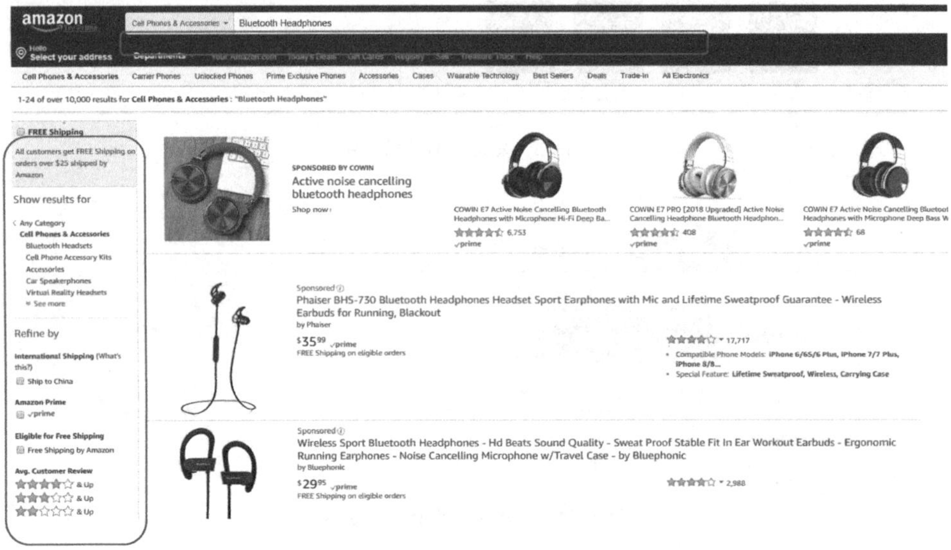

图 6-76　自然流量

- 活动引流，包括亚马逊推广 SP（Sponsored Product Ads）、秒杀（Lightning Deal）、亚马逊广告 AMG（Amazon Media Group）、节日营销等。

亚马逊平台本身以及平台卖家还可以通过站外引流，如推荐网站引流（HotUKDeal 等）、搜索引擎引流（Google 搜索等）、社交媒体引流（Facebook，YouTube 等）、邮件营销引流和展示广告引流。

本节重点介绍几种亚马逊站内的活动引流方法。

1. 亚马逊推广 SP（Sponsored Product Ads）

亚马逊推广 SP，也被称为 Campaign Manager 站内点击付费广告，本质上就是一种关键词竞价排名。卖家可以为商品设置关键词，并为这些关键词设定赞助（Sponsor）的价格，在相应的关键词被搜索时，被推广的商品显示在搜索结果的下方，卖家按点击次数付费，点击费用通过竞标决定（竞价随着销售的相关因素的变化而变化，比如有些关键词在旺季达到 \$5～\$8，而在淡季可能只要 \$0.2～\$0.3，美国和英国最低出价分别是 0.02 美元 / 英镑），平台在该推广商品被点击时收取一次推广费用（没有购物车权限或者没有抢到购物车的产品广告将不会在前台展示出来）。当然也有一些品类比如成人用品类是完全不开放广告投放的。在图 6-77 所示搜索结果中显示“SPONSORED”的商品就是推广商品。

1）亚马逊推广 SP 设置

登录亚马逊卖家后台（http://sellercentral.amazon.com），点击“Advertising”→“广告活动管理”，进入到管理活动的操作界面，如图 6-78 所示。

- 广告活动（Campaigns）：为方便进行商品推广的广告管理而创建的一个集合，一个广告活动下的所有广告共享同一个预算和相同的起止日期。广告活动包含一个或多个广告组，一个广告组下又包含不同的广告和关键词；
- 广告组（Ads Group）：广告活动由一个或多个广告组组成。如果使用手动投放，广告组用来将商家要推广的一组类似的 SKU 放在一起，它们共享相同的一组关键词和最高竞价。如果使用自动投放，那么广告组用来将要设置相同最高竞价的一组 SKU 放在一起。

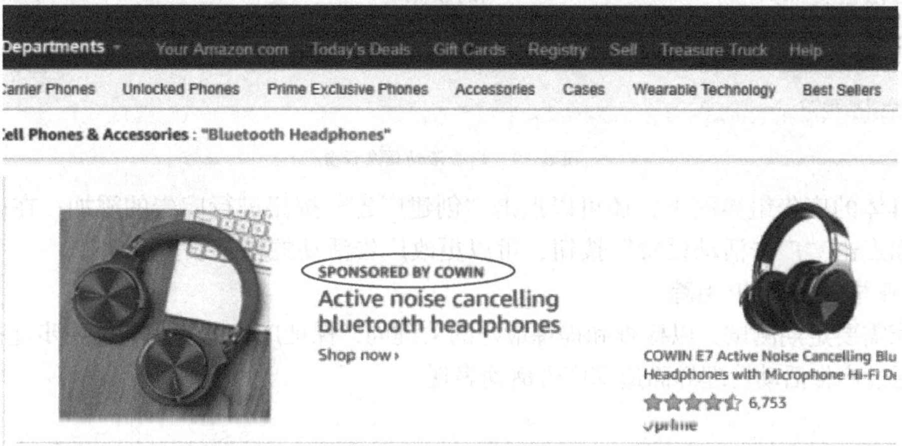

图 6-77　推广商品

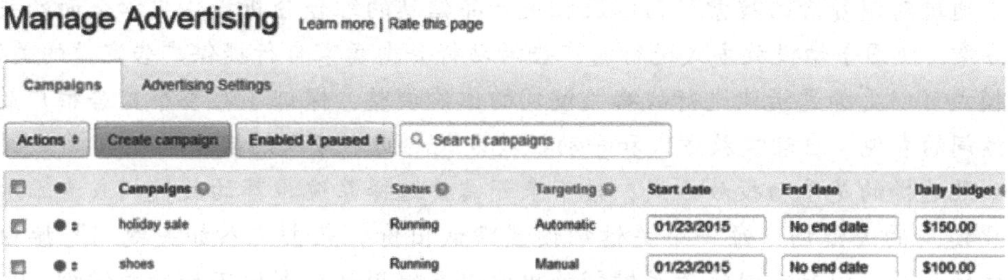

图 6-78　管理活动的操作界面

- 广告（Ads）：就是指卖家挑选到广告组里面的并且需要推广的商品。每一个产品都对应着一个广告。一个广告组可以包含一个或多个广告。

• 广告活动管理（Campaign Manager）：卖家对广告活动管理当作管理、控制广告花费和分析广告表现以及广告活动投入产出比的一个控制界面。

点击“Create campaign”按钮创建一个新的广告活动。如图 6-79 所示，设定活动的名称、活动的每日预算以及活动开始日期及结束日期、广告定位类型（自动定位和手动定位）。接着创建新的广告组。广告组可以允许将相同品类或者有同样广告推广需求的商品整合在一起。给广告组命名，设置出价，再选择想要推广的商品（如果选择了自动定位的方式，可以点击“保存”和“完成”按钮即可）。也可以点击进入一个具体的广告活动页面，再点击“创建广告组”按钮添加广告组到广告活动。

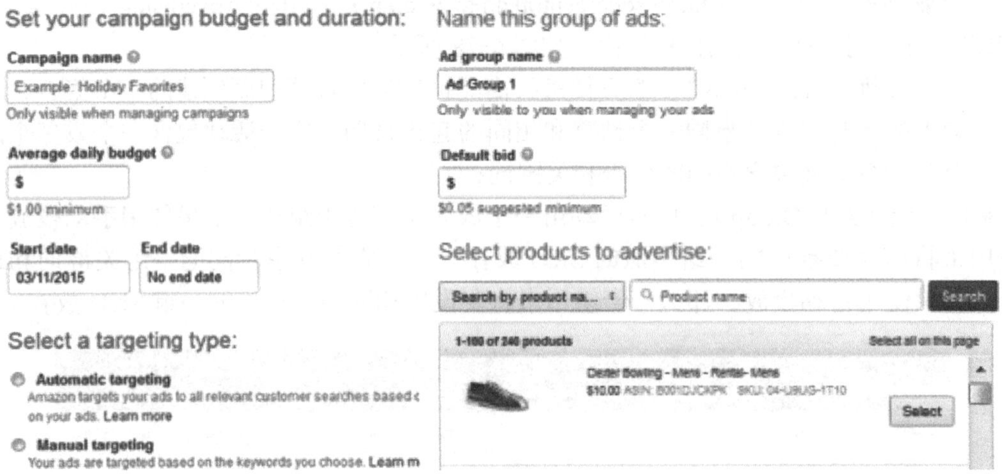

图 6-79　广告活动信息设置

在具体的广告组界面下，还可以点击“创建广告”按钮进行广告的添加；在广告活动管理界面点击“广告活动设置”按钮，可以更改广告活动的推广设置。

2）亚马逊推广 SP 追踪

卖家需要定期测试，以检查和提炼最好的关键词，保证广告的表现能够稳步地提高。因此需要通过广告活动管理界面追踪广告活动表现。

Tips：自动和手动

使用自动投放方式进行的广告活动将会由亚马逊提供广告定位的关键词。这种模式可以通过对消费者的搜索行为以及相关产品信息的综合分析提供更加全面的关键词推广方案；使用手动投放方式进行的广告活动将会由卖家自行提供广告定位的关键词。这种模式可以更加灵活地进行战略关键词的出价调整，保证了对整个广告推广最重要的关键词的表现。自动投放方式和手动投放方式之间不可以切换。

如果选择的是手动投放方式，接下来还需要选择系统推荐的关键词或者添加您自己想要使用的关键词，每一个关键词设置默认出价。点击“添加关键词”按钮进行关键词的添加，同时可以修改关键词的出价以及停用部分表现不好的关键词。当选择“自动定位”模式时，卖家无法增加或者删除关键词，只能修改关键词的默认出价，如图 6-80 所示。

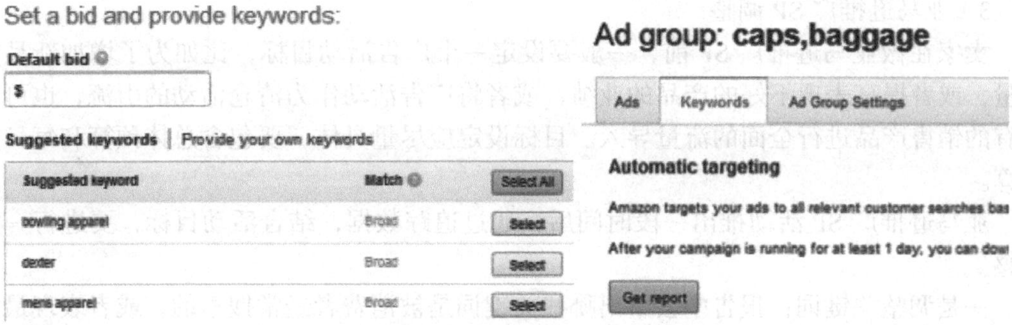

图 6-80 "自动定位"模式

首先可以查看广告活动后的一些基础指标。

- 曝光（Impressions）：广告被买家看到的次数；
- 点击（Clicks）：广告被卖家看到后点击该广告的次数；
- 花费（Spend）：所有广告活动中累计点击次数的总花费；
- 销售贡献（Sales）：在一段时间内通过广告带来的销售金额；
- 广告成本销售比（ACoS）：您的广告花费和销售贡献的比值；
- 平均每次点击费用（Cost-per-Click）：在整个广告活动中平均每一次广告被点击后，亚马逊收取的费用；
- 点击通过率（Click Through Rate）：该广告的实际点击次数（严格地说，可以是到达目标页面的数量）除以广告的展现量。
- 转化率（Conversion Rate）：是指在一个统计周期内，完成转化行为的次数占推广信息总点击次数的比率。

点击"Report"→"Advertising Report"可以查看更加详尽的广告报告，如图 6-81 所示。

报告名称	如何使用	可追踪指标
performance over time 按时间查看业绩	可以查看在一定时期内所有广告的总支出和广告点击次数	点击次数，平均单次点击成本，总花费
Performance by SKU 按 SKU 查看业绩	可以查看过去 60 天内消费者通过那些关键词查看了你的广告	点击次数，曝光，点击通过率，总花费，每个 SKU 的单词点击费用
Automatic targeting report 自动投放报告	可以查看过去 60 天内亚马逊为您的广告自动投放了那些关键词	只要自动投放的广告超过一次点击，曝光、点击和转化的数据都可以从该报表中得出
Bid by Keywords 关键词竞价	可以对比查看到自己账户的关键词出价以及相同关键词整个平台的平均出价	可以查看前七天状态都是 Active 的关键词的最高出价以及平均出价。
OR（此处有时会变更）		
Estimated Page 1 Bid 第一页关键词竞价	可以查看竞价的关键词获得第一页广告位的广告出价	可以查看相同关键词在排名广告位第一页的出价。
Other ASIN Report 其他 ASIN 报告	可以查看卖家在点击广告后是否浏览并购买了同一店铺内其他的商品（此处仅限于店铺内的选品。如果买家点击了广告最终购买了其他卖家的产品，此处无数据。）	可以查看关键词的基本数据表现，及对应的购买行为
Campaign Performance 广告活动业绩报告	可以查询过去六十天内广告绩效的综合表现	基本涵盖所有的绩效指标

图 6-81　广告报告

3）亚马逊推广 SP 调整

卖家在做亚马逊推广 SP 前，一般要设定一个广告活动目标，比如为了增加新品的销售量，或者提高表现不好的产品的业绩，或者将广告活动作为清仓活动的引流，也可以对所有的销售产品进行全面的流量导入。目标设定应尽量具体，要包含总体预算和每日广告预算。

亚马逊推广 SP 活动推出一段时间后，通过追踪数据，结合活动目标，要进行一定的调整。

一是调整关键词：报告中会给出哪些关键词是被消费者经常搜索的，或者表现最好的关键词，将这些表现良好的关键词或词组添加到合适的广告组里面并且考虑是否需要调整关键词出价。对于关键词少于 5 个的产品要考虑添加更多的关键词。

二是调整出价：对比广告产品相同关键词的平台平均出价或者第一页广告位的出价，适当调整产品的出价策略；通过找出曝光量最少的关键词并寻找原因，可以考虑适当提高关键词出价；持续监控并不断更新关键词出价以保证能够完成业绩指标。

三是添加或者更改广告：结合每个产品的 ASIN 报告，确定哪些产品的广告效果最好，并寻找更好的替代选品。

四是调整每日预算：对于表现良好的广告活动，适量提高每日广告投放预算。

4）一些误区

误区 1：出价最高，排名展示最靠前。

亚马逊推广 SP 展示和搜索排名一样，都有一套系统的算法。其算法原则是基于客户体验，任何搜索引擎与平台都是将最优先、对消费者最有利的产品优先展示出来。所以，亚马逊推广 SP 排名计算的主要参数包括：销量与转化率、相关度、历史表现、匹配方式及出价等。所以出价只是其中的一个权重，而且其权重排在其他参数之后。在后台广告活动管理页面中，可以查看每个关键词的预测竞价与每次点击费用。分析数据可以发现：出价设置比每次点击费用高 30%～50% 左右为比较合理的状态；亚马逊推广 SP 的点击费用是由第二名的出价 + 第一名与第二名之间差价的百分比 + 你的表现综合得出的。

事实上，大部分复杂的搜索引擎的竞价排名都不是按照出价高低而定的。比如百度，影响其排名的除了关键词出价还有关键词质量度，而质量度的高低取决于相关性、创意、点击率和账户表现。而推广链接每次点击的出价也并非自己企业的出价，而是等于 [（下一名的出价 × 质量度）/ 自己的质量度 +0.01]。

误区 2：做了 Bid+，预算充足，亚马逊推广 SP 页面就能置顶展示。

Bid+ 是亚马逊 SP 新的变化之一，很多卖家以为只要开了 Bid+，借助亚马逊自动调整竞价（在卖家许可的 50% 上涨范围内），就一定能将商品排到第一页。

但实际上，关于 Bid+ 的功能亚马逊的官方定义是这样的：Raises bids in this campaign by up to 50% more than your default bid when ads are eligible to show in the top of search results.（当广告有资格显示在搜索结果的顶部时，通过比你的默认出价高出 50% 的方式在这个活动中加价）。所以这其实是帮助亚马逊推广 SP 页面置顶展示的功能，对于本身表现不错，已经在自然排名中处于第二三页的位置，自身出价已经够高的广告，开通了 Bid+，登顶自然是水到渠成的事，但是原本表现就不佳的广告组，排名到第一页不一定能实现。

误区 3：ACoS 超过利润率需要停止广告组推广活动。

广告成本销售比（ACoS）：广告花费和销售贡献的比值（ACoS=Spend/Sales）。ACoS 值越小，转化率越高，也就代表利润率越高。

不过这个比值的高低与客单价有关，高客单价的产品 ACoS 可以达到 5%，客单价低于 50 美元的产品，平均 ACoS 在 20% 左右。如果卖家的这款产品利润本来只有 20% 左右，那是否意味着广告没有推广的必要了呢？

通常建议为不能停下，因为一者广告的效果具有积累性，一旦停止发现销量下降再开通，会需要更长的时间和成本；二者广告具有延时性，广告实际的 ACoS 一般情况是低于广告报表统计出来的数值的。因此可以分析这款产品的其他引流推广渠道，做个比较，如果其他的效果不及 SP，建议可以降低其他站外推广等活动的预算。通常是：对于利润率能达到 20% 的产品，ACoS 只要能达到 35% 左右就不要停。

2. 秒杀（Lightning Deals）

Deal 类似淘宝的“聚划算”，就是一个限时的秒杀活动，亚马逊站内 Deal 有 3 个，打开“Today's Deals”，如图 6-82 所示可以看到：

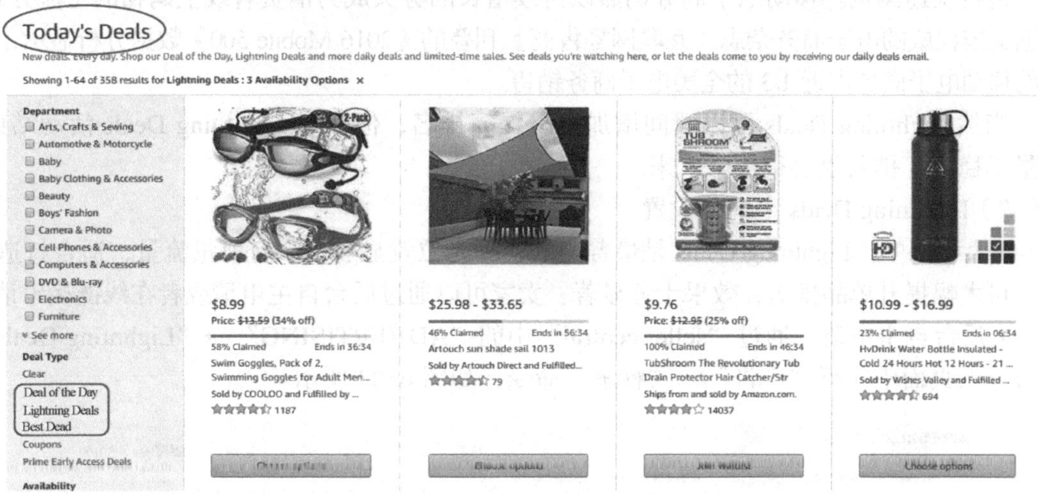

图 6-82　“Today's Deals”页面

- Deal of the Day（DOTD），免费，时间为一天，是亚马逊站内秒杀的“王中王”，该促销暂不对卖家开放，无法申请。每天只有 3 个广告位，时间为 24 小时。在移动端打开 Amazon App 时，第一个显示的就是 Deal OF The Day；
- Lightning Deals（LD）秒杀，具有时效性的秒杀活动，一般持续时间 4～6h（Seller 和 Vendor 有所不同，美国 4 小时，欧洲 6 小时）。亚马逊明确规定，电子香烟、酒精、成人用品、医疗设备、药品、婴儿配方奶粉这些产品类型不能参加 Lightning Deals 活动。参与亚马逊 Lightning Deals 活动，现在美国站一个 Listing 需要 150 美元；
- Savings and Sales from Across Amazon（Best Deal），周秒杀，一般可以持续 2 个星期，简称 BD，免费，涵盖美国站和日本站。只能通过招商经理渠道去申请，亚马逊会对产品以及整个店铺的表现进行一个审核。要求：至少 3 颗星以上顾客评价、Review 至少 10 个以上的顾客、购物车售价的 8.5 折或更低、使用 FBA。

1）秒杀优势

增加曝光：Lightning Deals 出现在亚马逊访问量最高的页面之一，它的活动也都被收录到搜索结果中；

连锁反应：在 Lightning Deals 的促销期间甚至结束之后，都有可能带动其他产品的销售；

清理库存：Lightning Deals 可以帮助卖家处理掉库存过多的、滞销的以及季节性的产品，也相应减少了长期仓储费用；

下单更快：只需要快速浏览一遍用户评论的细节，客户就能够直接下单购买，没有什么能比紧迫感和闪付更能促进成交了，橙色的进度条和销售百分比——在“已被抢购”和“尚可购买”的百分比之下，你将不知不觉地感受到来自“和你一样的买家”的压力。

竞争 Lightning Deals 的第一页或第二页并没有什么策略可言。因为亚马逊系统会优先推荐畅销的产品，它们有着最高的折扣，足够吸引买家。随着销量的不断增长，你的产品将有可能从第三页“上升”到第一页。在做 Lightning Deals 的时候，可以在站外发一些帖子，比如 Facebook 上的 Amazon deal groups 等。

Lightning Deals 在移动端显示位置也很突出，“Today's Deals”（今日特惠）可以非常方便客户进行快速浏览。移动电子商务仍然以持续增长的势头成为消费者线上购物的主流方式。根据美国权威的电子商务杂志《互联网零售商》刊登的《2016 Mobile 500》数据分析显示，现今的移动电子商务占近 1/3 的全美电子商务销售。

当然 Lightning Deals 可以瞬间增加流量提高排名，但如果 Lightning Deals 活动结束，销量不稳定，排名也会很快降下来。

2）Lightning Deals 申请与设置

3 个秒杀中，Lightning Deals 是最普遍的，曝光位置显赫，享有海量流量，适合打造爆款，可大幅提升单品排名，效果十分显著。卖家可以通过后台自主申请或者在线链接申请。

● 后台自主申请。通过“seller central”中的“ADVERTISING”→“Lighnting Deals”，在打开的页面中执行“广告”→“秒杀”命令，如图 6-83 所示。

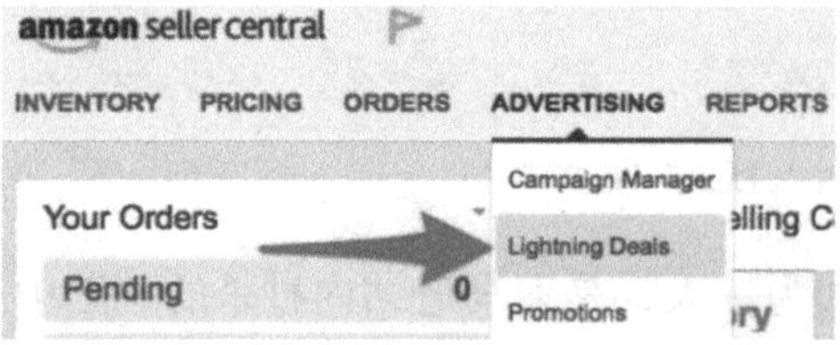

(a)

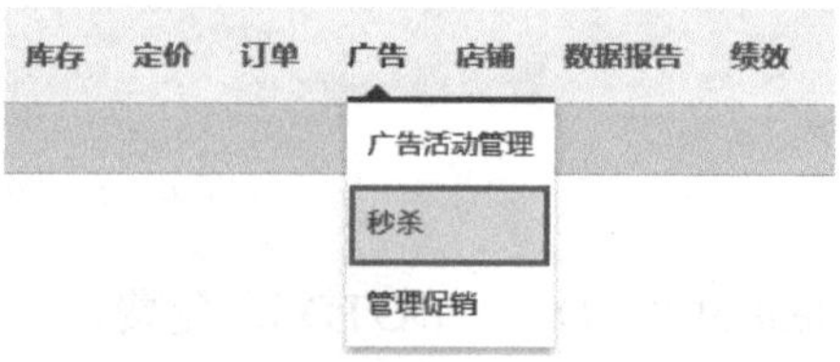

(b)

图 6-83　后台自主申请

● 在线链接申请。根据招商经理的表格要求填写申报（招商经理提申请表格后，可以到卖家后台 Lightning Deals 中查看到）。新品没有 Lightning Deals 的推荐，卖家就可以主动去联系招商经理申请参加。

Tips：Lightning Deals 申请成功以后会收到亚马逊发来的邮件，告诉你的参与时间，如果你觉得这个时间段不合适可以选择取消然后再次申请。

执行“秒杀”命令，在打开的页面中，可以看到卖家所有符合秒杀资质的商品，从中选择商品申请秒杀，如图 6-84 所示。请注意：同一个卖家在同一时间点，只能有一个商品上线秒杀（该商品可包含多个 SKU）。

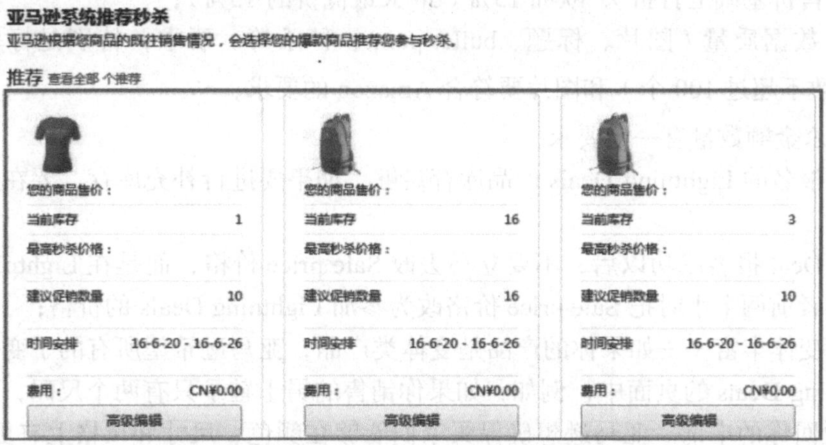

图 6-84 “秒杀”设置页面

点击“高级编辑”按钮对选中的商品进行秒杀申请，在相应的选项中填写参与秒杀商品的“建议促销数量”、“最高秒杀价格”和“时间安排”，检查后点击“提示”按钮来提交秒杀申请。之后便可以在“秒杀”页面查看即将到来的秒杀活动如图 6-85 所示。务必要为此次秒杀活动准备充足的库存。同时请注意：卖家可在秒杀正式生效开始前 24 小时以上在后台自助取消该秒杀。

(a)　　　　　　　　(b)

图 6-85 “秒杀”设置及展示

3）参加 Lightning deals 的条件

- Review 要求：越多越好，电子产品、家装产品、办公产品要求 10 个 Review 以上；至少 3.5 颗星以上的，推荐概率高；新品转化率较高也可被推荐；避免产品首页有差评，在展示的首页一定不要有明显差评，最好的建议是 Lightning Deals 开始前两周为产品增加一些好评；

- 配送方式：Lightning Deals 通常是为 Prime 会员服务的，配送必须是 FBA 或能够满足当天到货，2 天内免费送达的自配送；
- 价格要求是现在购物车售价的 8 折或更低（不是在 List price 基础上打折，而是在现在的购物车售价基础上打折），欧洲 15%（30 天最低价的 15%）；
- 产品数据质量（图片、标题、bullet point、秒杀等）要求，特别是标题（Product Name 字符数不超过 100 个）和图片要符合 Amazon 的要求；
- 对秒杀金额数量有一定要求；
- 保证报名的 Lightning Deals 产品库存足够，如果要进行补充库存，要在规定时间内补充到位；
- Best Deal 报名成功以后，不要立马去改 Sale price 价格，而是在 Lightning Deals 开始前一天或者前两个小时把 Sale price 价格改为参加 Lightning Deals 的价格；
- 产品变体丰富——如果你的产品是变体类产品，亚马逊希望所有的子变体都集中在一个 Lightning Deals 的页面中，例如，如果你销售的男士鞋子只有两个尺码，那么亚马逊极有可能驳回你的申请。亚马逊想确保买家们能够在颜色、尺寸和风格上有更多的选择。要记住的是，客户的满意度是提高亚马逊转化率的关键所在；
- 产品资格——亚马逊明确规定，以下产品类型不能参加 Lightning Deals 活动：电子香烟、酒精、成人用品、医疗设备和药品、婴儿配方奶粉。

3. 亚马逊广告 AMG（Amazon Media Group）

展示广告位包括亚马逊全站（PC 端和移动端），同时在其他的广告网络上（包括 Facebook，甚至是 ESPN 或纽约时报）上进行的广告发布。AMG 广告由亚马逊平台承诺曝光量，能让卖家的商品和品牌获得更大的曝光，利于品牌认知度的构建。更重要的是，AMG 最大的优势就是利用亚马逊客户数据定位目标消费者。也就是说，亚马逊利用了卖家的潜在消费者数据来定位购物者，当这些潜在消费者在任意一个有 AMG 广告的网站上浏览时，亚马逊就能以此驱使他们进入到卖家的网页上去。这样的广告收费自然比较高，单次广告活动最小开销为 35000 美元，不同销售季节、品类、广告位置每千次展现收费（CPM）价格也不同，适合于较大品牌，有实力的卖家做推广。这种高级广告服务是有账号限制的，目前只有 VC 账号才能够开通。

桌面展示广告和手机横幅广告如图 6-86 所示。手机插页式广告和图片文字广告如图 6-87 所示。

(a)　　　　(b)

图 6-86　桌面展示广告和手机横幅广告

视频插播广告：AMG 允许供应商在 Kindle、平板电脑 Kindle Fire 和 Fire TV 上为亚马逊客户宣传视觉活动。亚马逊提供在 Kindle 和平板电脑 Kindle Fire 屏保页面的展示广告，以及在 Fire TV 主屏幕顶部的展示位置。这些广告呈现了产品的设计理念，同时使供应商能够直接与其目标消费者交流，如图 6-88 所示。

此外，亚马逊还会进行有奖促销（Giveaway）、节日营销等推广。比如 Giveaway 是亚马逊在 2016 年新推出的一款能够帮助卖家达到销售目标的抽奖促销工具。参与 Giveaway，要求确保奖品的库存，设置买家参加抽奖的门槛（例如，关注卖家的 Twitter 账号，或者观看一部卖家投放的短片等），并把奖品发送到中奖者手中。使用 Giveaway 可以帮助卖家提高流量及商品认知、增加页面浏览量及销售、创造商品或品牌热度并达到行销目的、支持新商品发布策略、解决商品滞销问题、提高社交媒体的关注量和短片观看次数等。

BEAT YOUR BEST
SPONSORED
See All
KITCHENSMART.
Meet the smart kitchen
KitchenSmart 20XB Power Blender
amazon.com
Cutting edge kitchen technology comes to your home.

(a) (b)

图 6-87 手机插页式广告和图片文字广告

图 6-88 视频插播广告

【Tips】亚马逊的 Vendor Central & Seller Central（VC&SC）

Seller Central 是亚马逊开放给第三方卖家的平台，由卖家自行管理，卖多卖少不管，如果需要好点的服务，卖家再付费让亚马逊协助处理你的物流，该物流就是 FBA。而一旦一个卖家在亚马逊上赚了不少也积累了不少好评，亚马逊也会邀请你加入 Vendor Central 的行列。Vendor Central 可为你的商品带来大量的曝光、获得更多买家的信任以及订单，不过卖家需要舍弃在 Seller Central 上调整利润、寄送方式和控制库存的自由。使用 Vendor Central 后，卖家的商品页面也会注明“Ships and sold by Amazon.com”，基本上你就成为亚马逊的合作伙伴，少些利润但能增加商品曝光的机会。

6.4.3 Wish 站内推广和活动

如前所述，Wish 平台的特殊性（移动端）决定了 Wish 站内推广方式很少，所以大都采用站外引流的方式，比如卖家通过构建独立站，通过网站推广自己的企业和产品品牌；借助社交平台推广也是目前大多数 Wish 卖家的推广手段，这些社交网站首选是 Facebook，因为其正好与 Wish 的用户群重合；其次是 YouTube，其转化率仅次于 Facebook，卖家可以与 YouTube“网红”合作，也可以制作一些高质量的买家秀视频；此外就是 Instagram，通过 Instagram 发布产品图片，获得点赞来赚取流量和关注度，进而引爆销量。

不过在 2017 年开始，Wish 推出了 PB（Product Boost）服务，它是目前平台最主要的推广模式。

1. Product Boost 关键词竞价排名

Wish 推出的 Product Boost，结合了商户端的数据与 Wish 后台算法，增加相关产品的流量。参加 Product Boost 的产品，如果和 Wish 消费者有着高度的关联性，同时花费更高的 Product Boost 竞价，便可获得更高的产品排名。

使用 Product Boost，可以加速产品的曝光，在产品排名中获得更好的位置；可以增加产品的流量和销售；可以凸显热销产品。

为了在 Product Boost 中获得成功，卖家应选择高质量的、和 Wish 用户有关联的热销产品，或者与特殊消费群体有关的搜索关键词的产品，同时需要考虑产品的季节性。

2. Product Boost 收费

（1）总报名费：每个参加活动的产品须支付 $1，在提交活动申请时产生，在每月两次的常规放款中扣除。

（2）总支出：即活动期间所得流量的总费用，此是基于产品的竞价及流量计算而来的。若对促销活动设置了预算上限，总支出将不会超出该预算。当一轮促销活动结束后，所产生的费用将于每月两次的常规放款中扣除。

卖家创建活动时，需为每个产品 ID 设置竞价。该竞价指在活动期间支付的每 1000 流量的价格。最低竞价是每 1000 流量 $0.1。卖家可以为活动设置一个预算上限，这个预算指的是活动结束后店铺需支付的总费用，其计算公式为：

$$产品的竞价上限 = 产品利润 \times 产品点击率 \times 点击转化率 \times 1000$$

举个例子：产品 A 每销售一件产品即可获得利润 $1，此件产品每 1000 次展示可以带来 10 次点击，点击率为 1%，每 10 次点击，可以带来 1 次销售，点击转化率为 10%，故该产品的竞价上限 =1 × 1% × 10% × 1000=1 美元。此项产品的竞价不应超过 $1。因为一旦超出竞价上限，Product Boost 引来越多的流量只会带来越多的损失，这对于中小卖家来说是难以承受的，当然对于大卖家来说，损失利润有时候是获得好的店铺指标的一种策略。

商户为产品 A 设置 PB 活动，设置页面如图 6-89 所示，共添加了关键词 1、关键词 2、关键词 3 三个关键词，“我的竞价”设置为 \$0.5。消费者的搜索行为会与这 3 个关键词中的任何一个或多个形成匹配关系，一旦匹配，系统就会将产品 A 推送并展示给消费者，如此展示 1000 次，系统就会收取 \$0.5。

Wish 平台要求最低竞价为 \$0.3，最高为 \$10。

“建议竞价”是上一个周期商户对该关键词出的最高竞价，越是接近这个价格甚至是高于这个价格，越容易获得该关键词带来的最高流量。关键词的建议竞价可以在 Wish 商户平台首页导航栏中点击“关键词工具”查看，如图 6-90 所示。

图 6-89　PB 活动设置页面

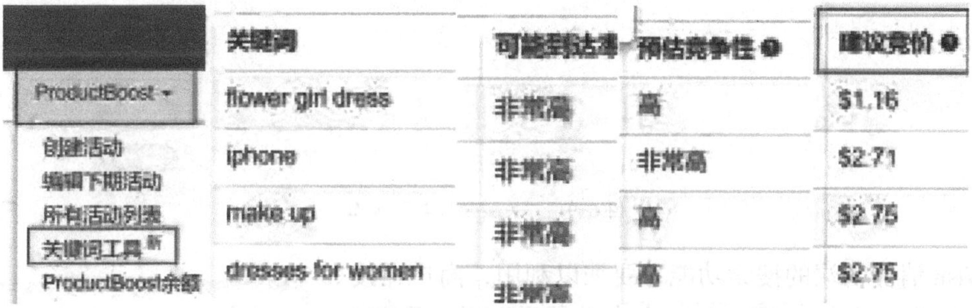

图 6-90　关键词的建议竞价

3. 关键词匹配

Product Boost 运作的基础是“精准匹配”。当你设置的 Product Boost 关键词和消费者在客户端搜索的关键词是完全一致的时候，系统就会对二者进行匹配，将产品推送给消费者。不过，此过程是一个智能的动态学习过程，如果系统对产品非常熟悉，也会采取模糊匹配的操作，将产品推荐给相关的关键词，这就是 Related 页面的推荐原理了。

关键词数量：单项产品的关键词数量最多为 30 个。建议不要设置过多，关键词并非越多越好，过多的无效关键词不仅会浪费预算，更有可能影响引流效果。

关键词构成：关键词可以是多个单词构成的词组，词组之间是否添加空格，这要视消费者的输入习惯而定，在系统看来加了空格的词组和未加空格的词组是两个不同的关键词。单个关键词的单词数量建议最好由 1～3 个单词构成，过长的词组不符合消费者的搜索习惯。

关键词来源：关键词应与产品相关，并能准确地定价产品。例如，一款 yellow summer dress with a floral print（印花黄色夏裙），其关键词建议设置为 summer dress, women's dress，yellow dress，floral dress。又如，一款 portable bluetooth speaker（便携式蓝牙扬声器），其关键词建议设置为 portable speaker，bluetooth speaker，wireless speaker，speaker，portable audio。此外关键词需要从消费者角度换位思考，以下类型的词语是比较常用的关键词，即产品的用途描述词；产品的用户群体词，如 men's shoes；季节词，如 winter coat；节日词，如 Christmas light；非英语词或异形词，小语种词。

诸如 fashion、dress 等的广泛词可以给产品带来较多的流量，但这类关键词的竞价较高，如果产品属于新品且不确定关键词的转化效果，贸然使用广泛词效果则难以预估，此时应通过测试来确定一批转化效果好的关键词后，再考虑使用广泛词进行引流。

在“关键词工具”页面中，Wish 平台会根据每周的搜索热度持续更新词库，商户可在此页面搜索相关关键词，查看该关键词的可能的到达率（即消费者搜索的可能性）、预估的竞争性（即会有多少商户竞争此关键词）等，如图 6-91 所示。

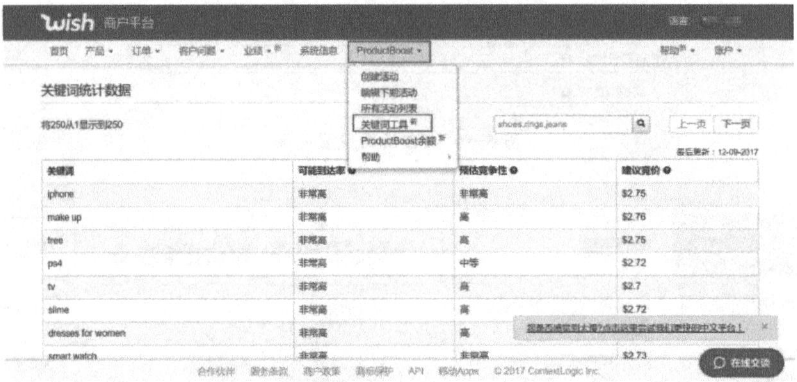

图 6-91 “关键词工具”页面

Wish 消费者端的搜索功能也要加以利用，商户在搜索框中输入一个核心词，系统会自动展示相关“联想”结果，这些“联想”结果，就是消费者搜索较多的热度词，如图 6-92 所示。

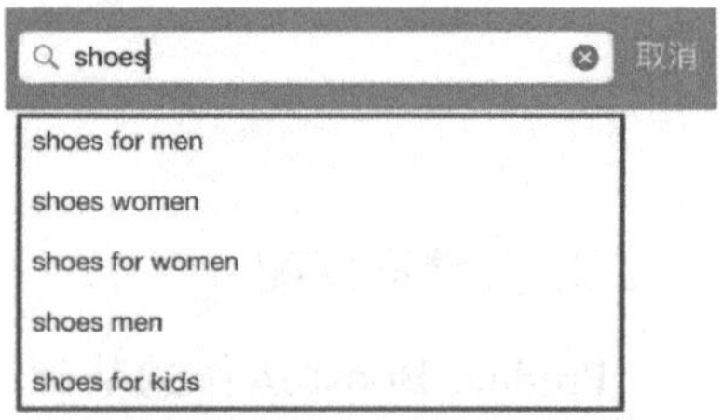

图 6-92 Wish 消费者端的搜索功能

当然，关键词还可以借助第三方关键词数据网站来寻找。需要注意的是，关键词≠产品标签 Tag。Tag 是让系统认识这款产品的；而关键词是让消费者认识并定义这款产品的，是从消费者的角度来思考产品的，两者存在部分交集，但不能混同。

6.5 推广效果评估

在实施网络推广后，对网络推广效果进行评价是一项必不可少的工作。

6.5.1 评估依据模型

评估依据的模型有效果层次模型、消费行为模型、搜索推广效果转化漏斗模型。

1. 效果层次模型

推广效果的评估，首先要明确何为效果。行动取决于态度，而态度有三要素，即认知、情感、意动（行为倾向）。而态度三要素又取决于其他因素，也就是效果层次模型，如图 6-93 所示。

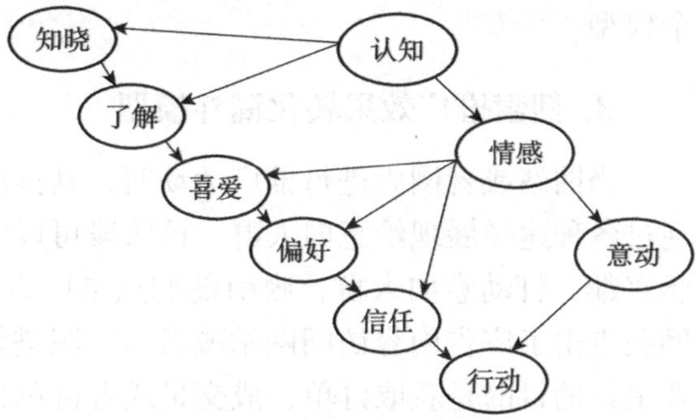

图 6-93　效果层次模型

2. 消费行为模型

AIDMA 模型是消费者行为学领域很成熟的理论模型之一，由美国广告学家 E.S. 刘易斯在 1898 年提出。该理论认为，消费者从接触到信息到最后达成购买会经历 5 个阶段，即注意、兴趣、欲望、记忆、行动，也有人将这个模型简化为 AIDA 模型，去掉“记忆”这一环节。

AISAS 模型是由电通公司针对互联网与无线应用时代消费者生活形态的变化，而提出的一种全新的消费者行为分析模型。在全新的营销法则中，两个具备网络特质的“S”——Search（搜索）、Share（分享）的出现，指出了互联网时代下搜索（Search）和分享（Share）的重要性，而不是一味地向用户进行单向的理念灌输，充分体现了互联网对于人们生活方式和消费行为的影响与改变，如图 6-94 所示。

图 6-94　AIDMA 模型和 AISAS 模型

两个模型不仅可以解释网民的消费行为，同时也可以作为跨境电子商务卖家评估推广效果的参考模型。推广是一件综合性互动活动，而非仅仅是某一部门的独立任务。比如推广文案的策划和主图需要设计和策划人员的工作，网站和网店内容优化则需要运营人员的工作，最终促使消费者成交的产品则是通过选品环节确定的，影响转化率的履约和询盘则分别是物流部门和客服部门的工作。卖家可以对推广活动进行综合性效果评估，同时也可以对推广活动进行分阶段的效果评估，而划分阶段的依据可以是以上的几个模型。

3. 搜索推广效果转化漏斗模型

当网站或者网店进行推广活动时，其推广效果可以用漏斗模型来检验。网站和网店将通过各种途径展现给意向人群，该阶段可以考核的指标是展现量；网店展现的内容让网民感兴趣，打动意向人群，吸引他们点击广告链接，这个阶段可以考核的指标就是点击量；网民点击了广告内容访问网站或者与客服进行了沟通，这时考核的是访问量和咨询量，企业最终的目的是获取订单，成交量或者订单量就是最终的考核指标。

搜索推广效果转化漏斗模型与网民搜索行为与购买行为正好吻合，根据艾瑞咨询集团2008年的数据，网络购物用户在获取商品信息时有57.5%依赖搜索，超过五成的网购用户在购买前后对产品进行了搜索，搜索成为网络购物决策的重要参照，"无搜索不购物"，如图6-95所示。

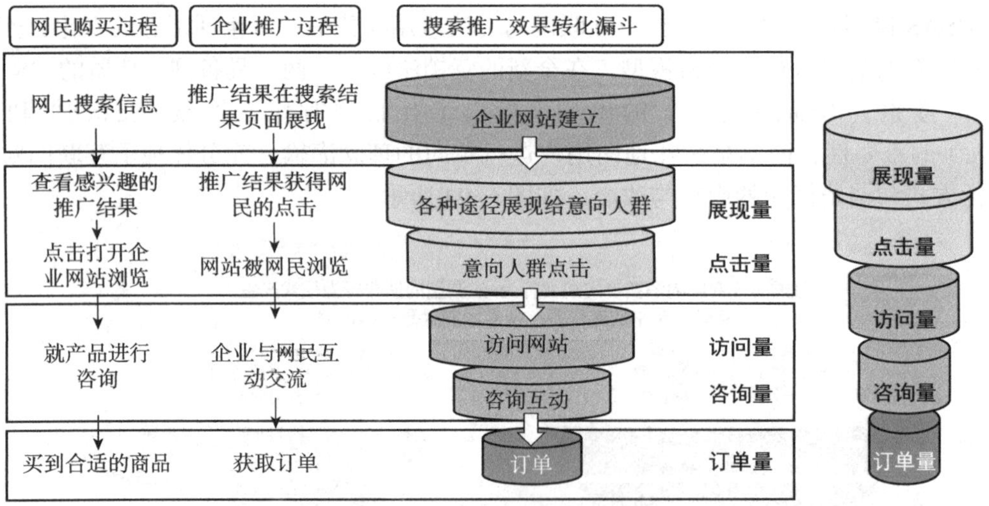

图6-95 搜索推广效果转化漏斗模型

结合搜索推广效果转化漏斗模型，可以分阶段分析推广方案的合理性和推广效果评估。

首先如果展现量不足，则可能存在以下几种情况：选择推广网站或渠道不合理、提交搜索引擎的关键词过少、关键词设置不合理、推广区域设置不合理、预算设置过低等，修订以上问题，让推广信息在不同类型的潜在客户面前尽可能多地展现，全面提升推广覆盖面，提高展现量。

其次如果展现量足够，但是点击率很低，比如展现了1000次，才有2个人点击，则可能的问题是：网站推广链接的文字描述无新意，太平淡无奇；或者主图不够吸引人，比如直通车的主图与竞争对手相比缺乏吸引人的卖点；也可能是价格与同类价格相比没有优势等。针对以上问题，对文字描述和主图进行优化，尽量使用具有吸引力的文字，突出产品差异化特点，提高点击率。

再者如果网民点击了广告，但是网站访问量还是很低，或者页面的跳出率很高，或者咨询量很少，造成这种情况的原因可能是：企业网站访问速度太慢让网民不愿意等待，或者页面 Listing 的问题，或者是咨询渠道不畅通等。因此，网站、Listing 要优化，并从顾客角度提供信息以解除其疑问。

最后若展现量、点击量、访问量和咨询量都达到目标，但订单率很低，也就意味着推广的最终转化率很低，没有达到推广目标。这时就需要再次寻找原因，比如网络服务有无到位、客单价有无吸引力、差评问题是否严重等。

6.5.2　网络推广效果统计指标

1. 网站推广指标

网络推广可以量化的评价标准绝大部分来自网站访问统计系统。常见指标有：浏览量（PV）、访问次数、访客数（UV）、新访客数、新访客比率、IP 数、跳出率、平均访问时长、平均访问页数、转化次数、转化率。这些指标可以分为 3 类。

1）流量数量指标（见图 6-96（a））

- 浏览量（Page View，PV），用户每打开一个页面就被记录 1 次。用户多次打开同一页面，浏览量值会累计；有缓存功能时脚本统计与后台日志统计的 PV 值会不同（后者因为缓存页面可能直接显示而不经过服务器请求故不会记为一个 PV）；以页面角度衡量加载次数统计指标。还可以得到每个访问者的页面浏览数（Page Views Per User）。

	总计	浏览量(PV)	访问次数	访客数(UV)	新访客比率	IP数	跳出率	转化次数
		20,232	3,803	3,065	67.50%	3,100	47.04%	35
	搜索引擎	浏览量(PV)	访问次数	访客数(UV)	新访客比率	IP数	跳出率	转化次数
1	百度	15,618	2,769	2,239	65.07%	2,263	44.24%	28
2	Google	2,686	632	510	00.50%	510	58.23%	3
3	搜狗	965	161	115	81.74%	123	41.61%	1

（a）流量数量指标

搜索词：例如：鲜花　查询

	总计	总搜索次数	百度	Google	搜搜	其他	占比
		2,680	71.64%	17.01%	2.87%	8.47%	100%
	搜索词	总搜索次数	百度	Google	搜搜	其他	占比
1	smt	474	78.06%	11.81%	1.27%	9%	17.69%
2	smt论坛	454	82.82%	9.47%	4.19%	4%	16.94%
3	SMT	390	75.13%	13.59%	0.77%	11%	14.55%

（b）入口页

图 6-96　流量数量指标和入口页

- 访问次数 Visit，也即会话（Session）次数，一次会话中可能浏览多个页面。连续 30

分钟内没有重新打开和刷新网站的网页，或者访客关闭了浏览器，则当访客下次访问您的网站时，访问次数加 1；这是以访客角度衡量访问的分析指标。如果网站的用户黏性足够好，同一用户一天中多次登录网站，那么访问次数就会明显大于访客数，如图 6-97 所示。

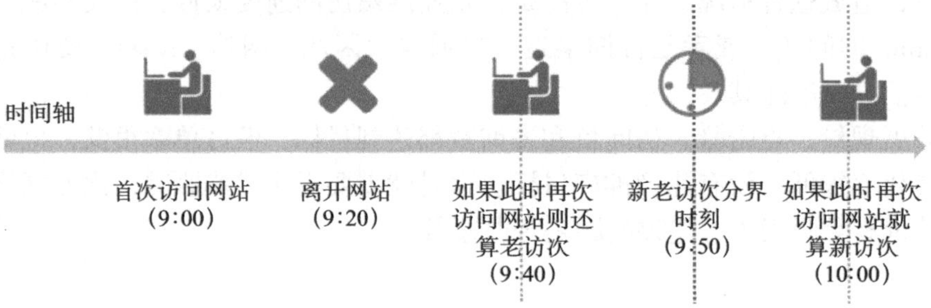

图 6-97　访问次数的界定

• 访客数（UV），也称为独立访客数（Unique Visitors），同一访客一天内多次访问只计算 1 个访客。当客户端第一次访问某个网站服务器的时候，网站服务器会给这个客户端的电脑发一个 Cookie，记录访问服务器的信息。当下一次再访问服务器的时候，服务器就可以直接找到上一次它放进去的这个 Cookie，如果一段时间内，服务器发现两个访问对应的 Cookie 编号一样，那么这些访问一定就来自一个 UV 了。与此指标相对应的是重复访问者数量（Repeat Visitors）。

• 新访客数，在一天的独立访客中，历史第一次访问网站的访客数。新访客数可以衡量营销活动开发新用户的效果。这里涉及另一个指标，即新访客比率，其计算公式为新访客比率 = 新访客数 / 访客数，即一天中新访客数占总访客数的比例。新访客比例较高，表示网站运营在不断进步，如图 6-98 所示。

• IP 数，一天之内访问网站的不同独立 IP 个数加和。同一 IP 无论访问了几个页面，独立 IP 数均为 1；从 IP 数的角度衡量网站的流量。

• 粉丝增加数量。粉丝数量的多少、粉丝的构成都是考核 SNS 推广效果的重要指标。

2）用户行为指标

入口页：又称着陆页（Landing Page），是从外部（访客点击您站外广告、搜索结果页链接或者其他网站上的链接）访问到您网站的第一个入口，如图 6-96（b）所示，即第一个受访页面。这部分页面对访客后续的访问行为影响很大，甚至是决定性的。

此外用户行为指标还有：搜索引擎及其关键词、用户来源网站、用户在网站的停留时间、用户页面浏览情况等。

用户客户端信息指标，包括用户上网设备的操作系统名称和版本、用户浏览器的名称和版本、用户电脑分辨率显示模式、用户显示器的屏幕尺寸、用户所在地理区域分布状况、用户所使用的 Internet 接入商等。

3）流量质量指标（见图 6-99）

• 跳出率，其值等于只浏览了一个页面的访问次数 / 全部的访问次数汇总。它是非常重要的体现访客黏性的指标，显示了访客对网站的兴趣程度。它可以衡量网络营销的效果，也可以反映出推广媒体选择得是否合适、广告语撰写得是否优秀，以及网站入口页的设计是否用户体验良好等；

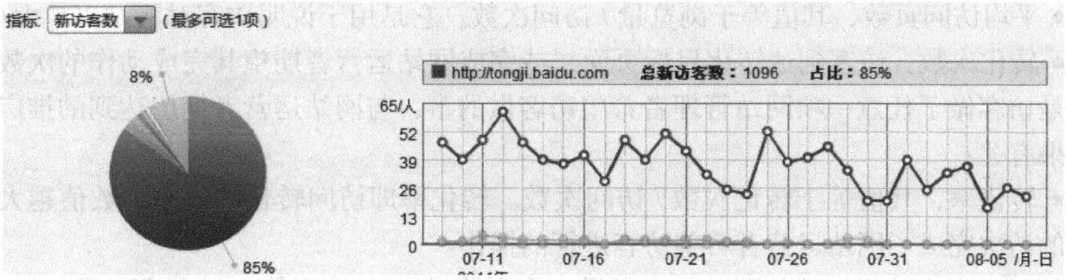

(a)

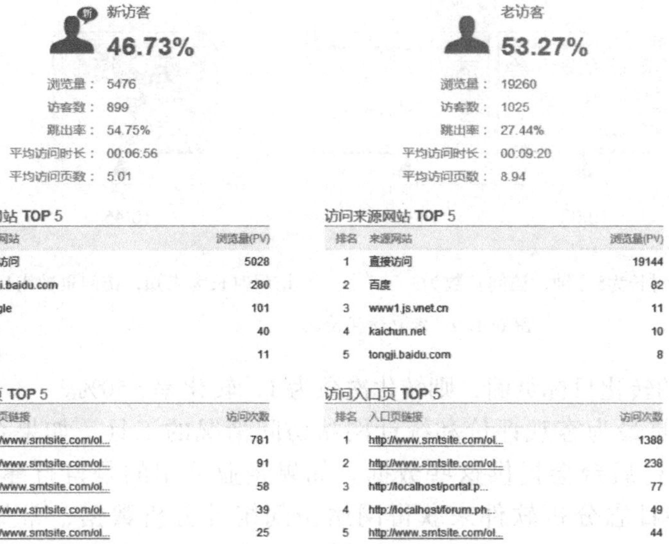

(b)

图 6-98　新访客数

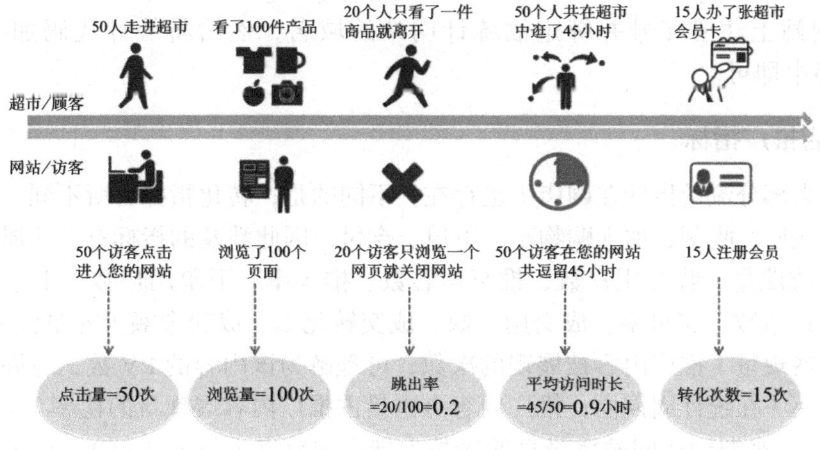

图 6-99　流量质量指标

● 平均访问时长，其值等于总访问时长与访问次数的比值。它是用于说明访客黏性的指标；

• 平均访问页数，其值等于浏览量 / 访问次数。它是用于说明访客对网站兴趣大小。

• 转化次数：访客到达转化目标页面，或完成网站运营者期望其完成动作的次数。转化就是访客做了任意一项网站管理者希望访客做的事，与网站运营者期望达到的推广目的和效果有关；

• 转化率，其值等于转化次数 / 访问次数。转化率即访问转化的效率，数值越大说明越多的访次完成了网站运营者希望访客进行的操作。

例如，客户访问情况如图 6-100 所示，则浏览量 =4，访客数 =1，访问次数 =2；平均访问时长 =5 分钟，平均访问页数 =2，跳出率 =50%。

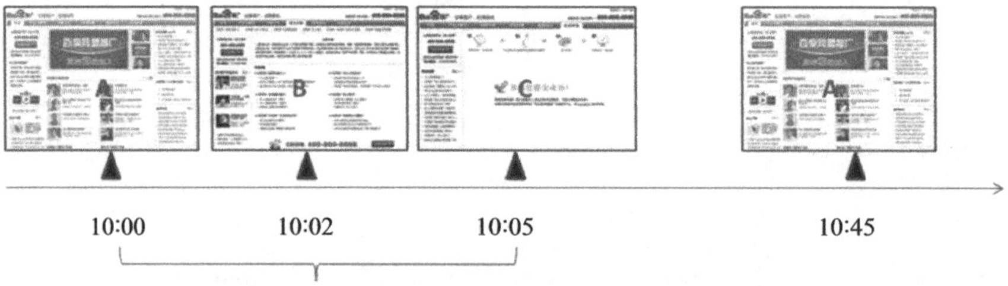

图 6-100　客户访问情况

如果图中 C 是设置的转化目标页面，则转化次数为 1，转化率 =50%。

这些访问统计指标是最为客观评价和统计网站访问情况的工具，如果企业在第三方平台开店，第三方平台后台会提供这些数据。如果企业采用的是自行建站的方式，那么可以通过购买一些日志分析软件来获得网站访问统计分析数据，常见的日志分析软件有 WEBtrends、AWStats 和 WEBalizer 等，这种方式获得数据成本低廉，数据实时，但是非第三方数据，如果企业要利用这些数据进行融资或者寻求合作伙伴，则需要采用第三方企业进行网站访问情况的统计，很多第三方企业提供在线网站访问统计服务，如 51yes.com、51.la、cnzz.com、google.com 等。使用这种方式需要在该类型网站上注册账号并绑定欲统计网站的域名，然后将统计代码加入需要统计的网页代码中即可。

2. 网店推广指标

前面的大部分流量指标在网店中也存在，不同的是，转化指标有所不同。在网店中转化目标包括注册、收藏、加入购物车、下单、支付，因此涉及的指标有：注册用户数、注册转化率、收藏量、收藏用户数、推车访客数、推车率、下单用户数、下单率、确认订单数、成交订单数、支付率、成交用户数、成交转化率、成交金额（客单价）。网店推广的指标有：展现量（推广内容被展现的次数，可理解为该内容的 PV 数）与展现时长；点击量与点击率（在统计周期内，推广内容点击量占推广内容展现量的比率）；点击到达率（通过推广内容来源到达网站登录页的次数占推广内容点击量的比例）；点击转化率（在统计周期内，推广内容引导成交订单数占广告点击量的比例）；投资回报率（通过投资返回的价值，即企业从一项投资活动中得到的经济回报）。

6.5.3 网络推广效果评价流程

网络推广效果评价的一般流程通常分为以下 4 步。

首先确定网络推广目标，设定关键绩效指标（Key Performance Indicator）。网络推广时必须有一个明确且可以测量的目标。例如，网店流量增长百分比、销售额提高率、转化率提高比例、电子邮件的送达率和回应率、网络优惠券的下载量和兑现量等。

接着计算网络推广目标的价值。确定网络推广目标后，还要计算出目标达成时产生的价值。例如，推广目标是增加网上销售额，其目标价值也就是销售产品所产生的利润；或者推广目标是增加的访客数，则其目标价值是根据以往统计数字计算出新增访客数有多大比例会转化成为付费用户，而这些用户平均带来的利润是多少。其他指标的计算方法也与此类似，都是先计算指标转化成客户的转化率，然后计算平均每次转化带来的利润。据此计算目标达成时为企业带来的价值。

然后记录并统计网络推广目标达成的次数。借助统计系统或者其他方法记录并统计网络推广目标达成的次数，这是对网络推广效果进行综合评价的一个基础。记录的工具可以是平台自带的统计系统，也可以是非网站访问统计系统。

最后计算网络推广目标达成的成本。计算网络推广目标达成的成本，在 PPC 计价模式的情况下是最容易计算的。这种模式对每次点击的价格、某一时间段的点击费用总额、点击总数，都有清晰的记录和统计，成本非常容易计算。但对有些网络推广手段，则需要根据具体方法进行一定的估算。例如，网站流量是基于自然检索的搜索引擎优化（Search Engine Optimization，SEO），那么就需要计算出外部 SEO 服务商的顾问或服务费用，以及内部配合人员的工资成本。

有了上面 4 项数据，就可以比较清楚地计算网络营销的投资收益率（ROI）。假设网站广告在一天内直接花费 1 万元，网站推广目标是直接销售。一天内销售额达到 1 万元，扣除成本 9000 元，毛利为 1000 元，那么这个网络广告的投资收益率就是 10%。

如果是速卖通跨境电子商务卖家在做直通车，那么投资回报率（ROI）= 直通车带来销量提高的利润 / 直通车花费 ×100%。

搜索引擎竞价排名推广的投资回报率（ROI）= 网站获得的回报 / 竞价总投入 ×100%。竞价总投入可由系统自动得到，网站获得的回报部分则需要通过统计获得。比如：购买了“果酱”这个词，并且每月固定消费 5000 元，这个词指向网店有销售瓶装果酱的页面。通过统计，“瓶装果酱”这个月共销售了 100 瓶，每瓶利润 20 元。其 ROI=2000 元 /5000 元 ×100%=40%，投资回报率 =100%，说明投入与回报持平，就是不赔也不赚。上面 40% 的情况说明只收回了投资的一半。另外一多半（60%）“打水漂”了。

优化现有 Google 竞价关键词的登录页面，可以提高访问者的转化率。假设 1 万元广告预算，带来 3000 名访客，转化率为 20%，每位访客回报 20 元，则回收共计 12000 元，ROI=（3000×20%×20）/10000=120%。

网络推广效果如何，网络推广计划的目标是否实现，除了计算 ROI 综合评价，还可以分不同阶段进行评估。比如结合前面提到的搜索推广效果转化漏斗模型进行推广的引流效果评价，如图 6-101 所示。

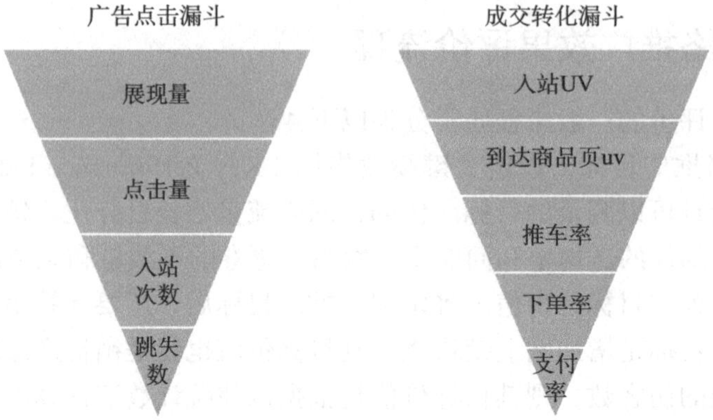

图 6-101 引流效果评价

分析广告的引流效果时，可以通过广告点击漏斗，从展现量→点击量（广告展现量 × 点击率）→入站次数（广告点击量 × 广告点击到达率）→跳失数（入站次数 × 跳失率）几个步骤来分别解读引流目标在各个阶段的流失情况，帮助判断广告在哪个阶段具有较大的优化空间，从而提高广告引流效果。

而网站推广评估各级的指标还包括：网站被各主要搜索引擎收录的网页数量及其排名、获得其他网站链接的数量和质量、注册用户的数量、网站访问量、网站活跃用户的数量等。

营销推广之 Google Adwords 案例 UNice

营销推广之 Google Adwords 案例益隆地毯

营销推广之 Google Adwords 关键词选择

亚马逊促销设置

亚马逊推广工具

速卖通站内营销工具

亚马逊 SP 推广

亚马逊促销活动

第 7 章

跨境电子商务物流管理

本章导论

跨境电子商务物流涉及海关、检验检疫、外汇、税收、货物运输等多个环节。而跨境电商 B2B 与 B2C 物流存在一定差异，不同的跨境电商平台在物流管理功能上也有一些差异，而海外仓则是近几年跨境电商物流发展的主要方向。

通过本章的学习，掌握不同跨境电商模式下的物流术语和物流承运商特点，学会在不同平台进行物流管理的实践操作。

相对于境内电子商务，跨境电子商务要更加复杂，影响因素众多，涉及海关、检验检疫、外汇、税收、货物运输等多个环节。基本的流程如图 7-1 所示。

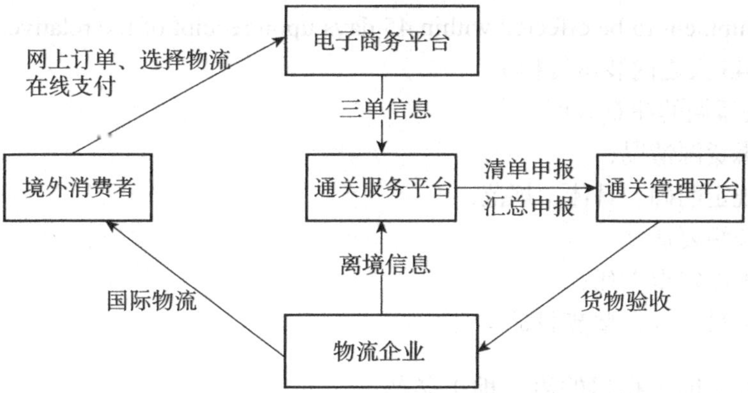

图 7-1　跨境电子商务基本的流程

7.1 B2B跨境电子商务物流

7.1.1 物流术语

1. 装运期与交货期

装运期（Time of Shipment）：指在买卖合同中规定的卖方在起运地装运货物的期限。

交货期（Time of Delivery）：指卖方把合同货物交给承运人并同时将货运风险转移给买方的最后期限。这里是指在"象征性交货"方式下的"交货"；卖方实际把合同货物交给买方控制的最后期限，同时，货物的风险责任也在交付货物时连同货物所有权一起转移给买方。这里是指在"实际交货"方式下的"交货"。

在买卖合同中对装运期的规定主要有以下几种。

1）明确规定具体的装运期

"Latest date of shipment: Sept. 30，2017."（最迟装运期：2017 年 9 月 30 日）。

"Shipment: On Or before May. 31，2017."（装运期：在 2017 年 5 月 31 日或之前）；这种规定其实与第一种规定表示的是一个意思（日期不同），只是在说法上稍有差别。

"Shipment: During Dec，2017and Jan，2018."（装运期：在 2017 年 12 月～2018 年 1 月之间），这种规定方法与前面两种，有所不同，它同时还限定了卖方最早的装运期限。

2）规定收到信用证后若干天内装运

例如："Shipment to be effected within 45 days upon receipt of the relative L/C."（卖方在收到信用证后 45 天之内装运货物）

3）规定装运期的注意事项

- 充分考虑货源情况；
- 装运期规定明确、具体、规范；
- 装运期长短要适度；
- 装运期不能定得太死；
- 装运期尽量避开大型节假日。

2. 装运港（地）和目的港（地）条款

装运港（Port of Shipment）又称装货港（Port of Loading），是指货物起始装运的港口。

目的港（Port of Destination）又称卸货港（Port of Discharge），是指货物最终卸下的港口。

装运地（Place of Shipment）和目的地（Place of Destination）：非水上运输方式，是指其启运和卸货的地点。

装运港通常由卖方提出，经买方同意后确定。目的港通常由买方提出，经卖方同意后确定。

1）转运港（地）的规定

合同中转运港（地）的规定方法为：在国际货物运输过程中，由于地理原因或根据有关当事人的意愿，货物需要在某些港口或其他地点进行转运。转运港（Port of Transshipment）或转运地（Place of Transshipment），即货物在运输过程中进行转运的港口或地点。合同中有时只是笼统地规定允许转运，有时则需要规定在何处转运，此时，对转运港（地）的规定条款就出现在合同之中。在拟订合同相关条款时，通常在目的港（地）后面加注，一般通过“VIA（经由、通过）”或“W/T（with transshipment at..., 在……转运）”连接。

2）最终目的地的规定

有时，真正的收货人并不在卸货港（地）。此时，货物在卸货港卸货后，还需要通过下一程的运输将其运往最终目的地（Final Destination），如果实际业务中有这种继续运输的需要，当事人通常也需要在合同中约定出来。

3. 装运通知

装运通知（Shipping Advice）：买卖合同中一项不可缺少的重要条款，其目的是明确买卖双方的责任和风险划分，共同做好船货的衔接工作，装运通知在不同成交条件下的主要内容如下。

- 货已备妥通知：按照国际贸易的一般做法，在按 FOB 条件成交时，卖方应在约定的装运期开始以前若干天（一般为 30 天或 45 天）向买方发出货已备妥通知，以便买方按时安排船只接货；
- 船舶到港受载日期通知：在按 FOB 条件成交时，买方收到卖方的货已备妥通知后，应按照约定的时间将船名、船级、船龄及其他船舶资料和船舶到港受载日期等通知卖方，以便卖方及时安排货物出运和准备装船；
- 装船通知：在货物装船后（包括 CFR、CIF 条件），卖方应在约定时间及时发出装船通知，将合同号、货物的品名、重量、件数、发票金额、船名及装船日期等项内容电告买方，以便买方及时办理保险并做好接货、卸货准备，同时办理进口报关手续。

7.1.2 物流方式

B2B 跨境电子商务物流的方式主要有海运、空运、铁路运输、国际专线以及用于投递样品为主的国际快递。不同的物流方式各有优缺点，选择的主要参考因素有以下几个。

- 运输时间：海洋运输从出发地到目的地的时间要远远长于航空运输；
- 可预测性：无论是海运还是空运都会受到自然因素的影响从而导致延误。准确地预测有助于海外分销商为顾客提供一个准确的产品到货时间；
- 成本：国际运输价格通常取决于运输服务的成本和货物的价值。为了降低成本，货运企业可以结成联盟，协商合作运输。同时，为了减少总成本和时间，也可以选择性地使用混合运输的方式；

- 非经济因素：政府参与在协助运输业发展的同时也对企业造成了困扰。一些物流企业或被政府收购，或依赖政府补助。因此，其他企业不得不服从政府施加的压力，即使有更好的选择也必须使用国内运输公司；
- 国际专线：是物流行业内用于区分国内专线，及全球性的国际快递服务、传统的国际空运代理、国际海运散货拼箱服务的一种称谓。目前中国物流行业的行政机关，及相关协会组织并没有对“国际专线”进行任何的定义及解释。因为“国际专线”仅仅是特定行业群体彼此约定俗称的一种说法，其本身并非是一个概念，而是一种服务产品的描述。

比如深圳著名的国际快递代理商互联易速递有限公司（以下简称互联易），通过整合全球资源，与海外快递公司合作，将货物在国内分拣，直飞航班进行清关和配送，是eBay、PayPal、贝通网、慧聪网等知名电子商务网站推荐的国际快递公司。互联易目前开通的专线有：中俄专线、中澳专线、中美专线、欧洲专线、Aramex 专线（中东专线）等。国际专线操作灵活，时效快，服务稳定，全程物流跟踪信息，适合运送高价值、时效要求高的物品，大部分地区无须收取偏远地区附加费。主要优势就是通关能力强，可以跟踪物流信息，价格便宜等。

国际快递的优势是速度快、服务好、丢包率低，一般 2～4 个工作日就可把包裹送到全球任何一个国家和地区。其劣势是价格昂贵。一般 B2B 跨境电子商务卖家只有在给客户寄发样品时才使用，且会向客户收取运费。国际快递有 UPS、FedEx、DHL、TNT 以及邮政 EMS。

邮政 EMS 是各国邮政开办的一项特殊邮政业务。该业务在各国邮政、海关、航空等部门均享有优先处理权。通关能力特别强，可发电池、手机、电器等产品。货物不计体积，适合发体积大重量轻[①]的货物。全世界通邮，可到达全球 210 个目的地；价格比其他四大国际快递公司便宜。正常时效 3～7 个工作日，但有时不保证。

主要跨境物流方式比较，如表 7-1 所示。

表7-1　主要跨境物流方式比较

物流方式	运输速度	可预测性	成本	运输量	物流网络	风险	其他
海运	慢	不准确	低	最大	四通八达	大	
空运	最快	准时	高	较小	较多	安全	品类包装严格
铁路运输	较快	准点	中	较大	较多	较小	常年
国际专线	快	比较准时	中	灵活性大	较少	中等	通关能力强

7.1.3　跨境物流运输单据

货物通过国际快递或者 EMS 寄送时都有快递单号，可以直接在相应快递官方网站跟踪包裹，跟国内快递公司一样。空运、铁路运输和海运也有相应的运输单据。

---

① 注：考虑到物流行业的特殊情况，这里的重量含义为商品的质量。

1. 订舱单

海运发货前要提前订舱位，这就是订舱单，订舱单涉及的主要是买卖双方的信息、货物信息及发货、交货港口名称。常见的海运订舱单样板如图 7-2 所示。

出口货物明细单

2015 年 5 月 25 日

经营单位 SHIPPER		发票号		外编号	
抬头人 (ORDER)		金额		收汇方式	T/T
		合约号		贸易国别	
通知人 (NOTIFY)		出口口岸	上海	目的港	
		可否分批		可否转运	
		装运期限		有效期限	
运 费	预付/到付　　提单 3/3 张	总毛重(公斤)	4600KGS	总体积(立方米)	12CBM

标记唛码	货 名 规 格 及 货 号	卷	毛 重(公斤)	净 重(公斤)	价 格(成交条件) 单 价　总 价
N/M	FOB SHANGHAI 100%P MINIMATT	343ROLLS	4600KGS	4500KGS	12 CBM
TOTAL:		343ROLLS	4600KGS	4500KGS	12CBM

注意事项	请配 2015 年 6 月 7 日船 公司联系人： 电话：　传真：　手机： 公司名称： 公司地址：

图 7-2　常见的海运订舱单样板

2. 海运提单

绝大多数情况下海运提单是货权凭证。卖方（发货方）将货物交给承运人（船方）后，承运人向卖方开具一套提单。

一套提单可能有 1 份以上的正本，常见的有 1～3 份正本。任何一份正本都可以作为提货凭证。买方应向卖方索要全套正本提单。

发货人发货后，可通过银行（跟单 L/C 或托收结汇）将提单交给收货人，或者直接通过邮递，或者通过人转交给收货人。

收货人应注意提单上的通知方。提单所列货物到港后，船方会通知通知方，再由通知方通知收货人持提单去港口提货。

提单的作用有：提单是报关单证之一；承运人签发给托运人的货物收据；托运人与承运人之间的契约证明；承运人的保险证书（如果有办理的话）；货物所有权凭证。

3. 铁路运输单

铁路运输单（Railway B/L）是铁路承运人收到货物后所签发的铁路运输单据，是收、发货人与铁路部门之间的运输契约。国际铁路联运使用“国际货协铁路运单”；国内铁路运输使用“承运货物收据”（对港澳地区出口使用）。

4. 国际货协运单

国际货协运单（International Convention Concerning Transport of Merchandise by Rail，CIM）是指国际铁路货物联运所使用的运单，它是铁路与货主间缔结的运输契约的证明，而不是物权凭证。

5. 承运货物收据

承运货物收据（Cargo Receipt）是港澳联运中使用的一种结汇单据。由于国内铁路运单不能作为对外结汇的凭证，故使用承运货物收据这种特定性质和格式的单据。

6. 航空运输单

航空运输单（Air Waybill）是承运人和托运人之间签订的运输契约，也是承运人或其代运人签发的货运单据。它是货物收据，但不具有物权凭证的作用，只可凭此向银行办理结汇。收货人不能以航空运输单提货，而是凭航空公司的提货通知单在目的地机场或仓库提取货物，因此也不能通过背书转让。

7. 邮包收据

邮包收据（Parcel Post Receipt）是邮包运输的主要单据，它既是邮局收到寄件人的邮包后所签发的凭证，也是收件人凭以提取邮件的凭证，当邮包发生损坏或灭失时，它还可以作为索赔和理赔的依据，但邮包收据不是物权凭证。

8. 多式联运单据

多式联运单据（Combined Transport Documents，CTD）是在使用多种运输方式运送货物的情况下所使用的一种运输单据。这种单据虽与海运中的联运提单有相似之处，但其性质却与联运提单有别。

联运提单限于由海运与其他运输方式所组成的联合运输时使用。多式联运单据的使用范围比联运提单更广，它既可用于海运与其他运输方式的联运，也可用于不包括海运的其他运输方式的联运，但必须是至少包括两种不同运输方式的联运。

联运提单由承运人、船长或承运人的代理人签发。多式联运单据则由多式联运经营人或经他授权的人签发。它可以做成可转让的，也可做成不可转让的。多式联运经营人也可以是完全不掌握运输工具的，如无船承运人，全程运输均安排各分承运人负担。

联运提单签发人与多式联运单据签发人的责任不同。联运提单的签发人仅对第一程运输负责，而多式联运单据的签发人（多式联运经营人）则要对全程运输负责，无论货物在任何地方发生属于承运人责任范围的灭失和损害，都要对托运人负责。

7.1.4 物流保险

1. 国际术语

跨境物流中的货物往往需要从出口国运至进口国。货物在漫长的运输途中，包括装卸和存储，可能会遇到难以预料的风险，导致货物发生损失。若货物遭遇运输风险而发生的损失问题得不到解决，国际贸易就很难开展。为了消除贸易商对运输风险的后顾之忧，货物运输保险业务就应运而生了。

保险（Insurance）是指投保人（Insured）与保险人（Insurer）订立合同，根据合同约定，投保人向保险人支付保险费，保险人对于合同约定的可能发生的事故因其发生所造成的财产损失承担赔偿保险金责任的契约行为。

保险人/承保人：指收取保险费并在保险事故发生后向他方支付约定赔偿（保险金额）的人。

被保险人：指保险事故发生时遭受损害并有权接受赔偿的人。在国际货物运输中，被保险人通常是进出口商。

投保人：指向保险人申请保险，同保险人订立保险合同并按照保险合同负有交付保险费义务的人。投保人可以是被保险人，也可以不是被保险人。

保险对象：即保险标的，在国际货物运输保险中是指国际货物运输中的货物。

保险利益：指投保人或被保险人对于保险对象所享有的经济利益。

保险风险：指尚未发生的、能使保险对象遭受损害的危险和事故保险人责任范围的界限。

保险事故：指已经发生的保险风险。

保险金额：指保险人在保险事故发生时应向被保险人支付赔偿的最高金额，其大小与货物实际价值有直接联系。

保险费：是被保险人或投保人向保险人缴纳的费用，是对保险人将来可能支付赔偿的预付报酬。保险费＝保险金额 × 保险费率。

保险期限：即保险合同的有效期限。只有在保险期限内发生的保险事故保险人才承担赔偿损失的责任。

2. 国际货物运输保险的基本原则

（1）保险利益原则：保险利益（Insurable Interest）又称可保权益，是指投保人对保险标的的具有法律上承认的利益。保险利益原则是指投保人对保险标的应当具有保险利益，如果投保人对保险标的不具有保险利益，则保险合同无效。在国际货物运输保险中，保险利益主要表现为货物本身的价值，也包括与货物本身价值相关联的运费、关税和预期利润等。

（2）近因原则：近因原则（The Principle of Proximate Cause）是指保险人只对承保风险与保险标的损失之间有直接因果关系的损失负赔偿责任，而对保险责任范围外的风险造成的风险标的的损失，不承担赔偿责任。

（3）最大诚信原则：最大诚信原则（The Principle of Utmost Good Faith）是指投保人和保险人在签订保险合同时，以及在合同有效期内，必须保持最大限度的诚意。买卖双方互不欺骗隐瞒，保险人应当向投保人说明保险合同的条款内容，投保人在投保时则应将自己知道的或通常业务中应当知道的有关保险标的的重要事实如实告知保险人，以便保险人判断是否同意承保，或决定承保的条件，被保险人还必须在保险合同中保证要做或不做某种事情，保证某种情况的存在或不存在，或保证履行某一条件。

（4）补偿原则：补偿原则（The Principle of Indemnity）又称损失赔偿原则，是指当保险标的遭受保险责任范围内的损失时，保险人应当按照保险合同的约定履行赔偿义务。但保险人的赔偿金额不得超过保险单上的保险金额或被保险人遭受的实际损失。

（5）代位追偿原则：代位追偿原则（The Principle of Subrogation）是指当保险标的物发生了保险责任范围内的、由第三者责任造成的损失，保险人向被保险人履行了损失赔偿责任后，有权在其已赔付的金额限度内取得被保险人在该项损失中向第三者责任方要求索赔的权利。

3. 投保金额和保险费的计算

投保金额（Insured Amount）是投保人对保险标的的实际投保金额，也是保险人承担的最高赔偿金额及计算投保人所要缴纳保险费的基础。投保金额不等于货物价值，而且可以超出货物价值。根据国际保险市场的习惯，投保金额的计算公式为：

投保金额＝CIF×（1+投保加成率）

保险费（Insurance Premiums）是投保人向保险人缴纳并由此获得保险人承保货物运输风险的费用，是投保人取得损失赔偿权的对价。保险费的计算公式为：

保险费＝投保金额 × 保险费率

4. 保险条款订立注意事项

①明确按什么保险条款投保，是按 CIC 条款投保的，还是按 ICC 条款投保的。

②明确投保险别，是平安险，还是水渍险或一切险。如果需要另加某一种或某几种附加险，也应当写明。

③明确由何方负责投保，如系 FOB 或 CFR 合同，应明确由买方负责投保，但卖方为了避免工厂、仓库至码头的运输风险，可加保“仓至船”险（Before Loading Risk）；如系 CIF 合同，应明确由卖方负责投保。

④明确投保加成率，如超过 10%，由此而产生的超额保险费应由买方负担。

⑤保险单的签订日期不能迟于装运日期，如果货物在装运以后才签订保险合同，则货物从装运到签订保险合同的一段时间没有被保险。

⑥根据不同商品的性质和特点，选择加保有关附加险。

⑦注意合同的贸易术语与船舶的船龄和适航性相适应。

7.2 B2C跨境电子商务物流

B2C 跨境电子商务交易的物流方式，可以大致分为两类：一是头程，二是尾程。头程是相对于跨境电子商务卖家选择何种方式将商品从中国运到目的地所在国。尾程是跨境卖家选择何种目的地所在国本土的快递方式将商品送到消费者的手上。B2C 跨境电子商务物流分类如图 7-3 所示。

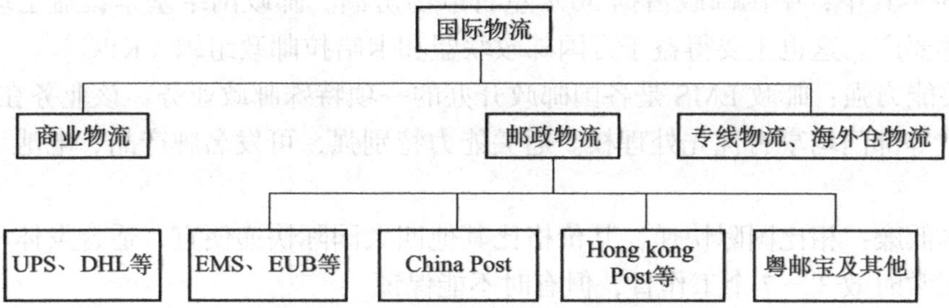

图 7-3　B2C 跨境电子商务物流分类

跨境电子商务卖家头程一般选择：国际快递（FedEx、UPS、DHL）、邮路（邮政小包）、海外专线（美国专线、欧洲专线）。

跨境电子商务卖家尾程可选择：USPS、FedEx、UPS、DHL。

不管是头程还是尾程，跨境电子商务卖家想降低运费，只能在头程、尾程两边进行沟通协商。一方面优化店铺，促进销量，增加体量，才有降低成本的资本；另一方面在头程与尾程的供应商和服务商之间斡旋，争取一个较低的运费成本。

7.2.1　邮政包裹模式

1. 中国邮政小包（China Post Air Mail）

中国邮政小包俗称中邮小包、邮政小包、航空小包，及其他以收寄地市局命名的小包（如"北京小包"）。目前跨境电子商务物流还是以邮政的发货渠道为主。中国邮政小包如图 7-4 所示。

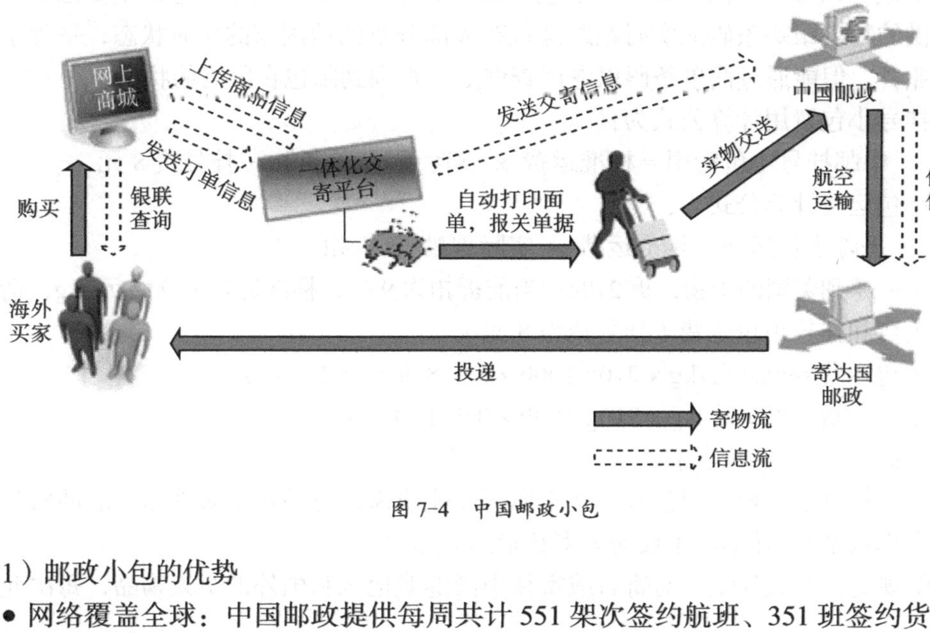

图 7-4　中国邮政小包

1）邮政小包的优势

• 网络覆盖全球：中国邮政提供每周共计 551 架次签约航班、351 班签约货轮；可到达全球210个目的地。据不完全统计，中国出口跨境电子商务70%的包裹都是通过邮政系统投递的。其中，中国邮政占据50%左右市场份额。邮政网络基本覆盖全球，比其他物流渠道都要广。这也主要得益于万国邮政联盟和卡哈拉邮政组织（KPG）。

- 通关能力强：邮政EMS是各国邮政开办的一项特殊邮政业务。该业务在各国邮政、海关、航空等部门均享有优先处理权。通关能力特别强，可发名牌产品、电池、手机、电器等。
- 成本低廉：相比国际快递，其价格比其他四大国际快递便宜，适合发体积大重量小的货物，正常时效3～7个工作日，但有时不能保证。

2）中邮小包的投递限制

如图7-5所示，包裹重量在2kg以内，外包装长、宽、高之和小于90cm，且最长边小于60cm。

圆卷状：直径的两倍和长度合计1040mm，长度不得超过900mm，公差2mm。

最小尺寸：至少有一面的长度不小于140mm，宽度不小于90mm，公差2mm。

圆卷要求：直径的两倍和长度合计170mm，长度不得小于100mm。

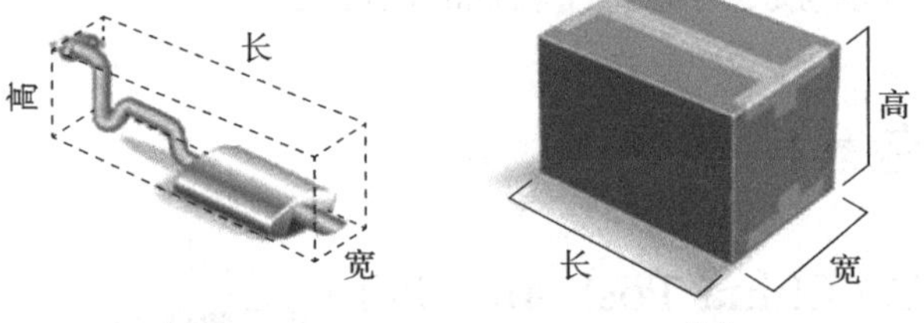

图7-5　中邮小包尺寸限制

3）中邮小包的价格计算

国际小包可以分为中国邮政平常小包（简称平邮小包）和挂号小包，主要区别在于挂号小包提供的物流跟踪条码能实时跟踪邮包在大部分目的地国家的实时状态；平邮小包不受理查询业务，但能通过面单条码以电话查询形式查询到邮包在国内的状态。

中邮挂号小包费用计算公式为：

$$中邮挂号小包费用 = 标准运费 \times 实际重量 \times 折扣 + 挂号费8元$$

平邮小包运费计算公式为：

$$平邮小包运费 = 标准运费 \times 实际重量 \times 折扣$$

举例：一票到美国的货物，重210g，当前折扣为9折，标准运费为90.5元/kg，请计算平邮小包运费和挂号小包运费（挂号费为8元）。

挂号小包运费=90.5元/kg×210g/1000×0.9+8元=25.1（元）

平邮小包运费=90.5元/kg×210g/1000×0.9=17.1（元）

4）中邮小包通关的注意事项

- 中邮小包只是一种民用包裹，并不属于商业快递，海关对个人邮递物品的验放原则是“自用合理数量”，并不适于快递太多数量的产品。
- 限值规定：海关规定，对寄自或寄往中国港澳地区和国外的个人物品，每次允许进出境的限值分别为人民币 800 元和 1000 元。

- 中国邮政航空小包只能贴中国邮政格式的报关单，不能贴中国香港邮政报关单。
- 平邮小包如丢失将不能获得赔偿。如意大利、尼日利亚等国，邮包丢包率极高，最好选用挂号小包或快递方式。
- 挂号小包如丢失具体可根据申报价值来赔偿，但最高不超过 320HKD，并退还邮费，但挂号费不予退还。

2. 其他邮政小包

其他国家和地区也推出各自的邮政小包，比如中国香港小包、新加坡小包、瑞士小包等，如图 7-6 所示。

图 7-6　其他邮政小包

不同小包具有各自不同的优势，比如瑞典小包的欧洲线路时效较快，但价格较高。新加坡小包递四方（Singapore Post 4PX）支持发往全球 238 个国家；可发带电商品，运送范围为全球；价格适中，是目前常见的手机、平板电脑等含锂电池商品的运输渠道；运费根据包裹重量按克计费，10g 起重，每个单件包裹限重在 2kg 以内；时效快，深圳、香港、北京、上海四个口岸城市同步直航至新加坡转寄到全球多个国家，98% 以上的货件在收货后第 2 日上网。

速优宝 - 芬兰邮政：是由速卖通和芬兰邮政针对 2kg 以下小件物品推出的由香港口岸出口的特快物流服务，分为挂号小包和经济小包，运送范围为俄罗斯及白俄罗斯全境邮局可到达区域；寄往俄罗斯和白俄罗斯的价格较其他专线具有明显的价格优势；时效有保障，包裹寄出后大部分在 35 天内可以投递，直到包裹离开芬兰前均有物流轨迹，离开芬兰前包裹丢失、破损以及时效延误而延期的速卖通平台限时达纠纷赔偿，由物流商承担，降低了卖家风险。部分邮政小包对比如表 7-2 所示。

表7-2　部分邮政小包对比

国际小包	价格优势	时效	丢包率	线路网络
中国邮政小包	大	较低；不稳定	高	大部分国家
中国香港邮政小包	较大	较高；稳定	中	大部分国家
新加坡邮政小包	较大	较高；稳定	低	对东南亚国家优势更大
德国、比利时、瑞士、荷兰等邮政小包	较小	较高；稳定	低	主要面向欧洲国家
瑞典、马来西亚邮政小包	高	较低；不稳定	中	主要面向亚太、欧洲地区

3. 邮政 EMS

EMS（Express Mail Service）特快专递邮件业务，EMS 国际快递是各国邮政开办的一项特殊邮政业务。该业务在各国邮政、海关、航空等部门均享有优先处理权，能以高速度、高质量为用户传递国际紧急信函、文件资料、金融票据、商品货样等各类文件资料和物品，同时提供多种形式的邮件跟踪查询服务。可通过官网（网址 http://www.ems.com.cn）查询资费标准、参考实效、体积限制、禁限运等具体信息。

EMS 网络强大，寄往南美及俄罗斯等国家和地区有绝对优势；可不用提供商业发票即可清关，具有优先通关的权利；特别是对敏感的货物，一般都可以通关；价格合理，适宜发小件且对时效要求不高的货物；通关不过的货物可以免费运回国内，但相比于商业快递速度偏慢。

4. ePacket

ePacket 俗称 e 邮宝，又称 EUB，是中国邮政速递物流旗下的国际电子商务业务，目前可发往美国、澳大利亚、英国、加拿大、法国、俄罗斯。

国际 e 邮宝是中国邮政为适应国际电子商务寄递市场的需要，为中国电子商务卖家量身定制的一款全新经济型国际邮递产品。目前，该业务限于为中国电子商务卖家寄件人提供发向美国、加拿大、英国、法国和澳大利亚的包裹寄递服务。美国、澳大利亚和加拿大 ePacket 业务提供全程时限跟踪查询，但不提供收件人签收证明；英国 ePacket 业务提供收寄、出口分发和进口接收信息，不提供投递确认信息。

1）e 邮宝的特点

- 经济实惠。支持按总重计费，50g 首重，续重按照每克计算，免收挂号费；
- 时效快。7～10 天即可妥投，帮助卖家提高物流得分；
- 服务优良。提供包裹跟踪号，系统与 eBay 完美对接一站式操作；

不提供邮件丢失、延误赔偿。因此，e 邮宝并不适合寄递一些价值比较高的产品。

2）投寄限制

- 重量限制：单件最高限重 2kg；
- 最大尺寸：单件邮件长、宽、厚合计不超过 90cm，最长一边不超过 60cm。圆卷邮件直径的两倍和长度合计不超过 104cm，长度不得超过 90cm；
- 最小尺寸：单件邮件长度不小于 14cm，宽度不小于 11cm。圆卷邮件直径的两倍和长度合计不小于 17cm，长度不少于 11cm。

3）价格计算

EUB 价格根据不同地区存不同，如 2015 年公布的价格，如表 7-3 所示。

表7-3　EUB价格表（8.8折）

国家	价格	计算方式	时效
美国	80/kg+7	每件 7 元，同时按每克 0.08 元收取重量资费。起重 60 克，不足 60 克的按 60 克收取	10～13 工作时

续表

国家	价格	计算方式	时效
澳大利亚	500g 以内 80/kg+25	单件邮件 500 克以内（含）资费：每件 25 元 + 每克 0.08 元	美国提供保险，承诺 30 天未妥投的按平台实际交易金额赔偿，详情请见“E 邮宝保价方案”。除美国，其他国家暂无保险服务，上网后，延误，丢件概不赔偿
	500g 以上 80/kg+30	单件邮件 500 克以上到 2 千克（含）资费：每件 30 元 + 每克 0.08 元	
英国	70/kg+25	每件按“25 元 +0.07 元 / 克”收取	
加拿大	70/kg+25	每件按“25 元 +0.07 元 / 克”收取	
法国	70/kg+26	26 元 / 每件 +0.07 元 / 克	
俄罗斯	100/kg+10	10 元 / 件 +0.1 元 / 克，起重 50 克，不足 50 克的按 50 克收取	20 ～ 25 工作日

5. 速邮宝、经济小包

速邮宝 - 经济小包（Ez Post OM Plus）是在北京市商委的支持和主导下，由速卖通和北京物流骨干企业针对重量 2kg 以下、订单金额 7 美元以下小件物品推出的北京口岸出口精品物流服务。目前已开通 25 个国家，覆盖俄罗斯、巴西、美国、西班牙等在内的 25 个国家市场。

1）速邮宝特点

- 价格优惠。不需要挂号费，适合货值低、重量轻的物品（仅 7 美元以下订单可使用“速邮宝 - 经济小包”发货）；
- 平台网规许可。提供邮件的收寄信息、分发出口信息、交航信息（国内段）；
- 交寄方便。北京、上海、义乌、深圳、广州 5 个地区提供免费揽收服务，非揽收区域卖家可自行寄送至集运仓库；
- 赔付保障。国内段邮件丢失或损毁提供赔偿，可在线发起投诉，投诉成立后最快 5 个工作日完成赔付。

挂号小包、速邮宝、平邮小包的比较如表 7-4 所示。

表7-4　挂号小包、速邮宝、平邮小包的比较

挂号小包	速邮宝	平邮小包
8 元	0 元挂号费	无挂号费
平台网规认可	平台网规认可	平台网规不允许使用
全程有追踪信息	国内段有追踪信息，国内丢包可索赔	全程无追踪信息

2）速邮宝价格

速邮宝的运费根据包裹重量按克计费，1g 起重，每个单件包裹限重在 2kg 以内，免挂号费。速邮宝的运费如表 7-5 所示。

表7-5 速邮宝的运费

国家列表			配送服务费原价元（RMB）/千克	配送服务费补贴后价格元（RMB）/千克	挂号服务费元（RMB）/包
Argentina	AR	阿根廷	105	99.75	0
Ireland	IE	爱尔兰	75	71.25	0
Australia	AU	澳大利亚	83	78.85	0
Brazil	BR	巴西	105	99.75	0
Belgium	BE	比利时	75	71.25	0
Poland	PL	波兰	75	71.25	0
Denmark	DK	丹麦	75	71.25	0
Germany	DE	德国	83	78.85	0
Russian Federation	RU	俄罗斯	102.5	97.38	0
France	FR	法国	85	80.75	0
Netherlands	NL	荷兰	83	78.85	0
Canada	CA	加拿大	85	80.75	0
Czech Republic	CZ	捷克	75	71.25	0
United States	US	美国	85	80.75	0
Mexico	MX	墨西哥	105	99.75	0
Norway	NO	挪威	83	78.85	0
Portugal	PT	葡萄牙	75	71.25	0
Sweden	SE	瑞典	83	78.85	0
Turkey	TK	土耳其	85	80.75	0
Ukraine	UK	乌克兰	85	80.75	0
Spain	ES	西班牙	85	80.75	0
Israel	IL	以色列	83	78.85	0
Italy	IT	意大利	75	71.25	0
United Kingdom	UK	英国	83	78.85	0
Chile	CL	智利	120	114	0
备注：试运营期间由速卖通对速邮宝－经济小包提供5%的价格补贴					

3）速邮宝运送时效

正常情况下，主要欧美国家16～35天左右即可到达目的地。

特殊情况下，35～60天可到达目的地，特殊情况包括节假日、特殊天气、政策调整、偏远地区等。

6. 中国邮政大包（China Post Air Parcel）

中国邮政大包俗称“航空大包”或“中邮大包”，适合邮寄重量较重（超过 2kg）且体积较大的包裹，可寄达全球 200 多个国家。此渠道全程航空运输，可以到达世界各地，只要有邮局的地方都可以到达。价格低廉，清关能力强，对时效性要求不高而重量稍重的货物，可选择使用此方式发货。

1）中邮大包的优点

- 成本低。价格比 EMS 稍低，且和 EMS 一样不计算体积重量，没有偏远附加费；
- 交寄方便。可到达全球各地，清关能力非常强；
- 方便快捷。单一的运单，并由公司统一打印，减少了客户许多的麻烦；
- 提供包裹的追踪查询服务。包裹离开当天可在中国邮政网查询信息，且全程可跟踪；
- 妥投速递相对慢。

2）邮政大包投寄限制

重量限制：0.1kg ≤ 重量 ≤ 30kg（部分国家不超过 20kg，每票快件不能超过 1 件），部分国家限重 10kg，最多也只能寄 30kg。

体积限制：单边 ≤ 1.5m，长度 + 长度以外的最大横周 ≤ 3m；单边 ≤ 1.05m，长度 + 长度以外的最大横周 ≤ 2m。

最小边长：不小于 0.24m、宽不小于 0.16m。

各国邮政小包的运费及限重如表 7-6 所示。

表7-6 各国邮政小包的运费及限重 单位：元（RMB）

国家	航空	续重	SAL	续重	海运	续重	限重
	每千克	每千克	每千克	每千克	每千克	每千克	千克
美国	158.5	95	104.6	51.1	83.5	20	30
英国	162.3	76.6	126.2	80.5	108.1	22.4	30
加拿大	137.7	72	99.2	45.7	88.2	22.7	30
澳大利亚	143.8	70	117.2	53.4	88.8	15	20
法国	185.3	68.3	149.1	42.1	131	14	30
意大利	159.3	71.2	121.2	43.1	99.8	11.7	20
德国	190.9	69.5	154.7	43.3	140.8	19.4	30
西班牙	166	72	128.1	42.1	无	无	20
日本	124.2	29.6	110.9	26.3	108	13.4	30
波兰	139.4	56.1	117.8	44.5	无	无	15
南非	210.2	117.1	无	无	110.9	17.8	20
丹麦	161.2	70.8	121.3	40.9	105.3	14.9	20
比利时	210.2	51.7	182.3	33.8	164.2	5.7	20
中国香港	76.9	21	无	无	60.7	4.8	30

续表

国家	航空	续重	SAL	续重	海运	续重	限重
	每千克	每千克	每千克	每千克	每千克	每千克	千克
哥伦比亚	212.7	137.6	132.6	67.5	无	无	20
新加坡	91	35.1	无	无	66.8	10.9	40

3）中国邮政大包价格计算

- 按“首重 1kg 的价格 + 续重 1kg 的价格 × 续重的数量”计费，包裹重量要求不能超过 30kg（部分国家不能超过 20kg）；
- 中国邮政大包需要收取 8 元 / 件的报关手续费用；
- 不计算体积重量，没有偏远附加费，没有燃油附加费；
- 退件费用：根据退回方式收取对应的运费，邮局都会有对应的收费凭据给予发件人。

7.2.2 商业快递

常用的商业快递方式包括 UPS、DHL、FedEx、TNT、SF Express、Toll 等。不同的国际快递公司具有不同的渠道，在价格、服务、时效上都有所不同。

1. TNT

TNT 集团是全球领先的快递邮政服务供应商，总部位于荷兰，在欧洲和亚洲可提供高效的递送服务。拥有超过 26610 辆货车与 40 架飞机，以及欧洲最大空陆联运快递网络，每天递送百万件包裹、文件和托盘货物。TNT 快递在欧洲、中东、非洲、亚太和美洲地区运营航空和公路运输网络，实现门到门的递送服务。TNT 快递一般货物在发货次日即可实现网上追踪，全程时效为 3～5 天，TNT 经济型时效为 5～7 天。可通过网站进行跟踪查询。

TNT 的优点有：

- 全球货到付款服务、速度快、通关能力强，提供报关代理服务；
- 可免费及时准确追踪查询货物，无偏远配送附加费；
- 在欧洲和西亚、中亚及政治、军事不稳定的国家和地区有绝对优势；在西欧，TNT 国际快递清关能力强速度快；
- 一般时效为 2～4 个工作日，特别是到西欧，大概 3 个工作日，可送达的国家比较多；
- 网络覆盖比较全、查询网站信息更新快、遇到问题响应及时；
- 纺织品类大货到西欧、澳大利亚、新西兰有优势；
- 可以通达沙特阿拉伯，但需提供正规发票。

TNT 的缺点有：

- 要算抛重，对所运货物限制也比较多；
- 价格相对较高。

TNT 运费表如表 7-7 所示。

表7-7　TNT运费

区域	国家或地区名称	文件资料	小件包裹			21kg 以上按 /kg 收费（按每公斤计算）				
		首重 0.5kg	首重 0.5kg	5kg 以下继重 0.5kg	5kg 以上继重 0.5kg	21～30kg	31～50kg	51～100kg	100～300kg	301kg 以上
1	韩国、中国台湾	189	202	32	30	56	48	44	40	36
2	日本	180	212	36	34	60	50	44	40	36
3	新马泰*、菲律宾	180	200	34	32	60	50	46	43	40
4	澳大利亚、新西兰	200	216	44	42	82	66	61	57	54
5	加拿大、美国	226	241	46	44	88	74	69	68	64
6	比利时、德国、英国	200	233	44	42	78	66	61	57	54
7	法国、意大利、西班牙	200	241	44	42	86	72	68	64	63
8	奥地利、捷克	248	278	60	58	108	91	85	80	79
9	摩尔多瓦、乌克兰	268	295	65	63	126	106	99	94	93
10	印度、巴基斯坦	248	277	58	56	97	82	77	73	72
11	巴林、埃及、伊朗	248	281	59	57	109	92	90	89	88
12	安哥拉、安圭拉	268	247	73	71	144	121	110	109	108

* 注：新马泰为新加坡、马来西亚、泰国简称。

2. UPS

UPS 快递（United Parcel Service）在 1907 年作为一家信使公司成立于美国华盛顿州西雅图，是一家全球性的公司，也是世界上最大的快递承运商与包裹递送公司，同时还是运输、物流、资本与电子商务服务的领导性的提供者。

货物的体积重量按照“体积重量（kg）= 体积（cm^3）÷ 5000”计算，每件的“长 + 高 + 宽”不得超过 330cm，单件货物的重量不得超过 70kg。

UPS 有 4 种快递方式：UPS Worldwide Express Plus——全球特快加急；UPS Worldwide Express——全球特快；UPS Worldwide Saver——全球速快，即红单；UPS Worldwide Expedited——全球快捷，即蓝单。

UPS 的优点有：

- 速度快、服务好；
- 在美洲线路和日本线路，能够定点定时跟踪，通关便捷，特别是美国、加拿大、南美、英国，适宜发快件；
- 到美国，差不多需 48 个小时；到欧洲一般需 3～5 个工作日；到亚洲一般需 1～3 个工作日；到南美一般需 3～5 个工作日；到非洲一般需 4～6 个工作日；
- 货物可送达全球 200 多个国家和地区；提供在线发货、全国多城市上门取货服务；
- 查询网站信息更新快，遇到问题解决及时。

UPS 的缺点有：

- 运费较贵，要计算产品包装后的体积重量；
- 对托运物品的限制比较严格。

UPS 运费表如表 7-8 所示。

表7-8 UPS运费表

服务国家或地区	区域	资料	包裹	
		基价 0.5kg	基价 0.5kg	每增 0.5kg
中国香港、中国澳门	1	90	120	23
韩国、中国台湾	2	110	145	29
日本	3	115	165	39
东南亚	4	135	180	40
南太平洋国家	5	180	205	45
美国、加拿大、墨西哥	6	195	190	55
西欧、南亚	7	200	230	62
中东、非洲、中南美、东欧、独联体	8	225	245	82
	9	240	280	85

3. FedEx FedEx.

FedEx 全称是 Federal Express，即联邦国际快递，是全球最具规模的快递运输公司，总部设于美国田纳西州。为全球超过 235 个国家及地区提供隔夜快递、地面快递、重型货物运送、文件复印及物流服务。

FedEx 业务分为：联邦快递优先型服务（IP）和联邦快递经济型服务（IE）。FedEx IP 和 FedEx IE 主要区别在于清关能力、时效和价格。前者比后者价格高，但时效更快。

在中国，FedEx 还提供国际优先分送快递服务，指的是递送大批货件到同一国家及地区多个收件人的国际快递服务，货物作为一票货清关；此外还提供重货服务，为重量在 68kg 以上并且目的地为亚洲、美国、加拿大和墨西哥主要市场的货件提供经济、限日送达、代理清关、门到门的递送服务。

FedEx 的优点有：

- 适宜走 21kg 以上的大件，到南美洲的价格较有竞争力；
- 网站信息更新快，网络覆盖全，查询响应快。

FedEx 的缺点有：

- 价格较贵，需要考虑产品的体积重量；
- 对托运物品限制也比较严格。

FedEx 运费表如表 7-9 所示。

体积重量计算方式为：体积重量 = 长（cm）× 宽（cm）× 高（cm）÷ 6000

到亚洲，一般需 3 天左右；到欧洲，一般需 3～4 天；到美洲，一般需 4～5 天；到中东，一般需 5 天左右；到非洲，一般需 5～6 天。

表7-9 FedEx运费 单位：元（RMB）

	主要目的地	中国香港、中国澳门	新加坡、中国台湾、泰国	日本	印度尼西亚、蒙古、菲律宾	澳大利亚、文莱、新西兰	印度、阿拉伯联合酋长国、英国	巴西、巴基斯坦、巴拿马	俄罗斯、沙特阿拉伯、南非	美国西部	加拿大、墨西哥、美国其他地区
文件	首重 0.5kg	109	150	150	174	225	262	271	309	254	254
物品	首重 0.5kg	181	262	282	276	327	375	404	482	280	280
	续重 0.5kg	37	58	56	56	69	99	102	100	93	94

4. DHL

DHL 是全球知名的邮递和物流集团 Deutsche Post DHL 旗下公司。在五大洲拥有将近 34 个销售办事处以及 44 个邮件处理中心。可寄达 220 个国家及地区，涵盖超过 120000 个目的地。

DHL 不接受礼物或样品申报，对申报价值没有要求，必须提供收件人的电话。

DHL 的优点有：

- 去西欧、北美、日本、东南亚、澳洲有优势，适宜走小件；
- 到美国、西欧有特别强的清关能力；
- 一般 2～4 个工作日可送达；去欧洲一般需 3 个工作日，到东南亚一般需 2 个工作日；
- 查询网站的货物状态更新也比较及时。

DHL 的缺点有：

- 小货价格较贵不划算，DHL 适合发重量 5.5kg 以上，或重量介于 21kg 和 100kg 之间的货物；
- 对托运物品限制比较严格，拒收许多特殊商品，部分国家不提供 DHL 包裹寄递服务。

DHL 运费表如表 7-10 所示。

表7-10 DHL运费表 单位：元（RMB）

WPX RATE CARD		1	2	3	4	5	6	7	8	9
From	To	中国香港	中国台湾、韩国	日本	东南亚	澳洲	美加	西欧	中东、南亚	东欧、非洲
文件	首重 0.5kg	97	120	120	160	165	210	210	260	280
	续重 0.5kg	32	32	38	48	52	58	56	62	72
物品	首重 0.5kg	120	125	120	165	170	220	220	265	285
	续重 0.5kg	33	32	38	48	58	58	58	65	74

这里的体积重量计算公式为：体积重量 = 体积（cm^3）÷ 5000

5. Toll

Toll 环球快递是 Toll Global Express 公司旗下的一项快递业务，Toll 到澳大利亚以及泰国、越南等亚洲地区价格较有优势。

Toll 的特点有：

- Toll Global Express 运费不包含货物到达目的地海关产生的费用，运输和清关过程产生的费用均由发件人承担。退货费用或相关责任由发件人自负；
- Toll 在当地会有两次配送服务，如两次配送均不成功，要求第三次配送会收取 75 元配送费；
- Toll 快递到澳大利亚、缅甸、马来西亚、尼泊尔可能有偏远地区附加费。

6. SF Express

SF Express 即顺丰速运，是一家主要经营国际、国内快递业务的港资快递企业。顺丰速运目前已开通美国、日本、韩国、新加坡、马来西亚、泰国、越南、澳大利亚等国家的快递服务。

顺丰速运的优势主要体现为国内服务网点分布广，收配队伍人员服务意识强，服务队伍庞大，价格有一定竞争力；其劣势主要表现在开通的国家线路少，卖家可选的国家少，而且顺丰的业务种类繁多，导致顺丰的揽收人员相对于国际快递的专业知识略显逊色。

7.2.3 专线物流

1. Special Line-YW

Special Line-YW 即航空专线－燕文，俗称燕文专线，是北京燕文物流公司旗下的一项国际物流业务。航空燕文专线目前已开通美国、欧洲、澳洲、中东、南美专线、拉美专线、俄罗斯专线、印度尼西亚专线。正常情况下，16～35 天可到达目的地；特殊情况下，35～60 天到达目的地。

2. Russian Air

Russian Air 即中俄航空专线，由黑龙江俄速通国际物流有限公司提供的中俄航空小包专线服务，是通过国内快速集货，航空干线直飞，在俄罗斯通过俄罗斯邮政或当地落地配进行快速配送的物流专线的合称。Russian Air 俗称俄速通，提供针对跨境电子商务客户物流需求的小包航空专线服务，渠道实效快速稳定，全程物流跟踪服务。80% 以上的包裹可在 25 天内到达买家目的地邮局。其特点有：

- 经济实惠。Russian Air 以克为单位进行精确计费，无起重费，为卖家将运费做到最低；
- 可邮寄范围广泛。Russian Air 是联合俄罗斯邮局推出的服务产品，境外递送环节全权由俄罗斯邮政承接，因此递送范围覆盖俄罗斯全境；

- 运送时效快。Russian Air 开通了“哈尔滨—叶卡捷琳堡”中俄航空专线货运包机，大大提高了配送时效，使中俄跨境电子商务物流平均时间从过去的近两个月缩短到 13 天。80% 以上的包裹 25 天内到达；
- 全程可追踪。48 小时内上网，货物全程可视化追踪。

3. Aramex 快递

Aramex 快递，即中外运安迈世，在国内也称为“中东专线”，可通达中东、北非、南亚等 20 多个国家，在当地具有很大优势，提供全球范围的综合物流和运输解决方案。

4. 中俄快递 -SPSR

“中俄快递 -SPSR”服务商 SPSR Express 是俄罗斯最优秀的商业物流公司，也是俄罗斯跨境电子商务行业的领军企业。“中俄快递 -SPSR”面向速卖通卖家提供经北京、香港、上海等地出境的多条快递线路，运送范围为俄罗斯全境。

综上所述，国际专线物流价格一般比商业快递要低一些。在时效上，专线物流稍慢于商业快递，但比邮政包裹快很多。燕文物流拉美专线通过调整航班资源直飞欧洲，快速中转，大大缩短了妥投时间；俄罗斯专线与俄罗斯合作伙伴实现系统内部互联，一单到底，全程无缝可视化跟踪；印度尼西亚专线使用服务稳定、可靠的中国香港邮政挂号小包服务，到达印度尼西亚的平均时效优于其他小包。中俄航空专线的价格更加优惠，交寄也更便利，深圳、广州、金华、义乌、杭州、宁波、上海、苏州、北京、无锡、温州一件起免费上门揽收；邮件丢失或损毁时提供赔偿，商家可在线发起投诉。除此之外，还有 Equick、中环运、永利通达等公司提供国际专线物流方案。另外，海外仓是跨境电子商务卖家越来越多选择的物流方案。

7.2.4 物流选择

不同物流有各自不同的优劣势，比如小包价格相对便宜，但重量受限较大；快递时效性强，能快速到达，但一般价格较高；专线物流，一般安全高效，好评率高。

作为卖家，选择哪个渠道和物流商，可以考虑的因素主要有：

- 商品本身特性（种类、货值、尺寸、安全性）；
- 客户的时效要求和所在地情况；
- 客单价以及物流预算；
- 物流成本（物流成本）；
- 上网时间（物流公司将物流信息的上网时间，比如邮政早上揽收晚上上网）；
- 丢包率或延迟率（可以追踪一个月的签收率之后比较）。

7.3 跨境电子商务平台物流管理

7.3.1 速卖通平台物流管理

1. 运费模板设置

在速卖通卖家后台，有许多的物流方案供卖家选择。作为卖家，需要事先设置好订单履约采用的是何种物流服务，物流费用如何计算等。因此需要对物流运费模板进行设置，如图 7-7 所示。

(a)

方案查询结果

服务名称	参考运输时效	交货地点	试算运费	标准运费折扣
4PX新邮经济小包	15-60天	交货到递四方东莞仓-经济	CN￥22.20	合约价
中国邮政平常小包+	15-60天	交货到中邮成都仓-平	CN￥25.50	合约价
e邮宝	5-15天	交货到承运商	CN￥33.00	合约价
中国邮政挂号小包	15-40天	交货到中邮成都仓	CN￥33.80(含挂号费)	约标准运价9.5折
4px新邮挂号小包	15-60天	交货到广州仓	CN￥38.40(含挂号费)	合约价
UPS全球速快	3-7天	交货到上海仓库	CN￥75.09	约标准运价2.2折
EMS	5-15天	交货到邮政速递仓库	CN￥85.00	约标准运价3.5折
FedEx IE	3-7天	交货到上海仓库	CN￥103.38	约标准运价3.7折
TNT	3-7天	交货到上海仓库	CN￥232.20	约标准运价6.0折

▼ 展开

(b)

图 7-7 物流运费模板设置

（1）自建物流渠道设置。速卖通的物流方案大致分为邮政物流、商业快递和专线物流。不过有些卖家有自己的物流渠道，从中国台湾、非洲、智利等国家或地区发货，这时在平台上需要先自建物流渠道。必须注意的是，采用新建的物流方式发货，必须保证能核实物流跟踪信息，否则平台不予认可，如图 7-8 所示。

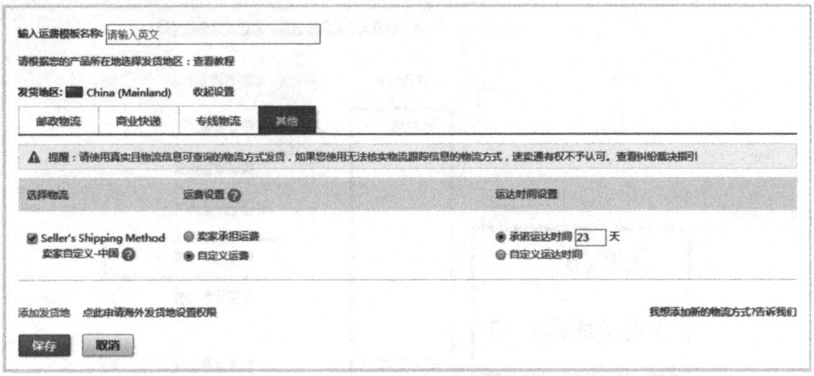

图 7-8　自建物流渠道设置

（2）卖家承担运费的模板设置。可以点击“新建运费模板”按钮，如图 7-9 所示，在打开的页面进行设置。假设卖家要对某些国家和地区（如针对平台上标红的国家，即电子商务热门国家）的订单由卖家承担运费，那么需要对这些国家和地区进行设置。

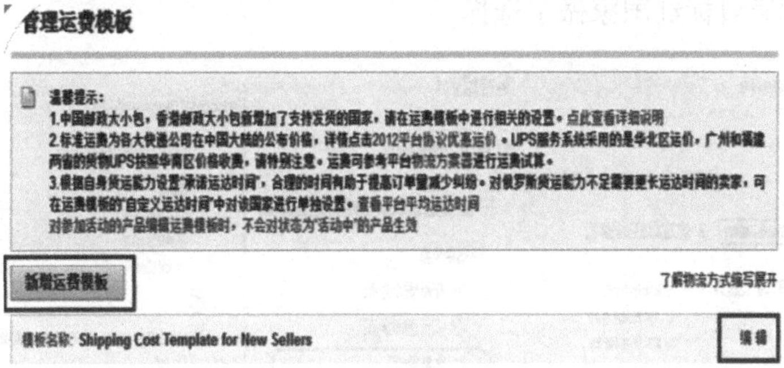

图 7-9　新增运费模板

对于这些卖家承担运费的国家和地区选择物流方式，平台也给予了很多选择。如果有多种物流方式，卖家需要逐一进行设置。如果卖家不是对所有国家和地区都承担运费，则选择“自定义运费”，如图 7-10 所示。

图 7-10　自定义运费

在设置自定义送达时间时，“承诺运达时间”为平台判断包裹寄达收件人所需的时间。

运费方面，如图 7-11 所示，系统会提供各类物流方式的参考价格，速卖通平台也与这些物流服务商有协议折扣，不过在设置时，运费折扣要适当提高些，比如在 4 折的运费协议情况下，最好在物流模板中设定为 4.5 折，其原因是要考虑丢包情况。当然如果采用速卖通平台的无忧物流（店铺达到一定资质方可享受的服务）可以 100% 丢包赔付，若选择其他物流方式，丢包现象时有发生且较难得到赔付。

图 7-11　运费设置

在中国邮政小包物流方式中，选择该模板主要用于针对自己能够确定的国家和地区，比如图 7-12 中卖家对标红国家做了选择。

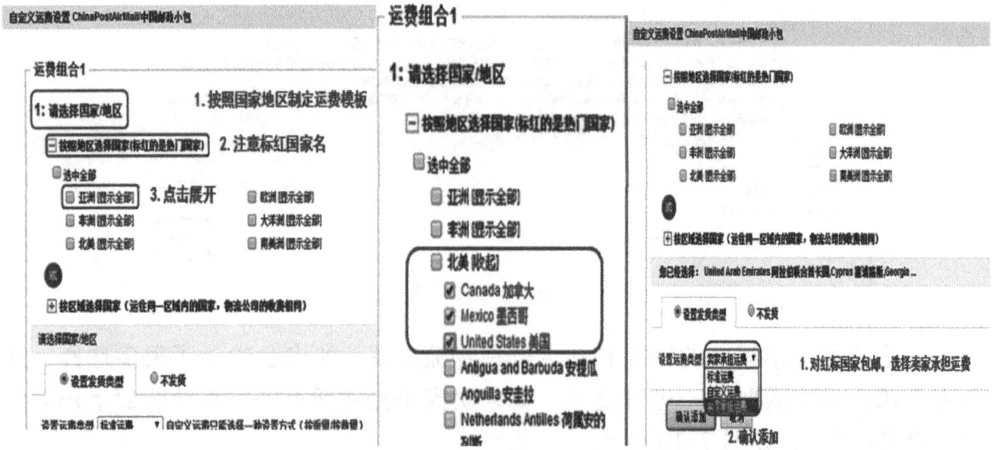

(a)　(b)　(c)

图 7-12　中国邮政小包物流设置

（3）运费计算模板设置。对于其他国家和地区，若卖家不打算包邮，此时要考虑运费收取方式，是按照重量还是按照单数等来收取的，因此此时同样需要设置一个模板，点击“添加一个运费组合”按钮，如图 7-13 所示在打开的页面中进行设置。

在选择国家地区时，前面模板中已经选择了的免邮国家，此时会呈现灰色不可选。假设因为某些原因，比如阿根廷和黎巴嫩由于限购和关税的问题，卖家决定对这些国家不发货，那么在选择时将这个钩去掉即可，如图 7-14 所示。

在设置发货类型时，可以按照数量也可以按照重量设置运费（注意：如果选择按照数量收费，应该在产品重量相差不多的前提下），如图 7-15 所示。

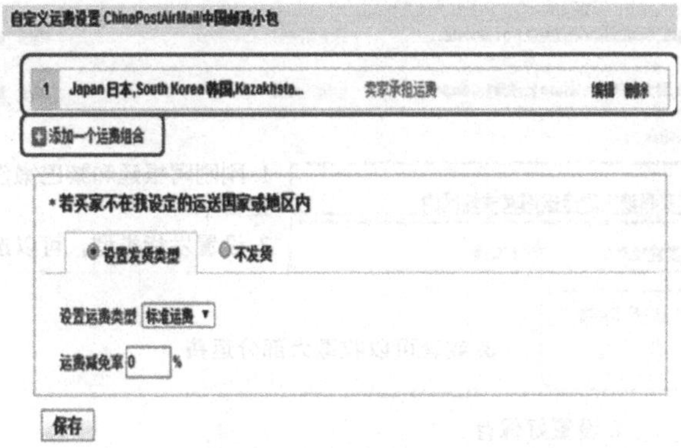

图 7-13 运费组合设置

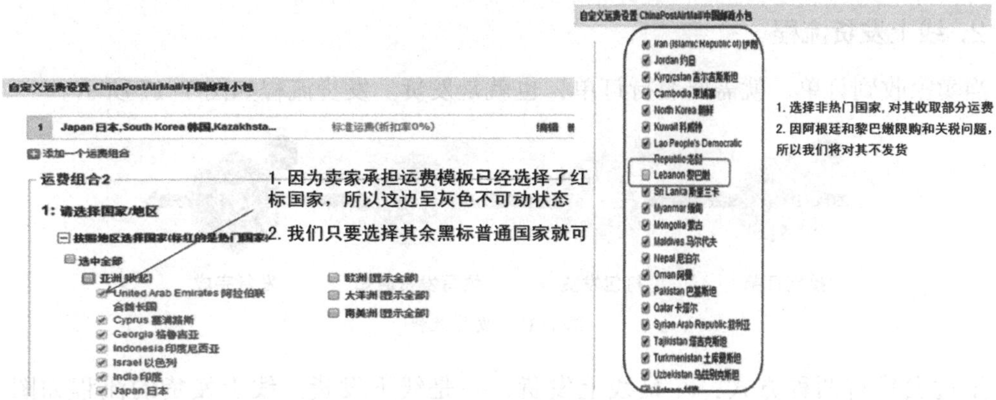

(a) (b)

图 7-14 国家地区的选择

图 7-15 设置发货类型

（4）不发货的模板设置。在前面的模板设置好了之后，系统还会再询问，若买家不在设定的国家和地区范围内，比如前面提到的阿根廷等，卖家可以选择“不发货”，或者选择“设置发货类型”，再设置选取高额运费的方式，如图 7-16 所示。

以上仅是针对某一种物流方式的运费模板设置，卖家还需要对选择的多种物流模板进行设置。设置物流模板的工作看似简单，却十分耗费精力，且需要运营人员在产品上线前逐一进行检查和测试方可，否则一旦哪个环节设置错误，带来的损失后果可能会比较严重，不仅有资金的损失，更有可能造成顾客不满的差评产生。

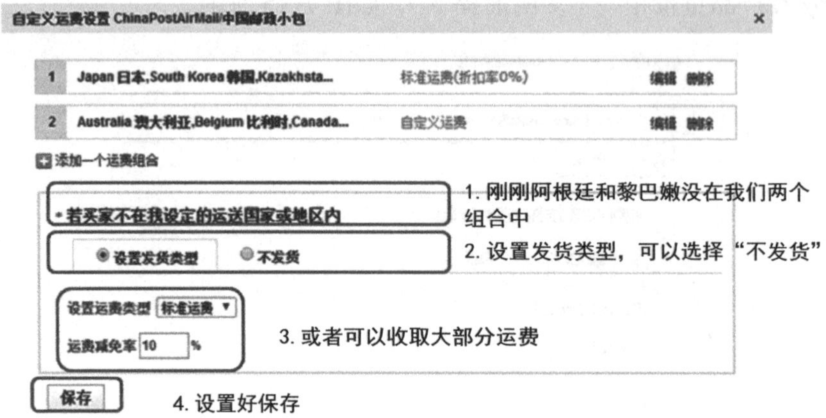

图 7-16　不发货的模型设置

2. 线上发货流程

当卖家收到订单，就需要履行订单，也就是发货。发货流程如图 7-17 所示。

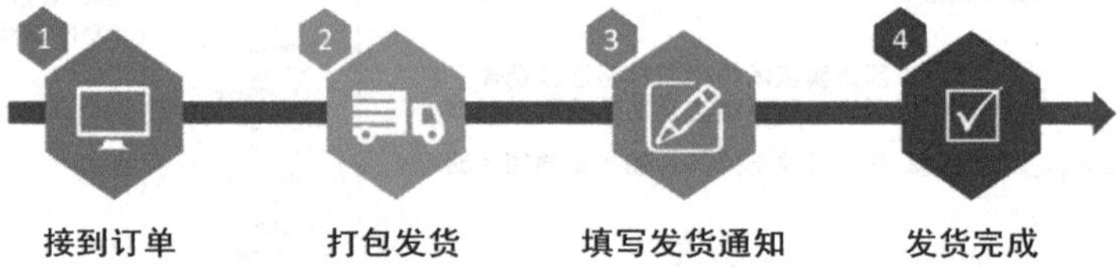

图 7-17　发货流程

不过发货有两种方式：一是线上发货，一是线下发货。线上发货的流程如图 7-18 所示，线下发货的流程，如图 7-19 所示。

图 7-18　线上发货的流程

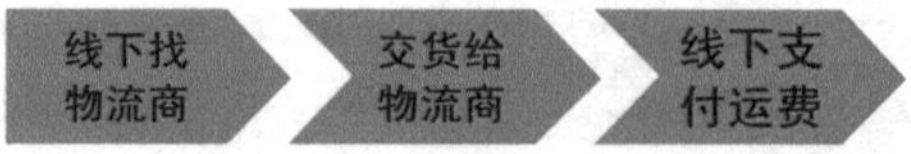

图 7-19　线下发货的流程

“线上发货”是由阿里巴巴全球速卖通、菜鸟网络联合多家优质的第三方物流商打造的物流服务体系。卖家出单后，可直接在速卖通后台的交易订单中点击“线上发货”按钮再选择合适的在线物流方案，通过线上发货。

线上发货与线下发货相比，前者不需要卖家各自寻找物流商并考核物流商的服务水平和诚信度，而是由平台以集成的方式与物流商达成协议，从而在价格上享受团体优惠；此外，线上发货且成功入库的包裹，买卖双方均可在速卖通后台（订单详情页）查看物流追踪信息，且平台网规认可；如果产生物流纠纷，线上发货的订单，因物流原因导致的低分可被平台抹除，从而规避物流低分，提高账号表现；在运费上享受速卖通专属合约运费，低于市场价，只发一件也可享受折扣，且如果发生物流问题，有一定的赔偿保障，时效上也更有保障。

在第 6 章中介绍了不同平台的流量分配和账户规则，所有平台都要求物流信息上网，Wish 更是对物流上网时间做出了明确规定，物流上网是平台考核卖家的服务能力和诚信与否的重要指标与手段，订单线上发货是物流上网的第一个环节。

线上发货可以有以下几种方式：直接在速卖通后台进行线上发货；通过第三方软件（如全球交易助手、速脉打单宝、速脉 ERP）进行线上发货；对接线上发货 API 接口，通过自有 ERP 进行线上发货。

选择物流商以后，线上发货的操作步骤如图 7-20 所示。

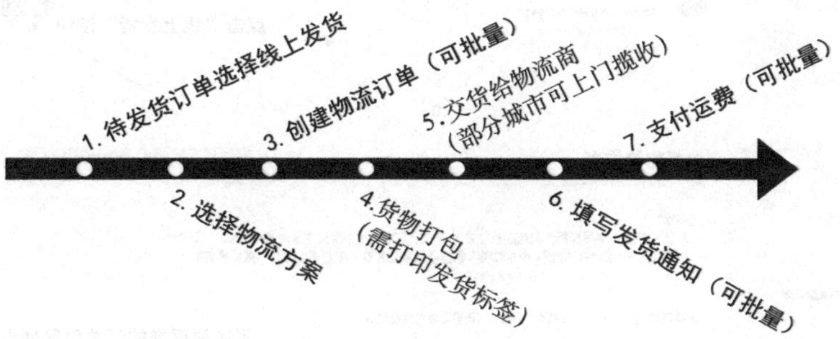

图 7-20 线上发货操作步骤

（1）创建物流订单。单个订单物流处理步骤为：选择待发货订单→点击“线上发货”按钮→选择物流方案→创建物流订单，如图 7-21 所示。

批量订单物流处理步骤为：选择待发货订单→点击“批量线上发货”→选择在线发货的物流方式→批量创建物流订单→点击“提交”按钮，如图 7-22 所示。

（2）交货给物流商。卖家打印发货标签，并将标签贴在打包好的外包装上，交货给物流商。在订单较多的情况下，可以选择批量打印发货标签，如图 7-23 所示。

（3）填写发货通知。如图 7-24 所示，符合物流商揽收规则的包裹物流商会上门揽收，不符合的则需要卖家自行发货到仓库［若自行发货到国内集货仓，需要在第（1）步填写国内物流单号］。物流订单创建成功，物流商收到货物后，系统会生成运单号供卖家填写发货通知。一旦物流单号生成，不能随意改变物流方式和运单号（线下发货除外）。该环节也可以选择批量填写发货通知。

（4）支付运费。包裹入库后，第二天 23 点前，卖家可以主动支付运费，可选择国内“支付宝付款”（以人民币计费的运费），也可以选择“支付宝国际账户付款”（以美元计费的运费）。如果卖家未主动支付，系统将从卖家支付宝国际账户自动划扣以美元计算的运费（按当日汇率）。卖家可以定期统计运费并下载运费报表，如图 7-25 所示。

3. 线下发货流程

如果卖家有自己的运输渠道，或者在买家要求等情况下，卖家也可以选择线下发货，但一定要填写可以上网追踪的货运跟踪号，除非在买家同意的情况下可以不填，否则一旦发生“未收到货”的通知，没有可跟踪的货源单号，是很难提请仲裁的。

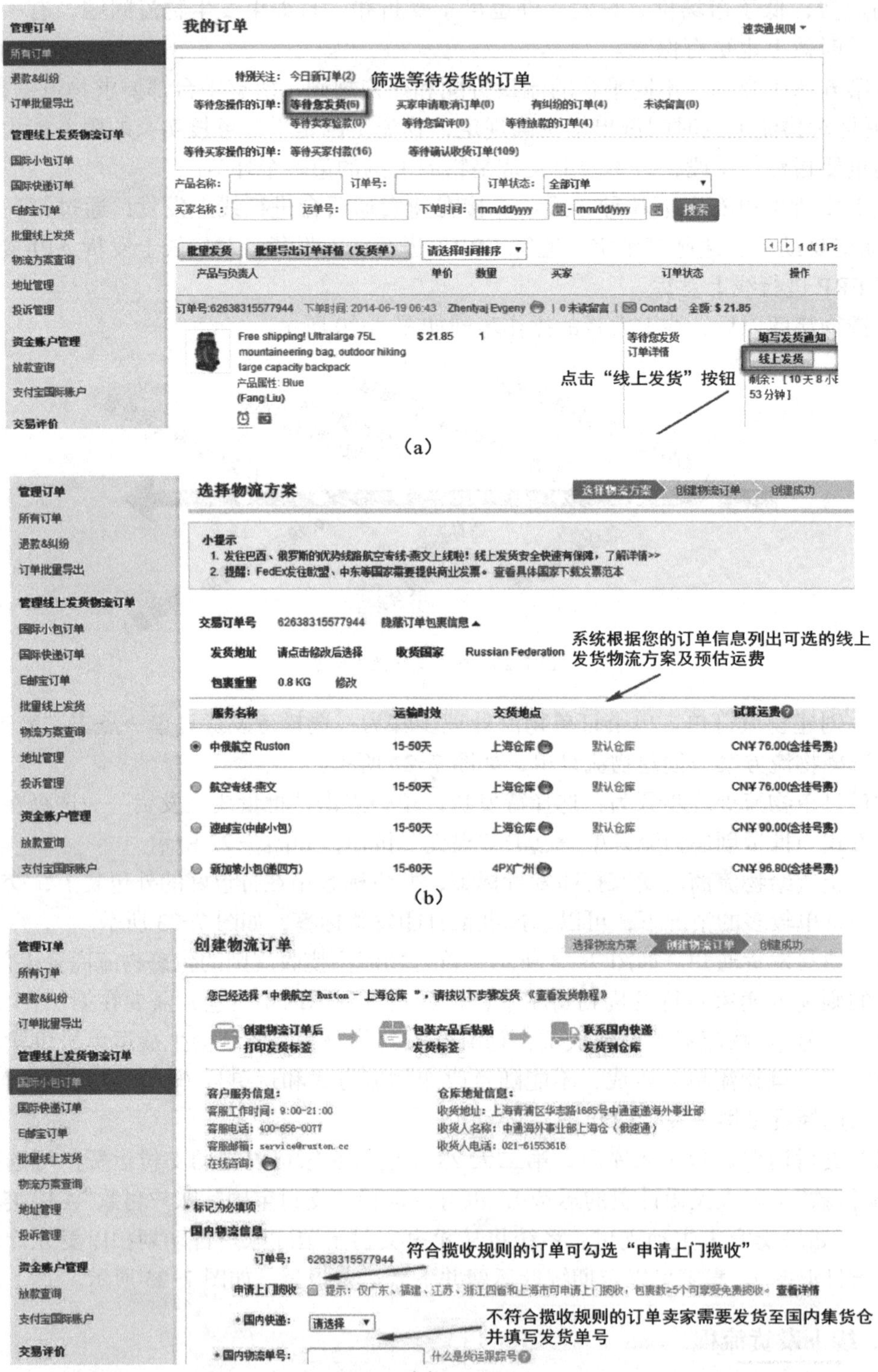

(a)
(b)
(c)

图 7-21　创建物流订单

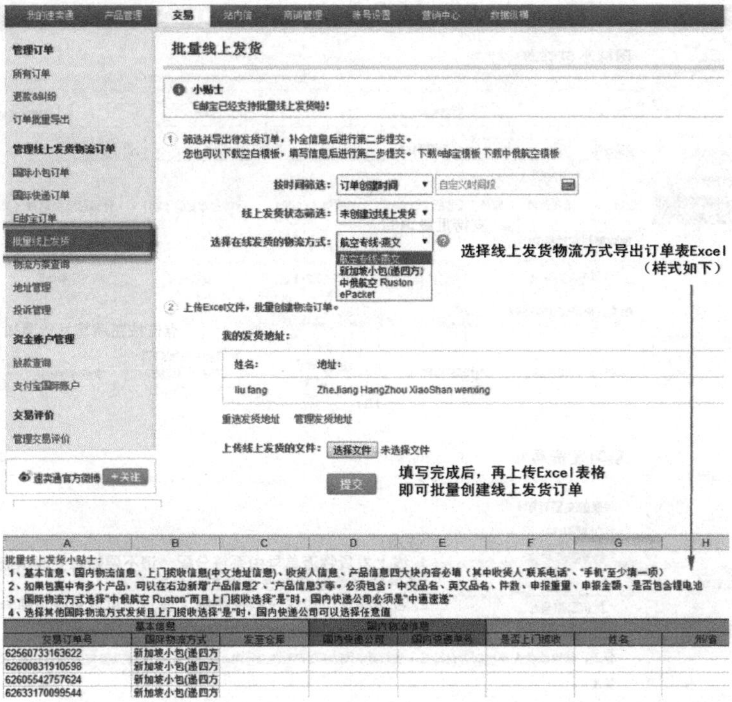

图 7-22　批量订单物流处理

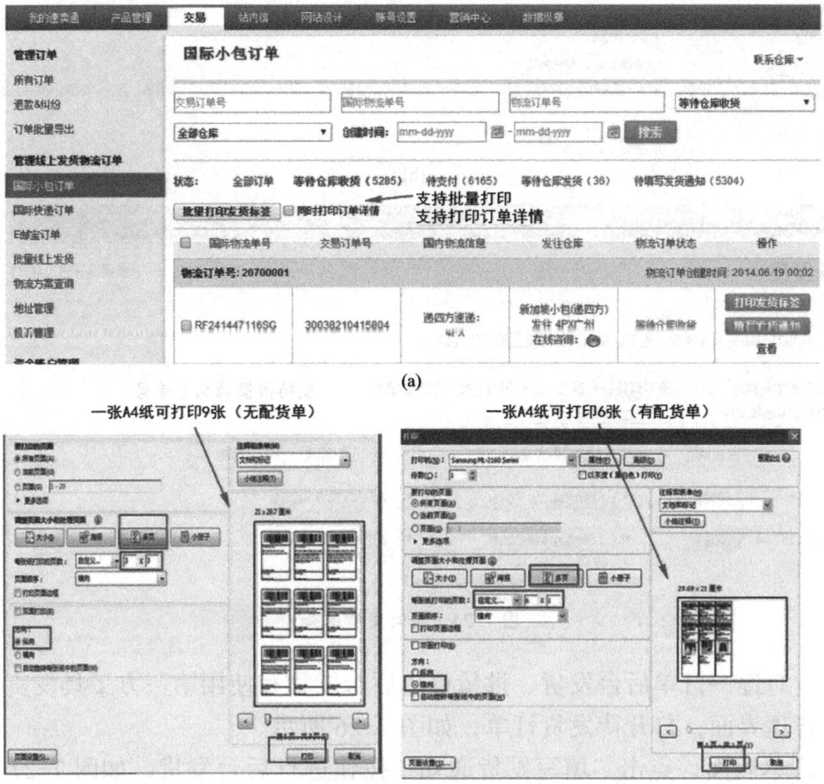

图 7-23　批量打印发货标签

(a)

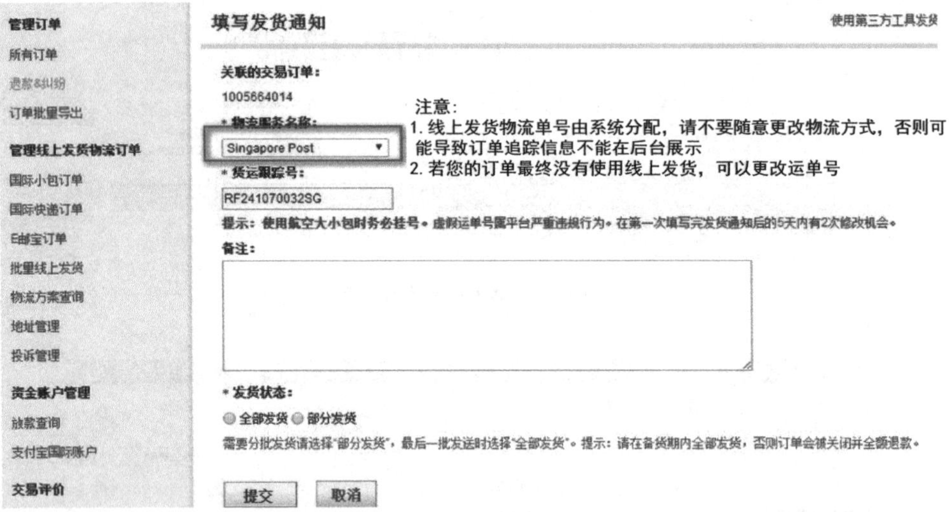

(b)

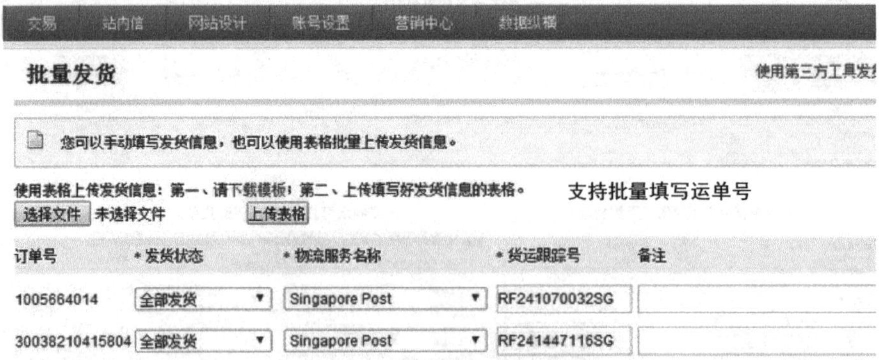

(c)

图 7-24　填写发货通知

线下发货有逐一订单后台发货、批量订单后台发货和使用第三方工具发货三种形式。

在交易管理界面，打开待发货订单，如图 7-26 所示。

在每个订单后面，点击“填写发货通知”按钮进行后台发货，如图 7-27 所示，或者点击“批量发货”按钮进行批量订单后台发货操作。

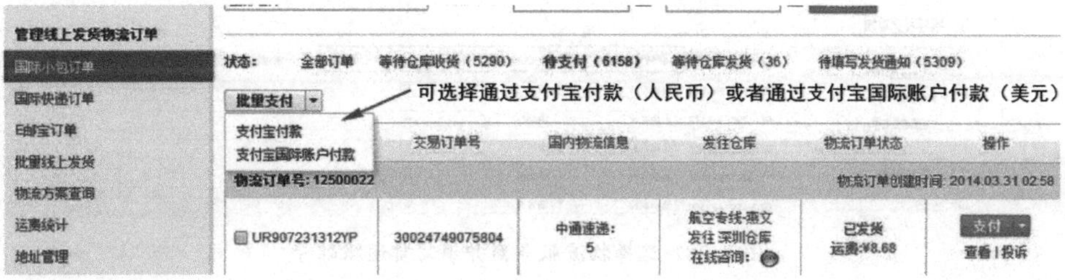

(a)

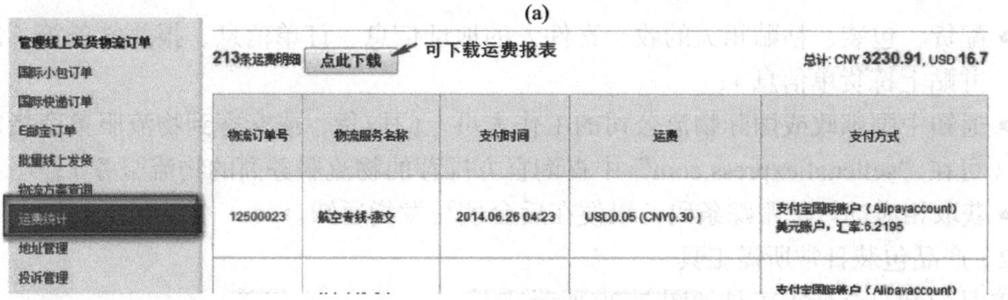

(b)

图 7-25 支付运费

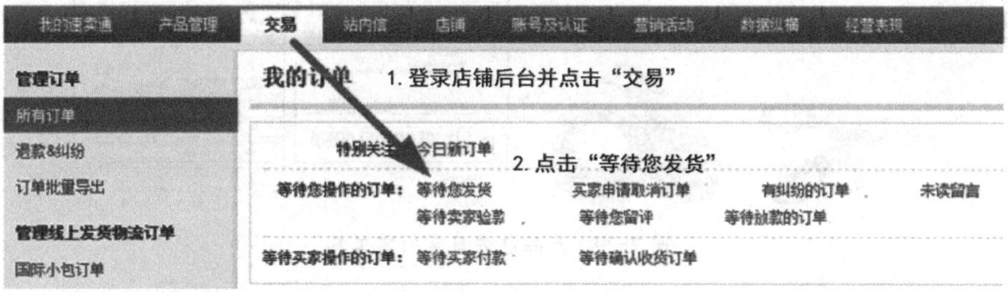

图 7-26 待发货订单

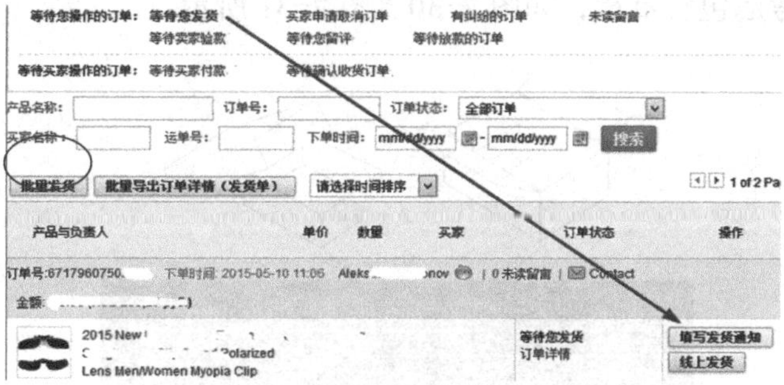

图 7-27 填写发货通知信息

在打开的页面中，选择卖家承诺的物流服务名称（即物流服务商）并填写货运跟踪号，如图 7-28 所示。

也可以使用第三方工具发货，比如进入 fuwu.aliexpress.com 网站，可以找到许多第三方服务工具。

4. 产品包装

1）实物包裹的操作流程

- 打印订单的收寄件人信息（可结合第三方应用工具）；

图 7-28　选择物流服务商并填写货运跟踪号

• 配货、包装、粘贴相关的收、寄件人的地址信息、订单信息、报关签条等（部分卖家会一并贴上拣货单信息）；

• 通知中国邮政或国际物流公司的工作人员上门取货，或交寄到物流服务商指定的揽收点（可在“seller.aliexpress.com”中查询官方推荐的物流服务商的物流服务）；

• 获取相应的订单跟踪条码，以便在后台填写发货通知。

2）产品包装日常所需工具

产品包装日常所需工具如图 7-29 所示。

图 7-29　产品包装日常所需工具

3）重量计算要考虑包装重

计算重量时要考虑包装重量，如图 7-30、图 7-31 所示。

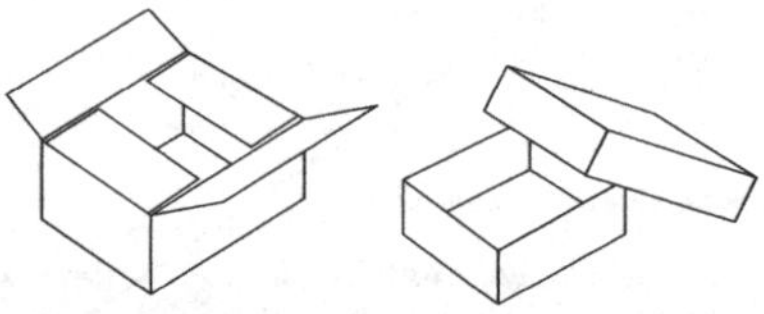

邮政标准尺寸无字纸箱	尺寸（毫米^3）	价格（元）	重量（kg）	适用范围
1号标准5层	530*290*370	4	0.85	大件商品
2号标准5层	530*230*290	3	0.65	箱包等
3号标准3层	430*210*270	2.1	0.4	箱包及鞋子等
4号标准3层	350*190*230	1.5	0.23	鞋子等
5号标准3层	290*170*190	1.2	0.16	装饰品等
6号标准3层	260*150*180	0.9	0.135	化妆品、饰品等
7号标准3层	230*130*160	0.8	0.1	化妆品、饰品等
8号标准3层	210*110*140	0.6	0.08	化妆品、饰品等
9号标准3层	195*105*135	0.5	0.07	化妆品、饰品等
10号标准3层	175*95*115	0.45	0.055	化妆品、CD等
11号标准3层	145*85*105	0.38	0.045	化妆品、CD等
12号标准3层	130*80*90	0.28	0.035	化妆品、小饰品
T1号标准3层	350×230×90	1.3		装饰品等
VCD标准3层	160×30×145	0.4		化妆品、CD等
110号标准3层	110×110×295	0.7		化妆品、饰品等

图 7-30　包装尺寸

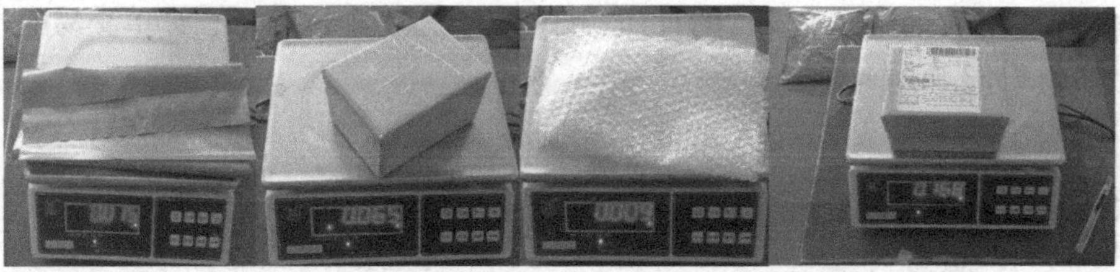

图 7-31　计算重量

包材选择的原则为牢固，轻便，去掉不必要的附件，比如鞋盒、T 恤里的衬板等。

7.3.2　亚马逊平台物流管理

亚马逊平台的物流解决方案分为以下三种类型。

• 国内逐单发货：借助 B2C 跨境物流服务商，比如中国邮政、四大快递等，将商品由中国出发逐单发往客户手中。这种方式适合于以小包为主的低客单价的订单，且订单量不大的长尾产品为主。

优势：减少压货成本，仓储费用少，操作上具有灵活性。

劣势：Listing 曝光和排名比 FBA 少，容易因物流原因得到顾客差评，没有 Prime 标志，很难争取到 Prime 会员的青睐。另外，到货时间长，影响客户体验。

• 租用、自建海外仓：通过租用或者自建海外仓的形式，如递四方、出口易等，从客户所在国直接发货，时效性强，当订单量大时可以充分显示出物流成本优势和时效优势，同时还可以高效处理退货等问题，客户体验好。但对资金有限的新卖家而言成本较高。

优势：降低物流成本，加快物流时效，有利于开拓当地市场，费用比 FBA 稍低。

劣势：库存压力大，有积压风险，第三方海外仓管理水平参差不齐。

• 亚马逊物流：亚马逊物流有 FBA、EFN、MCI、Pan-EU 等。借助亚马逊提供的世界级仓储、全球物流网络和配送体系，提供全流程服务以及订单查询和退货管理等售后服务，是提高卖家销量的重要催化剂。

优势：物流速度快，增加客户信任度，提高 Listing 的排名，如果因为物流原因收到了买家的差评，亚马逊会帮助移除。

劣势：总体费用稍高，头程操作烦琐，需要自己进行清关处理，买家退货率容易提升，增加压货成本，退货地址只支持美国（做美国 FBA 的情况下）。

这里要说明一下，这 3 种物流类型前两种类型属于卖家自发货。

1. 自发货流程管理

自发货（也称为自配送）流程为：亚马逊后台操作订单→打包发货→投递包裹→客户收货。

（1）点击“ORDERS”→“Manage Orders”（管理订单），如图 7-32 所示。

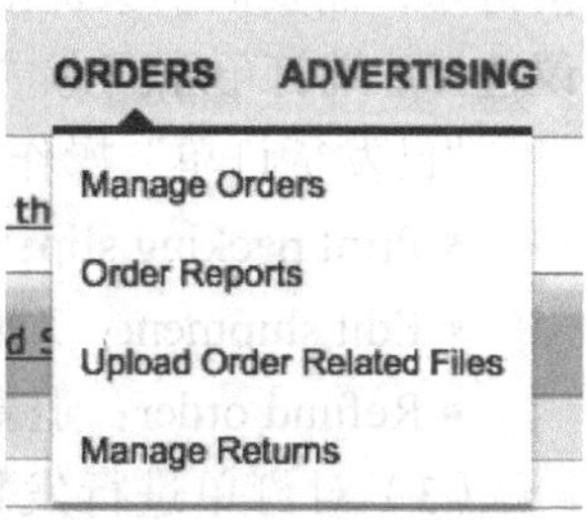

图 7-32　管理订单命令

进入管理订单界面后可以看到所有的订单信息，可以在左上角的框框中通过各种条件来筛选订单，或者点击“Advanced

Order Search”，然后根据订单发货的日期、订单的状态、配送信息、订单交易的站点来选择订单，如图 7-33 所示。

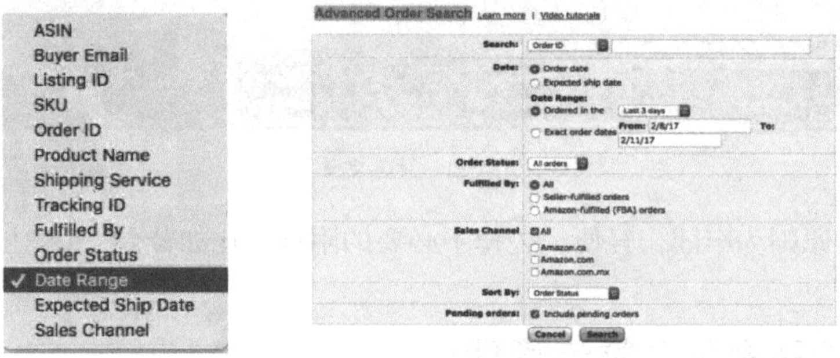

(a) (b)

图 7-33 筛选订单和选择订单

（2）在“订单信息”页面，有订单未发货的话系统会提示“Unshipped”，而已发货订单，则标为“Shipped”，如图 7-34 所示。

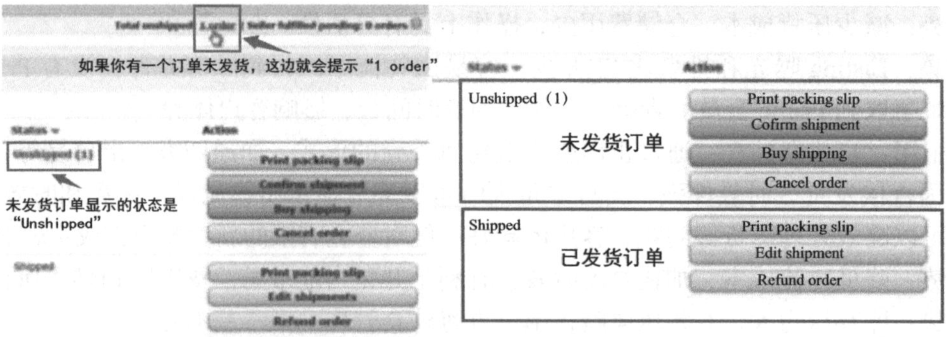

(a) (b)

图 7-34 “订单信息”页面

“未发货订单”有以下 4 个操作按钮。

- Print packing slip：打印发货订单，这个买家有要求或者你觉得有必要的可打印，不一定非要打印出来；
- Confirm shipment：确认订单；
- Buy shipping：基于美国本土卖家的服务，选择当地的第三方快递服务；
- Cancel order：取消订单，30 分钟之内买家可以取消订单，超过 30 分钟之后买家想取消订单，需要向卖家提出申请。如果超出 30 分钟之后，卖家收到买家取消订单的申请，建议选择取消订单原因为“Buyer cancel”，这样对卖家的影响是最小的。

“已发货订单”操作功能有 3 个：

- Print packing slip：同上；
- Edit shipment：对前期发货不完善的地方进行编辑，建议不要在这里编辑；
- Refund order：退款。

（3）对订单进行发货操作。点击“Confirm shipment”，如图 7-35 所示，进入发货操作页面。

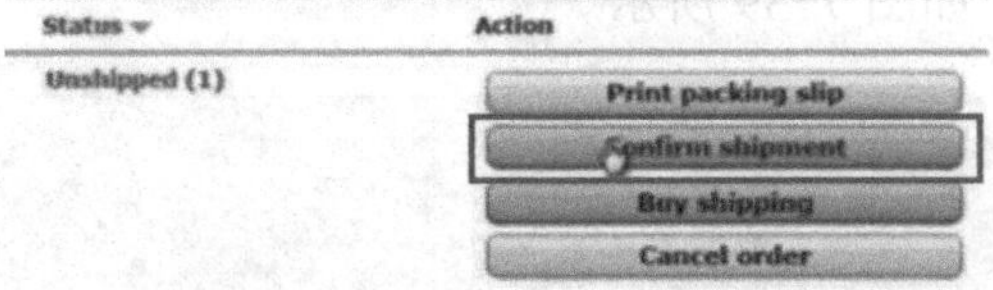

图 7-35　“Confirm shipment”命令

在“Carrier”下拉列表中选择各种国内快递（如中通、申通），再填写“Tracking ID”，即运单号，如图 7-36 所示。

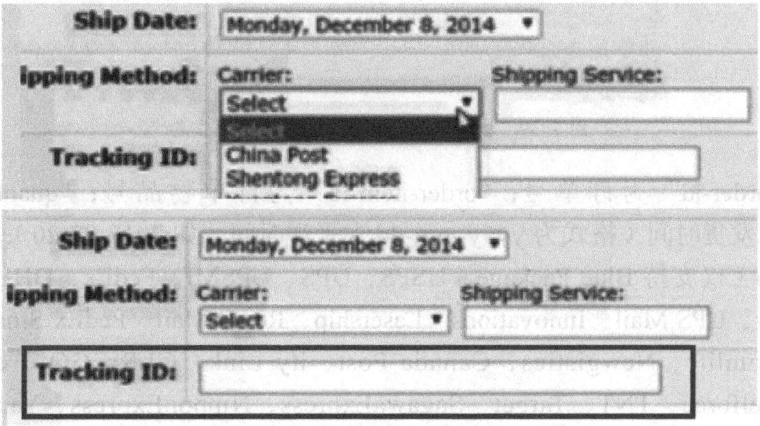

图 7-36　选择快递公司和填写运单号

然后点击“Confirm shipment”按钮就完成了亚马逊订单的发货操作。

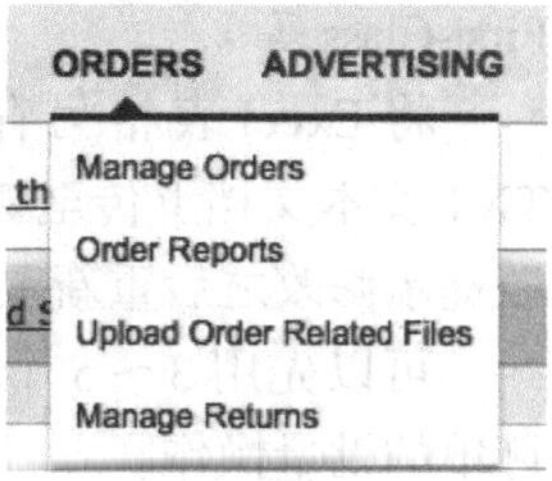

图 7-37　执行“批量处理”命令

（4）批量上传运单跟踪号。如果需要处理大批量的订单，要将这些订单的运单号输入后台，可以选择批量处理方法。进入亚马逊卖家后台，点击“ORDERS”→“Upload Order Related Files”选项，如图 7-37 所示。

进入后，点击“Download Template”按钮，打开新页面，再点击“Shipping Confirmation”，下载 Excel 表格，如图 7-38 所示。

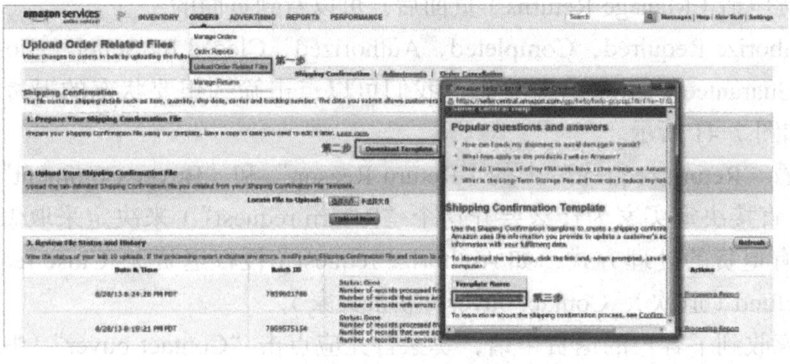

图 7-38　下载批量处理 Excel 表格

用微软 Office 软件打开下载的 Excel 表格，填写第二个工作表“Shipping Confirmation”中的信息，如图 7-39 所示。

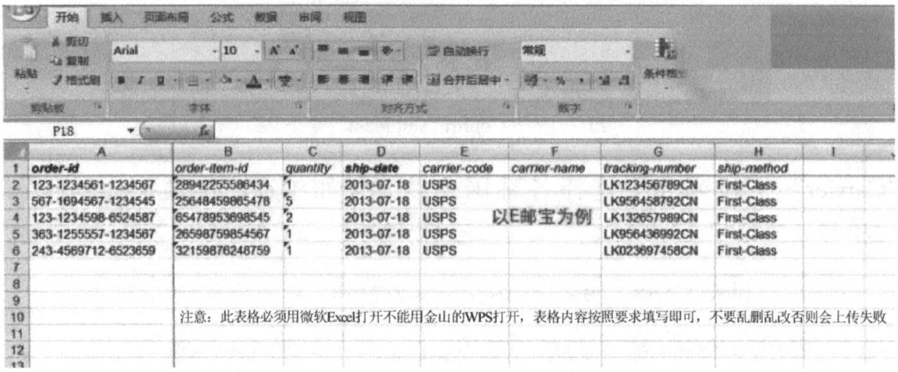

图 7-39　填写“Shipping Confirmation”信息

其中，“order-id”为订单号；“order-item-id”为订单物品号；“quantity”为数量；“ship-date”为发货时间（格式为 yyyy-mm-dd 太平洋时间，如 2017-07-20）；“carrier-code”为物流商代码（仅支持 Blue Package、USPS、UPS、UPSMI、FedEx、DHL、DHL Global Mail、Fastway、UPS Mail、Innovations、Lasership、Royal Mail、FedEx SmartPost、OSM、OnTrac、Streamlite、Newgistics，Canada Post、ity Link、GLS，GO!、ermes Logistik Gruppe、Parcelforce、TNT、Target、SagawaExpress、NipponExpress、YamatoTransport，如果不属于上述物流则选择 Other）；“carrier-name”为物流商名称（当“carrier-code”是“Other”时有选项）；“tracking-number”为订单跟踪号；“ship-method”为运输方式（如 First-Class 等）。

将 Excel 表格另存为制表分隔符 .TXT 文档，然后把此 TXT 文本文档上传至亚马逊后台即可，上传失败会有提示，按照提示修改之后重新上传。

可以先用 3～5 个订单测试流程后，再进行几十或上百个订单的批量操作。

（5）退货处理。点击“ORDERS”→“Manage Returns”命令，如图 7-40 所示。

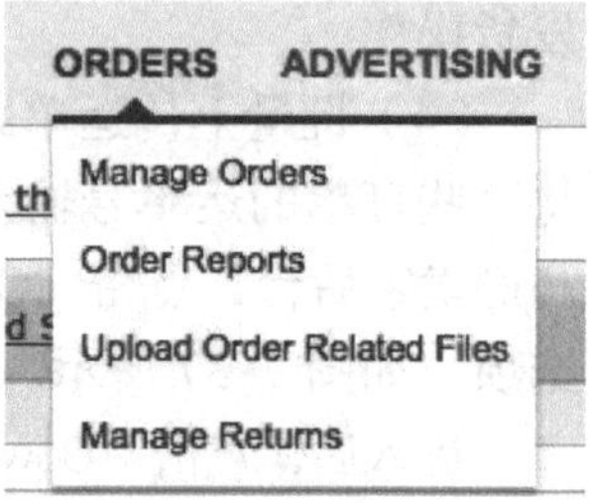

图 7-40　“退货处理”命令

进入退货申请（Manage Returns）页面后，可以看到页面的左边会有 Authorize Required，Completed，Authorized，Closed by Seller，Closed by Buyer，with A-to-Z Guarantee Claims 这些状态，我们可以点击筛选想要状态的退货申请（Return Request），如图 7-41 所示。

首先要看“Return request”中的“Return Reason”和“Buyer Comment”这两项信息（非常重要，直接决定买家为什么要开这个“Return request”）来决定采取怎么样的回应，页面的右边有退货的处理方式，如 Authorize request（授权退货）、Close request（关闭请求）、Issue refund（退款）、Contact buyer（联系买家）。

如果卖家收到了客户的退货申请，卖家首先应点击“Contact buyer”（联系买家），即客户开纠纷，提交退货申请肯定产品有让他不满意的地方，这些不满意的地方我们可以通过上面提到的“Return Reason”和“Buyer Comment”来了解一下大概内容，但是要深入了解问题的同时和客户协商解决问题才是我们的最终目的，所以沟通是我们的解决问题的第一步。

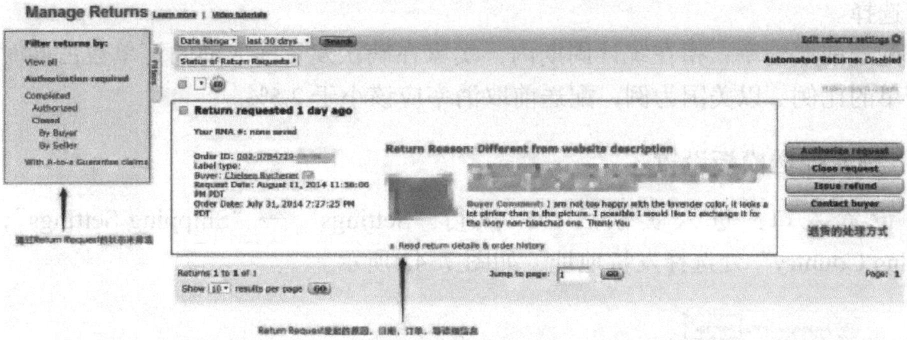

图 7-41 退货申请状态

如果与客户协商成功，可以让客户取消这个退货请求，则点击“Close request”（关闭请求），也就是取消这个退货申请，一般这种操作是买卖双方协商一致的解决方案，买卖双方都可以私自取消“Return Request”，但是不要因为卖家可以取消就只要一来退货申请就立马私自取消，私自取消是基于双方沟通后协商一致的结果，而不是单方面的任意取消。当卖家点击“Close request”时，会跳出一个提示框，要求卖家选择一个关闭退货申请的理由。

若沟通后客户还坚持退货，则在界面中点击“Authorize request”（授权退货），就是说买家提出退货请求，卖家同意即可。点击“Authorize request”按钮，在跳出的页面中直接勾选两项，亚马逊会发一份关于退货的邮件给客户，客户退回货物的时候需要把邮件中的Label打印出来然后塞到退货的包裹中。

最后，点击“Issue refund”（退款），退款处理的前提是要保证是在卖家收到了客户的退货以后或者卖家干脆自己觉得不要这个产品了让买家直接保留这个产品的前提下。因为点击“Issue refund”，这笔订单的款项就会退回买家，所以可以等到收到退货了才给客户退款，以免“钱货两空”。

2. 自发货的绩效管理

要保证自发货的绩效，不影响卖家的账户表现，同时有较好的客户体验，需要把控好以下三大指标。

①订单迟发率：指在统计周期内，未在预计发货日期之前确认发货的订单数占同时期所有自配送订单的比例。以美国为例，订单迟发率应该小于4%。所以及时处理订单非常必要，而且考虑到订单生成后在后台出现的延迟以及地区时差的因素，卖家最好在目的国客户下单高峰期有一定的人员值班处理订单；此外要确保商品库存，可以设置一些预警机制来降低迟发及断货缺货概率，如果发现备货时间实在不够，可以通过编辑商品属性来延长配送准备时间，给自己争取一个更合理的备货时间。

②订单有效追踪率：指在统计周期内，卖家能提供有效跟踪号并能在亚马逊网站查询到物流信息的订单数占同时期所有自配送订单的比例。以美国为例，客单价5美元以上的

订单有效追踪率应该不低于 95%。

可上网跟踪查询的订单跟踪号要及时填写到系统，而且如果订单只在别的网站能追踪则不算是可追踪的。因此在选择物流公司时一定要谨慎，最好从平台后台提供的那些物流公司中选择。

③配送前取消率：指在统计周期内，卖家在确认发货前取消的订单数占同时期所有自配送订单的比例。以美国为例，配送前取消率应该小于 2.5%。

3. 物流配送模板设置

①设置入口：进入卖家后台，执行“Settings”→“Shipping Settings”，然后在“Shipping Country”处选择发货地址，如图 7-42 所示。

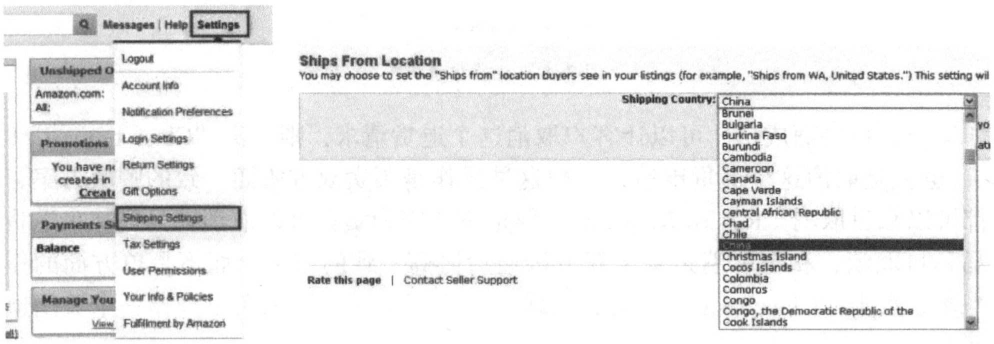

(a) (b)

图 7-42 选择发货地址

②送达区域和时间设置。不同区域可能需要不同的配送时间，图 7-43 中第一列是配送区域，前面 8 个都是美国的不同区，很多物流商送达美国不同区的时间不同；第二列是标准配送服务时效，第三列是加急配送服务时效（如果卖家可以做到加急配送的话可以勾选），第四列是两个工作日到达服务，第五个是 24 小时内到达服务。

③运费设置方式有两种，即 Price Banded（以订单总金额阶梯式收取运费）和 Per item/Weight-Based（按商品的件数或者重量决定运费），如果不选择，平台系统默认按照数量或重量收费，如图 7-44 所示。

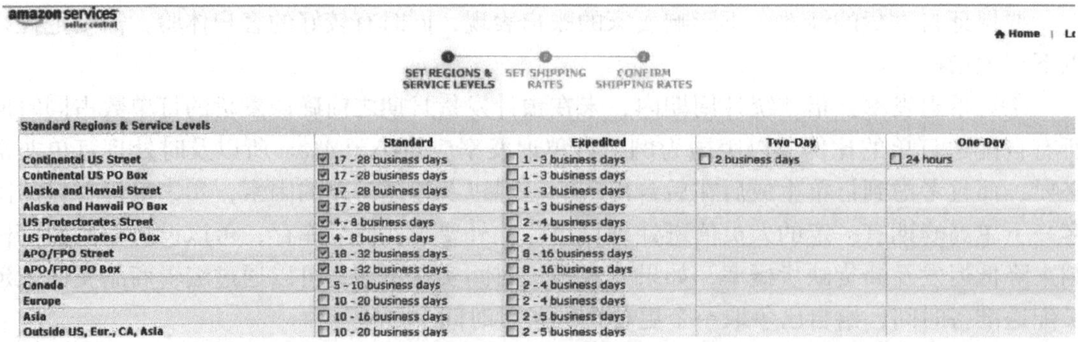

Standard Regions & Service Levels	Standard	Expedited	Two-Day	One-Day
Continental US Street	☑ 17 - 28 business days	☐ 1 - 3 business days	☐ 2 business days	☐ 24 hours
Continental US PO Box	☑ 17 - 28 business days	☐ 1 - 3 business days		
Alaska and Hawaii Street	☑ 17 - 28 business days	☐ 1 - 3 business days		
Alaska and Hawaii PO Box	☑ 17 - 28 business days	☐ 1 - 3 business days		
US Protectorates Street	☑ 4 - 8 business days	☐ 2 - 4 business days		
US Protectorates PO Box	☑ 4 - 8 business days	☐ 2 - 4 business days		
APO/FPO Street	☑ 18 - 32 business days	☐ 8 - 16 business days		
APO/FPO PO Box	☑ 18 - 32 business days	☐ 8 - 16 business days		
Canada	☐ 5 - 10 business days	☐ 2 - 4 business days		
Europe	☐ 10 - 20 business days	☐ 2 - 4 business days		
Asia	☐ 10 - 16 business days	☐ 2 - 5 business days		
Outside US, Eur., CA, Asia	☐ 10 - 20 business days	☐ 2 - 5 business days		

图 7-43 设置配送时间

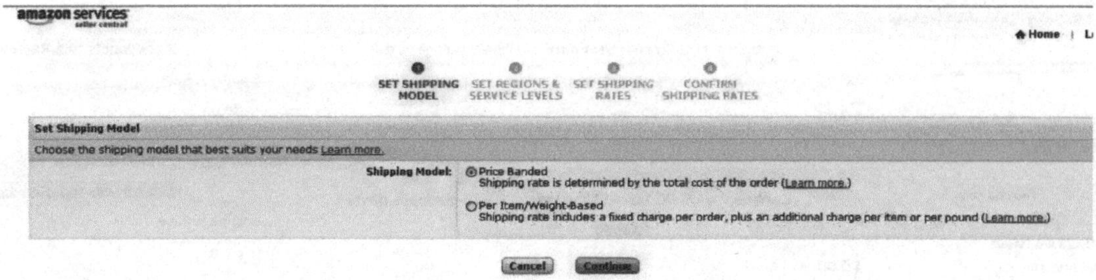

图 7-44　运费设置方式

第一种方式："Price Banded"，运费是以订单总金额（包含运费）阶梯式设置的，比如在图 7-45 中，"Bands" 为 $0～$10，则运费（"Shipment Rate"）为 $2；"Bands" 为 $10.01～$50，运费为 $5；"Bands" 为 $50.01～$Up，运费为 $10，也就是最高运费 10 美元。

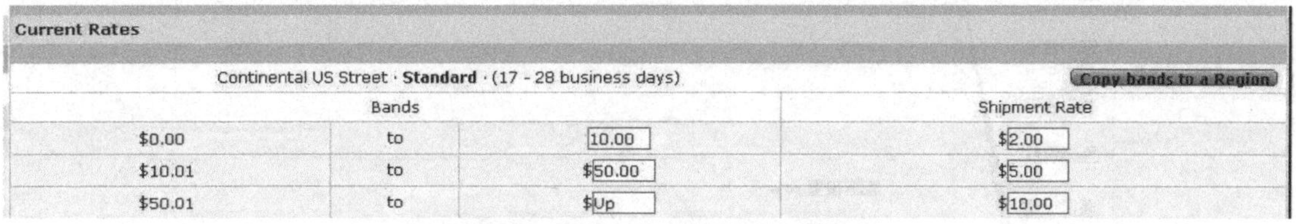

Current Rates

Continental US Street · **Standard** · (17 - 28 business days)　Copy bands to a Region

Bands			Shipment Rate
$0.00	to	10.00	$2.00
$10.01	to	$50.00	$5.00
$50.01	to	$Up	$10.00

图 7-45　"Price Banded" 运费设置方式

第二种方式："Per item/Weight-Based"，运费按商品的件数或者重量收取，其按每一票货一个固定金额 + 产品件数 / 产品重量的变动来设置运费。比如按件数收费，图 7-46（a）中每票货 per Shipment 固定收取 5 美元，每件货 per Item 收取 1 美元。如果客户选购 A 和 B 两件物品，这一票货的运费就是 7 美元。图 7-46（b）中每票货 per Shipment 固定收取 5 美元，每磅 per Weight（lbs）收取 1 美元，如果客户选购的产品包裹重量为 5 磅（LBS），这一票货的运费为 10 美元。

(a)　　　　　(b)

图 7-46　"Per item/Weight-Based" 运费设置方式

如果要设置免费物流，则只要在选好一种计价方式后，比如在按订单金额收费中，"Shipment Rate" 都填写 $0.00 即可，如图 7-47 所示。

④ Migrated Templates 配送模板设置。前面的设置实际上采用的是 "General Shipping settings" 一般配送设置。但如果卖家针对不同的 SKU 想要设置不同的运费的话，那就需要创建相应的配送模板。系统默认的是 "Migrated Template" 模板匹配到相应的 SKU。以中文卖家后台管理界面为例，先进入后台，执行 "设置" → "配送设置" 选项，再点击 "配送模板" 按钮，如图 7-48 所示。

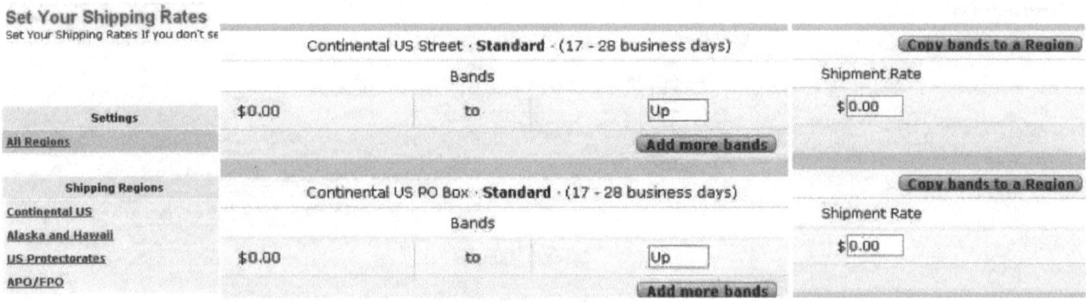

图 7-47　选择计价方式

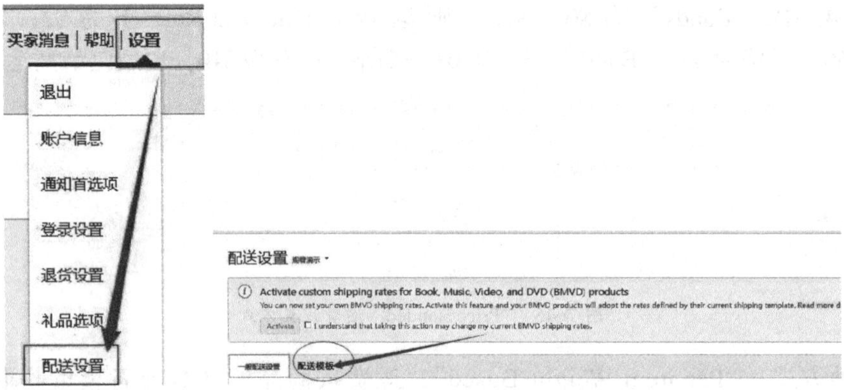

(a)　　(b)

图 7-48　配送模板设置菜单

为这个配送模板自取一个名称，并选择运费模型等，如图 7-49 所示。

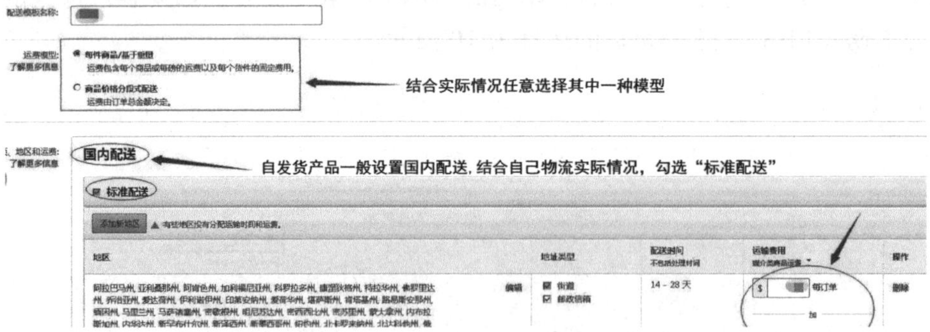

图 7-49　为配送模板取名并设置

卖家如果有几种配送方式，那么可以点击“创建新配送模板”按钮；想确定哪些 SKU 采用哪种模板，则可点击“将 SKU 分配给模板”按钮，如图 7-50 所示。

卖家可以到“管理库存”页面中勾选要设置的 SKU，一次性最多能勾选 50 个，然后点击“选择配送模板”按钮，进入跳转页面后选择上面已经创建好的模板。

如果一次有 50 项以上的 SKU 进行运费模板的设置和变更，则可以使用上传数据方式。在卖家服务中下载“Shipping Overrides Template”表格模板，其链接如图 7-51 所示。

下载后，打开表格，我们来看看这个表格中实际需要填写的内容，如图 7-52 所示。

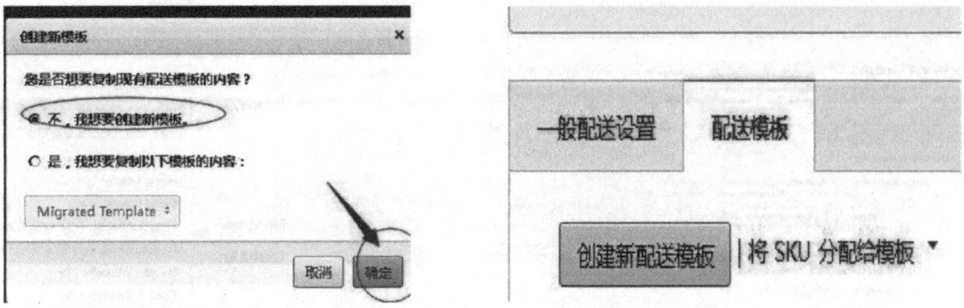
创建新模板
您是否想要复制现有配送模板的内容？
不，我想要创建新模板。
是，我想要复制以下模板的内容：
Migrated Template
取消
确定
一般配送设置
配送模板
创建新配送模板
将 SKU 分配给模板

(a) (b)

图 7-50 创建配送模板

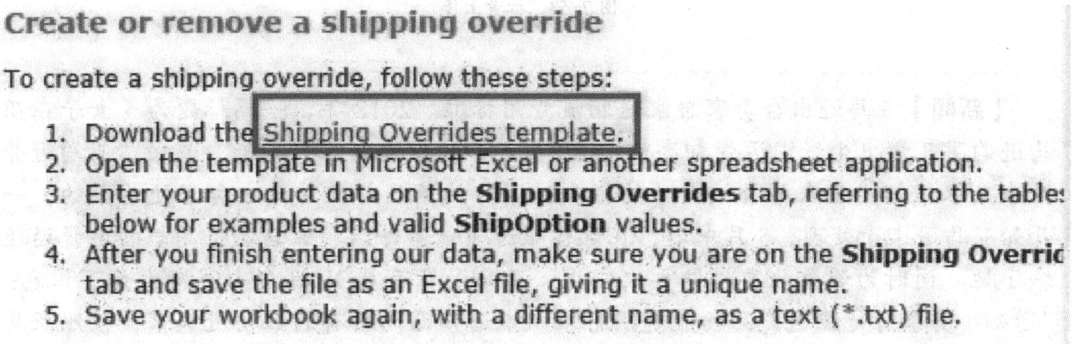
Create or remove a shipping override
To create a shipping override, follow these steps:
1. Download the Shipping Overrides template.
2. Open the template in Microsoft Excel or another spreadsheet application.
3. Enter your product data on the Shipping Overrides tab, referring to the table below for examples and valid ShipOption values.
4. After you finish entering our data, make sure you are on the Shipping Overric tab and save the file as an Excel file, giving it a unique name.
5. Save your workbook again, with a different name, as a text (*.txt) file.

图 7-51 “Shipping Overrides Template” 链接

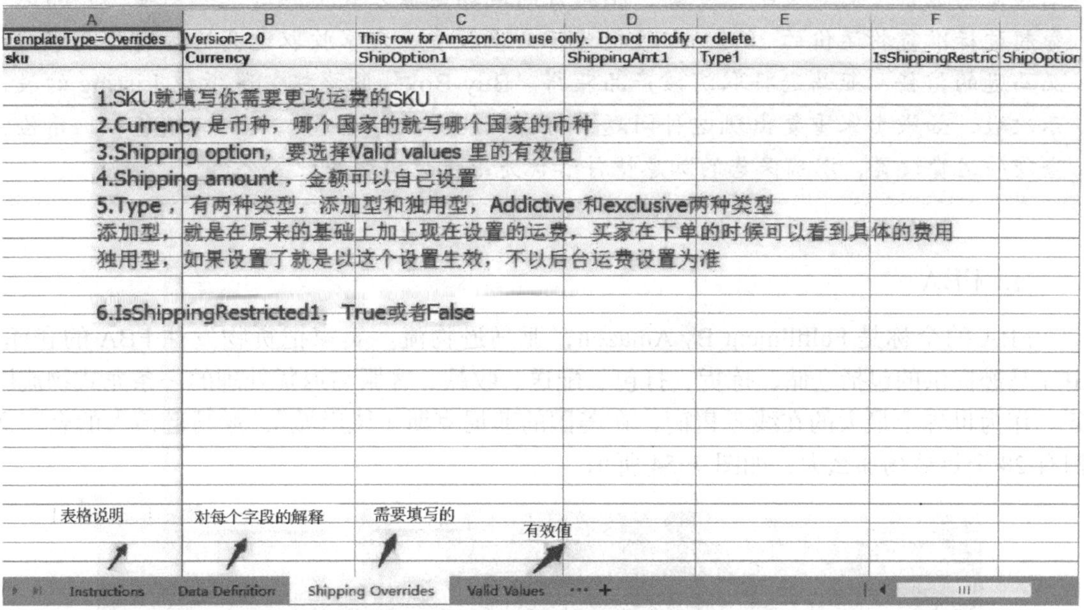
TemplateType=Overrides
Version=2.0
This row for Amazon.com use only. Do not modify or delete.
sku
Currency
ShipOption1
ShippingAmt1
Type1
IsShippingRestric
ShipOptior
1.SKU就填写你需要更改运费的SKU
2.Currency 是币种，哪个国家的就写哪个国家的币种
3.Shipping option，要选择Valid values 里的有效值
4.Shipping amount，金额可以自己设置
5.Type，有两种类型，添加型和独用型，Addictive 和exclusive两种类型
添加型，就是在原来的基础上加上现在设置的运费，买家在下单的时候可以看到具体的费用
独用型，如果设置了就是以这个设置生效，不以后台运费设置为准
6.IsShippingRestricted1，True或者False
表格说明
对每个字段的解释
需要填写的
有效值
Instructions
Data Definition
Shipping Overrides
Valid Values

图 7-52 运费模板表格

将相关信息设置后，将 Excel 文件保存为 TXT 文本格式。与批量上架一样，先检查文件是否有误，检查无误后，再正式上传，上传时要注意将“File type”选择为“Shipping Overrides File”，如图 7-53 所示。

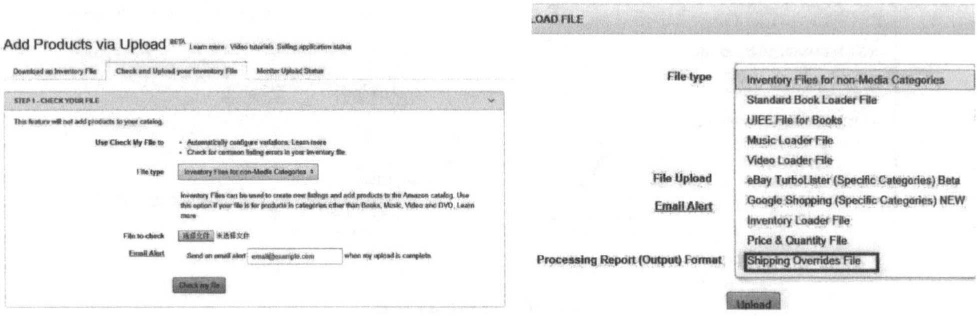

(a) (b)

图 7-53　批量上传

【新闻】亚马逊出台卖家自配送物流费用标准。2018 年，一篇标题为《女子在亚马逊购买几盒卫生纸，运费却高达 7400 美元》的报道在网上疯传。最初，亚马逊并没有采取任何措施来弥补该女子的损失，因为该产品是从第三方卖家处购买的，一开始亚马逊未予处理，5 月中旬，在媒体报道了该事件后，亚马逊将高昂的运费退还给了她。同时为避免此类事件再次发生，亚马逊在 5 月 30 日向卖家发出如下信息："通知：卖家自行配送产品物流费用标准。本通知面向所有的亚马逊卖家，按照亚马逊公平价格政策（Amazon Fair Pricing Policy），所有卖家在设定自发货产品物流价格时，需秉承公正公道的原则。卖家的商品运价需符合实际运费，并要能与其他主要零售商的运价（同等大小、重量，相同目的地和运输方式）相近。一旦某一产品运费超过标准货物运价的 20%，即被视为不公平收费。卖家收取过高运费有损买家对亚马逊的信任，亚马逊将取消该产品获得'Buy Box'的资格，降低该 Listing 的展示次数，如果卖家重复出现这种问题，将有可能会被冻结或永久收回销售权。请检查您的运费设置，以确保您的加急快件和优先配送选项运费设置公道。"

4. FBA

FBA 的全称是 Fulfillment By Amazon，亚马逊物流。卖家把货物发往 FBA 的仓库，由亚马逊提供的包括仓储、拣货、打包、配送、收款、客服与退货处理的一条龙式物流服务。作为世界上最大的在线零售商，在美国的菲尼克斯（凤凰城），亚马逊最大的仓库面积有 28 个足球场那么大，如图 7-54 所示。

图 7-54　FBA 仓库

FBA 发货流程为：卖家备货发送至亚马逊运营中心→操作订单（亚马逊存储商品、客户订购商品和亚马逊对商品进行拣货包装）→亚马逊发货→配送客户，如图 7-55 所示。

图 7-55　FBA 发货流程

1）FBA 的优势

FBA 不仅仅只是物流解决方案，还具有以下的优势。

• 提高 Listing 排名，增加抢夺"Buy Box"的机会，帮助卖家成为特色卖家和抢夺购物车，提高客户的信任度，提高销售额。因为没有物流方面的负面评价，排名会更好。如果卖家希望自己的产品 Listing 能上首页，成为爆款，FBA 是必需的，而且库存要充足；

• 物流服务更专业。表现在配送时效超快（仓库大多靠近机场），仓库遍布全世界；具有丰富的物流经验，采用智能化管理；专业的仓储技术，比如日本亚马逊的用于储存葡萄酒的恒温仓库，某些危险物品、大尺寸产品的存放等；

• 买家体验更好，产品、物流、Listing 完整精简以节省买家时间；亚马逊提供专业客服，重视售后服务，让卖家获得更多的二次购买和好评；

• 不用担心因物流而引起的差评纠纷：根据亚马逊的服务条款，卖家使用 FBA，买家留下了不利于 FBA 物流方面的负面评价，则亚马逊拥有全权消除这个负面评价的权利。比如，"使用 FBA 发货造成延误""使用 FBA 包装有挤压破损"，这些负面评论亚马逊有绝对的权力立即将其删除。因为亚马逊在 FBA 上面投入了几亿美元，任何不利于 FBA 服务的评论都将立即被删除。

当然也有一些不足，一是成本较高，尤其是仓储费，二是语言转换难题尚未解决，只能用英语和客户沟通，三是 FBA 不会为卖家头程发货提供清关服务，四是退货地址只支持美国，五是容易提升买家的退货率。

2）FBA 与海外仓对比

成本方面：FBA 费用包含产品佣金，如一般产品的佣金在 7%～25% 之间，电脑和其他消费电子类的最少为 7%，手表、软件书籍音乐等收取 15% 左右，首饰类收取 25%，亚马逊的设备配件（Amazon Device Accessories）收取 45%；店铺的租金，即专业卖家计划的店铺租金费用是 39.9 美元每月 + 销售一件商品收取的佣金，而个人卖家的计划是每卖出一件商品收取 0.99 美元 + 销售一件商品收取的佣金；仓储费（Inventory Storage），即 FBA 每个月 120 元人民币 / 立方米的仓储费（包含订单处理费 Order Handling、商品挑选打包费 Pick &Pack、称重费 Weight Handing）；物流派送费等。尽管在标准尺寸以内单价超过 300 美元的产品免除所有 FBA 物流费用，不过相比而言，海外仓价格比起 FBA 要优惠很多。

沟通灵活性方面：FBA 只能用英文和客户沟通，发 Email 给 FBA 客服，FBA 客服第二天会回复你，最慢 1 周。目前不少第三方海外仓会提供专属顾问，并拥有 24 小时客服中心，有些海外仓有专门的中文客服来处理一些问题。

FBA 相同条形码产品不同卖家的产品是混储的，第三方海外仓则是专属的。卖家使用 FBA，假设代理其他产品且没有另贴条码，而使用商品生产商原始条形码，则这种产品其他的卖家也可能在销售并在做 FBA。这种情况下所有"具有相同原始条形码"的产品在 FBA 仓库将会被混合在一起存储（不区分卖家）。一旦有客户下单 FBA 会随机发货。

FBA 退货地址只支持美国（如果是做美国站点的 FBA），FBA 发回中国的成本很高，因此可以花费让 FBA 销毁。

FBA 不提供目的地清关及收件人。部分第三方海外仓可提供收件人和代交关税等服务。

FBA 为了节省美国境内运输成本，让用户发到三个不同的仓库地址，会浪费头程运费。部分第三方海外仓只需发往一个仓库进行统一管理。

3）FBA 操作

①将产品设置为 FBA 发货。进入卖家后台，执行"INVENTORY"→"Manage Inventory"，进入"库存管理"页面，选择要通过 FBA 发货的产品。

在选好的产品信息"Action"下拉菜单中选择"Change to Fulfilled by Amazon"，如图 7-56 所示。然后点击"Yes，continue"或者"No return to full list"按钮。

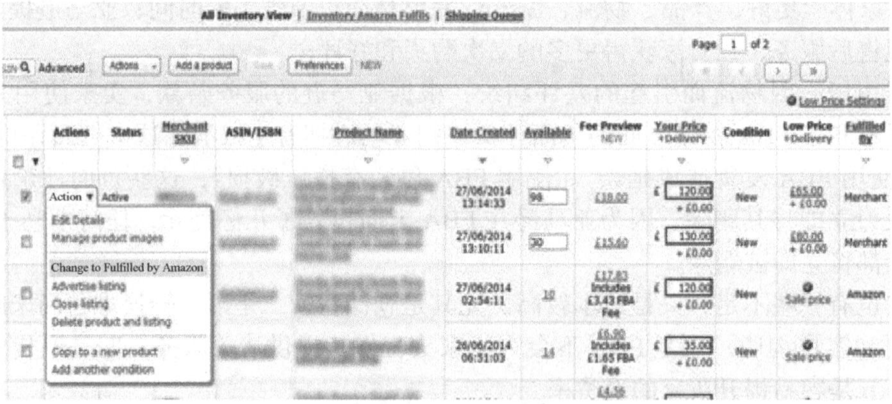

图 7-56 "Action"下拉菜单

②发货到 FBA。选择"Send/Replenish Inventory"，再勾选要发货的产品，如图 7-57 所示。

4）分仓和合仓

亚马逊 FBA 分仓：亚马逊的 FBA，如不特别设置，都是分仓的。同一卖家的不同产品会自动配置到亚马逊在不同地方的仓库。就算你只卖商品到美国本土，你发 100 个货品给 FBA，很可能 40 个去了加州仓库，20 个去了印第安纳州仓库，剩下的去了其他仓库。亚马逊为了合理利用仓库库存，平衡每个地区的产品基数，会根据每个 FBA 仓库的设施条件、气温、湿度和其他因素以及卖家的产品类型，将各类型的产品分到最适合的 FBA 仓库里，以达到合理利用仓储、防止仓库出现爆满或空置的两极分化的情况。

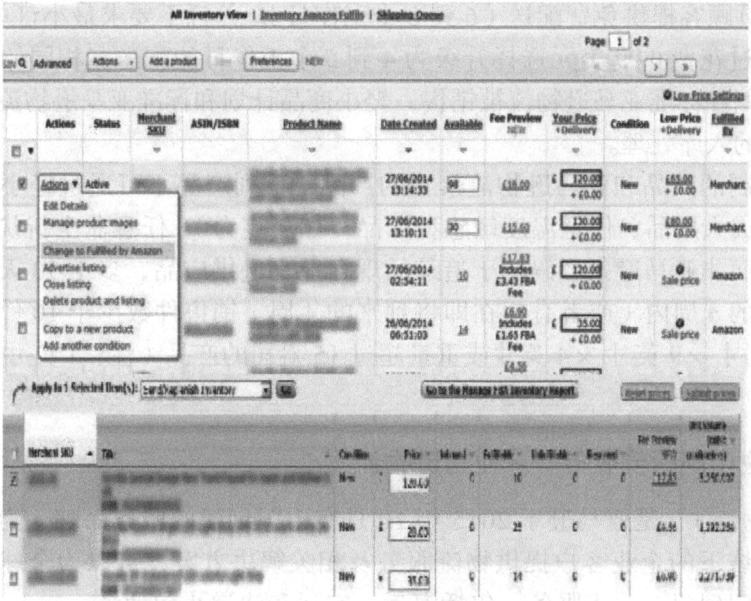

图 7-57　发货到 FBA

所以在亚马逊后台会默认为分仓，对于初期需要发很多产品但是每个 Listing 只发几款到 FBA 用于测试销量的小卖家来说，分仓是特别“痛苦”的。分仓会增加卖家的物流成本，如果货物被分成三批，就会增加 FBA 头程的费用。

合仓选择：要核算分仓和合仓的成本差距。亚马逊合仓收取费用，以美国站为例，包裹收取的费用与重量和尺寸大小有关，采用按件收费的形式。标准尺寸重量在 1 磅以下的收取 0.3 美元，大尺寸重量在 5 磅以下的收取 1.3 美元，如图 7-58 所示。

Standard size (per item)	
1 lb or less	$0.30
1-2 lb	$0.40
Over 2 lb	$0.40 + $0.10/lb above the first 2 lb

Oversize (per item)	
5 lb or less	$1.30
Over 5 lb	$1.30 + $0.20/lb above the first 5 lb

图 7-58　合仓收取费用计算

下面根据自己物品的体积重量和件数来计算合仓费用。比如你的产品被分了 3 个仓库，货件很多，FBA 的很多头程的快递是以 21kg 为起始重量的，如果你的货件在分仓后，还可以达到这个起始重量的话，那分仓是比较划算的，因此要根据你自身的实际情况，大概计算一下成本，如果成本差不多的话，首选合仓。

对于刚刚起步的中小卖家，虽然要多花一点钱，但还是建议 FBA 合仓，这样可以减少库存积压，方便管理。

合仓操作：在后台创建 FBA 发货订单时，在库存配置选项“Inventory Placement Option”中，会出现两个选择，即“Inventory Placement Services（合仓）”和“Distributed Inventory Place”（分仓），其中分仓是亚马逊默认的选项。

5. 亚马逊物流轻小商品计划

亚马逊物流轻小商品计划是为价格通常低于 10 美元的特定轻小商品的快速移动而制订的一种配送解决方案，此计划为 Prime 会员顾客提供免费标准配送（4 到 5 个工作日），为非 Prime 会员顾客提供免费配送（6 到 8 个工作日），并且不要求最小订单数，非 Prime 会员顾客可通过花费 0.99 美元选择升级为 4 到 5 个工作日的配送，相同的商品可能会通过轻小商品计划和标准亚马逊物流被销售，轻小商品计划和标准亚马逊物流这两种配送途径都需要单独的入库处理。

除了被限制的产品和亚马逊物流禁止的产品，下列产品不可通过轻小商品计划来配送：危险品、成人用品、任意温度敏感型产品（如巧克力）、任意非全新状态的产品、将制造商条形码而非亚马逊条形码用于追踪的现存亚马逊供应品、多于 90 天之前创建于平台上并在后续的 4 周内（或者有望在即将到来的 4 周）销售件数少于 10 件的产品、包装尺寸大于 16 英寸 ×9 英寸 ×4 英寸或重量超过 15 盎司的产品（注：1 英寸≈2.54 厘米，1 盎司≈28.35 克）。

6. 亚马逊中国跨境业务——亚马逊物流＋

“亚马逊物流＋”是亚马逊于 2015 年 10 月在中国创建的服务品牌，为中国（除港澳台）所有线上线下的企业客户提供物流服务及相关解决方案，可以为全球开店的卖家提供全程可控的门到门一站式服务，包括海运、空运和快递小包业务。

亚马逊物流＋的优势有：

- 具有竞争力的服务和价格。专业的物流团队拥有丰富的经验、丰富的客户资源和有竞争力的议价能力；
- 优化物流时效：优化物流方案以匹配卖家的物流需求；覆盖全球的物流服务网络和专业的海外团队以保证卖家的物流需求；
- 锁仓服务：可为卖家提供目的国储存服务，避免分仓造成过高的运输成本，FBA 仓优先预约，确保货物及时进仓；
- 全流程可控：强大的全球供应链系统和仓储能力；无忧跨境物流，一站式境内境外无缝对接。

7. Pan-EU 亚马逊物流欧洲整合服务

这是亚马逊欧洲一体化战略下的重要工具和服务。其前提是商品必须同时售到欧洲 5 国；一地入仓即可享受免费智能调拨到其他几国；本地 FBA 可以提升产品曝光率和转换率；一地入仓本地 FBA 可以帮助卖家节省费用。

亚马逊欧洲一体化包含以下内容。

（1）欧洲统一账户 EU UA（European Unified Account）。

（2）建立国际商品信息 BIL（Build International Listings），亚马逊可以免费翻译欧洲其他国家语言。

（3）欧洲物流方案，如下。

- 欧洲配送网络 EFN（European Fulfillment Network）一地备货，直送欧洲各地，亚马逊负责客户服务和退货服务；
- 多国分仓 MCI（Multi-Country Inventory）：热销产品在当地 FBA 备货，可以更好提升客户体验；配送体验更快更实惠；本地 FBA 提升产品曝光率和转化率；
- 亚马逊物流欧洲整合服务 Pan-European FBA。

（4）活动资源欧洲协同，如主要促销季（Promotion Seasons）、秒杀（Lightning Deals）。

8. 针对 Amazon Prime 会员的物流服务

Amazon Prime 亚马逊会员费，中国会员仅仅 299 元 / 年（优惠价 199 元 / 年），2018 年美国亚马逊的 Amazon Prime 年费则从 99 美元提高到 119 美元。

会员享有诸多在物流方面的主要福利。

① Prime Now 商品 1 小时内送达。比如日本亚马逊，有超过 26000 件对应的商品，可以在部分地区 2 小时内免费送达，而且配送状况可在手机上查询。

Prime 商品有两种情况：一是亚马逊自营商品，二是选择 FBA 发货的卖家商品，如图 7-59 所示。

图 7-59　Prime 商品

② Prime 商品三大配送方法均免运费；

③ 亚马逊无人机配送（Amazon Prime Air）。会员可以享受无人机配送服务，如图 7-60 所示。

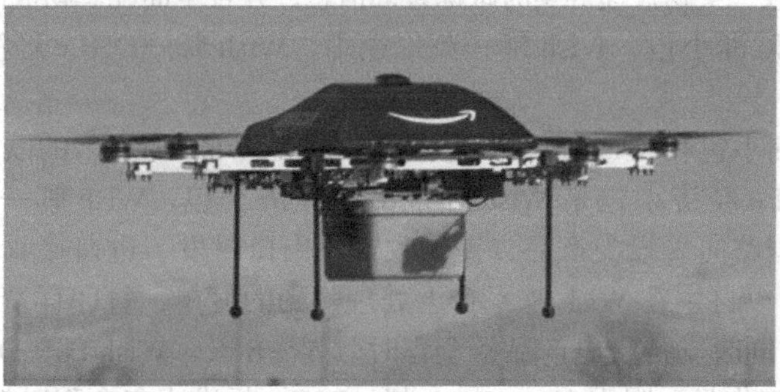

图 7-60　亚马逊无人机配送

7.3.3　Wish 平台物流管理

为具有更好的客户体验，Wish 对于物流时效要求高，客户下单后 4 天内物流要上网，否则会影响账户安全或者影响产品曝光。卖家应该在货源和物流方面提早做好准备。选择物流商的时候一定要关注以下几个因素：价格、上网时间（如邮政早上揽收晚上上网）、丢包率或延迟率（追踪一个月的签收率）。

Wish 要求卖家必须选择平台认可的物流，可以选择线上发货或线下发货，线上发货采用的是 Wish 和中国邮政合作的 Wish 邮，线下发货最好联系 Wish 认证的物流商；卖家必须在 7 天之内完成发货（完成发货的标准为可以跟踪到运单号获取到物流信息），否则将会取消订单并退款给买家；10 美元以上的产品必须选择挂号邮件，事实上，由于 Wish 平台的付款操作需要追踪包裹的线上情况，因此大部分情况下都需要选择挂号邮件寄送。

1. Wish 邮——直发模式

"Wish 邮"是 Wish 平台在 2015 年联合中国邮政在上海推出的一款面向 Wish 商户的跨境电子商务物流产品。目前已经在北京、义乌、南京、福州、深圳、广州、杭州、宁波、东莞等地设有仓储和揽收服务，为使用 Wish 邮的商户提供专属集货仓、专线产品、专业仓储等一体化物流解决方案，详细可以查询 wishpost.wish.com。

1）Wish 邮—中邮小包

Wish 邮—中邮小包是 Wish 与中国邮政合作的，面向 Wish 平台卖家推出的空邮产品，主要服务面向重量在 2kg 以下的小件物品，由中国邮政提供国内段收寄、封发、计划交行等信息，但不提供国外段跟踪信息，分平邮和挂号两种。

2）Wish 邮—International Bridge 中美专线

Wish 邮—International Bridge 中美专线是美国路向专线产品，产品分为 IB 标准服务（Standard）和 IB 快速服务（Express），全程物流节点可在线实时跟踪查询（包括妥投信息）。标准服务（Standard）起重 60 克、投送时效 7～12 个工作日；快速服务（Express）起重 50 克、投送时效 3～7 个工作日，单个包裹不得超过 31.5kg。

3）Wish 达（公测版本）

Wish 达是 Wish 推出的口岸直飞路向的物流产品，能够即时提供头程运输、口岸操作、出口交航、进口接收、实物投递等实时跟踪查询信息，并且全面配套物流保险。

4）Wish 邮—欧洲小包、Wish 邮—英伦速邮、Wish 邮—DHLe 经济小包、Wish 邮—DHLe 标准小包

Wish 邮—欧洲小包和 Wish 邮—英伦速邮小包是 Wish 邮推出的欧洲以及英国专线小包，Wish 邮—DHLe 经济小包是 Wish 邮推出的经济小包，Wish 邮—DHLe 标准小包是 Wish 邮推出的美国路向妥投类产品，提供收寄、出口封发、进口接收和投递等实时跟踪查询信息。商户可以自主在 Wish 邮平台上处理收到的订单，打印详情单并选择快件揽收服务或自送上门。同时支持带电产品，全程时效 5～8 天。Wish 邮—DHLe 经济小包的全程时效 12～17 个工作日，限重 2kg。Wish 邮—DHLe 标准小包全程时效 6～10 个工作日，无首重限重 2kg。

5）Wish 邮—DLE

Wish 邮—DLE 是 Wish 邮推出的口岸直飞美国路向的物流产品，即时提供头程运输、口岸操作、出口交航、进口接收、实物投递等实时跟踪查询信息。全程物流节点可在线实时跟踪查询（包括妥投信息），投送时效 7～12 个自然日。

6）Wish 邮—E 邮宝

Wish 邮—E 邮宝是 Wish 与中国邮政速递物流股份有限公司合作的经济类速递产品，提供收寄、出口封发、进口接收和投递等实时跟踪查询信息。作业流程标准化，货物及时效都有保障。

由于 Wish 邮的基本服务是由中国邮政提供的，所以在基本的时效性、价格方面和中国邮政小包基本一致，商户需要将货物先寄送到上海再经由 Wish 邮发往各个国家。但 Wish 平台对于使用 Wish 邮的商户推出了许多的支持政策，针对欧洲路向发布了"护航计划"，使用 Wish 邮平台发货的 Wish 商户，因物流原因导致的订单退款损失，将得到由物流公司提供的最高 50% 交易金额的主动补偿；针对德国路向以及法国路向符合要求的物

流可以得到提前放款的政策支持，商户可以提前得到该笔订单可支付金额的 20%，同时根据商户的妥投表现，妥投率达到要求的商户能够享受妥投率指标免责福利。

卖家在利润较低的情况下，可以首选 Wish 邮的平邮，其次选 Wish 邮挂号小包，成本也较低。如果订单商品达到 3 件以上，则可以考虑 E 邮宝。在产品比较重且利润较高的情况下，可以考虑选择 Wish 邮标准小包等。

除了 Wish 邮，还有前面提到的邮政物流产品，比如瑞典小包、新加坡小包、荷兰小包等都是 Wish 平台认可的也比较适合 Wish 平台产品物流的选择。

当然各大国际快递公司的物流产品，比如 DHL 小包、顺丰小包等，还可以发带电的产品。

2. Wish Express

Wish Express 是 Wish 平台上的海外仓项目，但并不是 Wish 自己建的海外仓，而是卖家已有的海外仓（或租用或自建）（注：目前 Wish 也在海外仓方面有投入，卖家可以关注）。因此，想要加入 Wish Express，卖家需要在自建的或第三方的海外仓开展相关业务，然后向 Wish 平台申请（单个产品即可申请）。一旦申请成功，卖家这款产品将被 Wish 平台独立考核。考核标准中，最重要的就是客户下单后 5 天之内必须要能签收，同时延迟到达率 <5%，预履行取消率 <5%。达不到标准的货物将要承担 100% 的退款责任，并失去这一产品的海外仓资格。

登录“Wish 商户平台”首页，找到“从今天开始加入 Wish Express”，点击“了解更多信息”按钮，即可开始申请，如图 7-61 所示。

图 7-61 “了解更多信息”按钮

按页面指示，仔细阅读 Wish Express 的相关信息并在“选择您可以在 5 天或 5 天内能运抵的国家”中勾选相关国家，点击“现在申请”按钮，即可完成线上申请，如图 7-62 所示。

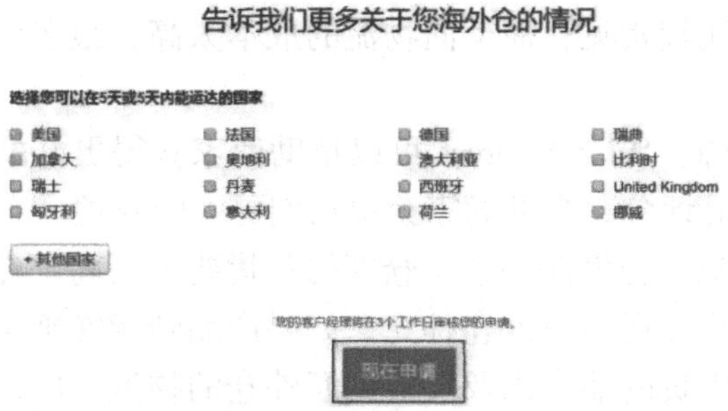

图 7-62 勾选能运抵的国家

下面简述 Wish 卖家做 Wish Express 海外仓的优势。

①增加了产品的曝光率，能够提高产品的流量和销量。Wish 平台在用户端特别设置了 Wish Express 前端独立标签页、独立搜索标签页等特设展示页面用于专门展示 Wish Express 产品，并在每项产品的详情页增加相关 Wish Express 产品专栏，同时在相关产品页优先展示 Wish Express 产品。在前端有 Wish Express 产品专属的小黄车标志，标识了产品身份，提醒消费者这类商品可以快速送达，不过不同国家的送达时间有差异，如图 7-63 所示。在后台，Wish 通过数据将相同产品进行智能匹配，并将原先分配给仅支持直发物流的产品的推荐流量部分重新分配给同时提供 Wish Express 和直发物流选项的同样产品（倾斜多少取决于倾斜流量的转化率以及商户的 Wish Express 项目履行时效）。

②返利 5% 政策：对于能够在规定时限内妥投 Wish Express 订单的商户，Wish Express 将给予其返利奖励！符合妥投时限的 Wish Express 订单将获得订单金额 5% 的返利。

③ Wish Express 卖家可以作为 T1 等级的物流服务，可获得全明星商户标志，从而享受快速放款、流量加权。缩短了卖家的回款周期，普遍 7～14 天就可以回收货款。而且还提高了客户体验，减少因物流而引起的纠纷。Wish Express 订单妥投耗费时间计算公式为：

妥投耗费时间 = 物流商确认妥投时间 − 订单在 Wish 平台审核完成并放出时间
− 周末 − 节假日

(a)

国家	妥投时效要求的工作日天数
法国	6
瑞典	8
澳大利亚	7
意大利	6
瑞士	6
西班牙	8
丹麦	6
芬兰	7
挪威	8
波多黎各	7

(b)

图 7-63　Wish Express 产品专属的小黄车标志和不同国家的送达时间

④针对美国海外仓产品 Wish 开通退货项目。Wish Express 商户还可设置退货仓库以接收退货。跨境 B2C 出口电子商务中，对于商家而言，退货处理一直是个难题，因为在国外消费习惯中退货现象比较常见，而反向物流的成本太高，很多商家不得不放弃已发出的商品。

⑤账户安全更有保障：Wish Express 可以帮助商家获得更好的数据表现，包括账号维度和产品维度，提升产品评分，帮助商家获得长期更大的收益。

但并不是所有产品都适合做海外仓。仓库的备货要求更高，在遇到有个别缺货的问题时，卖家要从中国将货物发送至海外仓补充，如果产品到货晚则会影响晚到率，这就意味着商户需要有能够持续供货的能力以及发货到海外仓的物流手段，也就是说商户需要有足够的资金链支持。因此只有销量稳定且较好的产品适合采用这种模式。

3. Wish 物流选择向导——物流服务商分级

Wish 平台将认可的物流服务商分为以下 4 个等级。

等级一：仅满足 Wish Express 妥投要求的 Wish Express 订单可享受等级一的利好政策。

等级二：具有高妥投率及低物流因素退款率的可靠物流服务商。

等级三：具有较高物流因素退款率及低妥投率的物流服务商。

等级四：物流表现差的物流服务商，如具有极高物流因素退款率及极低妥投率。

使用不同等级物流服务商的卖家将享受不同的待遇，如表 7-11 所示。

表7-11　使用不同等级物流服务商的卖家享受的待遇

	等级一	等级二	等级三	等级四
妥投后成可支付状态	即刻	45 天	75 天	90 天
Wish express 返现	5%	无	无	无
曝光量增长	有	有	无	无
全明星商户标志“All-star shipper”	有	有	无	无

注 1：可支付状态，即平台返现，妥投表示显示已经 Delivered 或者用户确认收货 5 天后；

注 2：如果订单配送使用的物流服务商不在物流选择向导中，并且没有确认妥投，那么订单将与物流服务商确认发货的 90 天后成为可支付状态；如果订单没有被物流服务商确认发货，那么订单将于商户标记发货 120 天后成为可支付状态。

4. Wish 平台物流管理操作

1）Wish 发货

其入口地址为：https://merchant.wish.com/settings#courier-preferences。

在使用商户物流工具配送单个订单时，请找到对应的订单，在最右端点击“Actions”→“Ship”，在打开的页面中，填入产品信息，例如长度、宽度、高度和重量，如图 7-64 所示。

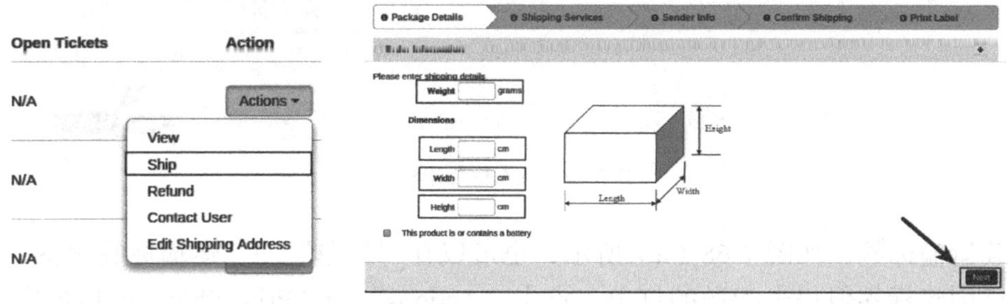

(a)　　　　(b)

图 7-64　找到相应订单并填写产品信息

根据产品信息和订单目的地，表格中会显示出所有可选的物流方案，可选择一个最适合的方案，点击“Select”按钮，如图 7-65 所示。

一些物流服务商需要商户的联系方式，请在空白区域填入相关信息，然后点击“Next”按钮如图 7-66 所示。

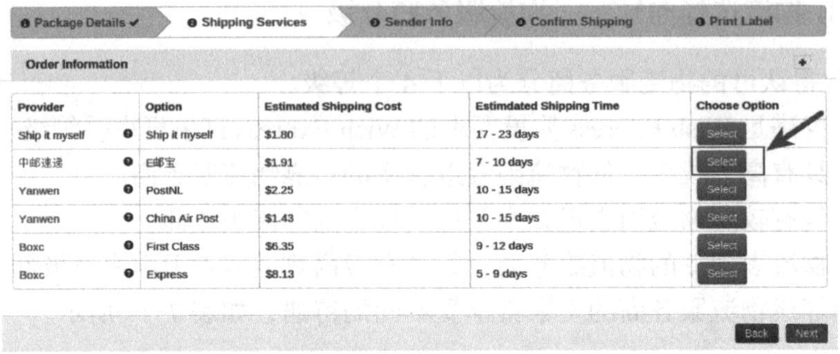

图 7-65　选择物流方案

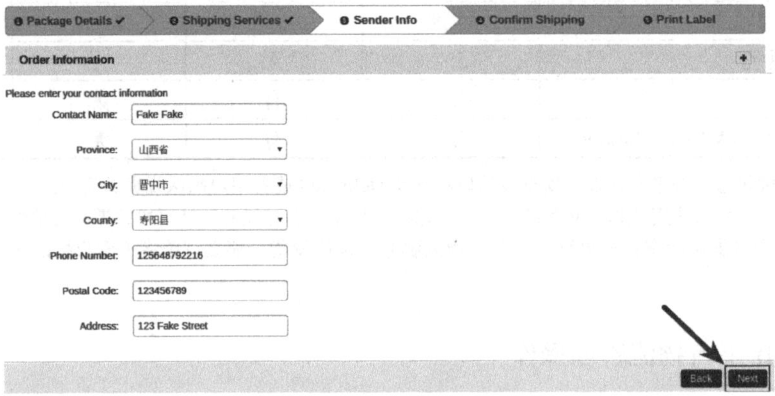

图 7-66　填写商户的联系方式

检查信息并确认点击“Confirm”按钮，如图 7-67 所示。

图 7-67　检查信息并确认

下载运输标签，如图 7-68（a）所示，也可以在“订单”→“运输标签预备”中查找到所有已创建标签但仍未配送的订单，点击“Actions”→“Print Shipping Label”打印运输标签，如图 7-68（b）所示。

打包好该订单，贴上标签并将包裹送至配送中心。点击“Mark Shipped”按钮（标记发货），如图 7-69 所示，表示订单已经配送，流程都已经完成了。

2）Wish 物流配送费用设置——针对不同国家给每个产品设置不同运费

在 Wish 后台刊登产品时，就会被要求填写运费。如果有变化，还可以进行设置和变更。

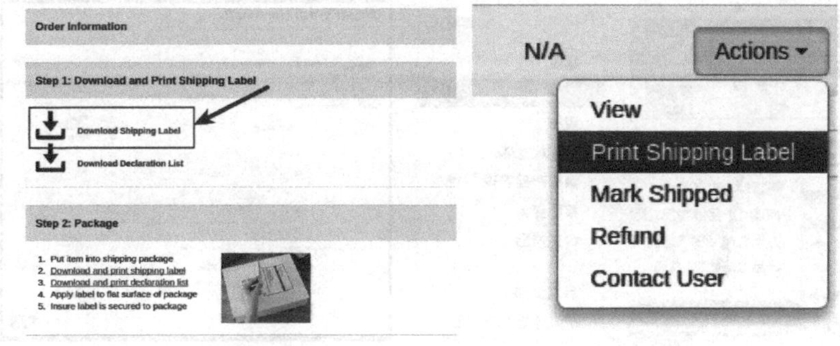

(a)　　　　　　　　(b)

图 7-68　下载运输标签和打印运输标签

图 7-69　标记发货

方法一：后台设置。

进入 Wish 后台，执行“账户”→“配送设置”选项，在打开的页面中点击“配送至选定国家”按钮，在填写配送费后，更新等待 12 小时后生效，如图 7-70 所示。

在选择运费设置时，不要设置 0 运费，Wish 没有包邮概念，即便设置了 0 运费，届时 Wish 也会调整运费。比如上传一个 15 美元单价，0 美元运费的产品，买家看到的可能是 13 美元单价，2 美元运费。

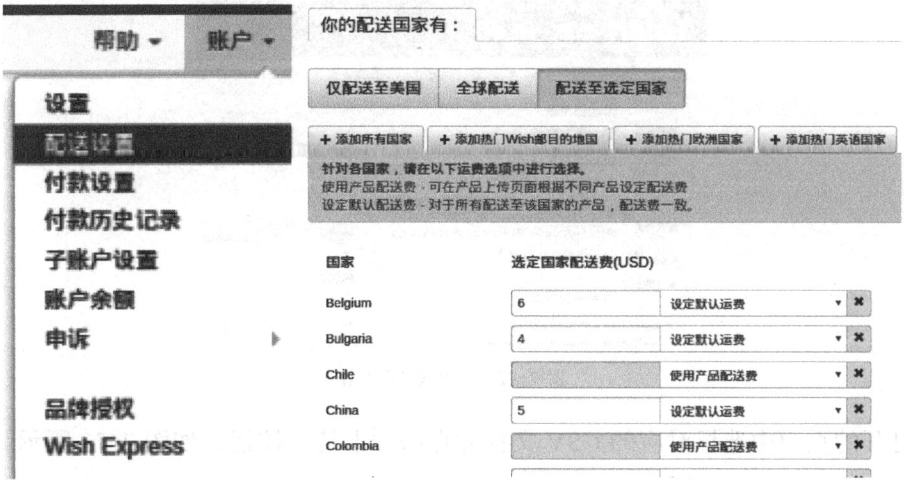

(a)　　　　　　　　(b)

图 7-70　后台设置

也可以在 Wish 后台中执行“产品”→“查看所有产品”选项，在打开的页面中执行“措施”→“编辑配送费”选项，打开运费设置页面如图 7-71 所示。

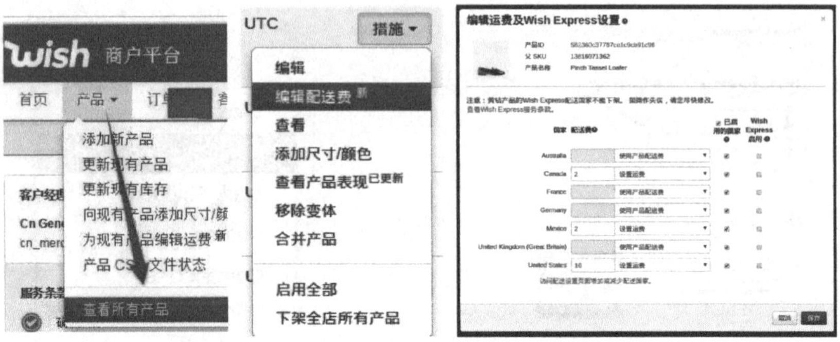

(a) (b) (c)

图 7-71　后台运费设置

给每个国家设置不同的配送费用，设置结束后保存即生效。如将国家设置成“使用产品配送费”，那么这个 Wish 产品将使用产品上设置的配送费用。

方法二：使用 CSV 文件。

首先创建运费上传表格。可以用 Microsoft Excel 或 Google Drive 表格等方式自行创建 CSV 文件，针对每个产品分别填写产品 Unique Id 及各个国家配送费用。一列代表一个国家，但不必包含所有国家，例如只想更新美国和法国的运费，那么在 CSV 文件中只需填写三列：产品 Unique Id、美国和法国。

编辑好后，将文件保存为 CSV 文件格式的文件。如果使用的是 Excel，请点击“文件”→“另存为”，在打开的页面中选择“逗号分隔值（CSV）”作为文件格式。如果使用的是 Google Drive，则可点击“文件”→“下载为”→“逗号分隔值”进行保存。

上传 CSV 文件及属性映射：执行“产品”→“为现有产品编辑运费”→“产品 CSV 文件”选项，如图 7-72 所示。

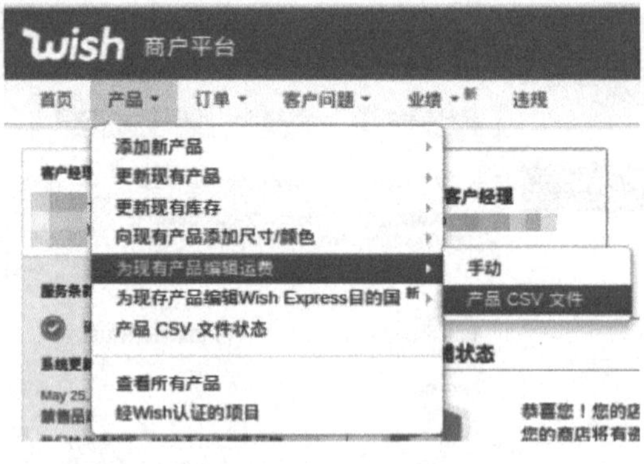

图 7-72　上传 CSV 文件

在打开的页面中选择对应的 CSV 文件并点击“上传”按钮，如图 7-73 所示。

图 7-73　选择 CSV 文件并上传

将“Wish 属性”与表格内各列（“您的列名称”）进行映射，然后点击“继续”按钮，如图 7-74 所示。

图 7-74　将 Wish 属性与列映射

接下来可以预览上传的文件。如果发现问题，可以点击“修改映射”按钮来修正错误项。若无误，请点击“继续”按钮，如图 7-75 所示。

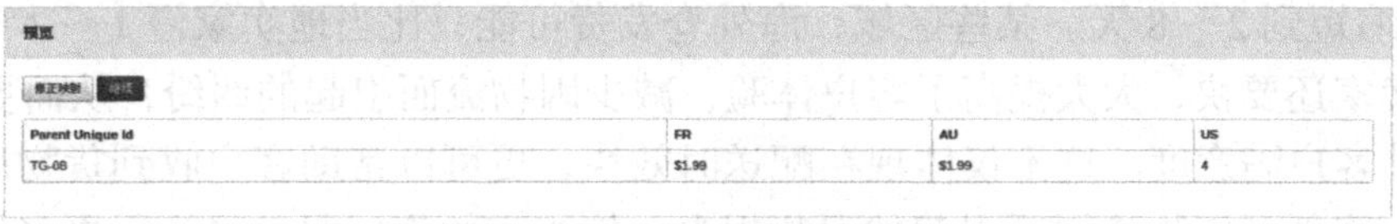

图 7-75　预览上传文件

最后点击页面最下方的“提交”按钮进行文件上传，系统接收到文件后，我们将收到即时确认信息，如图 7-76 所示。24 小时之内将完成导入，可以查看导入状态页。

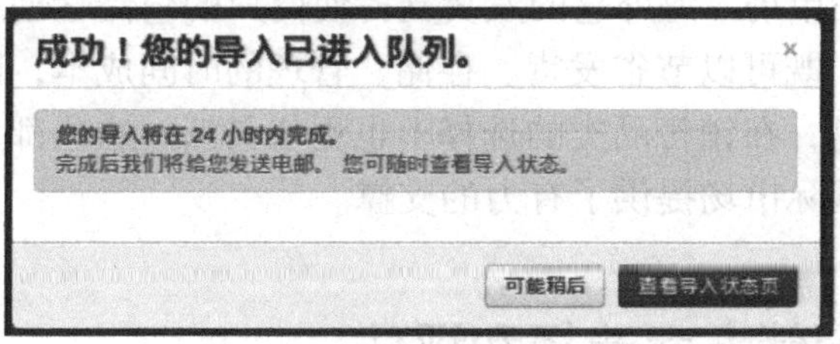

图 7-76　提示框

7.4 海 外 仓

海外仓，又称为海外仓储，是指跨境电子商务卖家在海外预先建设或租赁仓库，以空运、海运、陆运或国际多式联运的方式先把货品运达仓库，然后通过互联网接到客户订单，直接从海外仓进行货品分拣、包装、发货和配送。海外仓的建设可以让出口企业将货物批量发送至国外仓库，实现该国本地销售，本地配送。确切来说，海外仓应该包括头程运输、仓储管理和本地配送三个部分。

头程运输：中国商家通过海运、空运、陆运或者联运将商品运送至海外仓库；仓储管理：中国商家通过物流信息系统，远程操作海外仓储货物，实时管理库存；本地配送：海外仓储中心根据订单信息，通过当地邮政或快递将商品配送给客户。

2015 年 5 月份商务部《“互联网 + 流通”行动计划》中鼓励电子商务平台和出口企业通过建设“海外仓”布局境外物流体系。

7.4.1 海外仓的优势

海外仓为跨境电子商务卖家实现在销售目的地的货物仓储、分拣、包装和配送的一站式控制与管理服务。因此具有以下优势：

- 降低物流成本。从海外仓发货物流成本远远低于从中国境内发货。特别是体积大、重量大、价值高的“三高”产品，以及品牌商品、低值易消耗品等较适合海外仓；
- 加快物流时效。由于缩短了运输时间，因此缩短了卖家的回款周期。很多平台比如 Wish 严格要求妥投后放款，因此海外仓可以帮助卖家将发货到收到货物周期从原先的 10～50 天缩短到 2～8 天。某些区域，海外仓发货可能只比当地卖家慢 1～2 天，有时甚至比当地卖家还要快，大大提高了客户体验，减少因物流而引起的纠纷，从而更快回款；
- 提升客户满意度。这不仅体现在配送时效快，更可以帮助客户收到货物后能轻松实现退换货，降低了因物流问题引起的退货损失，使买家的售后服务得到了更多保障。客户好评率的提高，则可以提高产品曝光率，提升店铺的销量。当然允许便捷退货也可能会为卖家带来货物滞销的压货危险，因此卖家需要更精确地分析客户需求，并更注重产品质量来减少退货的发生；
- 有利于卖家开拓市场。海外仓的发货支持使商户的仓储管理更偏向于自动化，为卖家提供了巨大的优势，既可以节省发货、存储、管理的时间成本，同时也避免了因为商家个人而产生的订单问题，在销售品类的选择上也更加灵活。这些都为零售商扩大业务、实现产品多样化、开拓国际市场提供了有力的支撑。

7.4.2 海外仓储方案选择和评估

海外仓建设可以考虑自建和租用两种主要方案。那么卖家究竟该如何选择？这里以一个案例来介绍如何用净现值计算和决策树分析方法，来评估和选择海外仓储的建设方案，并做出科学选择。

1. 需求和市场环境不变的方案选择

假设企业在海外某地的订单量保持每年不变，市场汇率等因素也不变。某跨境电子商务企业要做未来三年的海外仓储决策。

预计未来每年将有 80000 笔订单，每 100 笔订单需要 1 平方米的仓储空间。每完成一笔订单利润为 100 元。假定该跨境电子商务的成本仅包括仓库成本和每年 100 万元的其他成本（管理、客服等）（注：因为头程运输和本地配送的成本，不会因为租用还是自建而有所不同，因此在此不做考虑）。如果自建海外仓，每年的仓库成本为 300 元 / 平方米，如果租用海外仓，预计未来三年的仓库租赁成本都是 1000 元 / 平方米。假设贴现率 r 为 0.1。

下面计算这两种方案的净现值。

（1）自建海外仓。

$$\text{预期年利润（自建海外仓）}=80000\times100-\frac{80000}{100}\times300-1000000=6760000\text{（元）}$$

$$\text{NPV（自建海外仓）}=P_0+\frac{P_1}{1+r}+\frac{P_2}{(1+r)^2}=6760000+\frac{6760000}{1.1}+\frac{6760000}{1.1^2}=18492232\text{（元）}$$

（2）租用海外仓。

$$\text{预计年利润（租用海外仓）}=80000\times100-\frac{80000}{100}\times1000-1000000=6200000\text{（元）}$$

$$\text{NPV（租用海外仓）}=P_0+\frac{P_1}{1+r}+\frac{P_2}{(1+r)^2}=6200000+\frac{6200000}{1.1}+\frac{6200000}{1.1^2}=16960331\text{（元）}$$

可见，自建海外仓的净现值比直接从海外市场上租赁仓库的净现值高出 1531901 元。但这一分析并未考虑未来不确定的需求以及跨境电子商务的不确定市场因素，比如仓储现货市场成本变动。因此，还需要再重新考量评估。

2. 需求和市场波动下的决策树分析

继续考虑前面案例中的决策问题，跨境电子商务企业管理者预计未来三年需求存在不确定性，如果需求低于预期，那么将会造成仓储空间的闲置，反之则可能不足；如果现货市场的仓储价格下降，自建仓储可能更贵，反之亦然。为此管理者考虑了以下 3 个方案：

- 租用海外仓方案，根据需求在市场上租赁相应的仓储空间；
- 固定方案，自建海外仓，如果不够，根据需求从市场上租赁；
- 柔性方案，自建海外仓，当自建的仓储空间无法满足需求时，从市场上租赁；当所需空间小于自建仓储空间时，通过出租的形式弥补成本，最大出租面积为总仓储空间的 40%。

在上面的案例中，因为增加了许多可能变化的条件，就需要用决策树分析法将各种情况进行一一分析。

需求变化：每 100 笔订单需要 1 平方米的仓储空间，该物流公司每年的订单数为 80000 笔，根据预测，从某年到下一年，仓储空间的需求可能上升或下降 20%（概率都为 50%），两种结果的概率互相独立，在各年间保持不变。

仓储成本变化：如果自建海外仓，每年的仓库成本为 300 元 / 平方米，现货市场的仓储租金为 1000 元 / 平方米。从某一年到下一年现货市场的价格可能上升或下降 10%（概率都为 50%）。两种结果的概率彼此独立，在各年间保持不变。

仓储空间的价格和产品需求的波动都是相互独立的。每完成一笔订单利润为 100 元，贴现率 r 为 0.1。每年仓储外的其他成本为 100 万元（不随需求和价格发生改变）。所有成本都在每年年初发生。

由此得出决策树如图 7-77 所示，节点 D 表示万单位需求即订单数，节点 p 表示每平方米仓储空间的价格（千元人民币）。价格和需求的波动相互独立，每次转移的概率为 0.25。

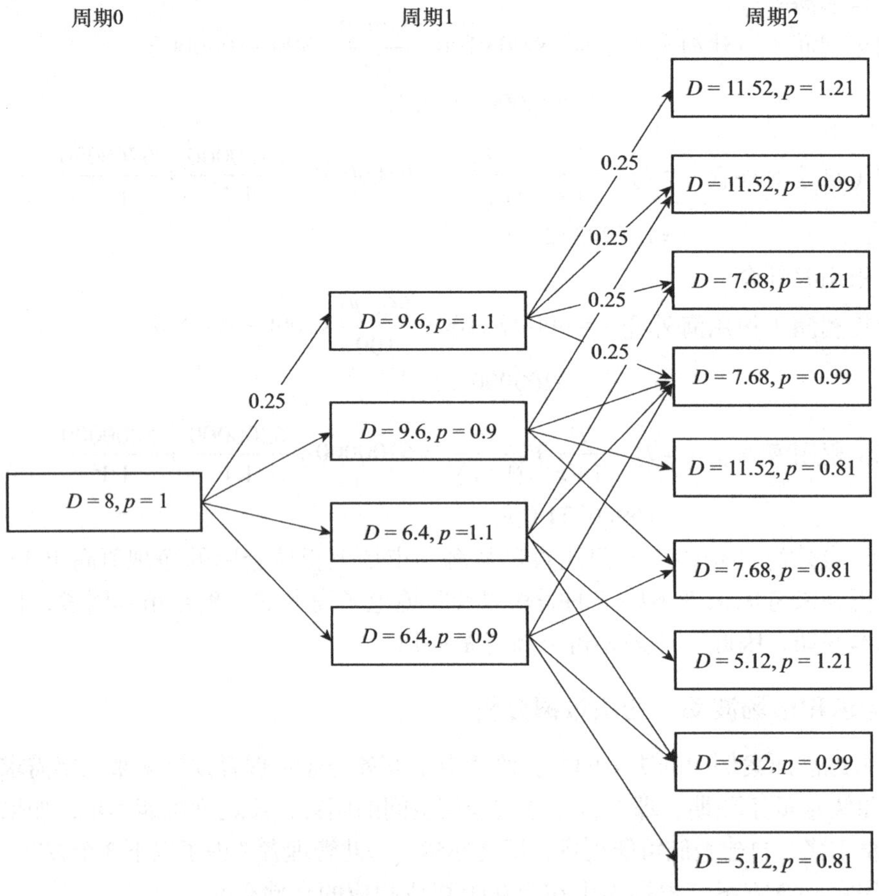

图 7-77　决策树

3. 需求和市场波动下的方案计算

1）租用海外仓方案

第一种方案是依据需求向现货市场上租用所需的仓储空间。首先，从周期 2 开始，计算该公司在每一节点的利润，在节点 D=11.52，p=1.21 时，该跨境电子商务需要满足 115200 单位的订单需求，即 1152 平方米仓储空间，此时每平方米的现货市场价格为 1210 元，成本用 C 表示，利润用 P 表示，计算如下：

C（D=11.52，p=1.21，2）=1152 × 1210+1000000=2393920（元）

P（D=11.52，p=1.21，2）=115200 × 100−C（D=11.52，p=1.21，2）

=9126080（元）

在周期 2 中，该物流公司在其他每个节点获得的利润都可以用这种方法计算得到，计算结果如表 7-12 所示。

表7-12 周期2中物流公司在其他每个节点获得的利润

D/ 万单位	p/ 千元人民币	收入 / 元	C/ 元	p/ 元
11.52	1.21	11520000	2393920	9126080
11.52	0.99	11520000	2140480	9379520
7.68	1.21	7680000	1929280	5750720
7.68	0.99	7680000	1760320	5919680
11.52	0.81	11520000	1933120	9586880
7.68	0.81	7680000	1622080	6057920
5.12	1.21	5120000	1619520	3500480
5.12	0.99	5120000	1506880	3613120
5.12	0.81	5120000	1414720	3705280

紧接着，计算周期 1 每个节点的期望利润，它等于周期 2 的期望利润在周期 1 的现值加上周期 1 该节点的利润。周期 1 某节点的期望利润 EP 是指在下一个周期（周期 2）可能出自该节点的所有节点的期望利润。用 PVEP 来表示该期望利润的现值。*P* 表示总的期望利润，等于周期 1 的利润与周期 2 的全部期望利润的现值之和。从周期 1 的节点 *D*=9.6，*p*=1.1 出发，在周期 2 有 4 种可能的状态，计算在周期 2 的这 4 种状态的期望利润 EP（*D*=9.6，*p*=1.1，1）为：

EP（*D*=9.6，*p*=1.1，1）=0.25×[*P*（*D*=11.52，*p*=1.21，2）+*P*（*D*=11.52，*p*=0.992）+
P（*D*=768，*p*=1.212）+*P*（*D*=7.68，*p*=0.99，2）]=7544000（元）

该期望利润在周期 1 的现值为

PVEP（*D*=9.6，*p*=1.1，1）=EP（*D*=9.6，*p*=1.1，1）÷（1+*r*）=7544000÷1.1
=6858182（元）

周期 1 的节点 *D*=8.8，*p*=1.1 获得的总期望利润 *P*（*D*=9.6，*p*=1.1，1）等于该节点在周期 1 的利润与从该节点出发所有可能的节点的期望利润的现值之和，为：

P（*D*=9.6，*p*=1.1，1）=960004100−960×1100−1000000+PVEP（*D*=9.6，*p*=1.1）
=4402182（元）

周期 1 的所有节点的总期望利润计算结果如表 7 13 所示。

表7-13 周期1的所有节点的总期望利润计算结果

D/ 万单位	p/ 千元人民币	PVEP/ 元	收入 / 元	C/ 元	p/ 元
9.6	1.1	6858182	9600000	2056000	14402182
9.6	0.9	7032727	9600000	1864000	14768727
6.4	1.1	4269091	6400000	1704000	8965091
6.4	0.9	4385455	6400000	1576000	9209455

基期的总利润 *P*（*D*=100，*p*=0.8，0）等于基期的利润与周期 1 中的 4 个节点的期望的现值之和。

周期 0 在周期 1 的 4 种可能的期望利润为：

EP（*D*=8，*p*=1，0）=0.25×[*P*（*D*=9.6，*p*=1.1，1）+*P*（*D*=9.6，*p*=0.9，1）+
P（*D*=6.4，*p*=0.9，1）]=11836364（元）

周期 1 的期望利润折现到周期 0 的结果为：

PVEP（D=8，p=1，0）=EP（D=8，p=1，0）÷（1+r）=10760331（元）

该节点在周期 0 的期望利润为：

P（D=8，p=1，0）=80000×100−800×1000−100000+PVEP（D=8，p=1，0）

=16960331（元）

因此，从市场上租赁所有仓储空间的方案的预期利润为 16960331 元。

2）自建海外仓的固定方案

自建海外仓 800 平方米，其他的则根据需求从市场上租赁。计算过程与前面的分析类似，以节点 D=9.68，p=121 为例，超出部分的面积为 168 平方米。如果需求低于 800 平方米，该跨境电子商务还要承担相应的成本。在周期 2 的 9 个节点的利润如表 7-14 所示。

表7-14　在周期2的9个节点的利润

D/ 万单位	p/ 千元人民币	额外面积 / 平方米	收入 / 元	C/ 元	p/ 元
11.52	1.21	352	11520000	1665920	9854080
11.52	0.99	352	11520000	1588480	9931520
7.68	1.21	0	7680000	1240000	6440000
7.68	0.99	0	7680000	1240000	6440000
11.52	0.81	352	11520000	1525120	9994880
7.68	0.81	0	7680000	1240000	6440000
5.12	1.21	0	5120000	1240000	3880000
5.12	0.99	0	5120000	1240000	3880000
5.12	0.81	0	5120000	1240000	3880000

周期 1 中每个节点的总期望利润 EP 是指在周期 2 中有可能出自该节点的 4 个节点的期望利润，P 指的是周期 1 和周期 2 的总的期望利润，贴现率为 0.1，计算结果如表 7-15 所示。

表7-15　周期1中每个节点的总期望利润

D/ 万单位	p/ 千元人民币	PVEP/ 元	额外面积 / 平方米	收入 / 元	C/ 元	p/ 元
9.6	1.1	7424000	160	9600000	1416000	15608000
9.6	0.9	7456000	160	9600000	1834000	15672000
6.4	1.1	4690909	0	6400000	1240000	9850909
6.4	0.9	4690909	0	6400000	1240000	9850909

基期的总利润 P（D=100，p=0.8，0）等于基期的利润与周期 1 中的 4 个节点的期望的现值之和。

周期 0 在周期 1 的 4 种可能的期望利润为：

EP（D=8，p=1，0）=0.25×[P（D=9.6，p=1.1，1）+P（D=9.6，p=0.9，1）+

P（D=6.4，p=1.1，1）+P（D=6.4，p=0.9，1）]=12745455（元）

周期 1 的期望利润折现到周期 0 的结果为：

PVEP（D=8，p=1，0）=EP（D=8，p=1，0）÷（1+r）=11586777（元）

该节点在周期 0 的期望利润为：

P（D=8，p=1，0）=80000×100−800×300−1000000+PVEP（D=100，p=0.8，0）=18346777（元）

因此，自建 800 平方米海外仓的预期利润为 18346777 元。不难发现，自建海外仓的预期利润比直接在市场上租赁的预期利润高。因此，在不确定条件下，理性的管理者将更倾向于选择自建海外仓方案。

3）自建海外仓的柔性方案

当考虑不确定性时，固定方案的价值通常会被降低，而柔性方案的价值将会提高。接着，该跨境电子商务管理者将考虑开展海外仓出租业务。当仓储面积无法满足所需空间时，从市场上租赁相应空间；当所需空间小于仓储面积时，通过出租的形式弥补成本（即价格为成本价格），最大出租面积为总仓储空间的 40%，周期 2 的利润计算结果如表 7-16 所示。

表7-16　周期2的利润计算结果

D/ 万单位	p/ 千元人民币	额外面积 / 平方米	出租面积 / 平方米	收入 / 元	C/ 元	p/ 元
11.52	1.21	352	0	11520000	1665920	9854080
11.52	0.99	352	0	11520000	1588480	9931520
7.68	1.21	0	32	7680000	1230400	6449600
7.68	0.99	0	32	7680000	1230400	6449600
11.52	0.81	352	0	11520000	1525120	9994880
7.68	0.81	0	32	7680000	1230400	6449600
5.12	1.21	0	160	5120000	1192000	3928000
5.12	0.99	0	160	5120000	1192000	3928000
5.12	0.81	0	160	5120000	1192000	3928000

周期 1 中每个节点的总期望利润 EP 是指在周期 2 中有可能出自该节点的 4 个节点的期望利润，P 指的是周期 1 和周期 2 的总的期望利润，贴现率为 0.1，计算结果如表 7-17 所示。

表7-17　周期1中每个节点的总期望利润计算结果

D/ 万单位	p/ 千元人民币	PVEP/ 元	额外面积 / 平方米	出租面积 / 平方米	收入 / 元	C/ 元	p/ 元
9.6	1.1	7424000	160	0	9600000	1416000	15612364
9.6	0.9	7456000	160	0	9600000	1834000	15676364
6.4	1.1	4690909	0	160	6400000	1192000	9925091
6.4	0.9	4690909	0	160	6400000	1192000	9925091

基期的总利润 P（D=100，p=0.8，0）等于基期的利润与周期 1 中 4 个节点的期望的现值之和。

周期 0 在周期 1 的 4 种可能的期望利润为：

$$EP（D=8，p=1，0）=0.25\times[P（D=9.6，p=1.1，1）+P（D=9.6，p=0.9，1）+P（D=6.4，p=0.9，1）+P（D=6.4，p=0.9，1）]=12784728（元）$$

周期 1 的期望利润折现到周期 0 的结果为：

$$PVEP（D=8，p=1，0）=EP（D=8，p=1，0）\div（1+r）=11622480（元）$$

该节点在周期 0 的期望利润为：

$$P（D=8，p=1，0）=80000\times100-800\times300-100000+PVEP（D=8，p=1，0）=18382480（元）$$

某跨境电子商务在柔性管理条件下的预期利润为 18382480 元。

4. 需求和市场波动下三种方案评估与选择

如表 7-18 所示，租用海外仓方案的预期利润为 16960331 元，自建海外仓固定方案的预期利润为 18346777 元，自建海外仓柔性方案的预期利润为 18382480 元。不难发现，自建海外仓柔性方案的预期利润最高，对该跨境电子商务管理者最为有利。因此，在不确定性情况下，基于理性的角度，该跨境电子商务管理者应该采用自建海外仓柔性方案。

表7-18　方案和预期利润

方案	预期利润 / 元
方案 1：租用海外仓方案	16960331
方案 2：自建海外仓固定方案	18346777
方案 3：自建海外仓柔性方案	18382480

当然，在本案例中，其实还有一些因素没有考虑在内，比如目前国内各地政府对于跨境电子商务企业在海外自建海外仓会给予不同程度的支持和补贴，这对于自建海外仓方案是利好；不过相应的自建海外仓除了成本，建仓流程其实也无比烦琐，需要进行系统化的运营，特别要对建仓当地的法律、民情和文化背景有较为充分的了解，以解决法务和税务问题，从这点上考虑，租用较为成熟的海外仓会更为省力[①]。

7.4.3　海外仓品类分析

前面提到，要做海外仓物流模式的产品，其前提一定需要在目的地有足够的需求，因此了解各地海外仓的产品品类的销售情况，也是卖家判断是否要采用海外仓方案的一个重要依据。在本节中，借用 Wish Express 2018 年 1～5 月的统计分析数据，为卖家提供参考。

从 GMV（Gross Merchandise Volume，网站成交金额）看，消费电子、家居用品、美妆、个人配件、服装等品类占据 Wish Express 海外仓 GMV 前 5 的位置，运动户外表现也

① 本案例改编自鄂立彬编著的《跨境电商供应链管理》。

很不错，如图 7-78 所示。

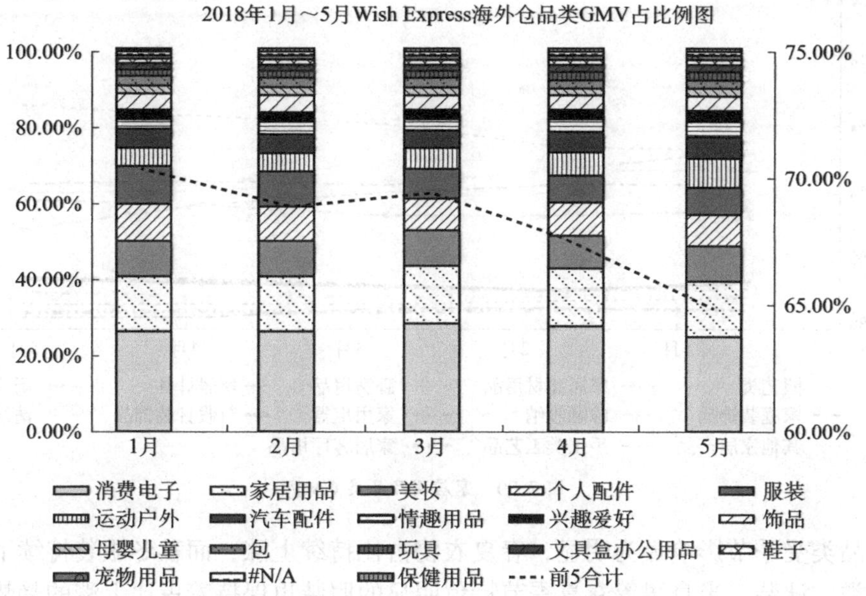

图 7-78　占据 Wish Express 海外仓前 5 的品类

在消费电子品类中，子品类分为三挡，即手机配件、手机：GMV 占比 >10%；电脑配件、音响录音设备、相机及配件、电脑、耳机及配件、家用消费电子：GMV 占比 >5%；游戏机配件、游戏 / 游戏机、其他消费电子、智能穿戴 / 智能设备、安防监控定位：GMV 占比≤10%，如图 7-79 所示。

在家居用品品类中，子品类也分为三挡，即园艺类、家居建材用品：GMV 占比 >15%；卧室用品、家居灯具、厨房用品、家庭装饰品、晾晒收纳：GMV 占比≈10%；家用电器、节假日装饰品、清洁洗护、其他家居产品、手工类工艺品、家居客厅用品：GMV 占比≤5%，如图 7-79 所示。

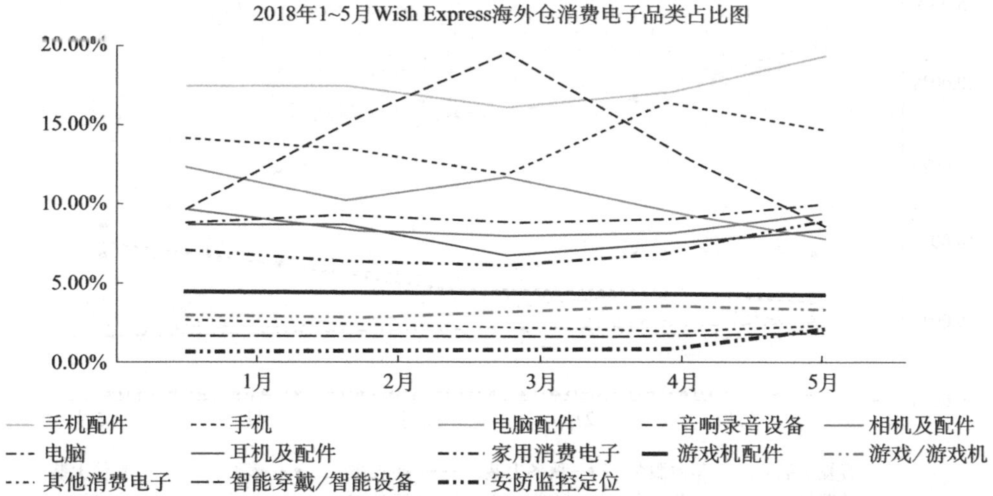

图 7-79　消费电子品类 GMV

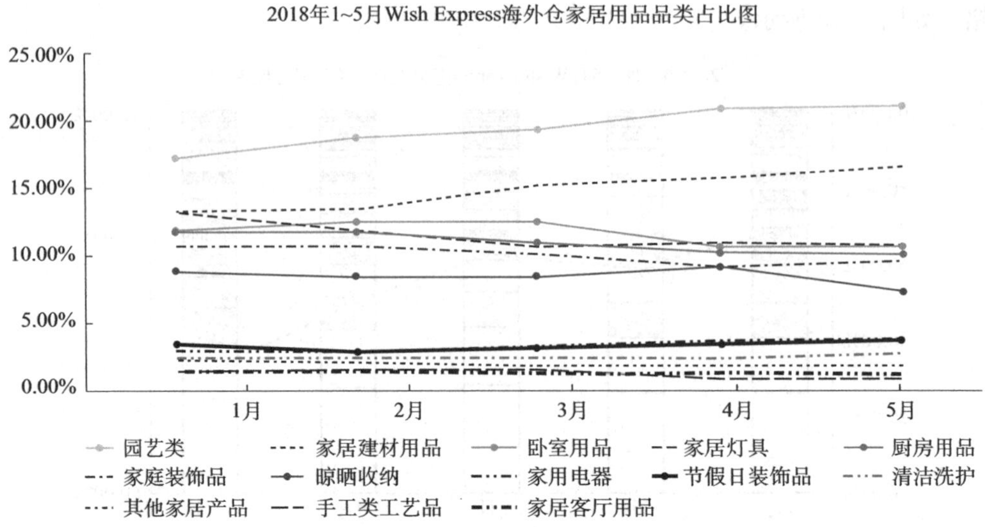

图 7-80　家居用品品类 GMV

服装品类受季节影响最为明显，春夏衣物占比持续上涨，而秋冬服装持续下降。连衣裙、礼服类、泳装、半身裙等春夏季节特色明显的服装也保持着占比上涨的趋势；文胸内衣、运动服等子品类进入春夏季节后，GMV 占比持续下降，如图 7-81 所示。

在平均客单价方面，Wish Express 海外仓的平均客单价超过 25 美元，但较上月有所回落。玩具品类的平均客单价最高，母婴儿童品类平均客单价最低；玩具、消费电子、运动户外、文具和办公用品、汽车配件、保健用品、鞋子等品类平均客单价高于 Wish Express 海外仓的整体平均客单价；兴趣爱好、家居用品、宠物用品、个人配件等品类平均客单价低于整体平均客单价，如图 7-82 所示。

Wish 会定期发布以上的报告，卖家可以持续关注这些信息。

下面给出海外仓列表如表 7-19 所示。

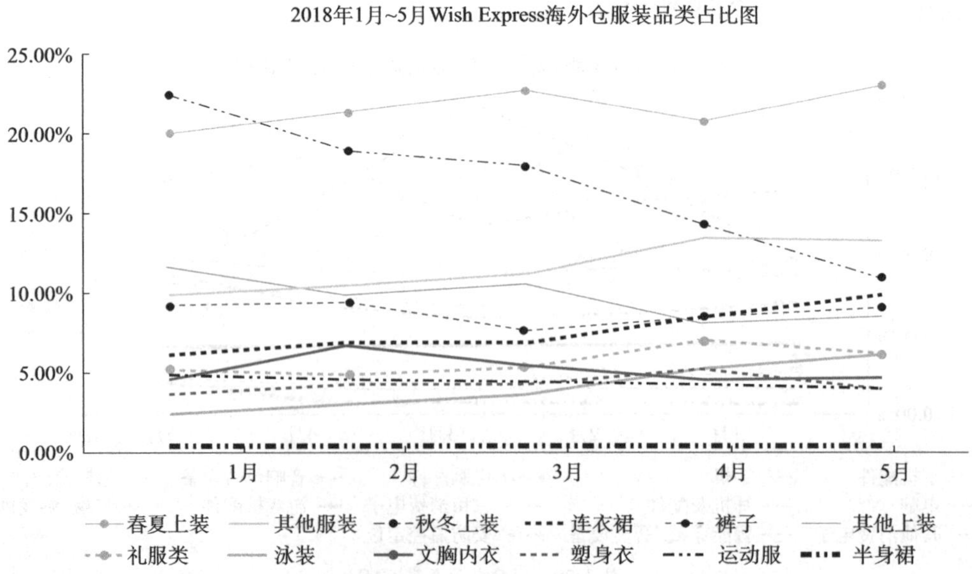

图 7-81　服装品类 GMV

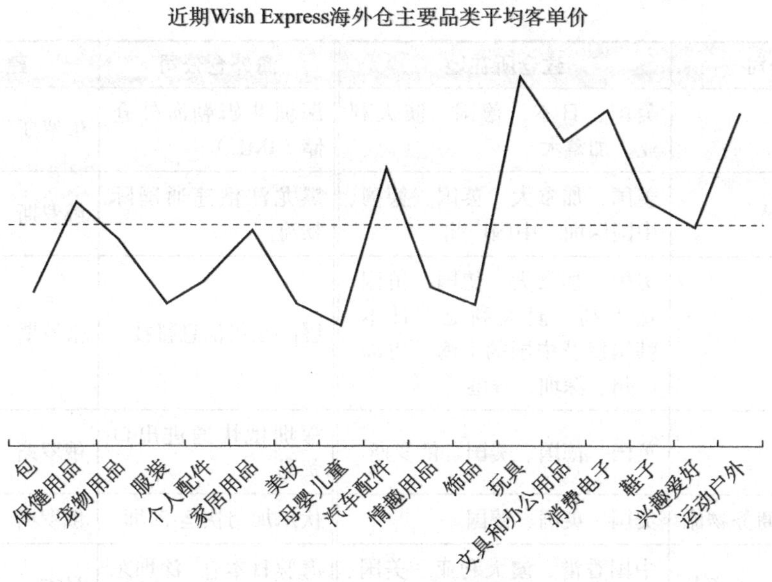

图 7-82　近期 Wish Express 海外仓主要品类平均客单价

表7-19　海外仓列表

海外仓公司	建仓所在地	海外仓公司	建仓所在地
万邑通	美国、英国、德国、比利时、澳大利亚	路达英国海外仓储	英国
递四方（4PX）	美国、加拿大、英国、德国、捷克、西班牙、澳大利亚、日本、中国东莞、中国香港	Effectual Ltd	英国
出口易	美国、英国、德国、澳大利亚、加拿大	深圳星空供应链管理	德国、英国
飞鸟国际	英国、法国、德国、美国、澳大利亚	华翰物流	德国
东莞万达物流	美国、英国、法国、德国	WWS Freight Service Gmbh	德国
天坤电子商务	英国、德国、美国	易达仓储	德国、西班牙、意大利、法国、波兰、英国
无忧达	美国、英国	顺丰速运	爱沙尼亚、波兰
NLE 荷兰快递	荷兰、美国	深圳全和悦供应链管理	土耳其、印度
上海韵达货运	日本、韩国、泰国、澳大利亚、加拿大、美国、荷兰、德国、中国香港、新西兰、中国台湾	上海捷网国际物流	俄罗斯

续表

海外仓公司	建仓所在地	海外仓公司	建仓所在地
百世物流科	美国、日本、德国、澳大利亚、加拿大	深圳艾姆勒海外仓储（IML）	俄罗斯
深圳易达云科技	美国、加拿大、英国、德国、中国深圳、中国广州	黑龙江俄速通国际物流	俄罗斯
斑马物流	美国、加拿大、德国、英国、意大利、澳大利亚、日本、韩国以及中国的上海、青岛、广州、深圳、香港	厦门旺集信息科技	俄罗斯
乐宝物流	英国、德国、美国、俄罗斯	深圳俄快通进出口贸易	俄罗斯
海邑跨境电子商务物流	美国、英国、德国	伏尔加河快运 深圳	俄罗斯
深圳易达全球电子商务	中国香港、澳大利亚、美国、英国	海豚日本仓　深圳东电行科技	日本
宏远跨境贸易服务	澳大利亚、新西兰、美国、日本、德国、英国、中国香港	日本大熊猫海外仓	日本、意大利
深圳慧扬电商物流	英国、德国、美国	厦门货兜科技	韩国以及中国的深圳、上海、威海
嘉可胜物流	美国、西班牙	AUK	澳大利亚
新火逆物流科技	美国、德国	广州赛和国际货运代理	肯尼亚、尼日利亚、阿联酋
广州酷雄狮国际货运代理	美国	河南豫满全球跨境电子商务	印度、安哥拉、越南、德国、哈萨克斯坦
美国铁三角	美国	深圳飞鹰国际物流	西班牙
深圳众包物流	美国	大圣盒子	西班牙
美国邮立达	美国	深圳市百事达通国际货运	阿联酋、伊朗、俄罗斯、西班牙
壹 IMC Pro International Inc	美国	Grid Fulfilment	荷兰、意大利、西班牙
深圳悠扬国际仓储物流	美国	深圳酷鸟供应链	美国
美国飞洋物流集团	美国	创佳供应链	美国
深圳辛巴达国际速递	美国	M.B.B.logistics	德国、波兰

注：以上资料来自 https://weibo.com/ttarticle/p/show?id=2309404126499950177127

海外仓储已经成为跨境电子商务缓解物流压力的必然趋势，也正在成为中国跨境电子商务巨头们争相角逐的“砝码”。如今，电子商务大佬们在海外建仓方面，也纷纷开始发力。比如大龙网在乌克兰、俄罗斯等国家建立海外仓后，与印度最大的物流商 DTDC 达成合作，在印度搭建起海外仓储中心。

7.5 通关物流

2018年海关总署发布第56号公告《关于跨境电子商务统一版信息化系统企业接入事宜的公告》，为促进跨境电子商务的发展，提供便利通关服务，海关总署提供跨境电子商务零售统一版信息化系统，要求电子商务企业或其代理人登录“互联网+海关”一体化网上办事服务平台使用“跨境电子商务”功能进行清单录入、修改、申报、查询等操作，并公开跨境统一版系统企业对接报文标准。参与跨境电子商务业务的企业、第三方平台按照标准自行开发或市场化采购接入服务，相关授权开通等事宜按照海关总署公告〔2016〕16号和海关总署公告〔2017〕20号办理。电子单证、电子订单、支付单、运单都将使用数字签名技术。

7.5.1 B2B出口物流流程

进出口外贸的通关无纸化在20世纪80年代末就已经开始试行，从最初的H883报关系统，到今天的国际贸易单一窗口，改革已扩大至全国所有通关现场和海关业务领域，完全实现全流程通关无纸化。

“单一窗口”试点将传统的“串联式”口岸通关流程改变为一次性、同步化的“并联式”流程，简化了手续，“一次申报、一次查验、一次放行”，提升了效率。采用“一站式作业”，整合共享口岸监管资源，不同执法部门在同一时间、同一地点、对同一检查对象实施不同执法内容的检查，减少多部门重复检查，提升广大企业、进出境人员口岸通行的舒适度。

作为B2B跨境电子商务出口企业，在报关前物流方面，需要委托货运代理，提交托运单、配舱回单、装货单，包装、刷唛后提交装箱单，并协同商业发票一起将报关单、报检委托书等递交商检局以获得商检换证凭单，换取出境货物通关单，在外汇管理局领取出口收汇核销单，三单合一进行报关。其流程如图7-83所示。

准备各类单证后，申请报关，出口货物在海关监督区域进行查验，通过后放行，通关后出口运输物流开始。报关与放行流程图如图7-84所示。

7.5.2 B2C出口报关物流流程

B2C跨境电子商务的货物出口一般采用邮寄、航空小包、快递等物流配送方式，报关主体是邮政或快递公司，这一部分出口没有纳入海关货物贸易统计，阻碍了支付企业的发展，也给行业监管带来了困难。

对此，2013年8月国务院专门下发了《关于实施支持跨境电子商务零售出口有关政策的意见》，要求商务部等根据电子商务出口的不同类型的经营主体，建立与之相适应的新型海关检验监管模式，鼓励支付机构和银行为跨境电子商务提供支付服务、实施适应跨境电子商务发展的税收政策，并在重庆、郑州、上海、杭州、宁波 5 个城市试点跨境贸易电子商务通关服务。此外 2015 年开始在全国推广汇总征税模式，在有效监管的前提下，由原来的“逐票审核、先税后放”变为现行的“先放后税，汇总缴税”。

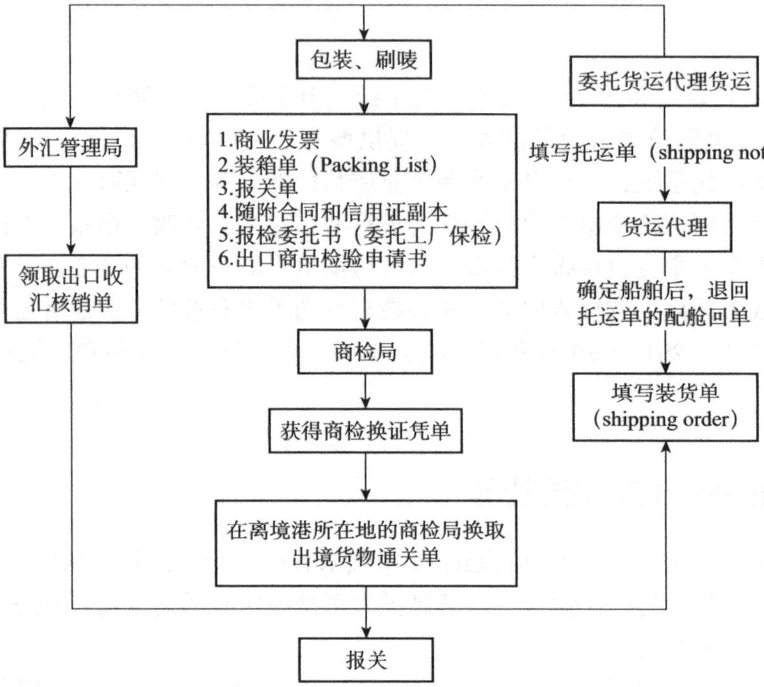

图 7-83 报关前准备流程图

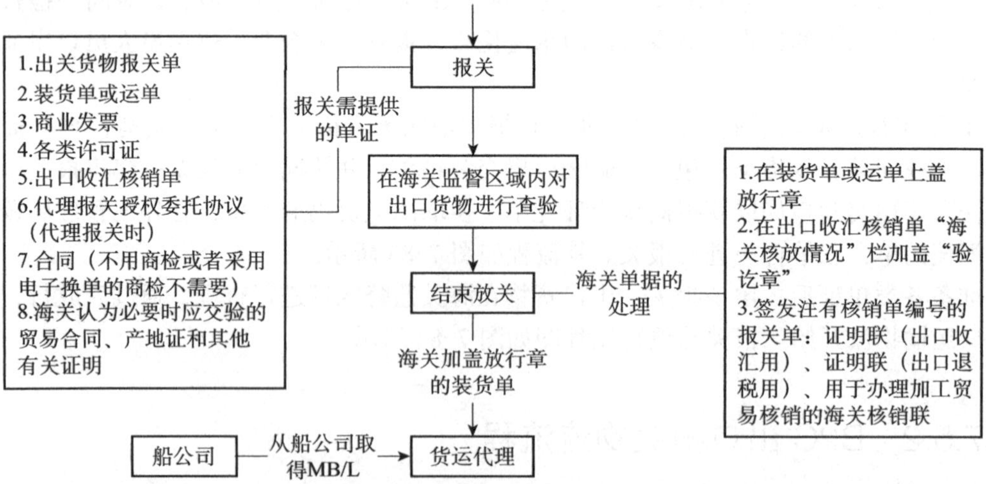

图 7-84 报关与放行流程图

这里仅介绍两种 B2C 出口通关物流模式。跨境电子商务零售进出口物流模式只有“网购保税进口”“直购进口”“一般出口”“特殊区域出口”4 种模式，本节中介绍后两种出口模式。

1. “一般出口”海关通关模式

符合条件的电子商务企业或平台与海关联网，境外个人跨境网购后，电子商务企业或平台将电子订单、支付凭证、电子运单等传输给海关，电子商务企业或其代理人向海关提交申报清单，商品以邮件、快件方式运送出境。综试区海关采用“简化申报，清单核放，汇总统计”方式通关，其他海关采用“清单核放，汇总申报”方式通关。

一般出口模式，采用“清单核放，汇总申报”的方式，电子商务出口商品以平邮、快件方式分批运送，海关凭清单核放出境，定期把已核放清单数据汇总形成出口报关单，电子商务企业或平台凭此办理结汇、退税手续，如图 7-85 所示。

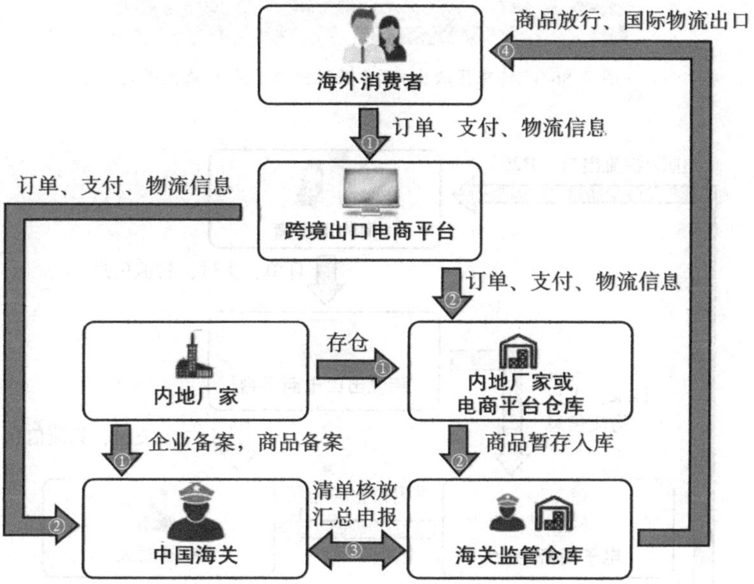

图 7-85 “一般出口”海关通关模式

2. “特殊区域出口”（保税出口）海关通关模式

符合条件的电子商务企业或平台与海关联网，电子商务企业把整批商品按一般贸易报关进入海关特殊监管区域，企业实现退税；对于已入区退税的商品，境外网购后，海关凭清单核放，出区离境后，海关定期将已放行清单归并形成出口报关单，电子商务企业凭此办理结汇手续，如图 7-86 所示。

海关总署发布 2014 年第 57 号文件，自 2014 年 8 月 1 日起，增列海关监管方式代码“1210”，全称“保税跨境贸易电子商务”，简称“保税电商”，俗称“备货模式”。

“1210”要求开展区域必须是跨境贸易电子商务进口试点城市的特殊监管区域，从 2013 年开始开展跨境电子商务试点城市的进行，第一批有上海、杭州、宁波、郑州、重庆、广州、深圳前海，后有福州、平潭、天津，在国家政策支持下发展跨境电子商务。“特殊区域出口”海关通关流程如图 7-87 所示。

简单来说，商家将商品批量备货至海关监管下的保税仓库，消费者下单后，电子商务企业根据订单为每件商品办理海关通关手续，在保税仓库完成贴面单和打包，经海关查验放行后，由电子商务企业委托物流配送至消费者手中。

图 7-86 “特殊区域出口”（保税出口）海关通关模式

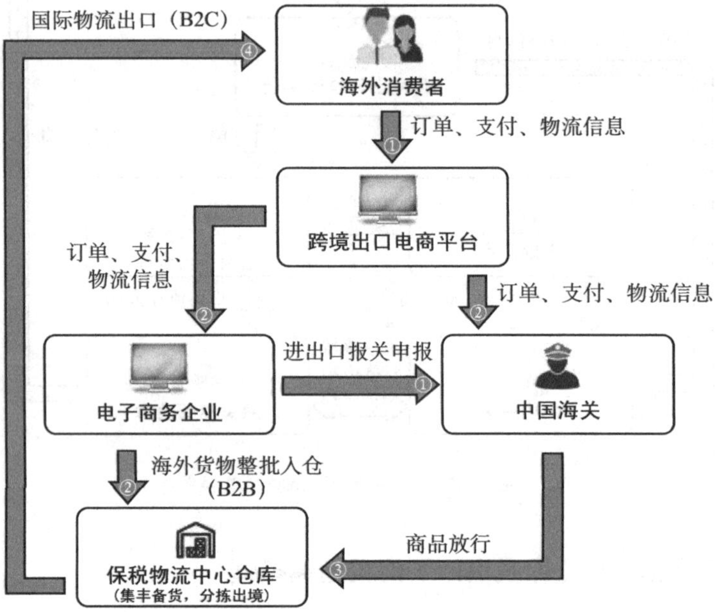

图 7-87 “特殊区域出口”海关通关流程

保税出口的优点在于：提前批量备货至保税仓库，国际物流成本低，有订单后可立即从保税仓库发货，通关效率高，并可及时响应售后服务需求，用户体验好。

保税出口的缺点有：使用保税仓库有仓储成本，备货占用资金大。

跨境电商物流方式　跨境电商物流承运商　Wish 物流费用设置　亚马逊 FBA 物流　亚马逊物流运费设置

第8章

跨境电子商务支付管理

本章导论

本章首先介绍 B2B 跨境电子商务结算工具，再介绍 B2C 跨境电子商务支付方式，最后按照不同平台总结 B2C 跨境电子商务结算。

通过本章的学习，可以了解跨境电商产业中的各种结算工具，并在实践中掌握平台放款的规则，更好地做好自身的资金管理。

8.1 B2B跨境电子商务结算

在 B2B 跨境电子商务交易中，因为涉及较大的交易订单和交易金额，在支付结算时，大部分会选择线下结算，以阿里巴巴国家站平台为例，结算方式有如下几种选择：L/C、D/A、D/P、T/T、Western Union、Money Gram 等，本节分别介绍这几种支付结算方式。

8.1.1 结算工具与术语

1. 汇票（Bill of Exchange/Draft）

中国《票据法》规定：汇票是出票人签发的，委托付款人在见票时或者在票据指定日期无条件支付确定的金额给收款人或持票人的票据。

汇票涉及的当事人有：

- 出票人（Drawer），是开立和签发汇票并向其他人交付汇票的人；
- 付款人（Payer）或受票人（Drawee），即接受支付命令的人；

• 收款人（Payee/ Beneficiary），是收取票款之人，即汇票的受益人，在国际贸易中通常为出口商。

汇票进入流通领域后，又会出现以下流通当事人（Remote Party）、背书人（Endorser，若收款人不凭票取款，而在汇票背面签章并交付给受让人转让票据权利，则收款人成为第一背书人，继续转让，则有第二、第三背书人）、被背书人（Endorsee，接受背书的人，被背书人若不转让汇票，就称为持票人）、持票人（Holder，拥有票据的人，包括收款人、被背书人）。

汇票主要内容有：注明“汇票字样”、无条件支付命令（Unconditional Order to Pay）、出票地点和出票日期（Place and Date of Issue）、付款时间和付款期限（Time of Payment/ Tenor/Term/Maturity）、一定金额的货币（Certain in Money）、收款人（Payee）名称、付款人名称和付款地点（Drawee）、出票人签章（Signature of the Drawer）。汇票示例如图 8-1 所示。

汇票示例 1

BILL OF EXCHANGE

凭　　　　不可撤销信用证
Drawn Under　　　　Irrevocable　L/C　No.
日期　　　　支 取 Payable With
Date　　　　interest　@　%　按　息　付款
号码　　汇票金额　　　　南京
No.　　Exchange for　　　　Nanjing
见票　　　　日 后（本 汇 票 之 副 本 未 付）付 交
at　　　　sight of this FIRST of Exchange (Second of Exchange
Being unpaid) Pay to the order of
金额
the sum of
此致
To

(a)

汇票示例 2

BILL OF EXCHANGE

No.________
For________　　________
(amount in figure)　　(place and date of issue)
At________ sight of this FIRST Bill of exchange (SECOND being unpaid)
pay to ________ or order the sum of
____
(amount in words)
Value received for________ of ________
(quantity)　　(name of commodity)
Drawn under ________
L/C No. ________ dated ________
To:　　For and on behalf of
____
(Signature)

(b)

图 8-1　汇票示例

汇票票据行为有出票、提示、承税、付款、背书、拒付与追索。

• 出票（to draw）：指出票人签发汇票并将其交给收款人的行为；

• 提示（Presentation）：是持票人向付款人出示汇票要求承兑或付款的行为；

• 承兑（Acceptance）：是远期汇票付款人在持票人做承兑提示时，明确表示同意按出票人的指示付款的行为；

• 付款（Payment）：是即期汇票的付款人和远期汇票的承兑人接到付款提示时，履行付款义务的行为；

• 背书（Endorsement）：是转让票据权利的一种法定手续，即持票人在汇票背面签上自己的名字或再加上受让人的名字，并把汇票交给受让人的行为；

• 拒付与追索（Dishonor & Recourse）：拒付（Dishonour）是持票人提示汇票要求承兑或付款时遭到拒绝承兑或付款的行为，又称退票。追索（Recourse）是指汇票遭到拒付，持票人要求其前手背书人、出票人或其他票据债务人偿还汇票金额及费用的行为。

2. 本票

《票据法》对本票的定义是：本票是出票人签发的，承诺自己在见票时无条件支付确定的金额给收款人或持票人的票据。

各国票据法对本票内容的规定并不完全一致，但基本包括：有“本票（Promissory note）字样”、无条件支付承诺、收款人名称或其指定人或来人、付款期限、付款地点、出票日期和地点、一定金额、出票人签字。

本票是无条件支付承诺，汇票是无条件支付命令。本票的出票人自己出票自己付款，本票是承诺式的票据。汇票是出票人要求付款人无条件地支付给收款人的书面支付命令，付款人没有义务必须支付票款，除非他承兑了汇票，所以汇票是命令式或委托式的票据。

本票只有两个基本当事人，即出票人和收款人，而汇票有 3 个基本当事人，即出票人、付款人和收款人。

本票出票人就是付款人，所以远期本票无须提示承兑，而远期汇票需由持票人提示承兑。

本票出票人自始至终是主债务人，汇票在承兑、背书前是主债务人，而后是从债务人。

本票只能开出一张，而汇票可成套数份签发。

汇票票据行为的规定均适用于本票。

3. 支票

《票据法》对支票的定义是：支票是出票人签发的，委托办理支票存款业务的银行或者其他金融机构在见票时无条件支付确定金额给收款人或持票人的票据。

支票有 3 个基本当事人，即出票人、付款人、收款人。

支票与汇票的区别如下：

• 支票必须即期付款，无到期日记载；汇票则可见票即付，也可在将来时间支付；

• 支票没有承兑、保证等票据行为，而此类票据行为都适用于汇票；

• 支票的付款人仅限于银行；汇票的付款人既可以是银行，也可以是企业或个人；

• 支票的出票人和付款人之间必须先有资金关系，而汇票则不一定；

• 支票只能做结算；汇票可做结算工具，也可做信贷工具；

• 支票只有一张，而汇票有一式数份。

汇票、本票、支票间的异同，如表 8-1 所示。

表8-1 汇票、本票、支票间的异同

	汇票	本票	支票
当事人数	三人：出票人、付款人、收款人	二人：出票人、收款人	三人：出票人、付款人、收款人
出票人和付款人关系	不必先有资金关系	无所谓资金关系	先有资金关系
主债务人	承兑前：出票人 承兑后：承兑人	出票人	出票人
出票人担保责任	付款、承兑	自付款	付款
有无到期日记载	有	有	无（即期）
付款人	承兑人（单位或银行）	出票人（单位或银行）	银行
有无副本	有	无	无
票据行为	出票、提示承兑、付款、保证	出票、付款、保证	出票、提示

8.1.2 结算方式

1. 信用证支付

信用证是国际贸易结算中广泛使用的最为重要的一种结算方式。在国际贸易活动中，买卖双方可能互不信任，买方担心预付款后，卖方不按合同要求发货；卖方也担心在发货或提交货运单据后买方不付款。因此需要两家银行作为买卖双方的保证人，代为收款交单，以银行信用代替商业信用。银行在这一活动中所使用的工具就是信用证。

信用证由银行（开证行）依照（申请人的）要求和指示或自己主动，在符合信用证条款的条件下，凭规定单据向第三者（受益人）或其指定方进行付款的书面文件。所以信用证是一种银行开立的有条件的承诺付款的书面文件。

按照这种结算方式的一般规定，买方先将货款交存银行，由银行开立信用证，通知异地卖方开户银行转告卖方，卖方按合同和信用证规定的条款发货，银行代买方付款。

1）信用证的基本当事人：开证申请人、开证行和受益人

开证申请人（Applicant）：又称开证人（Opener）、出账人（Accountee），系指向银行提出申请开立信用证的人，一般为进口人，就是买卖合同的买方。开证申请人为信用证交易的发起人。

开证行（Opening Bank，Issuing Bank）：系指按开证申请人的请求或为其自身行事，开立信用证的银行，一般是进口地的银行。

受益人（Beneficiary）：系指信用证上所指定的有权使用该信用证的人，一般为出口人，也就是买卖合同的卖方。

除了以上基本关系人，其他关系人还有：

通知行（Advising Bank，Notifying Bank），系指按开证行的请求，通知信用证的银行。通知行一般是出口人所在地的银行，而且通常是开证行的代理行（Correspondent Bank）。

议付行（Negotiating Bank），又称押汇银行、购票银行或贴现银行，系指根据开证行的授权买入或贴现汇票及/或单据的银行。

付款行（Paying Bank，Drawee Bank），付款行是开证行授权进行信用证项下付款或承兑并支付受益人出具的汇票的银行。付款行通常是汇票的受票人，故亦称受票行（Drawee Bank）。

偿付行（Reimbursing Bank），信用证的偿付行又称信用证清算银行（Clearing Bank），是指受开证行的指示或授权，对有关代付行或议付行的索偿予以照付的银行。

保兑行（Confirming Bank），是指应开证行请求或授权对信用证加具保兑的银行，它具有与开证行相同的责任和地位。

承兑行（Accepting Bank），是指对承兑信用证项下的汇票，经审单确认并与信用证规定相符时，在汇票正面签字承诺到期付款的银行。承兑行可以是开证行本身，也可以是通知行或其他指定的银行。

转让行（Transferring Bank），是应受益人（在转让信用证时又称第一受益人）的委托，将可转让信用证转让给信用证的受让人（即第二受益人）的银行。转让行一般为通知行，也可以是议付行、付款行或保兑行。

第二受益人（Second Beneficiary），是接受转让的可转让信用证的受益人，又称信用证的受让人或被转让人（Transferee）。一般为提供货物的生产者或供应商。

2）信用证的格式和内容

• 信用证本身方面的说明：如信用证的编号，开证日期、到期日和到期地点、交单期限等；

• 兑付方式：是即期付款、延期付款、承兑还是议付；

• 信用证的种类：是否经另一银行保兑、可否转让等；

• 信用证的当事人：开证申请人、开证行、受益人、通知行等。此外，有的信用证还有指定的付款行、偿付行、承兑行、指定议付行等；

• 汇票条款：包括汇票的种类、出票人、受票人、付款期限、出票条款及出票日期等。凡不需汇票的信用证无此内容；

• 货物条款：包括货物的名称、规格、数量、包装、价格等；

• 支付货币和信用证金额：包括币别和总额，币别通常应包括货币的缩写与大写，总额一般分别用大写文字与阿拉伯数字书写。信用证金额是开证行付款责任的最高限额，有的信用证还规定有一定比率的上下浮动幅度；

• 装运与保险条款：如装运港或启运地、卸货港或目的地、装运期限、可否分批装运、可否转运以及如何分批装运、转运的规定。以 CIF 或 CIP 贸易术语达成的交易项下的保险要求，所需投保的金额和险别等；

• 单据条款：通常要求提交商业发票、运输单据和保险单据，此外，还有包装单据，例如装箱单、重量单，以及产地证、检验证书等；

• 特殊条款：视具体交易的需要而异。常见的有要求通知行加保兑；限制由某银行议付；限装某船或不许装某船；不准在某港停靠或不准选取某条航线；待具备规定条件信用证方始生效，等。

对卖家而言，L/C 里的文件越少，越简单，就越可靠；反之就要注意里面的软条款。

3）信用证的收付程序

信用证的收付程序要经过申请、开证、通知、议付、索偿、偿付、赎单等环节。现以最为常见的即期跟单议付信用证为例，简要说明其收付程序，以及各环节的具体内容。

即期跟单议付信用证收付程序示意图如图 8-2 所示。

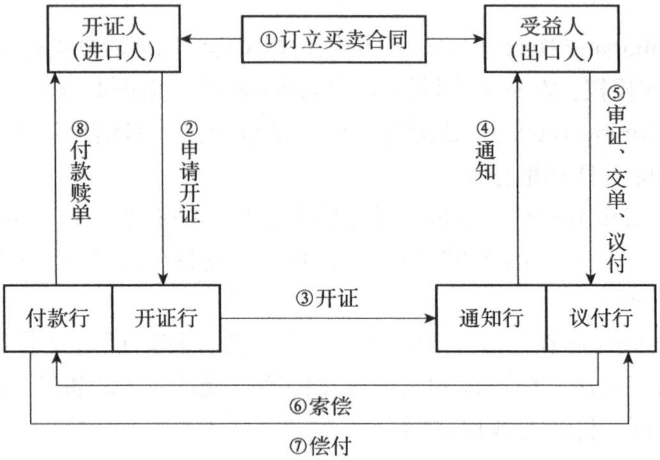

图 8-2　即期跟单议付信用证收付程序示意图

4）信用证种类

按照不同的分类标准，信用证有很多种类，如：

• 跟单信用证（Documentary Credit）和光票信用证（Clean Credit），前者需要凭跟单汇票或仅凭单据付款、承兑或议付信用证，后者则无须附带货运单据；

• 保兑信用证（Confirmed L/C）和非保兑信用证（Unconfirmed L/C），前者由另一家银行即保兑行对信用证加以保证兑付，后者则无；

• 即期付款信用证（Sight Payment L/C）和远期信用证（Time L/C，Usance L/C），前者指开证银行或其指定的付款行在收到符合信用证条款的汇票或单据后即予付款的信用证，远期信用证指的是规定期限有一定时间，在期限内保证付款的信用证；

• 可转让信用证（Transferable L/C）和不可转让信用证（Untransferable L/C）：前者可由受益人（第一受益人）请求全部或部分供另一受益人（第二受益人）兑付，但只能转让一次，后者则受益人无权转让。凡在信用证上没有注明“可转让”字样的信用证，均为不可转让信用证；

• 循环信用证（Revolving L/C）：前者指受益人在一定时间内利用规定金额后，能够重新恢复信用证原金额并再度使用，周而复始，直至达到该证规定次数或累计总金额用完为止的信用证；

• 对开信用证（Reciprocal L/C）：交易中较多采用的一种结算方式。由于双方顾虑对方只使用权利而不履行义务，于是采用相互开立信用证的办法，把进口和出口联结起来。

2. 普通银行电汇（T/T）支付

T/T 是指将货款通过银行以电汇方式支付到指定账号上，与发货、交单无关。其属于商业信用，也就是说付款的最终决定权在于客户。

在外贸业务中，一般熟悉的客户会采用 T/T 付款，经常是发货前预付部分货款，余款在发货后付清。T/T 结算一般是两天，当天到账的几乎没有。

T/T 分预付、即期和远期三种。现在用得最多的是 30% 预付和 70% 即期。

T/T 还分为前 T/T 和后 T/T，前 T/T，即在发货前付款，也就是预付货款，对买方来说风险较大，而后 T/T，即全部发货后付款，对卖方来说风险较大。

电汇支付流程图，如图 8-3 所示。

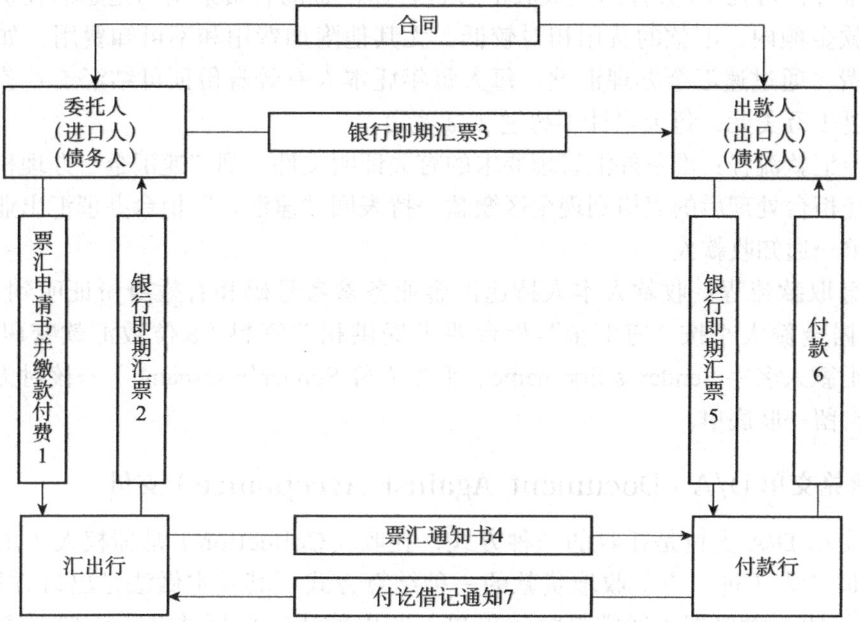

图 8-3　电汇支付流程图

3. 西联（Western union）支付

西联汇款是国际汇款公司的简称，是世界领先的特快汇款公司，有 150 多年历史，拥有全球最大最先进的电子汇兑金融网络，代理网点遍布全球近 200 个国家和地区。

西联汇款支付速度快，10 分钟内收款人即可收到汇款，但缺点是金额受限，一般要求全额在 1 万美元以下。当前西联汇款分为现金即时汇款和直接到账汇款。现金即时汇款有以下三种方式：西联网点、网上银行（目前只支持光大银行和农业银行）、银联在线。

采用西联汇款时，发汇方知道收汇人名（First Name）、姓（Last Name）、所在国家（Country）、所在城市（City）就可汇款。

西联汇款的付款流程为：在网点填妥“西联汇款申请书”和“境外汇款申请书”→递交表格、汇款本金、汇款手续费、个人有效证件→汇款完成后将收据印的汇款监控号码 MTCN、汇款人姓名、汇款金额、发出汇款国家的信息通知收款人（MTCN 切勿泄露）→数分钟后，收款人可于收款国家的代理西联汇款业务网点提取汇款。

作为出口商，当客户汇款过来后，去银行取款的流程为：收到汇款通知后，与汇款人核实汇款人姓名、金额、汇款监控号码及汇款发出国信息→到就近代理西联汇款业务的网点填写“收汇申请书”→提交申请书和有效身份证件→提取汇款和收据（境外个人每笔汇款及境内个人等值2000美元以上的汇款，还需填写“涉外收入申报单”进行国际收支申报）。

4. 速汇金（Money Gram）支付

速汇金是一种个人间的环球快速汇款业务，在全球197个国家或地区拥有超过300000个网点，在汇款领域有悠久的历史。其操作简单便捷，仅需填写一张表格即可，无须银行账号，可在10分钟内完成收汇过程。速汇金的收费采用的是超额收费标准，在一定的汇款金额内，汇款的费用相对较低，无其他附加费用和不可知费用，如无中间行费和电报费。通过速汇金办理汇款，每人每年凭本人有效身份证可结汇5万美元，单笔金额不超过1万美元，每天累计不超过2万美元。

速汇金汇款流程：准备外汇管理要求的有关证明文件，到“速汇金”办理柜台填写申请表→持经柜台处理后的表格到现金区缴款→持表回“速汇金”柜台办理汇出业务，并自留一联底单→通知收款人。

速汇金取款流程：收款人本人持速汇金业务参考号码和有效身份证明到“速汇金”柜台→根据金额大小按“速汇金”柜台要求提供相关资料（8位数汇款密码Reference number、汇款人名字Sender′s first name、汇款人姓Sender′s surname）→核对无误后，办理取款，自留一联底单。

5. 承兑交单D/A（Document Against Acceptance）支付

承兑交单D/A支付是托收的一种方式，托收（Collection）是债权人（出口方）委托银行向债务人（进口方）收取货款的一种结算方式。其基本做法是出口方先行发货，然后备妥包括运输单据（通常是海运提单）在内的货运单据并开出汇票，把全套跟单汇票交出口地银行（托收行），委托其通过进口地的分行或代理行（代收行）向进口方收取货款。国际贸易中使用的多为跟单托收。跟单托收有两种交单方式：付款交单和承兑交单。

承兑交单指出口方发运货物后开具远期汇票，连同货运单据委托银行办理托收，并明确指示银行，进口方在汇票上承兑后即可领取全套货运单据待汇票到期日再付清货款。承兑交单和上面提及的“付款交单，凭信托收据借单”一样，都是在买方未付款之前，即可取得货运单据，凭以提取货物。一旦买方到期不付款，出口方便可能银货两空。因而出口方对采用此种方式持严格控制的态度。承兑交单支付流程如图8-4所示。

6. 付款交单D/P（Documents Against Payment）支付

D/P称为付款交单，出口方在委托银行收款时，指示银行只有在付款人（进口方）付清货款时，才能向其交出货运单据，即交单以付款为条件。

按付款时间的不同，D/P又可分为即期付款交单和远期付款交单。即期付款交单（D/P Sight），出口方按合同规定日期发货后，开具即期汇票（或不开汇票），连同全套货运单据，委托银行向进口方提示，进口方见票（和单据）后立即付款，银行在其付清货款后交出货运单据。远期付款交单（D/P after Sight date），出口方按合同规定日期发货后，开具远期汇票连同全套货运单据，委托银行向进口方提示，进口方审单无误后在汇票上承兑，于汇票到期日付清货款，然后从银行处取得货运单据。

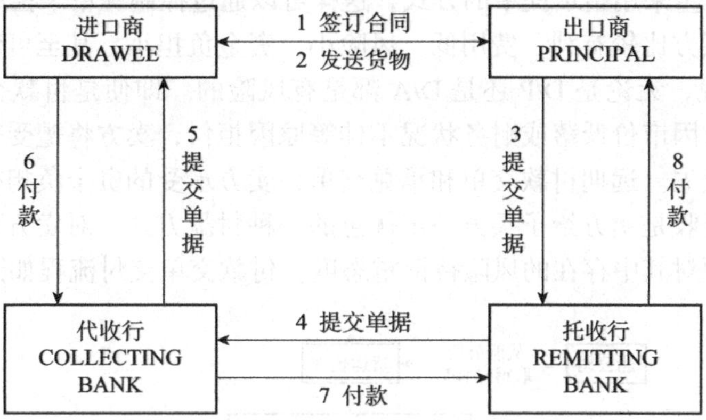

图 8-4　承兑交单支付流程

远期付款交单和即期付款交单的交单条件是相同的，即买方不付款就不能取得代表货物所有权的单据，所以卖方承担的风险责任基本上没有变化。不过远期付款交单是卖方给予买方的资金融通，融通时间的长短取决于汇票的付款期限，通常有两种规定期限的方式：一种是付款日期和到货日期基本一致。买方在付款后，即可提货；另一种是付款日期比到货日期要推迟许多。买方必须请求代收行同意其凭信托收据（T/R）借取货运单据，以便先行提货。信托收据，是进口方借单时提供的一种担保文件，表示愿意以银行受托人身份代为提货、报关、存仓、保险、出售，并承认货物所有权仍归银行。货物售出后所得货款应于汇票到期时交给银行。代收行若同意进口方借单，万一汇票到期不能收回货款，则代收行应承担偿还货款的责任。

即期和远期 D/P 的操作流程基本如下：

①买方和卖方在合同中约定采用 D/P 方式结算。

②卖方交付货物后准备全部单据［包括货运单证（如提单）和商业单证（如汇票、发票等）］。

③卖方向其往来外汇银行提出办理 D/P 托收的要求，填写托收指示书并交付全部单据。

④卖方的外汇往来银行审核接受后收下托收指示书和全部单据，并开具收条给卖方。

⑤卖方往来银行将全套单据分两批寄送买方往来银行（该银行可以由卖方银行指定也可以是卖方在托收指示书中明确，后者居多）。

⑥买方银行收到全部单据后将单据向买方进行提示。

⑦买方向买方银行支付款项（即期 D/P 情况），或者买方审核单据后予以承兑并在到期时付款（远期 D/P 的情况）。

⑧买方银行在收到买方款项后将全部单据交给买方。

⑨买方银行将收到的款项转交给卖方银行，并由卖方银行转交给卖方。

在 D/P 业务中，银行并不审核单据的内容，银行也不承担付款义务。银行只是提供转交单据、代为提示单据、代为收款转账等服务。因此在 D/P 出口业务中，出口商应当注意如下重要问题：要特别注重进口商的支付能力和商业信誉；在单据从出口商到进口商的流转过程中，要注意透过单据来控制货物，在进口商付款之前应当牢牢控制单据；实践中常常出现问题的地方，都是在单据的流转交接点（即出口商交到银行交接点、卖方银行到买方银行的交接点、买方银行交到进口商的交接点），因此需要控制好这些交接点，单据要按照规范流转；尽量采用指示提单的方式，这样可以通过控制提单来控制货物。

托收方式对买方比较有利，费用低，风险小，资金负担小，甚至可以取得卖方的资金融通。对卖方来说，无论是 D/P 还是 D/A 都是有风险的。即使是付款交单方式，因为货已发运，万一对方因市价低落或财务状况不佳等原因拒付，卖方将遭受来回运输费用的损失和货物转售的损失。远期付款交单和承兑交单，卖方承受的资金负担很重，而承兑交单风险更大。因此托收是卖方给予买方一定优惠的一种付款方式，对卖方来说是一种促进销售的手段，但必须对其中存在的风险持慎重态度。付款交单支付流程如图 8-5 所示。

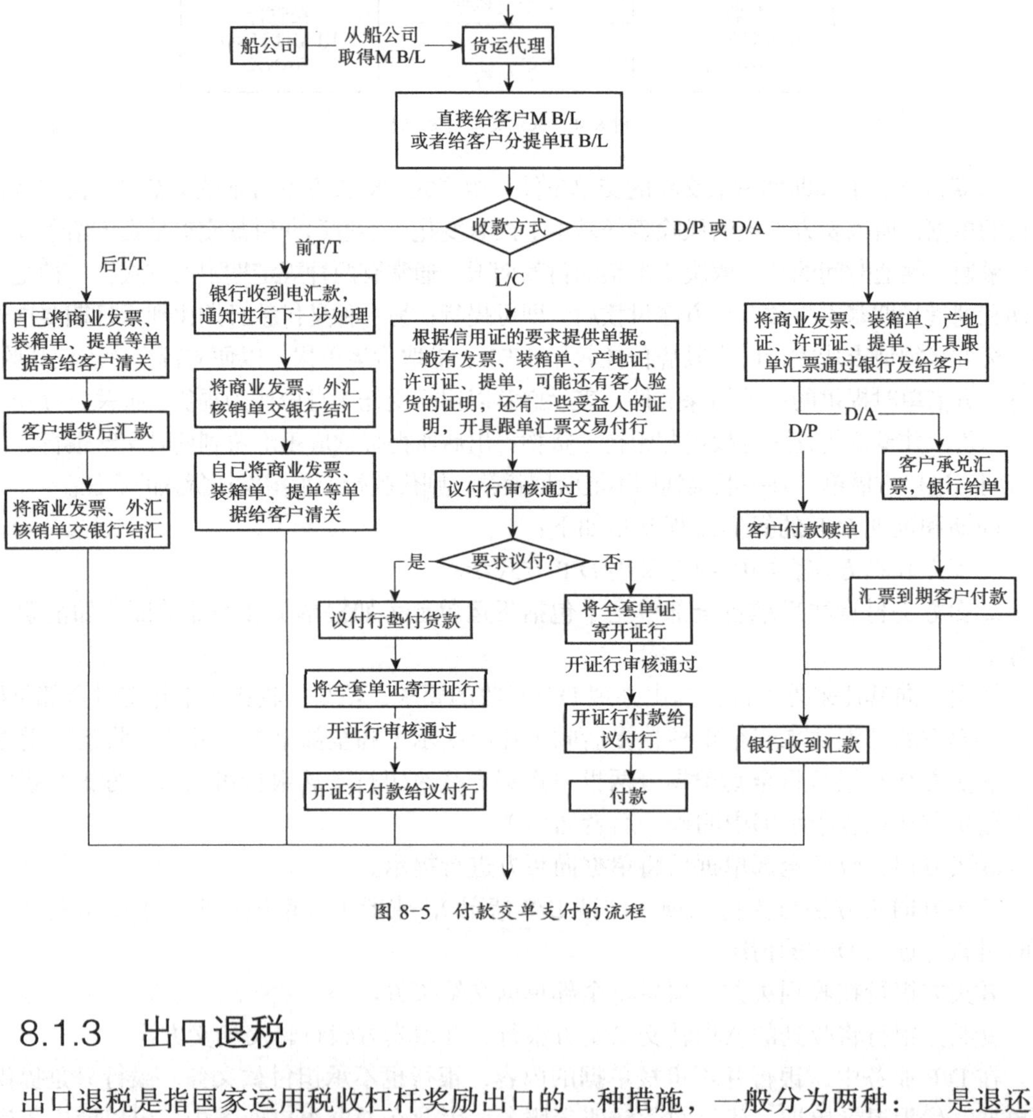

图 8-5 付款交单支付的流程

8.1.3 出口退税

出口退税是指国家运用税收杠杆奖励出口的一种措施，一般分为两种：一是退还进口税，即出口产品企业用进口原料或半成品，加工制成产品出口时，退还其已缴纳的进口税；二是退还已缴纳的国内税款，即企业在商品报关出口时，退还其生产该商品已缴纳的国内税金。出口退税，有利于增强本国商品在国际市场上的竞争力，为世界各国所采用。

1. 跨境电子商务卖家出口退税税率

不同货物的退税率不同，主要有17%、14%、13%、11%、9%、5%六挡退税率，合理利用出口退税，可有效降低成本，提高毛利，一般跨境电子商务的热销品退税率都在11%～17%之间。

对于外贸企业，其应退税额计算公式为：

应退税额＝增值税专用发票所列进项金额 × 退税率（采购发票上的税率和国家规定退税率的较低者）

对于生产企业，其出口货物的增值税按“免、抵、退”处理，其计算方法相对外贸企业更复杂一些，具体如下。“免”：生产企业出口的自产货物，免征本企业生产销售环节增值税；“抵”：生产企业出口的自产货物所耗用的原材料、零部件、燃料、动力所含应予退还的进项税额，抵项内销货物的应纳税额；“退”：生产企业出口的自产货物在当月内应抵项的进项税额大于应纳税额时，对未抵项完的部分予以退税。

2. 允许做出口退税的产品范围

享受出口退税的货物分为一般退税货物、特准退税货物和免税不退税货物三类。卖家可登录国家税务总局的网站进行查询具体哪些产品能做出口退税，以及其增值税退税率，其网址为 http://hd.chinatax.gov.cn/fagui/action/InitChukou.do。

特准退税的产品主要有：

- 外轮供应公司销售给外轮、远洋货轮和海员的产品；
- 对外修理、修配业务中所使用的零配件和原材料；
- 对外承包工程公司购买国内企业生产的，专门用于对外承包项目的机械设备和原材料，在运出境外后，凭承包单位出具的购货发票、报关单、报关单办理退税；
- 国际招标、国内中标的机电产品。

国家同时也明确规定了少数出口产品即使具备上述条件，也不予以退税。国家明确不予退税的出口产品有：出口的原油；援外出口产品；国家禁止出口的产品；出口企业收购出口外商投资的产品；来料加工、来料装配的出口产品；军需工厂销售给军队系统的出口产品；军工系统出口的企业范围；对钻石加工企业用国产或进口原钻石加工的钻石直接出口或销售给外贸企业出口；齐鲁、扬子、大庆三大乙烯工程生产的产品；未含税的产品；个人在国内购买、自带出境的商品暂不退税。

3. B2B跨境电子商务企业出口退税

B2B跨境电子商务企业的出口退税，与传统外贸企业的出口退税几乎一样。首先要明确哪些货物可以出口退税，其次要理清出口退税流程。

1）出口退税货物

- 必须属于增值税、消费税征税范围的货物；
- 必须是报关离境的货物；
- 必须是在财务上做销售处理的货物；
- 必须是出口收汇并已核销的货物。

2）出口退税流程

出口退税流程如图 8-6 所示。货物报关通关结汇后，先准备各类单证到外汇管理局进行出口收汇核销，拿到核销单后，再准备各类单证到国税局进行退税。各类单证的要求在图 8-6 中已经标出。需要注意的是，报关单的出口退税联上的出口经营单位、银行结汇单的抬头需要与增值税发票抬头一致，另外如果产品需要检验检疫的，还需要提供产品商检单。

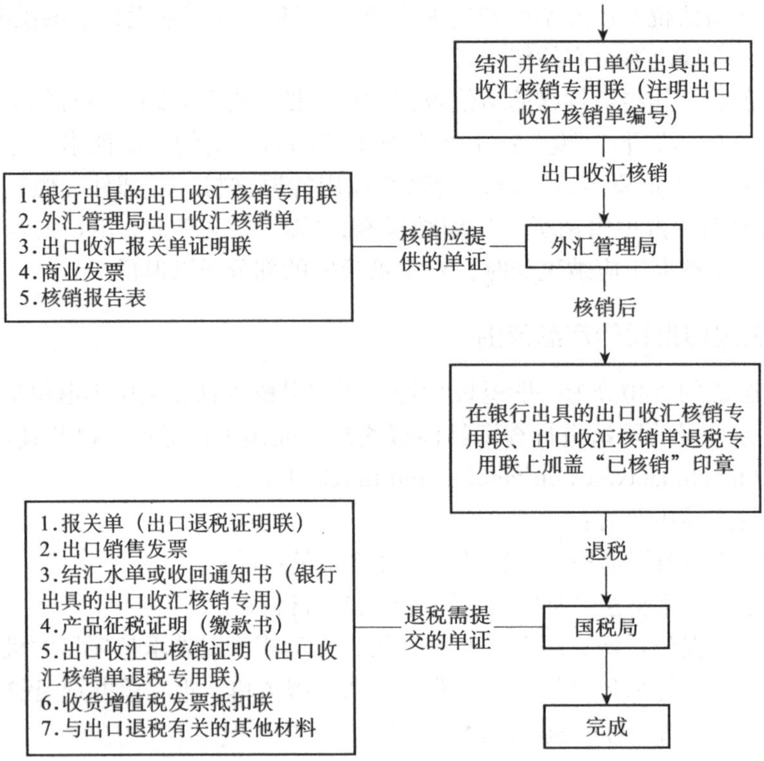

图 8-6　出口退税流程

3）退税形式

● 出口免税并退税：货物在出口销售环节不征增值税，对货物在出口前实际承担的税收负担，按规定的退税率计算后予以退税；

● 出口免税不退税：指货物在出口销售环节不征增值税，而且因为这类货物在前一道生产、销售环节或进口环节是免税的，因此出口时该货物的价格中是不含税的，也无须退税；

● 出口不免税也不退税：出口不免税是指国家限制出口的某些货物在出口环节视同内销，照常征税；出口不退税是指对这些货物不退还出口前实际负担的税款。这里指的主要是税法列举限制出口的货物。

4）出口退税申报步骤

根据税法规定，出口企业出口并按会计规定作销售的货物，须在作销售的次月进行增值税纳税申报。企业应在货物报关出口之日（以出口货物报关单〈出口退税专用〉上的出口日期为准）次月起至次年 4 月 30 日前的各增值税纳税申报期内，收齐单证（凭证）与信息，向主管税务机关进行正式申报增值税退（免）税及消费税退税。逾期的，企业不得申报退（免）税，主要需要进行以下步骤：

第一步，企业进行出口退（免）税预申报。出口企业在当月出口并作销售收入后，将收齐单证（凭证）及收汇的货物于次月增值税纳税申报期内，向主管税务机关进行预申报，如果在主管税务机关审核中发现申报退（免）税的单证（凭证）没有对应电子信息或不符的，应当进行调整后再次进行预申报。

第二步，税务机关上报。企业所在地主管出口退税业务的税务机关进行审核，符合条件和要求的，按照税收退税审批权限，逐级上报上级税务机关。对提供的申报资料不准确、纸质凭证不齐全的，退税部门不予接受该笔出口货物的退（免）税申报，并当即向申报人提出改正、补充资料的要求。

第三步，企业进行出口退（免）税正式申报。企业在主管税务机关确认申报单证（凭证）的内容与对应的管理部门电子信息无误后，应提供规定的申报退（免）税凭证、资料及正式申报电子数据，向主管税务机关进行正式申报。

第四步，税务机关批复。企业所在地主管出口退税业务的税务机关接到上级税务机关批准的退税通知后，签发税收收入退回书，一式五联。第一联交申请出口退税企业，凭以作账务处理。

5）出口企业办理出口退税时的时限

- “30 天”：外贸企业购进出口货物后，应及时向供货企业索取增值税专用发票或普通发票，属于防伪税税控增值税发票，必须在开票之日起 30 天内办理认证手续；
- “90 天”：外贸企业必须在货物报关出口之日起 90 天内办理出口退税申报手续，生产企业必须在货物报关出口之日起三个月后免抵退税申报期内办理免抵税申报手续；
- “180 天”：出口企业必须在货物报关出口之日起 180 天内，向所在地主管退税部门提供出口收汇核销单（远期收汇除外）；
- “3 个月”：出口企业出口货物纸质退税凭证丢失或内容填写有误，按有关规定可以补办或更改的，出口企业可在申报期限内向退税部门提出延期办理出口货物退（免）税申报的申请，经批准后，可延期 3 个月申报。

4. B2C 跨境电子商务企业出口退税

目前国内绝大部分 B2C 跨境电子商务企业都很少去办理出口退税，主要有以下几个原因：

- 从业者基本是小型企业，没有意识到可以享受出口退税政策，以为只有传统贸易或 B2B 跨境电子商务才能做出口退税；
- 交易频率高、SKU 多、订单金额低、资料琐碎、退税流程复杂，耗时耗力；
- 难取得供应商的发票，无法做出口退税；
- 缺少懂得出口退税操作的专业财务人员。

事实上，从 2014 年开始，国家对于这类小型、交易频繁、订单金额低的企业已经出台了新的出口退税政策，很多 B2C 跨境电子商务企业都可以申报出口退税。

1）跨境电子商务可以进行出口退税的情况

国家对通过一般贸易交易方式出口的货物允许按规定办理退（免）税，目前跨境电子商务卖家适用的情形可包括：海外仓头程（海运 / 空运 / 快递）发货、FBA 头程（海运 / 空运 / 快递）发货、国际快递发货。

2）跨境电子商务出口退税方式

目前 B2C 跨境电子商务企业一般大都只涉及退还增值税。它存在两种方式：

①直邮模式使用非一般贸易形式清关，如邮政、快递、专线等 B2C 跨境电子商务门到门配送方式，一般是单个包裹报关清关的，如果要按照一般贸易的形式出口退税是特别麻烦的，为了支持这些卖家退税，政府出台了“9610”政策，即“清单核放、汇总申报”。

②海外仓模式使用一般贸易形式清关，比如使用 FBA 头程，海外仓服务的卖家，一般采用大批量发货，可以按照传统外贸出口的形式来处理，主要符合出口退税的条件就可以出口退税。

3）“9610”政策

“9610”政策是为方便跨境贸易电子商务零售进出口企业通关，自 2014 年 2 月 10 日起，海关总署增列海关监管方式代码“9610”，是专为跨境电子商务服务的一种通关模式，如图 8-7 所示。

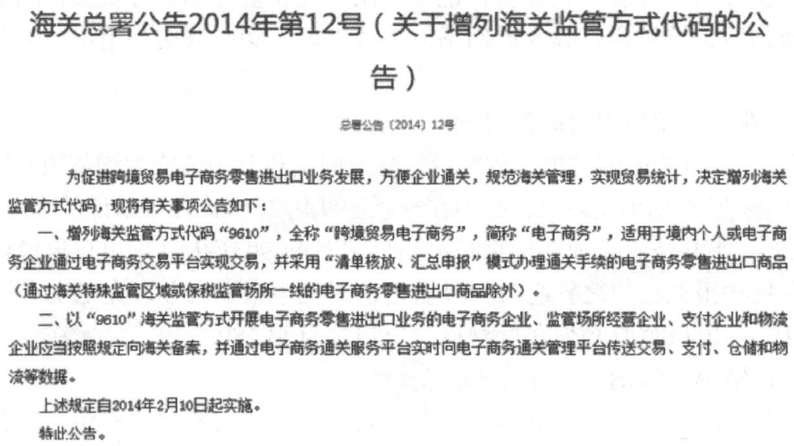

海关总署公告2014年第12号（关于增列海关监管方式代码的公告）

总署公告（2014）12号

为促进跨境贸易电子商务零售进出口业务发展，方便企业通关，规范海关管理，实现贸易统计，决定增列海关监管方式代码，现将有关事项公告如下：

一、增列海关监管方式代码“9610”，全称“跨境贸易电子商务”，简称“电子商务”，适用于境内个人或电子商务企业通过电子商务交易平台实现交易，并采用“清单核放、汇总申报”模式办理通关手续的电子商务零售进出口商品（通过海关特殊监管区域或保税监管场所一线的电子商务零售进出口商品除外）。

二、以“9610”海关监管方式开展电子商务零售进出口业务的电子商务企业、监管场所经营企业、支付企业和物流企业应当按照规定向海关备案，并通过电子商务通关服务平台实时向电子商务通关管理平台传送交易、支付、仓储和物流等数据。

上述规定自2014年2月10日起实施。

特此公告。

图 8-7 “9610”政策公告

电子商务包裹的出口流程如图 8-8 所示。而“9610”政策下的 B2C 出口流程为：国外买家网上购物→订单付款→清单核放→买家收到货物→汇总申报。

4）跨境电子商务出口退税具体步骤

跨境电子商务出口退税具体步骤为：海关、电子口岸业务备案数据对接→企业正常走货，将订单、物流等信息上传快速通过→进行报关，可委托报关行整理相关资料报关→去外汇管理局办理结汇手续→最后整理相关材料去国家税务总局申请退税。

清单核放：即跨境电子商务企业可先将要出口的产品填写清单推送到单一窗口平台，海关对“清单”进行审核并办理实货放行手续。这可以让企业通关效率更高、降低通关成本。

汇总申报：考虑到 B2C 跨境电子商务企业的交易特性，允许企业定期汇总清单形成报关单再进行申报，海关为企业出具报关单退税证明，可解决企业退税难题。

5）享有出口退税的电子商务出口企业界定

财税〔2013〕96 号文件规定，享受电子商务出口货物退免税的企业，是指自建跨境电子商务销售平台的电子商务出口企业和利用第三方跨境电子商务平台开展电子商务出口的企业。而对于为电子商务出口企业提供交易服务的跨境电子商务第三方平台，不适用规定的退免税政策。

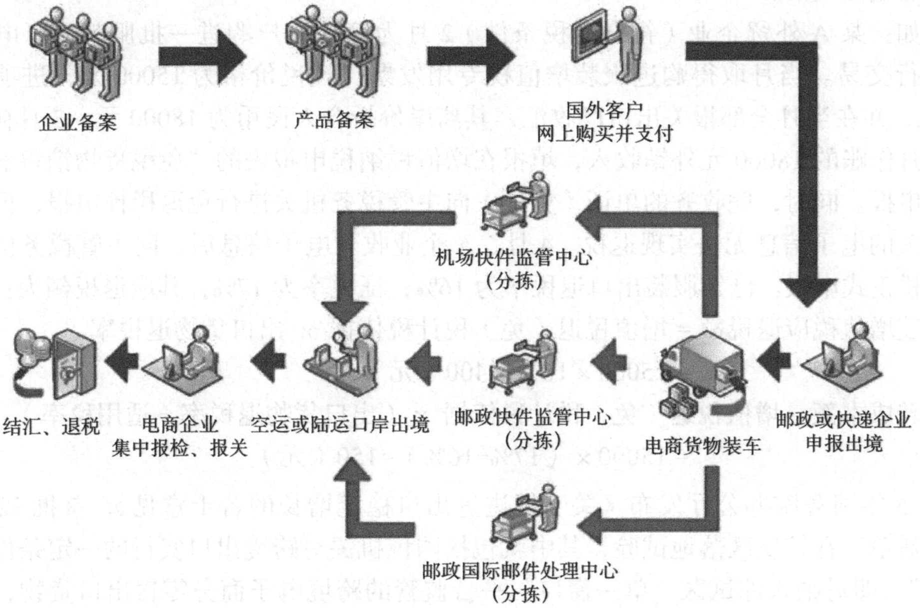

图 8-8 电子商务包裹的出口流程

电子商务出口企业出口货物必须同时符合以下 4 种条件，才能享受增值税、消费税退税和免税政策（财政部、国家税务总局明确不予出口退免税或免税的货物除外）：

- 电子商务出口企业属于增值税一般纳税人并已向主管税务机关办理出口退（免）税资格认定；
- 出口货物取得海关出口货物报关单（出口退税专用），且与海关出口货物报关单电子信息一致；
- 出口货物在退（免）税申报期截止之日内收汇；
- 电子商务出口企业属于外贸企业的，购进出口货物取得相应的增值税专用发票、消费税专用缴款书（分割单）或海关进口增值税、消费税专用缴款书，且上述凭证有关内容与出口货物报关单（出口退税专用）有关内容相匹配。即外贸企业应取得上述合法凭证，并与报关出口货物的金额、数量、计量单位、出口企业名称等内容相一致。

注意，对上述规定可归纳为：生产企业实行增值税免抵退税办法、外贸企业实行增值税免退税办法；出口货物属于消费税应税消费品的，向出口企业退还前一环节已征的消费税。

如果电子商务出口企业出口货物，不符合上述退（免）税条件的，但同时符合下列三种条件，可享受增值税、消费税免税政策（注意不含退税）：

- 电子商务出口企业已办理税务登记；
- 出口货物取得海关签发的出口货物报关单；
- 购进出口货物取得合法有效的进货凭证。

如出口企业只有税务登记证，但未取得增值税一般纳税人资格或未办理出口退（免）

税资格认定，以及出口货物报关单并非出口退税专用联次，购进货物出口时未取得合法凭证等，应当享受免税政策。在上述规定中，如果出口企业为小规模纳税人，均实行增值税和消费税免税政策。

例如：某A外贸企业（符合退税条件）2月为境外客户购进一批服装，以电子商务方式进行交易。当月取得购进服装增值税专用发票，计税价格为15000元，进项税额为2550元，并在当月全部报关出口已收汇，其离岸价折合人民币为18000元。3月初，A企业将上月作账的18000元外销收入，填报在增值税纳税申报表的“免税货物销售额”栏进行纳税申报。同时，凭收齐的单证（凭证）向主管税务机关进行免退税预申报，但却发现没有相关的电子信息无法实现退税。4月，A企业收到电子信息后，向主管税务机关进行了免退税正式申报。已知服装出口退税率为16%，征税率为17%，其应退税额为：

服装增值税应退税额＝增值税退（免）税计税依据 × 出口货物退税率

＝15000×16%=2400（元）

结转成本额＝增值税退（免）税计税依据 ×（出口货物退税率－适用税率）

＝15000×（17%−16%）=150（元）

2015年国务院办公厅发布《关于促进进出口稳定增长的若干意见》，首批32条“制度创新清单”在综试区落地试验，其中就包括国税机关对跨境出口实行的一定条件下“无票免税”，即对纳入综试区“单一窗口”平台监管的跨境电子商务零售出口货物，即便无法取得合法有效的进货凭证，出口企业只要登记相应的销售方名称、纳税人识别号、货物名称、数量、单价和总金额等进货信息，就可以在2016年年底前享受免征增值税的优惠。以阿里巴巴旗下的浙江一达通企业服务有限公司为例，该公司主要为中小企业提供协助出口报关、通关、商检和出口退税等服务，因客户群体的特殊性，该公司每月申报的报关单金额小、数量大。2015年前6个月，该公司累计申报出口报关单9506份，采购发票18225张，报税人员需要将报关单与发票一一对应录入系统，工作十分繁重。实施出口退税“无纸化管理”后，国税机关将计算机数据作为申报依据，省去了以往发票审核、数据比对等人工操作环节，预计该公司每年将少申报报关单12万张。

8.2 B2C跨境电子商务支付方式

B2C跨境电子商务交易与B2B跨境电子商务不同，订单频率高，每个订单的金额却不高，因此在结算中，线上支付是首选支付方式，因此各种小额支付方式和支付工具层出不穷，比如信用卡支付、第三方支付、小额汇款支付等，而在其中，因为买卖双方大都没有事先洽谈和协商，与B2B跨境电子商务相比，双方互相缺乏信任，因此第三方支付为买卖双方的首选支付方式。本节将综合介绍这些支付工具。

2013年年初外汇管理局下发《支付机构跨境电子商务外汇支付业务试点指导意见》后，支付宝、银联电子支付等17家第三方支付机构相继被允许进行跨境电子商务外汇支付业务试点，试点业务主要限定在货物贸易、酒店住宿、留学教育和航空机票等领域。针对不同的支付业务类型，国家规定了不同的单笔交易金额上限。目前国家规定，试点的支付机构在为客户集中办理结售汇收付汇业务和货物贸易时单笔交易金额上限是等值 1 万美元，留学教育、酒店和航空机票方面单笔交易金额则限定在 5 万美元。

跨境电子商务外汇支付业务试点的推行，意味着国内外商户跨境支付交易时无须再到银行购汇和结算业务，获准试点的支付机构可以帮助商户集中批量地办理跨境结算，从而减少了买卖双方的交易成本。

8.2.1　平台支付方式的调整

大多数跨境电子商务平台目前都在全球范围内拓展业务，比如亚马逊的亚马逊美国站、中国站、日本站、欧洲站等；速卖通也开设了十几个版本语言的交易平台提供不同国家和地区，而不同国家的购物支付习惯会有很大差别，因此，跨境电子商务交易平台也尽可能选择本地最常见的网民支付方式，并尽可能包容各种不同的支付习惯。

1. 欧洲不同国家的支付习惯

PayPal 和 VISA 主导着欧洲电子商务行业的支付领域，使用率分别为 72% 和 54%。几乎在每个欧洲国家中，PayPal 和 VISA 都是网购的首选支付方式，如图 8-9 所示。

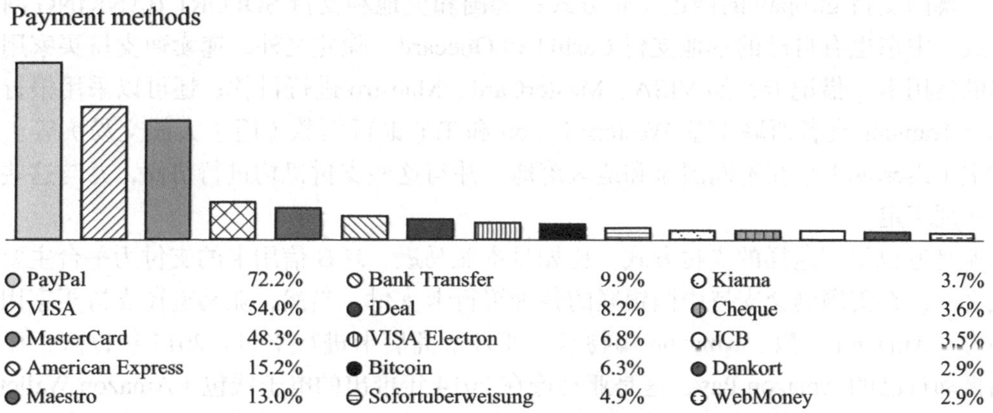

图 8-9　欧洲不同国家的支付习惯

但不同国家还有各自不同的支付喜好，欧洲每个国家最受欢迎的三大支付方式如图 8-10 所示，比如在荷兰（The Netherlands），iDeal 才是最受欢迎的支付方式，在荷兰的电商支付市场份额为 80%。而在捷克（Czech Republic），45.2% 网店支持 VISA 支付，41% 网店支持 MasterCard，35% 网店支持 PayPal。

2. 平台对不同地区的支付方式调整

如速卖通在俄罗斯及周边地区会支持当地主流支付工具 QIWI、Yandex.Money、WebMoney；在巴西支持 Boleto、TEF（网银类支付方式）；拉丁美洲支持 Mercadopago（当地最大的支付平台）；在印度尼西亚支持 DOKU（在线支付公司，包括钱包、网银、

Austria	PayPal (91%), VISA (56%), MasterCard (53%)
Belgium	PayPal (72%), VISA (73%), MasterCard 68%)
Czech Republic	VISA (45.2%), MasterCard (41%), PayPal (35%)
Denmark	VISA (80%), Dankort (72%), MasterCard (71%)
Finland	VISA (64.2%), MasterCard (60%), VISA Electron (40%)
France	PayPal (81%), VISA (57%), MasterCard (53%)
Germany	PayPal (95%), VISA (24%), Sofortuberweisung (23%)
Greece	PayPal (74%), VISA (69%), MasterCard (62%)
Hungary	PayPal (59%), VISA (56%), MasterCard (52%)
Ireland	PayPal (84%), VISA (55%), MasterCard (46%)
Italy	PayPal (94.%), VISA (49%), MasterCard (45%)
Norway	VISA (71%), MasterCard (63%), PayPal (46%)
Poland	PayPal (60%), VISA (49%), MasterCard (46%)
Portugal	PayPal (78%), VISA (48%), MasterCard (41%)
Russia	VISA (81%), MasterCard (72%), WebMoney (35%)
Slovakia	VISA (58%), PayPal (53%), MasterCard (51%)
Spain	PayPal (91%), VISA (54%), MasterCard (48%)
Sweden	VISA (89%), MasterCard (79%), PayPal (71%)
Switzerland	PayPal (84%), VISA (61%), MasterCard (58%)
The Netherlands	iDeal (80%), PayPal (56%), VISA (41%)
The United Kingdom	PayPal (80%), VISA (55%), MasterCard (44%)
Ukraine	VISA (74%), MasterCard 64%), PayPal (35%)

Source: Ecommerce News Europe & Dataprovider.com

图 8-10 欧洲每个国家最受欢迎的三大支付方式（Data Provider 研究）

ATM 和便利店支付）；欧洲主要支持 Moneybookers 支付（欧洲的电子钱包公司而且集成了 50 多种支付方式，是欧洲一种主流的支付服务商），不过荷兰特别支持 iDeal 本地支付方式；德国支持 giropay 的网银支付方式；德国和奥地利支持 SOFORT BANKING 网银支付方式；中东也有自己的本地支付 CashU 和 Onecard；除此之外，速卖通支持买家用全球通用的信用卡、借记卡，如 VISA、MasterCard、Maestro 进行付款；还可以采用银行转账 Banker Transfer 或者西联汇款 Western Union 和 T/T 银行汇款（用于大额交易）等。国际支付宝（Escrow）会在不同国家和地区落地，并与这些支付机构进行协商，并与这些支付工具实现绑定。

亚马逊也采用这样的支付方式，比如日本亚马逊，JCB 信用卡的支付为平台主要支付方式之一，在美国则会支持中国银联的各种银行卡支付，当然，亚马逊还支持买家用各种商品券、Amazon 点数、Amazon 购物卡、亚马逊商店卡进行支付。2015 年以来，亚马逊开始推动自己的 Amazon Pay，这是亚马逊在 2014 年推出的电子钱包（Amazon Wallet，主要的功能是储存包括礼品卡 gift card 和第三方商户在内的各种个人资格卡），它允许用户采用各种与亚马逊连接的支付工具进行商品和服务交易的综合性的第三方支付服务。

eBay 的业务也早已覆盖全球大多数国家和地区，因此平台允许的支付方式也多种多样。eBay 最主要的支付工具是 PayPal，在美国、加拿大、英国、澳大利亚非常普及，在世界许多地方设有分支机构，支持 MasterCard、VISA、Discover、AMEX and eCheck，要用 PayPal 付钱就要用到国际双币或多币信用卡。此外还有 WorldPay（总部设在英国，该付款方式支持多种信用卡 MasterCard，VISA，VISA Purchasing，VISA Delta，VISA Electron，JCB，Solo and Switch）。此方式付款后，款项还未进入账户。要通过订单确认收款后才算入账。若某次收款不能执行，可以取消收款，该款会自动返回到付款人账户。因为地域原因，有些会收取国外交易费（Foreign Transaction Fee）。除此之外，eBay 还支持支票、银行转账、现金交易、Postal Order、Money Order 等支付方式。

8.2.2 支付工具

1. 卡支付工具（信用卡、借记卡）

银行卡是目前三大电子货币之一，也是使用最广泛的电子货币。目前国际上五大信用卡品牌 VISA，MasterCard，America Express，JCB，Diners club，其中前两个为大家广泛使用。信用卡支付可以拒付，也可以保护消费者的利益，而且操作方便快捷，所以深受外国朋友的钟爱。

国际信用卡收款利用第三方信用卡支付公司提供的支付通道达到收款的目的，采用的是支付网关对支付网关的模式（类似于网银支付），其流程如图 8-11 所示。

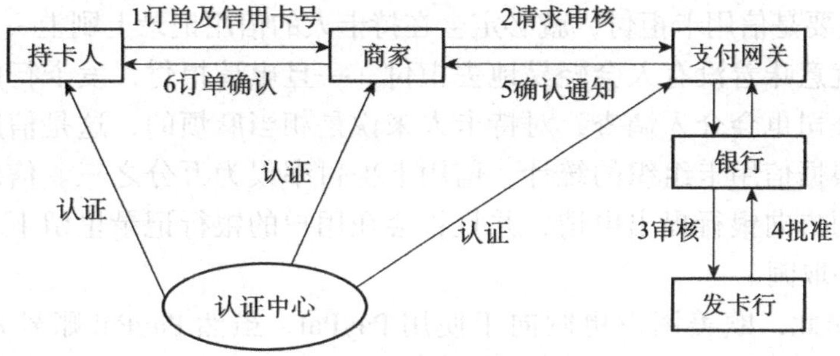

图 8-11　国际信用卡收款流程

在信用卡支付之前，跨境电子商务网站需要先通过与 VISA、MasterCard 等国际信用卡组织合作，或直接与海外银行合作，开通接收海外银行信用卡支付的端口。系统首先会对持卡人、商家和支付网关进行 SET 认证（未实行 SET 认证的地区，会采用 SSL 协议对订单和信用卡信息进行加密，保证网络上信息传输的安全）。确认身份后，消费者向银行系统提交的支付申请，会首先提交到信用卡支付网关，支付网关系统会把信息提交到银行系统验证并对该笔交易给予一个风险评分值，风险评分值达到一定的分数，系统会判为高风险交易，从而拒绝扣款。在跨境电子商务平台上，卖家非常担心出现信用卡拒付的情况，有可能造成钱货两空。导致信用卡支付不成功的原因有如下几种。

- 未授权交易：消费者用于支付的卡是 3D 卡，而在支付的过程中未填写 3D 验证码。所以系统会判为未授权交易，而拒绝扣款；
- 黑卡、盗卡、复制卡：消费者用于支付的卡被系统甄别为黑卡、复制卡等其他非法卡，系统拒绝扣款；
- 卡余额不足或卡有效期已过：信用卡信贷限额不足无法处理交易、持卡人输入错误的到期日期或信用卡期限已过期，请持卡人联系发卡行获得相关信息；
- 风险地区支付：消费者支付的 IP 来自被国际信用卡组织列为高风险地区，则交易会被系统评为高风险交易，而拒绝扣款，商户自己也可以屏蔽掉高风险地区；
- 跨国、跨地区交易支付：消费者用于支付的卡是非本国的卡，存在盗卡消费的嫌疑，所以系统会评为高风险交易，而拒绝扣款；
- 网络问题：消费者支付的时候网络访问速度慢或其他网络问题，重复刷新支付页面导致多次提交支付申请或者系统未能接收到支付申请等；

• 同一 IP 短时间内，重复支付多次或短时间内同 IP 但消费地点距离远：消费者在同一 IP 短时间内重复支付多次，存在套现、洗钱、诈骗等其他非法行为嫌疑，系统拒绝扣款；

• 单笔支付限额过高：单笔支付限额超出了消费者卡的最大单笔支付限额或者超出了系统设定的最高单笔收款限额；

• 不良交易记录的卡：消费者用于支付的卡，存在不良的交易记录，如拒付等；

• 发卡行拒绝扣款：消费者所消费的发卡行拒绝扣款，具体原因需要消费者联系他的发卡行，了解被拒绝的原因。

为此，很多商家非常担心拒付，但实际上，在欧美国家，信用卡消费与人们的生活、学习、工作、社会生活等息息相关，使用信用卡消费关系到人们的信用记录。信用卡组织有一条规定，只要是信用卡拒付，就必定会在持卡人的信用记录上刷上一笔，无论是否恶意拒付，这也就意味着没有人会轻易地去拒付，一旦申请拒付，发卡行以及提供信用卡通道的第三方公司也会介入调查，对持卡人来说是相当麻烦的，这是信用卡能有效避免拒付的原因，根据信用卡组织的统计，信用卡拒付率仅为万分之三。信用卡的拒付相对较麻烦，需要用户向银行提出申请，并且将会在用户的银行记录里留下一笔，用户一般情况下不会无理取闹。

也正因为如此，欧美用户更倾向于使用 PayPal，虽然 PayPal 账号是与信用卡相关联的，但拒付和理赔都能做到与信用卡无关，因为 PayPal 的信用体系是相对独立的，也就不会影响到客户的银行信用记录。而卖家如果在 PayPal 被投诉的概率很高，会导致 PayPal 账号被封，一旦被冻结，款项要到 180 天后才能被提出来，严重影响了商户的外贸生意。

部分信用卡支付时还允许卖家选择的收款通道是实时通道还是延时通道。

实时通道就是订单交易进来后即时反馈交易结果，买家可即时看到支付的结果是成功或是失败；延时通道就是买家支付进来后，8～24 小时内才可显示交易结果，即成功、失败或待确认。

实时通道与延时通道最本质的区别只是有无人工审核。实时通道就是在风险控制上设定一个点，如果交易进来，系统评估、侦测到交易的风险高于系统设定的风控点，订单就会自动失败，如果低于风控点就可以成功支付进来。延时通道除了风控系统评估，还加了专业人工审核订单，如果订单存在异常，存在一定风险，那么就会被列为高风险交易，交易结果显示为待确认。系统挡住高风险交易后联系商户本人去确认交易是否放行，如果商户确认了该笔交易没问题的话，那交易就可以正常支付进来了。这样严格控制了黑卡、盗卡的交易，控制和降低了拒付率，最终维护了商户的利益。而且延时通道 24 小时内显示交易结果，如果商户发现缺货断货情况，为了避免损失，还可以撤销交易。

信用卡与借记卡有所区别。国际通行的借记卡外表与信用卡一样，并于右下角印有国际支付卡机构的标志。它通行于所有接受信用卡的销售点。唯一的区别是，当使用借记卡时，用户没有信贷限额（Credit Line），只能利用从账户里的余额支付。比如表 8-2 所示的是时速卖通对信用卡、借记卡和支付宝扣款时间的规定。

表8-2　速卖通对信用卡、借记卡和支付宝扣款时间的规定

支付方式	扣款时间
信用卡	包裹“即将发货”时，扣预授权　商品从库房发出时，实际扣款
借记卡（储蓄卡）	包裹“即将发货”时，扣预授权　商品从库房发出时，实际扣款
支付宝	客户提交订单并且付款后直接扣款

2. 网银支付

网络银行是指通过互联网或通信网络的公共资源，采用相关技术，实现银行与客户之间安全、方便、友好连接的并能提供银行各类业务服务和功能的网上银行。它打破了传统银行面对面的柜台业务方式，是一种不谋面的网络服务方式，因此也称之为虚拟银行或在线银行。网络银行通过建立自己的互联网站点，在互联网上向客户提供开户、销户、查询、转账、投资理财等银行金融服务项目。尽管信用卡支付在全球应用很广，但是有一些国家和地区，比如波兰最受欢迎的支付方式是网上银行（波兰在线支付），而在荷兰则是iDeal支付。在此介绍几种不同国家和地区使用较为普遍的网银支付方式。

1）iDeal

荷兰的iDeal相当于国内的银联，基本上支持荷兰所有的银行，占据荷兰国内85%在线市场份额，甚至超过了支付宝在中国的市场占有率。不少欧美国家都习惯使用信用卡，但荷兰比较特殊，当地人更习惯使用iDeal，只要你有荷兰银行账户就可以完成付款。

2005年，荷兰的几大标志性银行一起提出并开发了这个支付系统，2010年已有超过7000万用户。在荷兰，超过1300万参与银行的客户使用iDeal，无须注册，用户只要拥有银行的账户便可以直接网上操作。除了网店，iDeal也为其他机构和个人提供服务，例如向慈善机构捐款、手机充值、缴纳地方税、交通罚款等，目前超过100000个网店和其他机构使用iDeal在线支付服务。

iDeal支付覆盖范围荷兰、英国、美国；操作流程简便、目标群使用率高；支持的银行有 ABN AMRO（previously Fortis Bank NL）、ASN Bank、Friesland Bank、ING、Rabobank、SNS Regio Bank、Triodos Bank、Van Lanschot等。与后面将要介绍的PayPal一样，它们采用的都是实时交易，但iDeal没有拒付操作（当然商家可以选择是否开通买家保护，如果没有开通则不会拒付，而PayPal或者信用卡为了保护买家，可以拒付，在180天内买家都可以拒付），交易费用便宜（PayPal对中国商家的费率是4.3%+0.3$，另外还有每笔30$的提现费用，而iDeal则要便宜很多），无保证金或者循环保证金（PayPal或者信用卡一般都会有一定的交易保证金，以及10%的循环保证金）。

iDeal支付步骤为：网站选择iDeal为支付方式→消费者登录iDeal账号，只需输入账户号码及银行代码→iDeal进行在线实时转账→iDeal确定转账完成→返回您的网站，交易完成。

在荷兰，几乎一半以上的电子商务交易都以iDeal方式提供支付担保，进行支付，就连在线购买机票使用的也是iDeal。正因如此，一些荷兰客户的电商网站会接入iDeal支付方式，比如目前国内敦煌网已经支持iDeal支付方式。国内的Payssion等支付服务提供商

目前专门可以为国内商家接入 iDeal。

2）Moneybookers

Moneybookers 是一家极具竞争力的网络电子银行，它诞生于 2002 年 4 月，是英国伦敦 Gatcombe Park 风险投资公司的子公司之一。2003 年 2 月 5 日，Moneybookers 成为世界上第一家被政府官方所认可的电子银行，也是英国电子货币协会 EMA 的 14 个成员之一。

Moneybookers 分账户和通道两种，Moneybookers 账户属于账户式，就是交易双方均需要 Moneybookers 账户才能结算；Moneybookers 通道属于网关式，只需要在一方网站上连接一个支付网关即可，其实这就是网银模式。

Moneybookers 最大的优点是只要有 Email 地址就可以注册，Moneybookers 优点是以 Email 为支付标志，付款人将不再需要暴露信用卡等个人信息；不过不允许客户注册多账户，一个客户只能注册一个账户。

Moneybookers 的最大好处是不用申请美元支票，多个国际中介公司提供兑换人民币的业务，另外也可以直接把美元、欧元转账到你国内的外币存折或卡上，如中行的“本外币一本通”或招行的一卡通、借记卡等。Moneybookers 可以直接从账户中申请支票邮寄到客户手中。同时，它还省却了 PayPal 必须用信用卡来激活的麻烦。直接凭借你的电子邮件地址以及带照片的身份标志，如身份证、护照、驾照传真便可以完成认证。另外，没有付款手续费和低廉的收款手续费。在欧洲，Moneybookers 已经支持手机操作，手续费和提现费都很实惠，不过主要适合欧洲的国家使用，除了欧洲，其他国家使用 Moneybooks 账户支付的所占比例是很有限的，像 eBay 在欧洲的用户使用 Moneybookers 会较多。

3. 电子支票支付

传统的纸质支票主要是向银行发送一个通知，将资金从自己的账号转到别人的账号上。该通知一般先给资金的接收者，由接收者到银行去转账。转账后，注销了的支票会再返回签发者手里，作为支付的凭证。

而电子支票，也称数字支票，是将传统支票的全部内容电子化和数字化，形成标准格式的电子版，借助 Internet 与金融专用网等计算机网络完成其在客户、商家、银行之间的传递和处理，是一种利用数字信号将资金从一个账户转到另一个账户的电子支付形式。电子支票样式如图 8-12 所示。它的支付指令是在与商户及银行相连的网络上以密码方式传递的，用公用关键字加密签名或个人身份证号码代替手写签名。

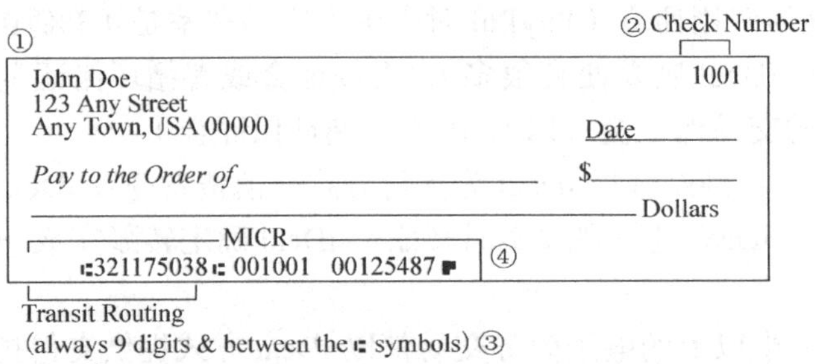

图 8-12 电子支票样式

电子支票的支付流程不是单一的，它和所要应用的电子支票系统密切相关。现以由美国卡内基·梅隆大学开发出的“Netbill”电子支票为例，介绍其网上支付流程（见图8-13）。

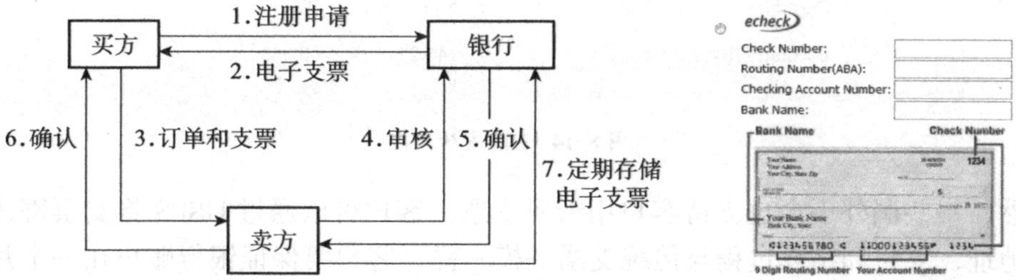

图 8-13　电子支票的支付流程

①客户首先需要向银行申请电子支票，然后在计算机客户端通过专用的形式进行存储；

②客户在交易平台向卖方下订单，并启动Netbill交易，填写支票簿向卖家收款机（也需要安装电子支票专用软件）发送购买请求；

③收到购买请求后，收款机从卖家应用中取出产品，并采用一个密钥来加密该产品。在计算出密码校验后，将结果传送至客户支票簿；

④在收到加密信息后，支票簿验证校验，随后，支票簿向卖家收款机送回一份签名的电子支付订单；

⑤收款机对电子支付订单进行背书，然后将之发送至Netbill服务器；

⑥ Netbill服务器在验证价格、核验和等符合规定之后，借记客户账户恰当的数额。Netbill服务器记录该笔交易并且保存一次性密钥的复制件，然后，再将包含有同意或拒绝信息的数字签名信息发送给卖家。

⑦商户对Netbill服务器做出回答，如果同意，即同时将解密密钥发送给客户支票簿。

电子支票的使用需要有特定的软件，就是电子支票系统，前面提到的Netbill（见图8-13）就是由美国匹兹堡的Carnegie·Mellon大学设计的用于销售信息的一个电子支票系统，此外还有NetCheque系统，是由南加里福尼亚大学的信息科学研究所ISI（Information Sciences Institute）开发的，用于模拟支票交易银行；此外还有FSTC电子支票（Financial Service Technology Consortium），是由美国的银行、大学、研究机构以及政府机构等联合成立的非盈利性团体开发的。

电子支票在中国内地几乎没有，但是在其他国家和地区上，并不少见，比如2015年9月11日，中国香港金管局表示，香港银行将推出电子支票，处理每日逾40万张支票业务，从而成为首个支票无纸化地区。而在国外一些学校，一般也都要求学生用电子支票来付款，用ACH（Automated Clearing House）从学校端发起支付请求，学生在学校的付款网页上填“Checking Account”的“Routing Number”和“Account Number”即可。eBay支持Bill.com电子支票（ACH）付款。这种情况下，客户首先必须有美国银行账户，同时也必须有支付系统，比如Bill.com账户，每笔交易会收取一定的手续费，但电子支票比纸质支票的手续费每笔要低1美元。与传统支票相似，电子支票并不会即时到账，支票处理时间为3～5个工作日，但款项一般会在一个月规定的某个时间支付和结算，比如eBay的Bill是在每月的7日和21日支付，如图8-14所示。

提供商	处理时间	收取的费用
Bill.com - ACH	3 - 5 工作日	$0.49
Bill.com - 美国纸质支票	5 - 7 工作日	$1.49
Bill.com - 国际纸质支票	14 - 21 工作日	$1.49

图 8-14　Bill 支付日期

当然，一些国外平台也支持客户用纸质支票，客户可以通过 USPS 将支票寄送到平台要求的地址，支付和结算过程与传统支票一模一样，客户要保证银行账户在一个月内有足够的金额可以实现支付。

4. 电子现金、礼品卡或代金券支付

电子现金，又称数字现金，是一种以电子数字形式存储流通的、能被客户和商家普遍接受的、通过 Internet 购买商品或服务时使用的货币。电子现金具有安全、方便灵活、匿名、处理效率高、成本低的特点。电子现金可用于 Internet 上的小额消费支付，如在线购买即时新闻、网上游戏、音乐、文章等。eBay 平台还支持客户用 Bitcoin 比特币来付款，这是一种 P2P 形式的数字货币。

此外亚马逊还支持代金券支付，这也为亚马逊推动商业拓展提供了极大的便利。Amazon 礼品卡 Gift Card 就是国外商家发行的代金券，国内也有很多此类卡，比如沃尔玛等发行的购物卡。亚马逊的 Gift Card 礼品卡可以用来在亚马逊上购物，在结账时选择用 Gift Card 支付，然后输入 Gift Card 上面的串码即可，亚马逊会优先扣除 Gift Card 上的金额，如果 Gift Card 上的金额不足以支付订单，再输入信用卡来继续支付订单余下的货款。如果 Gift Card 上的金额大于订单金额，多余的金额是不会被扣的，还可以留在你的账户里等下次继续使用，和使用现金一样方便，而且永远不会过期。

5. 第三方支付

传统的网上支付主要是借助网上银行的支付平台，使用银行卡、电子现金和电子支票等作为支付工具。网上银行一般采用 SSL 或 SET 安全协议机制对银行卡信息进行加密认证处理，降低用户的银行卡信息泄露的风险，实现资金的安全传递。但是，随着网络商户数量和规模的发展，网商需要和各家银行逐个签订接入协议，采用传统的网上支付就显得手续烦琐且不经济。因此，在银行与网站之间作为支付中介的第三方支付平台应运而生。

第三方支付平台就是指非银行的第三方机构投资运营的网上支付平台。通过提供通信、信息安全技术，在商家和银行之间建立连接，起到信用担保和技术保障的作用，从而实现从消费者到金融机构及商家之间货币支付、资金流转与资金清算的平台。

目前可以将市场上的第三方支付公司分为两类：一类是独立的第三方网关模式，比如国内的快钱、财付通等；另一类是由电子商务平台支持的第三方支付网关模式，比如亚马逊的 Amazon Pay。速卖通的支付宝，最初是解决淘宝网的支付问题而产生的，发展到现在，已经为绝大多数商务网站所使用，并逐渐独立出来，PayPal 也属于这种情况。

在第三方支付模式中，买方和卖方都需要首先申请第三方的账号，得到账号后，买

方选购商品后，使用第三方平台提供的账户进行货款支付（支付给第三方），并由第三方通知卖家货款到账、要求发货；买方收到货物，检验货物，并且进行确认后，再通知第三方付款；第三方再将款项转至卖家账户，如图 8-15 所示。

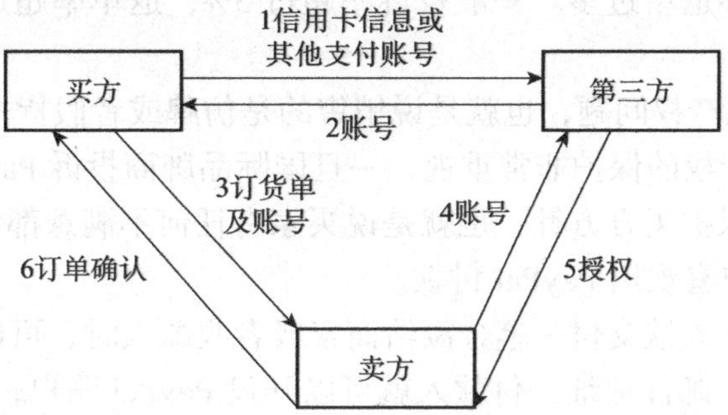

图 8-15 第三方支付流程

1）PayPal 

PayPal 是全球领先的第三方在线支付平台，原先是美国 eBay 公司旗下的全资子公司，成立于 1998 年 12 月，总部在美国加利福尼亚州圣荷西市。PayPal 以现有的银行系统和信用卡系统为基础，通过信息技术和网络安全技术，帮助个人和企业用户通过电子邮件来标识身份，实现安全便捷的在线付款和收款。PayPal 可以有效地防止网络欺诈，是当前安全性最高的网络电子账户。另外，PayPal 账户集成了众多账户管理功能，可以帮助用户从容地管理交易详情。

目前 PayPal 的个人和企业用户总数超过 2 亿，遍布全球 190 个国家，在跨境电子商务中有超过 85% 的买家和 90% 的卖家选择使用 PayPal 进行在线支付，PayPal 已成为全球领先的在线支付平台，被各大跨境电子商务平台支持，比如亚马逊、速卖通、eBay、Wish 等。

对于买卖双方，PayPal 的优势有：

• 品牌效应强。欧美普及率极高，是全球在线支付的代名词，覆盖 85% 的国家；

• 安全保障高。对于买家而言，交易过程中无须提供银行账户信息，且在传送过程中，信息受到加密密钥长度为 168 位的 SSL 保护；对于商家而言，商家因欺诈所遭受的平均损失仅为信用卡支付方式的六分之一；

• 资金周转快。即时支付、即时到账，最短仅需 3 天，一般是 5～7 个工作日可将账户内款项转至国内银行账户；

• 使用成本低。无注册费用，无年费，手续费为传统收款方式的二分之一，当然这是相对于传统收款方式而言的，中国用户使用 PayPal 需要支付的服务费率为 0.1%，它会直接从账款总额中扣除；

• 付款方式多样化。支持国际信用卡在内的多种付款方式。

在电子商务交易环节，PayPal 对买家采取的保护就是账户冻结（某笔交易被临时冻结，账户使用者不能对这笔交易进行退款提现等操作），那么会导致账户冻结的可能性有下列几种情况：

• 收款后立马提现。比如账户收了 $1000，收款后卖家马上提现 $900，PayPal 会怀疑卖家收款后没发货，从而冻结账户；

● 提现金额过高。例如，收款 $1000，发货后，卖家需要资金周转，把 $1000 全部提现，这种情况比较危险。PayPal 一般提现 80% 金额是比较安全的，留下的 20% 首先是为了防止买家退单，其次是为了让 PayPal 放心；

● 被客户投诉过多退单过多。一般投诉率超过 3%，退单率超过 1% 就会被 PayPal 公司终止合作了；

● 所售产品有知识产权问题，也就是说销售的是仿牌或者假货，这些都是 PayPal 禁止交易的，国外对知识产权的保护非常重视，一旦国际品牌商投诉 PayPal，后果非常严重。

PayPal 一贯执行保护买方方针，也就是说买家有任何不满意都可以提出争议，卖家就无法拿到钱，因而客户喜欢用 PayPal 付款。

通过 PayPal，付款人欲支付一笔金额给商家或者收款人时，可以分为以下几个步骤：

①只要有一个电子邮件地址，付款人就可以开设 PayPal 账户，通过验证成为其用户，并提供信用卡或者相关银行资料，增加账户金额，将款项从其开户时登记的账户（如信用卡）转移至 PayPal 账户下；

②当付款人启动向第三人付款程序时，必须先进入 PayPal 账户，指定特定的汇出金额，并提供收款人的电子邮件账号给 PayPal；

③接着 PayPal 向商家或者收款人发出电子邮件，通知其有等待领取或转账的款项；

④如商家或者收款人也是 PayPal 用户，其决定接受后，付款人所指定之款项即移转予收款人；

⑤若商家或者收款人没有 PayPal 账户，收款人得依 PayPal 电子邮件内容指示进入网页注册，取得一个 PayPal 账户，收款人可以选择将取得的款项转换成支票寄到指定的处所或转入其个人的信用卡账户或转入另一个银行账户。

2）国际支付宝 ESCROW

国际支付宝，是阿里巴巴专门针对国际贸易推出的一种第三方支付担保交易服务，英文全称 Alibaba.com’s Escrow Service。国际支付宝是支付宝为从事跨境交易的国内卖家建立的资金账户管理平台，包括对交易的收款、退款、提现等主要功能。现已全面支持航空快递、海运、空运常见物流方式的订单。航空快递订单和海运订单已经实现了平台化，买卖双方均可在线下单。通过使用阿里巴巴 Escrow 的交易，能有效避免传统贸易中买家付款后收不到货、卖家发货后收不到钱的风险。

国际支付宝使用客户群体主要是 AliExpress（速卖通）、阿里巴巴国际站会员。目前国际支付宝服务已经覆盖了 226 个国家，推进进程还在不断加快，单 2017 年就在 36 个国家推进了国际支付宝的应用。

使用国际支付宝，卖家的优势有：

● 凸显诚信，提升成交。海外买家更倾向于和开通 Escrow 的卖家交易；丰富真实的交易记录可以提升买家的信任。减少与买家沟通成本，快速达成交易；

● 免费服务，增加曝光。Escrow 服务向卖家免费开放，开通 Escrow 服务，点亮 Escrow 标志，提高国际站搜索概率，赢得更多曝光；

● 保证货物和资金安全。Escrow 收到买家全部货款后才会通知卖家发货，帮助卖家规避收款不全或钱货两空的风险。

使用国际支付宝，买家的优势有：

● 安全交易。买家的货款将在 Escrow 账户上被暂时冻结，等待买家确认之后直接放给卖家。这很受海外买家的欢迎；

● 支付方便。只要海外买家有信用卡账户，并开通网银功能，就可以方便地在网上进行付款操作。即使没有信用卡账户，买家也可以通过传统的 T/T、西联等方式进行付款。不会增加海外买家的任何额外操作成本；

● Alibaba.com 已经推出一套供应商星级积分体系，帮助那些有意在平台上服务好买家的诚信供应商脱颖而出。所以，通过 Escrow 积累交易记录数据，对于供应商来说无疑在未来的星级积分体系中抢占先机。

3）Payoneer

2005 年 Payoneer 成立，总部设在美国纽约，是万事达卡组织授权的具有发卡资格的机构。Payoneer 为支付人群分布广而多的联盟提供简单、安全、快捷的转款服务。数千家联盟以及数百万收款人的加入使得 Payoneer 已成为支付行业的领先者。Payoneer 的合作伙伴涉及的领域众多并已将服务遍布到全球 210 多个国家。

Payoneer 会通过邀请收款对象申请获得 Payoneer 预付万事达卡（也就是 P 卡）并为其提供安全、便利和灵活的收款方式。Payoneer 预付万事达卡可在全球任何接受万事达卡的（MasterCard）刷卡机（POS）刷卡、在线购物或者自动取款机取出当地货币。

Payoneer 还会为收款对象开设美国银行虚拟账号（USPS），来接收联盟的资金，从而节省开通美国银行账户实体卡的高额开户费，并且只需 1～5 个工作日。这些服务支持的美国公司包含许多网络交易平台，比如 Amazon.com、Google、Apple 等。

Payoneer 还可以提供电汇转账服务，目前已在全球 210 个国家开通（包括中国），1～5 个工作日便可进入到您当地银行的账户内，转账收取 2% 的费用。小额转款（2～7 个工作日）只需自己在 Payoneer 后台操作，单笔最低转账金额为 500 美元、最高 9500 美元（每天转账上限），每月最多可转 10 次；大额转款（2～10 个工作日）需人工协助，单笔转款 2 万（最好是 3 万）美元起。

美国客户还可以通过电子支票向卖家付款。客户只需简单的 3 个步骤就能完成电子支票付款：客户在您发送给他们的付款请求电子邮件中点击“Pay Now”（立即付款）按钮→客户从可用付款方式列表中选择“eCheck”（电子支票）→客户输入纸质支票上的持有人姓名、银行名称、支票账户和路由编码。

在 Wish 平台，Payoneer 也是大多数卖家的收款选择方式。登录到 Wish 卖家账户，在“付款设置”的下拉列表中选择 Payoneer 即可完成注册。如果没有 Payoneer 账户，需要先申请注册，在拥有了 Payoneer 账户后，需要将 Wish 账户绑定到 Payoneer 账户上，此时一旦批准通过，Wish 款项将在每个付款周期（每月 15 日）直接支付到卖家的 Payoneer 账户，同时会发送一封电子邮件通知。Wish 一般在每月 1 日及 15 日支付收到的交易款项。对于 Wish 大卖家还开放了分级提款手续费政策（起始手续费为 1% 或更低）。

4）PingPong

PingPong 是新兴的第三方支付工具，并获得中国首张欧洲支付牌照，卢森堡授予中国金融科技公司 PingPong 欧洲支付牌照。

目前 PingPong 主要在 Wish 上用于支持商户收款，可以直达中国账户，费率为 1% 或更低。卖家登录 Wish 商户平台，在“Payment Setting”提供商选项下选择“PingPong”金融，并点击“注册”；如果您已经有 PingPong 账户，点击“已经注册 PingPong，立即登录”按钮完成绑定。在线注册或绑定完成后，在 Wish 定期转款日之后的 5～7 个工作日，就可以入账到您的 PingPong 账户。

此外，在各大跨境电子商务平台上支持的第三方支付平台还有 UMP 联动支付（Wish 平台支持，中国第三方支付企业，获得跨境外币、跨境人民币、支付业务许可证三张权威牌照，接受国家外汇管理局、中国人民银行双重监管）、PayEco（易联支付）、AllPay（合作银行为平安银行）。

在俄罗斯最受欢迎的本土支付方式是电子钱包，包括 QIWI Wallet、WebMoney、Yandex.Money。电子钱包与第三方支付的区别主要在于，电子钱包仅仅是一种软件，是用于存放的电子货币，如电子现金、电子零钱、电子信用卡以及与这些电子货币对应的各种 SET 证书等，安装在电脑或手机里，综合管理客户各种卡里资金，甚至包含信用卡、医疗卡、公交卡等。它主要支持进行小额购物，需要在电子钱包系统中进行。世界上有 VISA Cash 和 Mondex 两大在线电子钱包服务系统。第三方电子支付则属于第三方的服务中介机构，主要是为了完成第三方担保支付的功能。不过随着第三方支付平台推出的功能越来越丰富，电子钱包的各项功能都可以满足，因此今天也很难清晰区分两者。

除此之外，B2C 跨境电子商务平台也支持线下支付，比如汇款（西联、T/T 等）。

电汇是传统的 B2B 付款模式，适合大额的交易付款。其收款迅速，几分钟就可到账；先付款后发货，保证商家利益不受损失，但买方容易产生不信任；买卖双方都要支付手续费，数额较大的手续费较高。

西联汇款是世界上领先的特快汇款方式，可以在全球大多数国家的西联代理所在地汇出和提款。西联手续费由买家承担。到账速度快，对卖家来说最划算，但对买家来说风险极高。

Money Gram 又称速汇金汇款，是快捷、可靠的国际汇款方式，收款人凭汇款人提供的编号即可收款。但汇款人及收款人都必须是个人。单笔最高汇款金额不得超过 10000 美元（不含），每天每个汇款人的累计汇出最高限额为 20000 美元（不含）。

中国香港离岸公司银行账户，卖家通过在中国香港开设离岸银行账户，接收海外买家的汇款，再从中国香港账户汇往大陆账户。接收电汇无额度限制，不受 5 万美元的年汇额度限制；适合已有一定交易规模的传统外贸及跨境电子商务业务。

此外还有 PaysafeCard，主要是欧洲游戏玩家的网游支付手段，是一种银行汇票，购买手续简单而安全。PaysafeCard 在大多数国家，大多可以用在报摊、加油站等场所。用户用 16 位账户数字完成付款。要开通 PaysafeCard 支付，需要具有企业营业执照。

8.3 B2C跨境电子商务结算

卖家在亚马逊、速卖通、Wish 或者 eBay 上开店铺或者注册商家会员进行交易，一般情况下，交易的资金都由买方用8.2节介绍的各种支付工具向电子商务平台支付，那么卖家何时以及如何收到这些货款，这涉及不同平台的放款规则和卖家的收款结算。

8.3.1 速卖通平台放款与结算

1. 平台放款流程和规则

买家对卖家的商品感兴趣进行下单付款，平台的风控部门会有一个风险审核检测，一般需一个自然日审核没有问题确认付款，确认付款后，订单等待发货。卖家需要在发货截止日之前进行发货，一般设置备货期需2到5个工作日的时间。卖家发货后，根据物流的不同到达买家手中的时间也不同（所有物流方式大概平均13～22天，因为邮政类的占比较高，所以平均的时间会显得有些长，一般四大快递、专线类一周之内就可以到达，小包类物件发往欧美的大约15天，而发往俄罗斯大约要25天），货物被买家签收后，买家主动确认收货，系统会自动放款。根据上面时间推算，交易周期大约是在20～30天。

因为国际物流比国内物流时间要长，若采用国内确认收货再放款的模式容易出现放款速度慢的现象，影响卖家回款效率。因此速卖通采用发货即部分放款（下简称“提前放款”）的交易模式（也称为特殊放款）。在速卖通开店，各项经营指标正常的卖家，填写发货运单号后，一般3～5天内即可获得70%～97%比例的提前放款，剩余资金放在平台作为保证金，将在订单状态更新后陆续归还卖家。不过受银行清算影响，部分订单放款周期会超过5天。银行一般清算时间为10个自然日（多币种12个自然日），但此状态下不会影响卖家资金的最终放款。届时清算成功后符合放款条件的订单平台会及时放款。

若卖家经营指标较差可能会被平台取消提前放款，此放款变为一般放款，待指标正常后才会恢复为提前放款。

卖家被速卖通暂停提前放款的因素有产品因素和卖家因素两类。

- 产品因素：对于销售某些产品的，卖家需提供相应证明，否则速卖通平台将暂时不提供放款绿色通道。如经营Kingston等品牌产品或者软件类产品，卖家需提供相关授权证明；经营存储设备且容量大于16GB以上产品的卖家需提供产品资质证明；经营音像制品的卖家需提供授权证明；经营Television类目产品的卖家需提供相关资质证明。
- 卖家因素：有高纠纷率卖家的订单（纠纷率＝买家提退款订单数/发货订单数）、有填写过虚假运单号的卖家、因不诚信交易行为被关闭账号的卖家将不提供放款绿色通道政策。

平台会冻结一定比例的保证金，用于放款订单后期可能产生的退款或赔偿其他可能对买家、速卖通或第三方产生的损失。目前提前放款的保证金有2种形式：固定保证金和按照订单比例冻结的保证金，具体的释放流程和释放时间如图8-16所示。

对于未放款订单卖家可以申请放款，其步骤如下。

步骤1：查询该订单的物流情况，并下载物流凭证；

步骤2：点击“请款”按钮，在打开的页面中，如图8-17所示，填写“备注”说明，并点击“新增附件”按钮，上传附件，在附件中要上传物流凭证；

步骤 3：等待放款，通常需要 3 个工作日。

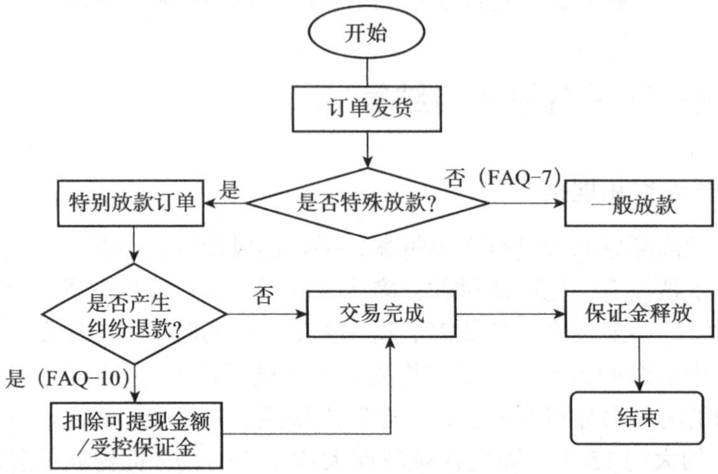

提前放款保证金释放时间表			
类型	条件		保证金释放时间
按照订单比例冻结的保证金	商业快递 + 系统核实物流妥投	无	交易结束当天
	1. 商业快递 + 系统未核实到妥投 2. 非商业快递	交易完成时间 - 发货时间 ≤ 30 天	发货后第 30 天
		交易完成时间 - 发货时间 30～60 天	交易结束当天
		交易完成时间 - 发货时间 ≥ 60 天	发货第 60 天
固定保证金	账号被关闭	无	提前放款的订单全部结束（交易完成 +15 天）后，全额释放
	退出提前放款		
	提前放款不准入		

图 8-16　提前放款的保险金具体的释放流程和释放时间

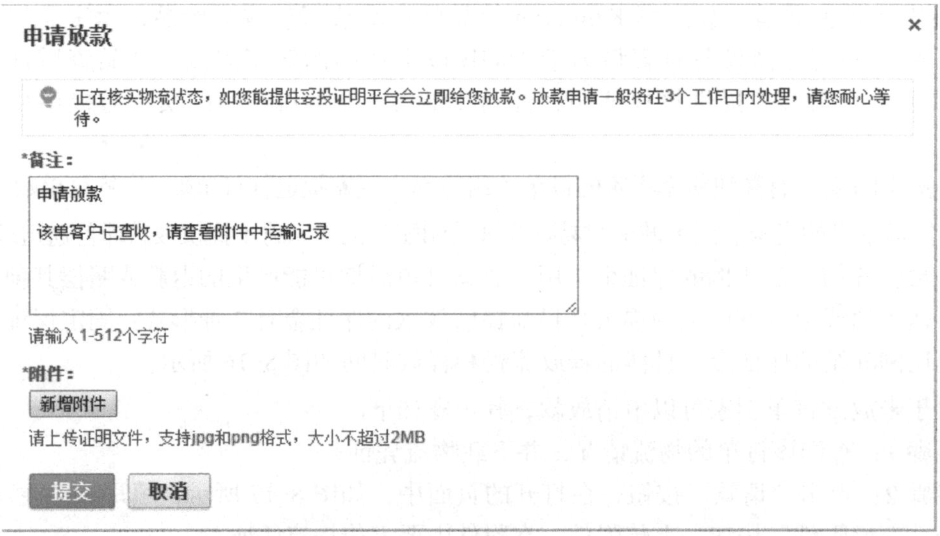

图 8-17　“申请放款”页面

2. 卖家的收款结算

国际支付宝目前支持买家用美元、英镑、欧元、墨西哥比索、卢布等多种货币支付，而对于卖家收款则一般为美元和人民币两种方式。根据付款方式的不同卖家收到的币种会有差别，目前总体来说人民币收款比例较少。

卖家首先要进入后台设置人民币收款账号和美元收款账号。

1）人民币收款账号设置

进入操作后台，点击“交易”→“资金账户管理”→“支付宝国际账户”→“我的账户”→“提现账户管理”，设置支付宝账户作为人民币收款账号。要使用实名认证的支付宝账号作为收款账户，以避免非实名认证账号提现额度的限制影响资金的提取。卖家收到的人民币收款部分，国际支付宝是按照买家支付当天的汇率（汇率由收单银行确定；汇率采用的是清算日的汇率，非支付日，一般在支付后 2 个工作日）将美元转换成人民币支付到卖家国内支付宝或银行账户中的（特别提醒：速卖通普通会员的货款将直接支付到国内支付宝账户）。

2）美元收款账号设置

进入操作后台，点击“交易”→“资金账户管理”→“支付宝国际账户”→“我的账户”→“提现账户管理”，绑定银行卡（企业 / 个人）作为美元收款账号。收到的美元收款部分，国际支付宝将美元直接打入卖家的美元收款账户（特别提醒：只有设置了美元收款账户才能直接收取美元）。提现的美元，需要到银行结汇成人民币。

注意：在以上收款中，除了美元收款是直接打入卖家自己的银行账户，其他的情况，货款均转入卖家的支付宝账户，因此还涉及一项操作，就是从支付宝账户中将资金提现。

3. 国际支付宝提现

①用户登录 Alipay 系统，首页（我的账户）即可查询账户信息，包括人民币账户、美元账户下的资金信息（可提现金额和冻结金额）、提现银行账户信息，以及用户近期资金活动记录，如图 8-18 所示。

图 8-18 “我的账户”页面

②尚未设置提现银行账户信息的用户可以在“我的账户”页面中，点击“我要提现”，进行提现银行账户功能设置。

③用户可以在此添加美元或人民币账户提现银行账号。用户可以设置 3 个美元账户提现银行账号，美元账户提现银行账号需要区分是个人账户还是公司账户。

④查看我的账户信息，可以查看到可提现的人民币金额和美元金额，以及冻结的人民币金额和美元金额。

⑤点击人民币账户或美元账户对应的“我要提现”按钮。

⑥输入要提现的金额，点击“下一步”按钮。注意：美元提现金额必须大于 21 美元，手续费 20 美元，花旗银行要求到账金额必须大于 1 美元。人民币账户提现不收取手续费。

⑦确认提现信息后，输入支付密码，点击“确认”按钮，如果支付密码正确，系统进行手机验证，如图 8-19 所示。注意手机验证码的有效期是 30 分钟。

图 8-19　确认提现信息

8.3.2　Wish 平台放款与结算

1. 放款规则

前面已经有介绍，Wish 平台非常重视妥投率，因此放款规则在物流方面有着严格要求，符合付款的订单的条件为：履行审核通过的订单（未标记 Refund）；在系统收到订单后 7 天之内发货；填写有效的可上网查询的包裹运单号。表 8-3 所示的就是各种情况下的放款可能性。

表8-3　各种情况下的放款可能性

示例	下单日	系统发货日	Wish 系统中确认运单信息日	Wish 确认订单为可付款订单的日期	付款日	简要说明
1	1 月 27 日	1 月 29 日	1 月 30 日	1 月 30 日	2 月 1 日	正常订单，Wish 在系统确认有效物流信息后的下一个自然月的 1 日予以付款

续表

示例	下单日	系统发货日	Wish 系统中确认运单信息日	Wish 确认订单为可付款订单的日期	付款日	简要说明
2	1月27日	2月1日	2月2日	2月2日	3月1日	正常订单，Wish 在系统确认后的下一个自然月的1日予以付款
3	1月10日	1月12日	有运单号但一直无运单物流信息	2月11日（1月12日+30天）	3月1日	无物流信息订单，Wish 默认于系统发货后的第30天确认此订单可付款，确认后于下个自然月的1日付款
4	1月10日	1月16日	一直没有运单号	2月17日（1月12日+30天）	3月1日	无运单号，Wish 默认于系统发货后的第30天确认此订单可付款，确认后于下个自然月的1日付款
5	1月25日	1月31日	2月15日	2月15日	3月1日	系统先发货，实物后发货。Wish 以确认有效物流信息日为准

Wish 每月有两个放款日，分别在每月1日和15日。如果买家可以主动确认收货将会加快放款。另外如果买家90天不确认收货也会被系统视为已经正常成交，可以放款。

如果在交易期间出现了取消订单的情况，Wish 将根据订单取消的实际时间的逻辑性来确定是否将货款可以付给卖家，表8-4所示的是各种情况下订单取消的处理结果。

表8-4 各种情况下订单取消的处理结果

示例	实物发出时间	系统发货时间	运单号有物流信息时间	取消订单时间	Wish 是否付款	说明
1	1月1日	1月2日	1月3日	1月4日	是	很明显买家是在货物发出后取消订单的
2	1月1日	1月1日	1月3日	1月2日	否	实物已发出，但还没有有效的物流信息，Wish 无法判断是否为假发货，此时买家取消订单，Wish 不付款。若确实货物发出，请卖家提供有效的物流证明
3	1月2日	1月1日	1月3日	1月4日	是	此种情况为系统里提前发货，实物后发。Wish 付款只看物流信息和取消订单的顺序，所以付款不影响
4	1月3日	1月1日	1月4日	1月2日	否	虽然系统提前发货，但很明显买家在订单被取消后强行发货，这种情况 Wish 不付款
5	1月1日	1月3日	1月3日	1月2日	否	实物发出后，但还没有有效的物流信息，Wish 无法判断是否为假发货，此时买家取消订单，Wish 不付款。若确实货物发出，请卖家提供有效的物流证明

续表

示例	实物发出时间	系统发货时间	运单号有物流信息时间	取消订单时间	Wish 是否付款	说明
6	1月1日	1月3日	1月1日	1月2日	是	很明显买家是在货物发出后取消订单的。Wish 付款只看物流信息和取消订单的顺序，所以付款不影响

还有一种情况是卖家被罚款，比如侵权知识产权等，这种情况，Wish 不会正常放款。一般情况下，货款如果没有退回买家，那么会在一年后返还一半，两年后全部返还，其前提是买家没有投诉。

2. “两步验证”政策要求

2018 年 3 月，Wish 平台公布了关于开启“两步验证”的政策要求，也就是在放款日前，要完成两步验证，否则 Wish 账户资金会因为安全考虑被暂扣，如图 8-20 所示。

操作要求——启用两步验证，提高账户安全性

Wednesday, March 21, 2018

请您于2018年4月15日前启用账户内的“两步验证”功能，以确保账户能够安全地开展业务。

当您在新设备上登录时，两步验证将要求您输入唯一的安全验证码。这个功能可以为您的账户资金添加一层额外保护，以免资金安全受到威胁。

请您于2018年4月15日前启用账户内的“两步验证”功能，避免账户资金被系统以安全考虑暂扣。

点击以下链接，马上启用“两步验证”功能：
https://merchant.wish.com/settings#two-factor-authentication

图 8-20 “两步验证”政策

“两步验证”政策是为平台账户增添了额外的一层保护，当账户在非常用的设备端登录、修改密码、收款账户等基本设置时，“两步验证”都会发送一段短信安全码至卖家预留的手机号码上，准确输入后，方可继续操作，大大提升了账户的安全性。这也是 Wish 平台为了切实保护商户资金安全，提供的更为有效的管理措施。

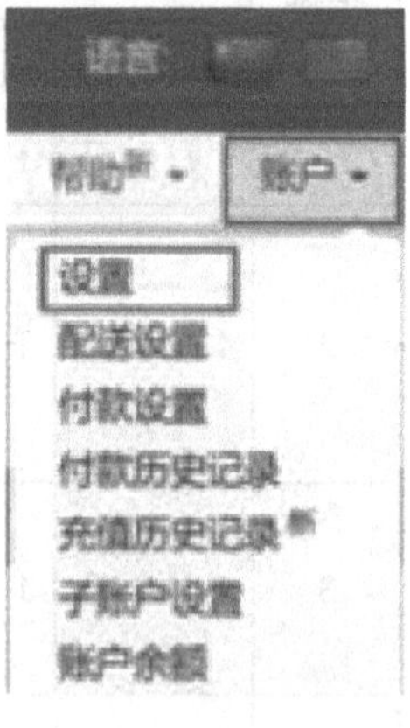

图 8-21 Wish 商户平台设置

（1）登录 Wish 商户平台，进入设置页面。

登录“Wish 商户平台”（网址为：https：//merchant.wish.com/），点击右上角的“账户”，进入“设置”页面，如图 8-21 所示。

（2）确认账号已经绑定手机。设置前需确认需要开通的账号已经绑定了手机，如果手机号码已经更改，可在“设置”的“登录 & 安全”中进行更改。

（3）点击“建立”，开始设置。在“登录 & 安全”界面的“两步验证”区域，点击右侧的“打开”按钮即可开始建立两步验证，如图 8-22 所示。

（4）输入验证码，开始启用。点击“启用两步验证功能”，输入手机收到的验证码后，即可开启该功能，如图 8-23 所示。

图 8-22 “两步验证”区域

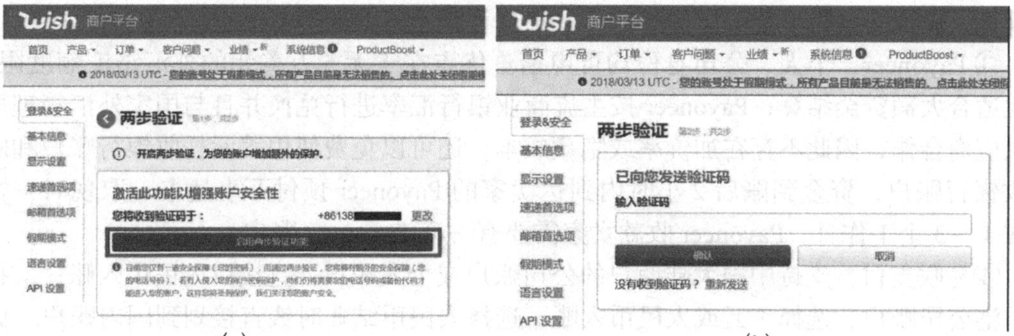

图 8-23 输入验证码开始启用

（5）保留备份代码。完成“两步验证”设置后，系统会提供一些备份代码。如果账号在一个新的设备或浏览器登录时，手机未能收到验证码，可以输入备份代码进行验证。每个代码仅可使用一次，可以按需生成新的后备验证码，请妥善保管此类代码，如图 8-24 所示。

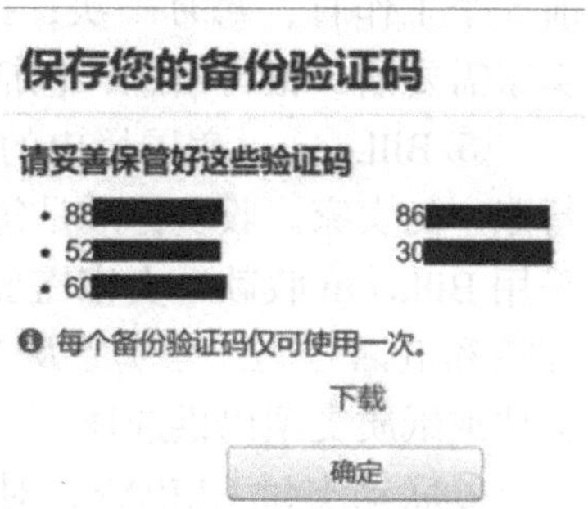

图 8-24 保存备份验证码

这里要特别注意以下几点：

• 预留的手机号码建议为您经常使用的号码。如果之前设置“两步验证”预留的手机号码为员工的个人手机号码，在员工岗位变动或离职前，务必要及时更改；

• 请妥善保管“备份代码”，若您的手机遗失或号码更改，请不要忘记使用备份代码，及时更改预留的手机号码；

• 若要更改“两步验证”的手机号码，仅需在“设置”→“登录 & 安全”中，将“电话号码”中预留的手机号码更新为新的号码即可。Wish“两步验证”中的关联手机号码将会自动更新为新的号码。

3. 卖家收款结算

在 Wish 卖家账户后台点击“付款设置”按钮可以完成或修改付款信息，在这个页面中，卖家可以选择联动支付（UMPAY）、PayEco（易联支付）、AliPay、Payoneer、PayPal 中国、Bill.com、PingPong。

这几种收款方式的区别在于：

① PayPal 中国，个人、公司身份均可申请。按交易金额百分比收取手续费，所以适

合单笔交易在3000美元以下的小额贸易；但由于PayPal的买方保护政策，对于冒牌、仿货等问题要求严格，一经发现马上会冻结账号；有时卖家账号操作不当也很容易被冻结。收费标准是每笔金额的3.9%+0.3USD，货款入账时间为即时到账，提现周期为2～7个工作日。对于PayPal中国，卖家需要有一个PayPal中国账户。

② PingPong，个人、公司身份均可申请。可以实现多平台店铺统一管理，一键提现，直达国内银行账户；跨境收款全部费用1%封顶，无汇损和任何隐性费用；1个工作日即可提现到账；因为PingPong为中国企业，客户服务团队响应及时，全程中文支持，贴合中国人的使用习惯；符合中美双边监管要求，资金安全有保障。货款入账时间为5～7个工作日，提现速度为1个工作日。

③ Payoneer，个人、公司身份均可申请。优点在于无5万美元的外汇结汇额度限制，因此适合大额资金结算；Payoneer按主流商业银行汇率进行兑换并且与国家外汇管理局特许供应商合作，因此不存在加价率或隐藏成本；还可以免费使用美元托收银行账户和欧元托收银行账户，资金到账后2小时内到达卖家的Payoneer预付万事达卡。取现时，资金将在1～3个工作日。Payoneer收款卖家需要有一个Payoneer账户。

④易联支付，支持中国大陆商户的公司账户或个人账户，直接以人民币入账；支持中国香港公司账户，选择美元或人民币入账。选择人民币结账时钱直接划到国内账户。Wish里面的美元会在10小时内转到香港监管账户，再实时转到广州监管账户，再在3小时内以人民币转到商户的银行账户，适合大多数Wish卖家。手续费1%起，入账时间为每月前5个工作日，每月一次；提现时间为1～3工作日。采用PayEco（易联支付）收款的卖家需要输入银行信息，包括银行所在城市、银行名称、开户行、收款人和银行账号。

⑤ Bill.com，美国境内的个人可以使用，手续费最低且快捷，但仅限于有美国境内银行账户的卖家。收费标准是每笔0.49美元，入账时间3～5个工作日，提现比较慢。如果采用Bill.com收款，卖家需要是在美国的个人，且需要输入姓名或公司名称、邮寄地址、邮箱和电话号码。当卖家从Wish获得款项时，Bill.com会发邮件通知卖家，并提供电子支票或纸质支票以供选择。

⑥联动支付UMPAY，对于申请者暂无限制。UMPAY与中信银行合作实行实时牌价汇率；UMPAY每日安排两个批次的操作，按照T+0/T+1日结算；无中间账户，结算资金直达商户收款账户，到账速度快；不需要商户注册UMPAY账户，支持15个外币币种，也不受5万美元的外汇结汇额度限制。收费标准是1%。联动支付（UMPAY）-直达中国账户收款的卖家，必须输入银行名称、收款人姓名、银行账号、电话号码以及身份证号码，而且银行账户必须是中国大陆开设的借记卡账户。

4. Wish平台使用Payoneer收款步骤

（1）Wish卖家需要登录Wish商户后台，在“Payment Setting”下的“提供商”选项中选择Payoneer，并点击“注册”按钮。在线完成注册后，Payoneer的账户和Wish完成了绑定，如图8-25所示。

（2）如果已经有Payoneer账户，点击“注册”按钮后在页面的右侧将会显示“已经有Payoneer账户”，按照页面提示输入Payoneer的账户信息完成绑定，如图8-26所示。

图 8-25　Payoneer 账户和 Wish 绑定

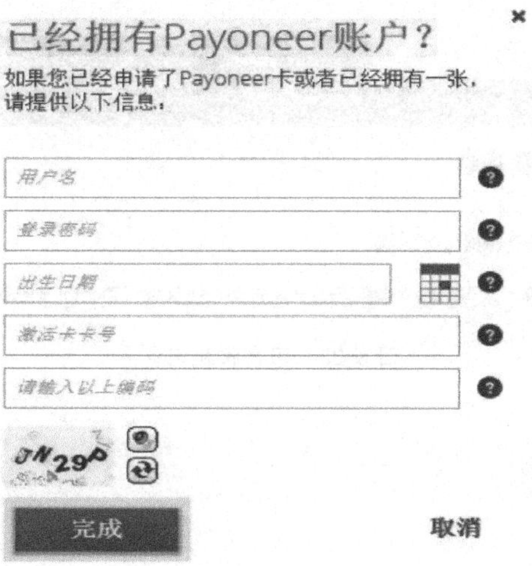

图 8-26　已有 Payoneer 账户的绑定

（3）在完成 Wish 平台和 Payoneer 的账户绑定之后，系统会通过邮件通知卖家。专属的 Payoneer 万事达卡将会通过 DHL 从美国寄出。DHL 发出后，会收到 DHL 跟踪号码的通知邮件。寄卡时间约为 4～7 个工作日。

（4）收到卡后，激活万事达卡完成身份验证。

（5）在 P 卡后台添加中国境内银行，准备提现资金到当地银行。Payoneer 人民币提现费用为总金额的 2%，无汇损，汇率参照中国银行现汇买入价。

5. PayPal 收款与提现

1）使用 PayPal 收款

①当 PayPal 账户收到第一笔款时，“余额（美元）”显示为零，说明未记到你的 PayPal 账户上，必须先点击“操作”栏中的“接受”按钮，如图 8-27 所示。

②点击“接受”按钮后，提示用户收款完成，如图 8-28 所示。

③点击“我的 PayPal”后，可以看到“余额”已经记上第一笔款的数目（以美元计），这时才算真正收到钱，第二笔以后的款项就会自动直接累加到账户中，如图 8-29 所示。

图 8-27　个人账户信息 1

图 8-28　用户收款完成

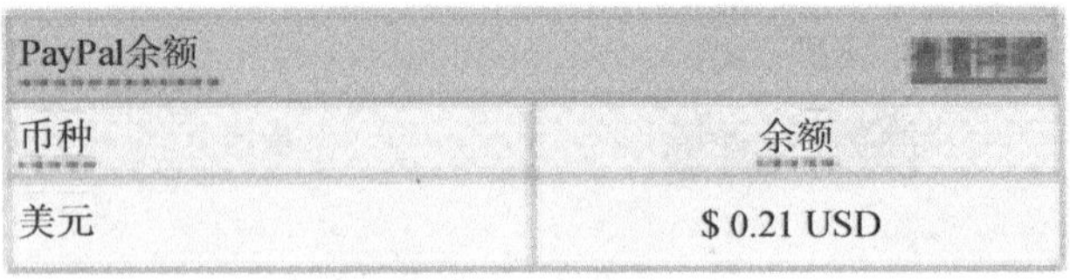

图 8-29　个人账户信息 2

2）使用 PayPal 提现

PayPal 专门为中国用户量身推出的电汇方案，无须外币兑换，即可方便地将 PayPal 账户中的款项转入中国本地银行，最快 3 天资金便能转入用户的银行账户。

PayPal 结汇提现时间及费用如表 8-5 所示。

表8-5　PayPal结汇提现时间及费用

	电汇	中国香港银行账户	美国银行账户	美国出具的支票
时间	3～7 个工作日	5～7 个工作日	3～4 个工作日	6 星期左右
费用	促销价 20 美元（低于 5 折）	提现免费（可能会有兑换费用）	免费	5 美元
收取币种	美元	港币	美元	美元
银行所在地	中国（不包括港澳台地区）	中国香港	美国	存入中国银行账户

①要从 PayPal 中提现，则先要添加银行账户，如图 8-30 所示。

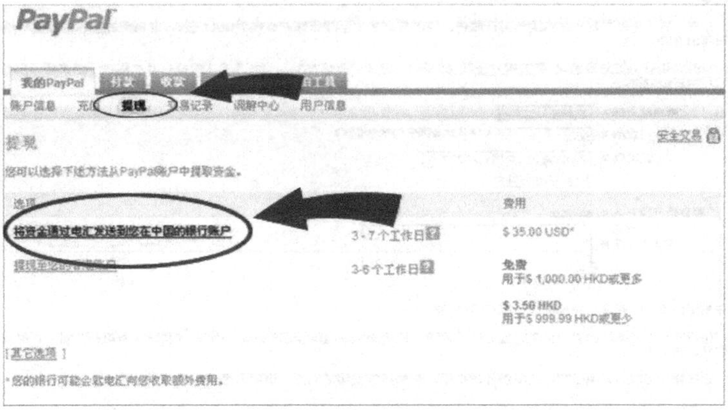

图 8-30 添加银行账户

②页面跳转，进入“添加中国电汇银行账户”页面，填写相关信息，完成后点击“继续”按钮，如图 8-31 所示。

图 8-31 “添加中国电汇银行账户”页面

③审核中国电汇银行账户信息。确认无误后，点击“添加银行账户”；如需要修改，点击“编辑”按钮返回上页进行修改。

④填写电汇请求。PayPal 要求最低提款金额为 150 美元，请在相应栏位填写电汇金额，完成后点击“继续”按钮，如图 8-32 所示。确认电汇请求后，点击“提交”按钮。

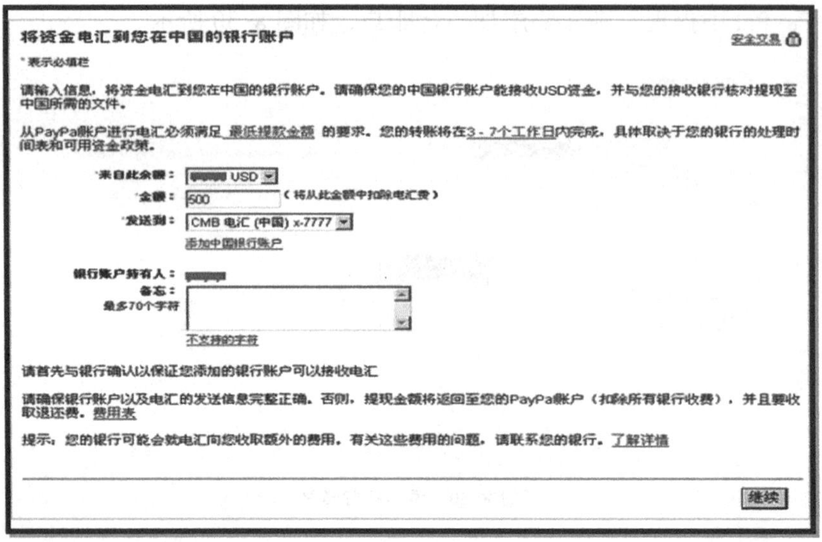
将资金电汇到您在中国的银行账户
安全交易
*表示必填栏
请输入信息，将资金电汇到您在中国的银行账户。请确保您的中国银行账户能接收USD资金，并与您的接收银行核对提现至中国所需的文件。
从PayPal账户进行电汇必须满足 最低提款金额 的要求。您的转账将在3 - 7个工作日内完成，具体取决于您的银行的处理时间表和可用资金政策。
*来自此余额： [redacted] USD
*金额： 500 （将从此金额中扣除电汇费）
*发送到： CMB 电汇 (中国) x-7777
添加中国银行账户
银行账户持有人： [redacted]
备忘：
最多70个字符
不支持的字符
请首先与银行确认以保证您添加的银行账户可以接收电汇
请确保银行账户以及电汇的发送信息完整正确。否则，提现金额将返回至您的PayPal账户（扣除所有银行收费），并且要收取退还费。费用表
提示：您的银行可能会就电汇向您收取额外的费用。有关这些费用的问题，请联系您的银行。了解详情
继续

图 8-32　填写电汇请求

8.3.3　亚马逊平台放款与结算

1. 亚马逊放款规则

亚马逊通常 14 天放一次款，因此默认转账周期是 14 天，新账号存在侵权或者绩效有问题等，会出现预留金额的情况，但只要后期卖家相关数据表现好了亚马逊也会慢慢释放的。

亚马逊欧洲站的特别要求：2018 年一些卖家收到亚马逊官方邮件，称其个人收款账户将被停用，要求其变更收款信息；其欧洲站的开户公司和它的收款公司必须要对应得上，且最好收款的账号是公司的对公账号。

其主要变更在于原先是个人公司注册的卖家，极有可能不能通过 KYC 审核（KYC 审核的是卖家的身份，欧洲监管机构要求亚马逊完成此项要求。亚马逊支付欧洲公司作为亚马逊开店业务的提供商，受到卢森堡金融机构 CSSF 的监管，要求亚马逊对在欧洲开店的卖家，进行公司信息和公司所有人信息的审核。因此只有通过 KYC 审核，卖家才能在亚马逊欧洲站开店）。

因此，卖家如果要做亚马逊欧洲站的跨境电子商务业务，则最好要在公司名下收款，法人和受益人都将不能作为收款方。

2. 亚马逊收款方式

在亚马逊开店的卖家需要在店铺后台绑定一个收款账户来接收资金，平台每隔 14 天便会将货款打到卖家的收款账户上面，卖家可以选择不同金融公司提供的收款方式来收款，比如众所周知的 Payoneer、WorldFirst、PingPong 以及美国银行账户、中国香港银行账户等。

亚马逊收款方式对比如表 8-6 所示。

表8-6　亚马逊收款方式对比

名称	Payoneer	WorldFirst	PingPong	美国银行账户	中国香港银行账户
提现人民币	√	√	√	×	×
注册费	免费	免费	免费	1～3万美元（注册美国公司的费用）	500～5000港币不等（注册香港公司的费用）
入账费	无（累积入账20万美元以下的，只有美元入账收1%）	无	无	无	3%～5%，兑换成港币的费用（亚马逊资金需要强制换成港币）
提现费用	最高2%，根据累计入账量可调低至1%	1%～2.5%	最高1%，提现越多越便宜	45美元/每笔	与具体银行有关
年费	无，有实体卡才有年费	无	无	有	有
直接收取	是	是	是	否	否
美元、欧元、英镑、加元、日元	美元、欧元、英镑、日元	美元、欧元、英镑、日元	仅支持美元	仅支持美元	均需要先兑换成港币
提现速度	1～3个工作日	1～3个工作日	1个工作日，最快可当天到账	7个工作日内	7个工作日内
备注	总费用最低1%	最低费用仅2.5%	最高费率1%，无任何汇损	需要注册美国公司	强制换成港币，有美元账户也需先换成港币

3. 用Payoneer万事达卡在亚马逊收款

（1）首先，卖家需要有一张Payoneer万事达卡，在此介绍申请的操作步骤。

①进入Payoneer官方网站，网址为https：//www.payoneer.com，点击“现在注册”按钮，如图8-33所示。

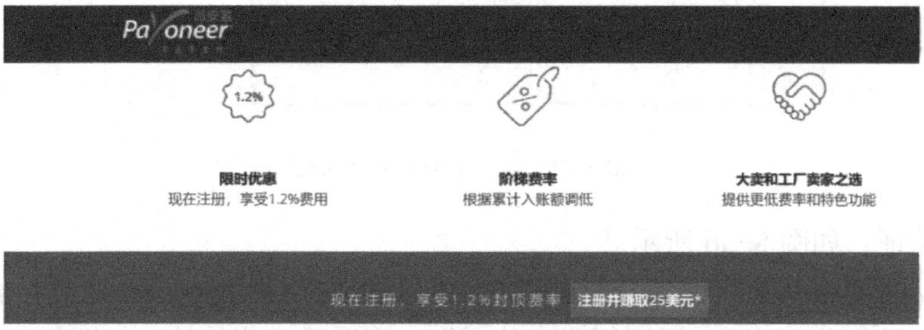

图8-33　Payoneer官方网站

②按要求逐步填写注册信息，如图 8-34 所示，填写时要注意几点：一定要填写真实姓名；邮箱为网上银行的用户名称，所有邮箱的密码要记住；再次输入邮箱密码时，需要手动而不能复制；填写地区信息用汉语拼音即可。

(a)　　　　　　　　(b)

图 8-34　填写注册信息

③输入密码和安全问题。切记这是必须妥善保管的最重要的内容，并且不要分享给其他人，如图 8-35 所示。

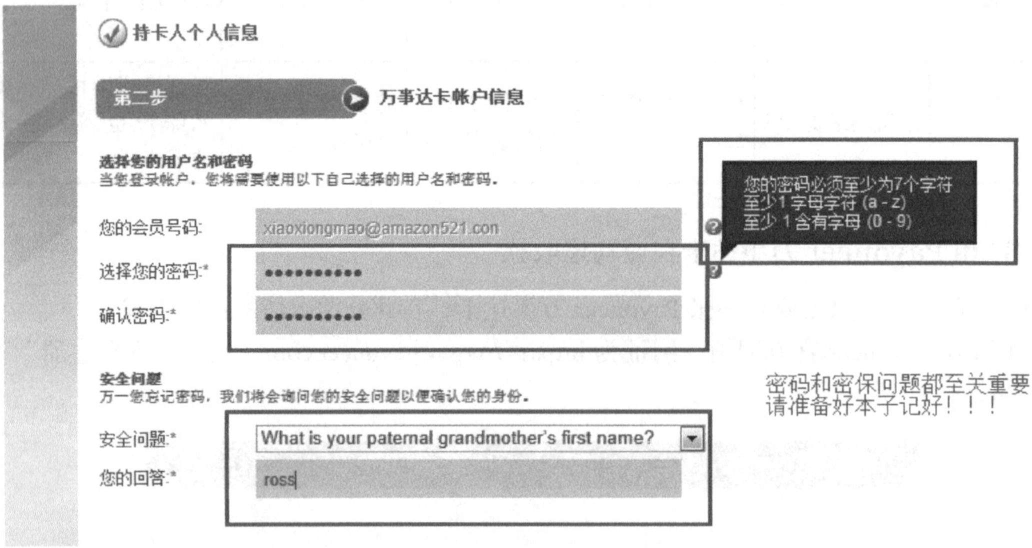

图 8-35　输入密码和安全问题

④注册验证，如图 8-36 所示。

注册成功后卖家邮箱会收到几封邮件：一封是通知用户 Payoneer 已经接收到申请的通知；另一封是要求用户开通美国银行账户的通知，开通后才能收款，如图 8-37 所示。

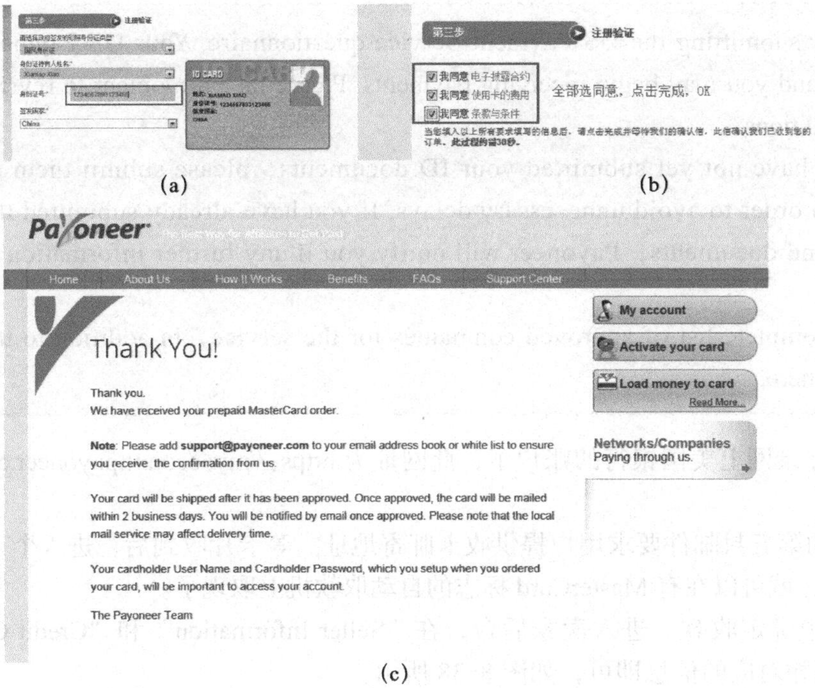
第三步
注册验证
ID CARD
China
(a)
第三步
注册验证
我同意 电子披露合约
我同意 使用卡的费用
我同意 条款与条件
全部选同意，点击完成，OK
完成
(b)
Payoneer
Home
About Us
How It Works
Benefits
FAQs
Support Center
My account
Activate your card
Load money to card
Read More...
Networks/Companies
Paying through us.
Thank You!
Thank you.
We have received your prepaid MasterCard order.
Note: Please add support@payoneer.com to your email address book or white list to ensure you receive the confirmation from us.
Your card will be shipped after it has been approved. Once approved, the card will be mailed within 2 business days. You will be notified by email once approved. Please note that the local mail service may affect delivery time.
Your cardholder User Name and Cardholder Password, which you setup when you ordered your card, will be important to access your account.
The Payoneer Team
(c)

图 8-36 注册验证

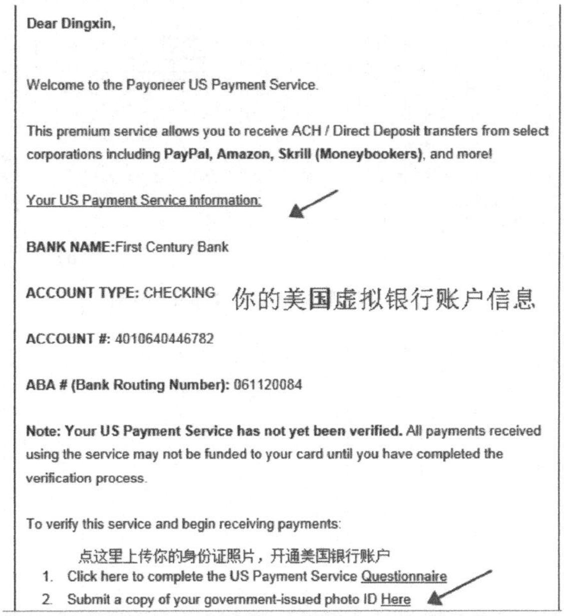

Dear Dingxin,

Welcome to the Payoneer US Payment Service.

This premium service allows you to receive ACH / Direct Deposit transfers from select corporations including **PayPal, Amazon, Skrill (Moneybookers)**, and more!

Your US Payment Service information:

BANK NAME: First Century Bank

ACCOUNT TYPE: CHECKING 你的美国虚拟银行账户信息

ACCOUNT #: 4010640446782

ABA # (Bank Routing Number): 061120084

Note: Your US Payment Service has not yet been verified. All payments received using the service may not be funded to your card until you have completed the verification process.

To verify this service and begin receiving payments:

点这里上传你的身份证照片，开通美国银行账户

1. Click here to complete the US Payment Service Questionnaire
2. Submit a copy of your government-issued photo ID Here

图 8-37 开通美国银行账户的通知

按照上一封邮件的提示进行操作后，卖家邮箱会收到第三封邮件。第三封邮件会告知卖家 Payoneer 卡已经成功办理和寄送。卖家邮箱还会收到第四封邮件，即告诉用户美国银行已开通，可以绑定平台收款了。邮件内容示例如下：

Thank you for submitting the US Payment Service questionnaire. Your US Payment Service is enabled and you may begin receiving payments. Please take a moment to review our Terms and Conditions.

Note：If you have not yet submitted your ID documents，please submit them as soon as possible in order to avoid unnecessary delays. If you have already submitted the requested details and documents，Payoneer will notify you if any further information is required.

To view the complete list of approved companies for the service，in addition to the official FAQs click here.

此时用户可以登录网上美国银行的账户了，此网址为 https://myaccount.payoneer.com/login/login.aspx。

卖家邮箱收到的第五封邮件要求用户提供收卡邮寄地址。等卡片收到后，进入个人账户，再点击“激活”，就可以在有 MasterCard 标志的自动取款机上取现了。

（2）在亚马逊中绑定收款。进入卖家后台，在“Seller Information”和“Credit Card Information”处填写相对应的信息即可，如图 8-38 所示。

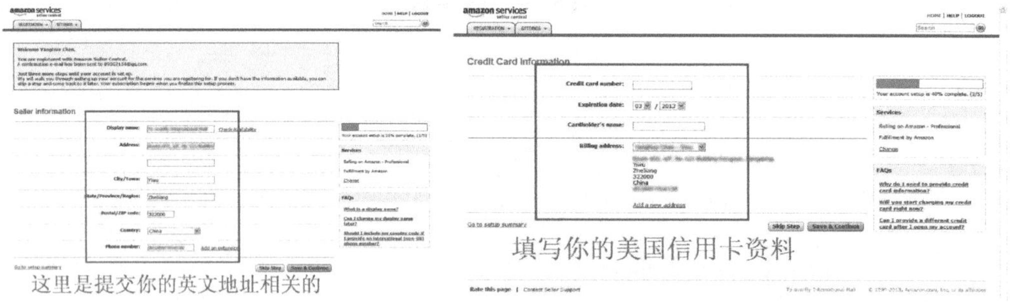

(a) (b)

图 8-38　填写地址及美国信用卡资料

第9章

B2B跨境电子商务

本章导论

B2B跨境电子商务中有一些国际间通用的贸易规则和术语，跨境电子商务从业者也需要掌握和了解。此外本章对B2B环节中的洽谈磋商进行了重点介绍，以阿里巴巴为案例，介绍B2B跨境电子商务运营管理的方法和相关技巧。

通过本章的学习，对B2B跨境电商交易流程有初步了解，可以更好地指导跨境电商实践。

B2B国际贸易环节多，其流程如图9-1所示，不仅涉及一些国际间的贸易规则和术

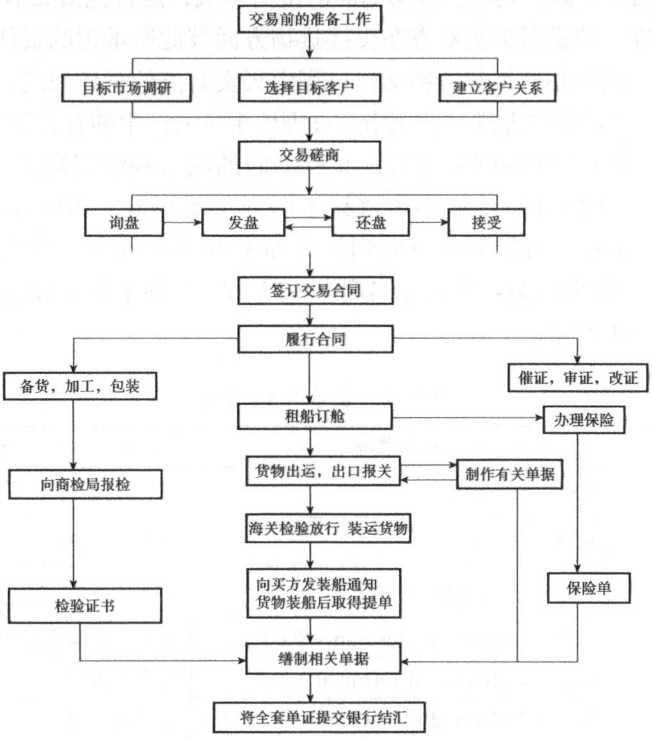

图9-1 B2B跨境电子商务流程

语，交易磋商环节也会更复杂，而基于电子商务平台的B2B跨境电子商务交易，这几年在信息流、支付流和物流方面逐渐实现了闭环运行。

9.1 B2B跨境电子商务中的国际贸易术语

B2B跨境电子商务从本质上是国际贸易业务的电子化和网络化形式，因此在B2B跨境电子商务交易过程中，必然还涉及传统国际贸易相关的国际规则、术语和单证等。了解这些基本的国际贸易术语，是B2B跨境电子商务企业从业者的必备知识。

9.1.1 国际贸易术语

无论是传统国际贸易还是现代B2B跨境电子商务，都需要不同国家的企业对某些贸易条款进行确定并签订合同。不同国家对于贸易流程和权利义务理解可能并不相同，为避免纠纷，相关国际组织就制定了一些贸易规则，比如1928年国际法协会（International Law Association）在华沙制定了《1932年华沙—牛津规则》，其解释了CIF术语和CIF的统一规则，共22条，CIF就是其中的贸易术语。

贸易术语是界定买卖双方各自承担的义务、风险和责任的范围的术语。贸易术语所表示的贸易条件主要分两个方面：其一，说明商品的价格构成，是否包括成本以外的运费和保险；其二，确定交货条件，即说明买卖双方在交接货物方面彼此所承担的责任、费用和风险。也就是说贸易术语中，最核心的是对货物交付过程中买卖双方的责任规定，和对费用及风险的划分。责任指该项手续应由谁办理，费用指为办理该手续所产生的有关费用由谁承担。

在《1932年华沙—牛津规则》之后，又有不同的国家和组织规范了不同的贸易术语，而影响最大也是今天仍旧在广泛使用的贸易术语，主要来自《2010年国际贸易术语解释通则》(以下简称《2010通则》)。《2010通则》增加了电子交易程序的适用方式。在《2010通则》中，贸易术语分为两类：适用于各种运输方式（7种术语）和适用于水上运输方式（4种术语），如表9-1所示。

表9-1 贸易术语分类

术语类别	贸易术语	含义
适用于各种运输方式	EXW（Ex Works）	工厂交货
	FCA（Free Carrier）	货交承运人
	CPT（Carriage Paid to）	运费付至目的地
	CIP（Carriage and Insurance Paid to）	运费/保险费付至目的地
	DAT（Delivered at Terminal）	终点站交货
	DAP（Delivered at Place）	目的地交货
	DDP（Delivered Duty Paid）	完税后交货

续表

术语类别	贸易术语	含义
适用于水上运输方式	FAS（Free alongside Ship）	装运港船边交货
	FOB（Free on Board）	装运港船上交货
	CFR（Cost and Freight）	成本加运费
	CIF（Cost Insurance and Freight）	成本、加保险费加运费

FOB、CFR和CIF是国际贸易装运港交货中使用最多的贸易术语，而随着铁路、高速公路、航空等运输方式的快速发展，向承运人交货的FCA、CPT和CIP术语也逐渐普及，因此本书重点介绍这常用的6种贸易术语。

9.1.2 装运港船上交货（FOB）

【案例】 某公司进口一批货物以FOB条件成交。结果在目的港卸货时，发现货物有两件外包装破裂，里面货物有被水浸痕迹。经查证，外包装破裂是由于货物在装船时因吊钩不牢掉到船甲板上摔的，因包装破裂导致运输过程中里面货物被水浸泡。问题：在这种情况下，进口方能否以卖方没有完成交货义务为由向卖方索赔吗？

FOB（Free On Board）即装运港船上交货，它是指卖方在指定装运港将货物装上船后，即完成了交货义务，随后的一切费用和风险均由买方承担。这意味着货物装船后，风险从卖方转向买方，买方从该点起承担货物灭失或损坏的一切风险。

1. 卖方义务

①负责在合同规定日期内，在指定的装运港将货物交到买方指定的船舶上，并在合理的时间内给予买方装船通知。

②负责获取出口许可证或其他校准证书，如商检证、原产地证等，办理货物出口手续，如报关、出口门舱程序等。

③负责承租货物在装运港越过船舷（实际为到船舱内）为止的一切的服务风险（不含运费、保险费）。

④负责提供商业发展和证明货物已交付船上的凭据，如海运担保等。

2. 买方义务

①自担风险和自负费用取得进口许可证或其他证件。办理货物进口的一切手续及费用。

②负责租船和门舱，支付运费，通知卖方关于船名、地点、装货时间等信息。

③负责货物在装运港越过船舷后的一切费用及风险。

3. 使用FOB时要注意的问题

1）通知问题

使用FOB时有以下两个环节：一个环节①是买方租船后，应将船名、装货时间、地点给予卖方以充分通知；另一个环节②是卖方在货物装船时通知买方。

在环节①，如买方未给予充分通知，指定的船舶未按时到达或未能按时受载货物，或比规定的时间提前停止装货，由此产生的货物灭失或损失应由买方承担。在环节②，由于货物风险是在货物装上船时由卖方转移给买方，因此卖方在货物装船时必须通知买方，以便买方投保，否则由此造成买方受到的损失，卖方应当负责。

2）运输合同问题

《2010 通则》规定：卖方没有义务为买方订立运输合同。但如果是根据买方要求或交易习惯且买方没有及时提出相反要求，由买方承担风险和费用的情况下，卖方可以按一般条款为买方订立运输合同。在上述任一种情况下，卖方有权拒绝为买方订立运输合同，如果卖方订立运输合同，应及时通知买方。

3）装船费用负担问题

按 FOB 条件成交时，卖方要负责支付货物装上船之前的一切费用。但各国对于"装船"的概念没有统一的解释，有关装船的各项费用由谁负担，各国的惯例或习惯做法也不完全一致。如果采用班轮运输，船方负责装卸，装卸费计入班轮运费之中，自然由负责租船的买方承担；而采用租船运输，船方一般不负担装卸费用。这就必须明确装船的各项费用应由谁负担。为了说明装船费用的负担问题，双方往往在 FOB 术语后加列附加条件，这就形成了 FOB 的变形。

4）保险信息问题

卖方没有义务向买方提供保险合同。但是当买方有要求时，卖方必须向买方提供买方获得保险时所需要的信息。

5）船货衔接问题

在 FOB 术语中，载货船舶是由买方指定的，也是卖方装船的先决条件，因此船货衔接是合同顺利执行的重要部分。根据有关法律和惯例，如果买方未能按时派船，包括未经对方同意提前将船派到和延迟派到装运港，卖方都有权拒绝交货。由此产生的各种损失，如空舱费、滞期费以及仓储费等，均由买方负担。反之，如果买方指派的船只按时到达装运港而卖方却未能备妥货物，那么由此产生的上述费用则由卖方承担。

【案例】卖方以 FOB 为条件出口一批货物，合同签订后接到买方来电，称其租船困难，委托卖方代为租船，有关费用由买方负担。卖方接受要求，但因各种原因，卖方无法在装运期内在规定装运港租到合适船舶，买方也不同意改变装运港，因此到装运期满时，货仍未装船。买方以销售即将结束，卖方未按期租船履行交货义务为由，来函要求撤销合同。问：买方有权撤销合同吗？卖方应该如何处理？

分析：买方无权要求撤销合同，也没有正当的理由要求索赔。而卖方有理由要求延期装运。期间，由买方履行其订立运输合同义务。

依据如下：

- 《2010 通则》规定，卖方没有义务为买方订立运输合同。但在买方要求并在买方承担风险和费用的情况下，卖方可以按一般条款为买方订立运输合同。当然卖方有权拒绝。因此该案中卖方同意买方的请求为其订舱属于代办的性质，不影响进出口合同本身。

● 卖方的代办订舱因故没能落实，但签订运输合同的义务不变，仍然在买方。因此，买方无权撤销合同或索赔。

● 卖方也有失误。在未能订到仓而买方不同意改变装运港时，没能及时拒绝继续为其订舱，致使贻误了装运期，故可以与买方洽商延期装运。

9.1.3 成本、保险费加运费（CIF）

CIF（Cost，Insurance and Freight）即成本、保险费加运费。它是指在装运港将货物装上船时，卖方即完成交货。卖方必须支付将货物运至指定的目的港所需的运费和其他费用，但交货后货物灭失或损坏的风险及由于各种事件造成的任何额外费用即由卖方转移到买方。此外，卖方除负担运输手续及费用，还需办理海运保险并支付保险费。

1. CIF 的卖方义务

①签订从指定装运港将货物运往指定目的港的运输合同；在合同规定的时间和港口将货物装上船并支付至目的港的运费；装船时及时通知买方。

②承担货物在装运港装上船之前的一切风险和费用。

③按照合同的约定自费办理货物运输保险。

④自担风险和自负费用取得官方出口证件，并办理货物出口所需的一切海关手续，支付出口关税及其他相关费用。

⑤提交商业发票、保险单据和提货单据，或具有同等作用的电子记录或程序凭证。

2. 买方义务

①接受卖方提供的有关单据，受领货物，并按合同规定支付货款。

②承担货物在装运港装船之后的一切风险。

③自担风险和自负费用取得官方进口证件，并且办理货物进口所需的一切海关手续，支付进口关税以及其他相关费用。

3. 使用 CIF 时要注意的问题

1）费用与风险划分问题

CIF 中费用和风险的划分地点是分离的，即包含两个关键点：

一是费用划分的关键点——指定的目的港。按 CIF 术语成交，出口方必须在指定的装运港履行交货义务，并负担货物从指定的装运港至目的港之间的正常运费和保险费。但是，货物在装运港交付后，灭失或损坏的风险和因事故而引起的额外费用均由进口方负担。

二是风险划分的关键点——装运港船上交货。即货物装上船之前的风险由出口方负责，货装船后则由进口方负责。这一点与 FOB 术语相同。

2）CIF 术语的几个变形

为明确卸货费用由谁承担，也产生了 CIF 术语的变形。常见的变形主要有：

● CIF 班轮条件（CIF Liner Terms），指卸货费按班轮条件，由支付运费的一方（即卖方）负担；

- CIF舱底交货（CIF Ex Ship's Hold），指买方负担将货物从舱底起吊卸到码头的费用；
- CIF吊钩交货（CIF Ex Tackle），指卖方负担将货物从舱底吊至船边卸离吊钩为止的费用；
- CIF卸到岸上（CIF Landed），指卖方负担将货物卸到目的港岸上的费用，包括驳船费和码头费。

3）关于保险问题

CIF术语中的“I”表示Insurance，即保险。从价格构成来讲，这是指保险费，就是说货价中包括了保险费；从卖方的责任讲，他要负责办理货运保险。办理保险须明确险别，不同险别，保险人承担的责任范围不同，收取的保险费率也不同。按CIF术语成交，一般在签订买卖合同时，在合同的保险条款中，明确规定保险险别、保险金额等内容，这样，卖方就应按照合同的规定办理投保。

但如果合同中未能就保险险别等问题做出具体规定，那就要根据有关惯例来处理。按照《2010通则》对CIF的解释，卖方只需投保最低的险别，但在买方要求时，并由买方承担费用的情况下，可加保战争、罢工、暴乱和民变险。卖方投保的保险金额应按CIF价加成10%。

4）象征性交货问题

CIF是一种典型的象征性交货（Symbolic Delivery）方式。所谓象征性交货是针对实际交货（Physical Delivery）而言的，是指卖方只要按期在约定地点完成装运，并向买方提交合同规定的包括物权凭证在内的有关单证，就算完成了交货义务，而无须保证到货。而实际交货则是指卖方要在规定的时间和地点，将符合合同规定的货物提交给买方或其指定人，而不能以交单代替交货。

在象征性交货方式下，卖方凭单交货，而买方凭单付款。只要卖方如期向买方提交了合同规定的全套合格单据（名称、内容和份数相符的单据），即使货物在运输途中损坏或灭失，买方也必须履行付款义务。反之，如果卖方提交的单据不符合要求，即使货物完好无损地运达目的地，买方仍有权拒绝付款。

但是，必须指出，按CIF术语成交，卖方履行其交单义务，只是得到买方付款的前提条件，除此之外，他还必须履行交货义务。如果卖方提交的货物不符合要求，买方即使已经付款，仍然可以根据合同的规定向卖方提出索赔。

【案例】出口方根据CIF合同出售500吨洋葱给澳大利亚进口商，洋葱在港口装船时，经进出口商品检验检疫机构验明完全符合品质，并出具了合格证明。但该批货物运抵澳大利亚时，洋葱已全部腐烂变质，不适合食用，买方因此拒绝收货，并要求卖方退回已付清的货款。请问卖方如何应对？

分析：买方无拒收货物和要求卖方退回货款的权利。

依据如下：

在按CIF术语条件成交的情况下，货物装船以后的风险由买方承担。这批洋葱在装运港装船时，经公证行验明其符合品质，很显然洋葱的腐烂变质完全发生在货物装船的运输途中，这个风险当然由买方承担。

CIF合同为象征性交货合同，卖方提供的单据齐全、正确，买方仍需付款。所以，买方是无权利拒收货物的，没有权利要求卖方退回货款。

建议： 进口方应该持保险单和复验证明向保险公司提出索赔要求。

9.1.4 成本加运费（CFR）

CFR（Cost and Freight）即成本加运费。它是指卖方必须支付将货物运至目的港的正常运费，但有关货物灭损风险和所增加的额外费用则自装运港货物装上船后即从卖方转由买方承担。

1. 卖方义务

①在合同规定的时间和港口将货物装上船并支付至目的港的运费；装船后及时通知买方。

②承担货物在装运港装上船之前的一切风险和费用。

③自担风险和自负费用取得官方出口证件，并办理货物出口所需的一切海关手续，支付出口关税及其他相关费用。

④提交商业发票、提货单据及其他相关单据，或具有同等作用的电子记录或程序凭证。

2. 买方义务

①办理保险手续，支付保险费。

②办理进口清关手续，支付进口税费。

③承担货物在装运港装船后的一切风险，并支付货物装船后所发生的事件所产生的任何额外费用。

④收取卖方按合同规定交付的货物，接受交货单据并支付货款。

3. 使用CFR时要注意的问题

1）租船或订舱责任

根据《2010年通则》规定，CFR合同的卖方只负责按照通常条件租船或订舱，使用通常类型的海轮（或内河轮船），经惯常航线，运至目的港。因此，买方一般无权提出关于限制船舶的国籍、船型、船龄或指定某班轮公司的船只等要求。但在实际业务中，若国外买方提出上述要求，在能够办到且不增加费用的情况下，可以考虑接受。

2）装卸费用负担

• CFR班轮条件（CFR Liner Terms），指卸货费用按班轮条件处理，由船方负担。

• CFR舱底交货（CFR Ex Ship's Hold），指卖方不负责卸货，买方负担将货物从舱底吊卸到码头的费用。

• CFR吊钩交货（CFR Ex Tackle），指卖方负担将货物从舱底吊至船边卸离吊钩为止的费用。

● CFR 卸到岸上（CFR Landed），指卖方负担将货物卸到目的港岸上的各项费用，包括驳船费和码头费。

3）装船通知

按 CFR 订立合同，需特别注意装船通知问题。卖方在货物装船时必须及时向买方发出装船通知，以便买方办理投保手续。若卖方没有及时发出装船通知而使买方漏保，货物在运输途中遭受损失或灭失的话，那么卖方不能以货物已经装运船上为理由免除责任。

【案例】 买方与澳大利亚卖方于某年 3 月 20 日订立了 5000 千克羊毛的买卖合同，CFR 张家港，规格为型号 T56FNF，信用证付款，装运期为当年 6 月，买方于 5 月 31 日开出信用证。7 月 9 日卖方传真称，货已装船，但要在中国香港转船，船号为 H2000，预计到达张家港的时间为 8 月 10 日。但直到 8 月 18 日 H2000 轮才到港，买方办理提货手续时发现船上根本没有合同项下的货物，后经多方查找，才发现合同项下的货物已在 7 月 20 日由另一艘船运抵张家港。但此时已造成买方迟报关和迟提货，被海关征收滞报金人民币 16000 元。买方为此质问卖方，卖方称，在 CFR 条件下，卖方的义务仅限于租船和将货物装上船，对其后发生的额外费用不承担责任，货物未按原计划转船不是卖方造成的，也不是卖方所能控制的。请问：买方是否可以向出口方提出索赔？

分析： 在船名船期通知错误这一问题上，责任在卖方是不容置疑的。故仲裁庭裁决被申请人赔偿 16000 元人民币滞报金给申请人。

依据如下：

● 根据《2010 年通则》CFRA7 的规定，CFR 的卖方应“给予买方货物已装船的充分通知，以及为使买方采取通常必要措施能够提取货物所要求的其他任何通知。”但出口方错误地通知了船名及船期，也没有将货物转船计划发生变化的情况及时通知买方，从而违反了此项义务。

● 针对卖方的理由，根据 1980 年维也纳公约第 79 条第一、二款的规定，只有当事人一方或他所雇佣的第三人遇到不可抗力的情况时才可以对不履行义务的行为免责，否则应对违约行为承担责任。本案中，转船并不是不可抗力条件，而船公司又是卖方雇佣而承担通知义务的第三人，当船公司没有履行到上述通知义务时，雇用他的卖方理应为此对买方承担责任。

4. CFR 与 CIF、FOB 术语的异同

CFR 与 CIF、FOB 都是在装运港交货的术语。

三者的相同之处有：交货地点都在出口国装运港；风险划分界限都是在装运港船舷；适用的运输方式都为水上运输。

三者的不同之处仅在于买卖双方责任与费用的划分：CFR 的卖方比 CIF 的卖方少了办理保险的责任与费用；又比 FOB 的卖方多了办理运输的责任与费用。

至于使用中的注意问题，由于 CFR 的卖方也需办理货物的运输事宜，所以，在租船订舱以及卸货费用的负担问题上，CFR 与 CIF 都是相一致的。

9.1.5 货交承运人（FCA）

FCA（Free Carrier）即货交承运人。它是指卖方办理出口结关，在规定的时间和地点，将货物交至指定地点由买方指定的承运人或运输代理人照管，即履行了交货义务。FCA适用于各种运输方式，包括多式联运方式。

1. 卖方义务

①在合同规定的时间、地点将货物交给买方指定的承运人，并及时通知买方。

②承担将货物交给承运人之前的一切风险和费用。

③自担风险和自负费用取得官方出口证件，并且办理货物出口所需的一切海关手续，支付出口关税以及其他相关费用。

④提交发票以及合同要求的其他相关货物的凭证，或具有同等作用的电子记录或程序凭证。

2. 买方义务

①支付相关的运费，并将承运人名称及有关情况及时通知卖方。

②根据买卖合同的规定及时受领货物并支付货款。

③承担受领货物之后所发生的一切风险和费用。

④自担风险和自负费用，取得货物进口所需的进口许可证或其他官方文件，并办理进口手续。

3. 使用FCA时要注意的问题

（1）卖方代买方指定承运人。根据《2010通则》规定，该术语是由买方自行订立从指定地点承运货物的合同，卖方无义务签订运输合同。但若买方请求，卖方可以代为订立运输合同。但必须明确应由买方承担风险与费用。

（2）交货问题。卖方应按照约定，在指定的地点于约定的日期或者期限内，将货物交付给承运人或者买方指定的其他人。

9.1.6 运费付至（CPT）

CPT（Carriage Paid to...）即运费付至（……指定目的地）。它是指卖方向其指定的承运人交货，还必须支付将货物运至目的地的运费。买方承担交货之后的一切风险和其他费用。CPT术语适用于各种运输方式，包括多式联运方式。

1. 卖方义务

①签订将货物运往指定目的地的运输合同，并支付该运费。

②在合同规定的时间、地点将货物交给承运人，并及时通知买方。

③承担货物交给承运人之前的一切风险和费用。

④自担风险和自负费用取得官方出口证件，并且办理货物出口所需的一切海关手续，支付相关税费。

⑤提交商业发票、提货单据，或具有同等作用的电子记录或程序凭证。

2. 买方义务

①接受卖方提供的有关单据，受领货物，并按合同规定支付货款。

②承担货物在约定地点交给承运人之后的一切风险，并自费办理保险手续。

③自担风险和自负费用，取得货物进口所需的进口许可证或其他官方文件，并办理进口手续。

3. 使用FCA时要注意的问题

1）风险划分的界限问题

按照CPT术语成交，虽然卖方要负责订立从启运地到指定目的地的运输契约，并支付运费，但是卖方承担的风险并没有延伸至目的地。

按照《2010通则》的解释，货物自交货地点至目的地的运输途中的风险由买方而不是由卖方承担，卖方只承担货物交给承运人控制之前的风险。在多式联运情况下，卖方承担的风险自货物交给第一承运人控制时即转移给买方。

2）责任和费用的划分问题

卖方将货物交给承运人之后，应向买方发出货已交付的通知，以便于买方在目的地受领货物。

卖方只是承担从交货地点到指定目的地的正常运费。正常运费之外的其他有关费用，一般由买方负担。货物的装卸费可以包括在运费中，统一由卖方负担，也可以由双方在合同中另行规定。

4. CPT和CFR的异同

CPT和CFR的相同点：卖方要承担的风险都是在交货地点随着交货义务的完成而转移的；卖方要负责安排自交货地至目的地的运输事项，并承担其费用；CPT和CFR合同都属于装运合同，卖方只需保证按时交货，而无须保证按时到货。

CPT和CFR的不同点：适用的运输方式和风险划分不同。CFR适用于水上运输方式，交货地点在装运港，风险划分以货物装上船为界；CPT适用于各种运输方式，交货地点因运输方式的不同而由双方约定，风险划分以货交承运人为界。

9.1.7 运费/保险费付至目的地（CIP）

CIP（Carriage and Insurance Paid to...）即运费及保险付至（……指定目的地）。它是指卖方向其指定的承运人交货，并须支付将货物运至目的地的运费，办理货物在运输途中的保险并支付保险费，而买方承担卖方交货后的一切风险和额外费用。CIP 术语适用于各种运输方式，包括多式联运方式。

1. 卖方义务

①负责安排运输，办理货物运输、保险，并支付运费和保险费。

②在合同规定的时间、地点将货物交给承运人，并及时通知买方。

③承担货物交给承运人之前的一切风险和费用，并按照买卖合同的规定办理货物运输保险手续。

④自担风险和自负费用取得官方出口证件，并且办理出口所需的一切海关手续，支付出口关税及相关费用。

⑤提交商业发票、保险单据和提货单据等合同规定的有关单据。

2. 买方义务

①接受卖方提供的有关单据，受领货物，并按合同规定支付货款。

②承担货物在约定地点交给承运人之后的一切风险。

③自担风险和自负费用，取得官方进口证件，并且办理货物进口所需的一切海关手续，支付进口税费。

3. 使用 CIP 时要注意的问题

（1）风险和保险问题。在 CIP 价格下，卖方要负责办理货运保险，并支付保险费，但货物运输途中的风险由买方承担。所以，卖方的投保仍属于代办性质。

（2）合理确定价格。与 FCA 相比，在 CIP 条件下卖方要承担较多的责任和费用。他要负责办理运输，承担有关运费，办理货运保险并支付保险费。这些都应反映在货价之中。

4. CIP 与 CIF 的区别

CIP 和 CIF 的相同点：它们都由卖方办理货运手续，支付运费；办理保险，支付保险费。

CIP 和 CIF 的不同点：第一，所适用的运输方式不同（CIF 术语适用于水上运输方式，交货地点在装运港；而 CIP 术语适用于各种运输方式，交货地点要根据运输方式的不同由双方约定）；第二，风险转移临界点不同（在 CIF 下，货物在装运港装上船完成交货后，风险转移至买方；在 CIP 下，风险在承运人控制货物时转移至买方）；第三，费用负担不同（在 CIF 下，卖方负责租船订舱，支付从装运港到目的港的运费，并且负责办理水上货物运输保险，支付保险费；在 CIP 下，卖方负责办理运输手续，支付从交货地点到指定目的地的全程运费，办理保险并支付保险费）。

9.1.8 其他贸易术语

《2010 通则》中其他几种贸易术语有 EXW、FAS、DAT、DAP 和 DDP。相比前面所述的常用几种贸易术语，这 5 种贸易术语在国际贸易实务中使用较少。但是，其中一些术语在某些场合还是比较常用的，例如 DAT（终点站交货）对于实行共同关境的国际区域经济组织内的国家、内陆国家来说则是常用的贸易术语。

1. EXW

EXW（Ex Works）即工厂交货，是指当卖方在其所在地或其他指定的地点（如工场、工厂或仓库）将货物交给买方处置时，即完成交货，卖方不办理出口清关手续或将货物装上任何运输工具。

该术语是卖方承担责任最小的术语。买方必须承担在卖方所在地受领货物后的全部风险和费用。

2. FAS

FAS（Free Alongside Ship）即装运港船边交货，是指卖方在办理出口清关手续后在装运港将货物交到买方指定的船边（码头上或驳船内），即履行了交货义务。其后的一切费用和风险由买方承担；当船舶不能靠岸时，货物从码头驳运到船边的费用和风险仍由卖方承担。

FAS 术语适用于水上运输方式。

3. DAT

DAT（Delivered At Terminal）即终点站交货，是指卖方在指定的目的港或目的地的指定的终点站卸货后将货物交给买方处置即完成交货。“终点站”包括任何地方，无论约定或者不约定，包括码头、仓库、集装箱堆场或公路、铁路或空运货站。卖方应承担将货物交货前的一切风险和费用。

DAT 术语适用于各种运输方式，包括多式联运方式。

4. DAP

DAP（Delivered At Place）即目的地交货，是指卖方将货物运至指定的交货地点不将货物卸下运输工具，将货物交给买方处置后，完成交货义务。卖方须承担交货前的一切风险和费用。卸货费用由买方承担。

DAP 术语适用于各种运输方式，包括多式联运方式。

5. DDP

DDP（Delivered Duty Paid），即完税后交货，是指卖方在指定的目的地，办理完进口清关手续，将在交货运输工具上尚未卸下的货物交与买方，完成交货。卖方必须承担将货物运至指定的目的地完成交货前的一切风险和费用，包括在目的地办理海关进口手续时应缴纳的任何税费（包括办理海关手续的责任和风险，以及缴纳手续费、关税、税款和其他费用）。在 EXW 术语下，卖方承担的责任最小；而在 DDP 术语下，卖方承担的责任最大。若卖方不能直接或间接地取得进口许可证，则不应使用此术语。

9.1.9　国际贸易单证

跨境贸易涉及机构多，因此相应的单证也较多，常用出口单证如表 9-2 所示。

表9-2　常用出口单证

单据名称	出单人	出单时间
买卖合同	出口商 / 进口商	合同签订时
信用证	出证行或指定付款行	根据合同规定
商业发票	出口商	报检或报关时
装箱单 / 重量单	出口商	与商业发票同时
订舱委托书	出口商	委托订舱时
托运单	出口商 / 货代	订舱时
出境货物报检单	出口商	报检时
出境货物通关单	检验检疫机构	完成报检时 / 报关前
客检证	进口商或其代表	货物出运前
出口收汇核销单	出口商	报关前
出口货物报关单	出口商 / 货代 / 报关行	报关前
货物运输投保单	出口商	订舱后集港前
保险单	保险公司	接受投保后
海运提单	承运人或其代表	货物上船后
装运通知	出口商	一般货物上船后 48 小时内
原产地证明书	出口商	货物出运前三天
一般原产地证书	检验检疫机构 / 贸促会 / 出口商 / 生产厂商	货物出运前后
普惠制产地证明书申请书	出口商	货物出运前三天
商品检验证书	检验检疫机构	货物出运前后
汇票	出口商	交单前

1. 买卖合同（Contract）

在交易磋商中，一方发盘经另一方接受以后，交易即告成立，买卖双方就形成合同关系。根据国际贸易的习惯做法，买卖双方还要签订买卖合同（Contract），以书面形式明确约定交易条件以及双方当事人的责任与义务。双方在签字或盖章时，合同成立。合同具有法律效力。合同不仅是双方履约的依据，也是处理贸易争议的主要依据。

国际上越来越多的跨境厂商采用 Email 邮件方式来签订商务合同。

签订买卖合同主要有三种方法：一是直接使用邮件正文文本作为合同；二是采用通过附件发送的 Word、Excel 等电子文档作为合同；三是先由一方发送 Word、Excel 等电子文档，另一方接收后用打印机打出，然后签字盖章，再使用扫描仪扫描成 PDF 或图片格式，最后通过 Email 回传第一方（或通过传真方式回传）。从规范化、安全性的角度形式，更多的跨境商务企业使用第三种做法。

2. 信用证（Letter of Credit，L/C）

信用证是指由银行（开证行）依照申请人的要求，在符合信用证条款的条件下，凭规定单据向第三者（受益人）或其指定方进行付款的书面文件。即信用证是一种银行开立的有条件的承诺付款的书面文件。

买方担心预付款后卖方不按合同要求发货；卖方也担心在发货或提交货运单据后买方不付款。

信用证开证申请人是买方。买方向开证银行（买方所在地）申请开出信用证并由开证行用电子方式将信用证通过通知行（卖方所在地）交至卖方。

3. 商业发票（Commercial Invoice）

商业发票是出口方向进口方开列发货价目清单，是买卖双方记账的依据，也是进出口报关、纳税的总说明。商业发票内容包括商品的名称、规格、价格、数量、金额、包装等，是进口商办理进口报关不可缺少的文件。商业发票的内容必须符合交易合同与信用证的规定。

4. 海运提单（Ocean Bill of Lading）

海运提单是承运人收到货物后出具的货物收据，也是承运人所签署的运输契约的证明。提单还代表所载货物的所有权，是一种具有物权特性的凭证。

5. 保险单（Insurance Policy）

保险单是保险人与被保险人订立保险合同的正式书面证明。保险单是在 CIF 条件下，卖方必须提交的结汇单据。

6. 原产地证明书（Certificate of Origin）

原产地证明书是出口商应进口商要求而提供的、由公证机构或政府或出口商出具的证明货物原产地的一种证明文件。它是出口国享受配额待遇、进口国对不同出口国实行不同贸易政策的凭证。

原产地证书分为一般原产地证明书、普惠制产地证明书。有的国家限制从某个国家或地区进口货物，要求以产地证来确定货物来源国，也是进口国减免关税的依据。

7. 商品检验证书（Commodity Inspection Certificate）

商品检验证书是用来证明出口商品的品质、数量、重量、卫生等条件的证书，是卖方所交货物是否与合同规定相符的证据，也是索赔和理赔必备的单据之一。商品检验证书一般由国家指定的检验机构出具，如中国进出口商品检验检疫局。

8. 汇票（Bill of Exchange）

汇票是由出票人签发的，要求付款人在见票时或在一定期限内，向收款人或持票人无条件支付一定款项的票据。

汇票是国际结算中使用最广泛的一种信用工具，是托收方式下付款必备的重要单据。

9.2 B2B跨境电子商务洽谈磋商

B2B 跨境电子商务与 B2C 跨境电子商务均是在线业务，其线上贸易整体流程都是差不多的，万变不离其宗，但细节有些区别。它们主要有两大区别：一是在支付环节，尽管目前已经有大量 B2B 交易采用线上支付，但因为数额较大，大部分还是采用了线下支付方式；另一个区别在于流程中的洽谈环节。国外一些买家在进行 B2C 交易时，较少与卖方咨询和洽谈，大都直接下单成交，遇到产品等问题时直接退货处理。但是 B2B 交易，因为成交量大，大部分都有 MOQ（Minimum Order Quantity，最小订单量）要求，涉及金额高，买方必然希望能得到价格上更大的优惠，而且还需要与卖家商量货物如何交付、海关通关等问题，因此在 B2B 交易中，洽谈磋商是不可或缺的一步环节。

9.2.1 网上磋商流程

通过互联网进行交易磋商与传统的贸易磋商在内容和过程上是一致的。

1. 磋商内容

在内容上，通常要磋商 11 个交易条件，每个交易条件构成交易合同中的一个贸易条款。这些交易条件又分为一般贸易条件和基本贸易条件。

一般贸易条件有：货名、规格、数量、包装、价格、装运期和支付条件。保险条款磋商与否，需要依据交易所使用的价格术语而定。

基本贸易条件有：检验检疫、争议与索赔、不可抗力和仲裁。

双方首先要对一般贸易条件进行磋商，这里最重要的就是价格。一般贸易条件达成一致后，再对基本贸易条件一一商定。一旦谈判双方对各项条件达成一致，交易合同即告成立。

2. 磋商流程

网上交易磋商的一般程序包括询盘、发盘、还盘和接受四个环节。

1）询盘（Inquiry）

询盘是指交易的一方为购买或出售某种商品，向对方口头或书面发出的探询交易条件的过程。法律上称“邀请要约”，不具有法律约束力，也不是交易磋商的必经程序，但往往是一笔交易的起点。

询盘时一般用 Please advise/ quote/ offer... /Interested in 等词汇。通常由买方发出，如

“拟购 *** 款式夏装 1000 件，请告知最低价格和最快交货期”。

2）发盘（Offer）

交易一方向另一方提出购买或出售商品的各项交易条件，并表示愿意按这些条件与对方达成协议，订立合同的行为。在业务中，发盘通常是一方接到另一方的询盘后发出的，也可不经对方询盘直接发出。表示发盘的术语（发盘、报价、订购、递盘）有 offer、firm offer、quote、supply、book、order、bid、firm bid 等。

构成发盘的必要条件有：

- 发盘应向一个或者一个以上的特定人提出，如在跨境电子商务平台上，卖家在平台上提出“买本品 100 件以上给予 7 折优惠”，这也是一种发盘；如果该发盘被受盘人所接受，交易合同即达成；
- 发盘的内容必须十分确定，至少应包括 3 个基本要素：货物、数量和价格；
- 发盘应表明订约的意旨，即发盘应该表明发盘人在得到接受时，将按发盘条件承担与受盘人订立合同的法律责任，而不得反悔或者更改发盘条件。如在订约建议中加注“仅供参考”“以……确定为准”等保留条件，都不是一项发盘，只是在邀请对方发盘。

发盘分口头发盘和书面发盘，有不同的有效期和生效时间规定。

- 口头发盘，除双方另有规定，一般当场有效，发盘的效力于谈话结束时终止；
- 书面发盘，有效期可由发盘人在发盘中明确规定，也可不作明确规定。《公约》规定：“发盘在送达受盘人时生效”。发盘的有效期从到达受盘人时开始生效，直至有效期届满时为止；
- 在线交易环节的有效期问题，联合国《关于电子通信的意见》中指出，在电子通信中，发盘的“到达”指电子通信进入受要约人之服务器的时刻。

因此，作为卖家，为避免纠纷，最好在发盘中规定一定的时限，比如：

- 规定最迟的接受期限。例如，发盘限 9 日复到，以我方时间为准（Offer subject reply reaching here ninth our time）”；
- 规定一段接受的期间。例如，发盘有效期为 3 天（Offer valid three days）。

下面介绍发盘的撤回和撤销问题。撤回的前提是发盘尚未生效，发盘人采取行动、阻止它的生效。一项发盘，即使是不可撤销的，也可撤回，如果撤回的通知在发盘到达受盘人之前或同时到达受盘人。撤销是指在发盘已生效后，发盘人以一定方式解除发盘对其的效力。发盘撤销的条件是：发盘人撤销的通知必须在受盘人发出接受通知之前传达到受盘人。

有下列情况下，发盘不能再撤销；

- 发盘中注明了有效期，或以其他方式表示发盘是不可撤销的；
- 受盘人有理由信赖该发盘是不可撤销的，并且已本着对该发盘的信赖行事。

【案例】某中国卖家向法国一买家发盘，规定有效期到 3 月 10 日止。该发盘是 3 月 1 日以特快专递方式寄出的，3 月 2 日卖家发现发盘不妥，当天即用电传通知卖家宣告撤回该项发盘。请问：是否可以撤回？另：假如，该发盘是以电子邮件方式寄出的，请问是否可以撤回？

分析：以特快专递方式寄出，该发盘可以撤回。以电子邮件方式则不可撤回。

依据如下：

● 根据《公约》规定，一项发盘，即使是不可撤销的发盘，也可以撤回，只要撤回通知于发盘送达被发盘人之前或同时送达被发盘人即可；

● 中国、法国都是公约缔约国，适用于公约；

● 上述发盘属于“不可撤销的发盘”，因为发盘中规定了有效期，但只要在它尚未被送达被发盘人之前，是可以撤回的；

● 本案例中，3 月 1 日发的特快专递发盘，3 月 2 日不可能送达法国的买家手中，故 3 月 2 日发出的电传撤回通知能早于该发盘送达被发盘人，所以该发盘是可以撤回的；但是在电子商务条件下，发出的发盘即刻到达受盘人，发盘到达即生效，撤回发盘几乎是不可能的。除非因系统服务器发生故障耽搁了收到发盘的时间，而使撤回发盘的通知先于或同时到达受盘人。

发盘的失效（终止）条件为：

● 在发盘规定的有效期内未被接受；

● 发盘被发盘人依法撤销；

● 被受盘人还盘或拒绝；

● 发盘人发盘后发生不可抗力事件，如政府发布禁令或限制措施造成发盘失效；

● 发盘人或受盘人在发盘被接受前丧失行为能力。

3）还盘（Counter-offer）

还盘又称还价，是受盘人不同意或不完全同意发盘中的内容或条件而提出自己的修改意见或条件的表示。法律上称“反要约”，它既是受盘人对发盘的拒绝，又是一项新的发盘。一项发盘被还盘即失效。

4）接受（Acceptance）

接受是指受盘人在发盘有效期内无条件同意发盘的全部内容，并愿意据此签订合同的一种口头或书面的表示。法律上称“承诺”，一方发盘被受盘人接受，交易即告达成，合同即告成立。接受是交易磋商的必经程序之一。表示接受的术语有 accept、agree、confirm 等。

构成接受的必要条件有：

● 必须由特定的受盘人做出；

● 接受必须以声明或行为表示出来（用声明来表示接受，即受盘人用口头或者是书面形式向发盘人表示同意发盘的内容。用行动来表示接受，由卖方发运货物或买方支付货款包括汇付货款或开立信用证来表示）；

● 接受的内容须与发盘的内容相符（只接受部分条件，或对发盘条件提出实质性修改，或提出有条件的接受，均不能构成有效接受，而只能视为还盘）；

● 接受通知须在发盘的有效期内送达发盘人。

接受的撤回：根据《公约》的规定，只要撤回的通知能在该项接受到达发盘人之前或与该项接受同时到达发盘人，则对该接受的撤回有效。接受送达发盘人之后，接受生效，合同即告成立。若此时宣布撤销接受，就等同于撤销合同，是要负法律责任的，因此接受不能撤销。

《关于电子通信的意见》认为，在电子通信中，本条的“到达”指电子通信进入受要约人（发盘人）的服务器的时刻，前提是受约人已经明示或暗示地同意用指定的电子通信类型，于指定的地址接收指定的电子通信。与发盘相似，在电子商务方式下，接受（承诺）的撤回几乎是不可能的。

【案例】A公司向国外B公司发盘，限6月10日前复到有效，B公司于6月8日来电要求降价，A公司于9日与另一家C公司达成交易。同一天（9日），B公司又来电要求撤回8日还盘，全部接受原发盘的条件。A公司以货已出售为由予以拒绝。B公司声称其接受是在我方发盘的有效期内做出的接受，要求A公司履约。请问B公司的要求是否合理？

分析：B公司于6月8日来电要求降价。这一行为已经构成新的发盘，A公司原来的发盘已经失效了。因此B公司要求A公司履约的要求不合理。

9.2.2 询盘处理技巧

1. 询盘分类处理法

询盘是开启交易的第一步，只有询盘处理好了，才有可能促成订单的转化。因此B2B卖家需要认真处理询盘。而处理的方法可以结合不同类型的询盘而定。

1）一类询盘

如果买家在发送询盘时，对他的公司背景和个人信息有简单介绍，并明确告知，他想要的产品名称、规格、质量、认证、包装、数量、期望的交货时间、运输方式等详细信息，这类采购需求比较明确，一般归为一类询盘。

发送这类询盘的买家一般比较专业，采购需求明确。他们对供应商的要求也比较专业，我们在回复询盘时，要体现出我们的专业性。对于这类买家，通过除了他自己的介绍去了解他，还可以通过搜索引擎搜索买家公司，通过他们的网站了解买家的更多信息，比如规模、主营产品等，然后再进行回复，但要注意以下几点：

一是直接报实价，因为买家通常会给多个供应商发询盘，报实价可能占据价格优势。

二是对询盘中询问到的信息，一定要全部回复；对于一些基本信息，比如产品图片、货号、参数规格、认证信息、包装尺寸等，也尽量回复。

2）二类询盘

这类询盘，买家一般会告诉卖家他感兴趣的是什么产品，需要的报价。买家的采购需求可能并不是很紧急，处于观望和比价阶段，也有可能他们不是非常专业的买家，所以将他们放在第二优先级处理，但也要尽可能快速地响应。

对于这类询盘，卖家也可以做专业的回复，可以制作专业的报价单。首先，采用阶梯报价（不同采购量价格不同），方便买家决策采购数量；其次，可以推荐类似产品，告诉买家如果需要，可以做详细介绍，告诉他们不管有任何需求，随时可以沟通联系，争取再次联系的机会。

3）三类询盘

这类询盘，通常买家会直接告诉卖家，他对产品感兴趣，需要报价，和二类询盘相比，他对产品的需求更模糊。在询盘回复时，可以详细介绍自己的公司，告知可以提供的产品和服务有哪些，并推荐自己比较有优势的产品，比如价格最优的、质量最好的、交货期最快的、最适合当地市场的，等等，整理成产品目录的形式发给客户，告诉对方如果需要样品或更详细的信息的话，随时进行联系，争取二次联系机会。

4）四类询盘

这类询盘，买家一上来就要样品，对产品和公司都没有提及，也有的买家要邀请函、样品之类。这类询盘可以放到最后处理，可以尝试回复一次，如果对方不回复或回复时不提产品，只要样品或邀请函，基本可以放弃跟进了，因为这类询盘有可能是骗样品、邀请函之类的。

除了要根据询盘分类做好询盘工作，卖家还要结合买家所在国家等信息进行分类，或者按照新老顾客再次分类，方便卖家优先处理高质量询盘而避免贻误商机，并对客户进行后续跟踪管理。

2. 询盘电子邮件处理技巧

在前面章节中曾详细阐述过如何用电子邮件进行推广，本节仅针对 B2B 在线交易磋商环节的电子邮件处理技巧做些介绍。

首先在磋商时，采用公司电子邮箱会更容易获得客户的信任。公司如果建有网站，一般会同时拥有网站下的电子信箱，如果购买了诸如阿里巴巴国际站或者其他平台的收费服务，也可以得到带公司信箱后缀的电子信箱，或者申请一个稳定的 Hotmail 或者 Gmail 的免费信箱。切勿采用明显的垃圾邮件的电子邮箱。

其次，邮件的标题、开头、结尾部分应尽量格式化，凸显公司规范化的形象，也可以给予客户信任感。比如每次回复的邮件，都会在标题处统一使用公司的首字母缩写；每次的署名都一致，并清楚表明发信人、发信公司、发信人和公司联系方式、发信地址、公司 Logo 等，最好公司提前统一设计。

再者，要尽量避免磋商信件被归入垃圾邮件中。根据国际电了邮件协会的判定规则，垃圾邮件涉及三种情形：未经收件人允许的，在一定时间内发送频率过快，内容重复度过高；对方未订阅但发件人发送附件的；邮件中含有垃圾邮件高频词。前两者容易规避，跨境电子商务中与销售相关的高频词有 Free、Discount、Opportunity、Win Winner、Cheap、Deal、Debt、Income、Insurance、Loan、Money、Mortgage、Price、Rate、Profit、Save、Merchant、Stock、Act Now、All New、Call Now、Subscribe Now、Million、Dollars、Compare、Check、Lash、Bonus、Credit、Loans、Buy Direct、Get Paid、Order Now、Specializing、Specialized、Offer、Please Read、Special Promotion、Satisfaction Guaranteed、You've Been Selected 等，不胜枚举。当邮件内容包含了这些词语或者系统分析以后达到屏蔽标准则对方无法收到该邮件或者会被判断为垃圾邮件。

【Tips】浏览网站 Bloomtools.com，可以随时跟进和获得最新的垃圾邮件过滤敏感词。

最后，内容要简洁明了，适应国外移动办公趋势。客户每天会收到海量的邮件和回复，要想获得客户对邮件的重视，必须坚持KISS原则（Keep It Short and Simple），用最简单的语言和最简洁的句子，解答客户最为关心的内容。另外，移动办公正在逐渐成为趋势，买家在BlackBerry或iPhone上收发邮件，许多平台也适时开发软件，支持买家在手机端处理订单。因此，简明扼要的邮件更能顺应现代移动办公快节奏、小页面的主要特征。

3. 针对某些询盘的回复技巧

1）买家要求寄样品的回复

如果买方询盘中请卖家先寄送一份样品，再来决定是否交易。那么寄送不寄送该如何选择？

不寄送的情况：第一，首次发询盘直接索要样品和产品报价，这些买家目的很简单，即骗取样品。对付这样的买家，最好不要直接寄样品，可以先将产品图片发给对方看，若对方对产品感兴趣，再谈寄样品的事情，这样可以避免很多不必要的麻烦；第二，一些以前根本没有联系过的国内贸易公司突然以电话或传真的形式表示对你的产品感兴趣，希望能够提供样品供检测等信息。

必须寄送的情况：第一，自己联系的国内贸易公司、买家；第二，对于一些规模较大、在行业范围内较有名气的买家；第三，买家明确表示将支付样品费以及运费；第四，买家提出已查看公司发布在外贸平台的所有产品，而其中只有与之需求相近的产品，并询问采购要求的产品。

可寄送可不寄送的情况：按公司实际情况来处理。

样品寄出后通常有两种情况：一种情况是买家收到样品后，感到满意并下单；另一种情况是买家收到样品后，没有回复（一般有几种可能）。针对这种石沉大海的情况，需要及时跟踪。

具体对于客户要求寄样品的要求，可以采取如下的递进策略：

第一步，要求对方预付样品费和快递费。提出让对方支付样品费，试探对方需求的诚意，对新客户尤其要坚持寄样收费，有诚意的客户，一般都会理解。如果对方爽快答应，说明这是个需要“重点”开发的客户。在对方不愿意的情况下，可让其承诺在第一份订单货款中扣除样品费。

此策略除了成本上的考量，更重要的是把那些无诚意下单而专门以索取样品为业的公司从客户中排除，使企业精力放在有效的客户身上。

第二步，要求对方承担运费特别是快件运费。对于样品成本不高的产品，在谈判无果的情况下可同意免费提供样品，但客户需支付样品运费。卖方要求快递运费到付并不是一件坏事，卖方提供样品说明有做生意的诚意，而对方承担样品运费则说明客户有做生意的诚意。如对方真想做生意，一定会答应这个要求，若对方坚持费用全部由卖方支付的话，就要考虑对方的诚意和信誉，或将其纳入放弃的客户群体。

第三步，要求对方提供传真或邮件地址和公司地址，而不仅仅是提供一个电话，以便有据可查。

第四步，价值不菲或数量较大的样品，在第一步和第二步谈判未果时，退一步要求对方付样品费以弥补打样成本。当然，长期客户则另当别论。

第五步，寄送样品前发送样品图像给客户审阅并得到反馈意见，避免客户收到样品后提出拒付或者不采购的理由。

寄样后，电邮快递底单给客户，加深客户对公司的印象。定期与其联系，及时确认对方收讫以及对样品质量、外观或结构的不同要求，催促下单。对公司寄样客户，建立详细的跟踪档案，利用各种沟通工具加强跟进力度。

2）客户要求直接报价的回复

避开报价的问题，首先询问对方的用途和试用环境等，以便向客户提出最好的方案。

如对方答复，询问对方需求的数量以及对于产品质量的要求（规格、环保、安全标准等）。

如对方不回复，可以预知对方对产品不感兴趣；根据对方对行业产品知识的认识是否专业，判断对方是真实客户还是骗子。真实客户与骗子的基本区别是：客户可能挑剔质量和价格；而骗子一般对行业、产品不熟悉，一般会提出诱人的大单，过于关注付款。

3）客户认为报价过高的应对

作为供应商，对方压价是司空见惯的，应该给予合理的答复。

市场上同类产品中，很少是因为价格太高而无法销售的，大多数是因为产品定位和营销的策略错位造成的。与客户的来往沟通中，通过推广、网站和电子邮件等传递出对公司、产品、服务和诚信的自信，“与众不同”的产品自然要有一个匹配的价格。

4）无法提供买方指定产品的回复技巧

客户的需求千变万化，任何一个公司生产或者供应的产品总是有限的。卖家没有相近或不同型号和功能产品的可能性普遍存在。为了与客户建立长期信任的伙伴关系，对于没有符合买家需求的产品，可以帮助他寻找和推荐卖家，从而建立信任关系，为今后的交易打下基础：详细了解客户需求，向客户推荐公司的其他类似的替代品。

5）邀请客户参展或拜访工厂（公司）的技巧

跨境电子商务最大的瓶颈就是客户对卖家的了解局限于线上信息，如能够把线上犹豫不决的客户引导到线下接触，增加双方的信任度，则达成交易的可能性明显增大。邀请对方参加在本国或者目标国的展会就是最为有效的方法。

另外，当网络上结识的客户因为未知原因成交意愿低、活跃度不高时，发函邀请参展并顺便拜访公司（工厂），这样既可尽地主之谊，也可传递公司的供货能力、管理水平和服务理念。如果客户如约来参展、拜访公司展台，而且欣然前去公司（工厂），那么这个客户离签约就不远了。

外贸若想获得良好开发，首先要保证对方能够收到信件，并送达正确的人手中；其次，根据对方的公司、行业或者真实需求和需求程度、采购偏好、性格差异等，找到合适的切入点。

4. 提高询盘转化的关键点

要提高询盘的转化，需要把握几个关键点：

首先，收到一个询盘时，要对买家背景进行了解，可以采用一些方法，比如检查IP注册地与实际发送地能不能对得上，是哪个国家的买家；用公司名和邮箱地址在搜索引擎、社交网络中进行查找，或者通过电话查找相关企业信息，还可以通过询盘正文或者通过后台询盘模块的信息来对买家有个了解。“知己知彼，百战不殆”。通过了解对方的情况、经营范围、经营规模等，可以帮助卖家更好地提出更有针对性的发盘。

其次，要通过询盘内容和磋商过程来判断客户是否有订单、订单大小、紧急程度。主要从产品描述、订单数量、产品认证、交货时间等几个方面分析。

最后，需要了解买家的特点和禁忌。要了解买家背景，比如，小语种买家有的英文不太好，卖家如果在回复询盘时，采用双语回复（英文和翻译成对方语种各一份），买家会觉得你比较贴心，容易建立信任。另外，每个国家商人的特点和禁忌也要了解清楚，比如有的注重隐私，有的则比较注重身份等。这些可能都会是询盘能否转化为订单的关键因素。

9.2.3 磋商中的客户管理

B2B 在线交易的业务员可从客户的联系方式、查询内容和买家资料三个方面综合分析，有效甄别客户购买动机的强烈程度，进而采取有所取舍的客户跟进策略。

1. 从买家主动联系方式判断客户购买欲望

从买家主动联系方式判断客户购买欲望如表 9-3 所示。

表9-3　从买家主动联系方式判断客户购买欲望

买家查询方式	发生时间	所需费用	买家迫切程度	等级
TEL 电话	数秒	极高	高	A
视频	数秒	极高	高	A
FAX 传真	数分钟	高	高	B
POST 邮件	2～21 天	低	低	C
Email 邮件	数秒	极低	一般（具体分析）	C

由此可知，业务员应大胆利用各个平台所提供的在线即时聊天工具或视频聊天工具，给予买家充分的便利，同时也抓住各种机会与买家直接沟通，以提升订单的转化率。

2. 从客户查询内容判断客户的真实意愿

客户查询内容不外乎公司情况和产品情况。公司情况一般包括公司名称、地址、联系人、品名、电话、传真、Email、创始年份、总资产和年销售额；产品情况主要包括规格、型号、原料、成分、最小订单量价格、包装、样本、样品和国际认证等、

一般来说，沟通内容会从概况逐渐深入和具体，从而判断客户的成交意愿。

3. 根据买家资料对买家进行分类管理

在收到客户询价后，业务员应借助网络和各种资源与手段，了解客户的实力、资信和交易历史记录，判别公司可能购买的产品和交易规模等。

根据生产、销售和营销部门中一个或多个部门的联系方式以及询问内容和买家背景资

料几个要素的综合情况，判断客户的级别和询盘质量，具体如图 9-1 所示。

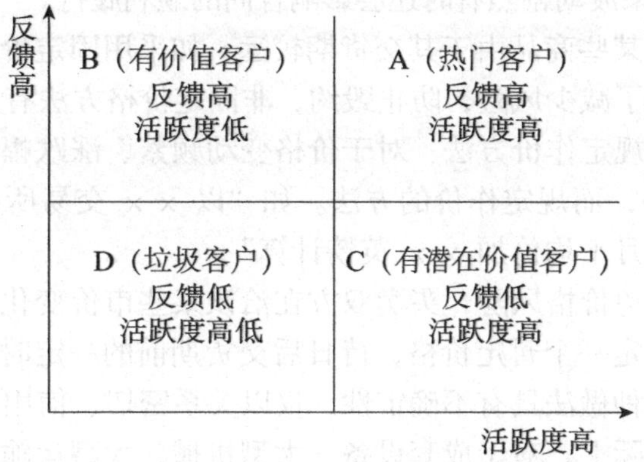

图 9-1　客户的级别和询盘质量判断

在此基础上，将客户分为热门客户、有价值客户、有潜在价值客户和垃圾客户四类，并采取不同的推广策略。对于积极回复邮件的客户、回复收条的客户重点跟进，提高客户分类的级别。

9.2.4　磋商中的报价问题

询盘回复中，报价是比较核心的环节。由于电子商务的发展，买卖双方都还没有充分的沟通了解就要进行报价，卖家常常担心这个是不是同行来套价格的、应该报高点还是低点、需要简单报价还是详细报价等，尤其是报价高了没有达成订单，报价有时候就会成为比较难以跨越的障碍。

因此，需要充分准备，充分了解你的买家、同行的情况、产品市场行情等，做到心中有数，给出合理报价，才能尽量影响买家，谈成生意。

1. 作价原则

中国进出口商品的作价原则是，在平等互利的原则下，以国际市场价格为依据，按照国别、地区政策，并结合购销意图制定适当的价格。

- 以国际市场价格为作价依据；
- 要结合国别、地区政策作价；
- 要结合购销意图作价；
- 要考虑成本因素，在加强成本核算的基础上作价；
- 考虑不同差价因素的影响。

此外，还要考虑交货期的远近、市场销售习惯和消费者的爱好、现货和期货、近期货和远期货、使用软货币和硬货币、佣金折扣的多少以及支付条件的差别等因素。

2. 作价方法

在国际贸易中，作价方法有固定价格和非固定价格两类。

（1）固定价格：即在订立合同时把价格确定下来，事后不论发生什么情况均按确定的价格，结算应付货款。这种固定价格的方法有利于结算，但是如果市场行情出现波动，就会有一方受到损失，如果波动剧烈有时还会影响合同的顺利履行。

（2）非固定价格：某些商品由于其交货期较远，如采用固定价格，对双方来说都要承担较大的价格风险。为了减少风险，防止毁约，非固定价格方法有几种。

- 不固定价格，但规定作价方法：对于价格变动频繁、涨跌幅度较大的商品，可在合同中不规定固定的价格，而规定作价的方法。如“以 ×× 交易所该商品三个月期的收盘价为基础，按装船月份月平均价加 ×× 英镑计算”；
- 暂定价格：为避免价格风险，买卖双方在洽谈某些市价变化较大的货物的远期交易时，可以先在合同中规定一个暂定价格，待日后交货期前的一定时间，再由双方按照当时市价商定最后价格。这种做法具有不确定性，仅以关系密切、信用可靠的客户为限；
- 滑动价格：在国际上，对于成套设备、大型机械、大型运输工具等货物的交易，从合同订立到合同履行完毕需时较长，这期间原材料、工资等的变化可能较大，从而使货物的生产成本及价格变动较大。为公平起见，常采用滑动价格的方法。该方法是指先在合同中规定一个基础价格（Basic Price），同时在合同中规定对基础价格进行调整的方法。例如，“以上基础价格将按下列调整公式根据 ×××（机构）公布的 20×× 年 × 月的工资指数和物价指数予以调整”。

3. 调整价格

1）调整原则

在确定基本价格后，还应根据国别地区政策、企业的购销意图、市场行情的变化、竞争者的价格以及合同中的其他交易条件对价格进行调整。许多交易条件如贸易术语、商品的品质、数量、包装、商标、运输方式、交货期、交货方式、支付方式等会对商品的价格产生直接的影响。一般来说，优质优价，成交数量大时价格可以优惠，支付方式对卖方有利时价格可相应降低。洽谈价格时，如价格本身不易调整，也可通过改变其他交易条件的方法来达到调整价格的目的。

2）佣金与折扣

通过佣金与折扣对价格进行调整是调整价格常用的方法。

佣金（Commission）是中间商为买卖双方介绍或代办交易而取得的报酬。折扣（Discount）是卖方按原价给予买方的一定百分比的价格减让。在国际贸易中，对价格的调整有时是通过折扣来实现的。

佣金与折扣不同，佣金的受益者是中间商，而折扣的受益者是买方；佣金一般是在卖方收到货款后再另行付给中间商，而折扣通常是在买方付款时预先扣除的。商品的含佣价和净价的计算公式为：

$$含佣价=净价/(1-佣金率)$$

$$净价=原价\times(1-折扣率)$$

4. 价格换算

1）同一货币的净价的换算

FOB 价通常也称为成本（Cost）价，CFR 价即成本加运费（Freight）价，CIF 价比 FOB

价增加了运费和保险费内容。因此，FOB价、CFR价、CIF价之间的换算关系式如下：

CIF = FOB + 运费 + 保险费　　CIF = CFR/（1- 投保加成 × 保险费率）

FOB = CFR – 运费　　FOB = CIF – 运费 – 保险费

CFR = CIF – 保险费　　CIF = CFR + 保险费

下面简述FCA价、CPT价、CIP价之间的换算。CPT价是在FCA价的基础上加上运费（Freight），CIP比FCA价增加了运费和保险费，所以，FCA价、CPT价、CIP价之间的换算公式如下：

CPT = FCA + 运费　　CIP = FCA + 运费 + 保险费

CIP = CPT + 保险费　　CIP = CPT/（1 – 投保加成 × 保险费率）

FCA = CPT – 运费　　FCA = CIP – 运费 – 保险费

CPT = CIP – 保险费

2）不同货币之间的价格的换算

我方以人民币报价后，若进口商要求以外币支付货款，则应按银行卖出价进行换算。其折算公式为：

人民币报价数 = 外币报价数 × 银行卖出牌价 /100

不同外币之间的换算：把一种外国货币折算成另一种外国货币有两种换算方法，即一种是直接折算法，按此两种外币的直接兑换率折算；另一种是间接折算法，先将原报外币折算成本国货币，再将折算后的本国货币折算成另一种外币。我国习惯上采用间接折算法，因为银行公布的主要是外币与人民币之间的汇率。

5. 报价方式

报价方式有对比式、图文式、分析式、分解式。

对比式：可以使用对比的方式报出价格，如同一款式，列出不同材质或不同品牌的价格。

图文式：采用图文并茂方式。

分析式：站在客户的角度，解析该价格的由来。

分解式：把产品的价格组成进行分解，比如按月支付报价。

总之，在报价环节，与客户保持交流的畅通非常重要，同时不要被买家的还价吓倒或者为此生气，应冷静应对对方的还价，同时要把握好客人的心理。

9.3 阿里巴巴国际站功能

9.3.1 阿里巴巴国际站概述

阿里巴巴国际站（http://www.alibaba.com/）通过向海外买家展示、推广供应商的企业和产品，进而获得贸易商机和订单，是出口企业拓展国际贸易的首选网络平台。全球买家和进口商在此寻找来自中国和其他制造业国家供应商。根据 Alexa.com 排名，阿里巴巴国际站在所属的 International Business 名列全球十大 B2B 网站之首。

阿里巴巴国际站定位于搭建全球中小企业的网上贸易市场。其服务对象是从事全球贸易的中小企业，中小企业可以依托阿里巴巴国际站结识更多贸易伙伴、达成更多交易意向、获得更多采购订单。

阿里巴巴国际站的核心价值体现如下：

- 海外买家可以寻找卖家并发布采购信息；
- 中国卖家可以搜索海外买家并发布公司和产品信息；
- 作为交易平台，为双方提供沟通工具、账号管理等网络交易的便利条件。

阿里巴巴国际站具有互动、可信、专业和全球化 4 个特点：

- 互动：体现在为双方提供 Community 频道，供双方进行交流和沟通，分享网络贸易经验；
- 可信：阿里巴巴通过第三方认证和内部审核为付费会员提供细致、周到安全的服务，有效减低网上外贸的风险；
- 专业：拥有不断完善的人性化设计、出色的搜索和网页浏览、简便的沟通和账号管理工具等；
- 全球化：阿里巴巴国际站的全球化体现在公司定位业务和客户以及公司性质等方面。

9.3.2 阿里巴巴国际站主页结构

1. 四个核心功能区域

阿里巴巴国际站主页结构如图 9-2 所示。

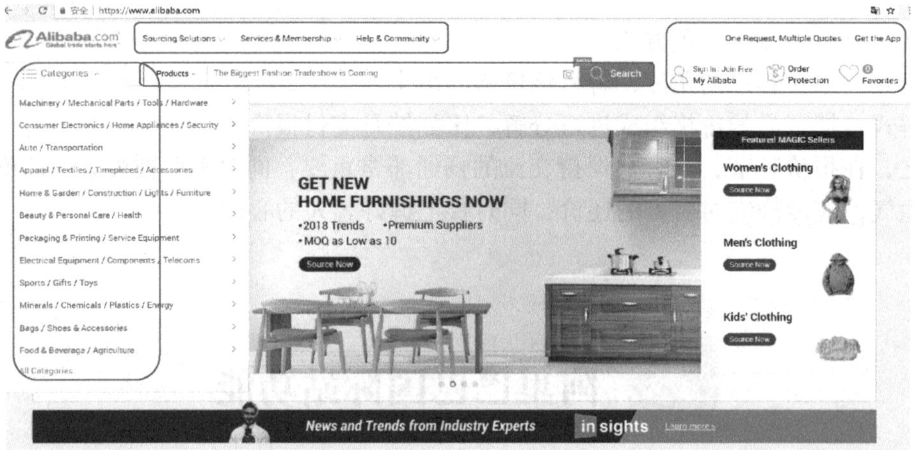

图 9-2 阿里巴巴国际站主页结构

搜索栏（Search）：搜索栏位于首页正上方最醒目的位置，可以找到用户经常会用到的信息过滤和查找工具。通过输入关键词可以查找到与产品（Products）和供应商（Suppliers）相关的信息。

导航栏（Navigation）：导航栏位于右上角，由 5 个部分 My Alibaba、Order Protection（信保服务）、Favorites、One Request Multiple Quotation（报价请求）、Get the App 组成。

类目栏（Browse by Category）：位于首页左侧，目前阿里巴巴国际站平台产品主要包含 12 个一级类目，具体如图 9-3 所示。

图 9-3　12 个一级类目

会员快速通道（Shortcut or Members）：包含了 Sourcing Solutions 资源搜索，比如搜索某个类目下最好的供应商，或者某地区的供应商，提交 RFQ、资源工具等，如图 9-4 所示；Services & Membership 会员服务功能，如交易服务、会员服务和增值服务，如图 9-5 所示；Help & Community 帮助和社区功能，如图 9-6 所示。

图 9-4　资源搜索

图 9-5　会员服务功能

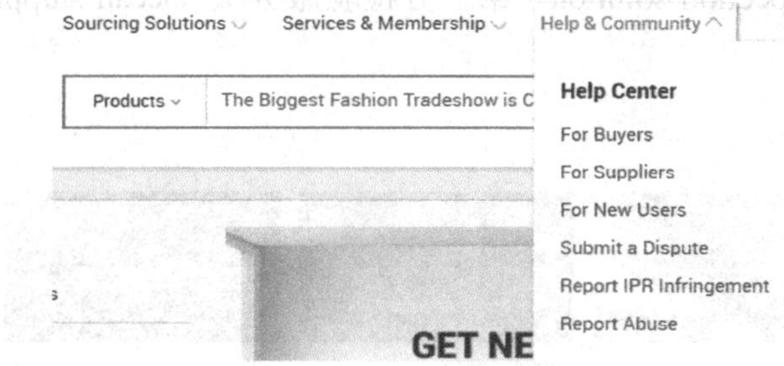

图 9-6　帮助和社区功能

2. RFQ 定制服务

在首页的中部，最新版本的阿里巴巴国际站，特别推出了由会员可以定制的报价请求功能。采购方可以在此给出自己想要采购的商品、数量和要求，系统会通过平台 App 发布到供应商，供应商通过手机 App 中的“采购直达”即可看到，并给出报价；采购商可以快速得到多个卖家的报价，从中做出选择，并联系供应商进行下一步的磋商。因此，阿里巴巴国际站将这种模式称为 One Request，Multiple Quotes（一个请求多个报价），如图 9–7 所示。

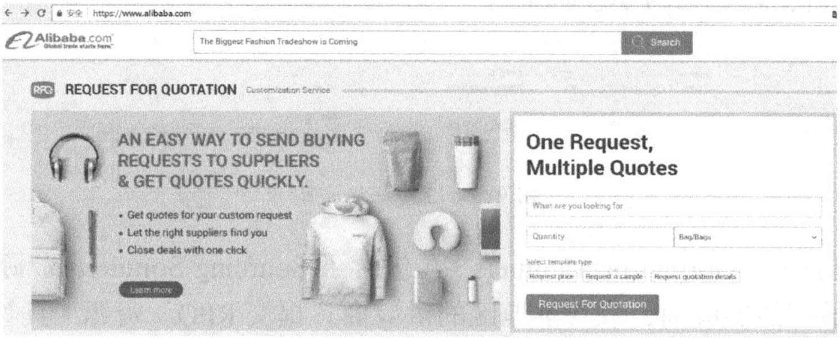

图 9–7　RFQ 定制服务

3. 推荐产品

平台会结合客户的一些搜索习惯等，给出一些适合的推荐，如图 9–8 所示。

图 9–8　推荐产品

4. 增值服务功能

在首页下方，可以看到平台提供的增值交易服务功能，比如 Trade Assurance（贸易保证）、Pay Later（先买后付）、Inspection solution（第三方检验服务）、Ocean shipping（运输服务），如图 9–9 所示。

图 9–9　增值服务功能

贸易保证是一种免费的订单保护服务。它的目的是帮助建立买家和供应商之间的信任，并在支付、运输和产品质量相关纠纷的情况下覆盖买家。

第三方检验服务，指的是在提交交易保证后，买方可以在开始付款前选择一个检查员来对订单进行检验。检查服务开始后，可以在线查看检查状态。阿里巴巴第三方检查员将参观中国的制造工厂，并准备包括图片在内的报告，以确认生产和运输的货物是否达到标准，如图 9-10 所示。

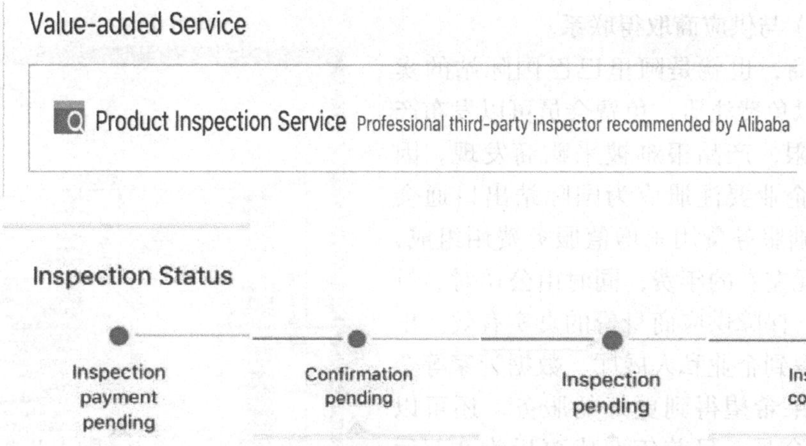

图 9-10　第三方检验服务

阿里巴巴国际站平台还提供“LCL shipping to the U.S”的运输服务，也就是到美国的拼箱运输。随着人们的消费和需求越来越个性化，买家每笔订单的采购量减少，甚至可能不足一个集装箱，因此造成运输的困难或者运输成本的上升，阿里巴巴国际站针对这些买家提供了拼箱运输服务。买家在网上通过两步操作即可申请此项服务，如图 9-11 所示。

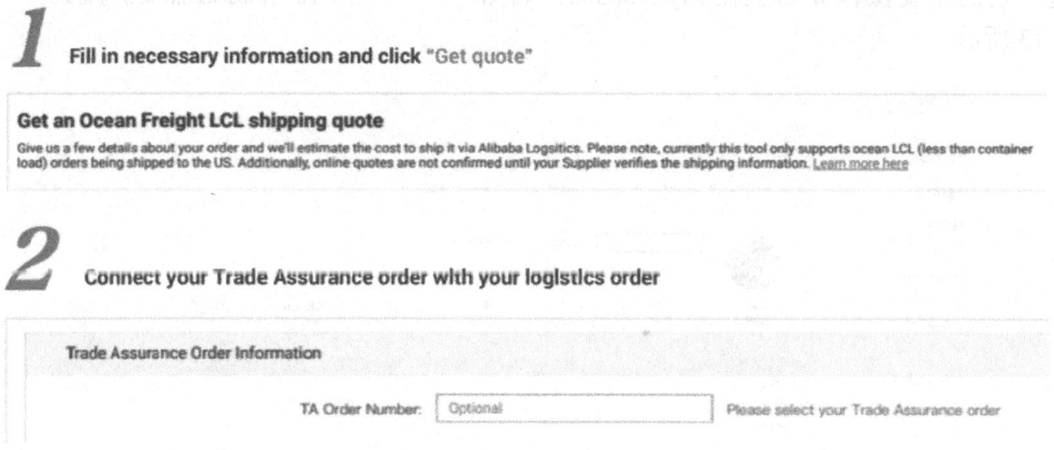

图 9-11　申请拼箱运输服务

客户可以通过多个端口访问阿里巴巴国际站，也就是说阿里巴巴国际站有以下 8 个主要流量端口：Alibaba.com（主网站）、Offer.alibaba.com -P4P、Selection.alibaba.com（优商优品专区）、Wholesaler.alibaba.com（在线批发专区）、Sourcing.alibaba.com（采购直达专区 1）、Rfq.alibaba.com（采购直达专区 2）、m.alibaba.com（无线手机端专区）、multi-language.alibaba.com（多语言市场专区）。

9.3.3 国际站后台——My Alibaba

作为阿里巴巴国际站的买家，其操作相对而言比较容易，免费注册后，通过搜索和浏览产品与供应等信息后，发送询盘、发布采购信息即可，还可以通过即时沟通（TradeManager）与供应商取得联系。

作为供应商，也就是阿里巴巴国际站的卖家会员，也可以免费注册，免费会员可以发布产品，但功能有限，产品很难被采购商发现。因此，绝大部分企业要注册成为国际站出口通会员，费用由基础服务费用 + 增值服务费用组成，大约每年 3 万元左右的年费，同时由公司对会员进行实地认证，保障供应商身份的真实有效。出口通会员可以得到企业私人展厅、数据管家等全面的服务；如果希望得到更好的服务，还可以成为金品诚企会员，目前年费优惠后为 8 万元左右。

Alibaba.com 服务价格表如图 9-12 所示。

Alibaba.com 服务价格表

出口通

服务内容
专属英文网站
企业私人展厅
视频展示
实地认证
橱窗展示
即时在线通讯
外贸邮
行业视角
数据管家
买家委托采购
阿里巴巴 Escrow
阿里学院
商圈活动
供应商论坛
阿里巴巴启程学院
400 电话热线
上门服务
卖家运营
综合培训

价格：￥29800 元/年

金品诚企

服务内容	专属英文网站	阿里巴巴 Escrow
	企业私人展厅	阿里学院
	视频展示	商圈活动
	实地认证	供应商论坛
	橱窗展示	阿里巴巴启程学院
	即时在线通讯	400 电话热线
	外贸邮	上门服务
	行业视角	卖家运营
	数据管家	综合培训
	买家委托采购	
新增	☆ 企业能力评估报告	
	☆ 主营产品认证	
	☆ 180 秒验厂视频	
	☆ 8 组橱窗（含基础会员橱窗）	
	☆ 独特的认证标识	
	☆ 快捷筛选框	
	☆ 买家委托采购免检推送	
	☆ TradeManager 和邮件认证提醒	
	☆ 供应商专区及首页入口	

各项服务总计：￥138800 元/年
推广价￥80000 元/年

增值服务价格单

[illegible]	[illegible]		[illegible]
视频拍摄	5000 元/次，时长 60-70 秒		
橱窗展示	12000 元/组/年（每组 5 个橱窗产品）		
外贸直通车	开户金额	20000 元/30000 元	自主设置，按点击收费
	续充金额	10000~100000 元	帐户总金额不能超过 150000 元
关键词搜索排名	国际站钻石词 /仅售 1-20 名/	第1名	96000 元/年
		第 2-10 名	43200 元/年
		第 11-20 名	24000 元/年

图 9-12　Alibaba.com 服务价格表

供应商在平台上需要进行产品发布、店铺管理、客户管理、订单管理、订单履约等，还需要通过参加活动和外贸直通车等进行营销推广，而这一切的主要操作界面就在 My Alibaba，如图 9-13 所示。

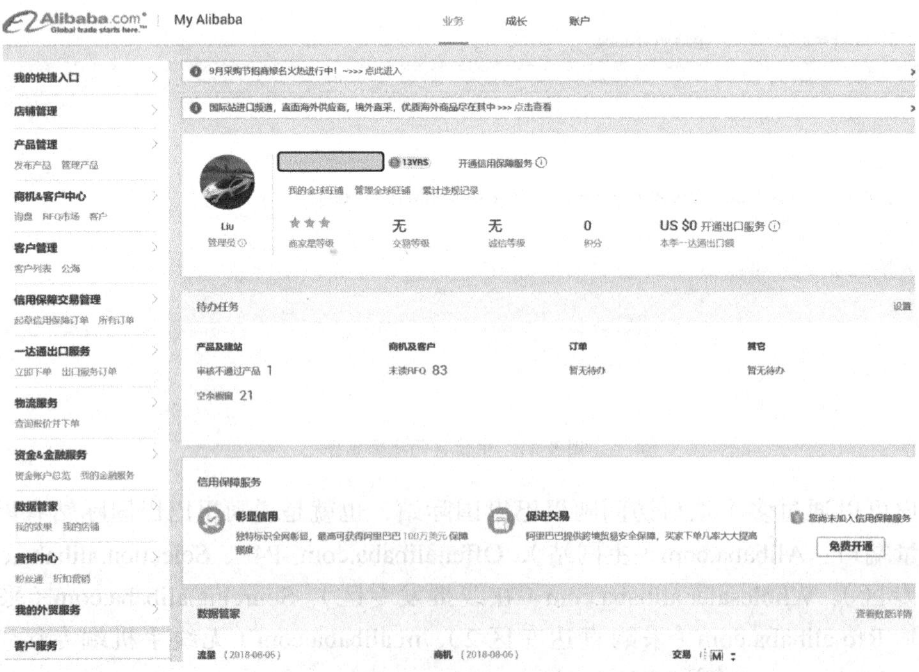

图 9-13　供应商平台

My Alibaba后台管理系统主要功能模块有12个功能：店铺管理、产品管理、商机&客户中心、客户管理、信用保障交易管理、一达通出口服务、物流服务、资金&金融服务、数据管家、营销中心、我的外贸服务和客户服务。

与旧版平台相比，后台管理增加了较多的服务功能，比如一达通出口服务，让没有能力或精力自己做出口履约交货的中小外贸企业，可以借助一达通出口服务实现服务外包，将出口报关、选择货代、船代、商检、结汇退税等系列工作全部交由一达通出口服务实现，从而真正实现平台电子商务交易的闭环。

1. 店铺管理功能

店铺管理功能如图9-14所示，在店铺管理中，可以装修店铺，如图9-15所示。

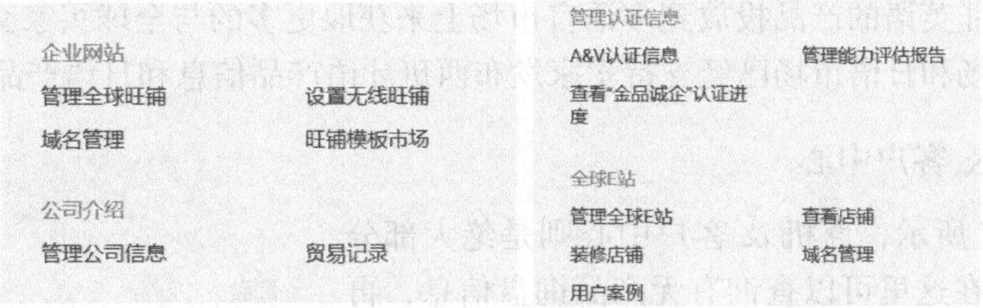

图9-14 店铺管理功能

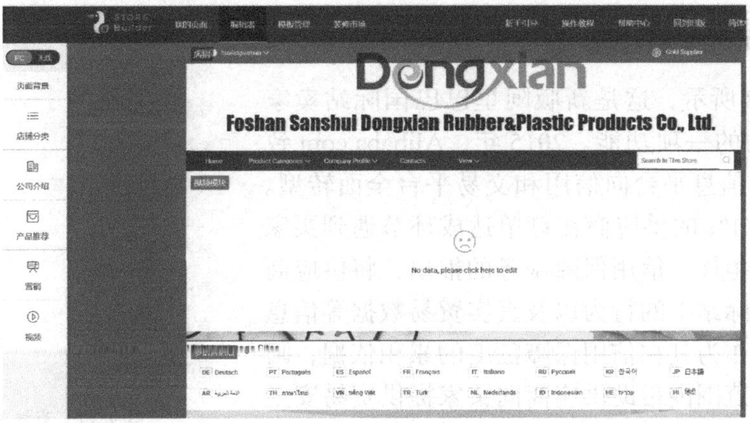

图9-15 装修店铺

此外，新版中的管理认证，如金品诚企（Gold Plus Supplier）是阿里巴巴国际站推出的星级客户专属的升级版会员产品，针对网站高端优质会员开放售卖的新产品，提供国际权威认证机构企业认证、外贸全链路服务及专属营销权益。帮助卖家更准确地找到海外买家，提供更加引人注目的国际标签。

2. 产品管理

如图9-16所示，产品管理则包括管理产品、工具中心、搜索诊断、多语言市场4个主要模块，发布产品时就需要点击“管理产品”下的功能。为了更好地发布产品，提供了一系列诊断优化、排名查询等功能，以及图片银行等工具。

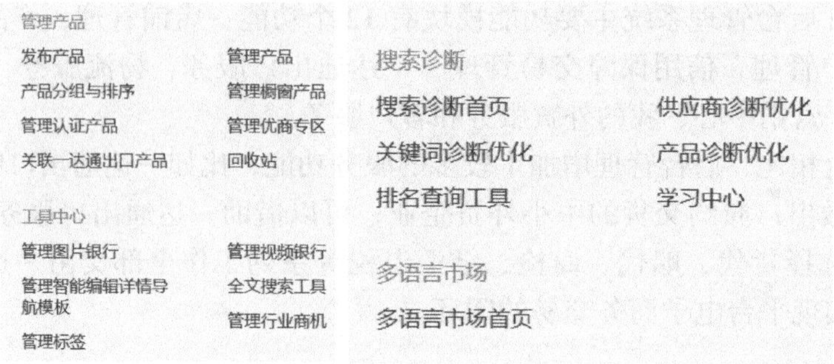

图 9-16　产品管理

多语言市场是阿里巴巴推出的帮助海内外卖家拓展非英语地区贸易市场的服务。卖家可以通过发布非英语的产品投放到多语言市场上来获取更多的与全球买家交流的机会。目前西班牙语市场和日语市场已经支持卖家发布西班牙语产品信息和日语产品信息。

3. 商机 & 客户中心

如图 9-17 所示，商机 & 客户中心则是绝大部分订单的起点，在这里可以查询有无产品询盘信息，再通过询盘、还盘、发盘等交互的磋商过程，最终达成交易。

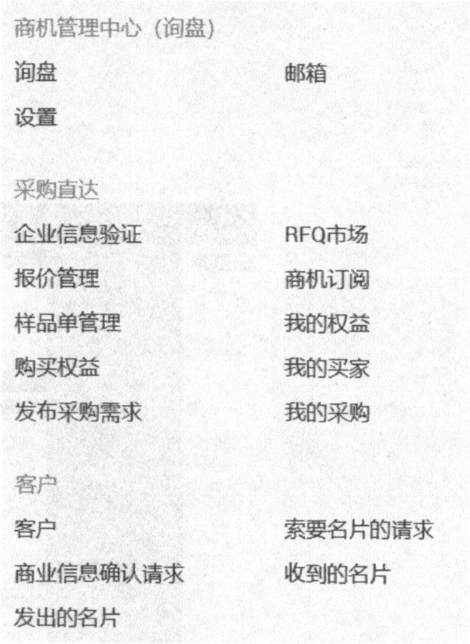

图 9-17　商机 & 客户中心

4. 信用保障交易管理

如图 9-18 所示，这是新版阿里巴巴国际站卖家后台重点推动的一项功能。2015 年，Alibaba.com 致力于将平台由信息平台向信用和交易平台全面转型。调研显示，64.1% 的供应商在订单达成环节遇到买家对交易安全的担忧。信用保障服务的推出，将供应商在阿里巴巴国际站上的行为以及真实贸易数据等信息不断沉淀，并作为其在信用保障额度的累积依据，阿里巴巴在额度范围内帮助供应商向买家提供贸易安全保障，帮助买家和卖家解决交易过程中的信任问题，快速达成订单。

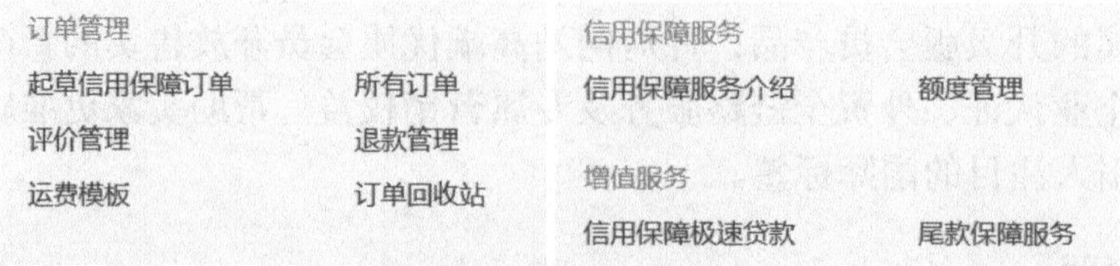

图 9-18　信用保障交易管理

阿里巴巴国际站为了推动信用保障（简称信保）服务，在流量和曝光上有政策的倾斜，比如曾有过信用保障交易的产品，在关键词搜索排名中会有更大的权重，从而搜索结果可以排在更靠前的位置。推动这一项服务的目的，也在于希望 B2B 交易也能与 B2C 交易一样，资金流上实现在线支付，与一达通的物流在线服务一样，最终实现交易闭环。

从 2018 年 2 月开始，阿里巴巴国际站信用保障服务还增加 L/C 支付方式。L/C 是国际贸易中最常用的支付方式之一，由银行作为中间人对交易进行保障。阿里巴巴超级信用证服务，由阿里巴巴为卖家提供专家审证、制单、交单等服务，帮助卖家把控风险；卖家还可申请交单后融资服务。信用证服务融入阿里巴巴国际站信用保障服务，使信用证作为信用保障的支付方式之一，将信用保障服务从原本狭义的、仅由阿里巴巴提供保障的范畴，扩大为广义的、保障买卖双方（不管是由阿里巴巴提供的，还是由银行提供的）中立的第三方交易担保平台。

卖家是否参加平台信用保障服务，将会有独特专属标志在平台上展示，同时买家还可以看到卖家的信用保障额度，如图 9-19 所示。

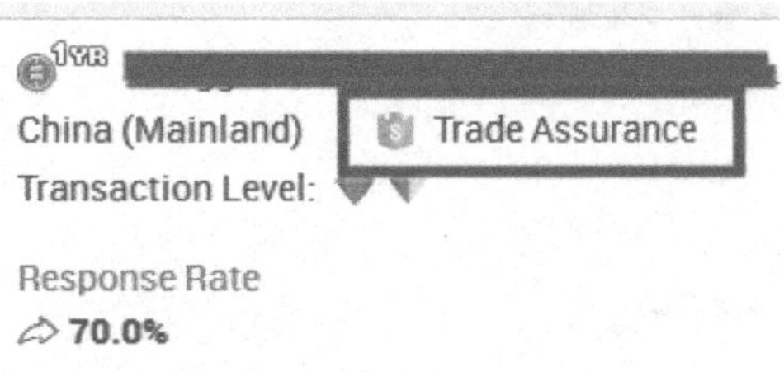

图 9-19 信用保障服务

5. 一达通出口服务

如图 9-20 所示，一达通服务始于原深圳市一达通企业服务公司。该公司成立于 2001 年，是国内第一家面向中小企业的进出口流程外包服务平台，通过互联网一站式为中小企业和个人提供通关、物流、外汇、退税、金融等所有进出口环节服务，并在 2003 年申请国家专利 031185 号。2014 年，阿里巴巴集团全资收购了一达通企业服务公司，并将“一达通”列为阿里巴巴打造外贸生态圈中的重要组成部分。收购后，一达通企业服务公司与中国 7 家主要商业银行合作，根据中国供应商的出口数据提供纯信用贷款的金融服务。在物流方面，通过整合船公司和货代资源，一达通企业服务公司为客户提供安全及价格 100% 透明的整柜拼箱服务。

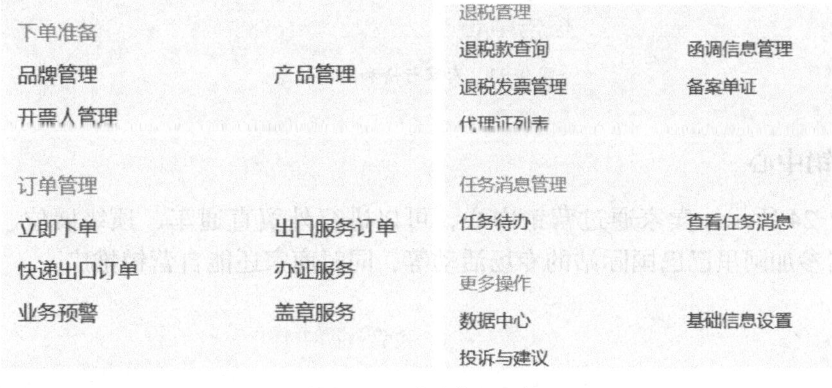

图 9-20 一达通出口服务

作为卖家，只需要在线申请一达通出口服务，后续订单履约的所有事情都可以由一达通企业服务公司来实现，如图 9-21 所示。

6. 数据管家

在数据管家模块，卖家可以看到和查询自己发布的产品的访问和交易情况，了解自己店铺目前的等级和服务能力，如图 9-22 所示。

图 9-21　一达通出口服务

图 9-22　数据管家

还可以了解其他卖家行情和买家信息，如图 9-23 所示。

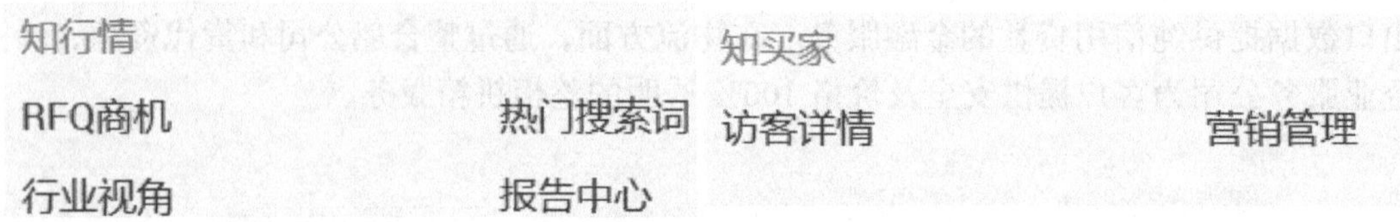

图 9-23　卖家行情和买家信息

7. 营销中心

如图 9-24 所示，卖家通过营销中心，可以进行外贸直通车、顶级展位、橱窗推广，还可以报名参加阿里巴巴国际站的专场活动等，同时商家还能自营销推广。

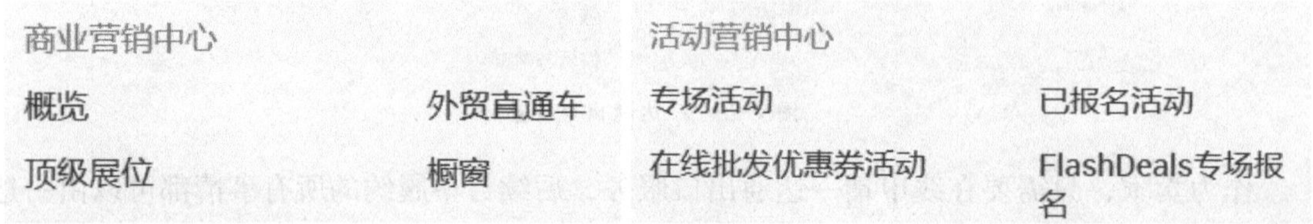

图 9-24　营销中心

9.4 阿里巴巴国际站运营

9.4.1 阿里巴巴国际站运营规则

1. 电商操作能力

阿里巴巴国际站考核供应商服务能力高低的一项指标为电商操作能力分，它是阿里巴巴国际站对其会员服务海外买家综合实力的一个统计分析，既包括供应商的线下服务实力，也包含供应商在线服务能力。电商操作能力分是从买家视角评价卖家在阿里巴巴国际站平台的全链路行为，总分为 100 分，4 个模块，13 个核心指标。

1）信息展示模块 30%

企业能否更精准和专业地展示自己，提供高质量的商品信息和旺铺展示，提高卖家询盘匹配度。其衡量指标有：

①总曝光词数。最近 30 天内，带来 1 个及以上曝光的关键词总数量。考核指标有总曝光量、P4P 曝光量、总曝光词数、P4P 曝光词数、有曝光的产品数，如图 9-25 所示。

项目	我的数据	同行平均	同行TOP10平均
总曝光量（近30天）	337	81967	752913
P4P曝光量（近30天）	0	68800	386935
总曝光词数（近30天）	31	7946	57030
P4P曝光词数（近30天）	0	367	3371
有曝光的产品数（近30天）	17	1765	13897

最近30天内，带来1个及以上曝光的关键词总数量

图 9-25 总曝光词数

②产品信息质量分：在报告生成日所有商品的信息质量平均得分如图 9-26 所示。从上传图片质量、信息完整性、描述相关性 3 个维度来考察，满分各为 5 分，介绍如下。

- 信息完整性：产品表单里提示的产品信息填写完整，并保证信息的准确相关；
- 描述相关性：提升产品名称与产品类目及关键词的匹配度；类目避免错放，也尽量不要放在 others 类目下；
- 图片质量：商品主体突出、3 张以上图片展示产品不同角度、背景清晰、尺寸与比例为 640px × 640px、图文一致。

③旺铺转化率：最近 30 天旺铺转化率。考核指标有旺铺访客数、旺铺 TM 咨询客户

数、旺铺反馈数、旺铺转化率 [旺铺转化率 =（旺铺反馈数 + 旺铺 TM 咨询访客数）/ 旺铺访客数]，如图 9-27 所示。

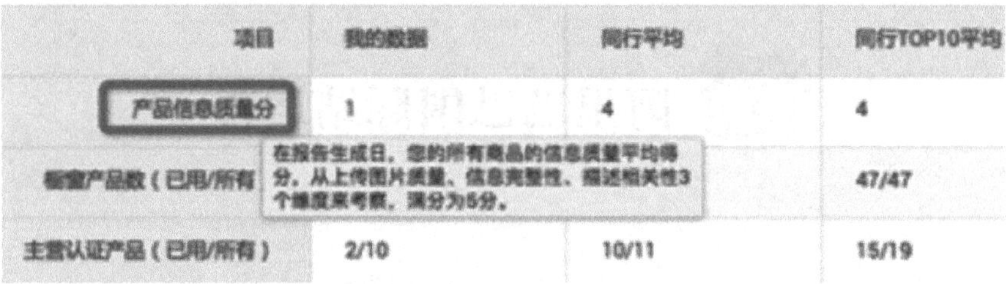

图 9-26　产品信息质量分

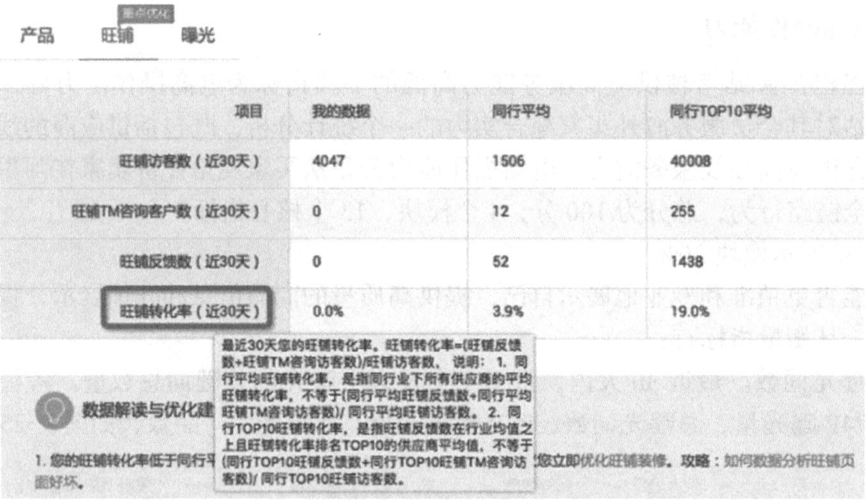

图 9-27　旺铺转化率

【提升攻略】

● 产品质量低：应重视图片质量（无水印、无边框、纯色背景、1000px × 1000px）；杜绝产品价格区间设置过大或者过小；产品信息完整，无类目错放，重复铺货，无 90 天以上零效果产品；

● 旺铺访客少：对接第三方，进行旺铺的装修，提升旺铺访客数量；

● 曝光量太低：产品关键词全覆盖、扩词；对于 P4P 流量产品的使用，通过直通车快速引流；对于信用保障数据的沉淀要重视，对自然排名很重要。

2）商机获取模块 25%

商机获取模块核心表达的是店铺被曝光点击之后，卖家将曝光点击转化成询盘的能力，主要体现在 4 个方面。

①总点击率（近 30 天）：总点击率 = 总点击量 / 总曝光量，其包含外贸直通车的曝光点击。总曝光量是指最近 30 天内，产品信息或公司信息在搜索结果列表页或类目浏览列表等页面被买家看到的次数。总点击量是指最近 30 天内，产品信息或公司信息在搜索

结果列表页或类目浏览列表等页面被买家点击的次数。点击指标页面如图 9-28 所示。

项目	我的数据	同行平均	同行TOP10平均
总点击量（近30天）	49	1039	11770
P4P点击量（近30天）	0	549	2399
总点击词数（近30天）	10	370	3020
有点击的产品数（近30天）	[illegible]	[illegible]	1662
总点击率（近30天）	14.54%	1.27%	3.11%

最近30天内，带来1次及以上点击的关键词总数量

图 9-28 点击指标页面

②总访客数（近 30 天）：最近 30 天内，访问了产品页面、公司页面的访客，或者通过其他页面发送询盘或 TM 联系的买家数。客户指标页面如图 9-29 所示。

项目	我的数据	同行平均	同行TOP10平均
总访客数（近30天）	4094	1668	40990
P4P访客数（近30天）	0	315	1410
总反馈客户数（近30天）	24	128	4138
TM咨询客户数（近30天）	3	155	1143

最近30天内，给您发过反馈的买家数

图 9-29 客户指标页面

③总反馈数（近 30 天）：最近 30 天内，买家针对产品信息和公司信息发送的有效询盘数。客户点击进去之后，影响反馈的要素主要有以下几个：多图多维度展示产品的特点和优势、企业生产实力的展现、企业服务能力的体现。因此核心操作点主要体现在商品详情、企业详情介绍上。反馈指标页面如图 9-30 所示。

项目	我的数据	同行平均	同行TOP10平均
总反馈数（近30天）	864	166	6145
产品的反馈数（近30天）	658	159	6001
近6个月反馈增长率	66.0%	67.9%	3388.3%

图 9-30 反馈指标页面

④近 6 个月反馈增长率：最近 6 个自然月的反馈月环比平均值，其中，月环比的计算公式为，月环比 =（本月反馈数 − 上月反馈数）/ 上月反馈数。

在前面曾介绍过的漏斗模型中，曝光、点击、反馈、订单是一个漏斗形的数量关系。

【提升攻略】

- 点击量低、询盘数低、访客数低：曝光量低的原因在于流量引入不足，提高流量的核心在于关键词的覆盖和首页的排名抢占流量；
- 建议：关键词覆盖，提升首页排名，加大站外引流，提升产品质量，加快流量的进入和转化，进而拿到询盘，带来订单。

3）商机处理模块 20%

体现商家获取商机后，对于商机的处理能力，其衡量指标有以下几个。

①及时回复率：由“询盘及时回复率”和“TradeManager（简称为 TM）咨询回复率”两部分构成，回复率根据“截止报告生成日，最近 30 天内询盘 24 小时回复的买家数+TradeManager 在 1 小时内回复的买家数的整体比例”生成，及时回复率计算公式为：

$$\text{及时回复率}=\frac{\text{30 天内询盘 24 小时内回复的买家数 + TradeManager 1 小时内回复的买家数}}{\text{30 天内收到的询盘买家总数 + 收到的 TradeManager 买家总数}}$$

阿里巴巴国际站供应商如果想要提升及时回复率，主要有以下三个方法：

- 24 小时内处理或者回复买家 MC 询盘及 1 小时内回复 TM 买家咨询；
- 安装“阿里卖家 App”，利用商机提醒功能，打开手机系统通知功能，随时随地快速接收和回复买家；
- 对垃圾询盘或者非严肃买家询盘，可以“添加垃圾询盘”，或者“退回询盘”。

②平均回复时间：指截至报告生成日，14 天前到 7 天前之间的 7 天内，买家发来的第 1 封有效询盘（不包含 TradeManager）平均的回复时间，以小时为单位计算，结果四舍五入，平均回复时间越少代表回复买家询盘越快。一般展示在供应商面前的，除了平均回复时间，还有同行 TOP10 平均回复时间，它主要是指平均回复时间用时最长的 10 家供应商的平均值，最大值为 168 小时，如图 9-31 所示。

项目	我的数据	同行平均	同行TOP10平均
及时回复率	31.3%	72.5%	100.0%
询盘及时回复率（近30天）	31.3%	74.8%	100.0%
TM咨询及时回复率（近30天）	0.0%	61.1%	100.0%
平均回复时间（单位：小时）	165	42	0

图 9-31　平均回复时间

想要减少平均回复时间，主要有以下三个方法：

- 保证询盘能及时处理，越及时回复，对数据表现越好；
- 如遇到垃圾询盘或不想回复的，请及时将询盘移至垃圾箱；

• 如遇到出差，可以下载“阿里卖家 App”进行移动回复询盘，避免错过任何商机。

③ RFQ 市场表现分：即评估供应商在 RFQ 的市场表现，市场表现分的衡量因子包含 RFQ 报价量、RFQ 市场登录天数、买家好评率、平均报价响应时长、24 小时报价响应率、信用保障订单量以及订单金额，如图 9-32 所示。

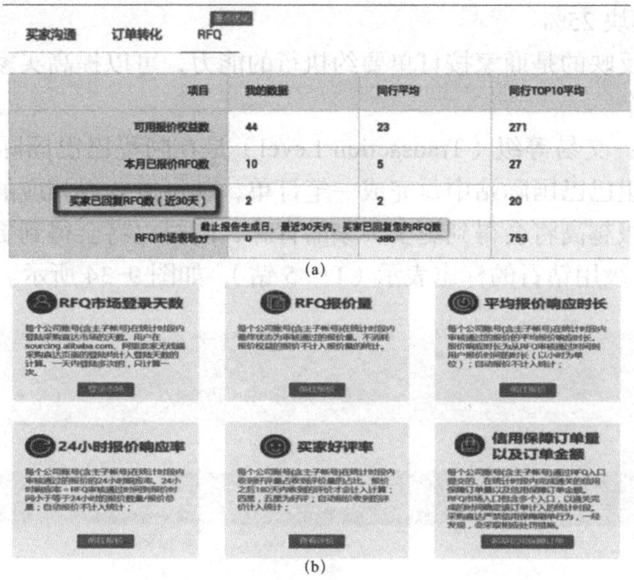

图 9-32　RFQ 市场表现分

④订单转化率：计算公式为　订单转化率 = 最近 180 天已付款客户数 / 最近 180 天活跃客户数。一般展示的还有订单转化率 TOP10 的数据，其中“同行 TOP10 平均”是指同行里订单转化率排名前 10 的订单转化率的平均值，不是最近 180 天已付款客户数同行 TOP10 平均 / 最近 180 天活跃客户数同行 TOP10 平均，如图 9-33 所示。

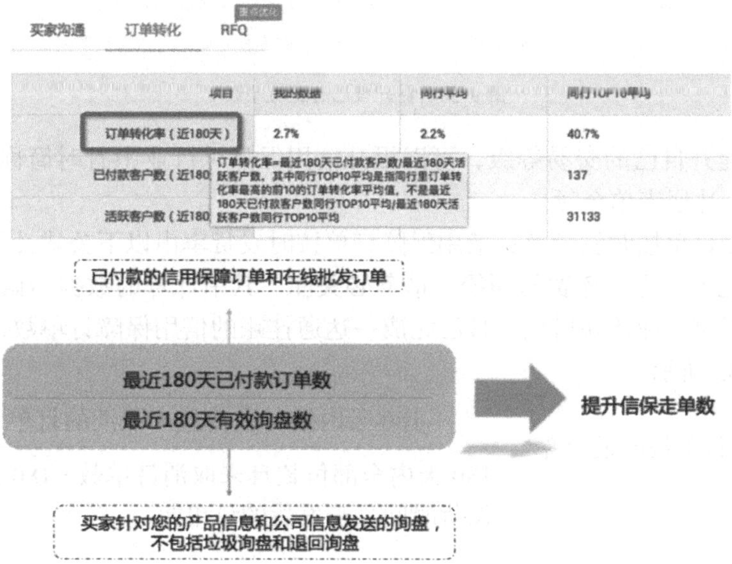

图 9-33　订单转化率

【提升攻略】

- 回复率低：询盘在 24 小时内或 TradeManager 在 1 小时内应完成回复；
- 订单转化率较低：提升在信用保障和在线批发市场的接单率。

4）线上交易模块 25%

线上交易模块反映的是商家按订单要约执行的能力，可以提高买家体验和满意度，其衡量指标有以下几个。

①交易等级分：交易等级（Transaction Level）是在阿里巴巴国际站达成订单能力的评级，供应商在阿里巴巴国际站中每完成一笔订单，就可以获得相应的交易分，供应商的交易总分越高、等级越高将会得到更多买家的青睐，同时也将会得到更多的网站权益。其等级分成 10 级，等级用钻石的标志表示（1～5 钻），如图 9-34 所示。

图 9-34　提升自己的交易等级

想要快速提升自己的交易等级，可以提升信用保障（行业中有时简称“信保”）走单金额或者提升一达通走单金额。

②信用保障订单按时发货率：信用保障订单按时发货率由以下公式计算，及时发货体现了订单履约能力，为避免贸易纠纷，请务必关注。其中计算的数据为截至报告生成日，最近 180 天内买家已确认并付款，且已完成一达通挂账的信用保障订单数，不含已取消的订单，如图 9-35 所示。

$$\text{信用保障订单按时发货率}=\frac{\text{180 天内按时发货且未取消的订单数}}{\text{180 天内全部付款且未取消订单数}-\text{180 天内未到发货时间且未发货的订单数}}$$

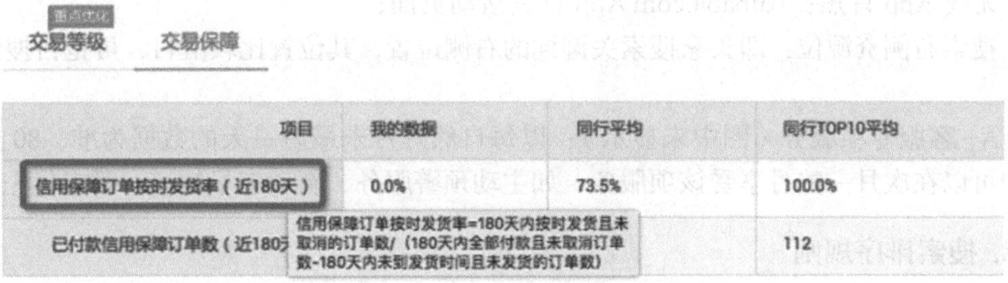

图 9-35　信用保障订单按时发货率

【提升攻略】

• 以同行平均和同行 TOP10 为目标，成交更多的信用保障订单，按时发货，提升接单能力，沉淀更多的交易数据，获取更多的网站权益；

• 信用保障交易数据沉淀越多，平台的交易等级分数就会越高，对于整体电商操作能力分的提升速度也会加快。

2. 电商操作能力分值的权益

电商操作能力分是赋予卖家不同的特权奖励。电商操作能力分每日更新，权益每月发放一次，权益兑换地点为：“建站管理”→“权益兑换”。其中国际站首焦、无线 App 首焦、搜索右侧资源位需要在每月 15 日前完成后台预约，如图 9-36 所示。

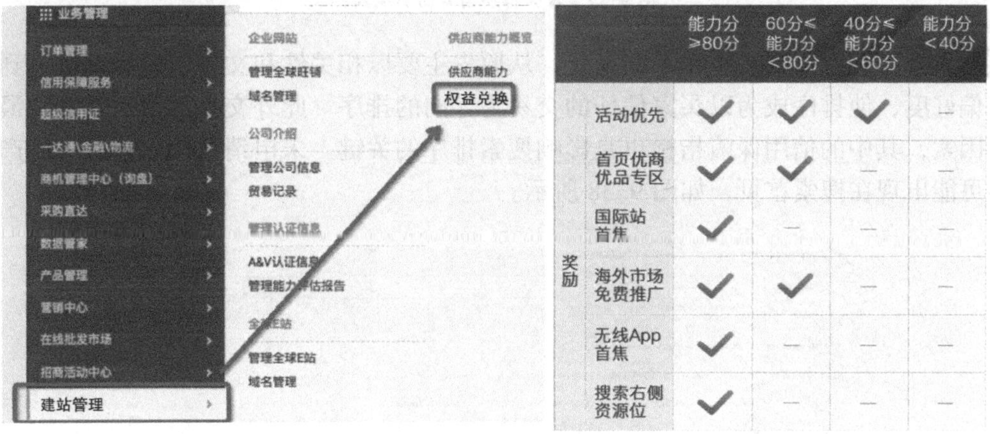

		能力分≥80分	60分≤能力分<80分	40分≤能力分<60分	能力分<40分
奖励	活动优先	✓	✓	✓	—
	首页优商优品专区	✓	✓	—	—
	国际站首焦	✓	—	—	—
	海外市场免费推广	✓	✓	—	—
	无线App首焦	✓	—	—	—
	搜索右侧资源位	✓	—	—	—

(a)　　　　　　　　　　　　(b)

图 9-36　电商操作能力分权益

• 活动优先：网站的大中型活动，如每年定期的采购节活动；

• 首页优商优品专区：新买家浏览首页“Selected Products”和“Top Selected Suppliers”两个专区时，优先推荐能力分大于等于 60 分的卖家和产品；

• 海外市场免费推广：面向海外买家的邮件推广；

• 国际站首焦：国际站首页中间活动页面；

- 无线 App 首焦：Alibaba.com App 首页活动页面；
- 搜索右侧资源位：即买家搜索关键词的右侧位置，其位置比较醒目，可抢占搜索超高流量；
- A+ 客服专项服务（图中未显示）：以每自然月月末最后一天的数据为准，80 分以上的客户可以在次月一整月享受该项服务，如主动预警服务、新动态早知道、需求优先反馈。

3. 搜索排序规则

阿里巴巴国际站的搜索结果的排序，与许多因素相关，主要包含以下几个：商业因素、供应商因素、产品信息质量、交易因素、买家偏好、相关性因素和问题产品不展示。每个因素的影响指标参见图 9-37。

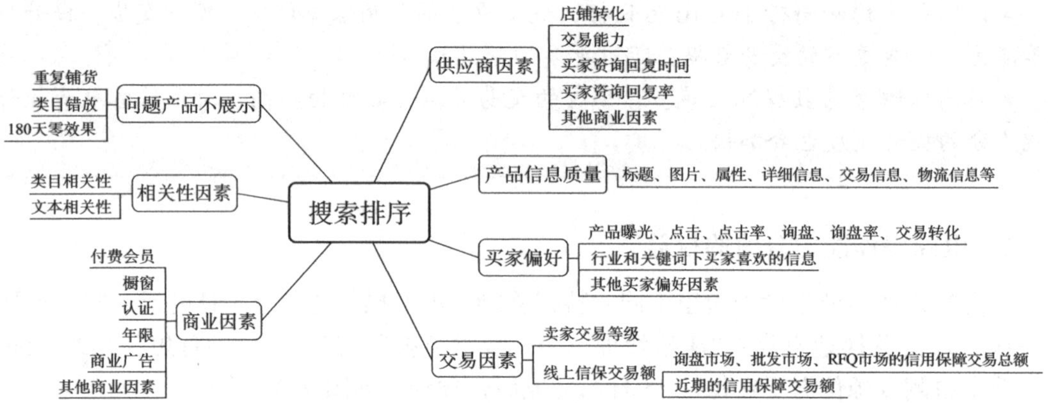

图 9-37　搜索排序因素的影响指标

搜索排序算法规则一直在不断变化，从原先主要以相关性和文本信息为基础，到引入买家偏好度，使排序成为以买家信任的交易为导向的排序。此外交易因素也是变化最大的一个因素，其中的信用保障指标更是影响搜索排序的关键。未申请信用保障服务的产品几乎不可能出现在搜索首页，如图 9-38 所示。

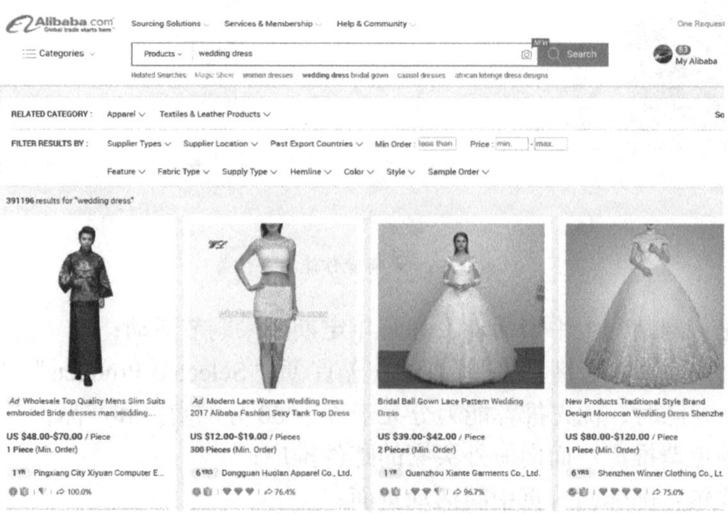

图 9-38　信用保障指标

信用保障服务标志是一个含有美元 $ 的皇冠样标志，鼠标移动到该标志时，会指示“The Supplier Supports Trade Assurance……”

信用保障服务是阿里巴巴为广大卖家们进行评估后计算出的一个担保额度，一旦买卖双方交易过程中在资金、交期或质量等方面出现问题，阿里巴巴将会在额度范围内根据合同约定为卖家背书，给买家保障；同时通过对卖家交易等级、交易评价等数据及展示靠前等方式，为买家全方位、多维度地展示信用保障服务卖家的综合实力，促成订单的快速转化。

4. 产品发布规则

为了减少平台同质产品的数量、帮助买家更为精准地选择，2017 年阿里巴巴国际站对于产品发布出台了新规，其中 4 个重要的内容为：重复铺货、类目错放、标题描述违规、虚假价格 /MOQ，如表 9-4～表 9-7 所示。因此卖家要发布和优化高质量产品，吸引买家并提高买家的转化率。

表9-4 重复铺货

问 题	解 答
重复铺货的定义范围	卖家将同一件商品发布为多个商品进行展示销售。对于不同的商品，必须在商品的标题、描述、属性、图片等方面体现出商品的不同，否则将被判定为重复铺货
重复铺货有什么后果？	1. 对商品：涉及重复铺货行为的商品信息，搜索结果中仅展示一条商品信息，即买家通过某个关键词搜索同类商品时买家喜好度最高且历史效果最佳的商品。其他重复商品信息将不在搜索结果中展示 2. 对店铺：重复铺货行为被平台认定成立后，将给予整个店铺 7 天的搜索排名靠后处理
关于重复铺货的操作建议	1. 对涉及重复铺货的商品，请务必及时进行编辑或删除（卖家可以在“搜索诊断中心”→“商品诊断优化”中自行查看和优化） 2. 卖家在发布商品时，请在图片、标题、属性及详细描述中要有所区分，准确描述商品的核心信息，体现商品的差异化，用于区分不同商品，不要直接拷贝。同时在发布商品时就要避免发布重复的商品

表9-5 类目错放

问 题	解 答
什么是类目错放？	类目错放是指卖家在发布商品时，商品的实际类目和所选择的发布类目不匹配
如何正确选择类目？	1. 商品的发布类目应选择和商品相关性高且最合适的最小类目 2. 有明确的类目时，不能选择 others 类目 3. 系统推荐的类目仅供参考，建议供应商谨慎、专业地选择商品类目
类目错放会有什么后果？	1. 对商品：类目错放的商品将无法参与搜索排序。类目错放商品可在“搜索诊断中心”→“商品诊断优化”中查看，系统会提供 7 个自然日的修改时间；若到期仍无修改的商品，将被下架且不可编辑，建议做删除处理 2. 对店铺：供应商的类目错放行为被平台认定成立后，将给予整个店铺 7 天的搜索排名靠后处理，届时产品的整体曝光将骤降

续表

问　题	解　答
要是完全不知道类目怎么放，应该怎么办?	建议可以拿产品关键词去 Alibaba.com 搜索，就可以看到这类商品的常规匹配类目

表9-6　标题描述违规

问　题	解　答
标题描述违规的定义范围	标题描述违规主要包含但不仅限于以下几类：标题中未包含明确的商品名称、标题带有联系方式、标题商品名堆砌、标题描述堆砌（包括不限于商品名、品牌、型号、修饰词堆砌）、标题商品名与商品图片不符、标题描述与详细描述中的买卖意向不符等
标题描述违规会有什么后果?	对商品：标题描述违规的商品将无法参与搜索排序。标题描述违规的商品可在“搜索诊断中心”→“商品诊断优化”中查看，系统会提供 7 个自然日的修改时间；若到期仍无修改的商品，将被下架且不可编辑，建议做删除处理 对店铺：供应商的标题描述违规被平台认定成立后，将给予整个店铺 7 天的搜索排名靠后处理，届时产品的整体曝光将骤降。并且，对于标题描述违规的行为，从第一次违规开始一年内的前三次违规，每次扣 0 分；第四次及以上重复违规行为，每次扣 2 分

表9-7　虚假价格/MOQ

问　题	解　答
虚假价格 /MOQ 的定义范围	指包括但不限于商品的发布价格区间与同行业同类商品市场价格相比相差很大、商品发布价格低但运费特别高、实际收取的运费比发布的商品运费高、虚报最小起订量（MOQ）等行为
虚假价格 /MOQ 会有什么后果?	虚假价格 /MOQ 的商品将无法参与搜索排序。虚假价格 /MOQ 的商品可在“搜索诊断中心”→“商品诊断优化”中查看，系统会提供 7 个自然日的修改时间；若到期仍无修改的商品，将被下架且不可编辑，建议做删除处理 对店铺：供应商的虚假价格 /MOQ 被平台认定成立后，将给予整个店铺 7 天的搜索排名靠后处理，届时产品的整体曝光将骤降。并且，对于虚假价格 /MOQ 的违规行为，从第一次违规开始一年内的前三次违规，每次扣 0 分；第四次及以上重复违规行为，每次扣 2 分
虚假 MOQ 如何裁定?	网站计划在 7 月份会上线全民举报的功能，如果买家发现卖家实际的 MOQ 和商品信息中填写的 MOQ 不一致，就可以进行举报，问题成立后，对应的商品和店铺就会受到上述处罚

对于这些政策的规则和详细的解读，可以参阅下列链接内容。

商品信息滥发违规处罚规则　https：//rule.alibaba.com/rule/detail/5840.htm。

商品信息滥发处罚规则解读 https：//waimaoquan.alibaba.com/bbs/read-htm-tid-3081301-fid-361.html。

重复铺货规则 https：//waimaoquan.alibaba.com/bbs/read-htm-tid-3065320-fid-361.html。

重复铺货商品拦截发布功能 https：//waimaoquan.alibaba.com/bbs/read-htm-tid-3078593-1-fid-203.html。

商品信息质量提升计划 https：//activity.alibaba.com/helpcenter/xinxizhengzhi.html?spm=0.0.0.0.SB3FkR。

图片质量模型行业化规则 https：//activity.alibaba.com/pc/588125f6.html。

5. 阿里国际站知识产权规则

1）知识产权侵犯处罚规则

知识产权侵权处罚规则如表 9-8 所示。

表9-8 知识产权侵权处罚规则

网规名称	行为类型	积分
知识产权侵权处罚规则	图片盗用投诉	6 分 / 次 首次投诉 5 天内算一次（不扣分），第 6 天开始，每次投诉成立扣 6 分，一天内若有多次投诉扣一次分。时间以投诉结案时间为准
	知识产权所有人投诉	6 分 / 次 首次投诉 5 天内被同一知识产权投诉算一次（不扣分），第 6 天开始，每次被同一知识产权投诉成立扣 6 分，一天内若被同一知识产权多次投诉成立扣一次分。时间以投诉受理时间为准
	平台抽样检查	每退回或删除 1 次扣 0.2 分，一天内扣分不超过 6 分；有如下情形之一的，每退回或删除 1 次扣 2 分，一天内扣分不超过 12 分： （1）发布涉嫌侵权的品牌衍生词 （2）发布涉嫌侵权信息且错放类目

2）处理知识产权投诉步骤

①查看投诉方知识产权详情：用管理员账号及密码登录到阿里巴巴知识产权保护系统，登录后在“被投诉管理”模块下可以看到“待回应的投诉”及“历史被投诉记录”，如图 9-39 所示。

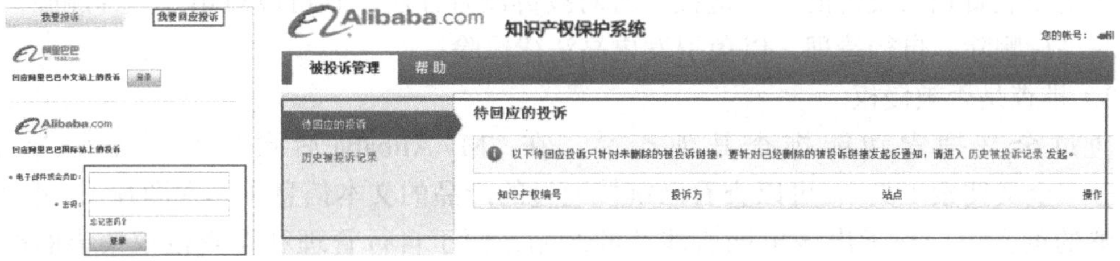

(a) (b)

图 9-39 查看投诉方知识产权详情

②申诉反通知响应或投诉：在“待回应的投诉”中，如被投诉产品有合法性理由的，还未被移除的投诉发起反通知，也可以联系投诉方协商撤诉解决问题，如图 9-40 所示。

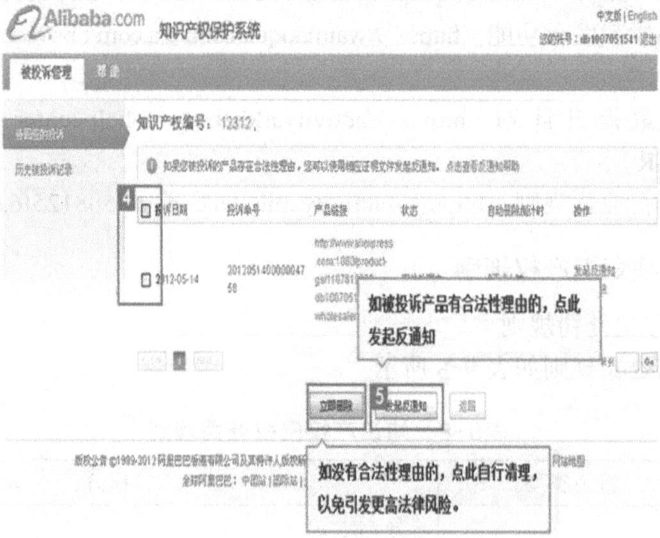

图 9-40 申诉反通知响应或投诉

③卖家需要先查询投诉方知识产权信息，再根据被投诉方实际情况说明被投诉信息并未侵权的理由并附上证明资料。若认为被投诉信息不侵权，根据实际情况说明并附上系列证明资料，证明资料应包含：相关授权许可证明（品牌授权证明或限制类销售证明，如烟花爆竹、音像制品等）。是否侵犯商标可以查询如下网址。

中国（大陆）：http：//sbcx.saic.gov.cn：9080/tmois/wscxsy_getIndex.xhtml。

中国香港：http：//ipsearch.ipd.gov.hk/trademark/jsp/main.jsp。

美国：http：//tsdr.uspto.gov/。

注：链接查询到的专利信息是相关国家专利信息的英文翻译版本；专利编号前需要添加相关国家的国家代码 country code，如德国为 DE，美国为 US，法国为 FR，日本为 JP 等。

④清理排查违规信息。如图 9-41 所示，以管理员账号和密码登录知识产权保护系统，选择阿里巴巴国际站登录入口；登录后在“被投诉管理”模块的“待回应的投诉”或“历史被投诉记录”下能查看投诉方知识产权信息和联系方式，点击“立即处理”或“立即查看”按钮即能看到被投诉的产品链接，若对投诉没有异议，则可以点击“立即删除”按钮将产品进行删除。自行清理，以免引发更高法律风险。

3）排查是否被侵权

通过全文搜索功能排查其他产品。在“My Alibaba 后台”上，点击“产品管理”→“全文搜索工具”，可以查看已审核通过的产品的文本信息（不含图片），可通过一个完整的英文单词检索出该单词所涉及的产品，便于自行管理和排查侵权禁售的产品信息，如图 9-42 所示。

图 9-41　清理排查违规信息

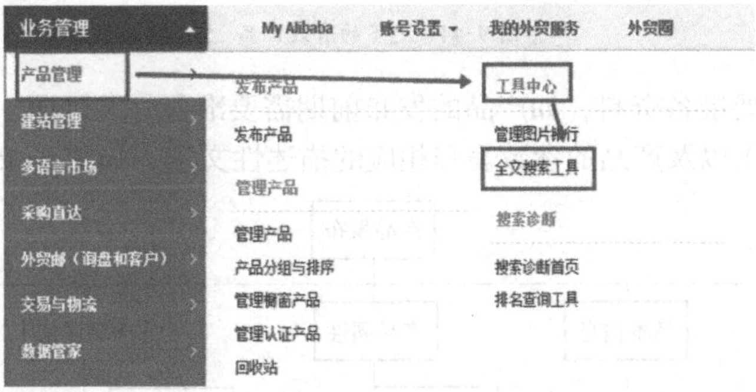

图 9-42　排查是否被侵权

如输入的搜索词存在于商品的名称、关键词、属性、详细描述中，则这是可以被排查到的。对搜索出来的商品进行编辑或者删除时，管理产品中的商品也会同步更新，如图 9-43 所示。

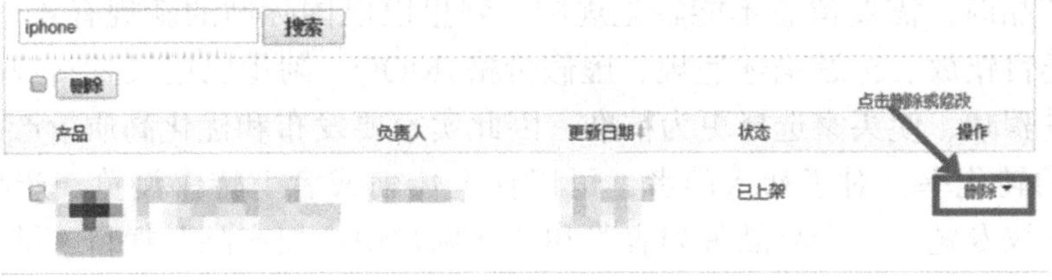

图 9-43　涉及侵权产品的处理

如发现网站有其他会员使用卖家的品牌信息或侵犯知识产权，可以提交知识产权投诉或图片盗用投诉。

9.4.2　阿里巴巴国际站的有效产品发布

产品发布是供应商管理阿里巴巴平台做生意的最重要的环节。这个环节决定了几个重要结果：自然排名是否能比较靠前，产品是否能够和买家需求相匹配，产品的信息是否能解决买家的初步问题而愿意来询盘做进一步交流。这就要求发布有效产品。

有效产品，指的是有效果的产品，这样的产品可以带来更便捷的 P4P 操作，带来更多的曝光、更多的点击，从而带来更好的搜索排名，如图 9-44 所示。

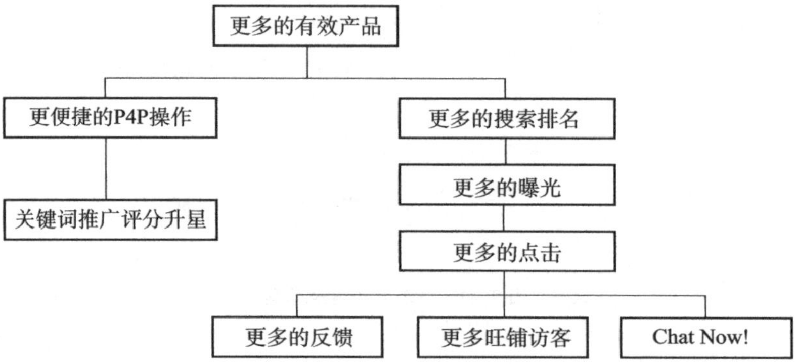

图 9-44 更多的有效产品

在发布前我们要准备资料，如产品的发布前期需要准备好关键词、产品名称、产品图片（上传图片银行）以及产品的参数表和相应的描述性文字，如图 9-45 所示。

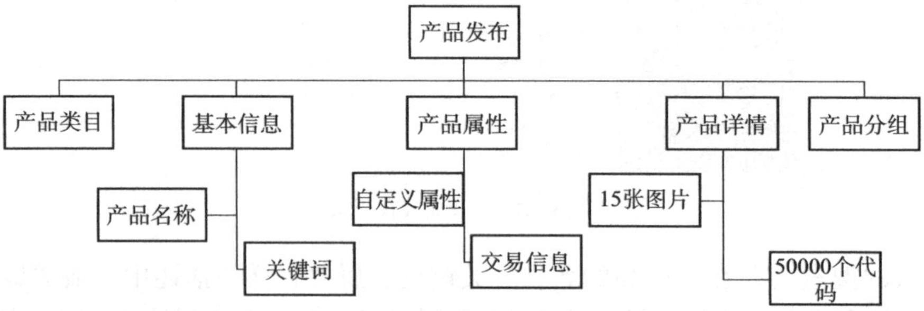

图 9-45 产品发布前的资料准备

在发布产品时，需要留意不能触犯规则。阿里巴巴国际站的新规有 4 个重要的内容：重复铺货、类目错放、标题描述违规、虚假价格 /MOQ。阿里巴巴设置新规的目的是：使同质产品数量骤减、使买家选择更为精准，因此卖家要发布和优化高质量产品，吸引买家并提高买家的转化率。对于初入门者，可以在上传前或者上传中浏览“产品信息发布指南”、“知识产权专题”、“产品品牌列表”和“常见知识产权产品”栏目，结合具体问题提升自己的综合素质，避免上传的产品因违反信息发布原则被退回，或者产品上架后遭受国外品牌的知识产权投诉而影响公司的经营。

1. 选择合适类目

类目用于产品归类，因此熟悉产品类目的选择标准是产品发布的第一步。

首先要注意不能错放类目，也就是要求发布商品的实际类目应该与选择的类目匹配。供应商要谨慎选择类目，因为错放类目，一方面类目错放会降低信息的相关性，会导致商品无法参与搜索排序，买家找不到产品；另一方面，如果有故意错放的嫌疑，还可能导致平台对店铺的商品降低曝光。

如果不知道产品适合哪个类目，可以有以下三个方法帮助卖家做出正确选择。

方法一：在“搜索类目”栏中按一级、二级类目依次查找，如图 9-46 所示。

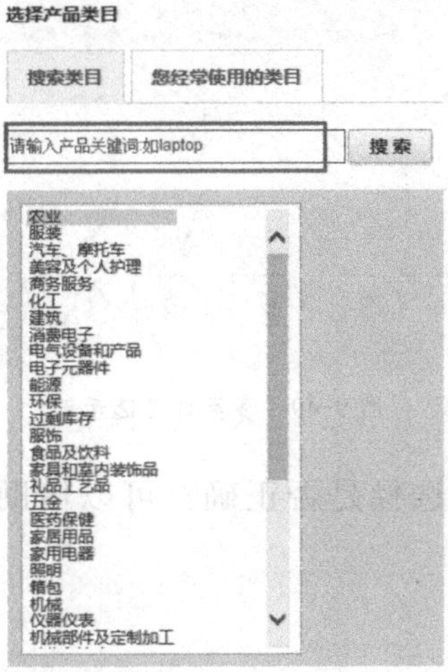

图 9-46 类目选择（方法一）

方法二：直接在“搜索类目”栏中搜索核心词，如图 9-47 所示。

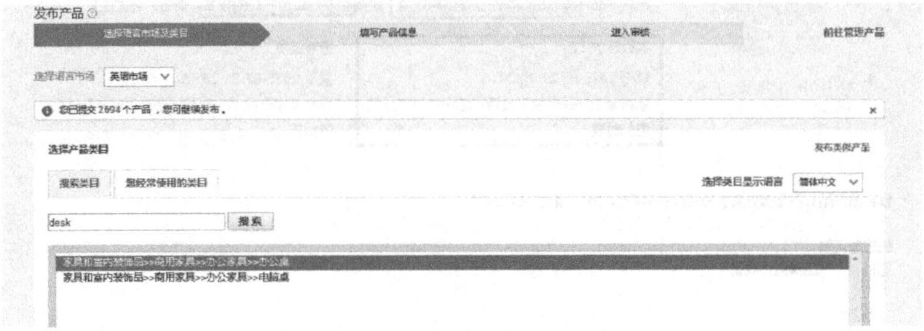

图 9-47 类目选择（方法二）

方法三：在阿里巴巴国际站首页搜索，如图 9-48 所示。

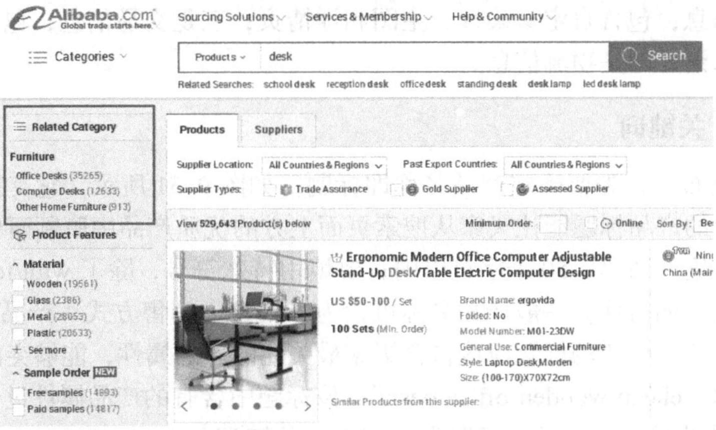

图 9-48 类目选择（方法三）

一些具有行业交叉特点的产品，可以在准确的基础上，选择多个合适类目进行产品展示，以便能获得更多的曝光机会（同一产品信息，不同的类目放置不算做重复产品），如图 9-49 所示。

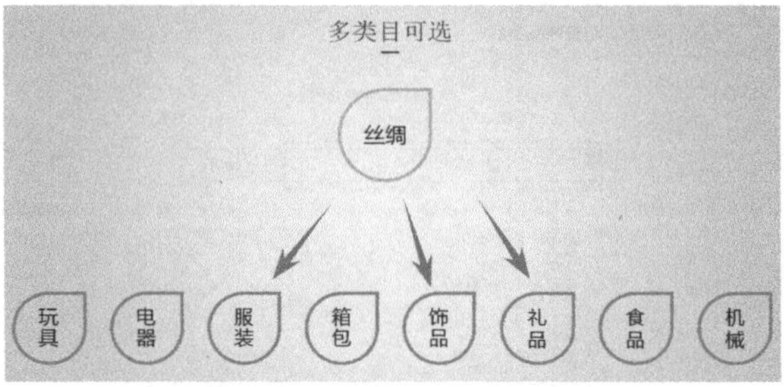

图 9-49　多类目可选示例

如何检查产品发布的类目选择是否正确？可以借助产品诊断优化工具，如图 9-50 所示。

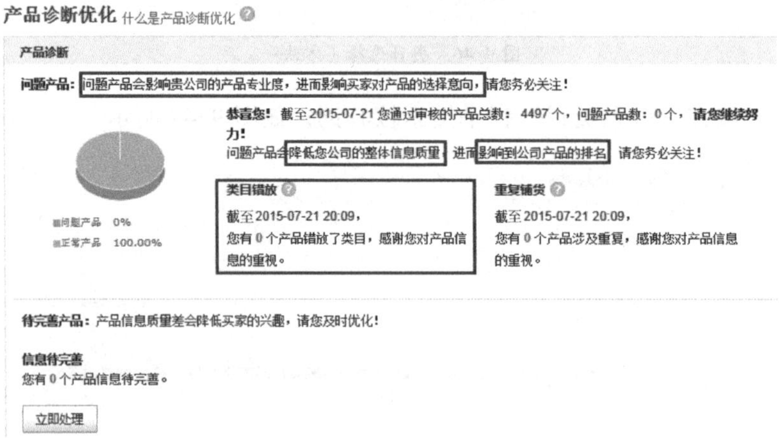

图 9-50　借助产品诊断优化工具判断类目选择

接着进行产品信息发布。产品信息包含 4 部分：一是基本信息，包含标题和关键词；二是产品详细信息，包含自定义属性、主图和详情页；三是交易信息，包含价格、支付方式和国际贸易术语；四是物流信息。

2. 标题 & 关键词

产品信息发布，首先要确定产品名称即标题，如图 9-51 所示，它支持站内外关键词搜索。一个专业的产品标题能让买家从搜索页面上方的优质产品中脱颖而出。

产品名称长度要适当，50 个字符以内；要慎用特殊符号，除了 with/for 等词，建议将特殊符号放在核心词后面。一般产品名称可设为：服务 + 销售方式 + 产品材质 / 特点 + 产品名称 + 促销方式。优质的标题应该包含买家最关注的产品属性，能够突出产品的亮点。

例如，标题“cheap wooden office desk”，该标题中含有的产品属性过少，难以让买家了解是否是满足其需求的产品。标题中含有 3 个关键词：K1（office desk）、K2（wooden desk）、K3（cheap office desk），关键词太少会造成流量获取渠道过于单一。因此一个合适的标题，通过对标题进行关键词嵌入的方式使单个产品覆盖更多关键词。

图 9-51 产品名称和产品关键词设置

比如将上述标题修改为“cheap modern white wooden semi circle executive office desk”，这里面就有 6 个关键词了，即 K1（office desk）、K2（modern office desk）、K3（white office desk）、K4（executive office desk）、K5（semi circle office desk）、K6（cheap office desk），这个标题覆盖了尽可能多的关键词，因此获取流量的渠道就会变得丰富，同时覆盖了产品属性和买家喜好角度，这样积累产品数据沉淀和买家喜好度的速度会更快。

标题也要注意其是否违规，有几类情况可能造成违规：一是标题中未包含明确的商品名称；二是标题中带有联系方式；三是标题商品名或者标题描述堆砌；四是标题商品名与图片不符；五是标题描述与后面的详情描述不符。如果标题描述违规不仅会对商品的搜索排序进行处罚，甚至可能对店铺进行违规处理，严重者会被扣分。

产品信息发布，其次要对产品进行分组。产品组是在平台公开展示产品的一个集合，卖家根据需要设置多个产品组，将同类产品放在一个产品组中以方便买家查看。每个产品一次只能放在一个产品组中。

新发布的产品要放到精确的分组中，企业一般要发布很多产品，为了更好地进行运营和销售管理，需要事先进行产品的精确分组。产品分组需要事先进行整理，如图 9-52 所示。

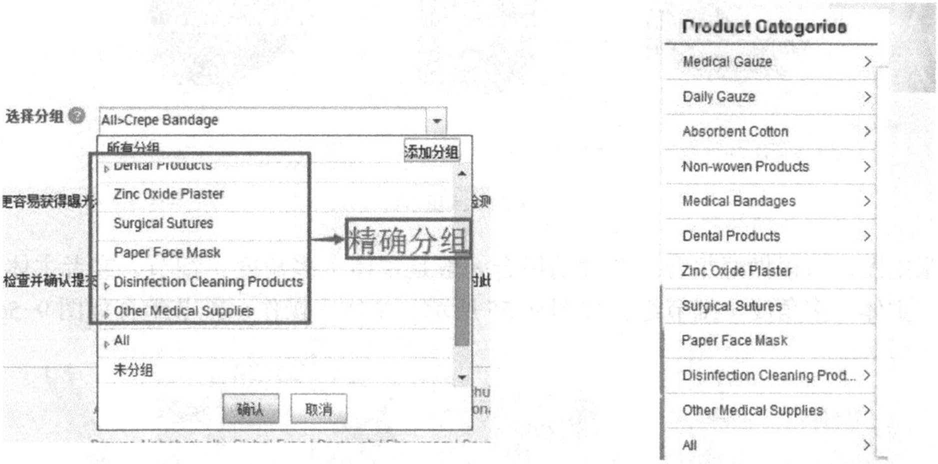

（a）编辑产品页面选择分组 （b）买家浏览旺铺选择分组界面

图 9-52 产品精确分组

3. 属性 & 主图 & 详情页

1）属性填写

填写产品的各类属性时，除了系统根据每个类型的产品给出的属性，还可以设置自定义属性。自定义属性可以填写颜色、尺寸、用途、特性等，也可以加上标题。需要注意的是，自定义属性和标准属性会展示在同一区域，所以不要重复填写。

“自定义属性”最多可填写 10 个，所以最好填满 10 个，可以填写产品的型号、工艺、使用范围场合、特点、尺寸（长宽高）、净重、毛重、产品名称等。

2）产品主图上传

与淘宝上的产品主图不同，阿里巴巴国际站的产品主图，一定不要有太多附加信息，建议只加 Logo，像素在 640px × 640px 以上，800px × 800px 最佳；图片最好采用公司 Logo + 产品主体的构图方式，占比 60%～80%，如图 9-53 所示。

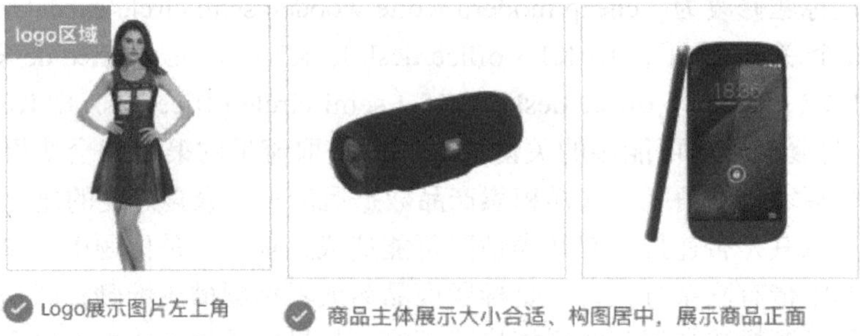

图 9-53　产品主图示例

主图中切记勿出现文字、水印、促销类文字、二维码、认证标、边框等，干扰产品展示，如图 9-54 所示。

图 9-54　主图示例

6 张主图，可以做好组合。图片的组合一般是主体 + 多角度 + 细节，或者主体 + 操作 + 细节。主体 + 多角度 + 细节组合如图 9-55 所示。主体 + 操作 + 细节组合如图 9-56 所示。

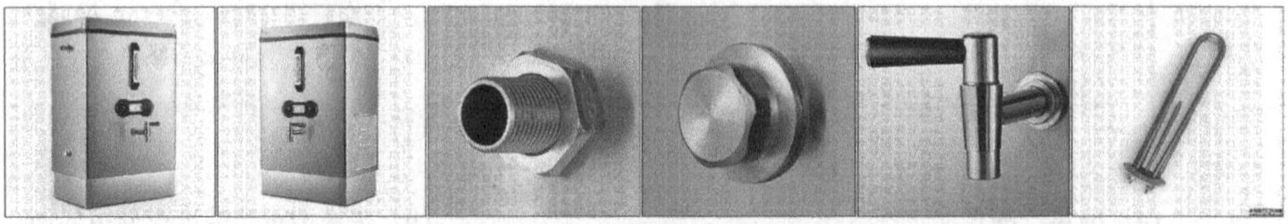

图 9-55　主体 + 多角度 + 细节组合示例

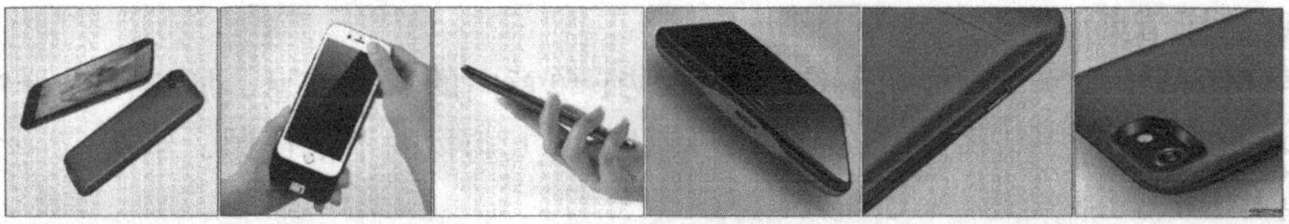

图 9-56　主体 + 操作 + 细节组合示例

3）主图视频上传

产品图片是必选项，如果有的话，还可以选择发布产品视频。这里的产品视频指的是商品详情页首屏第一个产品主图位置出现的视频，因此也叫做主图视频。

视频时长不超过 45 秒，大小不超过 100MB，清晰度不低于 480P（即 640px × 480px）。可以事先将视频上传到“视频银行”，“视频银行”总空间为 1024MB，单个视频最多可关联产品 20 个。

主图视频比较重要，它可以对产品进行更全面多角度地展示，从而让客户觉得更加真实，还可以增加移动端的流量，买家的体验也更好。

4）视频银行

除了上传主图视频，还可以增加一些产品视频，存入“视频银行”。“视频银行”中可以存入如图 9-57 所示内容的视频，即使用方法视频、对比视频、展示生产流程视频、测试性视频、应用场景视频、空间浏览视频。

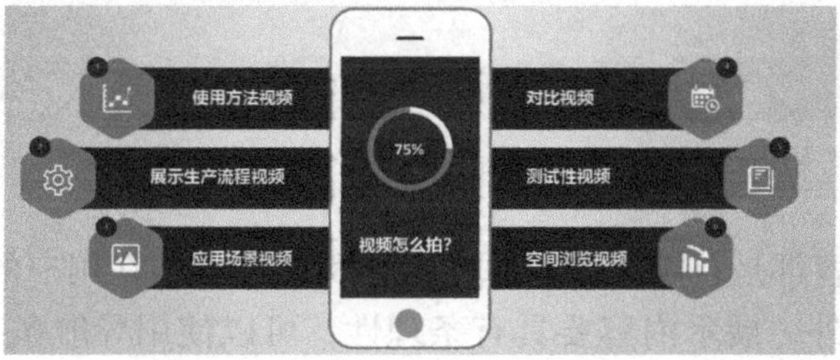

图 9-57　视频银行可以存入的视频类型

这些视频可以关联多个产品，也就是说在多个产品的介绍中用到同一个视频，如图 9-58 所示。

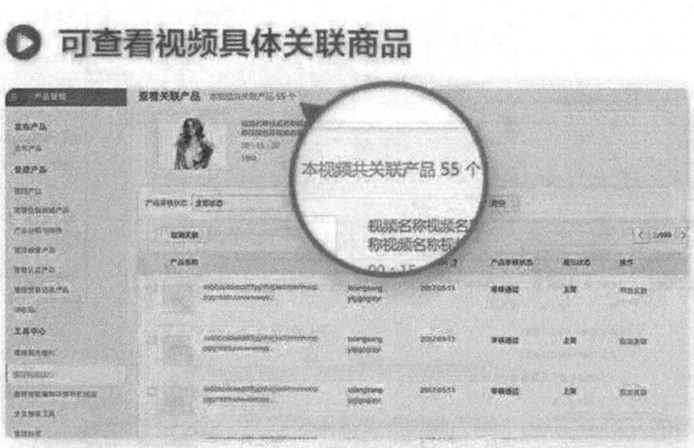

图 9-58　视频关联产品

5）产品详情页编辑

产品详情是让买家全方位了解产品并形成下单意向的重要信息，所以产品详情页也是必不可少的。优秀的产品描述能够打消买家对于网上购物的不信任感，给买家一个非常专业的印象。

那么，产品详情页中应放些什么内容呢？一般主要包含这样几块：一是产品质量；二是公司实力；三是交易方式；四是 FAQ；五是我们的服务，如图 9–59 所示。产品质量可以用文字或者表格来指示，最好有体现产品细节的图片，为了展示质量，还可以呈现生产流程；公司实力中可以展示公司介绍、展会秀、买家秀、样品间、认证等，布局上可以采用四宫格或者九宫格等。

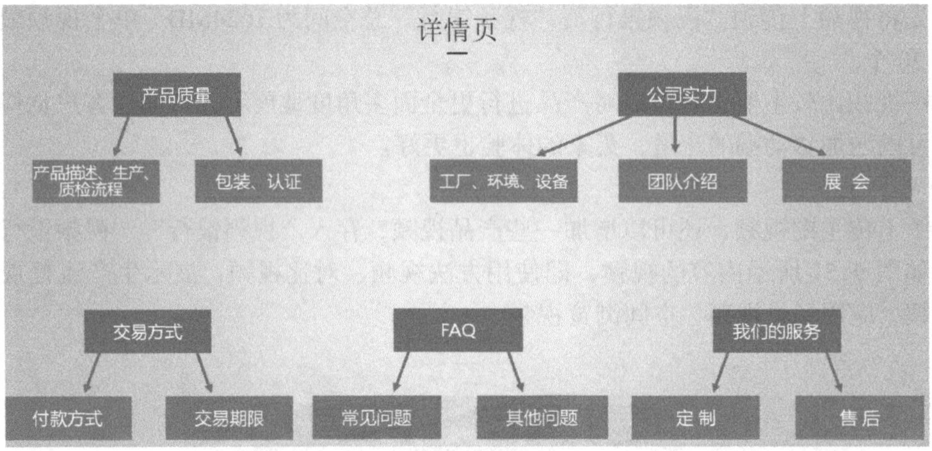

图 9–59　产品详情页所包含的信息

产品详情页的内容都是自定义的，原则上，我们需要站在用户的角度去思考产品详情页要展示的内容。此外，展示内容要具有条理性，可以使用导航条，用图文穿插的方式，而不是单纯的文字或图片堆砌，详情页图片尺寸为宽 750 像素，高 15000 像素左右，单张图片大小不超过 3MB，如图 9–60 所示。

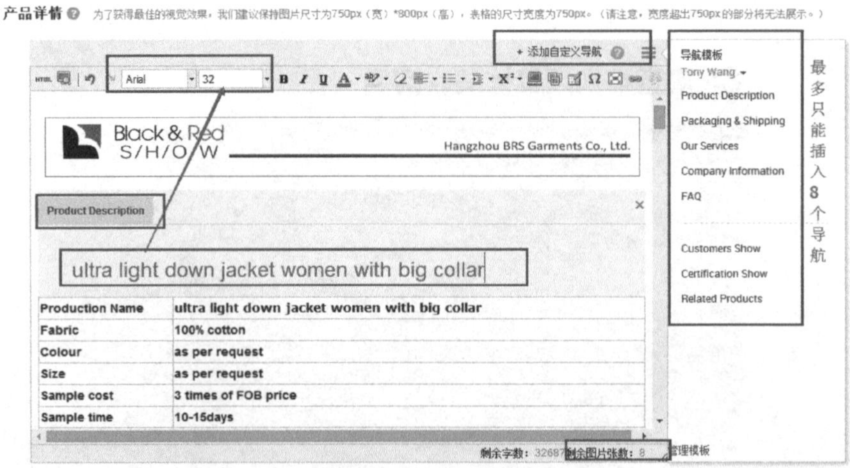

图 9–60　产品详情页设置

我们可以采用手动插入表格，如图 9-61 所示。用图片展示产品细节、生产流程，如图 9-62 所示。

Production Name	ultra light down jacket women with big collar
Fabric	100% cotton
Color	as per request
Size	as per request
Sample cost	3 times of FOB price
Sample time	10-15days
Payment	L/C at sight
Package	one pc into one polybag or according to customer's request
Delivery time	60 days after order confirmed
MOQ	500pcs/color/style
Fast Special Service	Add or amend logo
	Change the design based on the original sample
	Can provide exact sample for your reference
	Provide competitive price as soon as we get your inquiry

文字表格

图 9-61　手动插入表格

(a)

(b)

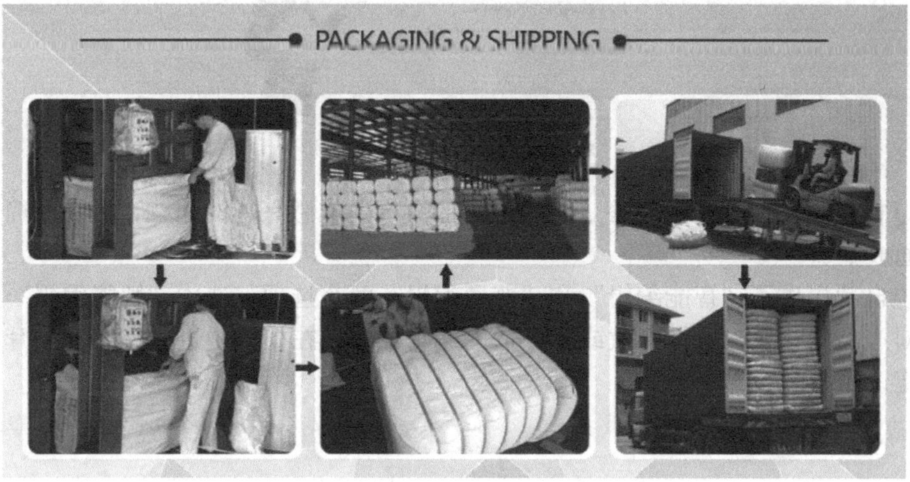

(c)

图 9-62　图片展示产品细节、生产流程示例

公司实力中可以展示公司的介绍、展会秀、买家秀、样品间、认证等（布局采用四宫格、九宫格等方式），如图 9-63 所示。我们的服务模块示例如图 9-64 所示。

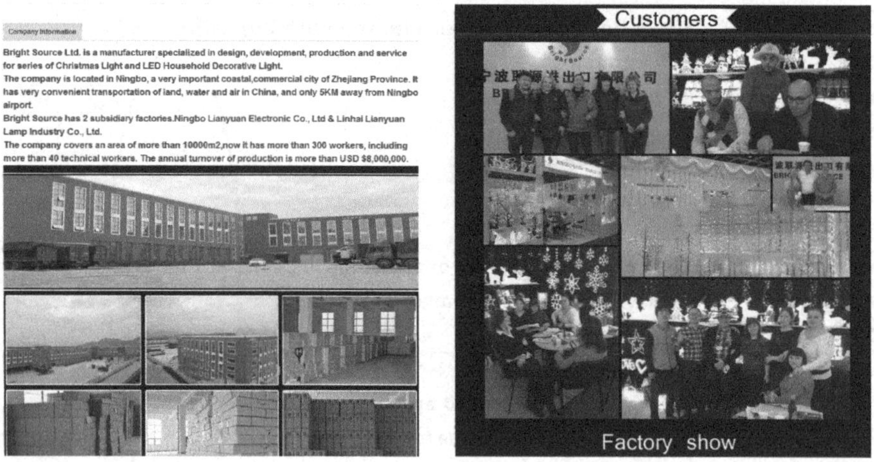
Company Information
Bright Source Ltd. is a manufacturer specialized in design, development, production and service for series of Christmas Light and LED Household Decorative Light.
The company is located in Ningbo, a very important coastal,commercial city of Zhejiang Province. It has very convenient transportation of land, water and air in China, and only 5KM away from Ningbo airport.
Bright Source has 2 subsidiary factories.Ningbo Lianyuan Electronic Co., Ltd & Linhai Lianyuan Lamp Industry Co., Ltd.
The company covers an area of more than 10000m2,now it has more than 300 workers, including more than 40 technical workers. The annual turnover of production is more than USD $8,000,000.
Customers
Factory show

(a) (b)

图 9-63　公司实力展示模块示例

24 hours online service
- Enquiry will be replied in 2 hours.
- 12 months warranty.
- 1%-2% Spare Parts.
- OEM service could be provided.
手动输入文字
Inquiry
Contract
Testing and packing
Receiving
Reply
Receive payment & Product
Delivery
24 hours around the clock & 12 months warranty
Pleased to lead you to market your business about products
Shipping and express will be tracked and reported at any time after sending

图 9-64　我们的服务模块示例

FAQ 模块可以展示快速问答（对客户可能会产生或感兴趣的问题，做一个简单回答，降低沟通成本）。

系统自动提供了“智能编辑”和“普通编辑”两个选项，选中“智能编辑”选项时，可以针对产品的行业，选择喜欢或者合适的编辑模板，在模板中进行文字和图片的修改，非常便捷，如图 9-65 所示。

产品详情描述 为了获得最佳的视觉效果，我们建议保持图片尺寸为750px（宽）*800px（高），表格的尺寸宽度为750px。（请注意，宽度超出750px 的部分将无法展示。）
智能编辑 NEW
普通编辑

图 9-65　智能编辑和普通编辑

选中“智能编辑”选项后系统会要求选择行业模板，如图 9-66 所示。

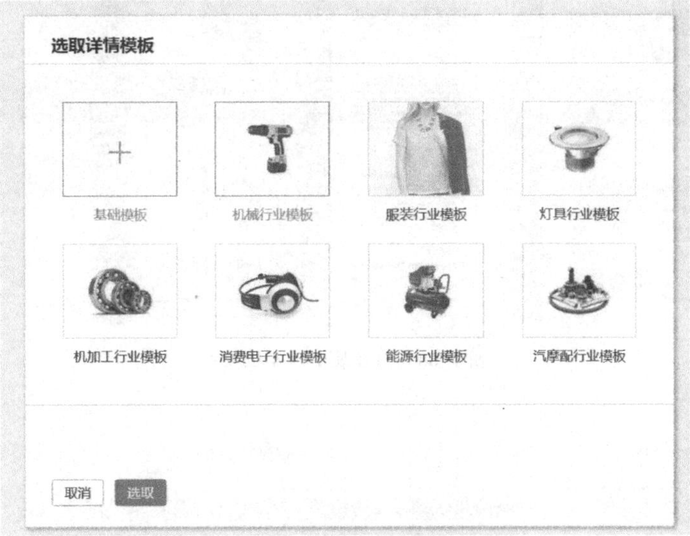

图 9-66　行业模板选择

选中行业模板之后，可以为其添加导航。在页面右侧，可以选择添加、删除、排序详情导航以及设置导航样式颜色等，最少要有 3 个导航，最多不超过 8 个，如图 9-67 所示。

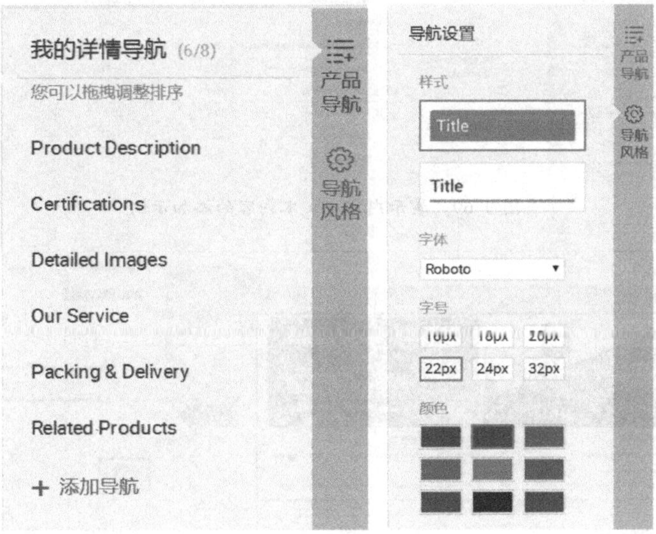

图 9-67　导航设置

在页面左侧，客户可以选择自己需要的内容版式进行拖曳添加，插入后的版式图片和文字都是示意内容，需替换成相应的图片和文案。目前可以展示图片、文字、图文、表格 4 组版式，如图 9-68 所示。智能编辑最多可以插入 30 张图片，而普通编辑最多可以插入 15 张图片。例如，展示内容中文本内容的添加示例，如图 9-69 所示。

模板还可以导出 / 导入，以便企业多个产品共享一套模板。建立常用的模板可以更方便快捷地去编辑其他产品的详情页，如图 9-70 所示。

图 9-68　内容展示的 4 组版式

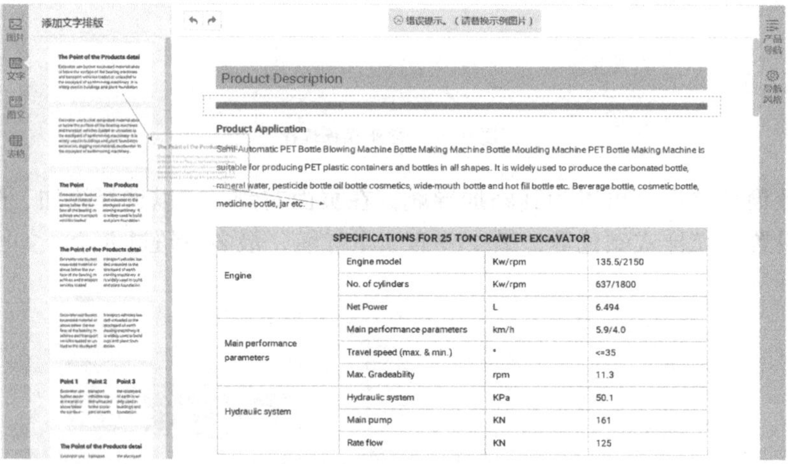

图 9-69　展示内容中文本内容的添加示例

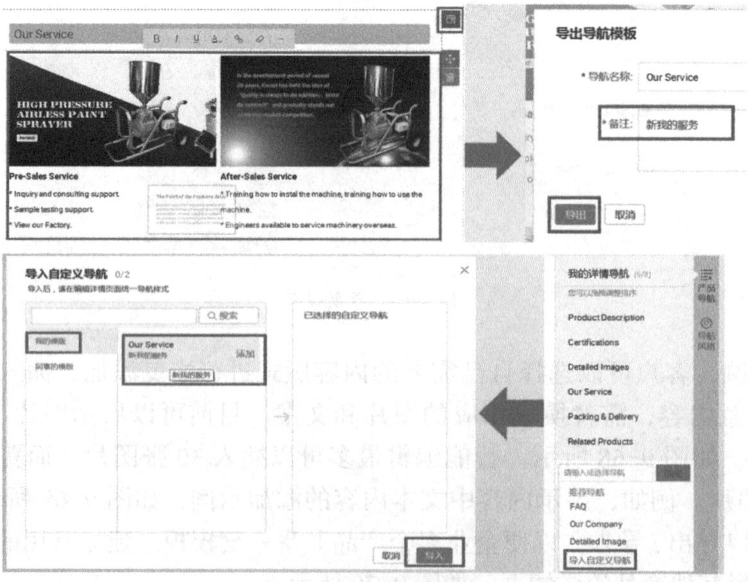

图 9-70　编辑详情页模板

4. 交易信息

交易信息主要涉及交易价格，比如是否支持一口价、价格设置、计量单位、最小起订量以及支付方式。交易信息关系买家认同产品以后对卖家贸易能力的评判，决定是否选择与你合作的重要影响因素，必须完整填写。在价格的填写中应考虑产品价格是否有优势，以及相关报价技巧，如图 9-71 所示。

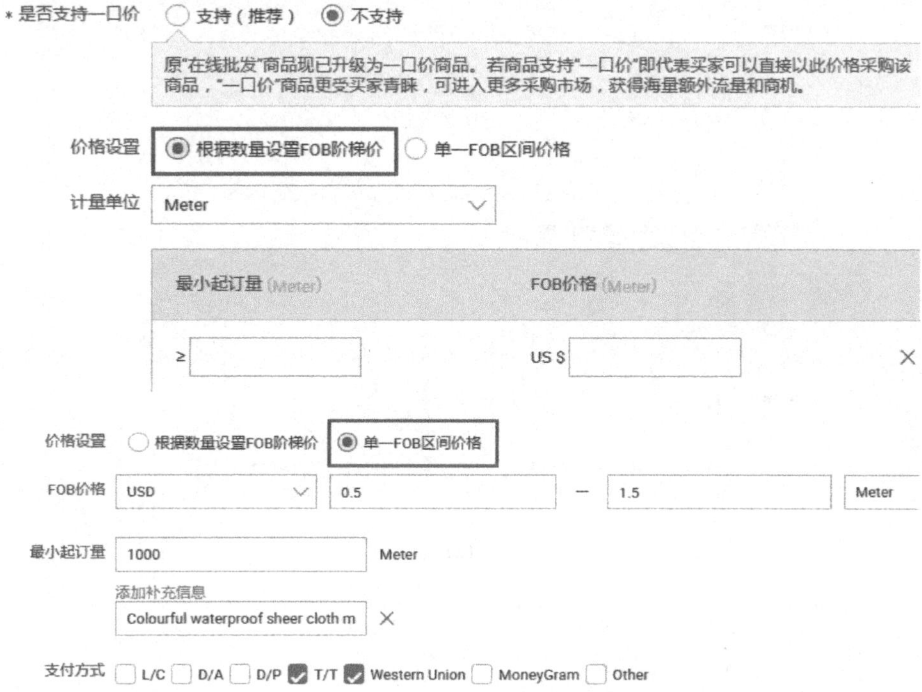

图 9-71　交易信息设置

注意 FOB 价格和最小起订量（MOQ）要符合实际市场行业数据，否则可能被认为是虚假价格或起订量，被判定违规，平台会取消该产品的搜索排序，店铺也会受到扣分等影响。

交易信息中的每一项都要填满，“最小起订量”后的“添加补充信息”方框中可以填入“for+ 核心关键词”。“FOB 价格”中填写区间值即可，如 USD 0.5 ～ 1.5 Meter，也可以选择“根据数量设置 POB 阶梯阶”，即在线批发的价格设置，根据不同销售数量设置不同的价格所示。

5. 物流信息

最后要填写的内容是包装、物流信息，如图 9-72 所示。

如果可以提供特殊服务，比如轻定制服务、样品服务、分销商专享价服务等，可以在“特殊服务及其他”栏中填写，如图 9-73 所示。

以上信息填写完成之后，就可以点击“提交”按钮。平台会对提交的产品及其信息进行审核，审核通过后，产品即可发布在阿里巴巴国际站上。

企业要发布的产品信息往往较多，用“批量上传产品”功能，可以大大节省用户的时间和精力。初次使用或新建模板文件，需要点击“下载填写表单”链接，先选择产品类目，再下载模板文件；如果已经使用 Excel 模板文件编辑产品数据，则点击“上传已填写好的表单”链接，上传产品数据。

(a)

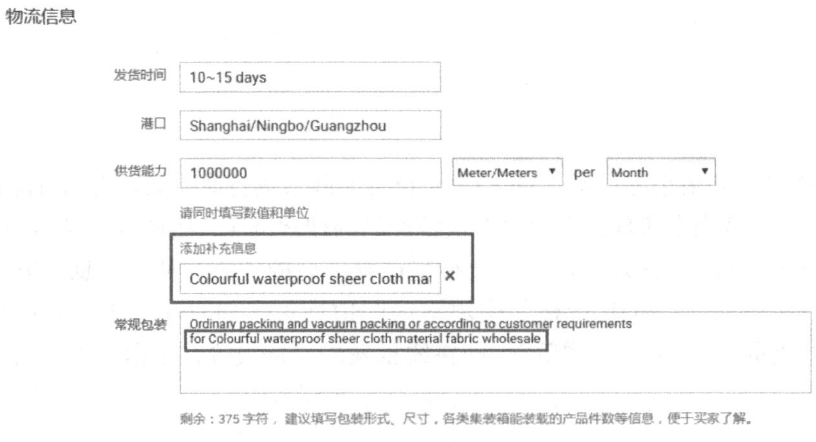

(b)

图 9-72 物流及包装信息

一般企业都会发布较多的产品，因为没有产品，就没有曝光；没有曝光，就没有点击。不过也需要注意不要重复铺货，也就是同一件商品作为多件商品进行发布。这种情况如果被平台发现，也会造成商品不能被搜索，甚至店铺被扣分的结果。

所以要发布高富美的产品，应产品匹配度高、信息完整丰富、图片内容精美，如图 9-74 所示。

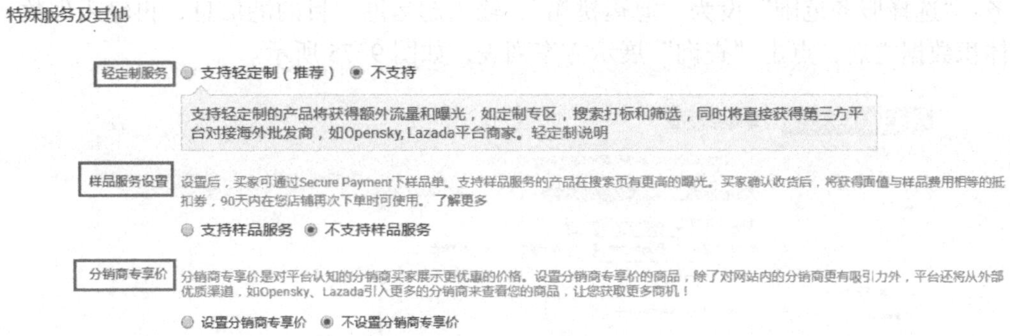
特殊服务及其他
轻定制服务
支持轻定制（推荐）　不支持
支持轻定制的产品将获得额外流量和曝光，如定制专区，搜索打标和筛选，同时将直接获得第三方平台对接海外批发商，如Opensky, Lazada平台商家。轻定制说明
样品服务设置
设置后，买家可通过Secure Payment下样品单。支持样品服务的产品在搜索页有更高的曝光。买家确认收货后，将获得面值与样品费用相等的抵扣券，90天内在您店铺再次下单时可使用。了解更多
支持样品服务　不支持样品服务
分销商专享价
分销商专享价是对平台认知的分销商买家展示更优惠的价格。设置分销商专享价的商品，除了对网站内的分销商更有吸引力外，平台还将从外部优质渠道，如Opensky、Lazada引入更多的分销商来查看您的商品，让您获取更多商机！
设置分销商专享价　不设置分销商专享价

图 9-73　特殊服务

高
富
美
产品匹配度高
信息完整丰富
图片内容精美

图 9-74　发布高富美的产品

用户发布产品后，可以在 My Alibaba 系统中管理产品信息。产品的管理工作包括对发布过的产品进行重新编辑、调整产品类型、调控产品组、分配负责人、删除等操作，同时做好信息更新工作。

“高级搜索”选项可以用于设置要搜索信息的生成时间。有些买家可以只搜索当天的供应信息，如果当天没有发布供应信息，买家就不可能搜索到用户以往发布的供货信息。买家当然喜欢找最新的供货信息，所以供货信息的更新非常重要。另外，供货信息会过期。重发供货信息可以提升搜索排名、增加被买家选中的机会。重发的信息不需要审核，但每条信息每天只可重发一次。

9.4.3　订单物流管理

1. 物流方案选择

（1）如果商品以整柜运输，可以登录 logistics.alibaba.com，查询物流方案，如查询的方案满足卖家需求，则在线直接点击“订舱”→订舱联系人的邮箱会接收舱位确认信息→给客户邮件提交提单信息，并核对提单信息→船离港后发送费用账单至订舱联系人邮箱→客户付款后，将水单（水单是指汇款人在银行办理汇款后银行提供的汇款凭证）传到阿里巴巴国际站→确认费用到账后，最后寄送提单。

如查询的方案不能满足卖家需求，则点击“人工询价”→平台工作日 3 小时内会更新运价→3 小时后进行在线“运价查询”→选择合适方案后，直接在线点击“订舱”。

（2）海运拼箱（仓到仓）。若卖家订单小，不能以整柜运输，则可以在平台中申请拼

箱服务："选择服务范围"设为"海运拼箱"，输入起运港、目的港信息，再输入件数、毛重和体积数据之后，点击"查询"展示方案列表，如图 9-75 所示。

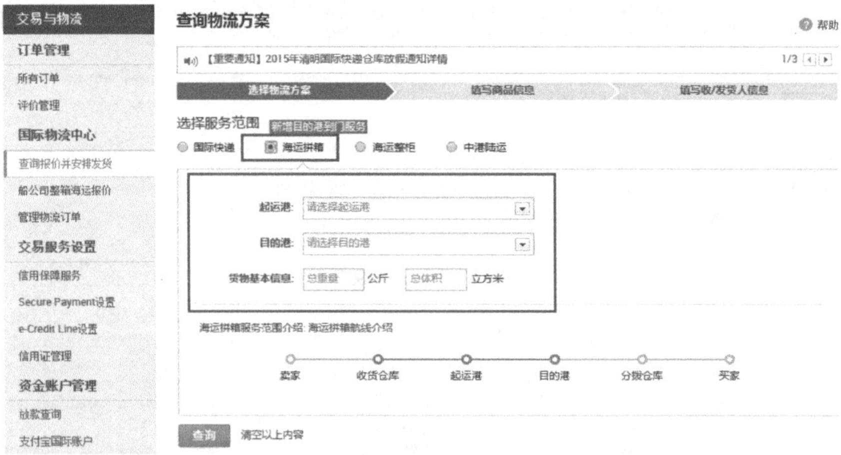

图 9-75 海运拼箱

（3）上门提货方案。平台支持上门提货、送货到门的方案，可直接勾选"上门提货"和"送货到门"选项。在勾选"上门提货"后的方框内输入提货地址后，平台将自动根据方案查询录入的货物信息，显示相应的"起运港上门提货费用"。

备注："提"，表示该方案支持上门提货服务；"送"表示该方案支持送货到门服务。

也可通过点击"ETD"、"拼箱 CFS-CFS 费用"、"目的港费用"和"总计费用"选项对查询的结果进行相应的升、降序排列，如图 9-76 所示。

图 9-76 上门提货

点击选中方案的"下单"按钮，可以展开该方案的费用明细；光标移动到仓库处，平台将显示该仓库的具体地址。选择方案后，点击"下单"按钮，进入"下单登录"页面如图 9-77 所示。

2. 创建与提交物流订单

（1）确认预订船期并填写订单信息。订单信息分两个页面，即"商品信息和收 / 发货人信息"。首先要确认船期，如图 9-78 所示。

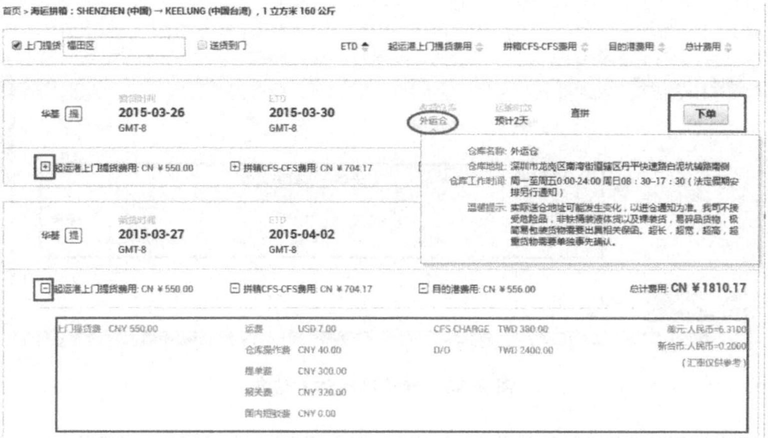

图 9-77 “下单登录”页面

图 9-78 确认船期

再填写商品信息。“中英文商品描述”为必填项。点击“增加商品”按钮可输入多种商品，一个订单最多可添加 20 个商品，如图 9-79 所示。

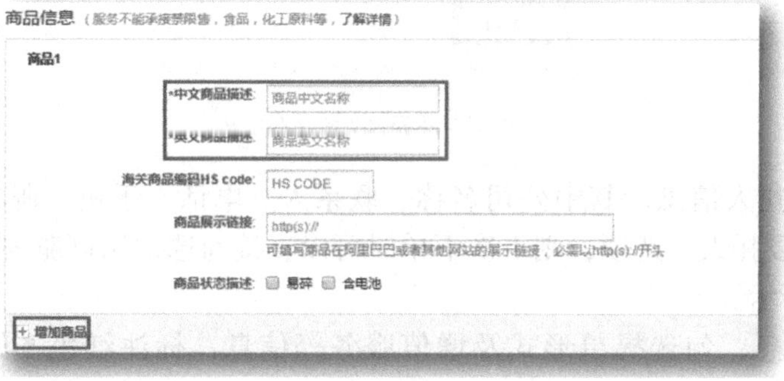

图 9-79 商品信息填写

填写商品总包装信息并点击“继续下单”按钮，“总申报价值”和“商品总包装信息”为必填项，如图 9-80 所示。

（2）填写收 / 发货人、通知人、委托人及其他信息，并提交订单。

填写发货人、收货人以及通知人信息，勾选“保存收货人”、“保存发货人”和“保存通知人”选项后下次下单时可通过选择常用收货人和发货人信息，避免重复录入，如图

9-81 所示。

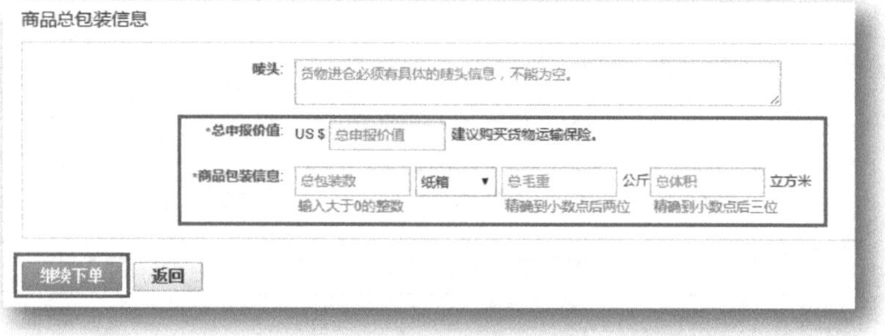

图 9-80　继续填写订单信息

图 9-81　填写收 / 发货人信息

填写订舱委托人信息，其中公司名称、联系人、电话、手机、邮箱为必填项。如果勾选“保存订舱委托人”选项，则下次下单时可以直接勾选常用订舱委托人，不必重复录入，如图 9-82 所示。

填写发票信息，勾选提单形式及增值服务等信息，标注红色 * 的为必填项，如图 9-83 所示。

确认费用预估信息，勾选“我已阅读并同意《海运拼箱服务协议》”后，再点击“提交订单”按钮，如图 9-84 所示。

系统提示订单提交成功并显示阿里巴巴物流“订单号”，点击“查看详细”，可查看订单详情，如图 9-85 所示。

（3）等待订单审核结果。承运商需要审核您填写的商品是否可运，一个工作日之内反馈确认信息。进入“管理物流订单”查询订单详情，如图 9-86 所示。

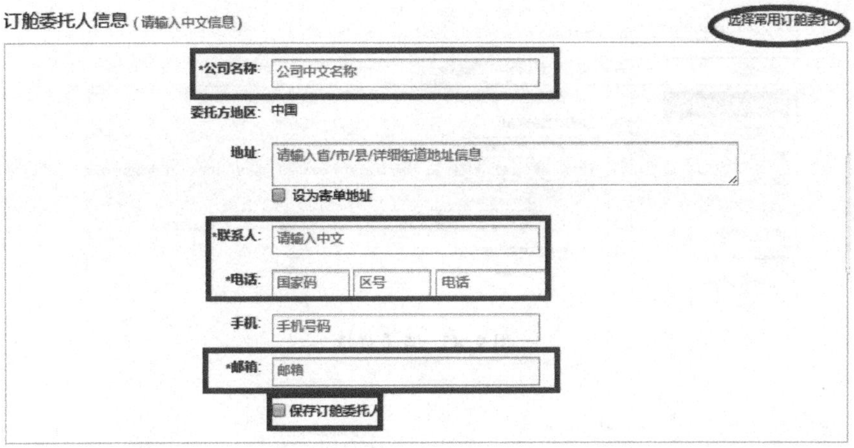

图 9-82　订舱委托人信息

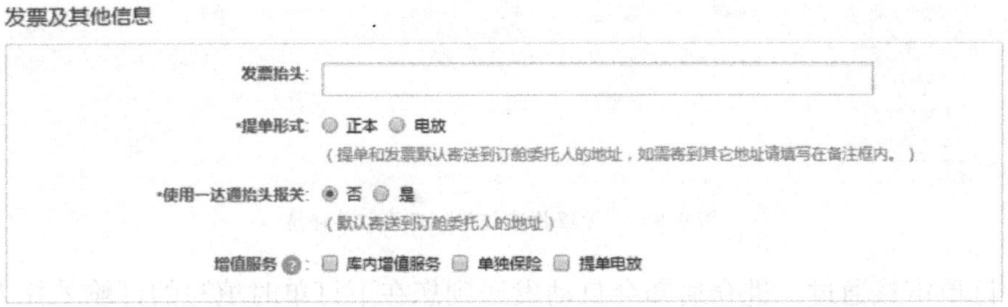

图 9-83　发票处理

图 9-84　确认信息

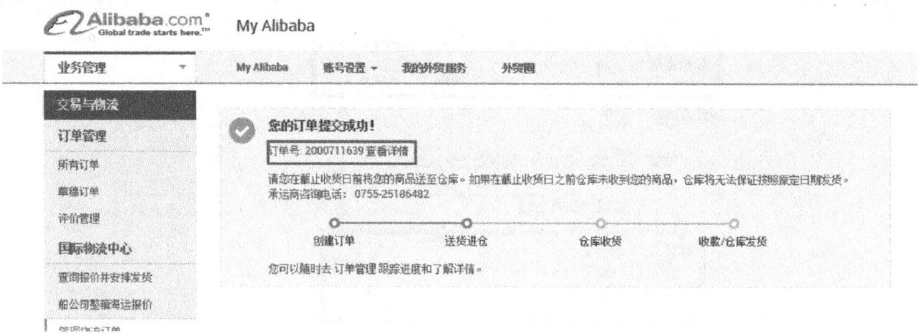

图 9-85　查看详情

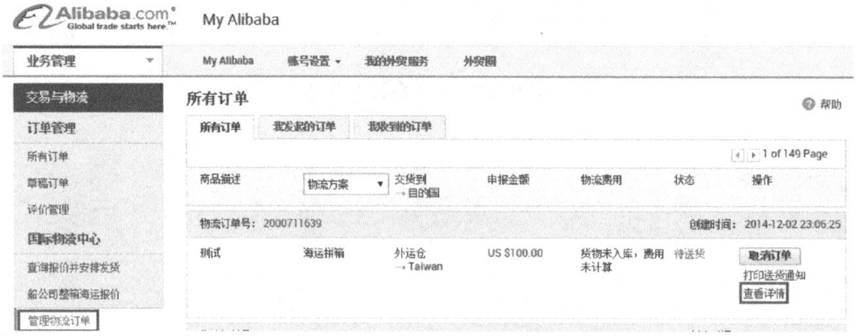

图 9-86　“管理物流订单”查询订单详情

（4）订单审核通过，进仓通知会自动发送到您在下订单时填写的订舱委托人邮箱中。请及时安排送货并寄送报关资料。

（5）仓库收货后安排报关出运并提供费用账单。服务商依据订单船期安排报关出运等事宜。货物出运后，您可以根据阿里巴巴提供的费用清单，安排付款事宜。

（6）货物跟踪。

- “已出口通关”：出口报关成功，一个工作日同步；
- “上船离港”：船离港，一个工作日同步；
- “订单完成”：物流费用支付完成，安排签发提单。

9.4.4　关键词整合与筛选

1. 关键词整合

可以从不同的关键词来源进行整合，具体有：

- 后台数据工具来源。从阿里巴巴后台的数据管家处寻找；
- 前台专业搜索来源。卖家要了解产品所在的行业，运用常识，思考客户会用什么词搜索；
- 竞争对手网站来源。通过海外 B2B 和 B2C 网站、同行业竞争者的网站、搜索引擎前 20 名的网站都用了哪些关键词；

- 第三方工具来源。比如Google AdWords。

1）阿里巴巴后台搜索——数据管家

①可以在阿里巴巴后台的“数据管理”→“数据管家”中，找到热门搜索词中搜索上升最快的词（按搜索热度排序）以及零少词（买家使用较少的词），还可以查看某个词过去12个月内搜索热度如图9-87所示。

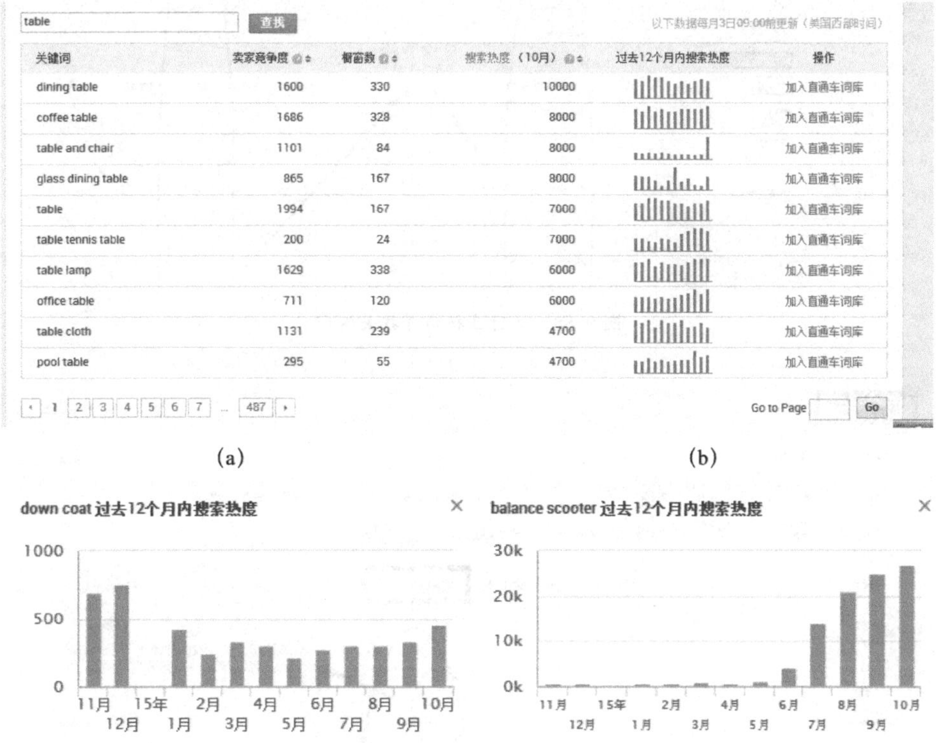

(a)　　(b)

(c)　　(d)

图9-87　阿里巴巴后台搜索——数据管家

②从行业视角寻找，这里行业一定要选对类目，而且这个类目选择以后是不能更换的，如果想要更换，卖家需要达到一定积分，所以第一次添加行业时要慎重，如图9-88所示。

③还可以在“访客详情”页面中找到客户的常用关键词，如图9-89所示。

④“我的词”工具对已经使用的这些关键词都有指标评价，如曝光量、点击量、点击率等，如图9-90所示。

⑤在P4P系统推荐词处可以找到同行采用的或者平台推荐的关键词，其位置为阿里巴巴后台→“我的快捷入口”→“外贸直通车”→“进入外贸直通车”→“关键词工具”。P4P系统推荐词如图9-91所示。

⑥在产品发布时也可以收集到一些关键词，其位置为阿里巴巴后台→“产品管理”→“发布产品”→“发布类似产品”。产品发布时收集关键词如图9-92所示。

⑦买家询盘时也可以收集“买家最近搜索”的搜索词，如图9-93所示。

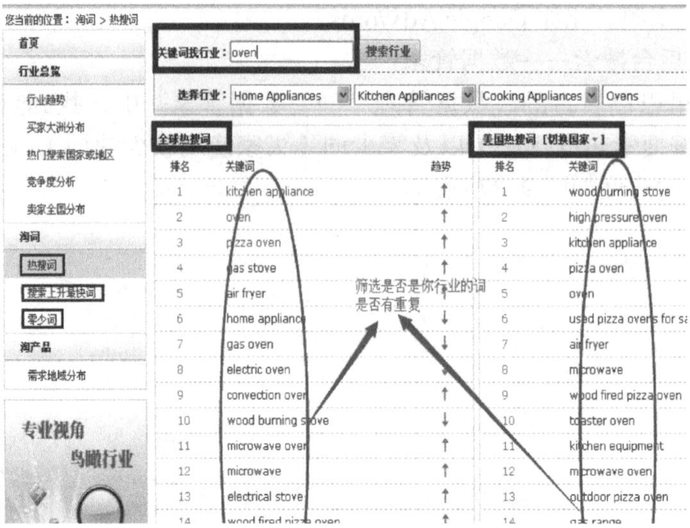

图 9-88　从行业视角寻找关键词

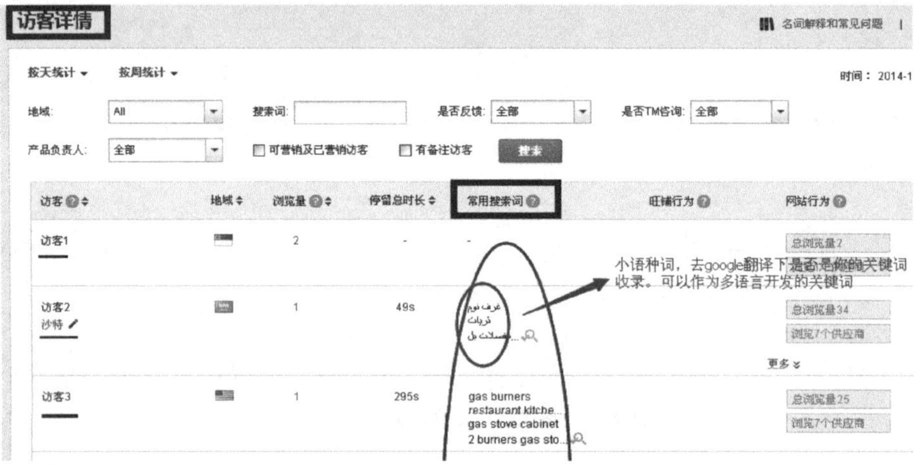

图 9-89　在“访客详情”页面中找关键词

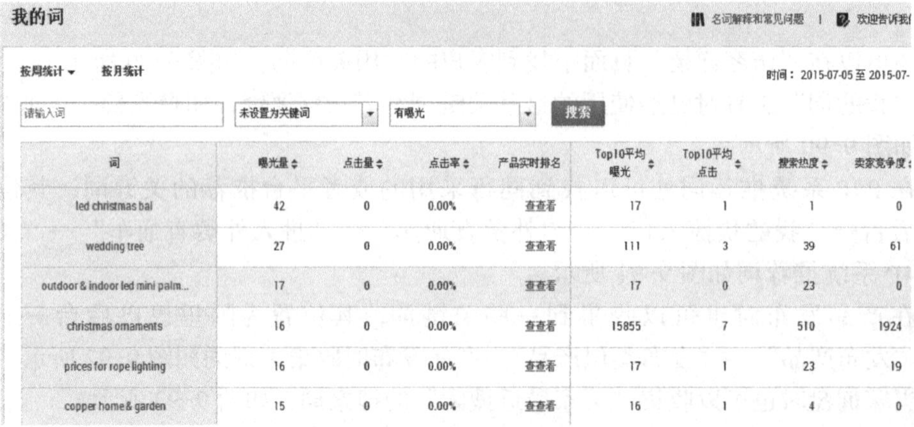

词	曝光量	点击量	点击率	产品实时排名	Top10平均曝光	Top10平均点击	搜索热度	卖家竞争度
led christmas bal	42	0	0.00%	查查看	17	1	1	0
wedding tree	27	0	0.00%	查查看	111	3	39	61
outdoor & indoor led mini palm...	17	0	0.00%	查查看	17	0	23	0
christmas ornaments	16	0	0.00%	查查看	15855	7	510	1924
prices for rope lighting	16	0	0.00%	查查看	17	1	23	19
copper home & garden	15	0	0.00%	查查看	16	1	4	0

图 9-90　利用“我的词”工具查找关键词

图 9-91 P4P 系统推荐词

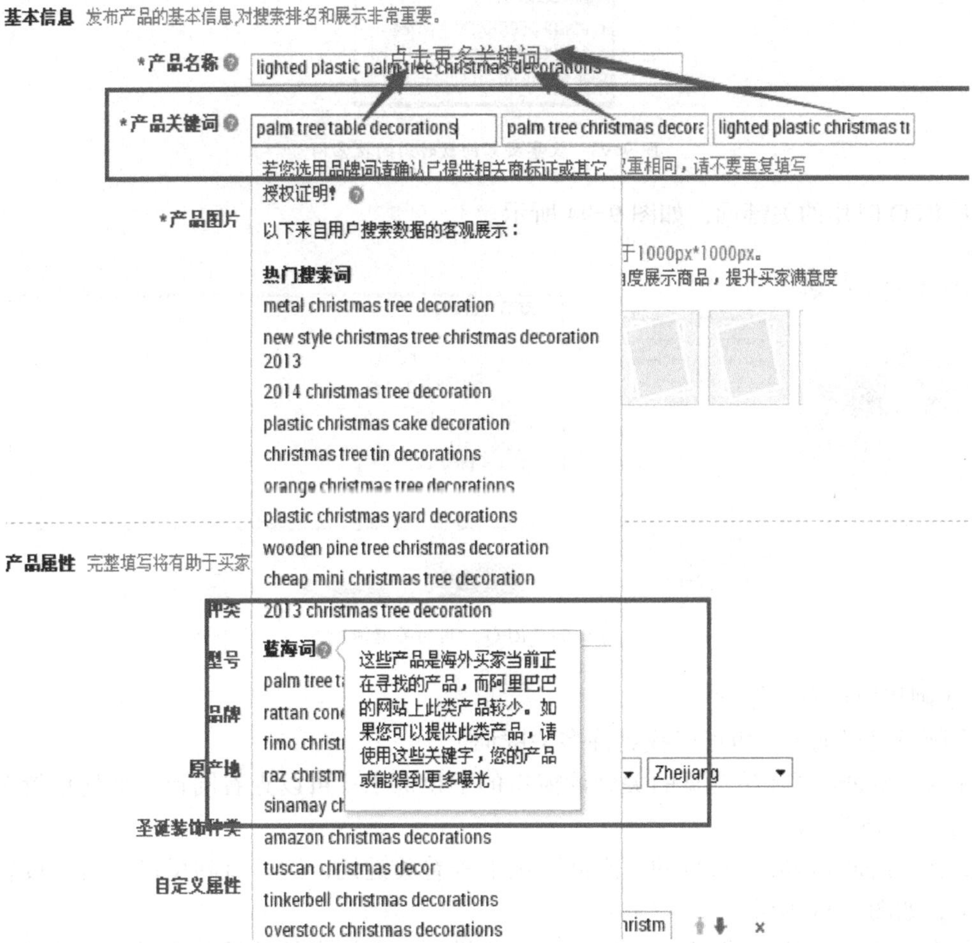

图 9-92 产品发布时收集关键词

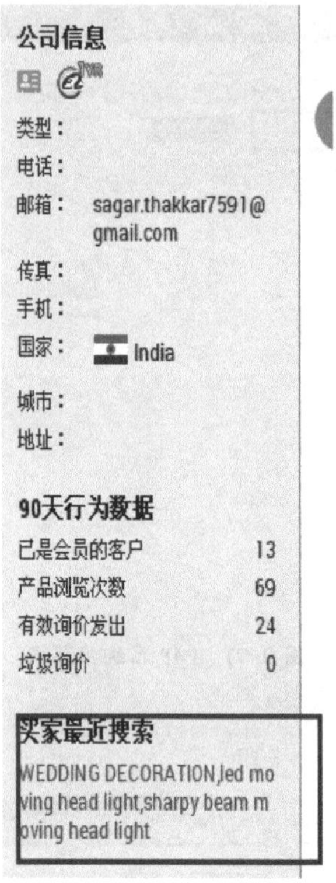

图 9-93　收集买家询盘时用的搜索词

⑧ RFQ 时用的关键词，如图 9-94 所示。

图 9-94　RFQ 时用的关键词

2）阿里巴巴首页搜索

在阿里巴巴前台，也可以找到许多关键词。

①在 Alibaba 国际站首页的关键词窗口的下拉框中，可以查看同行是如何设置关键词的，如图 9-95 所示。

②在 Alibaba 国际站首页的“产品”项下查看关键词，这里有阿里巴巴自动设置的产品分类，如图 9-96 所示。

③在 Alibaba 国际站首页可以输入你的关键词，在搜索的结果中查看同行的标题，如图 9-97 所示。

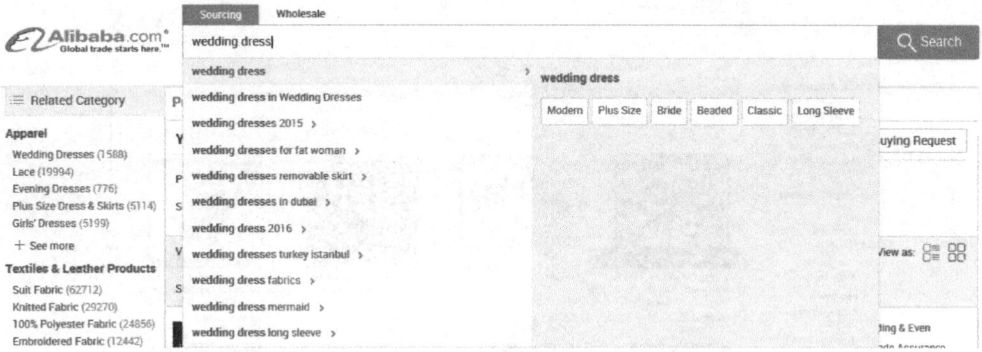

图 9-95　在阿里巴巴国际站关键词窗口中查看关键词

图 9-96　阿里巴巴国际站“产品”项下查看关键词

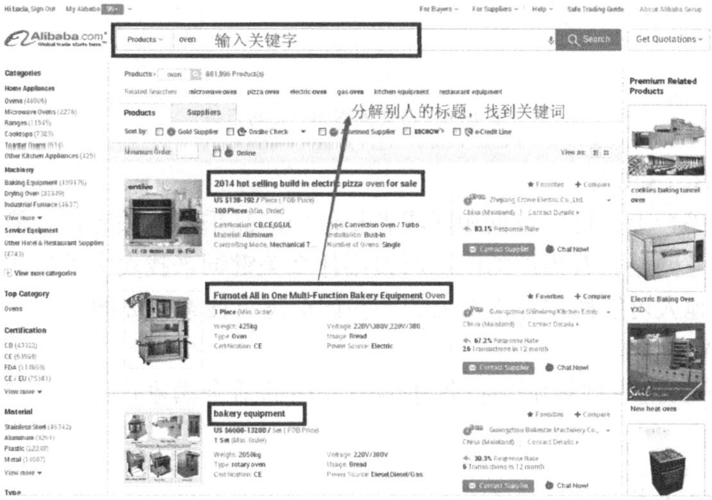

图 9-97　搜索产品关键词查看同行的信息

④在 Alibaba 国际站（http：//www.alibaba.com/showroom/magnet.html），可以把粉色的关键词换成卖家行业的关键词相关词，查看这些产品标题中用了什么关键词，如图 9-98 所示。

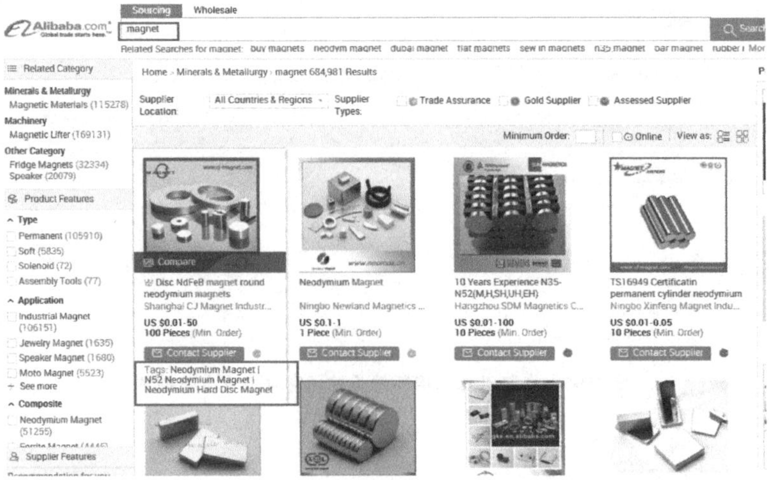

图 9-98　卖家行业的关键词相关词

⑤在 Alibaba 国际站首页，输入关键词后，搜索结果下方会出现 Related Searches，以及搜索结果页面最下方的与关键词相符合的产品 Premium Related Products，如图 9-99 所示。

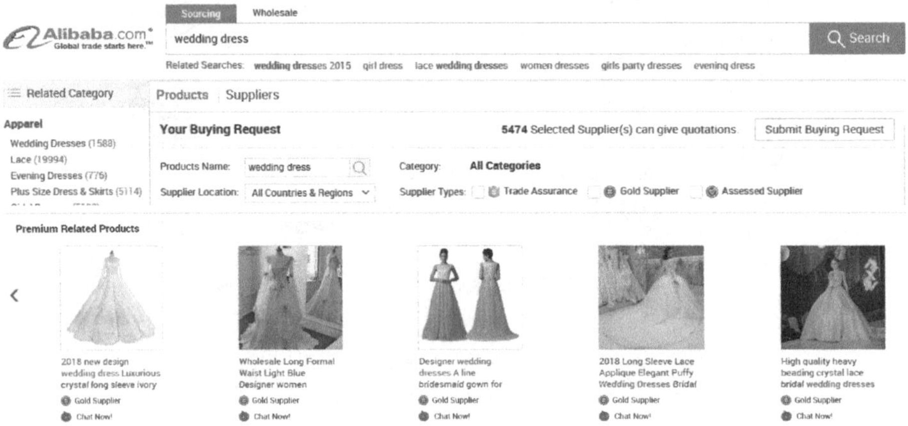

图 9-99　与关键词相符合的产品

3）海外 B2B、B2C 平台

比如亚马逊平台上，可以查询相同或者相似的产品采用的关键词。最好能多找些目的地国家的电子商务网站，看当地的网民习惯用什么关键词来找卖家类似的产品，因为语法习惯等不同，当地人可能使用并不常见的一些词汇进行搜索，如图 9-100 所示。

4）Google AdWords

通过 Google 关键字规划师寻找各地网民常用的适合卖家产品的关键词，如图 9-101 所示。

2. 制作关键词表

在关键词整合的基础上，我们有了一大串的备选关键词，有几十个甚至上百个。接下来要做的是分析这些关键词的竞争程度，希望找到竞争比较小，同时搜索次数比较多的关键词。而做这些工作的基础是构建关键词表。

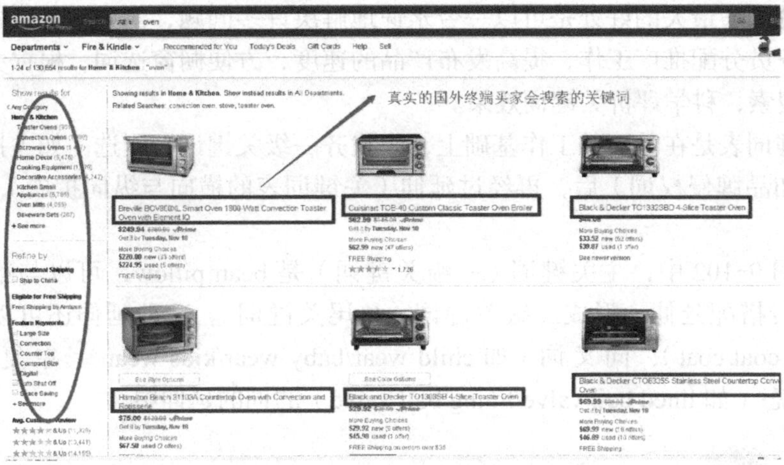

图 9-100　由海外 B2B、B2C 平台查询关键词

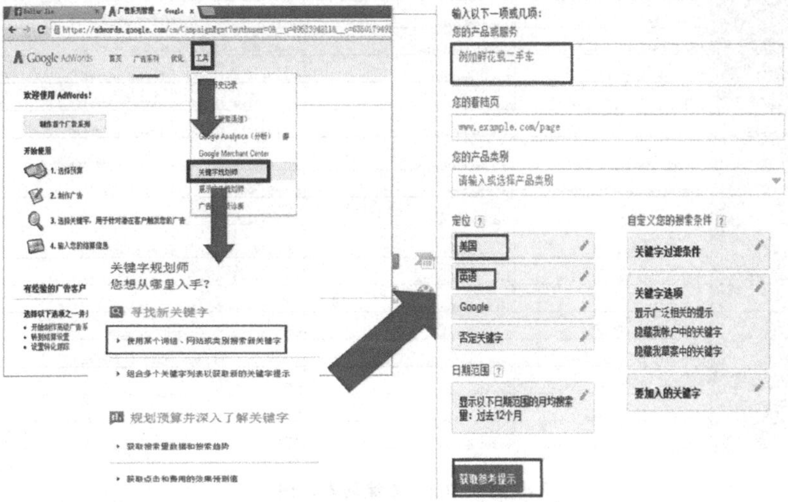

(a)

(b)

图 9-101　通过 Google AdWords 关键字规划师寻找关键词

制作关键词表最大的好处是可以一劳永逸地解决许多问题，例如，可以避免发重复产品，方便业务员分配推广工作，提高发布产品的速度，方便橱窗选词，根据关键词表对产品进行排名搜索，科学评价关键词效果。

制作关键词表是在前面的工作基础上，先找齐一级关键词，删选（如去掉与本公司产品无关的词和品牌侵权词）后，再经过延伸（关键词表的横向与纵向扩展），从而形成二级关键词。

比如在图 9-102 中，主关键词（一级关键词）是 bean pillow，可以与第一列中的各类形容词进行搭配延伸，形成二级关键词（长尾关键词）。这种延伸还可以用在与上游词（如 down coat/coat）、同义词（如 child wear/baby wear/kids wear）、单复数（如 down coats）、换时态（如 lined ball valve/lining ball valve）的词的延伸中。

泛关键词	bean pillow	animal pillow	children garment design
盈利模式	你的关键词放在这里		
European	European bean pillow	European animal pillow	European children garment design
comfortable	comfortable bean pillow	comfortable animal pillow	comfortable children garment design
cheap	cheap bean pillow	cheap animal pillow	cheap children garment design
beautiful	beautiful bean pillow	beautiful animal pillow	beautiful children garment design
polyster	polyster bean pillow	polyster animal pillow	polyster children garment design
decorative	decorative bean pillow	decorative animal pillow	decorative children garment design
inflatable	inflatable bean pillow	inflatable animal pillow	inflatable children garment design
new design	new design bean pillow	new design animal pillow	new design children garment design
lovely	lovely bean pillow	lovely animal pillow	lovely children garment design
sleeping	sleeping bean pillow	sleeping animal pillow	sleeping children garment design
creative	creative bean pillow	creative animal pillow	creative children garment design
customized	customized bean pillow	customized animal pillow	customized children garment design
soft	soft bean pillow	soft animal pillow	soft children garment design
best	best bean pillow	best animal pillow	best children garment design
hot sale	hot sale bean pillow	hot sale animal pillow	hot sale children garment design
fashionable	fashionable bean pillow	fashionable animal pillow	#REF!
colorful	colorful bean pillow	colorful animal pillow	#REF!
new fashion	new fashion bean pillow	new fashion animal pillow	#REF!

形容词放在这里

图 9-102　关键词表示例

此外还可以用九九词表法进行关键词延伸，如图 9-103 所示。

1. 产品词：mini speaker
2. 近义词：amplifier
3. 总称词：speaker
4. 特性词：bluetooth speaker
5. 用途词：phone mini speaker
6. 边缘词：（产品的上下游）phone accessory
7. 意图词：Christmas gifts
8. 专业用语：cas no.
9. 国际通用型号：N97

图 9-103　利用九九词表法进行关键词延伸示例

用头脑风暴法进行关键词延伸，找到能延伸关键词的各种方向和可能，示例如下。

- 材质：wooden，plastic，glass，fabric，mesh，leather；

- 功能，功用：computer，folding，swivel，lift，mobile；
- 风格：modern，classic，fashion，antique，luxury，style，unique；
- 场所：stadium，office，school，hall，home，outdoor，living room；
- 形状外观：long，square，“L”，“U”，egg chair，round，ball，bag；
- 颜色：red，white，black，blue，wood grain，white grey，clear；
- 供货状态：stock，short-time，fast supplier；
- 产地：shunde furniture，dalian seafood，China，Korea；
- 使用对象：boss，staff，teacher，kid，adult，student，auditorium；
- 证书：ISO，BIFMA，SGS，D&B，CCC，CE，BS5852，E0；
- 货物档次，等级：top，medium，luxury，grade 1，cheap，economical；
- 新旧：latest，new，old，used，second-hand；
- 型号：45，320（partition）；
- 组装方式：KD，folding，fired，stack，modular，easy，assemble，set；
- 公司性质：factory，manufacturer，reseller，supplier，distributor；
- 制造方式：hand，molded，casting，chromed，painting coating；
- 工作原理：auto，electric，gas lift，heavy back，damping，memory；
- 目的：for sale，import，shop，distribution，promotion，clear，return；
- 包装方式：export CTN，wooden，KD，fixed，flat，tablet，plastic bag；
- 资金：no deposit，L/C，T/T，West union，D/P，D/A；
- 订单规格，交易方式：small，mixed，FCL，LCL，big，one-step，sample；
- 设计师名字，约定通俗方法：设计师名称，产品名称，生产商名称；
- 使用方法（折叠，自动）：folding，auto，electric，manual，space saving；
- 外形尺寸：standard，special，I shape，6seater dining table，V shape；
- 目标市场：for USD，for UK；
- 特点：hot sale，magic，attractive，interesting，unique，crazy；
- 品牌：著名品牌；
- 使用范围（限定）：in furniture，in public area，in hotel，in restaurant；
- 使用寿命：10years，durable，one-time，recyclable，reusable，renewable；
- 同义词并列：table &desk；
- 纯度：100%，nature，leather，solid wood，hand，half-leather；
- 服务方式：EXW，FOB，CIF，D2D，project，loan，certificate；
- 销售渠道：online，shop，store，retail，distribution，branch，retrial；
- 运输方式，FCL，LCL，ship，air，express，train，bulk。

在关键词筛选过程中，要注意品牌词的侵权问题，可以在 WIPO 网站进行查询：http：//www.wipo.int/branddb/en/（中国商标网）；

拓展阅读　　　　　　　　　　长尾关键词的作用

● 长尾词又被称为蓝海词或零少词，具体是指前台具备一定买家搜索热度，但供应商发布产品较少，通常该词下对应的精确匹配产品数量不超过 3 页（默认每页显示 38 条产品信息），因而是同行竞争度较低的关键词；

● 快速曝光：买家使用长尾词搜索时，精确匹配的产品数量通常不超过 100 个。利用蓝海词发布优质产品，可快速提升排名，争取曝光；

● 较高的点击、询盘转化率：竞争度越低，您发布的产品能获得买家点击和发送询盘的概率越高；

● 专业供应商的展示：部分高搜索、低竞争的长尾词代表的是不为供应商所熟悉的买家的搜索习惯。读懂了买家，才真正读懂电子商务；

● 有些长尾词其实具有较高的点击率，如图 9-104 所示。

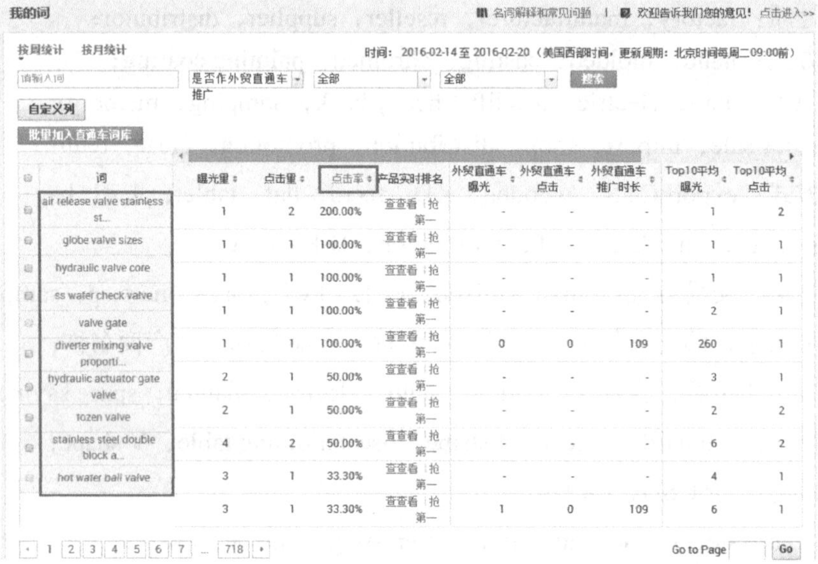

我的词　　名词解释和常见问题 | 欢迎告诉我们您的意见！点击进入>>

按周统计　按月统计　　时间：2016-02-14 至 2016-02-20（美国西部时间，更新周期：北京时间每周二09:00前）

请输入词　是否作外贸直通车推广　全部　全部　搜索

自定义列

批量加入直通车词库

词	曝光量	点击量	点击率	产品实时排名	外贸直通车曝光	外贸直通车点击	外贸直通车推广时长	Top10平均曝光	Top10平均点击
air release valve stainless st...	1	2	200.00%	查查看 抢第一	-	-	-	1	2
globe valve sizes	1	1	100.00%	查查看 抢第一	-	-	-	1	1
hydraulic valve core	1	1	100.00%	查查看 抢第一	-	-	-	1	1
ss wafer check valve	1	1	100.00%	查查看 抢第一	-	-	-	2	1
valve gate	1	1	100.00%	查查看 抢第一	0	0	109	260	1
diverter mixing valve proporti...	2	1	50.00%	查查看 抢第一	-	-	-	3	1
hydraulic actuator gate valve	2	1	50.00%	查查看 抢第一	-	-	-	2	2
tozen valve	4	2	50.00%	查查看 抢第一	-	-	-	6	2
stainless steel double block a...	3	1	33.30%	查查看 抢第一	-	-	-	4	1
hot water ball valve	3	1	33.30%	查查看 抢第一	1	0	109	6	1

1 2 3 4 5 6 7 ... 718　Go to Page　Go

图 9-104　长尾词

http：//wsjs.saic.gov.cn/txnT01.do?y7bRbp=qmMR.zwTw8A6hwsWYmZyqzf ynjwWvwe_SguRimZRUL9En8Hh9RQw6yu6XlUO6XT0FERgYqBK3UosurzTHA0y7WZmOZ478zFb0bQ.il0NzfYuIdSCkgmUd1oaHWp554Zfurjl9Xr4yuUfRCYL_5MF0i5FxKjc6Umu5DUukYnqFd5oR0q8（查询，也可以在阿里巴巴服务后台，找到自己行业的品牌词表）；

https：//service.alibaba.com/hc/supplier/detail/20275156.htm（见图 9-105）。

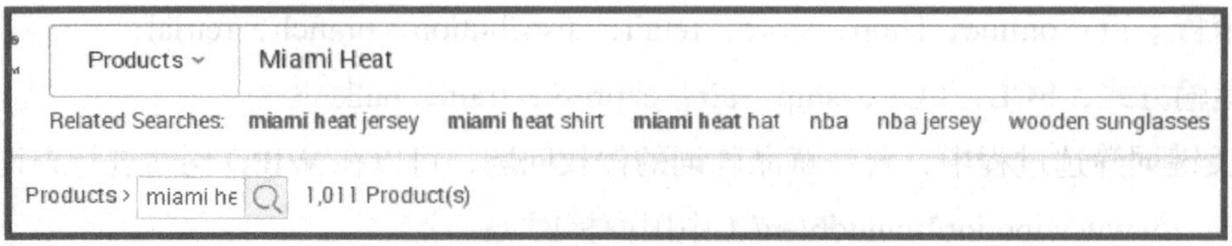

图 9-105　阿里巴巴网站关键词筛选

3. 用关键词表发布产品

通过前面细致和认真的整合工作，再结合不同关键词的竞争度和表现，可以从中挑选出多个关键词，快速组合成一个产品标题，用于产品发布。

主要可以通过以下两个指标来查看关键词的竞争程度（见图 9-106）：

- 各个搜索引擎在搜索结果右上角或左边列出的某个关键词返回的网页数。
- 判断关键词竞争程度的是在竞价排名广告中需要付的价钱。

下面总结选择关键词的主要原则：

- 关键词设置不要太宽泛；
- 主打关键词设置也不宜太长、太特殊；
- 设置时要站在用户角度思考；

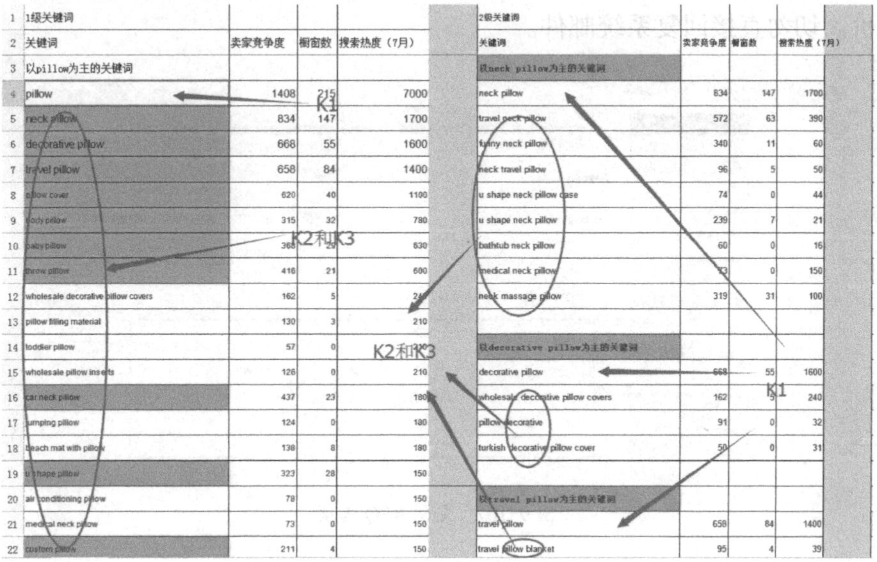

1	1级关键词				2级关键词			
2	关键词	卖家竞争度	橱窗数	搜索热度（7月）	关键词	卖家竞争度	橱窗数	搜索热度（7月）
3	以pillow为主的关键词				以neck pillow为主的关键词			
4	pillow	1408	215	7000	neck pillow	834	147	1700
5	neck pillow	834	147	1700	travel neck pillow	572	63	390
6	decorative pillow	668	55	1600	funny neck pillow	340	11	60
7	travel pillow	658	84	1400	neck travel pillow	96	5	50
8	pillow cover	620	40	1100	u shape neck pillow case	74	0	44
9	body pillow	315	32	780	u shape neck pillow	239	7	21
10	baby pillow	368	29	630	bathtub neck pillow	60	0	16
11	throw pillow	416	21	600	medical neck pillow	73	0	150
12	wholesale decorative pillow covers	162	5	240	neck massage pillow	319	31	100
13	pillow filling material	130	3	210				
14	toddler pillow	57	0	210	以decorative pillow为主的关键词			
15	wholesale pillow inserts	126	0	210	decorative pillow	668	55	1600
16	car neck pillow	437	23	180	wholesale decorative pillow covers	162	5	240
17	jumping pillow	124	0	180	pillow decorative	91	0	32
18	beach mat with pillow	138	8	180	turkish decorative pillow cover	50	0	31
19	u shape pillow	323	28	150				
20	air conditioning pillow	78	0	150	以travel pillow为主的关键词			
21	medical neck pillow	73	0	150	travel pillow	658	84	1400
22	custom pillow	211	4	150	travel pillow blanket	95	4	39

图 9-106　查看关键词竞争程度的两个指标

- 选择被搜索次数最多，竞争最小的关键词。

9.4.5　阿里巴巴国际站营销

1. RFQ（Request for Quoting）

阿里买家采购直达（RFQ）就是买家委托采购的意思，阿里巴巴国际站只限 10 个供应商报名，满额后就会关闭报价窗口。RFQ 和询盘的区别在于在 RFQ 情况下，报名的供应商要通过阿里巴巴人工审核，达到要求的才会发给买家，同时发送给供应商买家的联系方式；人工审核不通过的，供应商是无法知道买家的信息的。人工在一段时间内报价通过率达到要求，会上升为报价直达，也就是不用审核。

阿里巴巴的 RFQ 已经成为国际站会员获取订单的重要途径之一，也是很多阿里巴巴国际站供应商非常容易忽视的。事实上其中不乏有许多真实的订单，业务员直接给客户报价，虽然竞争比较激烈，但只要产品有优势，价格合理，交货期稳定，最后还是能成交的。RFQ 节省了买家的时间和沟通成本，缩短了供应商备货的周期以更快地促成订单，同时可以更好地锻炼团队。

下面介绍定制 RFQ 的步骤。

第一步，定制 RFQ 使得下单成功率非常高，所以要设好关键词，定制 RFQ 的要领是设置 5 个热度最高的核心关键词，用最少的时间做最有效的事情。具体操作方法为：登录阿里巴巴后台，点击“采购直达”→“管理 RFQ”→“我定制的搜索”→“添加定制搜索”，如图 9-107 所示。最多可以定制 20 组条件，如图 9-108 所示。

第二步，查看 RFQ 以及报价，有三种查看方式：

①收到 RFQ 通知邮件，点击邮件中的“查看并报价”按钮，登录后可查看详细采购需求内容，同时在线填写产品价格、公司优势、需要跟买家进一步沟通的细节问题以及提交在线报价。切勿直接回复系统邮件。

图 9-107　定制 RFQ 选项

图 9-108　定制 RFQ 信息

②直接登录 My Alibaba（路径：“采购直达”→“收到的 RFQ”）查收 RFQ 的采购需求并报价。

③直接进入 http：//sourcing.alibaba.com/ 页面，搜索 RFQ 后点击“Quote Now”按钮报价。

第三步，设置具体报价。进入报价页面后，填写报价表单如图 9-109 和图 9-110 所示，因为价值取向的不同，价格设置因人而异，需要注意的一点是，如果客户要求报 RFQ 价格，一定不能报其他的价格；客户询价 100 个的价格，你就不要报 1000 个的价格。若要报你可以把 1000 个的价格当作第二个产品来报。

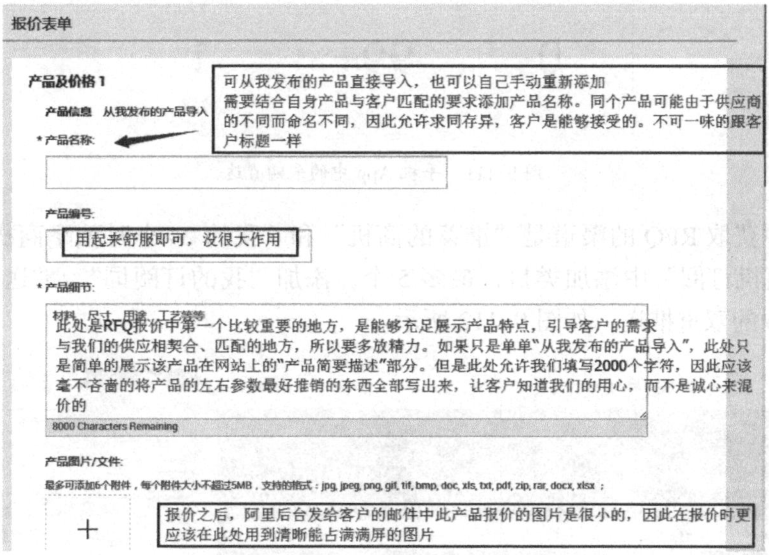
报价表单
产品及价格 1
产品信息　从我发布的产品导入
* 产品名称
可从我发布的产品直接导入，也可以自己手动重新添加
需要结合自身产品与客户匹配的要求添加产品名称。同个产品可能由于供应商的不同而命名不同，因此允许求同存异，客户是能够接受的。不可一味的跟客户标题一样
产品编号
用起来舒服即可，没很大作用
* 产品细节
材料、尺寸、用途、工艺等等
此处是RFQ报价中第一个比较重要的地方，是能够充足展示产品特点，引导客户的需求与我们的供应相契合、匹配的地方，所以要多放精力。如果只是单单“从我发布的产品导入”，此处只是简单的展示该产品在网站上的“产品简要描述”部分。但是此处允许我们填写2000个字符，因此应该毫不吝啬的将产品的左右参数最好推销的东西全部写出来，让客户知道我们的用心，而不是诚心来混价的
8000 Characters Remaining
产品图片/文件
最多可添加6个附件，每个附件大小不超过5MB，支持的格式：jpg, jpeg, png, gif, tif, bmp, doc, xls, txt, pdf, zip, rar, docx, xlsx ；
报价之后，阿里后台发给客户的邮件中此产品报价的图片是很小的，因此在报价时更应该在此处用到清晰能占满满屏的图片

图 9-109　填写报价表单（1）

价格详情
* 装运条款
FOB
* 港口
shanghai
* 报价有效期
2015-12-02
* 货币单位
USD
* 数量单位
Pieces
* 付款方式
T/T
* 订购数量
100000
Pieces 以上　FOB USD
* 产品单价
/ Pieces
+ 添加区间价格（最多添加2组）
+ 添加更多产品及价格（最多添加9组）
价格方面，因人而异，每个人的价值取向都不同，所以报出的价格也因人而异。需注意的一点是如果客户让你报RFQ价，一定不能报其他的价格；客户是询100个的价格，你就不要报1000个的价格。若要报，你可以把1000个的价格当作第二个产品来报

图 9-110　填写报价表单（2）

定制的 RFQ 信息可以从手机 App 中的“采购直达”读取，方便卖家及时获得商机，如图 9-111 所示。

不过，RFQ 不一定仅仅来自定制搜索，阿里巴巴平台有时也会进行系统推荐的 RFQ。

这是阿里巴巴根据供应商在其网站上发布的产品信息的类目及关键词推荐与其主营相符的 RFQ。可以关注本公司已发布产品所选择的行业类目，若类目选择范围比较大，则有可能会匹配到与公司不是很相关的 FRQ，所以前面提到的类目选择就很关键。在“My Alibaba”后台的“采购直达”业务模块下，从“管理 RFQ”中找到推荐的 RFQ。系统推荐的 RFQ 报价不占用报价名额。

图 9-111　手机 App 中的采购直达

另外一种获取 RFQ 的渠道是“推荐的商机”和“我的 24 小时独享商机”，修改订阅商机，在“商机订阅”中添加类目，最多 5 个，添加“我的订阅词”。推送方式可以设置为邮件和 App 的双重推送，如图 9-112 所示。

图 9-112　获取 RFQ 的渠道

最后，还可以在“我的买家”中获取 RFQ。如果看到买家在发 RFQ，则可以利用已有的买家联系方式，直接联系，从而节省一个 RFQ 报价名额。为了及时掌握买家是否发 RFQ，可以把“我的买家”加入到动态中，方便提醒，如图 9-113 所示。

以上获取 RFQ 的渠道最好全部同时使用，不过做 RFQ 营销要注意以下几点：

- 重点关注需求详细的客户。判断客户是否为准客户，可以看其 IP 的匹配情况、客户的要求和产品描述情况，以及客户的资料信息；
- 尽可能找到客户的联系方式与其直接沟通。因为平台规定一天只有 5 个报价机会，这时如果遇到好的 RFQ，可以考虑用 Google 或者社交网络找到客户的邮箱，直接发邮件给对方；
- 利用邮件报价。发布 RFQ 的客户可能同时收到十几个供应商的报价，竞争非常激烈，因此要想办法吸引客户的眼球。这时有一些技巧可以使用，例如，报价要稍低于正常价、标题要有吸引力、要发客户感兴趣的图片。另外还可以利用时差发邮件，比如早上八九点钟发邮件，对于美国和加拿大客户，就可能立刻看到，因为很多人有晚上睡觉前查看邮件的习惯。很多老道的业务员会在平台报价之后，找到客户的邮箱，以公司邮箱再给对方发一封正式的报价邮件。这种情况下，一旦对方有兴趣，就可以互动，还可以适当推荐相似的产品，可能更满足对方需求；

图 9-113 从“我的买家”中获取 RFQ

- 将 RFQ 客户变成老客户。目前很多行业的单词需求数量都比较少，但是需求次数却可能持续。因此要通过与客户保持定时的联系、持续跟进、发布最新产品、邀请参加展会、节假日问候等各种方法，将这些 RFQ 客户变为老客户。

2. 访客推送邮件营销

访客推送邮件营销（简称访客营销）是阿里巴巴国际站平台上开发新客户的又一个重要途径。访客营销可以看成是卖家主动出击，让访客不再成为过客，而是变成真正的客户。访客营销让供应商有机会主动出击，服务买家，留住买家，供应商只需提供营销内容，平台就会准备好一切。

①进入“数据管家”，点击“访客详情”，可以在此按统计周期、地域、浏览量、停留总时长、常用搜索词、是否 TM 咨询等进行客户筛选，分析这些参数，结合访客的类型，判断出访客是否活跃、访客的真实需求等，如图 9-114 所示。

②选择某客户，点击“申请营销”之后，在出现的页面中填写产品及报价信息，如图 9-115 所示。

③推送的产品可以从“从产品库选择”中选择，也可以在“请输入产品名称”文本框中输入产品名称搜索得到，如图 9-116 所示。

④或者直接找到产品详情页的链接，手动“输入产品 ID”或“产品 Detail 页面地址”，如图 9-117 所示。

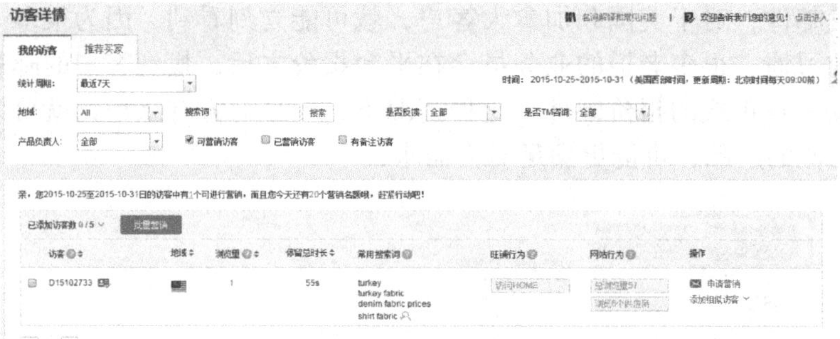

图 9-114 “访客详情”页面

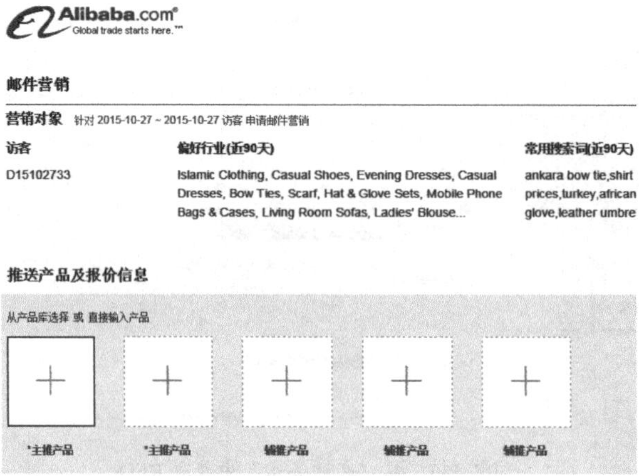

图 9-115 填写产品及报价信息

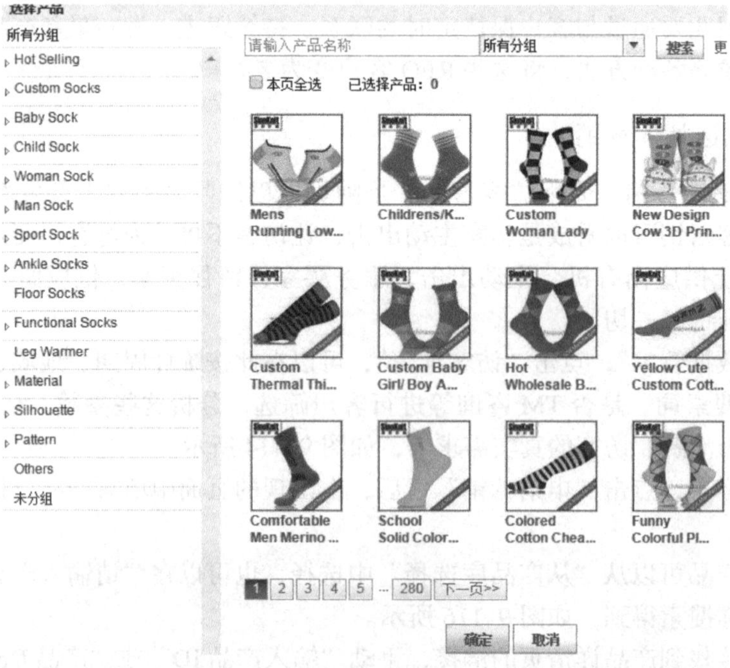

图 9-116 选择推送的产品

图 9-117　手动输入“产品 ID”或“产品 Detail 页面地址”

⑤在邮件营销界面的其他信息框中，填写真实详细的产品信息即可，如图 9-118 所示。

图 9-118　邮件营销界面

在填写产品信息时要注意以下几点：

- 产品 ID 或产品 Detail 中的链接，这里要填写您旺铺展示的产品链接，或者链接中的数字 ID 即可；

- 如果可以，建议大家设置阶梯报价，具体产品具体对待；
- 在公司信息框中，请大家千万不要写自己以及公司的联系信息，这样很可能导致营销的失败。

3. 阿里巴巴多语言市场

根据用户调研，非英语国家买家更信任母语沟通。阿里巴巴多语言市场自动接入翻译服务，打破了语言障碍，即使你不懂外文也能轻松拿订单。全球 60.4% 贸易交易发生于非英语国家。阿里巴巴多语言市场月均新增买家 63244 家，每天访问买家数最高已经接近 3000 万。

阿里巴巴多语言市场，在 2013 年 7 月 17 日向供应商开放，它是为帮助供应商开拓非英语市场而建立的，且独立于阿里巴巴国际站（英文站）的语种网站体系。现包括西班牙语、葡萄牙语、法语、俄语等 13 个主流语种，除覆盖传统欧美市场中的非英语买家群体外，南美、俄罗斯等新兴市场更是多语言市场重点的拓展区域。

多语言市场平台简单易用，为了使用户体验具有一致性，多语言市场平台沿用了国际站的整体风格和 My Alibaba 操作平台，供应商学习成本低。多语言平台市场流量为整个网站流量的重要组成部分，在这些站点每日都能带来上百万的优质买家流量，是供应商优质的推广渠道。在这些多语言站点，买家群体具有明显的地域特征，可帮助供应商针对目标人群加大推广力度。

目前，有 11 个市场已开放产品发布功能，它们是西班牙语、日语、葡萄牙语、法语、俄语、阿拉伯语、德语、意大利语、越南语、土耳其语、韩语。供应商可自主发布产品，搜索排名优先。泰语、荷兰语、希伯来语、印尼语 4 个市场暂未开放产品发布功能，网站产品仅基于英文站自动翻译产品，如图 9-119 所示。

图 9-119 多语言市场

多语言产品发布流程，如图9-120所示。要发布多语言产品，可以在My Alibaba后台中，点击“产品管理”→“发布产品”→“选择语言市场”→“选择产品类目”→“填写产品表单”，填写产品表单后点击“提交”按钮则产品进入审核阶段，审核通过后，会展示在相应的站点上，也可以在My Alibaba中点击“产品管理”→“多语言市场首页”→“选择对应市场”→“发布产品”→“选择产品类目”→“填写产品表单”，填写产品表单后点击“提交”按钮后产品进入审核阶段，审核通过后，会展示在相应的站点上。

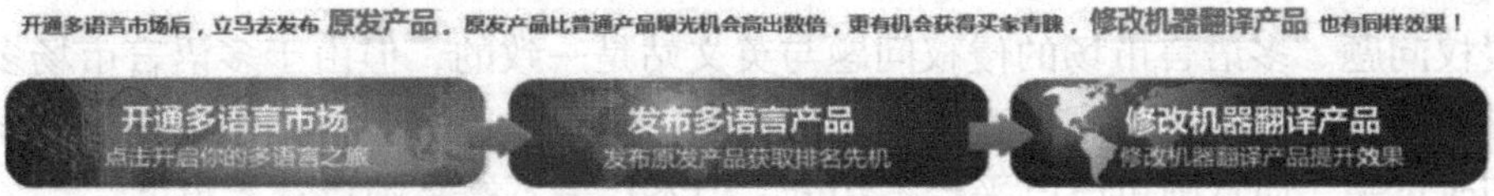

图9-120 多语言产品发布流程

多语言市场营销时要注意以下几点：

①翻译问题。如果想借助机器翻译，则可先登录My Alibaba，再点击“多语言市场”，然后选择所需的发布市场，然后点击“管理机器翻译产品”，编辑已有的英文产品并检查翻译是否正确，检查完成后点击“提交”按钮产品进入审核阶段，审核通过后，会展示在相应的站点上。

由于机器翻译只能翻译文本信息，而图片中的文字却无法翻译，所以为了方便买家阅读，不建议在图片中插入文本信息，如果有需要，最好还是把对应的文本信息摘录出来。

也可以人工手动翻译，比如要发布图9-121中的“Mens Running Low Cut Boat White Sports Short Ankle/No Show Socks”这款产品。选择在哪一个市场上发产品就选中这个市场的站点。比如说选择日语市场，那么就点击“日本语”站点，然后将这一款产品的所有信息进行复制和粘贴，相当于重新发布一款产品。由于是不同的推广市场，在多语言市场发布信息可以与英文站相同。但发布信息的时候，一定要确保产品的完整性和专业性，产品描述信息需符合对应语言的语法习惯。

图9-121 发布多语言市场产品示例

②多语言市场的产品关键词设置。多语言市场的产品只能设置一个产品关键词，英文站则可以设置三个，相当于少了两次的展示机会。关键词查找方法可以参照英文站，将英

文站的关键词对应翻译。

③多语言市场的产品名称设置。多语言产品的名称设置与英文站类似，采用“产品名称 = 修饰词 + 关键词”的形式。要注意书写的内容需符合对应语种的语法，这样能进一步提升产品的专业度。

④多语言产品审核时间。如果多语言市场的产品是由机器翻译直接编辑过来的，审核时间与英文产品的审核时间一致，如果是自主发布的，该产品会在提交之后的 48 小时内审核完毕。

⑤侵权问题。多语言市场的侵权问题与英文站是一致的，但由于多语言市场多了一个机器翻译功能，所以由机器翻译直接发布的产品，阿里巴巴平台将不给以扣分处罚，但也需要我们改过来。而且阿里巴巴平台不扣分，但不代表不被品牌持有者投诉。

4. P4P 直通车

P4P 直通车是通过自助设置多维度关键词，免费展示产品信息，通过大量曝光产品来吸引潜在买家，并按照点击付费的网络推广方式，如图 9-122 所示。

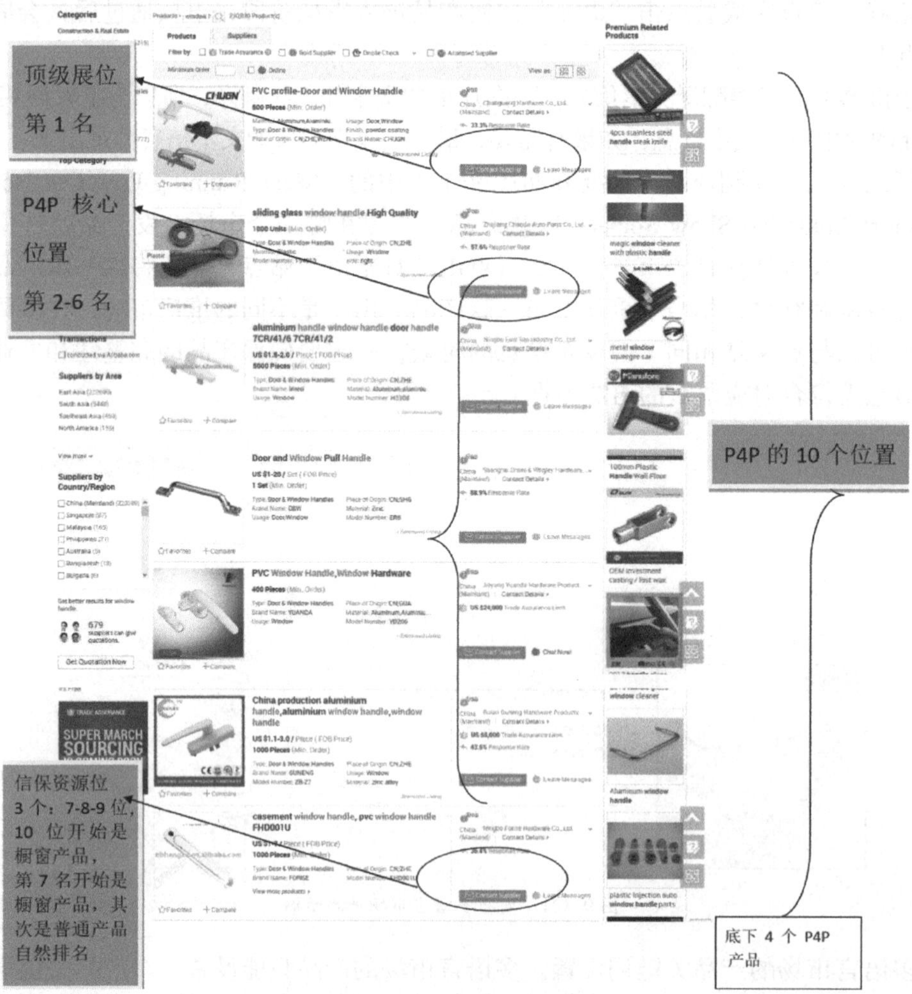

图 9-122　P4P 直通车

P4P 直通车操作方法：登录 My Alibaba，进入外贸直通车，这样就进入了 P4P 直通车的操作管理页面了。

第一步，添加关键词。

点击“推广工具”中的“关键词工具”，添加新组，如图 9-123 所示，并把关键词填入，添加成功以后，可以对关键词进行出价。

第二步，关键词出价。

进入外贸直通车，点击“推广管理”，可以对已添加的关键词进行出价，如图 9-124 所示。

对于外贸直通车的关键词，要说明如下。

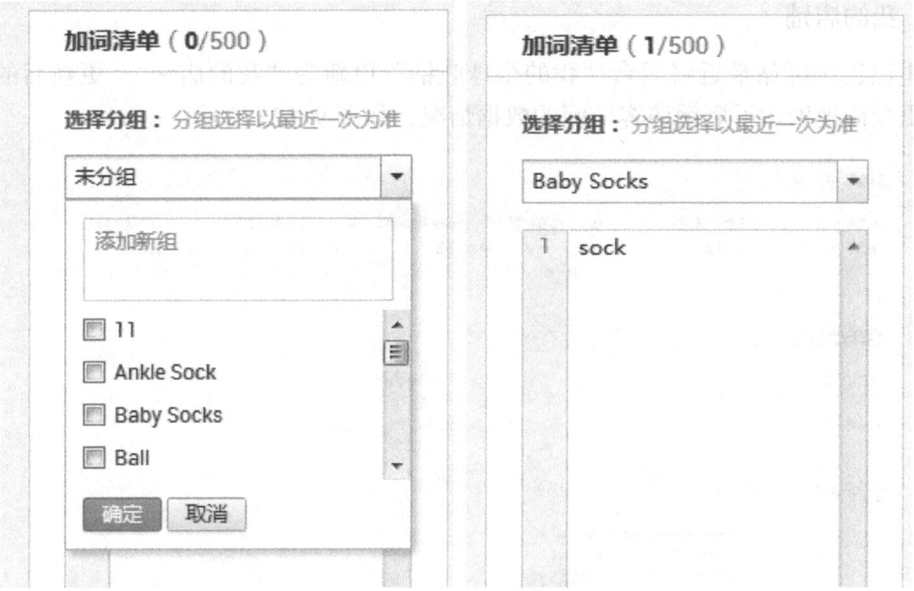

图 9-123　添加关键词

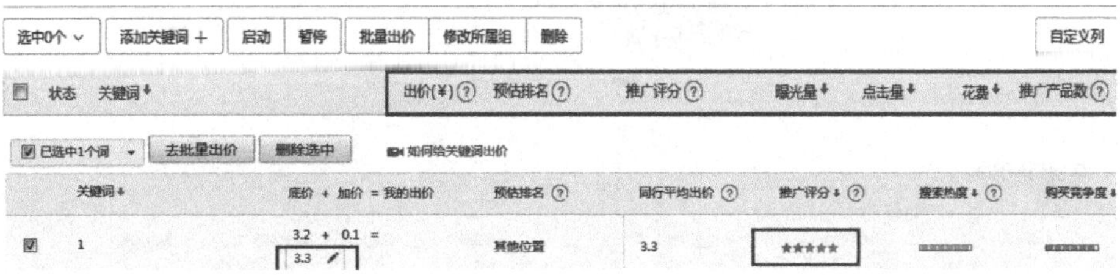

图 9-124　关键词出价

- 出价：≥低价 +0.1；
- 推广评分：必须三星及以上才能推广；
- 推广产品数：可设置有限推广；
- P4P 产品扣费 =（下一名出价 × 推广评分）/ 自己的推广评分 +0.1；
- 出价完毕后，勾选关键词前面的方框，再点击“启动”按钮，P4P 就开始出价了。

直通车的其他功能介绍如下。

• 快捷推广：开启“快捷推广”模式，根据自己的需要，设置出价的上线（即最高出价，每日消耗上限）和需要屏蔽的关键词；

• 推广工具：含有关键词工具和优化工具，主要有重点词关注、预算工具、质量分优化、选品工具、账户清理、翻译优化助手；

• 直通车数据：查看P4P数据变化情况，分析数据，发现问题，采取有效的P4P操作；

• 直通车账户：设有常用设置和综合设置，可根据需要进行设置。

9.4.6 运营效果分析

1. 我的店铺

阿里巴巴国际站最近将后台“我的全球旺铺”更新为“我的店铺”。更新后的“我的店铺”更全面地展示了店铺访客访问的数据情况，如图9-125所示。

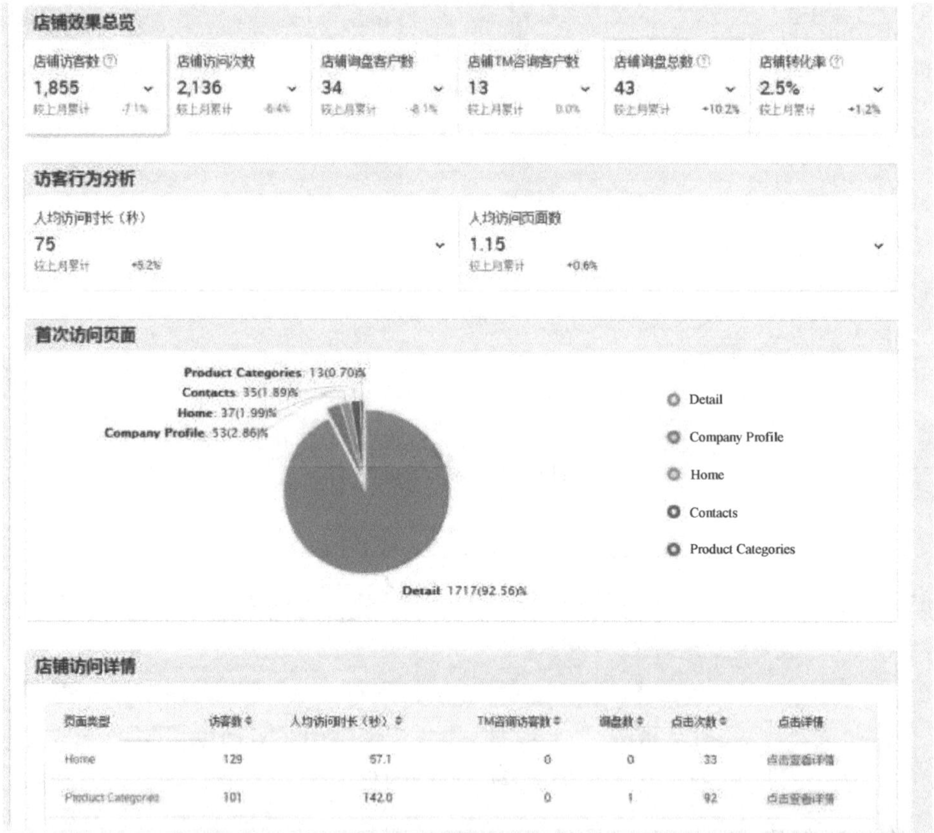

图9-125 “我的店铺”栏目

“我的店铺”分为4个部分：店铺效果总览、访客行为分析、首次访问页面、店铺访问详情。

通过对这些数据的统计及分析，我们可以更好地了解访客各方面的情况，推测出店铺问题出现在哪里并针对性地找到解决问题的方法。

“店铺访问详情”部分可清晰看出各个板块的数据，其中涵盖了页面类型、访客数、人均访问时长（秒）、TM 咨询访客数、询盘数、点击次数、点击详情。“首次访问页面”部分来源类型包括以下 5 个版块：Detail（产品详情）、Home（店铺首页）、Contacts（联系）、Company Profile（公司简介）、Product Categories（产品目录）。

一般来讲，店铺中超过二分之一的流量来自 Detail，也就是产品详情页面；对卖家来说，这是访客主要来源的页面，因此制作好产品详情页面对卖家来说是一件至关重要的事情。

Home 是店铺的首页。如果页面访客多，点击少，转化率低的话，那么店铺的首页可能存在问题。找到问题的根源后，卖家应考虑是否要重新规划、装修首页的布局。

2. 我的效果

可以查看询盘流量，快速呈现曝光、点击、点击率、访客、反馈以及及时回复率的数据曲线图，如图 9-126 所示。

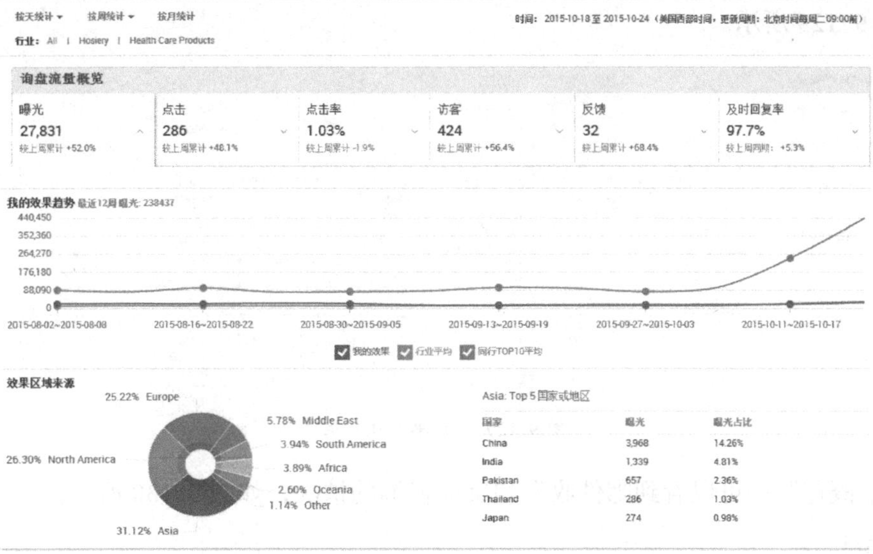

图 9-126　“我的效果”栏目

“我的效果”完美对接 P4P（外贸直通车）的行业平均点击率、曝光、点击等数据，如图 9-127 所示。

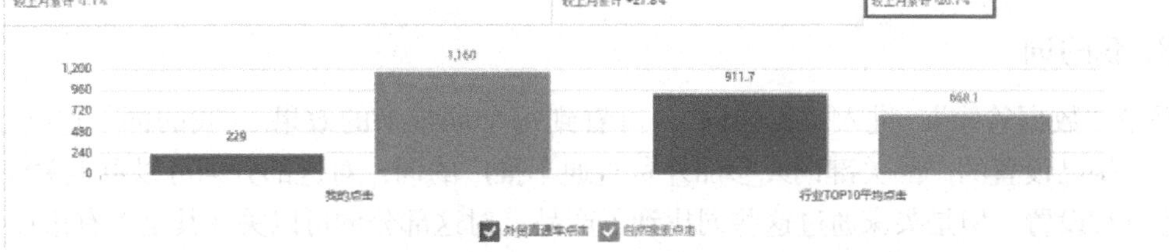

图 9-127　“我的效果”数据对接 P4P 数据

“RFQ 概览”展示行业可报价 RFQ 量、本月审核通过的报价量、RFQ 交易意向转化率等，如图 9-128 所示。

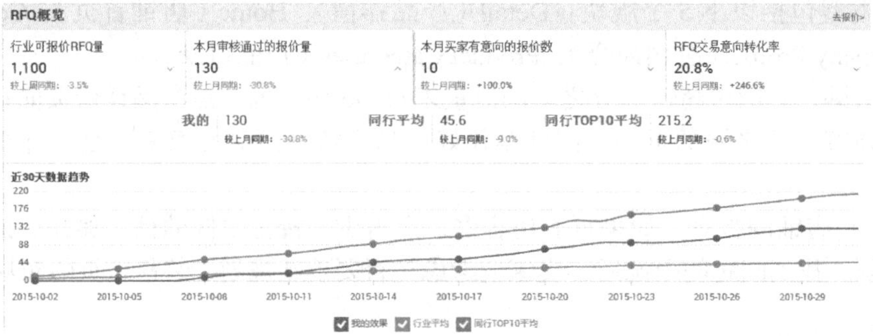

图 9-128 “RFQ 概览”栏目

“订单概览”可展示公司信保数据，有累计信保提交订单数、累计已付款信保订单数，以及信保额度三个模块，可以查看供应商自己、同行平均以及同行 TOP10 平均的具体数据，如图 9-129 所示。

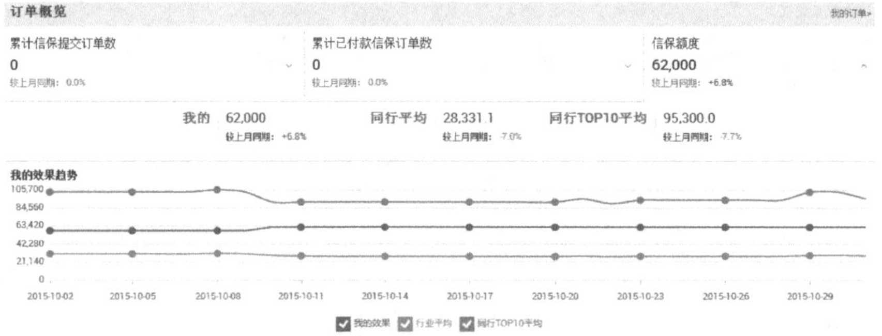

图 9-129 “订单概览”栏目

“营销概览”中可以看到邮件收发和反馈咨询的情况，如图 9-130 所示。

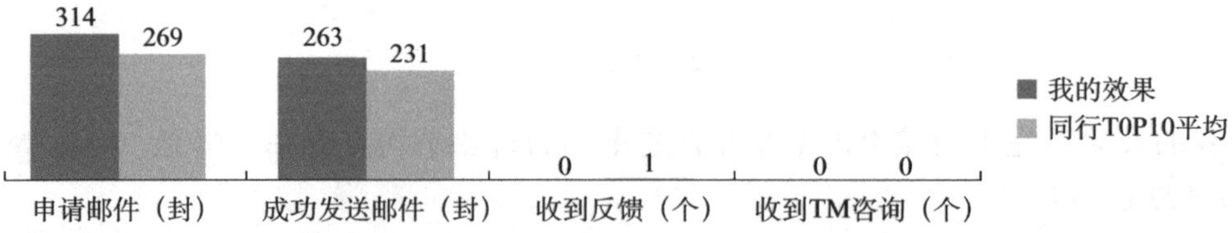

图 9-130 “营销概览”栏目

“产品概览”展示 5 款近 15 天有效果产品以及零效果产品比例图，如图 9-131 所示。

3. 我的词

登录“数据管家”，进入“我的词”，可看到每个词带来的效果。“我的词”包括了两部分词：一是已设置的产品关键词或参加外贸直通车推广的词，对这部分词可以重点关注效果；二是还没有设置，但是买家通过这些词找到了产品，对这部分词可以关注其是否有市场机会。

找到了需要关注的词，具体如何评估它们的效果，找到优化方向呢？

图 9-131　“产品概览”栏目

我们主要看以下 4 个方面来衡量其效果：曝光量、点击率、市场热度和竞争度、已设置的词和买家找到我们的词的一致性。

“我的产品”栏目基于卖家的产品数据，对卖家效果数据中的曝光、点击、点击率、反馈进行数据分层，每一个指标均区分高、中、低三个数据区间，用柱状图进行展示，如图 9-132 所示。

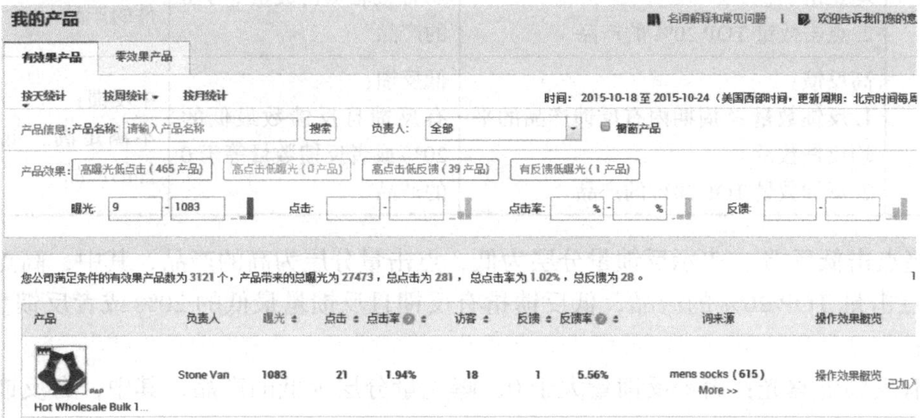

图 9-132　“我的产品”栏目

当光标悬浮到指标区间的柱状图时，会弹出柱子所代表的区间名称和统计逻辑，同时，所代表的区间数字也会自动填充到前面相应的方框内，如图 9-133 所示。

图 9-133　柱状图所代表的区间名称和统计逻辑

曝光、点击、点击率、反馈指标分层定义如表 9-9 所示。

优化时可能有以下情况。

- 高曝光低点击：表示曝光量分层为高，点击分层为低的产品，其中，高曝光指有曝光且曝光量 TOP 20% 的产品，低点击指有点击且点击量最低的 20% 或者点击量等于 0 的产品；
- 高点击低曝光：表示点击分层为高，曝光量分层为低的产品，其中，高点击指有点击且点击量 TOP 20% 的产品，低曝光指有曝光且曝光量最低的 20% 或者曝光量等于 0 的产品；

表9-9　曝光、点击、点击率、反馈指标分层定义

指标	高	低	中
曝光	高曝光（同时满足两个条件，下同）： 1. 曝光量≥周期内有曝光产品的平均曝光 2. 曝光量 TOP 20% 的产品	低曝光： 有曝光且曝光量最低的 20% 或曝光量等于 0 的产品	中曝光： 不满足高、低曝光条件的产品
点击率	高点击率： 1. 点击率≥周期内点击产品的平均点击 2. 点击率 TOP 20% 的产品	低点击率： 有点击且点击数量最低的 20% 或者点击数量等于 0 的产品	中点击率： 不满足高、低点击率条件的产品
点击	高点击： 1. 点击数量≥周期内有点击产品的平均点击 2. 点击数量 TOP 20% 的产品	低击点： 有点击且点击数量最低的 20% 或者点击数量等于 0 的产品	中点击： 不满足高、低点击条件的产品
反馈	高反馈： 1. 反馈数量≥周期内有反馈产品的平均反馈数量 2. 反馈数量 TOP 20% 的产品	低反馈： 有反馈且反馈数最低的 20% 或者反馈数量等于 0 的产品	中反馈： 不满足高、低反馈条件的产品

- 高点击低反馈：表示反馈量分层为低，点击量分层为高的产品，其中，高点击指有点击且点击量 TOP 20% 的产品，低反馈指有反馈且反馈量最低的 20% 或者反馈量等于 0 的产品；
- 有反馈低曝光：表示反馈量大于 0，曝光量分层为低的产品，其中，有反馈指反馈量大于 0 的产品，低曝光指有曝光且曝光量最低的 20% 或者曝光量等于 0 的产品。

针对以上不同的情况进行关键词优化。曝光、点击、点击率、反馈四者关系可以参考漏斗模型。曝光不足其原因是排名出了问题，排名排不上，若产品按照上节的步骤完整地填写产品信息，产品信息完整度是 100%，公司信息完整，线上数据未出现异常（未重复铺货、未侵权被扣分、有一定的 FAQ 数量），那就要对关键词进行优化；而点击率低，其原因有三，即买家喜好度、图片与关键词不匹配、关键词有问题需优化。

4. 产品优化

可以将以上各模块的数据，整理下载到 Excel 中，做更深入的对比分析和转化率分析，以便对所有精品产品进行系统的管理，整合数据分析，定期优化，如图 9-134 所示。比如，Excel 中的数据分析示例如图 9-135 所示。

5. 爆款打造

所谓爆款，即自身平台内流量最高、转化最好的一部分产品，也是享受排名资源最多的产品，如图 9-136 所示。

“爆款”打造步骤介绍如下（见图 9-137）。

第一步，筛选主推产品及关键词，发布一个符合新规的高质量产品。

第二步，将该产品设置为橱窗产品，增加排名优势（金品诚企 40 个橱窗的优势将被放大）。

产品管理表												产品优化方案			
备注：每周二统计				填表日期：2015-7-14产品时间：7.5-7.11								优化时间			
				关键词数据		产品效果				P4P曝光					
	产品图片	产品名称	关键词	排名位置	供应商竞争度、橱窗数、热度	曝光量	点击量	访客数	反馈数		负责人	产品图片	产品名称	关键词	供应商竞争度、橱窗数、热度
1		cheap modern white wooden semi circle executive office desk	office desk	1页10位	715/179/4000	3452	35	40	5	2520	Dean				
			office desk modern	2页16位	139/36/570										
			white office desk	1页20位	118/5/510										
			executive office desk	3页6位	341/51/510										
			semi circle office desk	1页18位	61/1/480										
			cheap office desk	1页6位	271/9/90										
2															
3															
4															
5															
6															
7															
8															
9															
10															

图 9-134 产品优化

	A	B	C	D	E
1	模块	项目	我的数据（测试）	同行平均	同行TOP10平均
2	产品	产品信息质量分	1	4	4
3		橱窗产品数（已用/所有）	18/18	12/13	47/47
4		主营认证产品（已用/所有）	1/10	10/11	15/19
5	旺铺	旺铺访客数（近30天）	3895	1494	38003
6		旺铺TM咨询客户数（近30天）	0	13	289
7		旺铺反馈数（近30天）	0	54	1574
8		旺铺转化率（近30天）	0.00%	3.90%	15.70%
9	曝光	总曝光量（近30天）	348	83373	757752
10		P4P曝光量（近30天）	0	68234	381636
11		总曝光词数（近30天）	36	8027	58356
12		P4P曝光词数（近30天）	0	363	3378
13		有曝光的产品数（近30天）	17	1777	14079
14	点击	总点击量（近30天）	52	1075	12448
15		P4P点击量（近30天）	0	542	2473
16		总点击词数（近30天）	11	381	3112
17		有点击的产品数（近30天）	5	263	1697
18	点击率	总点击率（近30天）	14.94%	1.31%	3.13%
19	反馈	总反馈数（近30天）	855	170	6558
20		产品的反馈数（近30天）	642	162	6405
21		近6个月反馈增长率	66.00%	67.50%	3388.30%
22	访客	总访客数（近30天）	3941	1662	39093
23		P4P访客数（近30天）	0	320	1498
24	客户	总反馈客户数（近30天）	25	131	4387
25		TM咨询客户数（近30天）	3	160	1164
26	回复	及时回复率	36.80%	71.80%	100.00%
27		询盘及时回复率（近30天）	36.80%	74.40%	100.00%
28		TM咨询及时回复率（近30天）	0.00%	59.70%	100.00%
29		平均回复时间（单位：小时）	165.5	43.4	168
30	订单转化	订单转化率（近180天）	0.00%	3.40%	36.50%
31		已付款客户数（近180天）	0	5	33
32		活跃客户数（近180天）	23	209	6052
33	RFQ	可用报价权益数	44	22	270
34		本月已报价RFQ数	7	2	18
35		买家已回复RFQ数（近30天）	6	3	22
36		RFQ市场表现分	0	386	753
37	交易	交易等级分	0	5,002	500,500
38		已发货信用保障订单金额（近18	USD 0.00	USD 15746.88	USD 343755.31
39		已付款批发订单金额（近180天）	USD 0.00	USD 4093.31	USD 46405.02
40		一达通出口金额（近180天）	USD 0.00	USD 70428.12	USD 2254316.15
41		信用保障订单按时发货率（近18	0.00%	73.50%	100.00%

图 9-135 Excel 中的数据分析示例

第三步，将该产品所设置的关键词全部加入 P4P 推广，并在对应关键词项下全部优先推广该产品，并设置一个合理的出价。

第四步，通过橱窗和 P4P 的优势快速积累产品数据，提升买家喜好度，每周二统计产品数据，根据数据反馈进行针对性的优化调整。

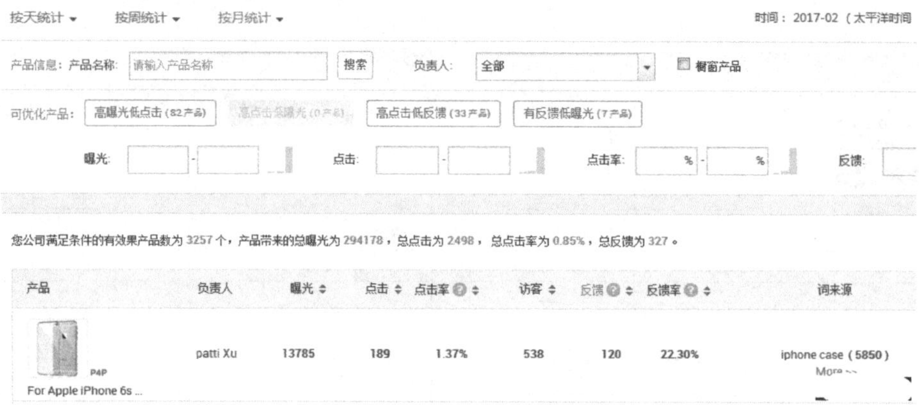

图 9-136 爆款打造

图 9-137 “爆款”打造步骤

Alibaba 国际站有效产品发布

Alibaba 国际站后台简介

Alibaba 国际站产品图片

Alibaba 国际站千牛工作台

Alibaba 国际站公司信息填写

第10章

跨境进口电商

本章导论

尽管本书以出口跨境电商为主，但由于进口跨境电商发展非常快，并已经形成产业链和生态体系，因此本章介绍国内海淘市场的特点，以及跨境进口电商产业链和各种平台模式，最后还特别介绍目前国内主要的跨境进口电商通关模式。

通过本章的学习，跨境电商可以在进口电商方面进行尝试，或者通过对进口跨境电商市场和产业链的认识与了解，指导出口跨境电商的实战。

10.1 国内海淘市场

2016年中国海淘用户规模达到0.41亿，据艾媒资讯预测，2018年中国海淘用户将达到0.74亿。从2013年开始，从买手代购模式的洋码头、社区分享模式的小红书等跨境进口电商平台相继成立，到天猫、亚马逊、网易等进入战局，在2016年网易考拉海购占比21.6%稳居榜首，天猫国际以18.5%的比例位居第二。

1. 2015～2017年中国海淘用户行为

近3年来，中国海淘用户消费行为也在发生变化。本节借助洋码头、艾媒资讯、PayPal和阿里研究中心的调研数据，发现海淘消费者的购物选择日趋多元化和差异化。

1）海淘消费类目

截至2015年，中国消费者的海淘足迹超过100个国家，涵盖各国品牌28万个，海外商品种类超过233万款。从2007年开始，海淘消费的主要类目从2007年的奢侈品/化妆品，到2008年的海外购买奶粉/尿片，再到2009年的零食坚果，2011年的手机数码，2014年的运动鞋和手表，到2015年主要海淘类目为日化家居等。

2016 年阿里报告显示，互联网高端消费者青睐简约舒适、年轻时尚有活力的着装风格，而奢华尊贵的品牌形象仅列第三。阿里调研结果显示，一些诞生于互联网的高端日系服装品牌深受新一代互联网高端消费群体追捧。中国消费者更为成熟理性，认同品牌又不拘于传统大品牌，在不同价位上追求性价比的表现突出。

2017 年 PayPal 的报告显示，配饰配件和服装“名列前茅”，分别有 79% 和 75% 的消费者表示在过去一年中曾经通过海外直购的方式购买过这些品类，其次是保健品 60%，美妆护肤 52%，如图 10-1 所示。

图 10-1　2017 年 PayPal 报告

2）海淘消费者来源地

洋码头的调研显示，以成交笔数占比和成交额占比为标准，2014 年 6 月～2015 年 6 月期间海淘用户最多的地区是上海、北京、杭州、广州等城市。2016 年阿里巴巴研究报告显示，互联网高端消费人群增长迅速，年复合增长率约为 24.6%，其中 65% 来自东部地区，如图 10-2 所示。

调研数据还显示，2016 年消费人群已经开始从一线城市向二三线城市延伸，这也是由于国内跨境电子商务的发展，让更多底线城市的消费者也有了接触到最新国际潮流和生活方式的机会。三四线城市中海外消费最强的首推贵阳，其次是南宁、昆明、乌鲁木齐等城市，如图 10-3 所示。

3）海淘购物目的国

2015 年，中国海淘用户特别青睐奥地利的耳机、芬兰的户外功能手表、英国的低帮鞋、哥伦比亚的气球、马来西亚的速溶咖啡、美国的女士包装和德国的爱婴儿牛奶粉等。如图 10-4 所示。

2017 年 PayPal 的报告显示美国是最主要的海外直购目的地国家，其次英国、日本、澳洲和韩国是最为心仪的购物目的地。当他们在购买不同的产品时，会倾向于选择不同的国家，例如去日韩电商网站购买护肤彩妆类产品，在澳洲电商网站购买母婴产品等。

2016 年阿里巴巴研究报告显示，在跨境进口方面，中国消费者主要直购目的地为美国、日本、英国、法国、澳大利亚、韩国、意大利、德国和加拿大等，如图 10-5 所示。

4）海淘用户个人特征

根据艾媒资讯，2016 年中国海淘用户以女性为主，84% 用户年龄在 19～40 岁之间，30% 以上用户收入在 5000～8000 元。2017 年 PayPal 调研报告显示，海外直购日渐成为中国消费者的新选择，尤以“已婚有孩群体”为海外直购主力军。49% 的受访者表示曾经于过去一年在国外网站进行过海淘消费，平均每年进行 6 次海淘，且在国外网站海淘的单次平均消费金额为人民币 1197 元（普遍高于在国内海淘平台购物的 694 元）。阿里研究院 2016 年报告预测 2020 年中国将出现 6100 万互联网高端消费者，高端消费人均消费额将由当前的 4800 美元增长至 2030 年的 10700 美元。

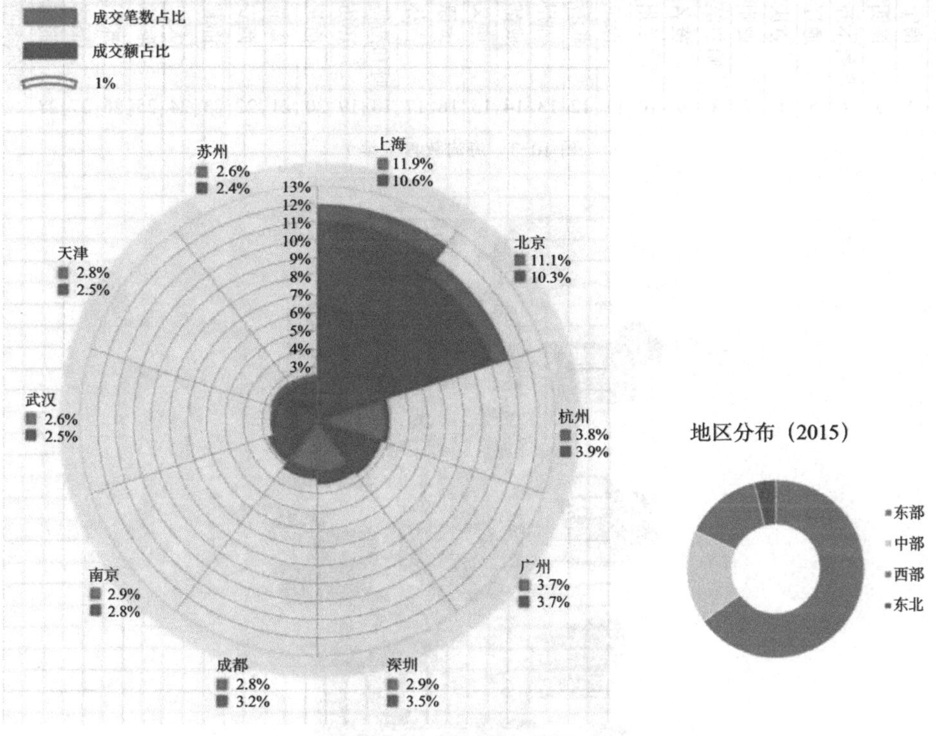

图 10-2　洋码头调研数据

5）海淘消费渠道

中国消费者首次接收到海外直购信息的主要渠道是海淘网站的户外广告（22%），此外是搜索引擎（21%）、网上促销信息（20%）和网上产品推荐（19%）。不过 86% 的人仍表示，他们普遍会根据需求进行海淘购物。例如，已婚女性多数在怀孕阶段产生海淘需求，且已婚有孩群体更倾向于在国外网站海淘。高达 66% 和 65% 的受访者表示，选择在国外网站进行海淘的主要原因是产品“质量更优”且具有“正品保证”，如图 10-6 所示。

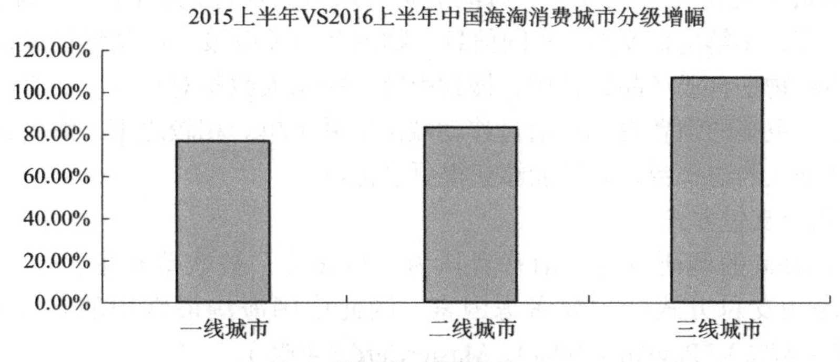

图 10-3　海淘数据

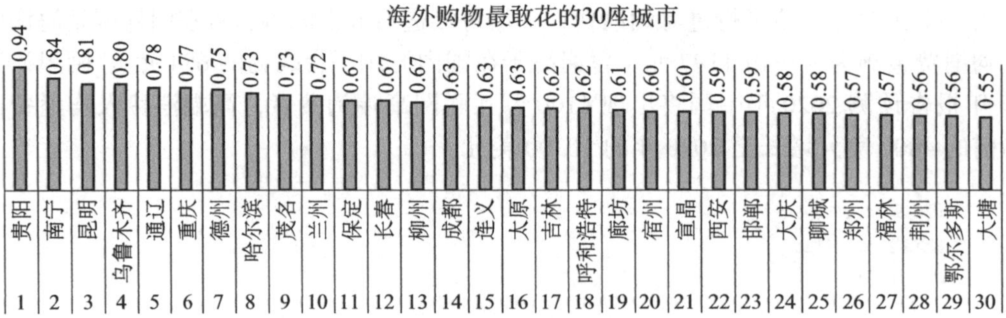

图 10-3　海淘数据（续）

图 10-4　海淘购物目的国

2017 年 PayPal 调研显示，海淘族们会根据不同的消费类型来选择不同的网站。根据所有受访的消费者提供的数据，其中被勾选次数较多的网站按照排名依次是：亚马逊（36%）、乐天（30%）、Macys（29%）、6PM（27%）和 SHOPBOP（19%）。

根据 PayPal 调查发现，中国海淘族多为理性购物群体，多数会在明确购物需求时才会进行“下单”，而另外一部分喜爱在特定时期进行海淘的消费者，则往往选择季节性折扣、情人节、圣诞节等国外折扣力度较大的时期进行消费。

移动端消费渠道将成主流渠道。海淘消费者通常会通过购物网站、海淘论坛或社交媒体账号等渠道，了解电商平台 / 官网信息、物流及海关政策、产品评价等相关内容，从而选定心仪的购物平台或产品，其中，搜索引擎的使用人数相对较少。在完成了一切前期准备工作之后，更多的消费者选择通过移动端浏览并下单。相较之下，海淘族可通过 App 直接较便利地进入购物平台，并且能够获得更多优惠。

6）海淘消费支付方式

2017 年 PayPal 的调研发现，消费者认为支付速度、被砍单几率、专业性以及知名度是其选择海淘支付方式的主要考虑因素。因此中国海淘最常用的支付方式是 VISA（55%）、银联（47%）、PayPal（40%）、MasterCard（40%）。

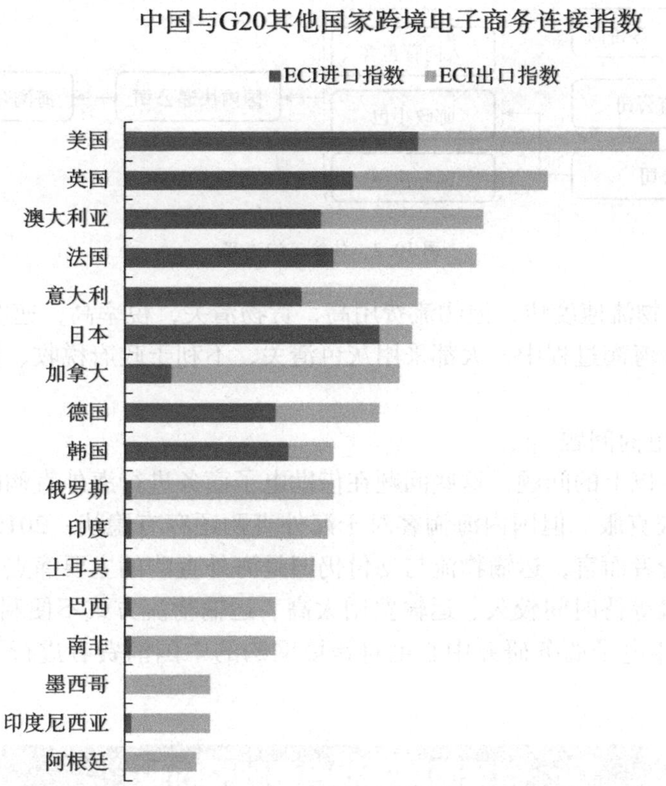

图 10-5 阿里巴巴研究报告显示海淘目的地

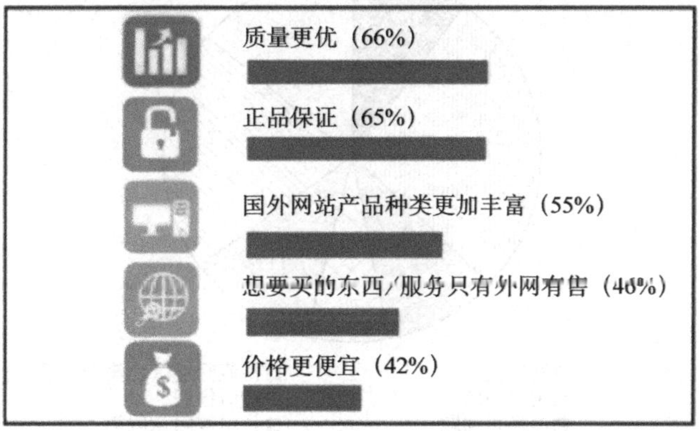

图 10-6 海淘消费渠道调研

2. 海淘过程中的问题

1）传统海淘问题

传统海淘流程如图 10-7 所示。

传统海淘存在以下三种问题。

- 人肉背包客：物流体验差，可靠性差，速度慢，个人物品清关漏税严重；
- 邮政小包：物流速度慢，物流体验较差，行邮监管，灰色清关；

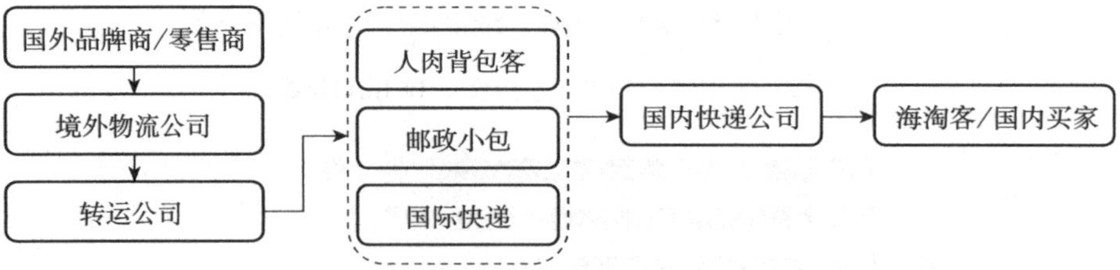

图 10-7　传统海淘流程

- 国际快递：物流速度快，但物流费用高，货物清关，税率高，速度慢。

此外，在传统海淘过程中，大都采用灰色清关，不利于政府税收、消费者体验和电商服务。

2）跨境进口电商问题

传统海淘存在以上的问题，这些问题在借助电子商务进行海外直购的跨境进口电子商务过程中，可以被克服。但国内海淘客对于海外直购还存有隐忧。2016 年 PayPal 调研报告显示，对于消费者而言，运输物流与支付仍旧是海外直购的主要痛点，消费者最为担心的问题包括：运输等待时间较久、运输费用太高、运输物流方式不便利 / 操作麻烦、退换货不便等。2018 年电子商务研究中心也对跨境网购的中国消费者进行了调查，调研结果如图 10-8 所示。

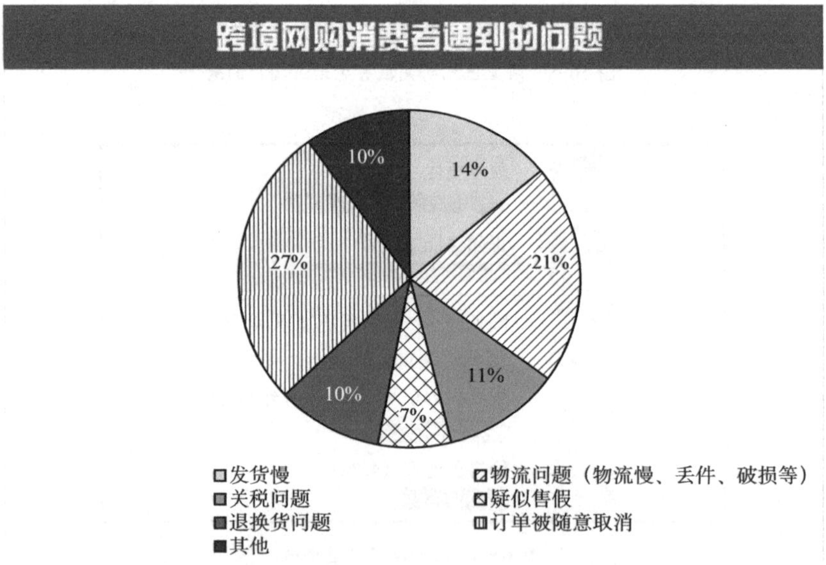

图 10-8　跨境网购消费者遇到的问题调查

①疑似售假问题突出。在跨境电子商务领域，商品存在以下四大陷阱：一是假货，如商家进货渠道问题、商家自己造假、伪造报关凭证；二是虚假宣传；三是产品质量问题，以次充好；四是售后服务国内难以保证。为解决售价问题，有些电子商务平台会在购买的商品上贴有防伪溯源查询码，扫码显示商品的名称、进口商 / 代理商、原产国（地区）、启运国（地区）、进口口岸、保税仓、检验检疫申报日期、申报单号、中国海关申报日期、中国海关申报单号。

②退换货难解决。海外产品进入中国以后售后服务如何在国内落地。一是不同国家、地区适用法律不同；二是退货制度不健全不顺畅，这主要是因为存在运输成本、二次销售等原因，境外商家拒绝为买家退货，且从制度上而言，据2016年《关于跨境电子商务零售进出口商品有关监管事宜的公告》规定，如果以快件方式退货的，由于快件接受方是商家，该货物的性质不再是“自用”，而属于贸易性质，不再适用“行邮税”相关规定，成本大幅提高。

③霸王条款严重。电子商务研究中心曾受浙江省工商局合同处委托对国内知名的38家跨境网购平台进行用户格式条款审查，审查显示，一些平台存在霸王条款甚至达到20条。

④物流短板凸显。物流是制约跨境进口电子商务发展的重要问题，由于物流周期相对较长，期间出现商品破损的概率增加。电子商务研究中心对跨境进口电子商务三种物流方式（海外直邮、保税进口、海外拼邮）进行物流体验对比。当前跨境物流的平均配送时间是在3～10天，多数在一周左右，相比通过电子商务平台购买国内商品，跨境网购存在物流时间相对较长、运输过程不确定、物流造成的退换货难等问题。跨境进口电子商务物流快递体验对比如表10-1所示。

表10-1　跨境进口电子商务物流快递体验对比

模式	海外直邮	保税进口	海外拼邮
商品靠谱性	靠谱	靠谱	不靠谱
配送速度	较慢	快	较慢
运费价格	高	低	一般
包裹安全性	安全	安全	不安全
适用模式	平台 / 个人代购	电商平台	个人代购 / 平台
典型代表	洋码头、小红书	网易考拉海购聚美优品	个人代购卖家海外电商平台

⑤信息安全问题。近年来互联网 / 电子商务行业“泄密”事件频频出现，比如京东和腾讯协助公安部破获窃取和盗卖公民信息50亿条、5173中国网络服务网数次被“盗钱”、当当网多次用户账户遭盗刷、“1号店”员工内外勾结泄露客户信息、支付宝漏洞致用户信息泄露、如家和七天开房用户信息泄密、腾讯7000多万QQ群遭泄露、银行卡信息遭泄露、微信朋友圈小游戏窃取用户信息、快递单贩卖成“灰色产业链”、小米“泄密门”致800万用户信息泄露、13万12306用户信息外泄事件等。跨境电子商务也不例外，其中以小红书大面积信息泄露事件为典型代表。

⑥信用问题严重。一是卖方失信，特别是跨境进口商品平台上的第三方商家，存在描述不符、发货不符、虚假链接、刷单炒作、虚假承诺等失信问题。二是物流方失信。由于配送时间长，中间环节多，加上人员个人素质，以及落后的监管机制，极易发生不良事件，影响卖家和消费者对平台，乃至整个行业的信任度，表现为冒名接收、恶意索赔、责任推卸、开包窃取等。

⑦假票据投诉多。国外商家仍然会提供正规消费凭证Receipt或Invoice（收据，跟中国的发票效力一样，可以用于报销），但与国内的发票形式不同，而购物收据真假难辨。

⑧消费者教育欠缺。消费者自身缺乏预警和消费认知。比如对产品的鉴别、对海关违禁物品的了解，以及不熟悉虚假票据陷阱、退换货规则、转运风险、支付风险等。消费者对知识产权的意识也比较淡薄。

10.2 跨境进口电商产业链

10.2.1 跨境进口电商产业链的发展

根据这几年的调研数据，跨境进口电商的产品品类更丰富，物流模式更多样化。

国内海购消费者购买更频繁，并从原先购买必需品转为购买奢侈品，消费者从喜欢囤货购买（因为跨境电子商务的介入）变为常规化，购买的产品也从标准化产品变为以长尾产品为主。

高附加值产品、体积小的奢侈品、名表、高端电子产品大都会采用国际快递直邮模式；中频需求、价位中等的名牌箱包、服饰、化妆品等主要选择邮政直邮或转运模式；针对奶粉、母婴、大众电子产品等，对于标准化、需求稳定可预测的产品，可以采用批量处理的报税模式。

海外品牌商、渠道商、个人卖家等借助 B2B 中间商平台、跨境进口零售商平台，在跨境进口综合支撑服务商（支付、物流、转运公司、清关、其他服务）的帮助下，将产品卖给中国消费者，产业链逐渐开始形成。

根据易观国际 2018 年的数据，国外品牌商在国内海购市场具有较大影响力如图 10-9 所示。

图 10-9　国外品牌商在国内海购市场具有较大影响力

一些 B2B 平台，如慧聪网等 B2B 信息平台、跨境集市等 B2B 交易平台、全球购等 B2B 供应服务商，借助原有国际贸易优势，组织货源，实现供应链管理，如图 10-10 所示。

跨境电子商务零售商平台成为国内海购用户的主要购物渠道，如图 10-11 所示。

图 10-10 B2B 平台

图 10-11 跨境电子商务零售商平台

这些平台包括：

- 自营主导和平台主导的从属主站型跨境电子商务平台。从属主站型跨境电子商务，指的是主营为销售中国关境外商品，并且此业务没有单独 App 或者没有中国境内一级网站域名的电商企业和中国企业与中国境内用户达成商品协议的商业行为，如亚马逊海外购、唯品国际等；
- 自营主导和平台主导的独立型跨境电子商务平台。独立型跨境电子商务，指的是主营业务为销售中国关境外商品，并且此业务有单独 App 或者有中国境内一级网站域名的电商企业与中国境内用户达成商品销售协议的商业行为。

所谓自营自导的跨境电子商务是指电商企业网站或 App 中所售卖的中国关境外商品，绝大部分来自该企业自行采购、自行销售，并与中国境内用户达成商品销售协议的商业行为；而平台主导的跨境电子商务是指电商企业网站或 App 中所售卖的中国关境境外商品，有较大的比例来自第三方卖家的采购和销售，并与中国境内用户达成商品销售协议的商业行为。

跨境进口电商与国内电商相比，会需要更多的服务支撑，比如运输服务、金融服务、通关服务、园区仓储服务等。这几年在国内已经形成了服务支撑链，如图 10-12 所示。

除此之外，在产业链上，还有许多外围服务平台，比如导购返利平台、代运营平台和系统集成服务商等，如图 10-13 所示。

可见，跨境进口电商已经形成了较为成熟的产业链，如图 10-14 所示。

图 10-12 跨境进口电商服务支撑链

图 10-13 跨境进口电商外围产业链

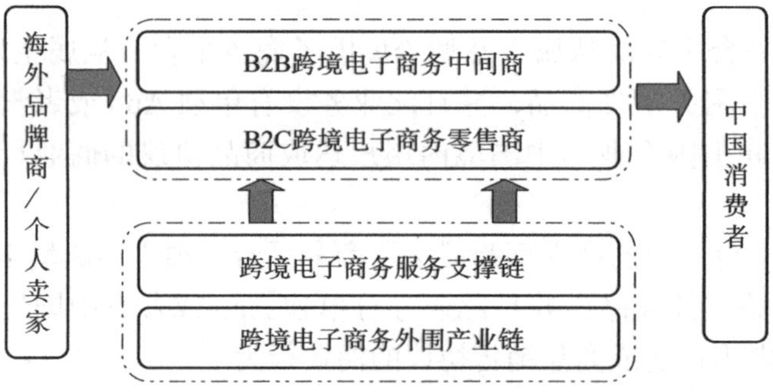

图 10-14 跨境进口电商产业链

10.2.2 跨境进口电商平台模式

上节将跨境进口电商零售平台按照自营主导和平台主导，以及按照从属和独立两者来进行分类。除此两项标准，还可以进行再细分。

1. 买手（代购）制模式

买手制模式分为买手制 B2C（以商家性质买手为主）、买手制 C2C（以个人买手为主），其中以洋码头、淘宝全球购、美国购物网等为典型代表，该模式由海外买手直采，并通过自营物流发货或第三方物流发货，对商品货源以及质量的把控相比自营电商弱。

洋码头成立于2010年，在业内创新性地创立买手制的电子商务平台，通过买手制模式建立碎片化的弹性全球供应链，用视频直播的方式，为国内消费者提供全球值得买的好商品。截至2017年第三季度，洋码头用户数达4800万，认证买手商家超过6万名，覆盖全球六大洲，分布于美国、英国、日本、韩国、澳洲、新西兰等83个国家，每日可供购买的商品数量超过80万件。通过海外买手商家实时直播的海外购物场景，平台提供跨境直邮快速、安全的运输，为消费者提供正品保障、假一赔十的服务。2016年年初，在跨境“4·8”税改政策落地之际，洋码头借助旗下官方物流——贝海国际，与海关全面对接入境包裹信息，成为行业内第一家与海关系统快速对接实现“三单对碰”的跨境电子商务平台，大大提高了清关效率，如图10-15所示。

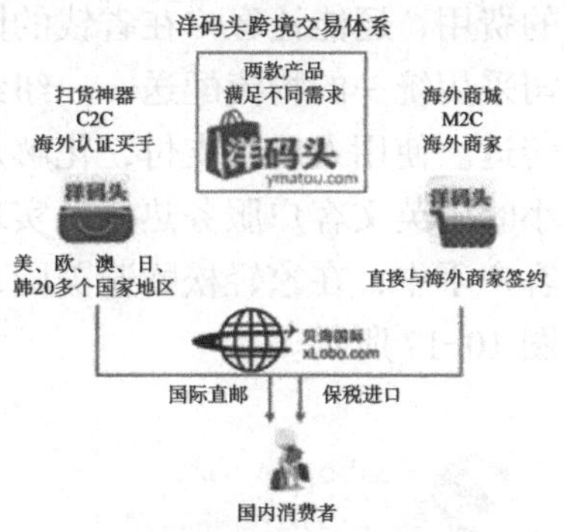

图10-15　洋码头

淘宝全球购于2007年建立，主要引进中小海外商品代购商，提供的是一个连接买卖双方的平台，并不直接参与到海外商品买卖流程之中。淘宝全球购走的是C2C模式，入驻平台的不是具有高知名度的大品牌的旗舰店，而是长居境外的小卖家。买手们热衷于根据自己的兴趣方向来挖掘具有当地特色的中小品牌，如独立设计师的小众服饰、当地冷门美食等。买手们还会运用各种营销工具来为店铺造势，包括直播、短视频、通过微淘发布等，进而将自己和店铺打造成IP、增强顾客黏性，简言之就是“代购网红化”。截至2018年7月，在淘宝全球购拥有超过16000名海外买手，计划在今年内扩展到50000名。全球购设置了现场实拍、海外团、品牌馆三大子目录，现场实拍考虑了消费者对产品真实性的顾虑，海外团一定程度上解决了代购单量小、运费高等问题，品牌馆把全球购相关品牌代购商进行分类和梳理，用品牌来提升草根化的全球购给人的质量感觉。除此以外，全球购平台推出“甄星计划”，目标为每天孵化一个品牌，全年度至少发掘365个境外优质的中小品牌经由淘宝全球购销往大陆。淘宝全球购首页如图10-16所示。

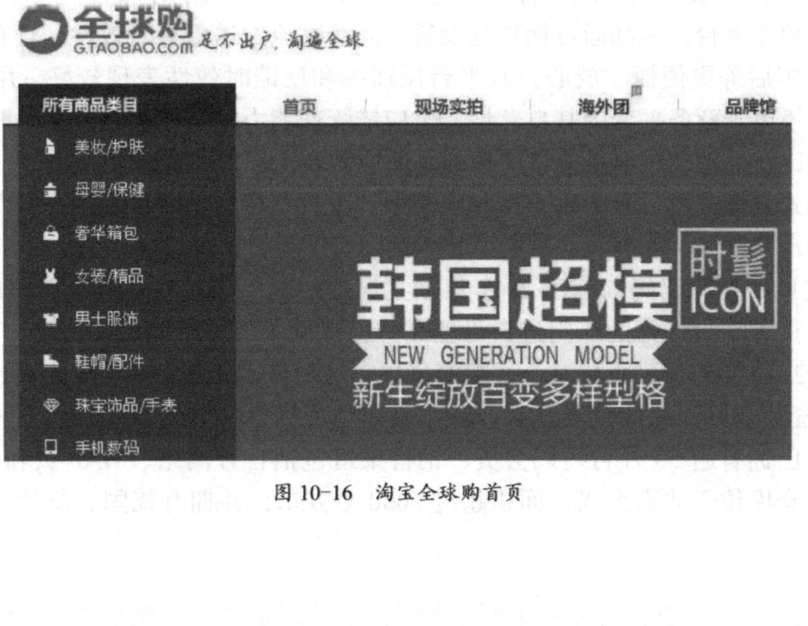

图10-16　淘宝全球购首页

美国购物网专注代购美国本土品牌商品，涵盖服饰、箱包、运动鞋、保健品、化妆品、名表首饰、户外装备、家居母婴用品、家庭影院等。该网站兼顾批发和零售，主打直邮代购，可以代购美国品牌服饰、箱包、运动鞋、保健品、化妆品、名表首饰、户外装备、家居母婴用品、家庭影院等商品，相比国内专柜同品牌、同型号商品可节省高达 50% 的费用，还能让客户在省钱的同时买到一些国内未上市的产品。代购的商品均由美国分公司采用统一的物流配送——纽约全一快递，由美国发货直接寄至客户手中，无须经过国内转运。使用人民币支付，化解众多跨境购物支付难题，并为客户提供完善的售后服务，24 小时中英文客户服务热线，实现无障碍跨国购物。代购的美国商品，7～14 个工作日直达客户手中，在家轻松购遍美国，足不出户，即可同享美国高品质生活。美国购物网首页如图 10-17 所示。

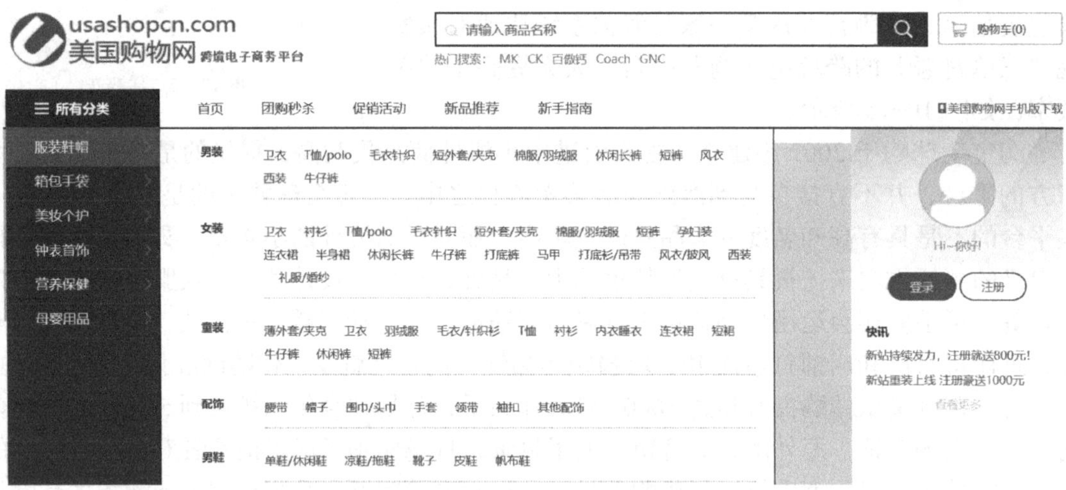

图 10-17　美国购物网首页

2. 自营模式

自营模式在产品质量、服务标准、物流配送方面更有保障，如蜜芽、网易考拉。这类模式电子商务平台，大都通过保税仓发货，商品物流配送更有时效性，且有平台作为担保，服务、售后等更便捷、放心，且平台反馈率和反馈时效性表现较好，用户满意度较高。这类跨境电子商务平台因其自营性，供应链管理能力相对比较强，从采购到用户手中的整个流程比较好把控。但是值得注意的是前期需要比较大的资金支持。

自营模式具体又可以分为垂直型和水平型。垂直型指的是平台在选择自营品类时会集中于某个特定的领域，如美妆、服装、化妆品、母婴等，比如蜜芽。

蜜芽宝贝由全职妈妈刘楠于 2011 年创立，是中国一家进口母婴品牌限时特卖商城。每天在网站推荐平台选择的热门进口母婴品牌，以低于市场价的折扣力度，在 72 小时内限量出售。2013 年起得到真格基金、险峰华兴、红杉资本领投、HCapital 领投等持续的分险投资。“蜜芽宝贝”总部位于北京，除了技术研发团队，70% 的员工是拥有 0～3 岁宝宝的家长，已拥有逾 50 万名妈妈会员，销售渠道包括官方网站、WAP 页和手机客户端。蜜芽宝贝主仓库位于北京大兴，面积超过 6000 平方米，并拥有德国、荷兰、澳洲三大海外仓，以及宁波、广州、重庆三个保税仓，在母婴电商中率先步入“跨境购”领域，也是国内首个用铁路从欧洲运回商品的跨境电子商务。蜜芽宝贝首页如图 10-18 所示。

图 10-18 蜜芽宝贝首页

蜜芽宝贝的供应链分为 4 种模式：从品牌方的国内总代采购体系中采购；从国外订货直接采购，经过各口岸走一般贸易形式；从国外订货，走宁波、广州和重庆的跨境电子商务试点模式；蜜芽的海外公司从国外订货，以直邮的模式报关入境。

网易考拉是网易旗下以跨境业务为主的综合型电商，于 2015 年 1 月 9 日公测，属于水平型的自营跨境进口电商平台。其销售品类覆盖了母婴、美容彩妆、家居生活、营养保健、环球美食、服饰箱包、数码家电等。网易考拉以 100% 正品，天天低价，7 天无忧退货，快捷配送为核心价值。平台主打自营直采的理念，在美国、德国、意大利、日本、韩国、澳大利亚、中国香港、中国台湾设有分公司或办事处，深入产品原产地直采高品质、适合中国市场的商品，与全球数百个优质供应商和一线品牌达成战略合作，从源头杜绝假货，直接从原产地运抵国内，在海关和国检的监控下，储存在保税区仓库，网易考拉还与海关联合开发二维码溯源系统，严格把控产品质量。因为是自营模式，因此拥有自主定价权，可以通过整体协调供应链及仓储、物流、运营的各个环节，根据市场环境和竞争节点调整定价策略。

网易考拉在杭州、郑州、宁波、重庆四个保税区拥有超过 15 万平方米的保税仓储面积，在宁波建有 25 万平方米现代化、智能化保税仓。同时在美国、中国香港建成两大国际物流仓储中心，并开通韩国、日本、澳大利亚、欧洲等国家和地区的国际物流仓储中心。网易考拉主营品类是母婴、美容彩妆、家居个妆、进口美食、营养保健等，通过网易自营海外直采到国内通过清关，国内用户在网易媒体的推广下，在平台下单，商品从保税仓由国内快递发到消费者手中。网易考拉首页如图 10-19 所示。

3. 平台模式

平台模式跨境进口电商平台，邀请国外品牌商、渠道商、职业买家和店主入驻电商平台，如天猫国际。因此货源广泛，商品品类多，支付便捷，同时由平台支持，用户信任度高，商家需有海外零售资质和授权，商品海外直邮，并且提供本地退换货服务。当然产品品质需要有平台控制，比如天猫国际目前对商家都采取邀约制。此外，平台入驻的商家大多为 TP 代运营，品牌端管控力弱。

图 10-19　网易考拉首页

天猫国际是阿里巴巴集团在 2014 年 2 月 19 日宣布正式上线的。与全球购不同，入驻天猫国际的商家均为中国大陆以外的公司实体，具有海外零售资质，并且在国外有良好的信誉和经营状况。中国香港第二大化妆品集团卓悦网、中国台湾最大电视购物频道东森严选、日本第一大保健品 B2C 网站 kenko、海淘名表第一网站店 ashford 等海淘平台陆续在天猫国际开设海外旗舰店。阿里巴巴集团旗下聚划算平台和天猫国际联合开启“地球村”模式。美国、英国、法国、西班牙、瑞士、澳大利亚、新西兰、新加坡、泰国、马来西亚、土耳其 11 个国家馆在天猫国际亮相。所有天猫国际入驻商家将为其店铺配备旺旺中文咨询，并提供国内的售后服务，消费者可以像在淘宝购物一样使用支付宝买到海外进口商品。而在物流方面，天猫国际要求商家 120 小时内完成发货，14 个工作日内到达，并保证物流信息全程可跟踪。 2018 年 2 月 27 日，菜鸟天猫用区块链技术溯源海淘商品，打击物流信息造假。天猫国际首页如图 10-20 所示。

4. 自营 + 平台模式

自营 + 平台模式，是在自营的基础上同时允许企业入驻，比如苏宁海外购和京东全球购。

苏宁海外购于 2014 年 12 月份上线，采用“自营 + 平台”模式，以母婴美妆、食品保健、电子电器、服装鞋帽四大品类为主。依托在中国香港、日本、美国等的自采团队和供应链，苏宁海外购相继上线了上述三地的品牌馆，并于 2015 年 7 月上线了韩国馆。借助自身在物流方面的优势，设立海外仓，在保税区建仓；打通支付（易付宝）、报关环节（成立“苏宁物流报关代理服务有限公司”）。以自营为主，分别由全球闪购、苏宁美国旗舰店、苏宁中国香港旗舰店；平台为辅，入驻海外商城。苏宁海外购首页如图 10-21 所示。

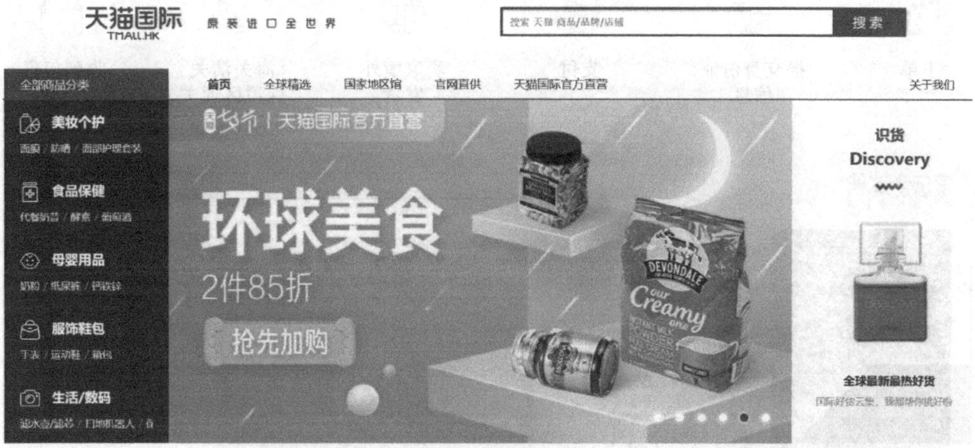

图 10-20　天猫国际

图 10-21　苏宁海外购首页

京东全球购是京东在 2015 年开启的跨境电子商务新业务，在海外优质商家进行直采，自定品质管控，并允许商家入驻完善品类。承诺出售的均为 100% 海外原装正品，并承诺提供“正品保障服务”，一旦全球购商家被发现出售假货及非原装正品商品，京东全球购有权立即与商家终止协议，并对买家进行赔偿。

京东投资 7000 万美元于天天果园，丰富生鲜品类，完善生态体系。借助京东流量优势以及完善的服务体系和品牌优势，在物流方面，采用保税集货、保税备货方式，全球购选购商品均从海外或保税仓发至买家手中，配送物流稳定可靠，比一般国际物流周期短。商品从中国大陆以外的国家或地区发出，或从海关监管的中国保税区发出，进行 100% 阳光清关，物流信息全程可以查看。

另外在京东全球购网站上还设有京东海外购（https：//sale.jd.com/act/8nZ1Oyq5u2S.html），商品是从国外采购并直接从国外直邮国内的，需经过入关检测、国内物流送达客户等环节，到货周期相对较长。京东全球购购物流程和首页如图 10-22 所示。

(a)

(b)

图 10-22　京东全球购购物流程和首页

5. 社区分享模式

小红书是生活方式分享社区，创始人为毛文超和瞿芳。和其他电子商务平台不同，小红书是从社区起家的。一开始，用户注重于在社区里分享海外购物经验，到后来，除了美妆、个护，小红书上出现了关于运动、旅游、家居、旅行、酒店、餐馆的信息分享，触及了消费经验和生活方式的方方面面。2016 年年初，小红书将人工运营内容改成了机器分发的形式。通过大数据和人工智能，将社区中的内容精准匹配给对它感兴趣的用户，从而提升用户体验。

小红书正式上线自由品牌有光 REDelig，主推卧室、厨房及出行场景的相关用品，直连工厂和消费者；并与澳大利亚保健品品牌 Blackmores、Swisse 以及日本化妆品排行榜 @cosme 美容大赏、日本药妆店集团麒麟堂、松下电器、虎牌、卡西欧等多个品牌达成了战略合作，越来越多的品牌商家通过第三方平台在小红书销售。品牌授权和品牌直营模式并行，确保用户在小红书上购买到的都是正品。在仓储方面，小红书在 29 个国家建立了专业的海外仓库，在郑州和深圳的保税仓库面积超过 5 万平方米，并在仓库设立了产品检测实验室。用户如有任何疑问，小红书会直接将产品送往第三方科研机构进行光谱检测，从源头上将潜在风险降到最低。此外，2017 年小红书建成 REDelivery 国际物流系统，确保国际物流的每一步都可以被追溯：用户可以在物流信息里查找到商品是由哪一个航班来到中国的。在小红书，用户下单后大概两三天就能收到货，中国海关会对所有进口商品进行清点、检验、报关、缴税后才放行，大批量同时运货也能节省跨境运费、摊薄成本，还会因为出口退税等原因，低于当地价格。

小红书从诞生伊始，就根植于用户信任，不论是从正品、送货速度，还是外包装上，缔造用户信任，创造良好的用户体验是一贯坚持的战略。截至 2018 年 4 月 15 日，全球有超过 9600 多万年轻用户在小红书 App 上分享吃穿玩乐买的生活方式。在小红书社区，用户通过文字、图片、视频、笔记的分享，记录了这个时代年轻人的正能量和美好生活，小红书通过机器学习对海量信息和人进行精准、高效匹配。2018 年易观千帆数据显示，2018 年 1～6 月，小红书 App 的活跃人数由 1400 万上升至近 2600 万。用户从早期的分享海外购物经验，再到目前通过图文、短视频等记录分享生活，小红书将大量以低成本获得的流量引导至交易并实现商业变现，从而完成“社交＋电商”的闭环。当然，这种以内容为中心的电商模式也意味着 SKU（库存量）和 GMV（一定时期内的成交总额）增长将慢于其用户增长。小红书 App 页面如图 10-23 所示。

图 10-23　小红书 App 页面

6. 导购模式

导购模式的电商平台主要为消费者提供产品信息推荐，为商家引流。其分为两种：一种是技术导向型，典型的“玩家”有么么嗖（momoso）、Hai360、海猫季等，技术导向型平台，通过自行开发系统自动抓取海外主要电商网站的 SKU，通过全自动翻译、语义解析等技术处理，提供海量中文 SKU 帮助用户下单；另一种是中文官网代运营，直接与海外电商签约合作，代运营其中文官网，以纯信息分享服务为主的网站有“不乱买”等。简单地说，它以用户需求为中心，提供跨品牌、跨电商的商品报价，并协助用户主动选择，亲自从国外购物网站上购买。

么么嗖（momoso）是爱美购科技旗下打造一站式海外购物服务平台。由爱美购来自美国的创业团队在大数据的基础之上搭建的海淘平台“么么嗖 momoso”，目前公司主要成员来自普林斯顿大学、卡内基梅隆大学、清华大学、中山大学等优秀院校；他们在各自领域内均具有丰富经验，曾供职于包括 Google、雅虎、百度、腾讯、京东、Goldman Sachs 等公司机构。么么嗖（momoso），集导购、分类、购买、物流查询等功能于一体，帮助消费者在手机上快速完成海外购物。么么嗖（momoso）现主打时尚类的海外商品，商品来自美国逾 10 家知名的 B2C 电商网站，类别包括衣服鞋包配饰，商品 SKU 过 10 万件。么么嗖做的就是简化整个海淘的购物过程，通过技术帮用户解决一键支付、国际物流等复杂环节，让用户在前端的感知和国内网购没有差异。么么嗖（momoso）首页如图 10-24 所示。

么么嗖
momoso
首页
关于我们
加入我们
LANGUAGE
全球正品一键触及
Grafea Baby系列迷你双肩包
来自英国本土的VINTAGE品牌，以其复古的外形、缤纷的色彩和精致的手工而著称。
¥1400 起
点击购买
英国grafea官网供货
Rumbatime 女士Jane系列编织表带石英腕表
席卷了不少时尚博主的博客,如果你了解它，你也一定爱上它！
¥263 起
点击购买
Rumbatime供货
Eve Lom深层滋养卸妆洁面膏 100ml
独特的护肤品系列以其皇牌卸妆洁面霜为基础，强调清洁及去角质。
¥414起
点击购买
英国beautyexpert官网供货
Sophie Hulme Box托特单肩包
包包的最大特色是简约而独特的金属片装饰和方正利落的轮廓，漂亮之余又极具实用性。
¥5506 起
点击购买
OTTE供货

图 10-24　么么嗖（momoso）首页

“不乱买”是一家全中文的时尚海淘导购网站，由资深 IT 工程师、时尚设计师、“海淘痴迷症患者”及投资人士共同创立。“不乱买”的平台上汇集了数十家海外知名电商、超过 2000 多个国际一线大牌和时尚潮牌、40 多万件潮流精品以及全球电商的最新折扣，让追求品位的买家随时随地在全球范围内跨电商、跨品牌地自由浏览和选购，获得轻松、愉悦的一站式海淘体验。在“不乱买”，用户可以发现全球最流行的奢侈品 / 潮品，无论它们是否在中国市场上出现过；一键搜索到哪些国际购物网站有自己喜爱的商品，以及促销情况；比较哪家网站折扣最高、价格最好、发货最快；即使不懂英文，也能通过“不乱买”的全中文导购功能从国际购物网站亲自购买到商品。不乱买首页如图 10-25 所示。

7. 返利模式

与国内电商的返利平台一样，在跨境进口电商各平台中，也有一些网站专门做返利购物，比如 55 海淘网。导购与返利模式是一种比较“轻”的电子商务模式，技术门槛也相对较低。这就要求企业在 B 端与境外电商建立合作，在 C 端从用户中获取流量。

图 10-25 不乱买首页

55 海淘网是针对中国消费者进行海外网购的返利网站，其返利商家主要是美国、英国、德国等 B2C、C2C 网站，如亚马逊、eBay 等，返利比例在 2%～10% 之间不等，商品覆盖母婴、美妆、服饰、食品等综合品类。55 海淘网首页如图 10-26 所示。

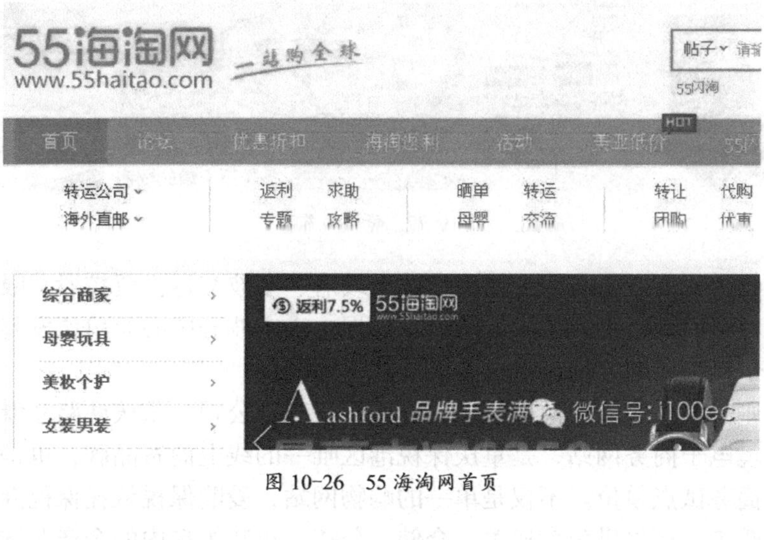

图 10-26 55 海淘网首页

8. 自贸区 / 保税区电商平台（BBC 模式）

跨境供应链服务商，通过保税行邮模式，与跨境电子商务平台合作为其供货，平台提供用户订单后由这些服务商直接发货给用户。它们依托区位优势、政策优势提供综合服务，并自建跨境电子商务平台，比如跨境购、爱购报税、跨境通等。这些平台的优势在于政策优势、资源获取优势、政府官方背书、正品保障，便捷且无库存压力；劣势在于电商运营经验不足、平台流量不足、支付和物流支撑服务还不够完善。

“跨境购”是宁波国际物流发展股份有限公司旗下的项目之一，由国家发改委和海关总署授牌。宁波作为跨境贸易电子商务服务试点城市，搭建了一套与海关、国检等执法部门对接的跨境贸易电子商务服务信息系统。为进口电商企业缩短通关时间、降低物流成本、提升利润空间，并解决灰色通关问题，为海外中高端品牌进入中国市场提供一种全新的互联网模式，解决传统模式下海外品牌进入中国市场的诸多问题。跨境购首页如图10-27所示。

图 10-27　跨境购首页

宁波国际物流发展股份有限公司由宁波市政府、宁波交通投资控股有限公司、宁波海关、宁波国检、宁波港集团、中国电子口岸数据中心宁波分中心等单位发起组建，公司旗下运营宁波电子口岸、四方物流市场两大公共信息平台。

爱购保税则是由重庆保税港区进出口商品贸易有限公司、重庆两路寸滩保税港区共同出资建设的跨境电子商务网站，是重庆保税港区唯一的线上商贸品牌，也是重庆市政府认可的跨境电子商务试点单位。不仅是单一的购物网站，爱购保税依托保税港区现有仓储物流资源和保税政策，还提供包含通关、仓储、分拣、包装等在内的全产业链服务。爱购保税首页如图 10-28 所示。

跨境通则由上海跨境通国际贸易有限公司于 2013 年 9 月 10 日成立。作为中国（上海）自由贸易实验区首批 25 家入驻企业之一，跨境通是自贸区内一家从事跨境贸易电子商务配套服务的企业，专注于在互联网上为国内消费者提供一站式国外优质商品导购和交易服务，同时为跨境电子商务企业进口提供基于上海口岸的一体化通关服务。

跨境通公司的合作商户来自全球各地，它们在跨境通网站平台上主要经营进口食品、母婴用品、保健食品、鞋靴箱包、护肤彩妆、时尚服饰配饰、3C 电子产品，以及生活家居八大类商品。

图 10-28 爱购保税首页

目前平台为入驻商户提供以下服务：备案服务、商品交易、导购和推广服务、通关服务、跨境资金结算服务。跨境通首页如图 10-29 所示。

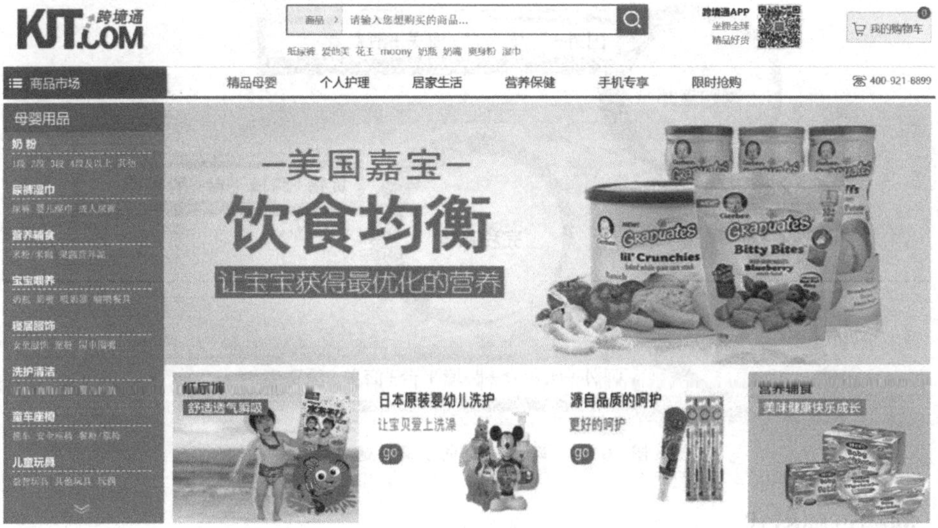

图 10-29 跨境通首页

在以上介绍的跨境进口电商零售平台中，买手代购模式可以通过庞大买手数量扩充 SKU，收入为佣金与服务费但管理成本高，商品源不可控；自营模式的商品源可控，消费者有保障，但毛利水平低，品类选择少，SKU 少；平台模式采取的是轻资产模式，收入仅靠佣金，品质难以保障；自营 + 平台模式则结合了以上两者的优势；返利或导购模式可以较快地了解到消费者的前端需求，引流速度快，技术门槛低，但竞争激烈，难以形成规模。

10.3 跨境进口电子商务通关模式

跨境电子商务进口物流模式分为两大类：第一类是直邮模式，第二类是转运模式。转运模式包括灰色海淘和阳光海淘两种。灰色海淘即利用非法途径规避关税入关，给我国海关税收带来严重损失。随着进口跨境电子商务市场规模不断拓展，海关也不断进行改革，提出更合理的通关模式。

10.3.1 通关模式

清关（Customs Clearance）即结关，是指进出口或转运货物出入一国关境时，依照各项法律法规和规定应当履行的手续。只有在履行各项义务，办理海关申报、查验、征税、放行等手续后，货物才能放行，货主或申报人才能提货。整个过程就叫清关。其有网购直邮、保税行邮、完税直销 3 种模式，如图 10-30 所示

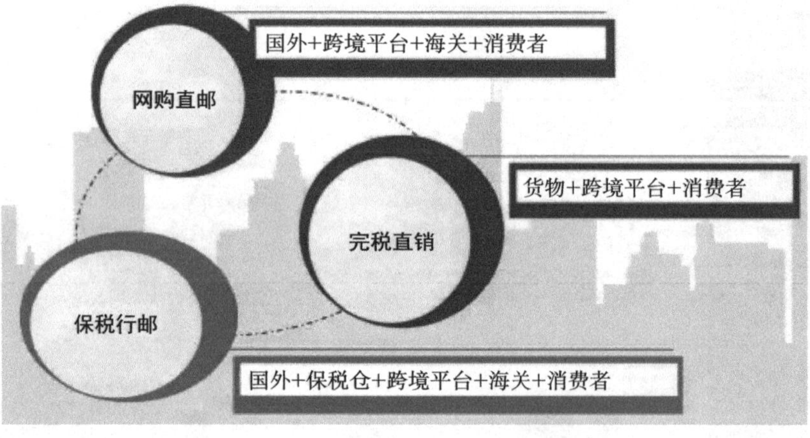

图 10-30 跨境进口电子商务通关模式

1. 网购直邮模式

1）直邮进口流程

直邮进口流程如图 10-31 所示。

- 消费者在购物网站上确定交易后，商品以邮件、快件方式运输入境情况下的跨境贸易电子商务商品通关模式；
- 商品在国外就已经被分装打包，然后以个人物品的形式通关，被送到国内各个消费者手中；
- 个人物品类快件的通关，一般参照邮政通关的做法，而货物类的通关，则通常参照一般贸易的方式通关和征税。

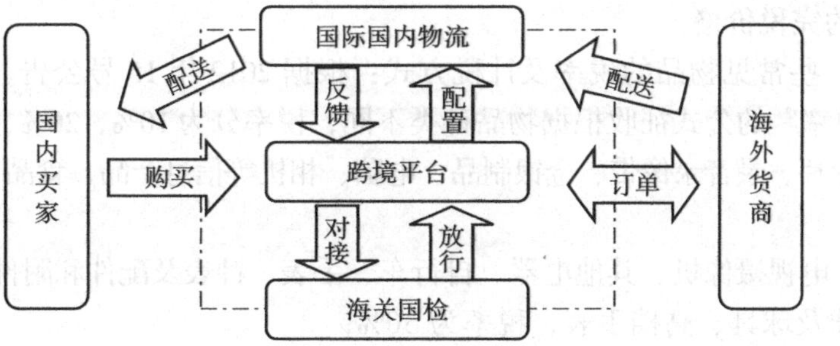

图 10-31　直邮进口流程

直邮进口分为直购进口和快件进口两种进口模式，都是使用行邮清关的模式。行邮清关是指对入境行李物品包裹征收行邮税的清关方式，因此又叫行邮税清关。

2）行邮税清关政策

行邮税是行李和邮递物品进口税的简称，是海关对入境旅客行李物品和个人邮递物品征收的进口税。由于其中包含了进口环节的增值税和消费税，故也称为对个人非贸易性入境物品征收的进口关税和进口工商税收。课税对象包括入境旅客；运输工具；服务人员携带的应税行李物品、个人邮递物品、馈赠物品以及以其他方式入境的个人物品等。直邮进口方面适用的法律法规主要是海关总署 2010 年颁布的 43 号、2012 年颁布的 15 号和 2014 年颁布的 56 号，如表 10-2 所示。

表10-2　跨境电子商务直购模式海关监管相关法律法规一览表

类型	时间	颁发部门	文号	名称	主要内容
公告	2010-07-02	海关总署	2010 年第 43 号	《关于调整进出境个人邮递物品管理措施有关事宜的公告》	个人物品限值和税收起征点
公告	2012-03-26	海关总署	2012 年第 15 号	《关于修订〈中华人民共和国进境物品归类表〉和〈中华人民共和国进境物品完税价格表〉的公告》	确定归类和完税价格
公告	2014-07-23	海关总署	2014 年第 56 号	《关于跨境贸易电子商务进出境货物、物品有关监管事宜的公告》	规定跨境电子商务相关事宜

根据《海关法》及海关总署 2010 年第 43 号公告要求，海关监管进境个人邮递物品主要有 2 个判定的基本原则：一是自用合理原则；二是限定价值原则。个人寄自中国港澳台地区的物品，每次限值为 800 元人民币；寄自其他国家和地区的物品，每次限值为 1000 元人民币。超过上述限值，即需要交邮政企业退运或按照货物进行报关，不能按照个人物品验放。但邮包内仅有一件物品且不可分割的，虽超过限值，经海关审核确属个人自用的，可以按照个人物品规定征税进境。

征税原则为：一是海关对进境个人邮递物品依法征收行邮税，但应征进口税税额在人民币 50 元以下（含 50 元）的，海关予以免税。超过 50 元起征点的，全额征收税款；二是物品归类和完税价格由海关总署 2012 年第 15 号公告确定；三是完税价格表中未列明的物品，由海关按照当时的国际市场价格估价；四是物品实际购买价值是完税价格表列明 2 倍及以上，或者 1/2 以下的，进境物品所有人应向海关提供销售方依法开具的真实交易的购物发票或收据，并承担相关责任。海关可以根据物品所有人提供的上述相关凭证，依法确定应税物品的完税价格。

下面介绍一些常见物品的税率及计税方式：根据 2012 年 15 号公告，进口行邮税按照“完税价格 × 税率”的公式征收根据物品种类不同，税率分为 10%、20%、30%、50% 四挡。

- 书刊、影片、录音录像带、金银制品、电脑、相机等信息产品、食品、饮料等，税率为 10%；
- 纺织品、电视摄像机、其他电器、自行车、手表、钟表及配件和附件，税率为 20%；
- 高尔夫球及球具、高档手表，税率为 30%；
- 烟、酒、化妆品，税率为 50%。

以下几种常见物品的行邮税率分别是：手袋、钱包等，税率为 10%；化妆品，税率为 50%；手表，价值 10000 元以下的税率为 20%，10000 元以上的税率为 30%；酒、烟草，税率为 50%；奶粉，完税价格 200 元 / 千克，税率为 10%；儿童安全座椅，税率为 10%；儿童自行车，税率为 20%。

个人邮寄物品的规定如表 10-3 所示。

表10-3　个人邮寄物品的规定

原则	个人自用、合理数量
限值	港澳台 800 元，国际 1000 元 超过限值且单件不可分割的可以按个人物品办理
进口税起征点	50 元
税款	完税价格 × 税率
进口税税率	10%（食品、日用品、鞋、包和电脑等数字产品等） 20%（纺织品和家用电器等） 30%（高尔夫及球具、高档手表） 50%（化妆品、烟、酒）
完税价格	具体列明的按照《完税价格表》 没有具体列明的按照相同物品来源地最近时间的市场零售价确定完税价格

2016 年 9 月 30 日中国税务总局《关于调整化妆品消费税政策的通知》不适用于行邮税，对个人邮寄包裹没有影响。

2016年4月8日起实施的“跨境电子商务零售进口税收政策”调整了海淘产品的税率，对个人邮寄包裹的影响是行邮税税率从之前 10%、20%、30%、50% 四挡变成了 15%、30%、60% 三挡。

总体来说，目前个人代购和自用包裹仍然适用行邮税、应税额度低于 50 元的免征。

邮寄包裹限额仍然是 1000 元（如从港澳台往大陆寄则限额是 800 元），如果是单件不可分割商品，超出 1000 元也可以放行，归国行李免税额仍然是 5000 元 +3000 元。

3）跨境电子商务直购进口模式

随着跨境电子商务 B2C 进口量的不断增加，按照快件进口的模式，海关的工作量大大增加，而且拖延了清关时间。为了提高效率，2014 年海关总署的 56 号文件提出海关可以试行直购进口模式，增列监管方式代码“9610”，全程“跨境贸易电子商务”，俗称“集货模式”。

跨境电子商务直购进口模式是指符合条件的电子商务平台与海关联网，境内消费者跨境网购后，电子订单、支付凭证、电子运单等由企业实时传输给海关，商品通过海关跨境电子商务专门监管场所入境，按照个人邮递物品征税。与传统的“海淘”模式相比，跨境电子商务直购进口模式货物符合国家海关监管政策，清关操作更为阳光，消费信息也更透明，同时，商品来源和服务都会比较有保障。国内消费者通过跨境电子商务平台下单交易，而后海淘商品以海运、空运、邮运等方式自海外直接运输进境，按海关要求，通过电子商务通关服务平台申报订单、电子支付、物流运单等物品清单信息，通过电子商务通关管理平台办理海关通关监管手续。采用“清单核放、汇总申报、自动审结、货到放行、汇总征税”的监管模式。电子商务企业可以先按清单通关，海关通关系统会定期汇总清单形成报关单进行申报。跨境电子商务直购进口模式流程，如图 10-32 所示。

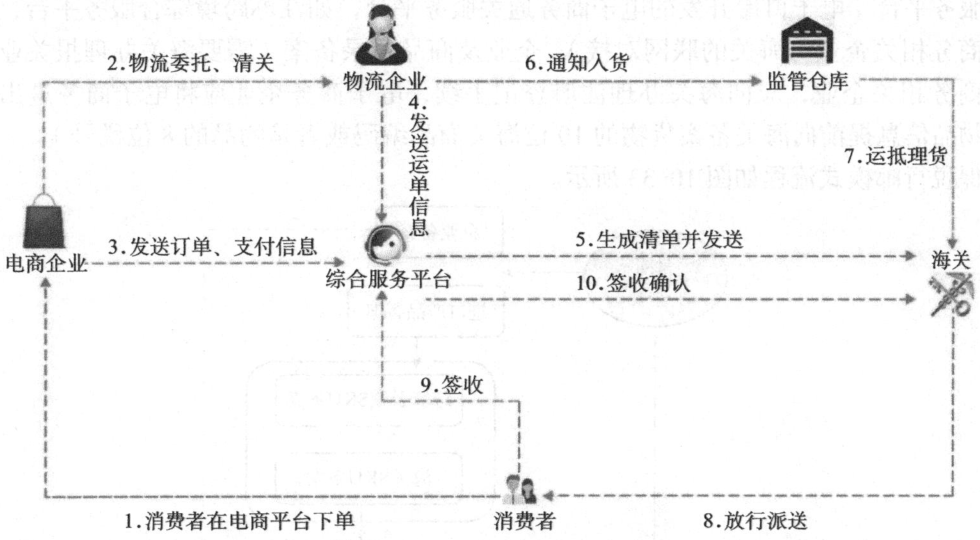

图 10-32　跨境电子商务直购进口模式流程

跨境电子商务平台通过海运开展直购进口，消费者在网上购买的商品可以在船舶抵港前申报，海关也会提前进行审核；而货物将享受最后装船的特殊便利，到岸即可先卸船，整体通关物流速度大为缩短。比如：第一天晚上 5 点 30 分从韩国发船的跨境电子商务进口商品，第二天上午 10 点左右就能到达青岛，下午就可以进行国内配送，国内消费者最快两到三天就可以收到网上订购的韩国商品。大大降低企业运输成本，实现“空运的速度，海运的价格”。

跨境电子商务直购允许进口的商品范围为个人生活消费品，包括：奶粉、纸尿裤、小家电、厨房用品、服装鞋帽等。2015 年 6 月 1 日起，部分服装、鞋靴、护肤品、纸尿裤等日用消费品的进口关税税率已做了降低，平均降幅超过 50%。

2014 年，上海、广州、杭州、重庆等试点率先贯通了“直购进口”。其后西安、青岛（空运直购进口）、威海（中韩海运 EMS 速递邮路）、江苏、烟台、平潭、厦门等海关也开始试行直购进口通关。

2. 保税行邮模式

12 月 6 日，海关总署发布 2016 年第 75 号公告，增列海关监管方式代码“1239”，全称“保税跨境贸易电子商务 A”，简称“保税电商 A”。至此，跨境电子商务新政实施后，国内保税进口分化成两种：一是新政前批复的具备保税进口试点的 10 个城市，二是新政后开放保税进口业务的其他城市。对于免通关单的 10 个城市，继续使用 1210 代码（海关总署发布2014年第57号文件，自2014年8月1日起增列海关监管方式代码“1210”，全称“保税跨境贸易电子商务”，简称“保税电商”）；对于需要提供通关单的其他城市（非试点城市），采用新代码1239。

符合条件的电子商务企业或平台与海关联网，电子商务企业将整批商品运入海关特殊监管区域或保税物流中心内并向海关报关，海关实施账册管理。境内个人网购区内的商品后，电子商务企业或平台将电子订单、支付凭证、电子运单等传输给海关，电子商务企业或其代理人向海关提交清单，海关按照跨境电子商务零售进口商品征收税款，验放后账册自动核销。

该模式需要电子商务通关管理平台（海关开发的电子商务通关管理平台）、电子商务通关服务平台（电子口岸开发的电子商务通关服务平台，如江苏跨境综合服务平台，用于电子商务相关企业与海关的联网对接）、企业及商品目录备案（需要海关办理报关业务的电子商务相关企业，应向海关办理注册登记手续，电子商务企业应将电子商务进出境货物、物品信息提前向海关备案货物的10位海关商品编码或者是物品的8位税号）。

保税行邮模式流程如图10-33所示。

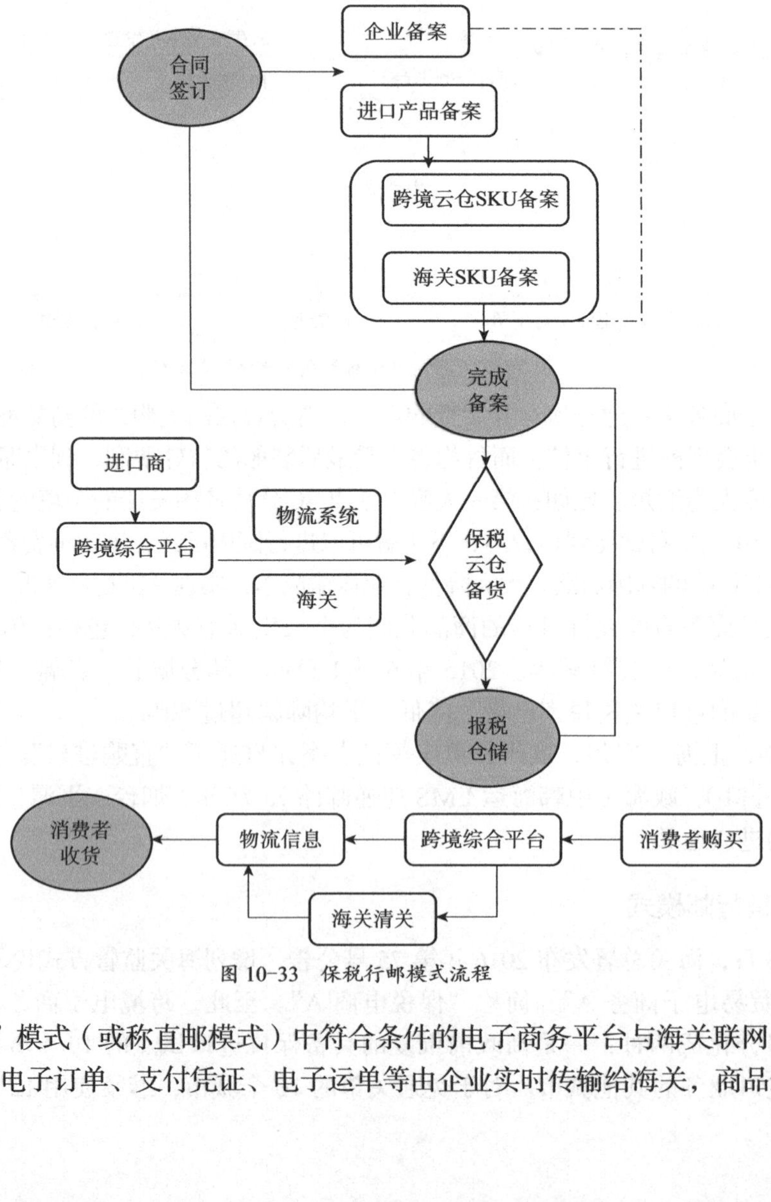

图10-33 保税行邮模式流程

“直购进口”模式（或称直邮模式）中符合条件的电子商务平台与海关联网，境内消费者跨境网购后，电子订单、支付凭证、电子运单等由企业实时传输给海关，商品通过海关跨境电子商务专门监管场所入境，按照个人邮递物品征税。而“保税行邮”模式则是指国外商品整批抵达国内海关监管场所——保税港区，消费者下单后，商品从保税区直接发出，在海关、国检等监管部门的监管下实现快速通关，能在几天内配送到消费者手中。保税行邮模式和网购直邮模式的比较，如图 10-34 所示。

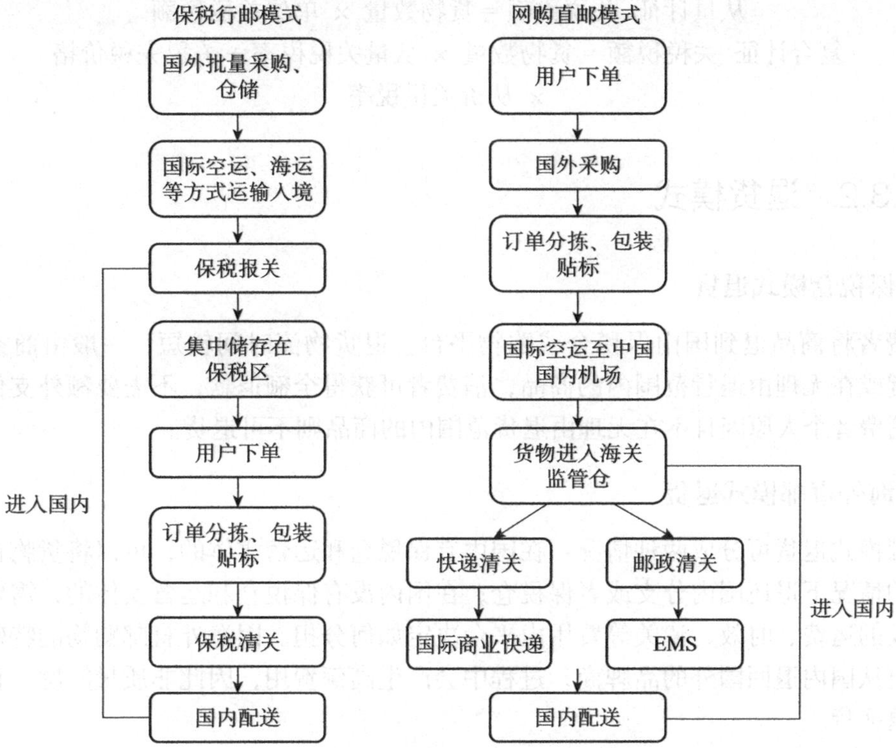

图 10-34 保税行邮模式和网购直邮模式的比较

3. 完税直销模式

该模式中，跨境平台上的海外货商按照货物方式进行一般贸易规模化进口。在通关过程中，货物需要缴纳进口税和关税。进入中国境内后，国内买家在同一跨境平台上购买，完税商品通过国内物流配送到国内买家手中，如图 10-35 所示。

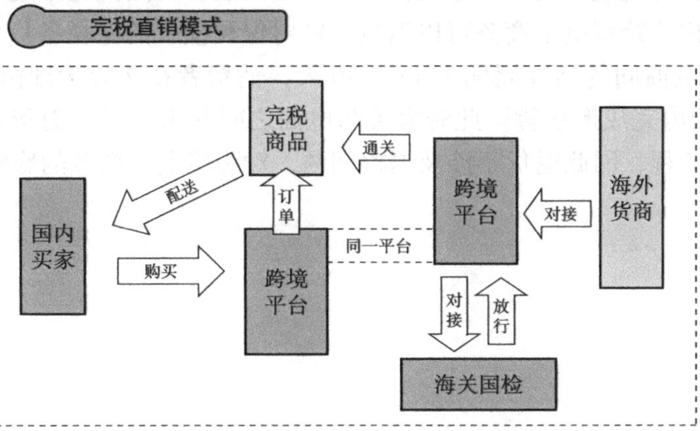

图 10-35 完税直销模式

进出口税是指进出口环节由海关依法征收的关税、消费税、增值税、船舶吨税等。关税是指进出关境的货物和物品为课税对象的一种国家税收。计税方式按照货物进口计征。其计算公式为：

从价计征 关税税额＝关税完税价格 × 关税税率

从量计征 关税税额＝货物数量 × 单位关税税额

复合计征 关税税额＝货物数量 × 从量关税税率＋关税完税价格 × 从价关税税率

10.3.2 退货模式

1. 保税仓模式退货

消费者将商品退到国内保税仓或购物平台，退货物流时间较短；一般由商家问题造成的退货或在无理由退货范围内的商品，消费者可获得全额退款，不需要额外支付商品税费；由消费者个人原因且不在无理由退货范围内的商品则不可退货。

2. 海外直邮模式退货

直邮模式退货可分成两种情况：在国内有保税仓和运营实体的，可以将货物在保证二次销售的情况下退还国内分支或者保税仓；在国内没有保税仓和运营实体的，需要回程寄送，涉及的运费、时效、清关等费用由平台决定如何分担。因海外直邮购物的特殊性，退换货需要从国内退回国外的品牌商，过程中会产生高额费用，因此非质量问题，直邮商品不接受退换货。

3. 转运模式退货

目前，对于转运模式的退货相对较难。转运公司一般无回程通路，国际运费居高不下，商品名义收货人其实是转运公司，如果退货仍然需要转运公司配合退货。时间与金钱成本非常高昂，衡量之下，大多数买家就会放弃。

目前涉及关税的退货分为保税备货、保税直邮、海外直邮和拼邮几类。根据对保税区的调研显示，目前跨境进口电子商务支持 7 天无理由退货的品类越来越多，宁波保税区方面明确保税进口模式跨境电子商务可以退货。针对保税模式的保税备货和保税直邮两种模式，目前海关与电商间的结算周期为 15～30 天，消费者在 7 天无理由退货期限内退货，一般均可在 15 天内完成退换货。此时海关与电商之间并未结算，消费者缴纳的商品关税还没有进入海关流程，因此退货不涉及退税问题，对跨境电子商务的影响不大。

附　录

跨境电商培训平台介绍——思睿智训跨境电商实训平台

为助推创新创业型跨境电商人才培养，解决跨境电商实训环境缺乏，传统跨境电商实训系统和真实平台之间差别较大、平台变化和规则不能有效同步等问题，思睿智训在国家发改委产教融合实训基地项目的支持下，充分利用浙江跨境电商发展的优势，通过聚合多方优势资源，依托浙江师范大学科研教学团队推出基于全沙盒的跨境电商综合实训平台，真实再现跨境电商交易全流程。

跨境电商综合实训平台由跨境电商ERP沙盒、第三方跨境电商平台沙盒、跨境电商物流系统沙盒、在线帮助系统、教学管理系统五个软件平台构成，跨境电商平台沙盒、跨境电商ERP沙盒、跨境电商物流沙盒通过API实现对接，共同完成跨境电商全流程实训，并通过教学管理系统自动监测和评估学生实训情况，通过跨境电商师资库和教学资源库为院校跨境电商人才培养提供全方位支撑，平台架构如图1所示。

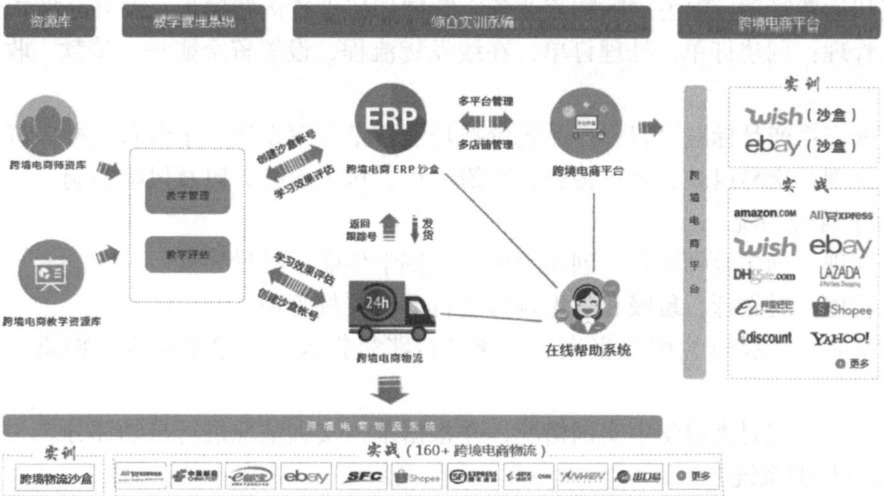

图1　跨境电商综合实训实战平台架构

1. 跨境电商实训平台情况

1）跨境电商 ERP 沙盒

多渠道统一管理：跨境电商 ERP 沙盒能够对接 Wish 沙盒和 eBay 沙盒实训平台，以及 Wish、eBay、速卖通、亚马逊、敦煌网、阿里巴巴国际站、Lazada 等 20 种主流跨境电商实战平台，达到实训和实战的统一。

一件商品刊登：可将商品一件刊登到 Wish 沙盒、eBay 沙盒、速卖通、Amazon、Wish、eBay 等跨境电商平台当中，做到产品资料单卖家下多个销售员工共享，并提供高效的日常在线刊登维护功能。

自动化订单处理：高效自动化订单同步、自动处理订单、智选物流、同步库存数据。

多库存统一管理：多平台、多店铺库存统一管理，多平台库存自动同步，线上线下库存同步，库存数据自动更新。

多物流渠道全面覆盖：除能够对接跨境电商物流沙盒进行实训，还可以与速卖通线上发货、eBay 亚太物流平台、燕文、递四方、E 邮宝等 160 多种跨境电商物流实战系统进行数据互通，实现多物流渠道全面覆盖，并提供智能物流解决方案。

多维度报表：多维度统计报表，大数据分析，及时了解销售趋势和最新流行单品。

2）跨境电商物流沙盒

订单管理：创建物流订单、对接 ERP 沙盒、快速分发物流跟踪号，处理物流订单。

渠道管理：管理物流发货渠道，根据收件人地址和用户选择，分配发货方式。

订单跟踪：根据邮寄信息，自动进行包裹物流跟踪。

订单报表：多维度统计物流订单，快速分析物流订单趋势。

自定义面单：内含海量地址和报关单标签，并支持自定义标签和面单。

3）跨境电商平台沙盒

快速注册：注册成为 Wish 沙盒、eBay 沙盒平台的商户。

产品管理：快速编辑店铺产品，掌握各个平台上传产品的步骤，产品政策，产品审核规则，品牌资质申请流程。

物流和运费管理：熟悉国际物流业务，掌握如何设置运费模板，海外仓发货流程。

订单管理：创建订单，处理订单，在线发货流程，设置资金账户，请款、收款等实际操作。

营销推广：产品标题设置、产品定价技巧、营销文案设计、平台营销推广策略。

售后管理：交易退款，政策警告，纠纷流程，售后服务，以及风险控制。

4）教学管理系统

用户管理：创建教师账号、创建班级、支持学生账号批量导入。

授权管理：对教师、班级和学生账号进行平台授权管理。

教学监控：支持沙盒账号报表、电商平台账号报表、订单量报表、物流订单报表等功能。

教学评估：实时查看学生实训情况，并根据学生实训情况进行自动评分。

5）在线帮助系统

帮助文档：详细的电子版帮助文档和在线帮助浏览功能。

配套课件：详细的跨境电商 ERP 沙盒、物流沙盒、跨境电商平台沙盒、跨境电商教学管理配套课件。

在线视频：在线视频教程在线点播。

远程协助：7×24 小时技术支持和远程协助。

在线直播：跨境电商大咖在线经验分享。

6）跨境电商师资库

思睿智训有一批“知识实践型”与“实践知识型”融合的“双元师资团队”，可根据学校需求针对性地提供相应专家进行个性化支持，助力院校跨境电商人才培养。

- 跨境电商平台讲师；
- 跨境电商供应链管理专家；
- 跨境电商信息化管理专家；
- 风险投资人；
- 跨境电商大卖家；
- 跨境电商物流专家；
- 跨境电商支付专家；
- 跨境电商政策专家。

2. 思睿智训团队介绍

思睿智训是金华市思睿信息科技有限公司推出的跨境电商教学类产品品牌，公司作为浙江师范大学第一家以知识产权作价入股成立的企业，依托浙江师范大学教学科研团队和相关资源得到迅速发展，目前思睿智训跨境电商综合实训平台（国家版权局计算机软件著作权登记号：2017SR606837）使用院校已超 700 家，受益学生数万人。公司致力于通过聚合政产学研用各方资源，打造跨境电商一站式服务平台，构建跨境电商人才生态体系，在跨境电商课程开发、师资团队建设、人才培养、实习就业、创业孵化等方面对院校进行全方位支撑，以跨境电商人才培养为突破口，助推跨境电商行业发展。

公司现有员工 30 人，其中 60% 以上具有硕士研究生以上学历，30% 以上具有高级以上职称。公司创始人、董事长邹益民，为中国科学院大学博士、浙江师范大学经济与管理学院中非国际商学院院长助理、浙江师范大学电子商务研究所所长、浙江师范大学创业教育中心主任，原甘肃省陇南市商务局副局长、陇南市电子商务领导小组办公室副主任。邹益民博士一直致力于跨境电商、农村电商、智能化信息处理等研究和实践工作，先后承担国家和省部级课题十余项，拥有跨境电商相关软件著作权多项。

公司与 eBay、Wish、阿里巴巴速卖通、敦煌网等跨境电商平台保持着密切的合作关系，2018 年和跨境电商平台一起推出“百城千校”的公益类跨境电商师资培训项目（跨境电商实践教学师资系列高级研修班），在充分利用阿里巴巴速卖通大学、eBay 大学、Wish 电商学院、敦煌大学讲师，以及跨境电商资深卖家、院校双师型师资的基础上，免费为全国院校培养 1500 名实践教学师资，助推 10 万学生培养，解决跨境电商行业发展人才痛点。

平台操作帮助网址：http://www.srzx100.com/Help/DocumentList?id=17&pid=0。

参考文献

参考图书：

万融 . 商品学概论［M］. 北京：中国人民大学出版社，2013.

阿里巴巴网络技术有限公司 . 做跨境电商就是这么简单［M］. 北京：中国海关出版社，2015.

张式锋，陈珏 . 跨境电商基础［M］. 上海：立信会计出版社，2017.

鄂立彬 . 跨境电商供应链管理［M］. 北京：对外经贸大学出版社，2017.

易静等 . 跨境电商实务操作教程［M］. 武汉：武汉大学出版社，2017.

柯丽敏，王怀周 . 跨境电商基础、策略与实战［M］. 北京：电子工业出版社，2016.

丁晖 . 跨境电商多平台运营［M］. 北京：电子工业出版社，2015.

参考研究报告：

欧阳澄 . 新经济第三谈 _ 互联网新经济和跨境电商 .

天猫国际 . 跨境电商零售进口社会价值研究报告 .

易观国际 . 中国跨境进口电商生态图（2018）.

阿里跨境电商研究中心 .

APEC 跨境电子商务创新发展研究中心 .

艾媒咨询 . 2016—2017 中国跨境电商市场研究报告 .

ECRC 电子商务研究中心 . 2017 年度中国跨境电商消费问题研究报告 .

阿里研究院 . 读懂 G20 四大主题：洞悉数据时代经济发展动向（2016）.

PayPal，iDataway. 2017 中国海淘消费者购物习惯及支付偏好调研报告 .

参考来源网站：

http：//www.ebrun.com/20160104/161206.shtml

http：//wiki.mbalib.com

http：//tech.163.com/17/0110/03/CACU97E200097U7R.html

http：//m.elecfans.com/article/662526.html

http：//app.myzaker.com/news/article.php?pk=5881d0141bc8e03f3b000077

http：//www.ebrun.com/20160104/161206.shtml

http：//seller.dhgate.com/merchant/register/pageLoad.do

https：//reg.ebay.com.hk/reg/FullReg?firstname=&lastname=&userid=&email=&countryId=45

https：//merchantfaq.wish.com/hc/zh-cn/articles/360002394134

https：//merchantfaq.wish.com/hc/zh-cn/articles/223440428-%E5%95%86%E6%88%B7%E6%B3%A8%E5%86%8C%E6%8C%87%E5%AF%BC%E6%89%8B%E5%86%8C

http：//services.amazon.com/content/sell-on-amazon.htm/ref=footer_soa?ld=AZFSSOA